浙江省“双高计划”航海技术专业群系列教材

船舶柴油机

主 编 / 吴永华
副主编 / 时继东
主 审 / 蒋更红

大连海事大学出版社

图书在版编目(CIP)数据

船舶柴油机 / 吴永华主编. — 大连：大连海事大学出版社,2023.8
ISBN 978-7-5632-4438-6

Ⅰ.①船… Ⅱ.①吴… Ⅲ.①船用柴油机—高等学校—教材 Ⅳ.①U664.121

中国国家版本馆 CIP 数据核字(2023)第 134662 号

出 版 人:	刘明凯
责任编辑:	王 琴
封面设计:	解瑶瑶
版式设计:	解瑶瑶
责任校对:	李继凯
出 版 者:	大连海事大学出版社
地 址:	大连市黄浦路 523 号
邮 编:	116026
电 话:	0411-84729665(营销部) 84729480(总编室)
网 址:	http://press.dlmu.edu.cn
邮 箱:	dmupress@dlmu.edu.cn
印 刷 者:	大连金华光彩色印刷有限公司
发 行 者:	大连海事大学出版社
幅面尺寸:	184 mm×260 mm
印 张:	24.25
字 数:	602 千
印 数:	1~1200 册
出版时间:	2023 年 8 月第 1 版
印刷时间:	2023 年 8 月第 1 次印刷
书 号:	ISBN 978-7-5632-4438-6
定 价:	109.00 元

前 言

为推进浙江省“双高专业建设”，开展新形态下职业教育，培养具有社会主义核心价值观的技能型人才，适应军地两用“船舶柴油机”的教育教学，浙江交通职业技术学院组织轮机工程技术专业人员编写本教材。

本教材将思政教育与技能教育相结合，体现了教育的本质目标。其内容上涵盖了“船舶柴油机”三管轮、二管轮必修项目，以及军士生入伍前必备的知识与技能储备。本教材的编写人员由校、企、政三方共同组成，符合当前国家关于职业教育的最新精神。

本教材由浙江交通职业技术学院轮机工程技术专业主任、甲类一等轮机长吴永华担任主编，由时继东博士担任副主编，由蒋更红担任主审。本教材的内容设计和图案采集方面吸收和借鉴了原专业带头人卢恒荣副教授的意见和建议，并得到了浙江海运集团机务副总轮机长陈逸宁和浙江海事局轮机考官任德夫的竭诚帮助，确保内容符合 STCW 78/95 公约及“21 考证规则”。

本教材以彩色印刷凸显重要设备部件的可视性。

本教材在编写过程中，还得到了相关专业老师和企业好友的建言献策，在此一并表示感谢。限于时间、精力及水平，书中错误在所难免，望同行专家不吝指正。

编 者

2023 年 5 月

扫码学习《深入学习贯彻党的二十大精神　加快建设交通强国　当好中国式现代化开路先锋》

目　录

项目 1　柴油机工作循环分析 ······ 1
任务 1　柴油机基本概念与结构参数解析 ······ 2
任务 2　四冲程柴油机工作循环分析 ······ 5
任务 3　二冲程柴油机工作循环分析 ······ 7
任务 4　二冲程与四冲程柴油机的比较 ······ 10
任务 5　柴油机提高功率途径的讨论 ······ 11
项目 2　柴油机吊缸检查 ······ 15
任务 1　燃烧室组件的拆装检查 ······ 16
任务 2　曲柄连杆机构的拆装检查 ······ 49
任务 3　固定部件的检查 ······ 90
项目 3　柴油机换气机构维护 ······ 97
任务 1　柴油机换气过程和换气质量描述 ······ 98
任务 2　四冲程筒形活塞式柴油机换气机构的维护 ······ 104
任务 3　十字头式柴油机换气机构的维护 ······ 124
任务 4　废气涡轮增压系统的维护 ······ 136
项目 4　燃油喷射设备与系统维护 ······ 167
任务 1　燃油的性能及喷射燃烧分析 ······ 168
任务 2　高压油泵拆装 ······ 190
任务 3　喷油器拆装 ······ 209
任务 4　供油定时和供油量调整 ······ 223
任务 5　船用电控喷油系统认识 ······ 231
项目 5　柴油机油水系统的维护管理 ······ 239
任务 1　燃油系统的维护管理 ······ 240
任务 2　润滑系统的维护管理 ······ 248
任务 3　分油机和滤器的维护 ······ 270
任务 4　冷却系统的维护管理 ······ 297
项目 6　柴油机启动与调速装置解析 ······ 305
任务 1　柴油机启动装置解析 ······ 306

任务 2　柴油机速度调整 …… 320
任务 3　各种调速器的调速工作 …… 325
任务 4　液压调速器的调节 …… 341
任务 5　液压调速器的简单维护 …… 346
项目 7　**船舶柴油机运行管理** …… 349
任务 1　船舶主机备车 …… 350
任务 2　主机机动操纵 …… 353
任务 3　主机运行管理 …… 354
任务 4　船舶柴油机的节能 …… 360
任务 5　主机完车操作 …… 362
任务 6　柴油机应急处理 …… 363
项目 8　**船舶柴油机新技术** …… 373
任务　船舶柴油机的控制与共轨技术 …… 374
参考文献 …… 381

项目1

柴油机工作循环分析

[项目背景]

把热能转化为机械能的动力机械称为热机。热机有蒸汽机、蒸汽轮机、柴油机、汽油机、燃气轮机。其中,柴油机的热效率最高,一般在40%~50%,甚至可以达到56%;燃气轮机的单位功率重量和体积最小。在油料日趋紧张的现代,柴油机因其低耗油率、可使用劣质燃油、工作可靠和功率范围广的优点得到了广泛使用。

[任务分解]

柴油机工作循环分析项目共分五个任务:对柴油机基本概念与结构参数进行解析,分别对四冲程和二冲程柴油机工作循环进行分析,对二冲程和四冲程柴油机进行对比,简要讨论提高柴油机功率的途径。

本教材按照认知规律编排知识点,采用理实一体化的方式进行教学,教学内容符合《海船船员培训大纲》的要求。

任务1 柴油机基本概念与结构参数解析

1.1 柴油机基本概念解析

柴油机是内燃机的一种，它把燃料的化学能转化为热能，再把热能转化为机械能，实现了机内二次能量转换，从而产生动力。柴油机的热能通过工质膨胀推动往复式活塞运动，因此也叫往复式内燃机。所以，柴油机是一种机内二次能量转换的往复式内燃机。

柴油机活塞的往复运动通过一定的机构又转化为旋转运动进行动力输出，由此产生了转速的概念。柴油机转速有高有低，按照转速柴油机分为以下几类。

高速柴油机：$n>1\ 000$ r/min，$v_m>9$ m/s（n 为转速，v_m 为活塞平均速度）。

中速柴油机：300 r/min$\leqslant n\leqslant$1 000 r/min，6 m/s$\leqslant v_m\leqslant$9 m/s。

低速柴油机：$n<300$ r/min，$v_m<6$ m/s。

转速与活塞平均速度的换算公式：$v_m=\dfrac{s\cdot n}{30}$（m/s）。

当然，柴油机还可以按工作循环等进行分类。

按气缸排列分：直列式柴油机、V形柴油机、W形柴油机，如图1-1所示。

按工作循环分：四冲程柴油机、二冲程柴油机，如图1-2所示。

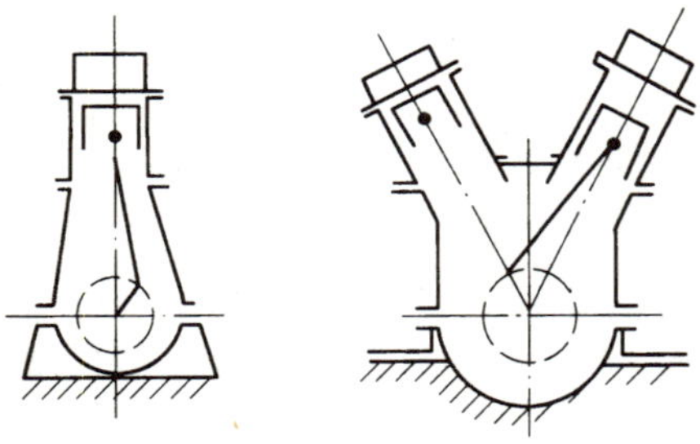
(a)　(b)

图1-1　直列式柴油机和V形柴油机

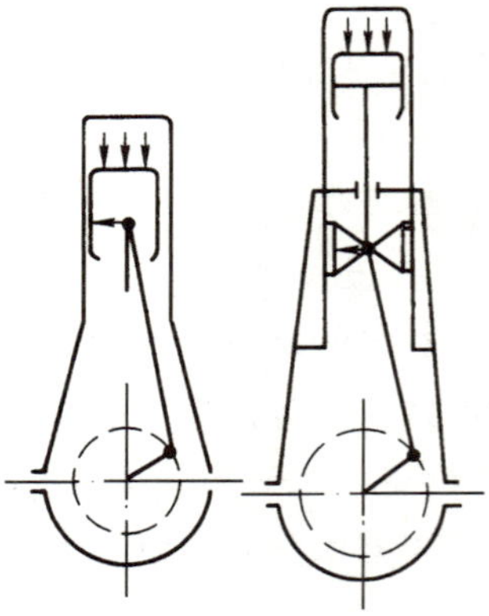
(a)　(b)

图1-2　四冲程柴油机和二冲程柴油机

柴油机的一个工作循环包括进气、压缩、燃烧、膨胀、排气五个过程。四冲程柴油机的一个工作循环是活塞运动四个冲程完成的。二冲程柴油机的一个工作循环是活塞运动两个冲程完成的。

按曲轴转向分：右旋机、左旋机（大多数国家从负载端往自由端方向看）。

按进气方式分：增压柴油机和非增压柴油机。

按结构特点分：筒形活塞式柴油机和十字头式柴油机。

按可否逆转分：可逆转柴油机（一般直接带动螺旋桨或其他负荷）、不可逆转柴油机（带离合器或可变螺距螺旋桨)。

按行程缸径比分:短行程柴油机 $S/D \leq 2.5$、长行程柴油机 $2.5 < S/D \leq 3.0$、超长行程柴油机 $S/D \geq 3.0$。

柴油机常用作船舶主动力推进和发电原动机,汽油机一般用在小型汽车上,燃气轮机因其重量小、动力强劲而用作飞机推进器。目前,蒸汽机已经逐步退出历史舞台。一种新型的核动力装置正用于军用船只。

柴油机作为船舶动力原动机,具有如下特点:

(1)经济性好。热效率普遍在40%以上(大型柴油机可达56%),并可使用低价的劣质油,为降低运输成本创造了可能性。

(2)功率范围广。单机功率0.6~97 300 kW,适用于各种大小的船舶。

(3)机动性能好。启动、加速快,功率调节方便,可反转启动,适用于各种船舶。

(4)工作可靠,使用寿命长,维修方便。

(5)工作时振动强、噪声大是其缺点。

(6)机械负荷、热负荷高是其缺点。

1.2 柴油机结构参数解析

上止点(TDC):活塞在气缸中运动的最高位置,也就是离曲轴中心线最远的位置。

下止点(BDC):活塞在气缸中运动的最低位置,也就是离曲轴中心线最近的位置。

缸径(D):气缸的内径,简称缸径。

冲程(行程 S):活塞从上止点运行到下止点的直线距离。

曲柄半径(R):曲轴中心线到曲柄销中心线的距离,$R=\dfrac{S}{2}$。

余隙高度(顶隙 h_c):活塞顶与气缸盖底部之间的距离。

压缩室容积(燃烧室容积,气缸余隙容积,V_c):活塞位于上止点时,活塞顶上方的全部空间容积。

气缸工作容积(行程容积)V_s:活塞从上止点运行到下止点时所扫过的容积,$V_s=\pi D^2 S/4$。

气缸总容积(V_a):活塞位于下止点时,活塞顶上方的全部气缸容积,$V_a=V_s+V_c$。

压缩比(ε):气缸总容积与压缩室容积之比,亦称几何压缩比,如图1-3所示,即

$$\varepsilon=\frac{V_a}{V_c}=\frac{V_s+V_c}{V_c}=1+\frac{V_s}{V_c}$$

行程缸径比:S/D。

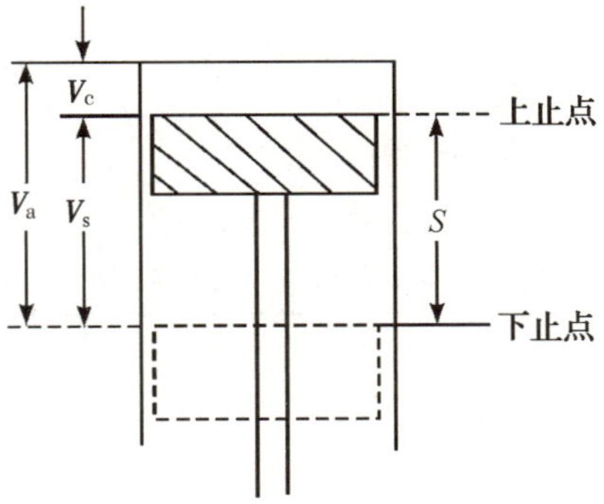

图1-3 柴油机压缩比

1.3 柴油机铭牌识别

柴油机厂家用数字和字母表示柴油机型号。

(1)大型低速柴油机型号如表1-1所示。

表 1-1 大型低速柴油机型号

厂商	型号	符号意义
瑞士 Sulzer Wärtsilä-NSD	10RND90M 6RTA84M	10、6—气缸数,R—焊接结构、二冲程、十字头,N—新型,L—长冲程,T—超长冲程、直流扫气,D—直接驱动螺旋桨、带有推力轴承,A—机型改进序号,90、84—缸径(cm),M—柴油机改进代号
丹麦 B&W	12K98GF 6L90GF	12、6—气缸数,K—二冲程、单作用、十字头、直列式,L—二冲程、单作用、十字头、直列式、长冲程,98、90—缸径(cm),G—增压度发展序号,F—直接带动螺旋桨
德国 MAN	K10SZ105/180A K12Z93/170E	K—十字头,10、12—气缸数,S—维护简单型,Z—二冲程、单作用,105/180、93/170—缸径(cm)/冲程(cm),A、E—机型发展序号
德国 MAN B&W	5L60MC 7S50ME-C	5、7—气缸数,K—一般冲程,L—长冲程,S—超长冲程,60、50—缸径(cm),MC—二冲程、十字头、定压增压、强化、电控(无凸轮轴),ME—电控(微处理)控制,C—结构紧凑型
日本 Mitsubishi	8UEC85/180D	8—气缸数,U—直流扫气,E—废气涡轮增压,C—十字头,85/180—缸径(cm)/冲程(cm),D—机型系列序号
中国 上海沪东船厂	9ESDZ43/82B	9—气缸数,E—二冲程,S—十字头,D—可倒转,Z—增压,43/82—缸径(cm)/冲程(cm),B—机型发展序号

(2)中、高速柴油机型号如表 1-2 所示。

表 1-2 中、高速柴油机型号

厂商	型号	符号意义
芬兰 Wärtsilä	4L32 12V32/35	4、12—气缸数,L—直列式柴油机,V—V 形柴油机,32/35—缸径(cm)/冲程(cm)
日本 DAIHATSU	6DK-28	6—气缸数,DK—中速、直列式、超增压,28—缸径(cm)
德国 MAN	16V40/54	16—气缸数,V—V 形柴油机,40/54—缸径(cm)/冲程(cm)
中国 红岩柴油机 协和柴油机	6250ZCD 6300ZC	6—气缸数,E—二冲程(无符号为四冲程、直列式),250、300—缸径(cm),Z—增压,C—船用,D—发电机用
中国 上海东风柴油机	6135CaF 12V135CZ	6、12—气缸数,V—V 型机,135—缸径(cm),C—船用右机,Ca—船用左机,F—风冷(无符号为水冷),Z—增压

任务2 四冲程柴油机工作循环分析

2.1 四冲程柴油机工作循环

活塞需四个冲程才完成一个工作循环的柴油机叫四冲程柴油机。

(1)进气行程(进气冲程)——如图1-4所示,活塞从上止点附近下行到下止点附近,此时进气阀a打开。由于气缸容积不断增大,缸内压力下降,利用气缸内外压力差(低于大气压力P_o),新鲜空气经进气阀进入气缸。

为了使进气充分,进气阀在上止点前提前打开,在下止点后滞后关闭。提前点1到上止点的曲柄转角,叫进气提前角;滞后点2到下止点的曲柄转角,叫进气延迟角。

φ_{1-2}是曲柄转过的进气总角度,在图1-4上用阴影部分表示,为220°~250°CA。

(2)压缩行程(压缩冲程)——如图1-5所示,活塞自下止点附近向上到上止点3,此时进排气阀全部关闭。由于气缸容积不断减小,空气被压缩,压力提高到3~6 MPa,同时温度升高到600~700 ℃(燃油的自燃温度为210~270 ℃)。

在压缩过程后期,为了保证燃油在上止点附近发火燃烧,燃油在上止点前喷入气缸,与高温、高压的压缩空气混合加热并自行发火燃烧。燃油在上止点前某一角度喷入,这个角度就叫喷油提前角。

φ_{2-3}是曲柄转过的压缩总角度,在图1-5上用阴影部分表示,为140°~160°CA。

(3)燃烧和膨胀行程(膨胀冲程)——活塞自上而下,在燃烧工质产生的高温(1 400~1 800 ℃)和高压(5~8 MPa,甚至高达15 MPa)的作用下,推动活塞对外做功。燃烧的最高温度用t_z表示,最高压力用p_z表示。由于活塞下行,压力不断下降,到上止点后某一位置4,燃烧基本完成。膨胀过程一直到下止点前5排气阀打开结束。

排气阀在下止点前打开的角度叫作排气提前角。排气提前损失了部分的膨胀功,这是不利的一面;但减少了排气功耗,这是有利的一面。两者核算的结果必须有利整体功率提高,需要在实验室经过精密测算。

φ_{3-4-5}表示燃烧和膨胀过程,在图1-6上用阴影部分表示,为140°~160°CA。

(4)排气行程(排气冲程)——活塞自下而上运行,消耗功并把气缸内的废气推出缸外。排气时气缸容积不断缩小,压力(1.05个大气压)略高于大气压力且基本不变。

排气阀直到上止点后6才关闭,为的是尽量利用气流惯性把废气排得更干净。

φ_{5-6}表示排气过程,在图1-7上用阴影部分表示,为230°~260°CA。

柴油机在上述四个冲程内完成了五个工作过程,实现了一个工作循环。当活塞继续运行时,另一个新的工作循环按照同样的顺序重复进行。

四冲程柴油机完成一个工作循环活塞上下四次,曲轴回转两转(720°CA)。每个工作循环中只有膨胀冲程对外做功,其余冲程都要消耗功。为了使柴油机运转平稳,需把四冲程柴油机的飞轮做得较大或采用多缸。

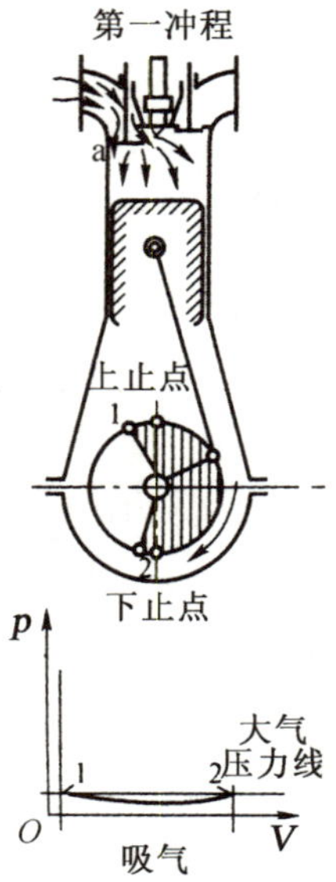

图 1-4　进气冲程

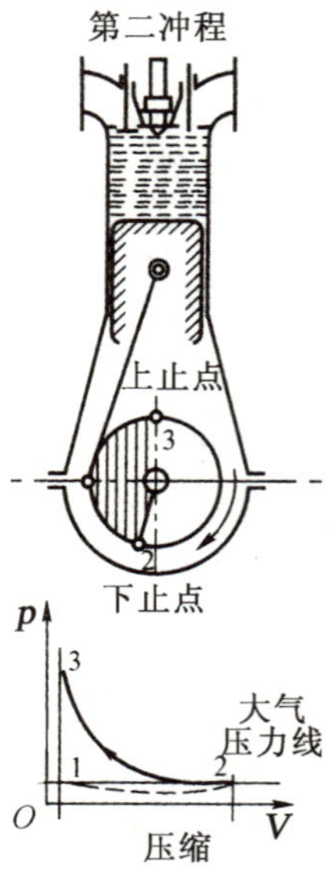

图 1-5　压缩冲程

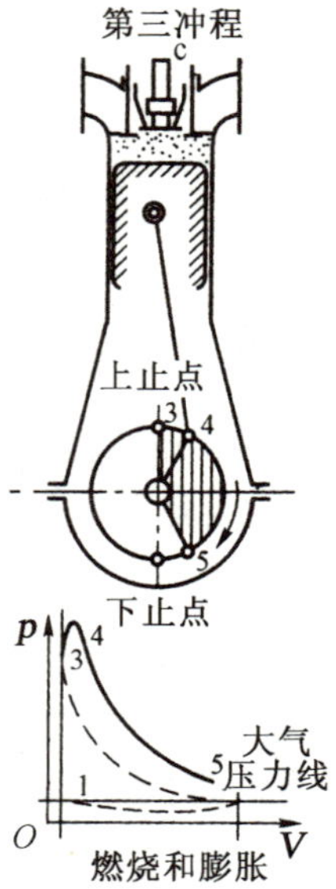

图 1-6　膨胀冲程

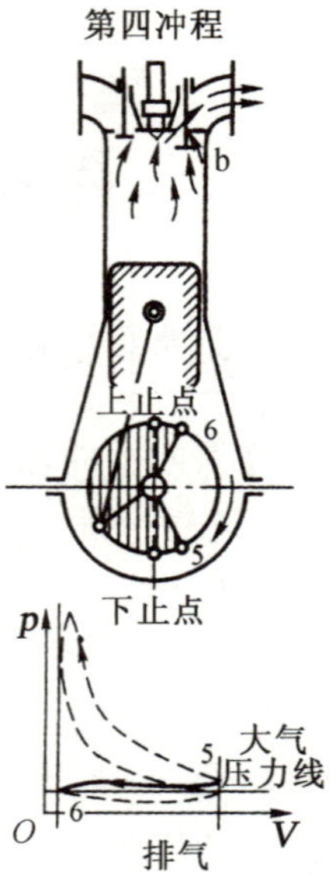

图 1-7　排气冲程

2.2　四冲程柴油机气阀早开晚关解析

四冲程柴油机进气阀和排气阀都不在上、下止点位置启闭，而是早开晚关，换气总角度为450°～510°CA。其目的是把废气排得更干净，尽量吸入更多的新鲜空气。

由于进气阀在上止点前开启，排气阀在上止点后关闭，进、排气阀在上止点附近形成两阀同时开启的一个气阀重叠角。适当的气阀重叠角可使废气排得更干净，能够吸入更多新鲜空气。因为排气阀在上止点位置可以利用排气气流的惯性，继续把废气排得更干净，所以可以迟关。而进气阀利用气阀开启惯性，根据实际进气阀真正开启并进气在上止点后的特点，进行早开。但是，如果进气阀开得太早，废气会倒灌到进气管，这个适当的提前角与进气压力有关，进气压力越高，提前角越大。排气滞后角的大小也不是随意的，太大会使新鲜空气通过排气阀流出，损失新鲜空气量。

适当的气阀重叠角，还可以达到利用新鲜空气驱赶废气，实现燃烧室扫气的目的。另外，新鲜空气温度较低，可以对燃烧室进行部分冷却，有利于增大进气密度。

图 1-8 为四冲程柴油机气阀定时圆图，图中 φ_1 为进气提前角，φ_2 为进气延迟角；φ_3 为排气提前角，φ_4 为排气延迟角。所以 $\varphi_1+\varphi_4$ 为气阀重叠角。图 1-9 所示为 6350C 型柴油机换气与喷油的定时圆图。

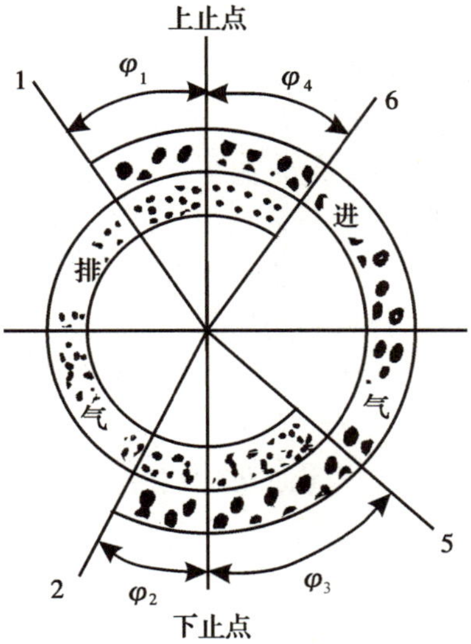

图 1-8　四冲程柴油机气阀定时圆图

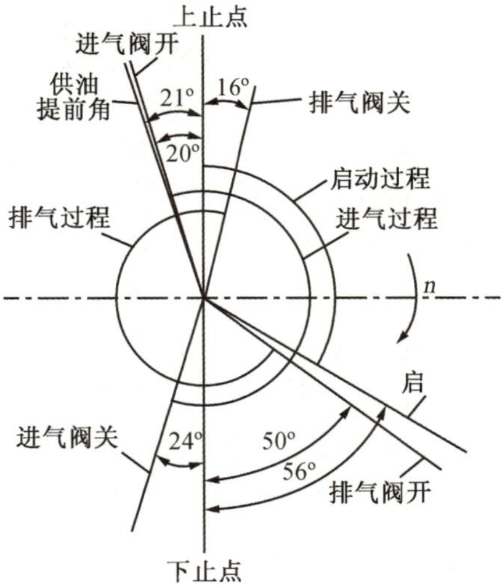

图 1-9　6350C 型柴油机换气与喷油的定时圆图

如表 1-3 所示,气阀重叠角的大小与柴油机进气压力相关。如果进气有增压或增压的压力较高,气阀重叠角可以相应增大。

表 1-3　四冲程柴油机的气阀开闭定时和重叠角

名称	非增压机		增压机	
	开启	关闭	开启	关闭
进气阀	上止点前 15°~30°	下止点后 10°~30°	上止点前 40°~80°	下止点后 20°~40°
排气阀	下止点前 35°~45°	上止点后 10°~20°	下止点前 40°~55°	上止点后 40°~50°
重叠角	20°~50°	80°~130°		

任务 3　二冲程柴油机工作循环分析

3.1　二冲程柴油机工作循环

活塞经过两个冲程就完成一个工作循环的柴油机,叫二冲程柴油机。二冲程柴油机没有单独的换气冲程,由于结构上的特点,整个进、排气过程几乎在活塞下止点前后 120°~150°CA 同时进行。二冲程柴油机通过在气缸下部开设扫气口和排气口,或扫气口和气缸盖排气阀来换气。二冲程柴油机没有独立的排气冲程,废气需要借助扫气压力来驱赶,因此需要提高进气压力。

目前,二冲程柴油机都采用废气涡轮增压的方式来提高进气压力。图 1-10 所示为一种带有废气涡轮增压系统的二冲程柴油机工作原理图。其工作过程有如下特点:新鲜空气从气缸下部的进气口进入气缸,而废气通过排气口排出气缸。在进、排气管道上分别安装了离心式压气机和废气涡轮机(两者结合,便是废气涡轮增压器)。柴油机排出的废气具有膨胀能和冲击能(也叫脉冲能),这个能量推动废气涡轮高速旋转,而高速旋转的涡轮又带动同轴上的压气机高速旋转,压气机经吸入口吸入新鲜空气,待压力增大后输送给进气管道,再经冷却器导入进气口。

二冲程柴油机活塞下行到某一位置,首先排气阀打开(在曲柄图上 1 位置),废气在气缸内外压力差的作用下自由排出,大量废气经排气阀和排气管进入废气涡轮。当活塞继续运行使缸内压力降低到接近增压压力时,活塞将进气口打开(在曲柄图上 2 位置),等候在进气口外侧的增压空气就进入气缸并把废气驱出。当活塞运行到下止点并转而上行时,进气口被活塞阻挡关闭(在曲柄图上 3 位置),接着排气阀关闭(在曲柄图上 2-4 位置),换气过程结束,进入压缩、燃烧和膨胀行程。

二冲程柴油机也可以用定时圆图来表示其气口、气阀启闭以及喷油时刻。图 1-11 为国产 ESDZ43/82B 型柴油机的定时圆图。

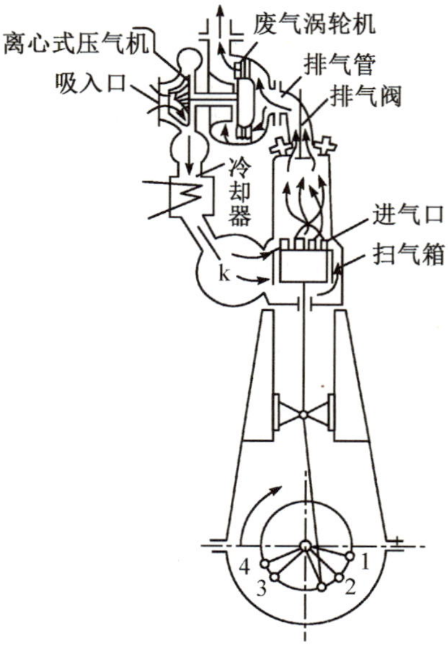

图 1-10　二冲程直流扫气

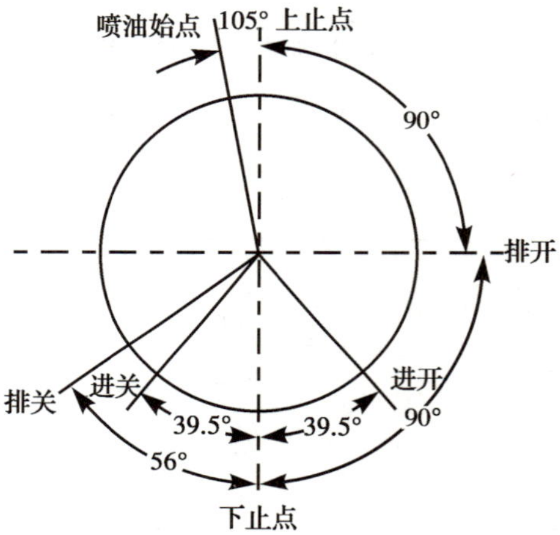

图 1-11　ESDZ43/82B 型柴油机的定时圆图

由上述可知,无论四冲程柴油机还是二冲程柴油机,它们真正的压缩始点均不在下止点,而在进、排气阀(口)全部关闭时对应的点。通常经进、排气阀(口)全部关闭瞬时的气缸容积与压缩容积的比值称为有效压缩比 ε_e,即

$$\varepsilon_e = 1 + \frac{(1-\varphi_s)V_s}{V_c}$$

式中,φ_s——行程失效系数,$\varphi_s = \frac{\text{失效高度}}{\text{行程}}$;

V_s——失效高度/行程;

V_c——余隙容积。

3.2　二冲程柴油机的换气形式示解

在二冲程柴油机中,扫气根据气流路线可分为弯流扫气和直流扫气。20 世纪 80 年代后,

直流扫气换气技术比较完善，得以在船舶柴油机上广泛使用。下面就扫气的各种分类形式进行示解。

弯流扫气：
- 横流扫气：扫气口装有单向阀(口琴阀)
- 回流扫气
- 半回流扫气：扫、排气口均有单向阀(口琴阀)

直流扫气：
- 排气阀-扫气口式
- 排气口-扫气口式

(1)简单横流扫气

如图1-12所示，进、排气口分别位于气缸下部中心线两侧，空气从进气口一侧进入气缸，然后在气缸中向上流动到气缸盖底部转而向下流到排气口侧，把废气从排气口排出气缸。

由于存在死角和气流短路，废气排出得不够彻底，新鲜空气浪费较多。另外，进、排气口在气缸两侧，造成气缸两侧温度不一、膨胀不一，导致活塞与气缸间单侧磨损较大。

(2)回流扫气

如图1-13所示，进、排气口位于气缸下部同侧，排气口在进气口上方。进气流经活塞顶面沿对侧气缸壁上行到气缸盖底部转而下行，再经排气口把废气排出。气流在气缸中形成“回流”。

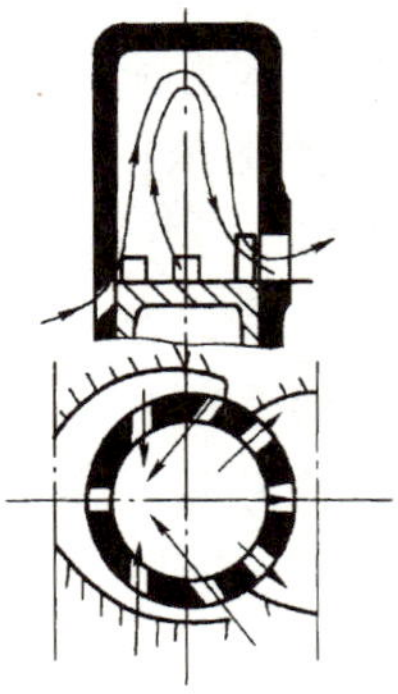

图1-12 横流扫气

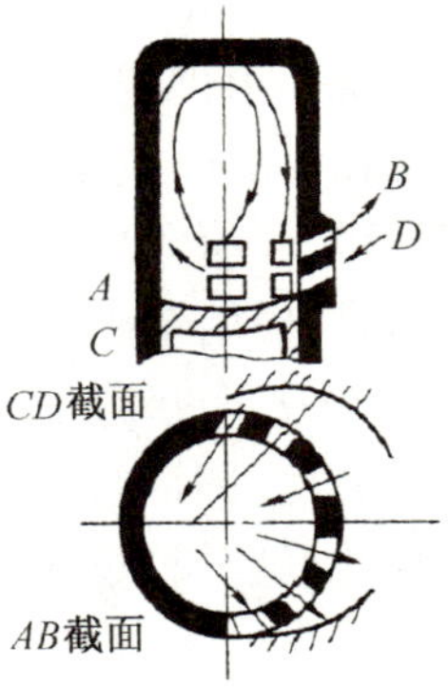

图1-13 回流扫气

使用这种扫气方式时，由于存在死角和短路，废气排出得不够彻底，新鲜空气浪费较多。另外，进、排气口在气缸下部上下排列，造成上下温度不一、膨胀不一，往往容易造成气口挂环。

(3)半回流扫气

如图1-14所示，进、排气口位于气缸下部同侧，排气口在进气口上方，同时在气缸对侧增加一个进气口，兼有回流扫气和横流扫气的特点。

早期的半回流扫气(Sulzer-RD)，在排气管中装有回转控制阀，该回转控制阀在活塞上行短裙开启排气口前关闭排气管，防止新鲜空气从排气口流失。RND型柴油机不再使用回转阀，改用长裙活塞。活塞在上止点时，活塞裙能够挡住排气口。

半回流式克服了横流、回流上下左右热膨胀差距过大的缺点，大大延长了气缸与活塞的使用寿命，因此，在现代大型Sulzer机型中广泛使用。

(4)排气阀-扫气口式直流扫气

如图1-15所示，气缸下部均布一圈进气口，在气缸盖上安装有排气阀。空气从气缸下部进气口进入气缸，气流向上经气缸盖上的排气阀把废气排出。因气流由下而上的直线流动，所以称为直流扫气。

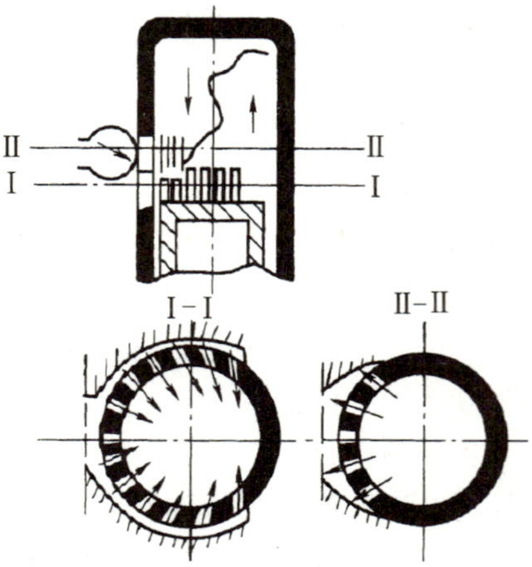

图 1-14　半回流扫气

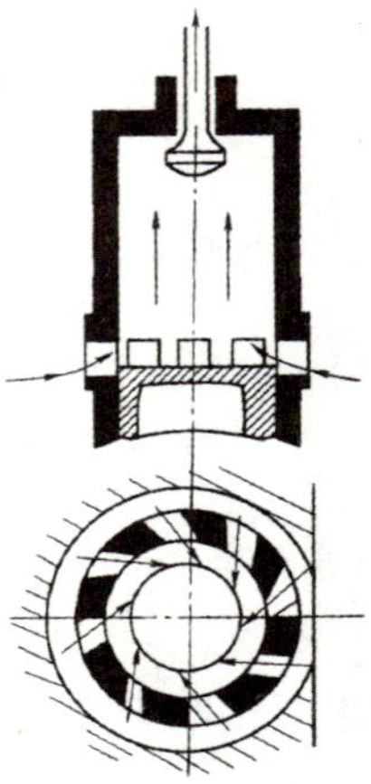

图 1-15　排气阀-扫气口直流扫气

进气口在气缸纵、横向都有倾斜角度，扫气气流进入气缸后产生螺旋式旋转向上的“气垫”，使新进入的空气不与废气掺混，扫气效果较好。同时，排气阀的启闭不受活塞控制，而是由排气凸轮控制，可以控制启闭时刻，实现“过后充气”，因此直流扫气换气更好。

传统柴油机中，B&W 和 UEC 机型采用排气阀-扫气口式直流扫气；现代柴油机中，MAN B&W、MC 系列及 Sulzer RTA 系列等也都采用排气阀-扫气口式直流扫气。

直流扫气气流在气缸中流动路线短（约为 S），旋转气流形成的“气垫”又可阻止气体掺混，因此换气质量最好。而弯流扫气气流流动路线长（约为 $2S$），并存在死角、短路现象，因此换气质量较差。但是，使用弯流扫气的柴油机因其结构简单、维护方便仍占据一定市场。现代柴油机行程缸径比 S/D 不断增大，出现了长行程（$S/D>2.5$）和超长行程（$S/D>3.0$）机型，弯流扫气的缺点越发突出，因而排气阀-扫气口式直流扫气成为现代柴油机换气的主要形式。某些传统弯流扫气的机型如 Sulzer，也改为使用直流扫气。

任务 4　二冲程与四冲程柴油机的比较

（1）二冲程柴油机曲轴回转一转即完成一个工作循环，四冲程柴油机曲轴回转两转完成一个工作循环，从理论上讲二冲程柴油机在体积、重量、尺寸和转速相同的情况下功率应该是四冲程柴油机的 2 倍，但是由于二冲程柴油机的换气质量和行程损失，其实际功率为四冲程柴油机的 1.6~1.8 倍。

（2）二冲程柴油机因每转都做功，运转均匀，飞轮可以相对较小。四冲程柴油机除膨胀冲程做功外，其余冲程都消耗功，必须由曲轴带动，因此飞轮相对做得大些。

（3）二冲程柴油机换气质量较四冲程柴油机差。

（4）二冲程柴油机没有进气阀（若采用弯流扫气甚至没有排气阀），结构简单、维护方便。

（5）二冲程柴油机每转都做功，热负荷比四冲程柴油机大。

（6）二冲程柴油机废气需要由进气气流驱出，因此必须增压。

（7）二冲程柴油机受到换气质量制约，换气时间不能过短，转速不能太高，往往做成低速柴油机。

总之,在提高功率方面二冲程柴油机优越,在提高强化度($V_m \cdot p_e$)方面四冲程柴油机优越。

任务5 柴油机提高功率途径的讨论

5.1 柴油机理论工作循环与功率计算

(1)柴油机理论工作循环

柴油机的工作循环基本上按混合加热循环进行,如图1-16所示。

1—2为绝热压缩过程,气缸容积从 V_a 到 V_c 压缩了 V_h。

2—3为等容加热,容积没有改变,压力急剧上升到最高压力 p_z。

3—4为等压加热,压力基本不变,容积扩大。

4—5为绝热膨胀过程,气体推动活塞对外做功。

5—1为定容放热过程,这部分能量被排气带出(可以带动废气涡轮增压器或废气涡轮发电机,多余的给废气锅炉加热用),不计算在柴油机内部。

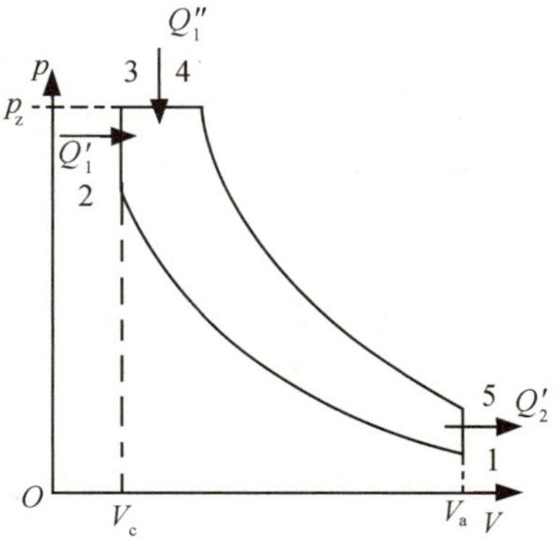

图1-16 柴油机理论工作循环

由工程热力学可知,理论工作循环图所包围的面积1—2—3—4—5—1即为一个循环所做的理论功 W_{th}。该循环的热效率 η_t 的计算公式为

$$\eta_t = 1 - \frac{\lambda\rho^k - 1}{\varepsilon^{k-1}[(\lambda - 1) + k\lambda(\rho - 1)]}$$

式中,ε ——压缩比,$\varepsilon = V_a/V_c$;

λ—— 压力升高比,$\lambda = p_z/p_c$;

ρ ——初膨胀比,$\rho = V_z/V_c$;

k ——工质绝热指数。

由公式可以看出,柴油机热效率与压缩比、压力升高比和工质绝热指数的变化呈一致性,而与初膨胀比的变化呈反向性,这就为提高柴油机热效率找到了方法。

(2)柴油机功率计算

柴油机实际工作循环没有像图1-16所示理论工作循环那样发生压力突变,而是循环压力渐变,如图1-17所示。

由于

$$N(功) = F(力) \times D(距离)$$

在图1-17中围成的面积 $W_i = N$,而 $F = \Delta p \times S$,其中 $\Delta p = p_{膨胀} - p_{压缩}$,在整个压缩或膨胀过程中是变化的,为了计算简便,引入一个称为平均指示压力 p_i 的假想力 p_e。假定有一个数值不变的力作用在活塞上，这个力在膨胀时所做的功与实际一个工作循环所做的功 W_i 相等。那么，柴油机单缸一个循环所做的功

$$N_i = p_i \cdot S \cdot D = p_i \cdot V_s$$

而柴油机一般选用多缸，如 i 只缸，每分钟 n 转，那么柴油机的指示功率为

$$P_i = p_i V_s nmi/60\ (\mathrm{W}) = p_i V_s nmi/60\ 000\ (\mathrm{kW})$$

式中，P_i——整台柴油机的指示功率；

p_i——平均指示压力(压强)；

m——冲程系数，二冲程柴油机 $m=1$，四冲程柴油机 $m=1/2$。

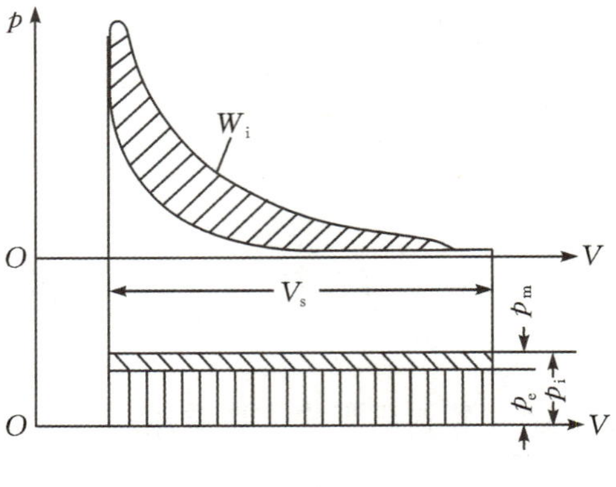

图 1-17　柴油机实际工作循环

如果各缸功率不均匀，那么整机功率为各缸功率之和。

由于 V_s 和 m 为定值，即 $V_s m/60\ 000$ 是一个常数，一般设定为 C，于是柴油机指示功率计算可以简化为

$$P_i = Cp_i ni\ (\mathrm{kW})$$

指示功率只表征柴油机燃油燃烧应该产生的动力强度，并不能表示柴油机实际对外输出功率的大小。从柴油机曲轴飞轮端输出的功率才能真正带动机械，这个功率称为有效功率 P_e。有效功率 P_e 是指示功率 P_i 减去机械损失 P_m 所剩余的功率，即 $P_e=P_i-P_m$。

柴油机的有效功率可以通过下式求得

$$P_e = \frac{M_e n}{9\ 550}\quad (\mathrm{kW})$$

式中，M_e——柴油机输出的有效扭矩(用试验台水力测功仪或电子测功仪测量)；

n——柴油机转速。

柴油机油料燃烧产生的功率还要部分消耗在动力传递、摩擦以及带动辅助设施上。柴油机的机械效率 η_m 可以用下式表示

$$\eta_m = P_e/P_i$$

因此，有效功率计算也可以表达为

$$P_e = \eta_m p_i V_s nmi/60\ 000\ (\mathrm{kW})$$

柴油机的机械损失包括以下几个方面：

①摩擦损失：与摩擦表面光洁度、润滑情况、装配间隙和运动速度相关，经验值是活塞气缸套摩擦损失占总摩擦损失的55%~65%，各轴承处的摩擦损失占总摩擦损失的35%~45%。

②拖动损失：柴油机带动各种辅助机械，如高压油泵、注油器、空气分配器及气阀传动机构等造成的功率损失。其损失随转速的增大而增加。

③泵气损失：在非增压四冲程柴油机中，进、排气过程需要消耗功率。在增压四冲程柴油机中，由于进气压力大于排气压力，泵气功率是正值。在二冲程柴油机中，因为没有独立的进、排气行程，所以泵气损失为零。

机械损失还与下列因素相关：

①如果转速不变，负荷增加，机械效率也相应提高。

②如果指示压力不变，转速增大，机械效率将下降。

③在柴油机空载运行时,若没有轴功输出,则机械效率为零。

如果适当升高滑油温度和冷却水温度,机械效率会有一定程度的提高。但是温度太高会使滑油膜破坏,从而使机械效率下降,甚至引起柴油机事故。

5.2 增压技术及其在提高柴油机功率方面的应用

(1)增压技术简单介绍

增压就是提高进气压力,目的是使柴油机在进气阶段进入更多的新鲜空气,在此空气量的基础上可以燃烧更多的燃油,从而使柴油机发出更大的功率。按照增压压力 p_k 的高低,增压可分为低增压、中增压、高增压和超高增压四级。

低增压:$p_k \leqslant 0.15$ MPa。

中增压:$p_k = 0.15 \sim 0.25$ MPa。

高增压:$p_k = 0.25 \sim 0.35$ MPa。

超高增压:$p_k \geqslant 0.35$ MPa。

按照驱动增压器的动力来源,增压可分为机械增压、废气涡轮增压和复合增压三种。

①机械增压

如图 1-18 所示,增压器(压气机)的动力来自柴油机曲轴驱动力,这种增压方式称为机械增压。显然,机械增压必然消耗柴油机的输出功率,增压压力越大,消耗的功率也越大。当增压压力达到某一数值时,增压所提高的功率开始小于增压所消耗的功率,柴油机输出的有效功反而减小。因此,机械增压只适合增压压力 $p_k \leqslant 0.15$ MPa 的低增压柴油机。

②废气涡轮增压

如图 1-19 所示,离心式压气机被由柴油机排出的废气驱动的废气涡轮机同轴带动,这种增压方式称为废气涡轮增压。柴油机的废气经排气阀和排气管到废气涡轮机,废气在涡轮中膨胀推动涡轮高速旋转,又带动同轴的离心式压气机高速旋转,新鲜空气被离心式压气机吸入并增压,后经中间冷却器进入扫气箱。增压空气进行中间冷却是为了降低进气温度,增大进气密度,增加进气量。

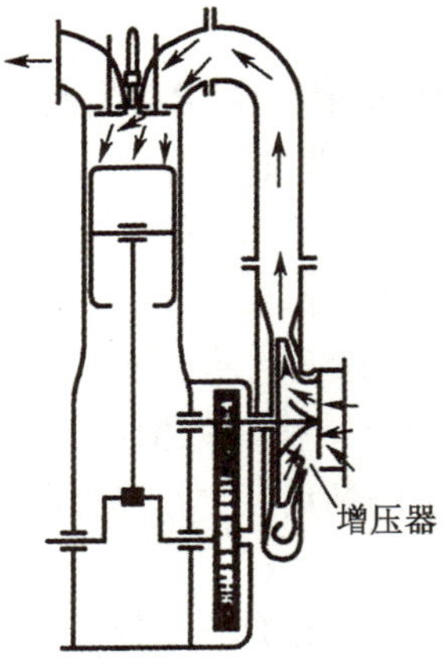

图 1-18 机械增压

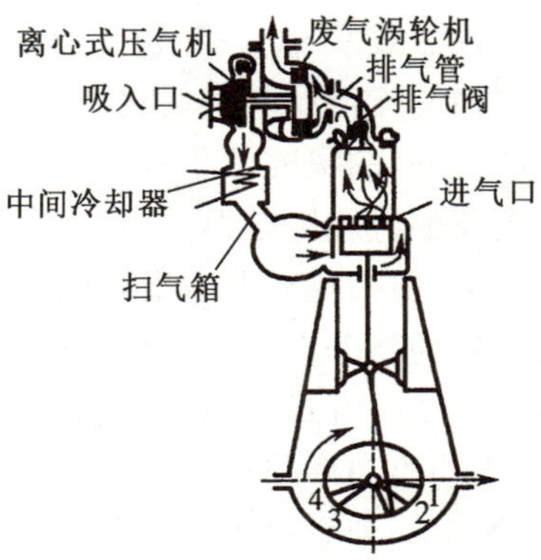

图 1-19 废气涡轮增压

③复合增压

如图 1-20 所示,复合增压既可以利用废气涡轮增压,也可以利用机械增压。图 1-20(a)所示为废气涡轮-机械串联增压；图 1-20(b)所示为废气涡轮-机械并联增压；图 1-20(c)所示为废气涡轮二级增压。随着废气涡轮增压技术的发展，大型轴流式增压效率的提高，已很少使用机械增压和复合增压。

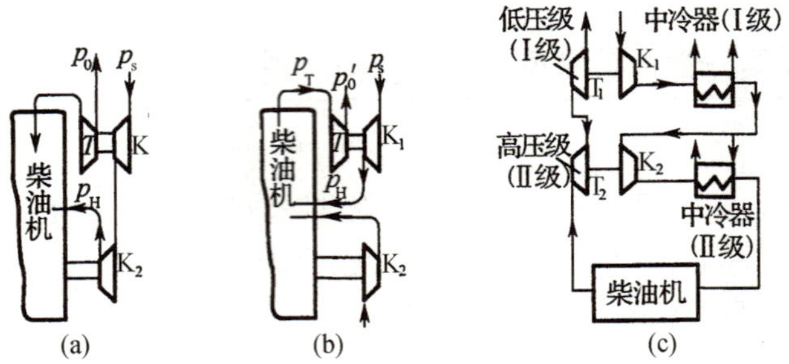

图 1-20 复合增压

(a)废气涡轮-机械串联增压；(b)废气涡轮-机械并联增压；(c)废气涡轮二级增压

(2)增压在提高柴油机功率方面的应用

增压是提高柴油机功率最有效的途径。

柴油机有效功率计算公式

$$P_e = Kp_iV_snmi/60\,000\ (\mathrm{kW}) \propto Kp_iD^2Smni$$

式中，K——系数；

p_i——平均指示功率；

D——柴油机缸径；

S——柴油机冲程；

m——每转工作冲程数，四冲程柴油机 $m=\dfrac{1}{2}$，二冲程柴油机 $m=1$；

n——柴油机的转速；

i——气缸数。

从功率计算公式可知，提高柴油机功率有许多途径：

①增大 D、S、i 等柴油机结构参数值。但结构参数值增大势必加大柴油机总体质量和尺寸，增加制造成本并给管理和维护带来不利影响。

②提高机械效率 η_m。提高机械效率的方法有：改善润滑，采用适当的滑油和冷却水温度，提高摩擦表面的光洁度以及优化柴油机安装工艺等。随着柴油机制造和管理技术的日益成熟，机械效率提高的幅度已非常有限。

③提高柴油机燃烧压力。通过增大燃烧压力、平均指示压力，可以实现整机功率的提高。根据燃烧理论，要想提高平均指示压力，必须燃烧更多的燃油，而要使燃油能充分燃烧又必须增加进入气缸的新鲜空气量。增压技术就是在原柴油机结构参数值不变的情况下，通过增大进气压力和密度的方式，在柴油机进气阶段充入更多的新鲜空气，为燃油完全燃烧提供了可能，实现了柴油机功率的提高。

目前，绝大部分船用柴油机和半数以上车用柴油机采用了增压技术。增压柴油机的功率较非增压柴油机功率提高 1.4~2 倍，甚至 4~5 倍。涡轮增压利用废气能量来增加充气量以提高柴油机功率，使柴油机工作过程得到改善(燃烧更充分)，燃油消耗率下降，同时也降低了气体排放温度，减少了 NO_x 的排放)，使柴油机性能得到大幅提高。

项目 2

柴油机吊缸检查

☞[项目背景]

柴油机的动力输出是由其运动部件和固定部件共同完成的。运动部件包括活塞、连杆、曲轴(二冲程柴油机还包括十字头机构)。固定部件包括机体、气缸盖、机座(小型柴油机有的没有机座,有油底壳)等。运动部件产生和传递动力,固定部件支撑运动和组成运动空间,两者相互配合,共同形成柴油机整体。

☞[任务分解]

吊缸就是把活塞从气缸中抽出检查和保养的过程。柴油机运行一段时间后,由于磨损、腐蚀或烧蚀等,配合间隙改变、螺栓松弛、材料老化,使工作性能无法保证,必须进行吊缸。柴油机吊缸的任务包括燃烧室组件的拆装检查、曲柄连杆机构的拆装检查、固定部件的检查。

本教材按照认知规律编排知识点,采用理实一体化的方式进行教学,教学内容符合《海船船员培训大纲》的要求。

任务1 燃烧室组件的拆装检查

柴油机燃烧室部件包括活塞、气缸和气缸盖。燃烧室部件在柴油机运行时受燃气高温、高压的作用,工作条件十分恶劣。因为受到燃烧产生的脉动机械应力、高温造成的热应力、气缸套内低温腐蚀、气缸套外电化学腐蚀和穴蚀、运动副磨损、安装应力、金属堆积造成的应力集中现象和振动引起的附加应力的影响,所以部件承受较大的机械应力和热应力,对柴油机的使用安全和寿命产生严重影响。

柴油机吊缸就是把活塞从气缸中抽取出来进行检查和保养的过程。首先必须拆除柴油机外围的一些附属件,如燃油管、启动空气管、进气管道、排气管道、冷却水管,以及各种压力、温度仪表,利用适当的专用工具把活塞从气缸中吊出,然后对燃烧室部件进行检查和维护。

1.1 气缸盖拆装检修

气缸盖是柴油机燃烧室的重要组成部件,上面安装有喷油器、气缸启动阀、示功阀、安全阀、排气阀(四冲程柴油机和二冲程柴油机直流扫气)、进气阀(四冲程柴油机),对于有气阀的柴油机还有气阀传动机构,如图 2-1 所示。气缸盖内部孔道较多,内腔需要冷却,因此金属堆积极不均匀,机械应力和热应力集中现象严重,如图 2-2 所示。

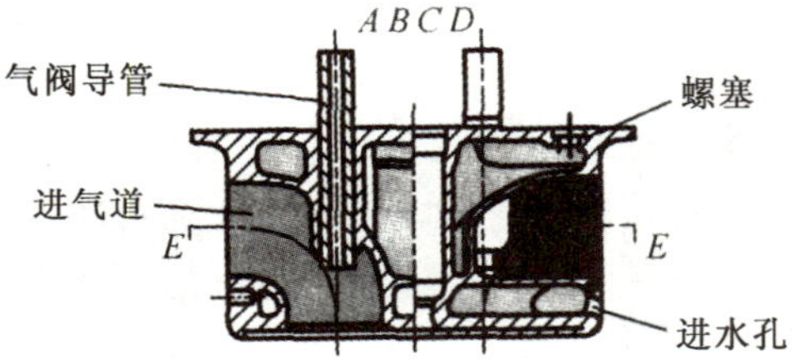

图 2-1 气缸盖及其相关部件示意图

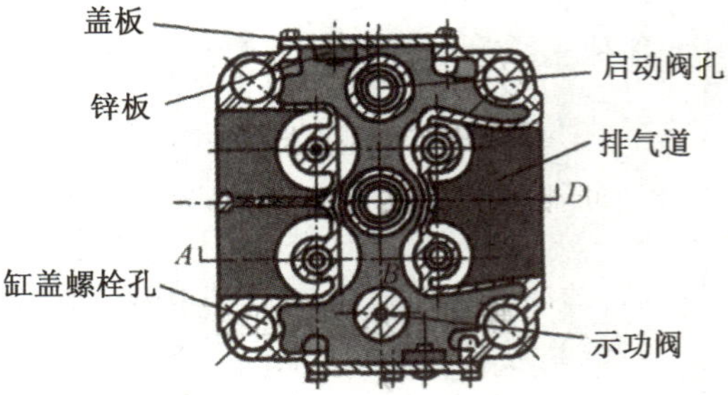

图 2-2 气缸盖内部孔道示意图

为了保证燃烧室密封的可靠性,要求气缸盖有一定的强度和刚度。气缸盖通常采用灰铸铁、球墨铸铁、铸钢(合金铸钢)以及锻钢材料铸造。铸铁一般用在非增压或增压度不高的中小型柴油机上。铸铁材料中加入 Cr、Mo、Ni 等即为铸钢,用于增压度较高的中速柴油机。形状简单的气缸盖还可用耐热钢(如钼钢)铸造。增压度较高的二冲程柴油机现多用锻钢铸造。

气缸盖可简单分为以下三种:

气缸盖
- 单体气缸盖：每个气缸都有一个气缸盖，用于大功率中、低速柴油机，与气缸套结合面密封性好，制造、维修方便，气缸中心间距小，整机长而重。
- 整体气缸盖：一排气缸盖做成一个整体，用于缸径小于 150 mm 的中小型柴油机，间距小，重量小，但密封性差，局部损坏须整体更换。
- 分组气缸盖：使两三个气缸共用一个气缸盖，分组合成整体，用于中、高速柴油机，其特点介于上述两者之间。

(1)气缸盖的拆卸

首先放掉拆卸缸的冷却水，以免拆卸时水流入曲轴箱。然后拆卸气缸盖上的水温表、排气温度表、高压油管、启动空气管、冷却水管、进气管、排气管，向上的开口用棉布扎好，防止污物落入堵塞管道。

使用液压拉伸器(如图 2-3 所示)拆卸气缸盖螺母。液压拉伸器主要由手动高压油泵 A、液压拉伸器 B、高压软管(油管)C 和压力表 M 组成。

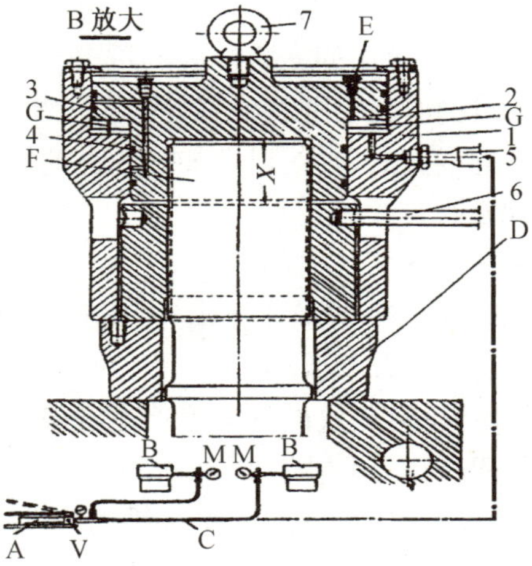

图 2-3　液压拉伸器

1—液压油缸；2—液压活塞；3，4—上、下密封圈；5—接头；6—拨杆；7—吊环；A—手动高压油泵；B—液压拉伸器；C—高压软管(油管)；D—间隔环；E—放气螺钉；F—螺栓；G—液压油空间；M—压力表；V—泄放阀；*X*—上紧螺母后螺栓露出长度

液压拉伸器是由液压油缸 1、液压活塞 2、间隔环 D 等构成的，它利用油压使螺栓 F 受拉伸长，使螺母变松，然后使用较小的力就可以轻易旋出螺母到预定位置。

先清洁螺栓外露部分，再将液压拉伸器 B 安装在螺栓上，通过接头 5 与高压软管(油管)C 相连接。关闭泄放阀 V，手动泵油，压力油经高压软管(油管)进入拉伸器活塞下部液压油空间 G，驱出空气后上紧放气螺钉 E 使油缸密封。随着油压的上升，螺栓 F 不断被拉长，当油压泵到说明书规定的压力时停止泵油(有时可适当增大压力，但最好不超过规定值的 10%)。此时，用拨杆 6 拨松螺母半圈至一圈。打开泄放阀 V，油压自然卸去，拆下拉伸器，螺母就可轻松旋出。

液压拉伸器 B 使用完毕必须妥善保管。液压油必须是纯净的液压油或透平油，不可使用碱性的系统油和气缸油。应及时更换损坏的密封圈。拉伸器不用时应用油脂涂抹并存于干燥处。

利用专用吊缸工具，如图 2-4 所示，吊起气缸盖，放在木板上或专用垫架上，避免与机舱铁质地板相摩擦而损坏接触面。

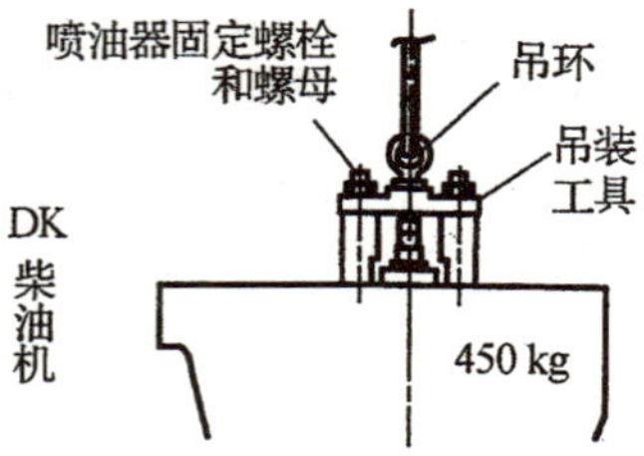

图 2-4　吊缸工具

（2）气缸盖的检查

用柴油或煤油清洁气缸盖与气缸套结合面，不可用钢丝刷或刮刀，否则会损伤结合面，影响密封性能。但进、排气道可以使用钢丝刷和刮刀，因为这些部位精度要求不高，积炭和油泥比较牢固。一般来讲，进气道比较脏，会布满油泥；而排气道因受高温气流冲刷而较为干净。

气缸盖触火面检查，主要检查结合面的完整性和底部是否有裂纹存在。结合面如果有破损将导致燃烧室泄漏，影响压缩比和燃烧，并且泄漏处会因气流的冲刷而变大。气缸盖裂纹一般出现在金属堆积或壁厚不均匀过渡的地方，以及加工孔道的转折处和周围，特别严重的部位应该在孔与孔的连接处，即所谓的“鼻梁区”。

气缸盖冷却面的裂纹一般在加强筋的根部。

按照中国船级社（CCS）的规范要求，营运船舶每五年进行一次保持船级的特别检验，其中必须对柴油机气缸盖及气阀等进行打开检验。

新造或修理的气缸盖，以及怀疑有裂纹的气缸盖首先可采用观测法粗检。在此基础上，再进行无损探伤，如渗透探伤、磁粉探伤、超声波探伤和水压试验等精检。

在航行中也可以通过观测冷却水压力有无波动、膨胀水箱有无气泡现象来判断气缸盖和气缸套有无穿透性裂纹，因气缸盖的穿透性裂纹可使高压燃气进入冷却水空间导致水压波动或进入膨胀水箱产生气泡现象。另外，柴油机冲车时，观测通过示功阀的水量也可以判断裂纹情况；还可根据曲轴箱是否有水漏入，吊缸时气缸内是否有积水和气缸盖底部是否有锈迹等情况进行判别。

（3）热应力与机械应力分析

由于材料两侧的温度不同而产生的分子间内部的相互作用力叫热应力。热应力与材料所受的热流密度、材料厚度、材质的膨胀系数及弹性系数成正比，与材料的导热系数成反比。在特定的柴油机上，因材料已定，所以只要简单依据排气温度，即热负荷的大小就可以来判断热应力大小。

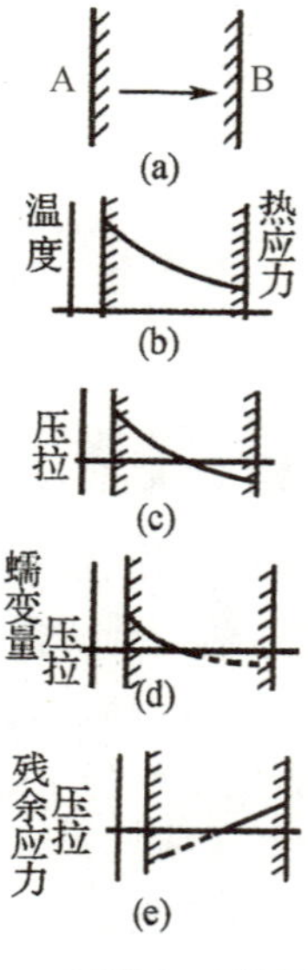

图 2-5　材料应力发展过程

材料应力发展过程如图 2-5 所示。图 2-5（a）、（b）表示材料温度 A 侧高、B 侧低，热流从 A 到 B。材料一般都有热胀冷缩特性，A 侧自然要伸长，由于 B 侧温度低，几乎不伸长，在分子间内部起牵拉作用，限制 A 侧伸长，因此 A 侧受到压应力的作用，如图 2-5（c）所示。而 B 侧受 A 侧伸长的牵拉影响，其应力为拉应力。尽管 A 侧受压、B 侧受拉，但是 A 侧的伸长依然导致材料向右弯曲。这种弯曲如果在材料弹性范围内,当其 A、B 侧温度趋于一致时,应力会消失,材料能恢复原状。如果 A、B 侧温差过大,则热应力过大,导致 A 侧本应伸长的量受到压缩,从而产生塑性变形,如图 2-5(d)所示。当停车冷却后,A、B 侧温度趋于一致时,材料就不能恢复原状,出现向左弯曲的现象,并且存在残余应力(方向正好相反),如图 2-5(e)所示。

无论材料是否超过材料弹性极限,有无塑性变形,材料都在交变热应力的作用下不断弯曲。在这种交变热应力的作用下,分子间的结合力逐渐减弱,最后从内部开始出现裂纹的现象,叫作热疲劳破坏。

柴油机的热应力与柴油机启动次数、负荷变化频率有关,因其启动、变化频率较低,因此也叫低频应力。

如图 2-6 所示,材料在机械应力的作用下,发生弯曲变形。作用力上侧内弯受压应力作用,下侧外弯受拉应力作用。由于交变的机械应力引起的疲劳,就叫机械疲劳。

柴油机的机械应力与柴油机的转速和累计转数有关,因其频率变化较快,也叫高频应力。

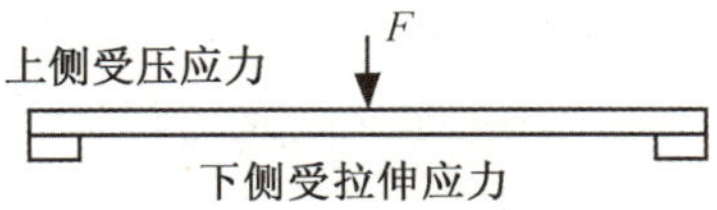

图 2-6　机械应力产生

(4)气缸盖裂纹的检修

当气缸盖产生穿透性裂纹时,一般情况下应更换气缸盖或封缸运行。但如果船上无备件,有时也可以采用下列方法进行暂时性修理。

①钳工打磨:裂纹在 3%壁厚以下,用锉刀、风砂轮和油石打磨,以消除裂纹。

②金属扣合:使用无机黏合剂把金属扣合在裂纹上方,如图 2-7、图 2-8 所示。

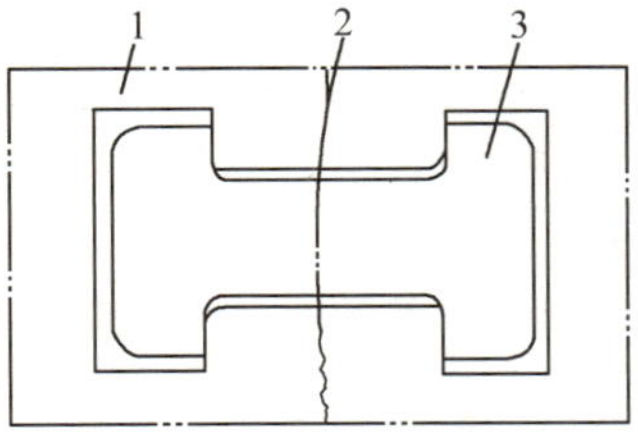

图 2-7　热扣合法

1—零件;2—裂纹;3—工字形扣合键

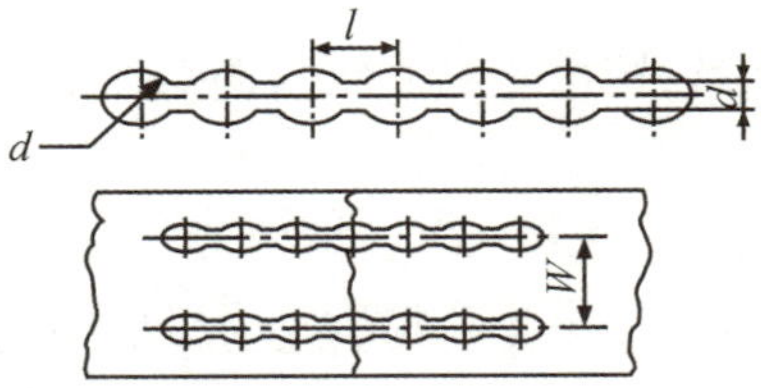

图 2-8　波浪键扣合法

③焊补:在裂纹两端钻止裂孔,裂纹处开 V 形槽,焊补长度小于 40 mm,回火。

④镶套修理:对孔道裂纹可加大孔道,以 H7/r6 配合镶套,可使用 2 年以上。图 2-9 所示为气阀孔镶套,图 2-10 为活塞环槽死镶垫法、活镶垫法。

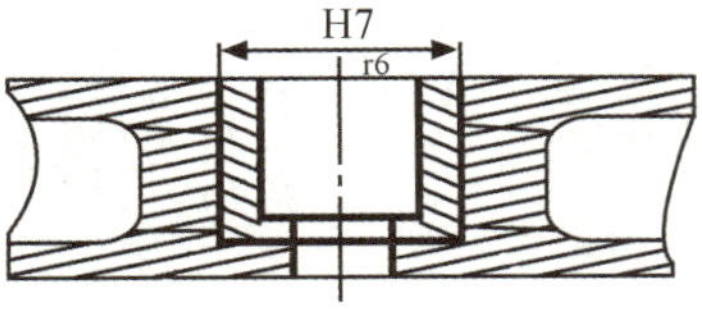

图 2-9　气阀孔镶套

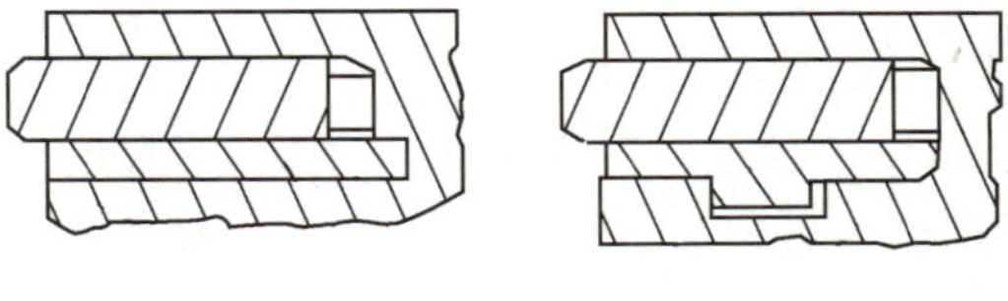

(a)死镶垫法　(b)活镶垫法

图 2-10　活塞环槽镶垫法

⑤胶黏剂修理:磷酸-氧化铜黏合剂,可以在 500 ℃高温下长期使用。

⑥覆板修理:开止裂孔,用螺钉将钢板固定在裂纹上方。

修理后做水压试验,压力为 0.7 MPa。

1.2 活塞组件的拆解

活塞是组成燃烧室的关键部件,按其特点通常可分为筒形活塞和十字头活塞两大类。筒形活塞由活塞本体、活塞销及活塞环组件构成;十字头活塞没有活塞销,但有与活塞相连接的活塞杆。活塞组件的作用是:

①与气缸套、气缸盖共同组成气缸工作容积。

②传递作用在活塞上的气体力给曲轴,将气体的膨胀能转化为机械能。

③筒形活塞在气缸中起导向作用,承受连杆反向作用的侧推力。

④十字头活塞顶部和裙部有启闭气口的功能。

活塞组件不但要承受气缸内燃气的高压作用力(这个气体作用力具有冲击性质,有的高达 15 MPa),还要承受因其本身质量和往复运动而产生的往复惯性力,因此活塞组件的机械应力很大,并且交变。同时,因受燃气燃烧的高温(近 400 ℃)作用,热应力较大,使活塞的强度降低,燃烧室附近的部分材料容易产生变形,工作中还可能产生裂纹甚至损坏。

从加强活塞强度角度考虑,活塞应该做得厚实一些,以减小机械应力。而厚实的活塞势必增大活塞的重量,导致往复惯性力进一步增大;另外,随着活塞厚度的增加,其热应力也相应增大。为了解决上述问题,现代机械制造采取了钻孔冷却的方式,也即“薄壁强背”结构。

活塞所用的材料主要有三种:铸铁(合金铸铁、球墨铸铁)、钢(碳钢、耐热合金钢)和铝合金。

合金铸铁活塞具有较高的机械强度、较小的热膨胀系数,以及良好的耐磨、耐腐蚀性能,且价格低廉,工艺性能可靠,活塞与气缸套允许间隙较小,应用最广。其缺点是密度大、吸热和导热系数小。

铝合金活塞相对密度小、活塞重量轻、往复惯性力小、导热系数大,热膨胀系数大,因此冷态活塞与气缸套允许间隙大,启动困难。

钢质活塞机械强度大,但耐磨性差、成本高,主要用于大功率中、低速柴油机。

球墨铸铁和耐热合金钢具有较高的机械强度。强载柴油机中的活塞常制成薄壁式,以提高其承受热负荷的能力。耐热合金钢一般用于制造组合式活塞的头部。

(1)活塞拆卸

对于四冲程柴油机,从道门拆卸连杆大端螺栓的开口销,旋出连杆螺栓。盘车至活塞上止点,安装活塞吊出专用工具,如图 2-11 所示。

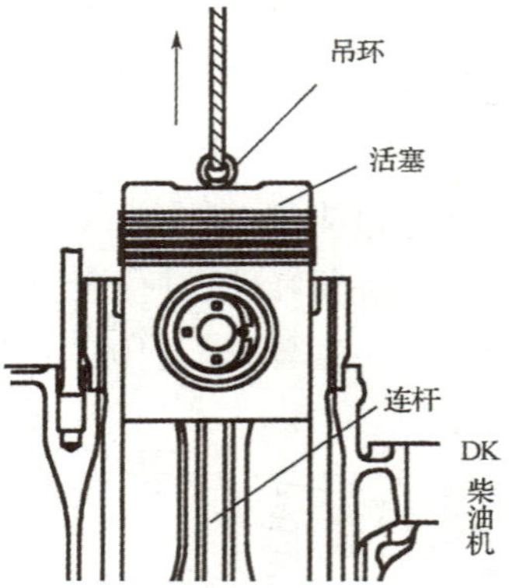

图 2-11　活塞吊出专用工具

二冲程柴油机吊活塞可以不用拆卸连杆机构。使用液压拉伸装置拆卸海底螺母(叉形连杆)或直接拆卸连接螺钉(全支撑式),拿掉上轴承盖(连瓦)。盘车至活塞上止点位置,利用专用工具把活塞从气缸中吊出。

(2)活塞解体

铝合金活塞用柴油清洁干净,铸铁或钢质活塞可用铜丝刷刷掉积炭。

①活塞环拆装与检查

活塞环分为密封环(压缩环或气环)与刮油环(油环),二冲程柴油机还有承磨环。

A. 活塞环拆卸

活塞环是有开口的金属环,有弹力,置于气缸套外部,其开口大小有规定,一般为(0.10~0.13)D,其中D为气缸直径。开口太大容易刮伤气缸,太小会使活塞环失去弹性,起不到密封作用。活塞环安装在活塞环槽中,在弹性作用下紧压气缸套内壁,原先的开口此时变为搭口。搭口间隙直接影响活塞与气缸套的密封,搭口太大,漏气量就大,但搭口太小也不利,会使对侧因热膨胀而折断。

活塞环的工作条件十分恶劣,第一道环直接受高温、高压燃气的作用。活塞环由于受到气体力、往复惯性力、与气缸壁的摩擦力以及横向撞击力等作用,其运动十分复杂,有轴向运动和振动、径向运动和振动、回转运动、扭曲振动等。另外,气缸套磨损不均匀会产生凸台,导致活塞环有缩胀运动;气缸套有气口,会产生挂环;燃烧不良、滑油过多会使活塞环黏着在环槽内,导致串气而加剧活塞环烧损。因此,要求活塞环有密封性、耐磨性、抗熔着性、弹性、热稳定性和足够的强度。

活塞环一般可采用合金铸铁(加硼、高硅)、可锻铸铁、球墨铸铁来制造。为了提高环的工作性能,常采取的措施有:表面镀铬可提高耐磨性;松孔镀铬可提高表面储油能力和加快磨合;内表面刻纹可提高弹性;外表面开蓄油槽有利于润滑;外表面镀铜有利于磨合;外表面喷钼可降低黏着磨损。

根据活塞环截面面积大小,可判断环的弹力大小,从而选择适当的拆装工具。小型柴油机活塞环可采用细绳或如图2-12(a)所示的拆装工具,大型柴油机活塞环拆装则采用如图2-12(b)所示的专用工具。

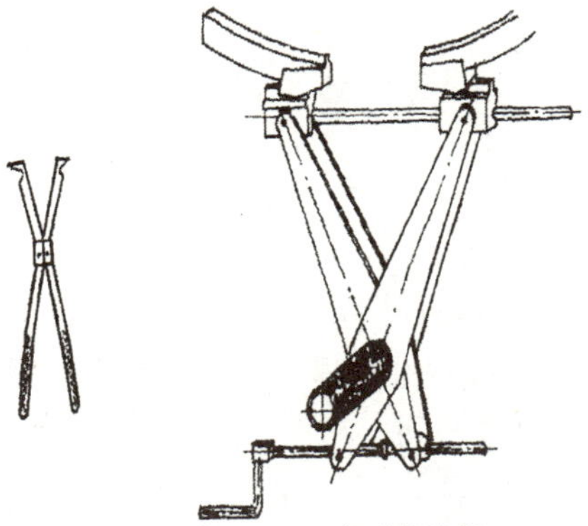

(a) 小型柴油机　(b) 大型柴油机

图2-12　活塞环拆装工具

B. 压缩环密封机理及截面形状分析

压缩环的主要作用就是密封(防止气缸中的气体泄漏)和将活塞上部的热量传递给气缸,并兼支撑活塞的作用,其中最主要的作用就是密封。活塞环的形状如图2-13所示,活塞环密封机理如图2-14所示。

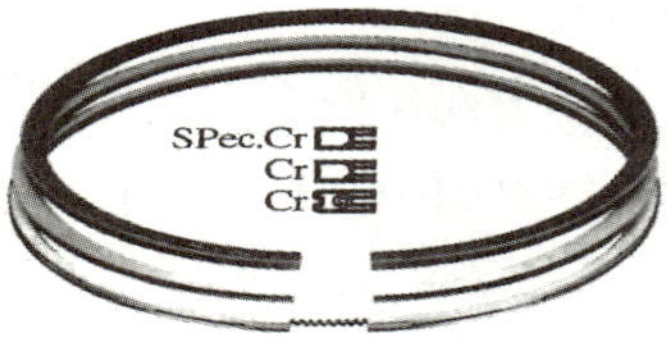

图2-13　活塞环的形状

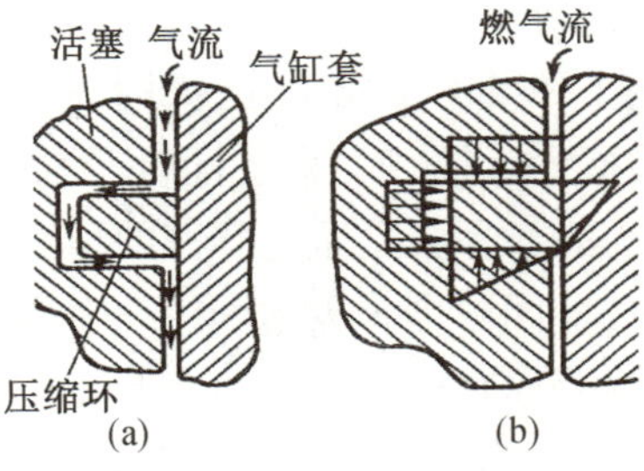

图2-14　活塞环密封机理

依靠活塞环自身的弹力,活塞环紧紧压在气缸壁上,形成第一次密封。作用在环上表面和漏到环内表面的气体压力使环压紧环槽下部并进一步压紧气缸套,形成第二次密封。由此可见,第二次密封必须建立在第一次密封的基础上,没有第一次密封就没有第二次密封。

为了适应不同要求,活塞环常做成各种不同的截面形状,如图 2-15 所示。

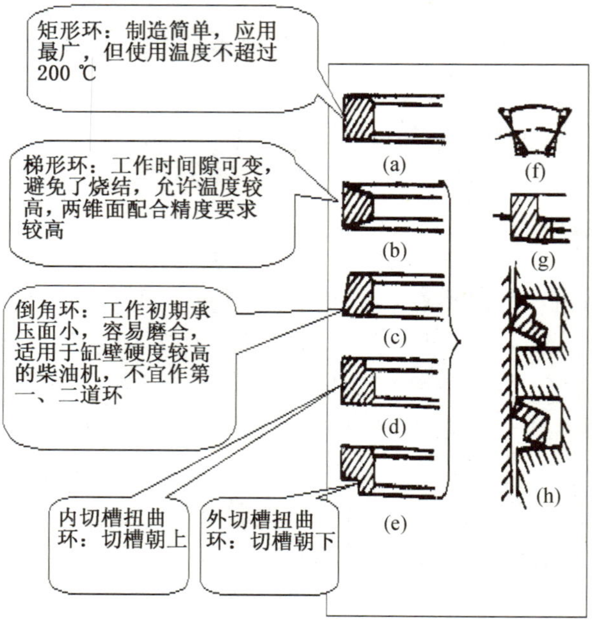

图 2-15　压缩环截面形状

压缩环搭口如图 2-16 所示:(a)为直搭口,结构简单,加工方便,牢固,多用于活塞第一道环;(d)为重叠搭口,气密性最好,但容易折断;(b)、(c)为斜搭口,性能介于直搭口和重叠搭口两者之间。

C. 活塞环泵油机理分析

活塞环在不断的往复运动中会把气缸壁上的滑油不断地泵进燃烧室烧掉,使滑油耗量增加,活塞顶积炭。这种泵油作用是由气环在缸壁上的刮油作用及气环在环槽中的挤油作用引起的。通常,活塞环的泵油作用受到环的天地间隙、环运动时与缸壁的摩擦力、燃烧室气体力及活塞环运动的惯性力等因素的影响。

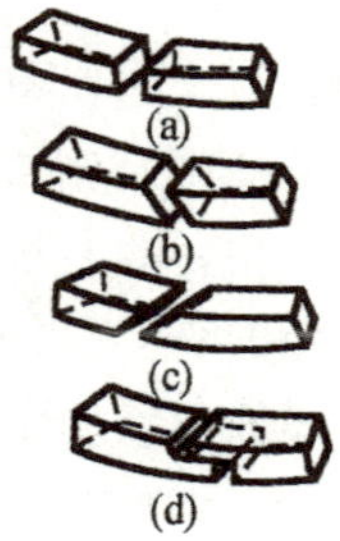

图 2-16　压缩环搭口

当柴油机工作在压缩、膨胀、排气冲程时,活塞环所受的合力向下,活塞环处于环槽的下端底面,如图 2-17(a)所示。

当活塞处于换气上止点且向下运动时,气体力、摩擦力和惯性力的合力向上,活塞环会紧压在环槽的顶面。所以,活塞环在运动中会把缸壁上的油刮到环槽底面的间隙中(此间隙即为天地间隙),如图 2-17(b)所示。

活塞环泵油机理如图 2-17 所示。

活塞环在其他工作过程中也有类似的运动,随着柴油机工作循环的进行,较多的滑油就会从下一道环泵到上一道环,逐渐泵至第一道环后进入燃烧室。由于大部分滑油不能完全燃烧,

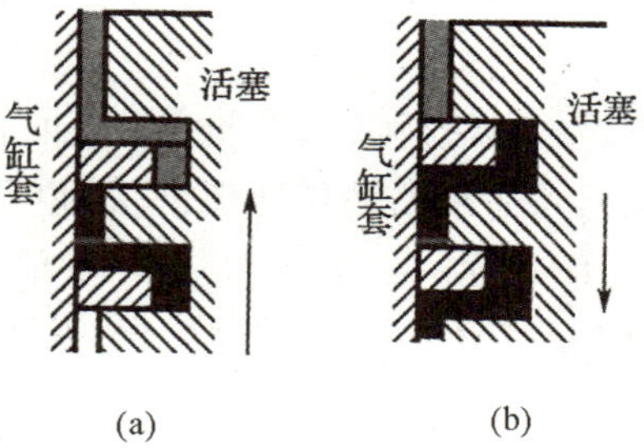

图 2-17 活塞环泵油机理

因此排气冒蓝烟。高速四冲程柴油机在排气冲程末与进气冲程初的换气过程中,特别容易发生泵油现象。

通常随着活塞的往复运动,活塞环产生上下运动是正常的。但当柴油机转速增大,或活塞环的张力(弹力)不足时,就容易因惯性作用而引起气环在环槽中产生不应有的上下运动,气环不再紧压在环槽底面,而是上行并悬浮在环槽中间,这就是所谓的"飘环"(或称"环跳")现象,此时,环槽中的气体会加剧泄漏。这种现象最易在柴油机低负荷高速运转时发生。

D. 刮油环刮油机理分析

在筒形活塞式柴油机中,做回转运动的曲柄销轴承把滑油甩到气缸壁上。活塞和气缸套之间就是依靠这样飞溅来的油进行润滑的,因此称飞溅润滑。由于飞溅到气缸壁上的滑油过多且不均匀,气环又会通过泵油作用把它泵入燃烧室,这不仅增加了滑油的消耗量,还会严重地污染活塞、气缸、气阀和排气道。因此,筒形活塞要在气环下面装设 1~2 道刮油环。新型柴油机通常只装设 1 道刮油环。

刮油环可分为单刃刮油环和双刃刮油环,图 2-18(a)所示为单刃刮油环,图 2-18(b)、(c)所示为双刃刮油环。

刮油环的工作特点是:环与缸壁的接触面积小,以增大接触压力,增强刮油效果;环与槽的天地间隙小,以减小泵油作用;油环及环槽开有泄油孔,可将刮在环槽中的油经环与槽上的泄油孔(如图 2-19 中的 1、2、3 所示)排回曲轴箱。

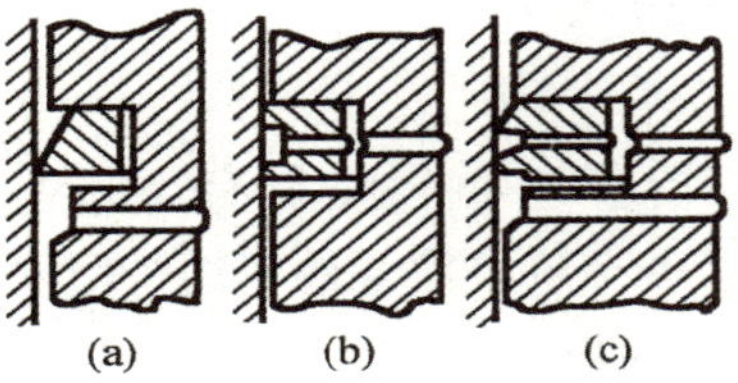

图 2-18 刮油环

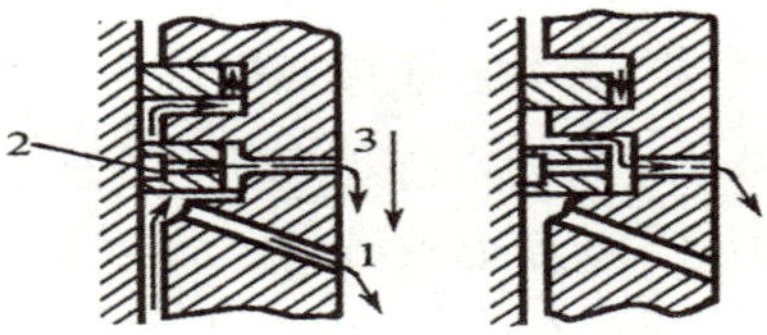

图 2-19 刮油环的泄油孔

在安装刮油环时,刮刃的尖端要朝下,如图 2-18 中的(a)、(c)所示,以便油环下行时刮油,上行时让滑油从它的倾斜面上流过;如果装反了,它就会向上刮油,这样就加强了气环的泵油作用,使大量的滑油窜入燃烧室中,易造成柴油机故障。

E. 活塞环槽磨损与活塞环间隙测量

环槽端面磨损是活塞常见的损坏形式,尤其以铝活塞为多。此磨损主要是由于环在环槽中具有相对运动,其次是由于存在灰尘硬质颗粒和炭粒,尤其是燃用重油时的大而坚硬的炭粒,这些硬质颗粒在环与环槽端面之间形成磨粒,加速环槽端面的磨损。此外,如果燃烧室的高温使活塞头部和环槽变形、材料性能下降、环与环槽端面间的油膜破坏，则环槽端面磨损更加严重。

环槽端面磨损使其与环的配合间隙增大，这将使活塞环的泵油作用增强，高压燃气易进入环背处，将环压向缸壁，使环容易折断，环槽磨损加快，密封性下降，产生漏气，且以第一、二道环槽磨损为最快。一般环槽端面的磨损率小于 0.01 mm/kh 的磨损为正常磨损。

磨损使环槽截面形状由矩形变为梯形，或者出现磨台，如图 2-20 所示。

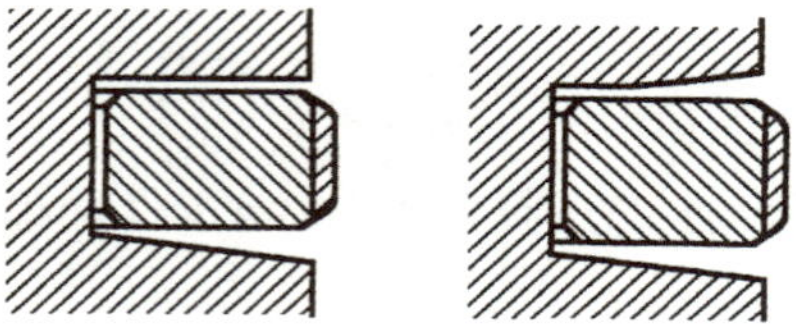

图 2-20　环槽磨损后形状

活塞环槽的磨损测量方法有：

a. 按环槽的标准尺寸选择环槽量规（专用量规），如图 2-21（a）所示，将量规按垂直活塞轴线方向插入槽内，插入量以不超过磨损极限线为好。

b. 将新活塞环装入或塞入环槽内，用塞尺沿圆周方向测量 3~4 个位置，每个位置应分别测量上、下端面间隙，如图 2-21（b）所示。在测量时应注意观察环槽有无因磨损而产生的严重倾斜现象。

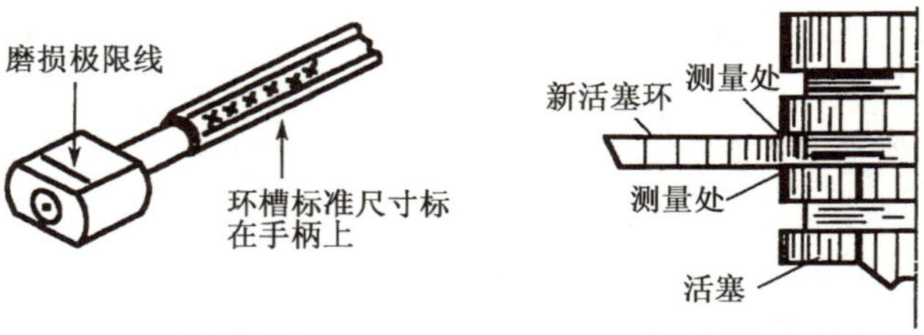

(a)环槽量规　(b)塞尺测量天地间隙

图 2-21　活塞环槽磨损测量

F. 活塞环检查和测量

活塞环是柴油机活塞的组成零件之一，起到保持活塞与气缸套之间有效密封的作用，将活塞热量传递给气缸套的散热作用（密封和散热），以及调节气缸滑油的作用。活塞环又是柴油机的易损零件，主要损坏形式有：过度磨损、折断、黏着和弹力丧失等。活塞环的工作性能直接影响气缸和柴油机的工作性能，应定期检查和判断其工作情况。

活塞环随活塞在气缸内做往复运动，使活塞环外圆工作表面磨损，环的径向厚度减小，环的工作开口即搭口间隙增大；活塞环在环槽内运动，使环的上、下端面磨损，环的轴向高度减小，环与环槽的间隙即平面间隙（天地间隙）增大。

对于新环，首先清洁环表面的油脂和锈痕，仔细观察活塞环有无变形和表面碰伤、裂纹等。认清环的标记，一般新环的上端面标有"直径×宽×高"的尺寸标记或"TOP"（上端面）标记。如无标记，应测量活塞环尺寸以确定上、下端面（如端面镀铬的则为下端面）。

a. 外观检查

对于旧环,清洁后应检查活塞环的磨损情况。对于非正常磨损的活塞环,检查时应予特别注意,并查明原因。

在正常情况下,若活塞环得到良好的润滑,则它的磨损速度(或称磨损率)通常不超过0.3~0.5 mm/kh,活塞环的厚度也基本上均匀,这样的磨损是正常磨损,活塞环外表面光滑无毛刺,较清洁,无硬化层,外表面的外形呈鼓形。正常磨损的活塞环沿圆周方向各处的磨损均匀并与缸壁完全贴合,所以活塞环仍具有密封作用。活塞环的使用寿命一般为8 000~10 000 h。正常磨损的活塞环如图2-22所示。

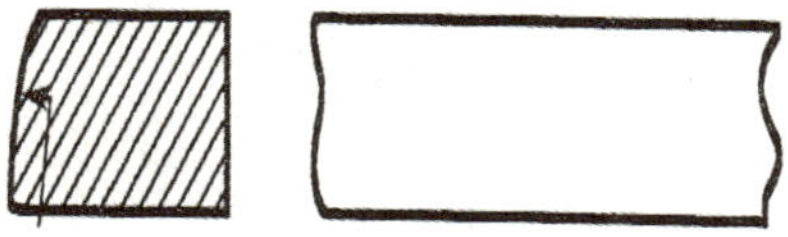

图2-22 正常磨损的活塞环

若活塞环磨损后厚度极不均匀(往往开口的对侧磨损更严重),或者磨损速度很快,这样的磨损称为异常磨损。异常磨损的活塞环如图2-23所示。

图2-23(a)为活塞环外表面有较均匀的被硬质颗粒划伤的痕迹,无光泽,表面无硬化层。图2-23(b)的环的外表面平直(不呈鼓形),棱边锐利且有毛刺,表面有不规则的斑点,表面有硬化层。由于缺油,异常磨损仍在继续。图2-23(c)为正在变好的过度磨损。弧形的棱边已经出现,沿棱边已经出现了平滑且较软的带状区,但中心环带尚有磨痕和硬化层。若继续加强润滑,运转一个阶段就会转变为正常磨损状态,但磨损量较大。活塞环异常磨损与设计、材质、热处理等因素有关,也与管理状况有很大关系。柴油机磨合不良、运行中超负荷、润滑不好、滑油品质不符合要求、燃烧不良、冷却不佳、摩擦表面有硬质颗粒等都会使活塞环产生异常磨损。

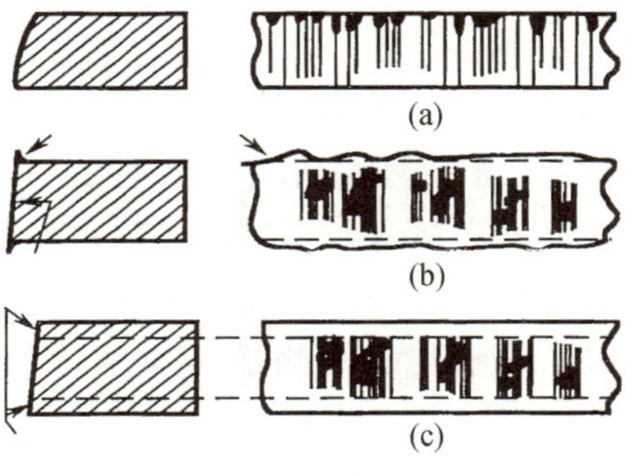

图2-23 异常磨损的活塞环

第一道活塞环的工作条件尤为恶劣,高温燃气使缸壁温度过高、润滑氧化、润滑条件变坏导致异常磨损。高温使活塞头和环槽过热变形,环与环槽间的配合被破坏,也会导致异常磨损或破损。

b. 活塞环弹性检查

活塞环的弹性一般用以下三种方法进行检查:

i. 测量活塞环自由开口值法。一般新环在自由状态下开口尺寸为(0.10~0.13)D,D为气缸直径。若所测自由开口值小于新环,表明环的弹性明显减小或环失去弹性。

ii. 永久变形法。把活塞环搭口人为地合拢或扩大一倍，再放松，这样反复几次，测量其变形后的自由开口值，若变形量大于自由开口值的 10%，表明活塞环的弹力过小。

iii. 对比法。对比法是用新、旧环的弹力对比检查弹力的方法。如图 2-24 所示，将新、旧环竖立在一起，用力使环开口闭合，如旧环开口已闭合，而新环还有一定间隙，表明旧环弹力不足。若新环间隙较大，表明活塞环失去弹力。

c. 活塞环与气缸套密封性检验

为保证活塞环工作表面与气缸套内圆表面紧密贴合，从而使燃烧室有较高的密封性和工作效能，一般采用如图 2-25 所示的方法对活塞环进行漏光度的检查。将活塞环放入气缸内未磨损的部位中（或新气缸套或量规）并放平。在环的下面放一光源，环的上面用比气缸套内径小 3~4 mm 的盖板盖住，检验环与缸壁的漏光情况。

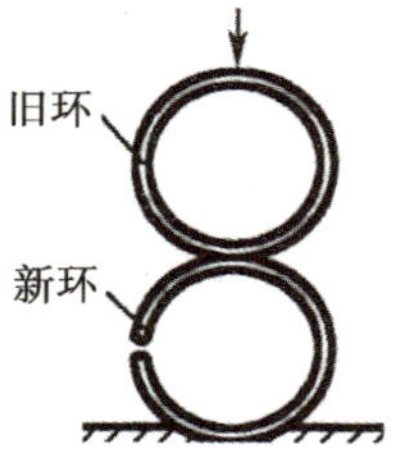

图 2-24　新旧环对比法

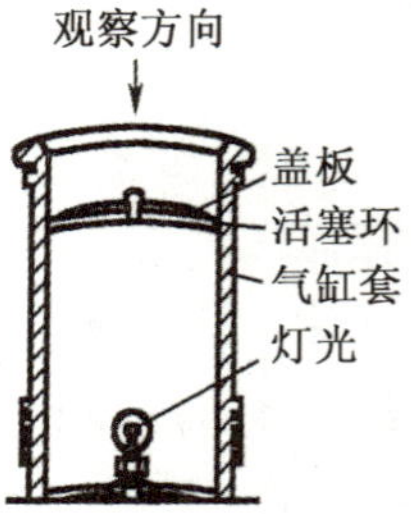

图 2-25　漏光度检查

合格要求：活塞环每处的漏光弧度不得超过 30°，总和不得超过 90°，且在活塞环搭口附近 30°范围内不允许漏光。漏光处的间隙：直径 $D \leqslant 500$ mm 的活塞环，用厚度为 0.03 mm 的塞尺检查，塞尺不应通过；$D>500$ mm 的活塞环，用厚度为 0.04 mm 的塞尺检查，塞尺不应通过。

d. 活塞环测量

i. 测量天地间隙

天地间隙为环端面与环槽上端面或下端面的垂直间隙，又称平面间隙或端面间隙。通过测量，检查环端面的磨损情况。

待活塞环和环槽清洁后，将环依次放入各道环槽中（注意不可将上、下端面颠倒），使环的下端面紧贴环槽下端面上，如图 2-26 所示，用塞尺沿圆周多个点或整个圆周测量，并取其平均值。

图 2-26　天地间隙测量

注意：端面间隙应以环外圆面与活塞外圆面齐平为测量位置。

活塞环的天地间隙过大时，会引起活塞环对环槽的冲击而加速磨损并使泵油作用增强，应换新。间隙过小时，若活塞达到其工作温度，可能因产生滞阻断裂、单边咬死或卡死在环槽中而失效，从而产生漏气、拉缸等故障，导致曲轴箱着火或爆炸（筒形柴油机）或扫气箱着火（十字头式柴油机）。油环的天地间隙较气环小些，以减少泵油作用。天地间隙过小应修锉环的上端面，切不可修锉选定的下端面，修锉时避免损伤环表面，以免造成变形。

ii. 测量搭口间隙

活塞环的搭口间隙是活塞环在冷态下处于缸内的工作位置（在工作行程内气缸直径最小

处)时搭口的垂直距离,以免活塞环在工作期间因热膨胀造成搭口相碰而断环。

测量前,清除气缸套内表面的积炭、油污,必要时可用刮刀修刮,并用细油石打磨,然后擦干净。用手握住活塞环开口的对边,将活塞环放入气缸内径磨损最小处(一般位于气缸的下部)并放平。若有气缸样板或新的气缸套,可将环放于气缸套内的任意部位,放平即可。如图2-27所示,用塞尺插入环的开口间,松紧合适的塞尺厚度就是环的开口间隙。依次进行下道环的测量。

通过搭口间隙的测量可检查环的外表面磨损情况。若搭口间隙大于规定允许的最大间隙值,说明活塞环外圆表面已过度磨损,应予以换新。当间隙小于规定允许的最小装配间隙时,对照有关数据确定修正值,修锉活塞环。

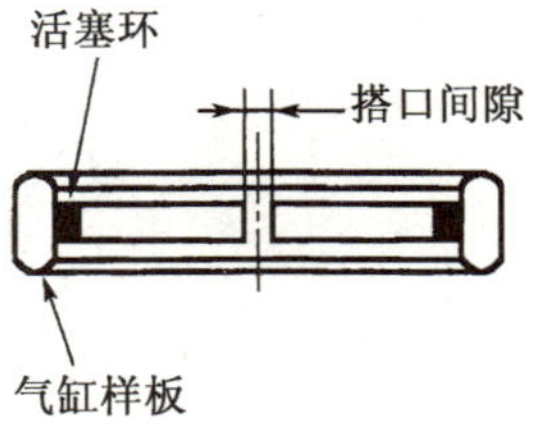

图 2-27　搭口间隙测量

活塞环的天地间隙和搭口间隙是为防止活塞环在工作时因材料受热膨胀可能引起活塞环在环槽内的卡阻而设的,一般为第一、二道环最大,依次减小。

无论是新环还是旧环,装配前都应略微锉去活塞环上端面和下端面外周的毛刺和尖角。环的搭口处也应倒圆角(一般圆角半径为3~5 mm),其目的是减少气缸的磨损和擦伤,有利于润滑。

iii. 测量环背间隙

环背间隙是指当活塞环外圆柱面与活塞外圆面平齐时,环的内圆柱面与环槽脊间的间隙。这是一个热胀间隙,可防止活塞环在工作时环的内圆面与环槽底脊相碰发生撞击而断裂。

除可用如图2-28所示的测量方法外,还可测环槽深度和环的径向厚度,将两者相减,就是环背间隙。对于新环,要求环的径向厚度比环槽深度小0.5~1.0 mm,否则修锉环内圆面使其符合要求。

对活塞环的检查和测量,特别是对外观、弹性和直尺漏光的检查及天地间隙和搭口间隙的测量,应认真仔细地进行,并对照规范要求确定活塞环是否可用。

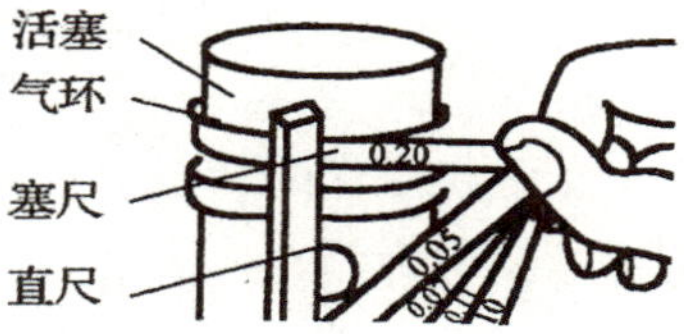

图 2-28　活塞环背隙测量

径向厚度也是衡量活塞环磨损的参数,对活塞环的弹性影响最大。活塞环外表面磨损使其径向厚度减小、弹力下降,环的密封作用减弱。依说明书的规定,当活塞环径向厚度小于一定值时,应换新活塞环。检查时,若发现活塞环无倒角存在,镀铬环的镀层已脱落,在港检修期间应换新。

G. 承磨环使用与更换

十字头活塞的承磨环是专为活塞与气缸套的磨合而设置的,材料一般为青铜,承磨环每圈分成3~4段,形状如图2-29所示。超短裙活塞可不装承磨环,短裙活塞装1~2道,长裙活塞装2~4道,小型筒形活塞一般不设。

承磨环在运行中虽已被磨平,但不必更换,气缸套有不正常磨损和擦伤,或承磨环出现单边严重磨损或碎裂时,在对气缸套进行修整的同时应换新。气缸套、活塞换新时承磨环应换新,从承磨环的磨损情况可分析活塞的对中情况。

②活塞销拆装检查

在筒形活塞式柴油机中,活塞销连接活塞和连杆小端,也是连杆的摆动轴,传递周期性变化的气体力和惯性力,如图 2-30 所示。

由于受到结构位置的限制,活塞销直径不大;且受力交变,脉动的冲击性机械应力很大,当活塞销和与活塞销座或与连杆小端衬套的间隙增大时,所受冲击更为严重。活塞销作为连杆小端的摆动轴,工作时相对活塞销座和连杆小端衬套的滑动速度不大,但由于活塞工作温度较高,同时单位承压面压力较大以及活塞销和销座本身工作时变形,对滑油膜有一定的破坏作用。因此活塞销和与其相配的轴承是柴油机中工作条件最恶劣的摩擦副之一。

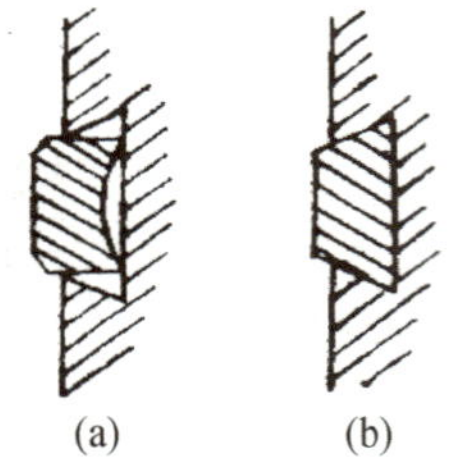

图 2-29　十字头活塞承磨环形状

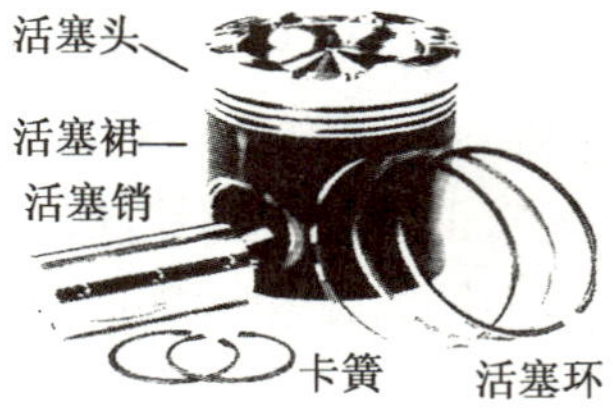

图 2-30　活塞与活塞销

活塞销要有足够的强度和刚度,足够的耐疲劳强度和抗冲击韧性,表面耐磨,质量小;具有较高的形状和尺寸精度、较高的表面粗糙度。也就是要求在足够的强度与刚度条件下要做到表面硬、芯部软。为此,活塞销采用优质碳钢或低碳合金钢制造,经精加工,一般做成中空结构(如图 2-31 所示),然后对表面进行渗碳、淬火等处理。

A. 活塞销的装配

根据工作时与连杆小端和销座的配合情况不同,活塞销有浮动式、半浮动式和固定式三种形式。

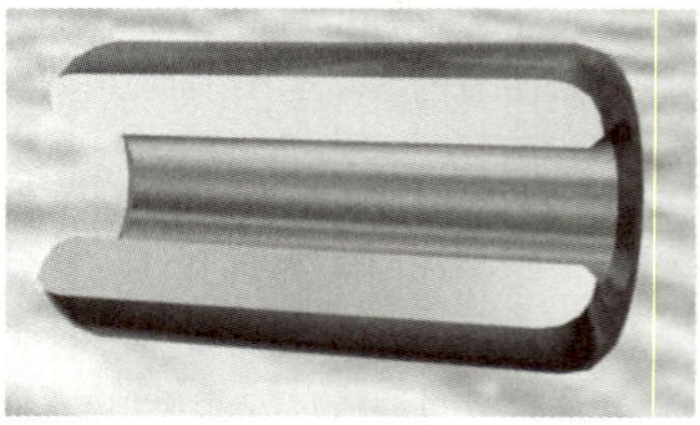

图 2-31　活塞销

a. 浮动式

柴油机工作时,在连杆小端轴承和销座内都可以自由转动的活塞销称为浮动式活塞销。这样的工作配合特点,使活塞销相对于连杆小端轴承和销座的转动速度小,因此磨损小且均匀、工作可靠,抗疲劳强度高,使用寿命长,而且拆装方便。但其对配合精度要求较高,否则工作中的冲击将加重。现代柴油机一般采用浮动式活塞销。对于铝合金活塞,为保证在柴油机工作时的热态下有合适的间隙,在装配时,活塞销与活塞销孔应有一定的过盈量。一般需将铝合金活塞加热到 90~100 ℃,然后将销轻轻推入销座中。切忌硬敲,以免擦伤活塞销和销座。

b. 半浮动式

半浮动式活塞销的装配特点是将活塞销固定在连杆小端上,但润滑较困难,很少使用。

c. 固定式

固定式活塞销的装配特点是将活塞销固定在销座上,转合处尺寸可做得大些,这样做既增大了承压面积,又减少了销的弯曲变形,但销的磨损不均匀,即单边磨损严重。

B. 活塞销的轴向定位

现代筒形活塞式柴油机的活塞销配合形式都为浮动式,为了防止浮动式活塞销从销座中窜动刮伤气缸,需用轴向定位装置定位。较常用的定位方法为采用卡簧嵌于销座孔的环槽中,如图 2-32(a)、(b)所示,这种方法简单,应用较多。还有采用铝合金盖与活塞销内孔或座孔过渡配合，防止活塞销窜动的方式，如图 2-32(c)所示。

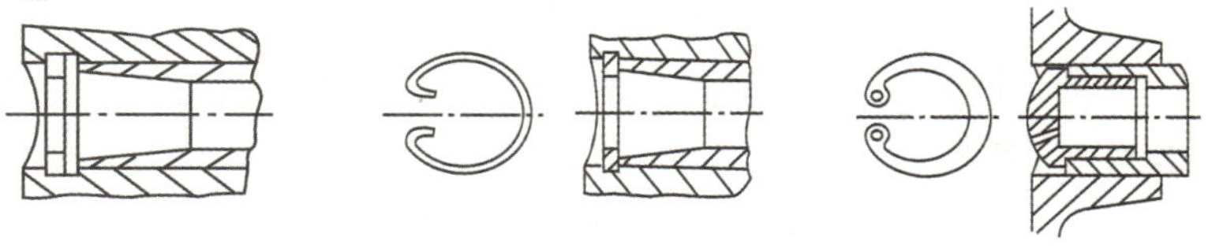

(a)　　(b)　　(c)

图 2-32　活塞销轴向定位

(a)、(b)卡簧式；(c)过渡配合

C. 活塞销检查

活塞销常见的缺陷有磨损、变形、裂纹和腐蚀麻点等。活塞销工作表面容易产生疲劳裂纹，这些裂纹一般较细小，肉眼不易发现，通常采用磁力探伤方法检查。其工作表面不允许有裂纹和横向发纹，但允许有数量不多于 5 条的纵向发纹，且同一截面上不多于 2 条。若发现有肉眼能看到的裂纹，不论其长度和根数多少，均应及时换新。

活塞销的外径用外径千分尺测量(如图 2-33 所示)，测量方法如下：

a. 根据被测的活塞销直径大小选择外径千分尺并用校棒校验，如图 2-33(a)所示。记录外径千分尺读数，如大于校棒的值，记为(+)读数；如小于校棒的值，记为(-)读数。

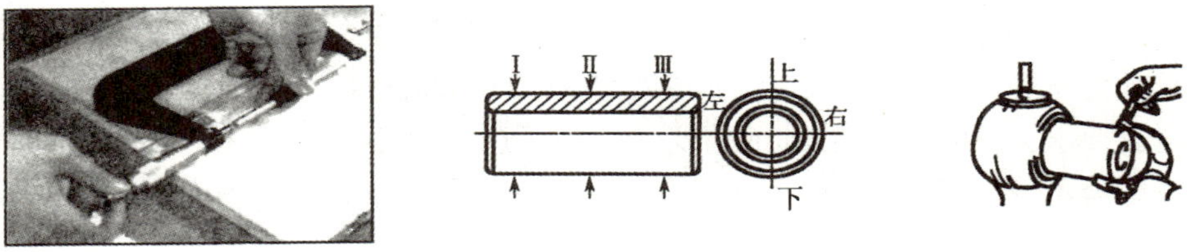

(a)　　(b)　　(c)

图 2-33　活塞销测量

b. 选择测量部位。浮动式活塞销测量部位可取离销的两端 10 mm 处和中间位置，如图 2-33 (b)中Ⅰ、Ⅱ、Ⅲ所示；在每个位置的水平(左右 $x-x$)和垂直(上下 $y-y$)两个方向上用外径千分尺测量其直径并记录。

c. 记入相应的表中，并标明累计使用时间，算出圆度误差和圆柱度误差，如表 2-1 所示。

表 2-1　活塞销测量记录

机器名称:________ 活塞销公称直径:________ 测量日期:________ 最大允许磨耗量:________

测量方向	活塞销编号	1		2		3		4		5		6	
	测量方向	水平 $x-x$	垂直 $y-y$	水平 $x-x$	垂直 $y-y$	水平 $x-x$	垂直 $y-y$	水平 $x-x$	垂直 $y-y$	水平 $x-x$	垂直 $y-y$	水平 $x-x$	垂直 $y-y$
测量部位	Ⅰ												
	Ⅱ												
	Ⅲ												

圆度 = $\frac{x_i - y_i}{2}$，取最大值为最大圆度。

圆柱度 = $\frac{x_{max}-x_{min}}{2}$ 或圆柱度 = $\frac{y_{max}-y_{min}}{2}$，取最大值为最大圆柱度。

d. 按要求算出磨损量和磨损率。活塞销磨损极限应不超过说明书或有关规范(如 CB/T 3542—1994)的要求，如表 2-2 所示。

表 2-2　活塞销磨损极限　　(单位：mm)

活塞销直径	圆度、圆柱度误差	活塞销直径	圆度、圆柱度误差
<50	0.03	175～200	0.06
50～75	0.04	200～225	0.07
75～100	0.04	225～250	0.07
100～125	0.05	250～275	0.08
125～150	0.05	275～300	0.08
150～175	0.06		

活塞销孔与活塞销的配合要求极严，对浮动式活塞销，一般要求工作时应保持间隙为 0.015～0.02 mm，若间隙过大，会产生机械的冲击声(机械敲缸)，引起油膜的损坏，使磨损加快，严重时会发展成活塞销断裂的恶性事故，故在冷态装配时须有一定的紧度。铝合金活塞销的销座的热膨胀大于钢活塞销，装配的过盈量一般为 0.005～0.03 mm，所以不易检查，实际装配时可根据经验在常温下将活塞销一端插入活塞销孔后，用手掌拍击推入销孔至深度的 1/3～1/2 处即为符合要求；而活塞在被加热到 100～200 ℃时，能以拇指力量将活塞销推入销孔内即为符合要求，这样能保证销孔的精度，防止拉伤配合工作面。但对铸铁类的活塞，销孔与活塞销的配合可较松，如 6250ZC 型柴油机(活塞销直径为 95 mm)，要求活塞销与销座孔的装配间隙最小为 0.025 mm，最大为 0.065 mm，极限为 0.20 mm。

连杆小端衬套磨损后与活塞销的装配间隙可用塞尺进行检查，也可用比较法测量计算出其配合间隙。在柴油机说明书中能查到其要求的配合间隙，如 6250ZC 型柴油机(活塞销直径为 95 mm)，要求的连杆小端装配间隙最小为 0.125 mm，最大为 0.165 mm，极限为 0.30 mm。连杆小端衬套磨损后与活塞销的装配间隙超过所规定的极限值时，小端衬套应予换新。

③活塞本体检查分析

A. 筒形活塞构造分析

PC2-6 型柴油机为大功率中速四冲程筒形活塞式柴油机，活塞为组合式结构，如图 2-34 所示。活塞头部用耐热合金钢制造，裙部由耐磨性好的硅铝合金或强度高、线胀系数较小的球墨铸铁铸成。头部与裙部用柔性的双头螺栓连接，以更好地承受强烈的冲击负荷。

浅盆形的活塞顶与平底面的气缸盖相配合(四冲程柴油机的气缸盖一般为平底，以适应喷油器喷出的油束)，有利于油、气混合和燃烧。气阀避让坑可以避免活塞在换气上止点时，气阀与活塞的撞击。活塞环槽经镀铬或硬化处理来提高其耐磨性。

活塞顶的壁较薄并采用内支撑的结构，构成了“薄壁强背”的结构，采用滑油振荡冷却方式。活塞环带部分由顶部悬挂下来，因为不传递燃气压力，因此与顶部的连接壁做得很薄，这样在活塞顶部与环槽部分之间形成了一个热障，同时环槽部分本身的壁厚也做得很薄，冷却很有效。裙部采用厚壁结构，以承受较大的侧推力。

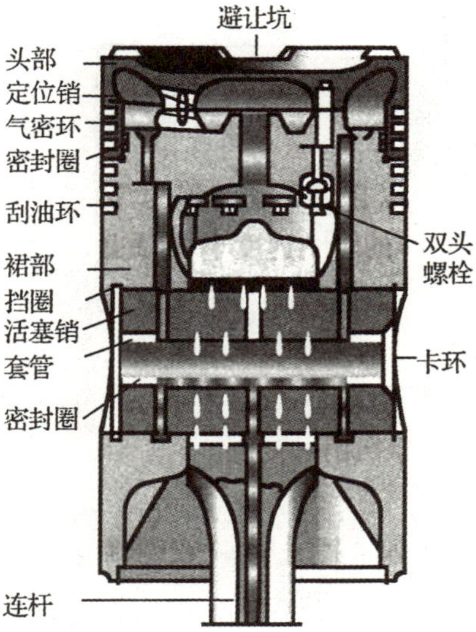

图 2-34 PC2-6 型柴油机的筒形活塞

Wärtsilä 32 型筒形活塞采用球墨铸铁材料通过离心浇铸等特殊的工艺制造，如图 2-35 所示。活塞头和活塞裙的组合构成了“薄壁强背”的振荡冷却腔空间，两者通过具有较大柔性的连接螺栓连接成组合式活塞。在活塞上装有 2 道压缩环和 1 道刮油环，都装于活塞头部，活塞环表面镀铬。活塞的裙部设有 4 个滑油孔（注油孔），从连杆钻孔来的滑油经这四个滑油孔供向活塞和气缸摩擦表面，这确保了活塞环和活塞裙的可靠润滑并使摩擦损失降低到最低。

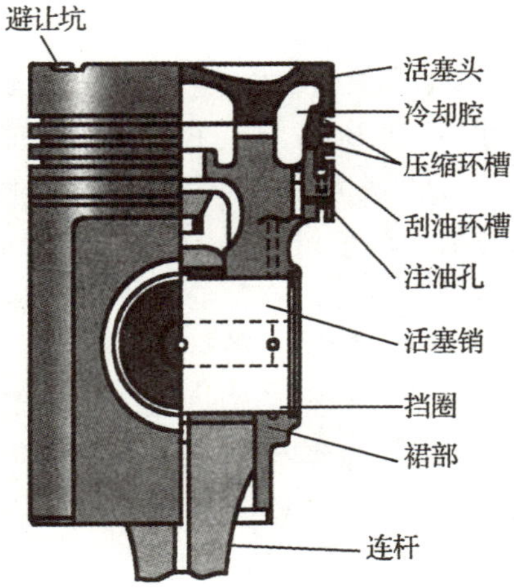

图 2-35 Wärtsilä 32 型筒形活塞

B. 十字头活塞的结构特点分析

十字头活塞由活塞头、活塞裙、活塞环、活塞杆和活塞冷却机构组成。

a. MAN B&W 柴油机活塞

S50MC-C 型活塞主要由活塞头 5 和活塞裙 3 两部分组成，如图 2-36 所示。活塞头 5 用螺栓 6 固定在活塞杆 1 的顶部，活塞裙由螺栓 7 固定在活塞头上。

活塞头部与燃气接触，承受高温和高压；活塞裙部与气缸套接触，产生摩擦和磨损。为了

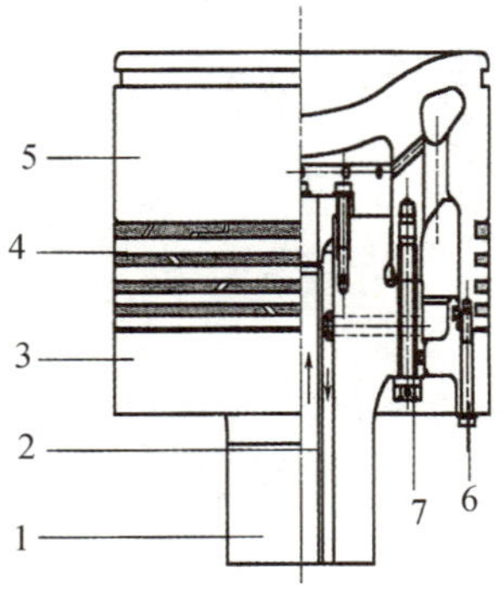

图 2-36　S50MC-C 型活塞

1—活塞杆；2—冷却油管；3—活塞裙；
4—活塞环槽；5—活塞头；6,7—螺栓

合理使用材料和方便制造，活塞头和活塞裙分别用耐热合金钢和耐磨铸铁制造。活塞头的顶部呈下凹形，以利于燃油和空气混合。活塞头的内部支承体现了“薄壁强背”的设计原则。活塞头的侧面有 4 道镀铬的活塞环槽，构成活塞环带，以装配活塞环密封燃烧室。由于第一、二道环承受的气体压力较高，故环的高度较高；第一道环是压力释放环，采用重叠搭口，故其上有 6 个释压槽，可使第一、二道环承受的气体压力更加均匀。第二、三、四道环为斜搭口。在活塞头的顶部有一环槽，用于吊缸时安装起吊工具。与 MC 机相比，该活塞在结构上提高了活塞顶岸高度（活塞顶至第一道环的距离），采用了低置活塞环组，这对于柴油机气缸工作是非常有利的。由于活塞环位置降低，活塞环处于温度较低的区域，离燃气区较远，使活塞环的工作条件和润滑性能得以改善，活塞环组的工作性能提高，活塞的磨损大大减轻。但活塞环的低置提高了活塞顶岸（称为活塞火力岸）的高度，使活塞火力岸与缸壁间所形成的空间（称为冷壁）增大，易使下侧的结炭增多。为此，MAN B&W 公司在气缸套上部装置活塞清洁环以刮除结炭。

因 MC 型和 MC-C 型柴油机活塞头采用内部环形支撑凸台，燃气的膨胀力由此凸台传递到活塞杆上，所以可以将活塞顶部和环带设计得比较薄，这更有利于冷却和降低热应力。MC 型和 MC-C 型柴油机活塞都采用滑油冷却，在空心活塞杆顶端插入并固定滑油冷却管。冷却油由固定在十字头滑块上的伸缩式套管供入，经十字头流入滑油冷却管，而后流入活塞头的冷却油腔（其油腔的结构能实现振荡冷却）；而后通过活塞头内支撑部分的油孔到达外部环型油腔（实现循环冷却）。冷却活塞后的滑油经冷却管外的环形空间通过活塞杆底部的钻孔从十字头的另一滑块中流出。活塞裙与活塞头、活塞杆之间装有密封圈，以防活塞冷却油泄漏。有的柴油机活塞的冷却液则是从活塞杆与冷却管之间进入，首先冷却活塞顶部四周的环带部分，然后从布置在活塞头内支撑圆周上的多个径向小孔喷向活塞顶中央内表面，提高流速，增强冷却效果（即先周围后中部）。活塞的冷却充分体现了“薄壁强背”的原则，减少了热应力和机械应力。

活塞裙为圆筒状，因十字头活塞不受侧推力的作用，活塞裙做得较薄，减小了质量。对于直流扫气式柴油机，活塞裙无须控制气口，故做得较短。超短裙的活塞无须装承磨环，减少了摩擦损失，提高了机械效率。

活塞杆承受气体力和惯性力的作用，其表面受到填料函的摩擦与磨损。活塞杆由锻钢制造，表面经硬化处理。现代增压柴油机的活塞杆一般由凹槽定位，用 4 个螺栓与十字头紧固在一起。为了适应不同工况，在活塞杆与十字头之间装配调节垫片，以调整压缩比。

K98MC 型活塞结构基本上与 MC-C 型一样，但其缸径大，所以活塞顶板中部凸起，与气缸盖的结构配合形成山形(Oros)燃烧室，这有利于混合气的形成和燃烧，适当地提高了活塞顶的湿度，可使结炭减少，如图 2-37 所示。但这种结构有可能使活塞顶的温度升高太多，为了充分降低活塞顶的工作温度，采用了插管式喷射冷却技术，使活塞中心部分的温度(不管是燃气侧还是冷却侧)都明显降低，热应力大大减小，同时可有效地防止高温腐蚀，如图 2-38 所示。

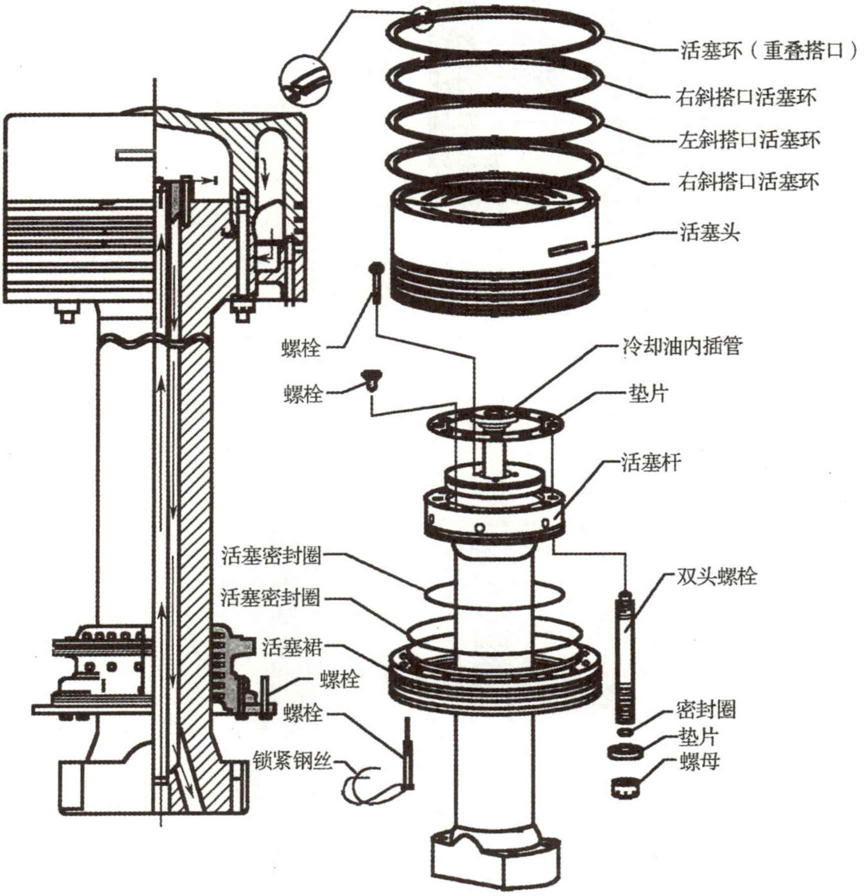

图 2-37　K98MC 型活塞结构

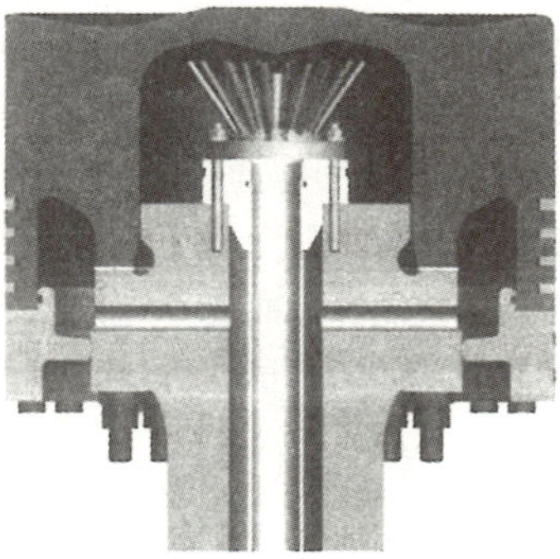

图 2-38　喷射冷却活塞

b. Wärtsilä Sulzer 型柴油机活塞

旧型的 Sulzer RND 的水冷活塞的活塞头、活塞裙和活塞杆三部分由细长的柔性螺栓连成一体,如图 2-39 所示。细长的柔性螺栓具有抗冲击能力,在周期性的气体压力作用下,不易断裂。在活塞头上装有 5 道气环,在裙部装有 1 道承磨环。

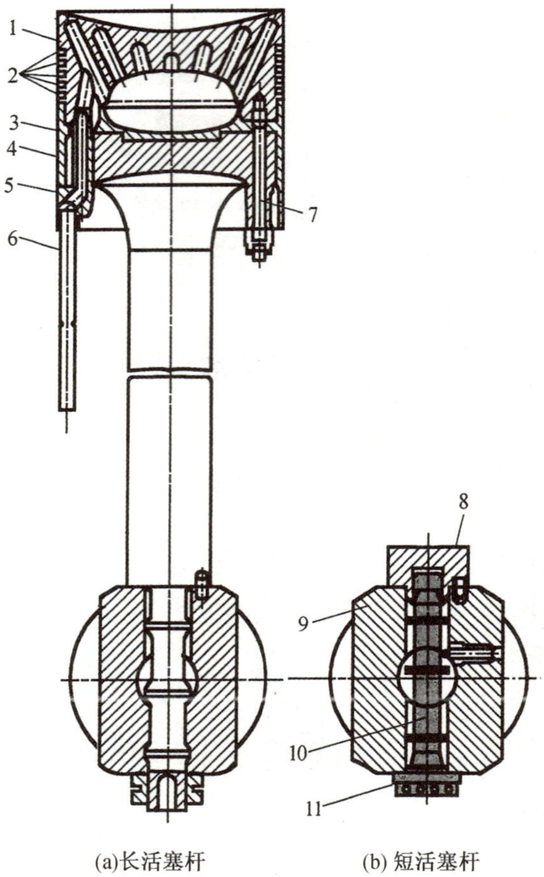

图 2-39　Sulzer RND 水冷活塞

1—活塞头;2—活塞环;3—活塞裙;4—承磨环;5—冷却管;6—伸缩管;7,10—螺栓;8—活塞杆;9—十字头销;11—螺帽

Sulzer 型柴油机活塞的有些部件与 MAN B&W 柴油机的 MC 型是有区别的。Sulzer 的活塞头采用了外部支撑方式将燃气膨胀力传递到活塞杆上,因此结构简单,但是活塞顶部和环带的壁相对较厚,不利于冷却和降低热应力。为此,RND 型柴油机的活塞顶部采用了钻孔、振荡、水冷却等方法来增强冷却效果和降低热应力,即在厚实的活塞顶板(强背)上钻了许多离触火面很近(薄壁)的冷却水孔,这是一种高级形式的“薄壁强背”结构。冷却腔容积较大并通过冷却水进出口的布置,使冷却水腔中不全充满水,从而在活塞往复运动时利用惯性力的作用产生振荡效应,以增强传热效果。活塞杆是实心的,活塞杆下端直接插入十字头销中心孔内,并用大螺帽(俗称海底螺帽)紧固。插入十字头销中心孔内的螺杆部分若与活塞杆身是一体的,则称长活塞杆,如图 2-39(a)所示。若是用螺纹连接的,则是短活塞杆,如图 2-39(b)所示,它的下端是可拆卸的活塞杆螺栓,短活塞杆用螺栓紧固在十字头销上。这两种形式,可根据机

舱允许最大吊缸高度来选择。冷却水可从装在活塞杆上端法兰上的两根伸缩管(图只示出1根)分别实现冷却水的引入和导出。

新型的RTA油冷活塞基本与RND相似。活塞现多采用油冷却,冷却油从十字头进入,为此活塞杆也改为空心的,如图2-40所示。冷却油经内插管外的空间由各喷嘴直接喷射到活塞顶下部的钻孔中,落下的部分冷却油在冷却腔内振荡后经内插油管中心排出。由于喷射和振荡双重作用的效果,活塞的温度能控制在理想的范围内。

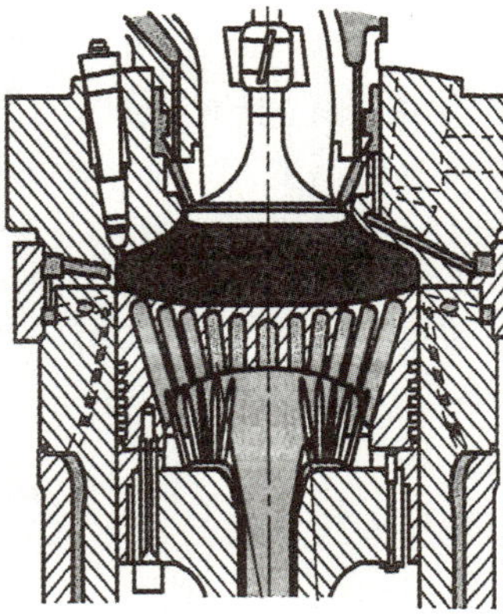

图2-40　新型的RTA油冷活塞

C. 活塞本体检查

a. 活塞裂纹检查

在机械应力和热应力的共同作用下,活塞产生裂纹是较为常见的,特别在活塞顶和环槽处更易发生裂纹。一般来说,燃烧室部件裂纹以触火面占多数,特别是应力集中及金属堆积的地方,如图2-41中的1~5所示的触火面裂纹主要是由低频热应力引起的。另外,由于高频热应力,触火面很薄的一层金属加速蠕变,使触火面产生皱褶,加速壁面损坏。

冷却侧特别是冷却侧的某些应力集中处有时也会产生裂纹,如图2-41中的8~10所示。这些地方的裂纹主要是由燃气压力和热应力共同作用引起的。因为冷却侧受到的由气体产生的机械应力和热应力都是拉应力,互相叠加,数值较大,甚至出现贯穿性裂纹,如图2-41中的6所示。环槽处的裂纹与活塞环发生漏气后局部的热应力增大有关,如图2-41中的7所示。除去活塞顶及环槽的积炭,彻底清洗各部件后待检。

裂纹的检查方法与气缸盖裂纹的检查方法基本相同。检查出活塞裂纹后,一般情况下不再继续使用,应换备用活塞,旧活塞送厂修理。

b. 活塞顶烧蚀情况检查

活塞顶金属材料有时会逐渐被烧蚀,使活塞顶越来越薄,强度越来越差。若喷油器喷出的油束直接到达活塞顶面,则活塞的冷却腔太脏导致冷却不良、导热不好、局部过热等,会使烧蚀速度加快。

活塞顶烧蚀时,凭肉眼可观察到活塞顶面出现金属层的剥落现象,如图2-42所示。活塞顶面烧蚀后其顶面厚度变薄,D-3表面出现许多麻点,其大小、深浅及分布各异。严重时活塞顶面可被烧穿。用样板检查烧损的情况,最大允许值为柴油机说明书规定的D-3值。

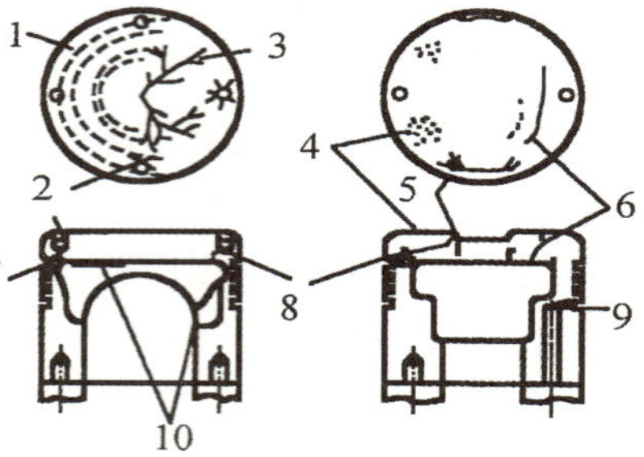

图 2-41　活塞裂纹

1—触火面周向断续裂纹；2—触火面起吊螺钉孔裂纹；3—触火面放射状树枝形裂纹；4—触火面材料缺陷裂纹；5—触火面阀坑处裂纹；6—冷却侧材料缺陷裂纹；7—活塞环槽圆角处裂纹；8—冷却侧周边圆角处裂纹；9—冷却液入口端部裂纹；10—冷却侧支承肋圆角处裂纹

c. 活塞外圆直径测量

一般中小型柴油机的筒形活塞裙部外表面容易发生磨损。这是运转中活塞裙部起导向作用和承受侧推力的结果。裙部外表面磨损后，活塞与气缸的间隙增大，裙部产生圆度误差和圆柱度误差。这些都直接影响活塞的工作性能和柴油机的功率。

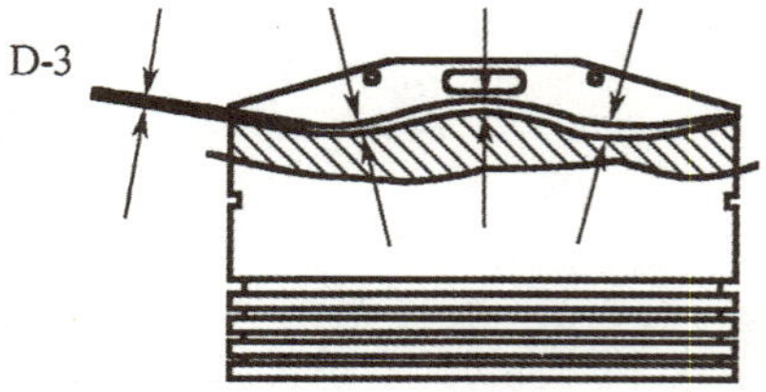

图 2-42　活塞顶烧蚀测量

用外径千分尺测量活塞外圆的直径。测量部位为活塞上部、中部和裙部，在每一测量部位的横截面上测量其相互垂直的两个直径（一般取横向和纵向）。测量的数据应填入规定的表格中，并计算出圆度误差和圆柱度误差。

（3）活塞杆与填料函拆卸检查

①填料函的作用

活塞杆填料函的作用是防止扫气空气和气缸中漏下来的污物进入曲轴箱，导致加热和污染曲轴箱滑油、腐蚀曲轴和连杆等部件，同时也为了防止曲轴箱中滑油被活塞杆带到扫气室中。填料函位置如图 2-43 所示。图 2-44 为活塞杆填料函外观形状。

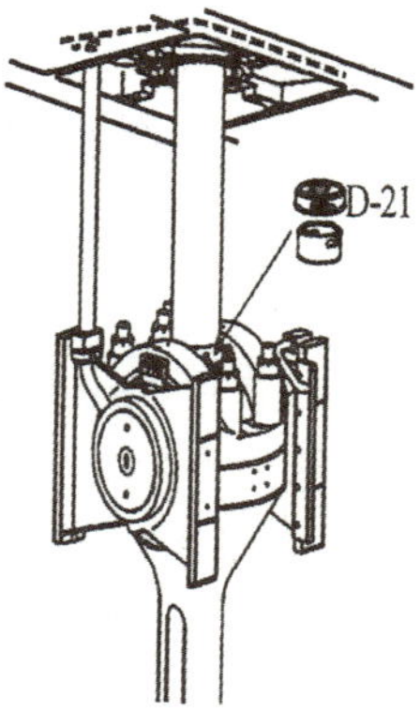

图 2-43　填料函位置

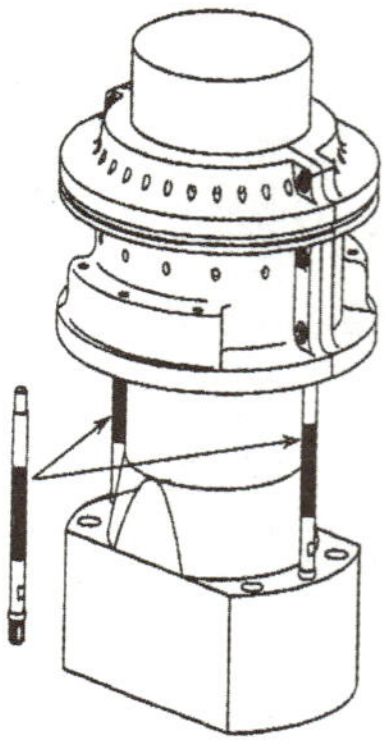

图 2-44　填料函外观形状

②填料函典型结构解析

图 2-45 所示为 K98MC 型柴油机活塞杆填料函。填料函壳体由两半式的壳体组成,两者用紧配螺栓和螺栓紧固,壳体底部由圆柱定位销定位,用内圈螺栓与法兰紧固,法兰用外圈螺栓固定在曲轴箱顶部的气缸横隔板上。因此,在拆检活塞时,填料函可以与活塞一起拆除;在不拆活塞时,填料函从曲轴箱内拆卸后进行检修。

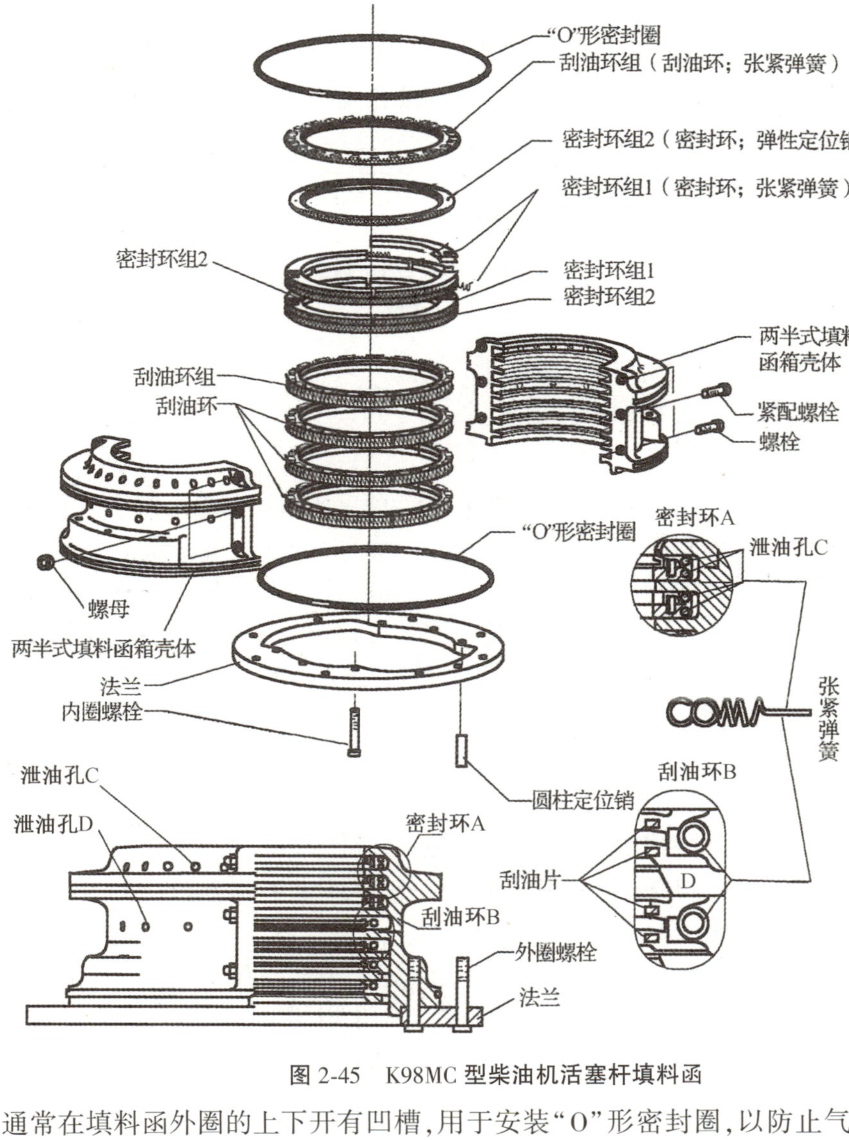

图 2-45　K98MC 型柴油机活塞杆填料函

通常在填料函外圈的上下开有凹槽,用于安装"O"形密封圈,以防止气缸横隔板上的污物沿填料函装配孔落入曲轴箱。

通常在填料函壳体内表面上开有环槽,槽内装有两种环,分别为密封环和刮油环,它们都是用青铜制造的。每道环由 3~4 段组成,每段环按序号安装,环外侧用专用弹簧箍紧,使环有弹性地贴在活塞杆上。其中,顶上的 3 道槽中装设用以防止扫气空气沿活塞杆向下泄漏的密封环。这些密封环中最上一道由刮油环组(由 4 段带斜刃的刮油环和张紧弹簧组成)和密封环组 2(由 4 段密封环、弹性定位销和张紧弹簧组成)组成,它除了起密封扫气空气的作用外,还将在扫气室中溅到活塞杆上的污油刮下，以免进入其他的密封环。刮下的污物经泄油孔 C 泄出，积聚在活塞下部空间的气缸横隔板上，其中的液态污物可由泄放管排出，排不掉的由人工定期清除。下两道密封环组都由密封环组 2 和密封环组 1(由 4 段密封环和张紧弹簧组成)组成。

下四道环槽中都装有刮油环组(由 3 段刮油环和张紧弹簧组成)，每一段刮油环上装有刮油片，用以刮掉曲轴箱中溅到活塞杆上的滑油，刮油环、环槽和填料函壳体上均有相应的泄油孔。其最上面的一道刮油环刮下的油较脏，由填料函壳体上的泄油孔 D 泄出并被引到机外。下三道刮油环刮下的油较干净，由填料函壳体上的泄油孔流回曲轴箱。

填料函工作是否正常，主要取决于密封环和刮油环是否有正常的搭口间隙和天地间隙。搭口间隙又称周向间隙，随着柴油机的运行，搭口间隙会逐渐变小。装配时留有搭口间隙，用以防止环在工作时由于其内周与活塞杆的不断摩擦、磨损出现搭口相碰而失去密封作用。天地间隙又称轴向间隙，用以保证环的径向自由活动性，随着柴油机的运行，天地间隙会逐渐变大。

1.3 气缸套拆卸与检查

(1)气缸的作用和工作条件分析

气缸是柴油机的主要固定部件之一，是燃烧室部件的重要组成部分。筒形活塞式柴油机气缸起导承作用，承受活塞的侧推力。有的柴油机在气缸的外部还安装凸轮箱和增压器等。

船用柴油机的气缸由气缸体和气缸套组成。气缸套由其上部的凸肩定位，悬挂在气缸体的圆孔上，下部插入气缸体内并构成气缸套的冷却腔。气缸套上部受到气缸盖安装预紧力的作用，气缸套内壁受到燃气高温、高压和腐蚀作用，以及活塞的摩擦、敲击和侧推力作用。气缸的冷却水空间受到冷却水的腐蚀和穴蚀。当采用贯穿螺栓把气缸体、机架和机座紧固到一起时，气缸体承受压力。在非贯穿螺栓结构中，气缸体承受作用在气缸盖和活塞(或机座)上的气体力所形成的拉力。

气缸体要具有足够的强度和刚度，良好的耐磨性和抗腐性，良好的润滑和冷却效果。气缸套和气缸盖的结合面、气缸体和气缸套的结合面要有可靠的气封和水封。

(2)筒形活塞式柴油机的气缸图解

在中小型柴油机中，为了减小尺寸和质量，增加刚性，气缸体不仅做成整体式，而且与机架或曲轴箱制成一体，称为机体或机身。通常，气缸体多采用灰铸铁制造，气缸套采用灰铸铁、耐磨合金铸铁或球墨铸铁制造。Wärtsilä V32 为 V 形大功率中速四冲程柴油机，如图 2-46 所示，V 形气缸体与机架铸成一体形成机身，提高了柴油机的刚性。气缸套由特种灰铸铁离心铸造而成。气缸套装入机体内部时，在气缸套的上、下部都有周向支撑，既可使气缸套向下自由膨胀，又可使气缸套得到很好的周向定位。为了使气缸套能更好地承受侧推力，气缸套壁造得比较厚，如图 2-47 所示。

气缸套上部凸肩较高，既有利于降低机体高度，又保证了气缸套有足够的刚度，防止柴油机工作时机体变形传到气缸套上表面而影响气缸盖密封垫的密封。气缸套凸肩的厚度足以承受由爆发压力产生的机械负荷。

气缸套内部上端设有一个防磨圈，其尺寸略小于气缸套，可以除去活塞头顶岸的结炭，使气缸套的磨损率和滑油的消耗率都有所下降。该防磨圈磨损后可单独更换。

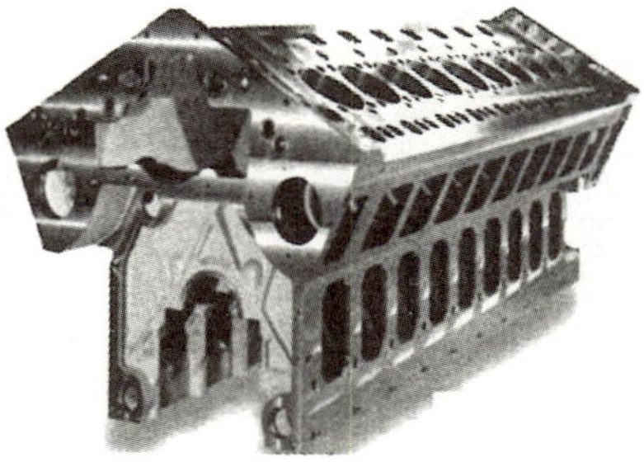

图 2-46 Wärtsilä V32 气缸体与机架

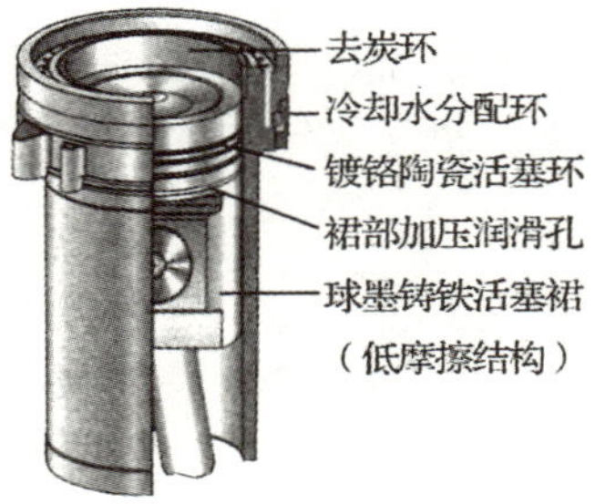

图 2-47 Wärtsilä 32 型的气缸套

气缸套凸肩部分采用钻孔冷却,冷却水由气缸上部冷却水分配环引入,经凸肩下部径向钻孔进入轴向钻孔,沿轴向钻孔流向凸肩上表面。轴向冷却水钻孔与气缸套内表面的距离应精确选择,以控制气缸套内表面的温度,减小形成漆膜的可能性。冷却水只对凸肩处进行冷却,而不对气缸套中下部位冷却,可大大减小低温腐蚀的影响。良好的温度分布可使气缸套具有良好的工作状况。

(3)大型十字头式柴油机的气缸图解

大型低速柴油机的气缸也是由气缸体和气缸套组成的。为了制造、拆装和维修方便,气缸体多用灰铸铁或球墨铸铁铸造。气缸套呈圆筒状,由耐热、耐磨的合金铸铁制造,如图 2-48 所示,为了提高气缸套耐磨、耐腐蚀、耐热等性能,加入硅、磷、硼、锰、铬、钼等元素。为了进一步提高耐磨性能,采用松孔镀铬;为了增强磨合,可进行磷化处理、内表面波纹加工、粗珩储油网纹等;为了进一步提高耐腐蚀性能,外表面镀镉、铅等金属,装锌块保护等。

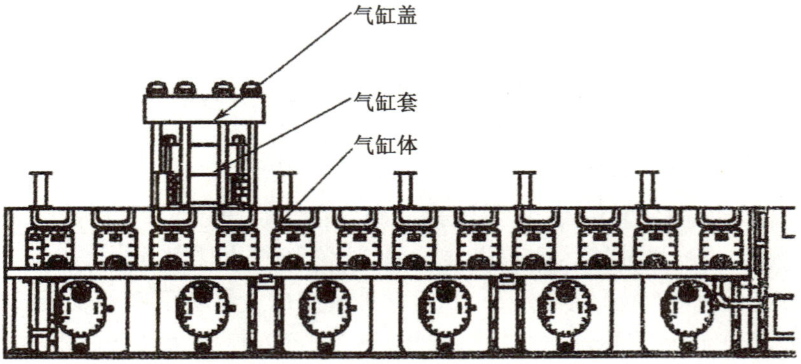

图 2-48 十字头式柴油机气缸

气缸套上部做出凸肩,用气缸盖螺栓把缸盖、气缸套凸肩和缸体紧固在一起。气缸套只有上部固定,下部可以受热自由膨胀。二冲程柴油机的气缸要开气口,布置气道。有些十字头式柴油机还把气缸下部空间作为扫气泵空间。

MAN B&W S-MC(如图 2-49 左半图所示)和 S-MC-C(如图 2-49 右半图所示)型的气缸由铸铁制造的单体式气缸体和气缸套组成。在气缸体的上部开有大尺寸的中心孔,孔中插入气缸套。气缸体下部有底板将气缸和曲轴箱隔开,底板上的中孔装填料函。气缸体在左右方向上设有通道 A 和 O,通道 O 称为检修通道或道门,平时由盖板盖住,在检修时打开,使轮机人员很容易接近活塞杆填料函、扫气口等部位，对填料函、气缸套内表面、活塞及活塞环等进行检查（扫气口检查）并对扫气口和活塞下部空间进行清洁。通道 A 与扫气箱相连，在活塞打开扫气口时进行扫气。扫气口在水平和垂直方向都有一定的角度用以控制气流，使之在进气时形成一定的旋流，提高换气质量。

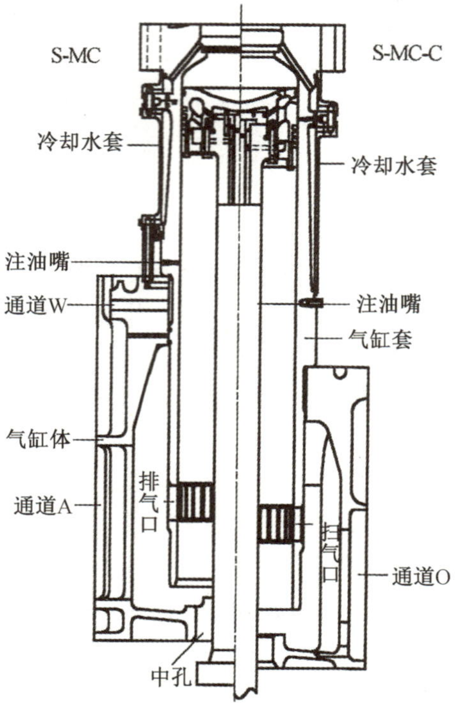

图 2-49　MAN B&W S-MC（左半图）和 S-MC-C（右半图）

与老式气缸体相比，这种结构可使气缸体的高度大大降低，简化了气缸体的构造，减小了质量，便于加工制造，对超长行程柴油机（气缸套高度大）十分有利。气缸套凸肩很高并在其中钻孔冷却，以减小气缸套上部的机械应力和热应力。

气缸套外部设冷却水套，S-MC 型柴油机冷却水由通道 W 进入气缸体，然后进入冷却水套；而 S-MC-C 型柴油机在气缸体内不设冷却水腔，冷却水直接进入冷却水套。在冷却水套上、下两端都设有橡胶圈（用于密封冷却水）。两种机型的气缸套下部外表面的槽内都有橡胶圈，用于给气缸套导向、密封冷却水和扫气空气。S-MC-C 型柴油机在气缸体上设有检查孔，它位于两道密封橡胶圈之间，用于检查橡胶圈的密封状况。有水泄出时表明上面的密封橡胶圈已损坏，有气泄出时表明下面的密封橡胶圈已损坏，对此应及时安排吊缸换新橡胶圈。气缸套上部的冷却水通过水接头将冷却水送至气缸盖。由于气缸套下部不冷却，气缸套中、下部有较高的温度，这对气缸套工况及消除该区域腐蚀磨损十分有利。

在气缸套中部设有注油嘴，其内表面开有滑油布油槽，用以保证气缸油的分布均匀。

S-MC-C 型柴油机气缸套的最显著特点是气缸套与气缸盖的密封面下移，这对改善气缸盖与气缸套、活塞环与气缸套间密封面的工作条件和气缸套的工作状况非常有利，但会使气缸盖的热负荷增大，同时使活塞火力岸与缸壁间的结炭增多。为减少活塞头部的结炭，减少气缸套的磨损，在气缸套与气缸盖的密封面处设置一道活塞清洁环，它的直径比气缸套的内径略小，可刮去活塞头部的积炭。气缸密封面如图 2-50 所示。

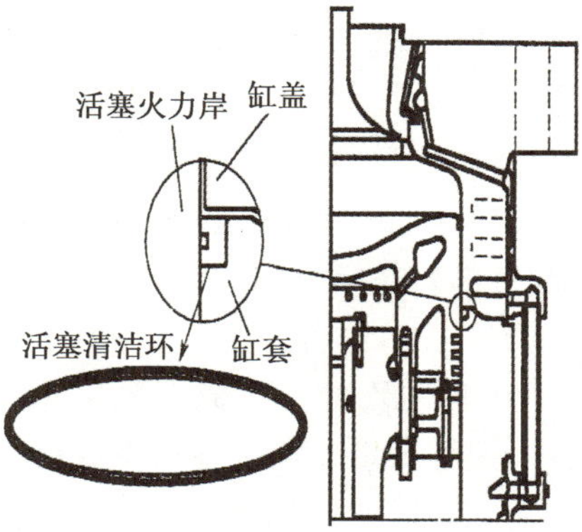

图 2-50 气缸密封面

一般柴油机的气缸套顶面设有安放软钢(或紫铜)密封垫片的凹槽和挡火槽。后者与气缸盖底面的凸台相配,使燃烧火焰不接触密封垫片。气缸套凸肩的支承面也是冷却水的密封面和气缸套的安装定位面,安装时要注意清洁,不要碰伤。

(4)气缸套检查与测量

①气缸套内表面检查

A. 外观检查

仔细查看气缸套内表面的积炭情况及燃气旁吹的痕迹,查看有无裂纹、腐蚀、纵向擦伤和划痕等。清洁气缸套内表面,去除积炭等污物。

注意:应做好对曲轴部件的保护工作,防止污物落入,损伤有关部件。气缸套内表面的清洁尤为重要,一定要用清洁的抹布擦干净,以免引起测量的附加误差。

B. 气缸套磨损量控制

新的气缸套内孔具有一定的尺寸精度、几何形状精度和粗糙度等级(圆度误差和圆柱度误差应为 0.015~0.045 mm,粗糙度 R_a 为 0.4~1.6 μm)。气缸套安装到气缸体上后,几何形状误差增大,圆度误差和圆柱度误差应控制在 0.05 mm 以内。柴油机运转时,由于活塞在气缸内往复运动所产生的摩擦作用,壁厚会减薄,圆度误差和圆柱度误差会增大。当气缸套磨损量超过(0.40%~0.80%)D(D 为缸径)时,燃烧室会失去密封性。气缸套过度磨损会使其工作性能变差,柴油机功率下降,并导致其他零件损坏。

轮机员应该依照说明书的要求和柴油机的运转情况对气缸套进行检测,掌握和控制气缸套磨损情况,防止发生过度磨损(大型低速柴油机铸铁气缸套的正常磨损率应小于 0.1 mm/kh,镀铬气缸套的正常磨损率应为 0.01~0.03 mm/kh)。

C. 气缸套磨损的原因分析

气缸套的磨损是一个非常复杂的过程,其产生的原因既有物理方面的,也有化学方面的。根据磨损机理的不同,可将磨损分为以下三种。

a. 熔着磨损

经过精加工的表面用肉眼看起来是很光滑的,但是用显微镜检查,就可以观察到它的表面是由锯齿形的峰和谷组成的。在薄膜润滑(边界润滑)的条件下,摩擦面间只有一层极薄的油膜，摩擦表面的部分尖峰会刺破油膜，导致金属发生直接接触或由于润滑条件差、局部高温等，滑动表面缺乏充足的滑油膜，摩擦表面间也会发生金属的直接接触。当两滑动表面在压力下有极微小部分的金属直接接触、摩擦时，便形成局部高温，使两者熔融黏着、脱落，逐步扩大形成熔着磨损。这种磨损在一般情况下以活塞在上止点第一道活塞环附近最严重。

影响熔着磨损的因素很多，主要有气缸套、活塞、活塞环等的材质；机械加工质量；外形尺寸及形状精度；气缸滑油孔的布置；气缸油的供给数量和品质；气缸套表面的温度；装置对中情况；等等。熔着磨损严重时会引起柴油机拉缸事故。

b. 腐蚀磨损

含硫的燃油在燃烧时，燃油中所含的硫分将生成二氧化硫，燃油中的氢燃烧后生成水蒸气。此外，燃油中存在的钒、铁、钠、镍等微量元素也各自生成对应的氧化物。五氧化二钒和氧化铁是二氧化硫再氧化成三氧化硫的活泼的催化剂。实验发现，在废气中有1%~15%的二氧化硫经进一步氧化变成三氧化硫。二氧化硫、三氧化硫和水蒸气在温度降到各自的露点（在缸内条件下露点为160~180 ℃）以下时，就会分别凝结成亚硫酸和硫酸，其对铁和铁合金具有较强的腐蚀性（硫酸比亚硫酸的危害性更大）。在柴油机工作中，酸性燃烧产物的凝结还会使气缸套壁面产生严重的腐蚀，使缸壁上布满疏松的细小孔穴，这便造成腐蚀磨损。

缸壁的腐蚀磨损在气缸套上部最严重，这是因为气缸套上部的油膜较薄，隔离和中和硫酸的能力差。虽然直接在此处凝结的酸少，但活塞环的泵油作用会把下部生成的酸刮到上部。由硫酸引起的腐蚀称低温硫酸腐蚀或“冷”腐蚀。在气缸套中除由硫酸引起的腐蚀外，当进入气缸中的燃油、空气和气缸滑油中含有海水或盐时，气缸套会遭到盐酸腐蚀。

腐蚀磨损和所用燃油的硫分含量有很大关系。近些年来，由于含硫量较大（有时达5%）的燃油的使用，低航速航行（此时柴油机的负荷低，气缸套表面温度也低），节约能源措施的实施等，腐蚀磨损问题变得更为突出。适当升高冷却水温度，采用适当碱度和数量的气缸滑油，将气缸滑油孔设在气缸套的较高位置，使气缸滑油注入气缸时能沿气缸套内表面圆周均匀分布，这些措施都能使腐蚀磨损减轻。

c. 磨料磨损

硬质颗粒进入气缸套和活塞的摩擦面之间形成磨料，磨料在两摩擦面之间产生挤压、滚撞，使金属脱落，便造成磨料磨损。磨料主要来源于：燃油在催化裂化过程中留下的催化剂粉末；燃油在储存和运输过程中进入的锈、沙和其他硬质颗粒；磨屑；燃烧生成的灰分和炭粒；随空气进入气缸的灰尘以及被污染的气缸油；等等。因此，提高燃油（对筒形柴油机还有曲轴箱滑油）净化质量，确保燃油良好燃烧，保持气缸油和进入气缸的空气不被污染等，都是减少磨料磨损的有效措施。磨料磨损可以从在气缸套镜面沿活塞运动方向上有平行直线状的拉伤痕迹来识别。

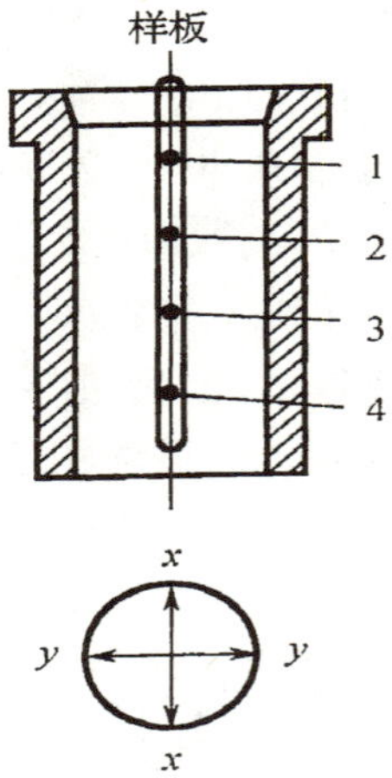

图 2-51　气缸测量位置

②气缸套内圆表面的磨损测量

气缸套内圆的测量工具一般选用量缸表或内径千分尺与随机专用的样板。

A. 确定测量部位（如图 2-51 所示）

气缸套内径的测量部位是在沿气缸套轴向几个确定的测量点

（如专用样板上规定的1、2、3、4点）的横截面上，测量互为垂直的左右（P-S方向，为垂直于曲轴轴线的 x-x 方向）和首尾（A-F方向，为平行于曲轴轴线的 y-y 方向）两方向上的直径。

测量四冲程筒形活塞式柴油机时，如无测量用的样板，又缺少说明书等资料，可参考以下4个位置对气缸套磨损进行测量。

第1测量位置：当活塞位于上止点时，首道气环对应的缸壁位置。

第2测量位置：当活塞位于行程中点时，首道气环对应的缸壁位置。

第3测量位置：当活塞位于行程中点时，末道油环对应的缸壁位置。

第4测量位置：当活塞位于下止点时，末道油环对应的缸壁位置。

除上述规定点外，还可依气缸套长短和要求及气缸套磨损规律，在气缸套上适当部位增加测量点。

B. 装量缸表

若使用量缸表测量气缸套，测量前应先装配和调试量缸表，如图2-52所示。

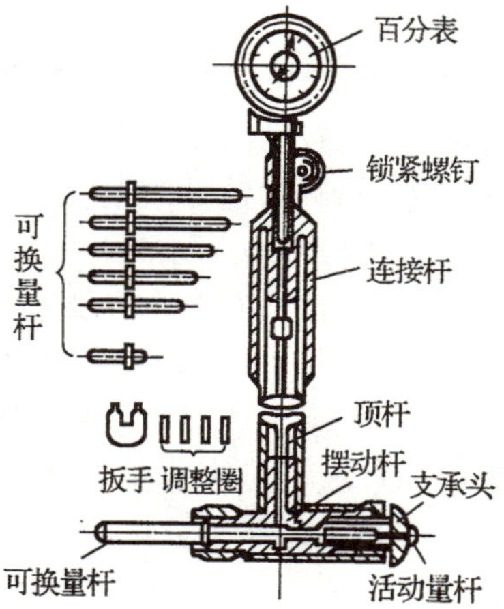

图2-52　量缸表

按所测的缸径选用合适的可换量杆，使要测的缸径值在可换量杆的量程内，并将可换量杆拧入三通管的螺孔中。将百分表装到连接杆上，使百分表指针有0.2~0.5 mm的读数，保证表触头与顶杆完全接触。将固定百分表壳的锁紧螺钉适当拧紧。

C. 校尺（如图2-53所示）

用量缸表测量气缸内径，需用外径千分尺配合，为此应校核外径千分尺。根据气缸内径大小，选择外径千分尺，擦净外径千分尺的两测量头。

使用随尺提供的校棒校验外径千分尺，记下外径千分尺的读数。将外径千分尺两测量头距离调至缸径的公称尺寸（考虑校尺的读数），锁住微分筒，保持此距离。

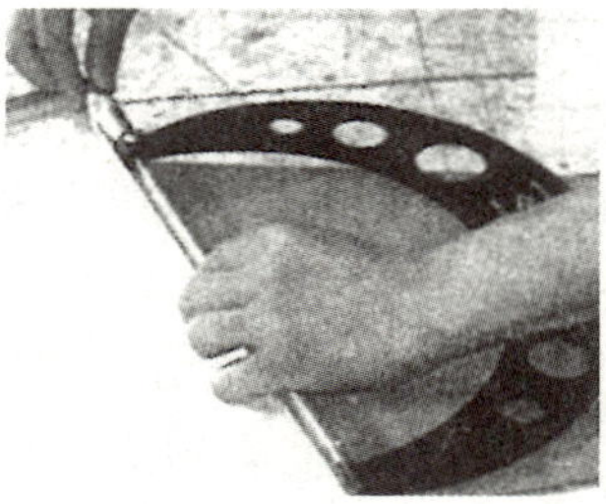

图2-53　校尺

D. 预调并置“0”

将量缸表置于调好的外径千分尺中，精确地使量缸表测量杆的中心线与外径千分尺量头的中心线重合。调节量缸表的可换量杆，使百分表小指针的读数指向1~2格，即调节量缸表的量杆间距比缸径公称值大1~2 mm，这样能测出磨损后的气缸内径值，然后用专用扳手锁紧可换量杆。

保持量缸表测量杆的中心线与外径千分尺量头的中心线重合不变，转动百分表表盘面，使长指针对“0”，记下百分表小指针的读数，并复查可换量杆是否紧固。

E. 内径测量（如图 2-54 所示）

用量缸表找到气缸的内径位置并测出内径的增（减）量。

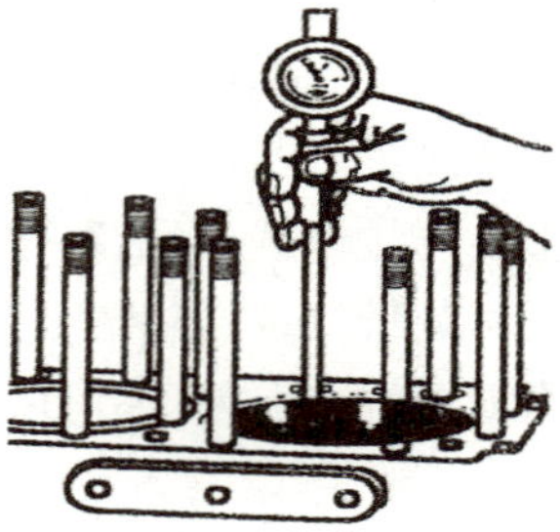

图 2-54　气缸套内径测量

用手握住连接杆的胶木部位，将可换量杆插入样板的孔内，将量缸表和样板一起插入气缸套内并放平（使连接杆与气缸套中心线平行）。用手握住连接杆并稍做摆动（能使活动量杆沿缸壁径向稍做移动），观察百分表长指针的偏转方向，应使长指针向测量值减小的方向偏转。到长指针刚要反转时，应立即停止摆动，该位置就是气缸内径的位置，此时百分表的读数即为内径的增（减）量。

内径的增（减）量要根据长指针离开“0”位的格数和长指针偏转方向来确定。百分表长指针每偏转 1 格为 0.01 mm。在测量前用手按动活动量杆，通过观察长指针的转动方向来确定内径的增或减：压紧活动量杆时，长指针沿顺时针方向偏转，说明按此方向的偏转其所测量的内径是减（-）的；反之，沿逆时针方向偏转，则其所测量的内径是增（+）的。

也可将装配好的量缸表放入气缸套上部活塞上止点以上未磨损的部位并预调置零。测量时，气缸套上部未磨损部位应去除积炭并擦拭干净，将量缸表置于该部位并调节可换量杆的长度，使百分表的短针有 1~2 mm 的预调量，而后将可换量杆锁紧。将量缸表略做摆动，当长指针向减值方向偏转至刚要反转时停止摆动，然后转动表面，使长指针对“0”。依次测量规定部位的尺寸，可直接读得相对磨损量。通过与外径千分尺的配合，也可确定选定位置的内径值。也可用内径千分尺直接测量气缸套的内径。

警示：不准用百分表、量缸表、千分尺测量粗糙、有明显凹凸不平的表面或毛坯件。不能让百分表受剧烈振动或撞击，以免造成损坏；在百分表使用过程中，要严防水、油和灰尘渗入表内，测量杆上也不要上油，以免影响表的灵活性；在观察百分表的读数时，视线应与表盘相垂直，以免造成读数误差。

（5）气缸套内表面修整

气缸套内圆表面虽已磨损，但各项指标均未超过说明书或标准的要求，船上轮机员应予以修复。自修条件如下：轻微纵向拉痕［宽≤0.2%D、深≤0.05%D、数量≤3 条（D 为缸径）］，较轻擦伤（深度<0.5 mm），决定换新活塞环，而气缸套表面已磨出明亮的镜面。可做如下处理：用 80 号砂纸沿着圆周打磨，消除拉痕和擦伤，后用镗磨油石与气缸端平面成 30°左右交替打磨出内孔 R_z 为 3~7 μm 的平台珩磨网纹。平台珩磨网纹能使工作表面既有较大的支承面，又可在磨痕中储油，有利于改善气缸的润滑状态及柴油机的磨合。

修整后，应重新测量气缸内径，使各项指标均不超过说明书或标准的要求。若气缸套有较大的拉痕、擦伤、磨台和过度磨损，应拆下送厂修复。

（6）气缸套拆装

通常，在气缸套的密封圈失效、气缸套更换或验船机构要求时，要进行气缸套的拆卸。

注意：要做好曲轴和机座（或油底壳）的保护工作（可在油底壳上铺设塑料薄膜），防止在吊装气缸套的过程中，特别是在清洁气缸体时，造成杂物污染或碰伤有关部件。

①放净气缸套冷却水。查验气缸套与缸体间的装配标记，以便重装时能准确定位。

②按图 2-55、图 2-56 所示气缸套拆装专用工具，在气缸套上、下两端面上准确安装定位板 C 和定位板 D 后，扳紧六角螺母 A，就可慢慢拉出气缸套，直到拉出气缸套“O”形密封圈为止。

③扳紧六角螺母 B，收紧上、下定位板 C 和 D。

④装上吊装工具，用葫芦将气缸套吊出并置于木垫上。取下气缸套“O”形密封圈，应全部废弃换新。

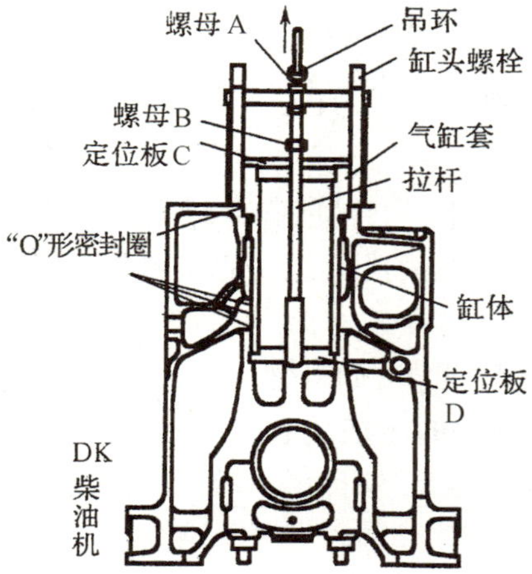

图 2-55　气缸套拆装专用工具一

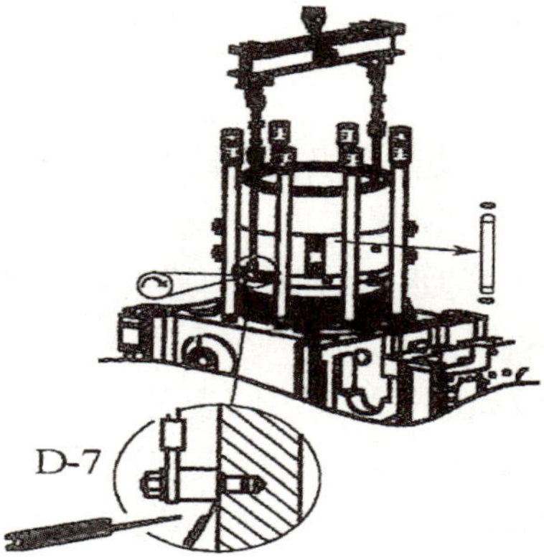

图 2-56　气缸套拆装专用工具二

(7)气缸外壁面检查

气缸套拆出后，用钢丝刷、杂用压缩空气等清洁气缸套外壁面、气缸体内腔等部位，去除水垢和锈斑等，疏通冷却水的通路，检查气缸的裂纹、腐蚀等。

①气缸套裂纹检查

柴油机气缸套裂纹损坏虽然比气缸套过度磨损的概率小，但在大缸径、强载的中、低速柴油机的气缸套中是常见的损坏形式。

气缸套裂纹大多由热疲劳和机械疲劳等破坏所致。疲劳裂纹的形成与气缸套的结构、材料、毛坯缺陷及维护管理等有关。在船上工作条件下，维护保养不良、管理不当往往是产生裂纹的直接原因。一般来说，气缸套裂纹总是发生在结构设计不合理、强度较差和有应力集中的部位。气缸套的裂纹通常发生在气缸套冷却侧上部和气缸套内圆上部。

②气缸套冷却侧裂纹检查

A. 气缸套外部支承凸缘裂纹

如图 2-57(a)所示，在气缸套外表面上部支承凸缘的根部多发生周向裂纹，严重时扩展到气缸套内表面，即裂穿，甚至导致整个圆周上裂纹连通，造成支承凸缘以下部分脱落的严重事故。

产生这种裂纹的原因多为：设计不合理，支承点布置不当，致使气缸套受力后在其支承凸缘根部产生过大的弯曲应力；加之，凸缘根部过渡圆角太小引起应力集中，在气缸套凸缘根部必然产生裂纹。

B. 冷却水道根部裂纹

如图 2-57(b)所示，气缸套冷却侧因流道设计结构不良而使冷却水流速过高，局部过度冷却引起过大的热应力，再加上流道圆根处如有应力集中，在气缸套冷却侧就会产生裂纹并向内圆表面扩展，造成气缸套内圆表面上部产生纵向裂纹。

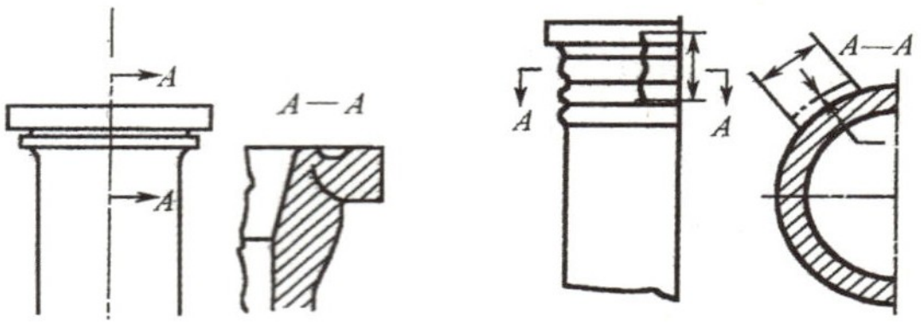

(a)凸缘裂纹　　(b)冷却水道根部裂纹

图 2-57　气缸套冷却侧裂纹

③气缸套内圆表面裂纹

在气缸套内圆表面上部会产生纵向裂纹或龟裂，严重时会扩展到冷却侧，如图 2-58 所示。这是由于冷却水侧结垢较厚或有死水区使气缸套局部过热，或者过大的交变热应力引起热疲劳造成的。

裂纹始于气缸套内圆表面，经过较长时间后裂穿。此外，如果燃油黏度过高或喷射压力较大使燃油喷射距离延长，炽热的火焰侵袭气缸套内圆表面造成局部过热，也会使气缸套内圆表面上部产生裂纹。此外，拉缸会使内圆表面产生纵向裂纹。

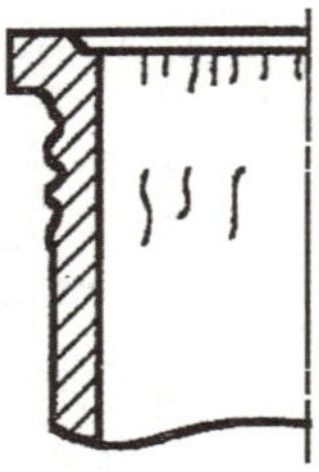

图 2-58　内圆表面裂纹

这种裂纹的检查方法有目测法、粉剂显痕法和液压试验法。其中液压试验法可以使用水或油，也可以使用空气，依有关规定，试验压力依零件工作条件而定，一般为 0.7 MPa。一般来说，气缸套出现裂纹后不应再使用，需换新。航行中气缸套裂纹严重又无备件时，采用封缸措施。

(8)气缸套的穴蚀检查

在气缸套外表面冷却壁上出现光亮无沉淀物的蜂窝状小孔群损伤现象称为穴蚀，它是空泡腐蚀和电化学腐蚀共同作用的结果。一般在闭式循环淡水冷却的柴油机中，气缸套穴蚀主要由空泡腐蚀引起；在开式海水冷却的柴油机中，气缸套穴蚀则由电化学腐蚀引起。穴蚀在筒形活塞式柴油机中普遍存在。有的柴油机尽管气缸套镜面还未磨损多少，但是气缸套已被穴蚀击穿，导致气缸套漏水，因此穴蚀直接影响着柴油机的使用寿命和可靠性。

筒形活塞式柴油机的气缸套受到活塞侧推力的作用，当活塞侧推力方向改变时，活塞对气缸套产生撞击，引起气缸套横向振动（即横振），从而在气缸套外表面附近的水域中产生交替膨胀与压缩，即在水中产生局部的高真空和高压。当水中压力降低到该温度下饱和蒸汽压力以下时，冷却水蒸发和溶于水中的空气被析出并形成空泡。此外，冷却水在流动中，方向和流速的突然变化会引起压力的变化，也会汽化产生空泡。当空泡受到高压冲击而爆破时，就在破裂区附近产生高压波，它以极短的时间作用在很小的范围内，对缸壁有较强的破坏能力。在这种高压波的反复作用下，气缸外壁金属表面将不断剥落，形成穴蚀。由此可知，气缸套振动是气缸套穴蚀的重要原因。

为了防止穴蚀，可采用以下措施。首先应降低气缸套振动。如在设计和管理柴油机时考虑：增加气缸套壁厚；提高气缸套支承刚度及增加支承数量；减小气缸套轴向间距；减小活塞与气缸套装配间隙;等等。其次应提高气缸套抗穴蚀能力。如:气缸套采用抗穴蚀材料(球墨铸铁);冷却水腔结构设计合理,水流平顺;提高外表面的光洁度,外表面进行镀铬、渗氮、喷陶瓷、涂树脂等处理;进行水处理以提高其消振性能;等等。最后在柴油机运行管理中应控制冷却水温不能过高,保证足够的水压,防止冷却水中含有大量空气(如冷却水泵漏气),使冷却水腔保持清洁;控制柴油机的负荷与转速;等等。

(9)气缸套磨合

活塞环和气缸套内表面加工时即使达到了最大限度的精度,还会出现微小的偏差;在装配过程中也会出现材料变形、环境温度变化等使环与气缸套内表面间密封配合不佳。修理过程中更换活塞环、活塞、气缸套也是如此。通过磨合,活塞环与气缸套工作面上的较大凹凸部分被磨平。当活塞环已能保证燃烧室良好密封时,磨合才算完成。未经磨合就使柴油机在高负荷下运转,则高温燃气将通过活塞环与气缸套工作面之间的不密封处泄漏,破坏这些部位的油膜,可能引起活塞环与气缸工作面过热,加剧活塞环的磨损,增加环槽的结炭,甚至发生拉缸、咬缸事故。因此柴油机在投入正常运转以前必须经过一个逐渐加负荷达到互相贴合的过程,这个逐渐加负荷的过程称为磨合(或跑合)。

磨合是用尽量少的时间减小磨损。使燃烧室获得良好密封是组织磨合过程时所追求的目标。由于磨合过程的复杂性,现在尚无法给出一个公认合理的标准方法。各柴油机制造厂都有在自己机型上进行磨合所积累的经验,在说明书中都给出了各机型相对应的磨合程序,磨合的基本特点是逐加负荷,连续运转并需定时检查。轮机管理人员应严格按规定程序进行,图2-59 所示为 MAN B&W S-MC 型柴油机的气缸磨合程序。

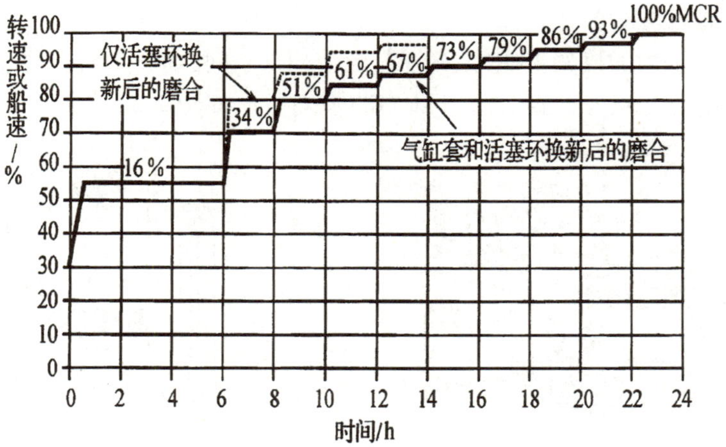

图 2-59　MAN B&W S-MC 型柴油机的气缸磨合程序

另外,磨合时所使用的滑油品质和数量也有严格要求。在磨合时,气缸润滑应使用纯矿物油或低碱性气缸油,以便获得一定的腐蚀磨损,加快磨合的进行。在磨合过程中应增加气缸油供应量,以密封燃烧室。在 L-MC/MCE 型柴油机说明书中规定,磨合的最初 20~24 h,应将气缸油量调至最大供油位置,在磨合后最初运转的 1 000~2 000 h,建议气缸油量比正常供油量多 50%。图 2-60 所示为 S-MC 型柴油机的气缸注油率。

(10)扫气口检查

为了确保燃烧室部件正常工作,除了加强运行管理外,在磨合期间或柴油机正常工作期间一定要抓住停航时机,定期对气缸进行观察和检查。有时为了寻找故障原因,在海面情况允许

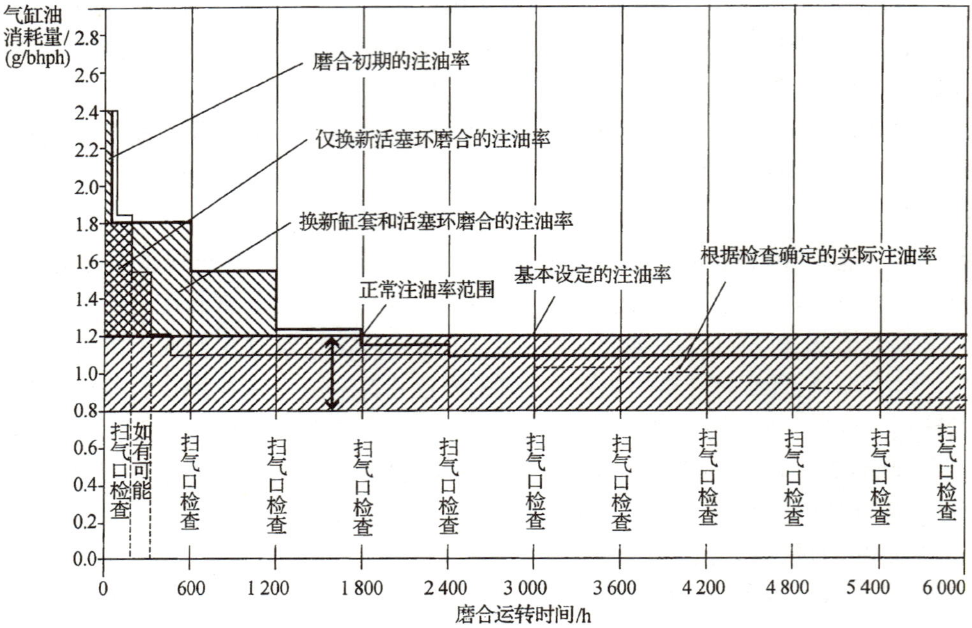

图 2-60 S-MC 型柴油机的气缸注油率

时,也可临时停车进行检查。

在扫气口处,可直接检查活塞或气缸盖的泄漏情况,此时应保持冷却水和冷却油循环工作。用木棒、专用探灯(矿井灯)和放大镜,结合盘车扫气口进行检查。

①气缸套内部简易检查

A. 卸去在凸轮轴边的机架上的检修道门,清洁扫气空间,如图 2-61 所示。

B. 当活塞处于下止点时检查活塞头和气缸内壁情况,如图 2-62 所示。

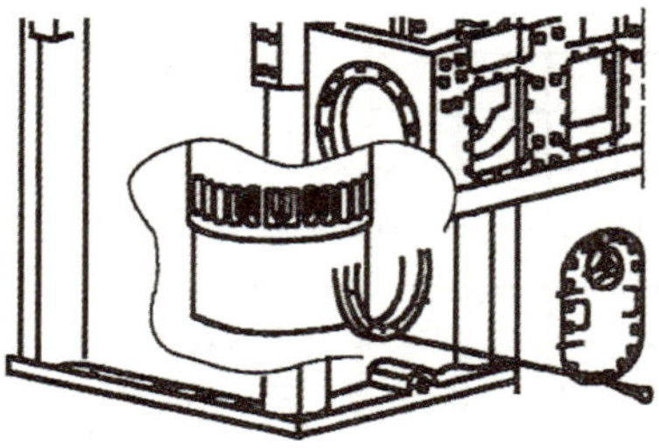

图 2-61 由道门口观测扫气口

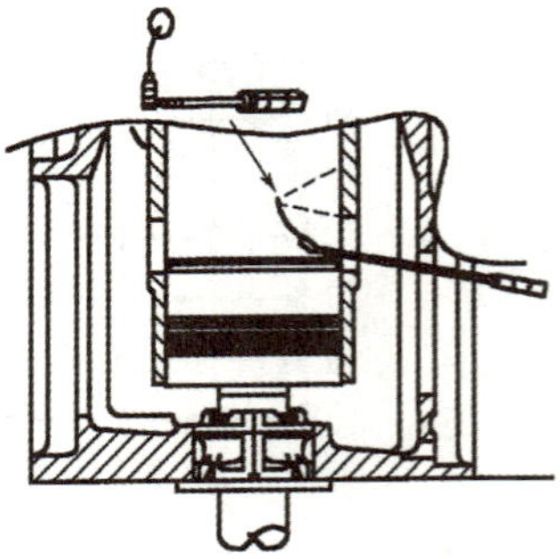

图 2-62 检查活塞头和气缸内壁

C. 盘车至活塞通过扫气口时,可用木棒检查活塞环情况,还可检查环槽和活塞裙等,如图 2-63 所示。

D. 盘车至上止点时,检查活塞杆和气缸下部内壁的情况,如图 2-64 所示。检查结束后重新将道门装复。

②内部情况简单判断

通过以上检查,轮机人员可在较短时间内获得有关气缸活塞组件的多方面资料,主要有:

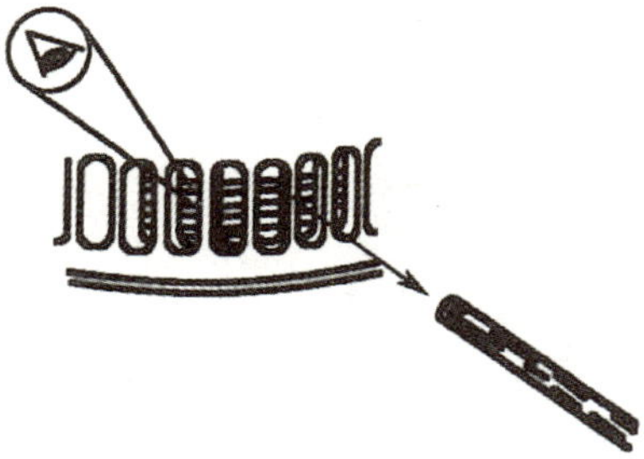

图 2-63 用木棒检查活塞环

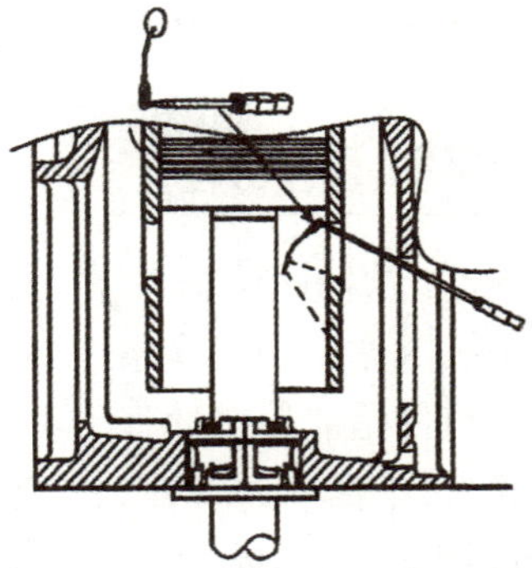

图 2-64 盘车至上止点时检查活塞头和气缸内壁

A. 了解气缸润滑状况

通过观察燃烧室内的燃烧残留物和残油量来了解气缸润滑状况。在观察中若发现活塞头上有白色、微黄色的沉积物(来自气缸油中的碱性添加剂),而且沉积物较厚但环槽中黏着物并不太多,则说明所用滑油碱值太高。若气缸套表面上有白色或微带褐色的区域,则是由腐蚀磨损形成的,可能是滑油碱值太低。

如果第一道活塞环表面有半干半湿的滑油膜存在,活塞环与缸壁表面油膜干净,则说明注油量适中。如果在活塞与活塞环槽内发现结炭黏着现象较重,活塞与缸壁表面油膜污染变黑,气口因结炭堵塞较重,则说明注油量过多。如果第一道活塞环表面干燥而环与缸壁均出现磨痕,则说明注油量过少,应根据实际情况对气缸注油量进行调节。

注意:在调整气缸注油量时,切勿一次调整太大,应逐步调整,若要减少注油量更应如此。

B. 了解活塞环工作状况

通过扫气口观察,对照活塞环磨损的常见几种情况,判断活塞环的磨损情况。若向上、向下盘车时分别在环的上、下出现间隙,说明环在槽中无黏着现象。若用小木棍推压环,环无张力,说明环已断裂。若环工作表面有黑色无滑油的区域,说明环的密封性不好,黑色区为漏气区。

C. 了解冷却腔密封状况

观察时开启气缸冷却水泵、活塞冷却水(油)泵,若气缸套外表面有水漏下,说明气缸套外侧密封圈可能失效;若气缸套内表面有水漏出,说明气缸套或气缸盖可能有贯穿性裂纹或气缸注油嘴处漏水。对于水冷活塞,也可能导致活塞头柔性紧固螺栓松动、活塞冷却腔密封圈失效或活塞顶有贯穿性裂纹;对于油冷活塞,在这种情况下会有油从气缸套内壁漏出。如需进一步检查或对故障部件进行处理,则可实施吊缸检查。

任务 2 曲柄连杆机构的拆装检查

柴油机活塞的往复运动通过曲柄连杆机构转化为旋转运动,曲轴把各缸产生的动力汇集然后向外输出,带动螺旋桨、发电机或其他工作机械。连杆小端连接活塞(四冲程柴油机)或十字头(二冲程柴油机)做上下往复运动,大端连接曲柄销做回转运动,杆身做椭圆运动。十字头轴承是工作条件最为恶劣的工作副，曲轴是柴油机上最贵的部件，这些运动部件工作的好坏直接影响柴油机的工作性能。

21 十字头、连杆的检查

（1）十字头结构的认识

①十字头的作用和工作条件

十字头组件是船用二冲程十字头式柴油机特有的部件。其主要作用是将活塞组件和连杆组件连接起来，把活塞的气体力和惯性力传给连杆，承受侧推力并给活塞在气缸中的运动导向，主要包括十字头本体、十字头滑块和十字头轴承（连杆小端轴承）等。十字头机构如图2-65所示。

十字头组件的工作条件是比较苛刻的。十字头本体和十字头轴承要承受周期性的气体压力和惯性力；十字头滑块要承受侧推力的作用。由于单向受力及连杆只做摆动，不易形成良好的润滑，十字头组件是柴油机轴承中工作条件最为恶劣的部件之一。

②十字头的结构类型

A. 双滑块结构

如图2-66所示，在十字头本体上安装2个滑块，每个滑块有正、倒车2个工作面，在机架上对应有4块导板，即2块正车导板、2块倒车导板。正车导板是正车的膨胀行程承受侧推力的导板，倒车导板是倒车的膨胀行程承受侧推力的导板。双滑块结构的正、倒车导板的承压面积相同，比较安全、可靠。导板设在机架的横隔板上，使连杆摆动平面宽敞，从机器的两侧进行检修作业比较方便，因此应用广泛，但结构复杂，安装校正麻烦。

B. 单滑块结构

如图2-67所示，正、倒车导板的承压面积不同，正车时受力大，工作时间长，有较大的承压面积，倒车导板的承压面积小。滑块的布置与柴油机的转向有关。导板正好位于连杆摆动的方向上，给检修工作带来麻烦。因其结构简单，制造与安装容易，以前应用较多，现已很少采用。

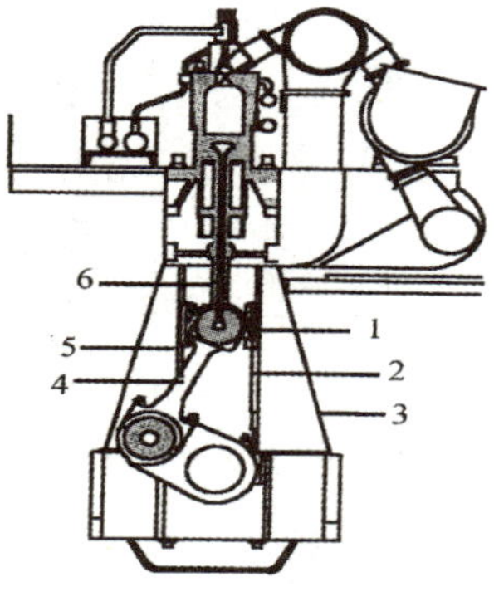

图2-65 十字头机构

1—十字头；2—正车导板；3—机架；4—连杆；5—倒车导板；6—活塞杆

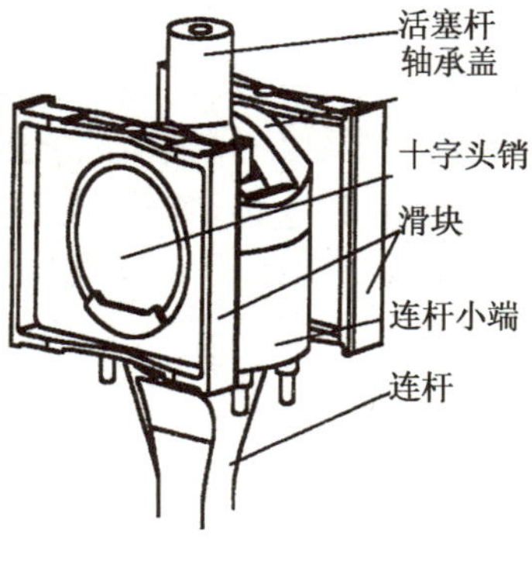

图2-66 双滑块结构

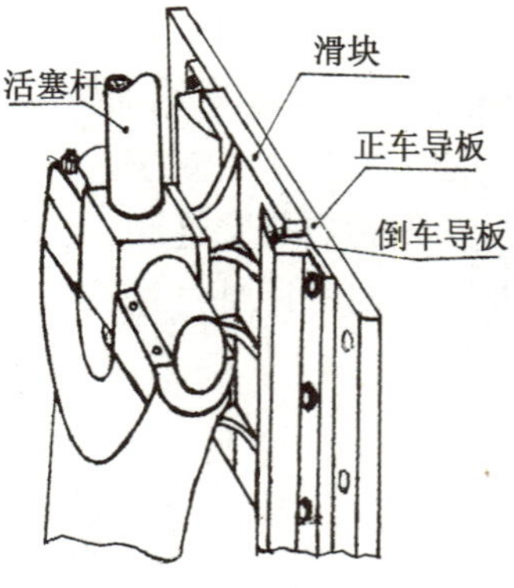

图2-67 单滑块结构

C. 圆筒形滑块结构

圆筒形滑块一般将十字头与扫气泵合为一体，扫气活塞直径大于动力活塞直径，柴油机不需任何辅助装置也能在低负荷下稳定运转。目前，圆筒形滑块仅为个别机型使用，如上海船厂生产的 ESD230/55 型柴油机。

③十字头与活塞杆的连接

十字头与活塞杆的连接有两种连接方式，第一种是活塞杆穿过十字头上的孔用螺母固定，第二种是利用活塞杆下部凸缘和螺栓与十字头连接。

第一种连接方式由于活塞杆穿过十字头，连杆小端必须采用分岔形式，使十字头轴承工作可靠性降低，现在已基本不用。

第二种连接方式由于连杆小端采用全支撑式结构，扩大了轴承的承载面积，改善了轴承的受力状况，使十字头轴承的工作可靠性大大提高。目前，MAN B&W 和 Wärtsilä Sulzer 最新生产的柴油机都采用这种结构。图 2-68 所示为 MAN B&W K98MC 型柴油机的全支撑式十字头，两个滑块 1 和 2 浮动安装在十字头销两端，十字头销的中间部分包在十字头轴承内。十字头轴承盖中央开有孔口，可使活塞杆和十字头本体安装在一起。十字头轴承上、下瓦都为薄壁

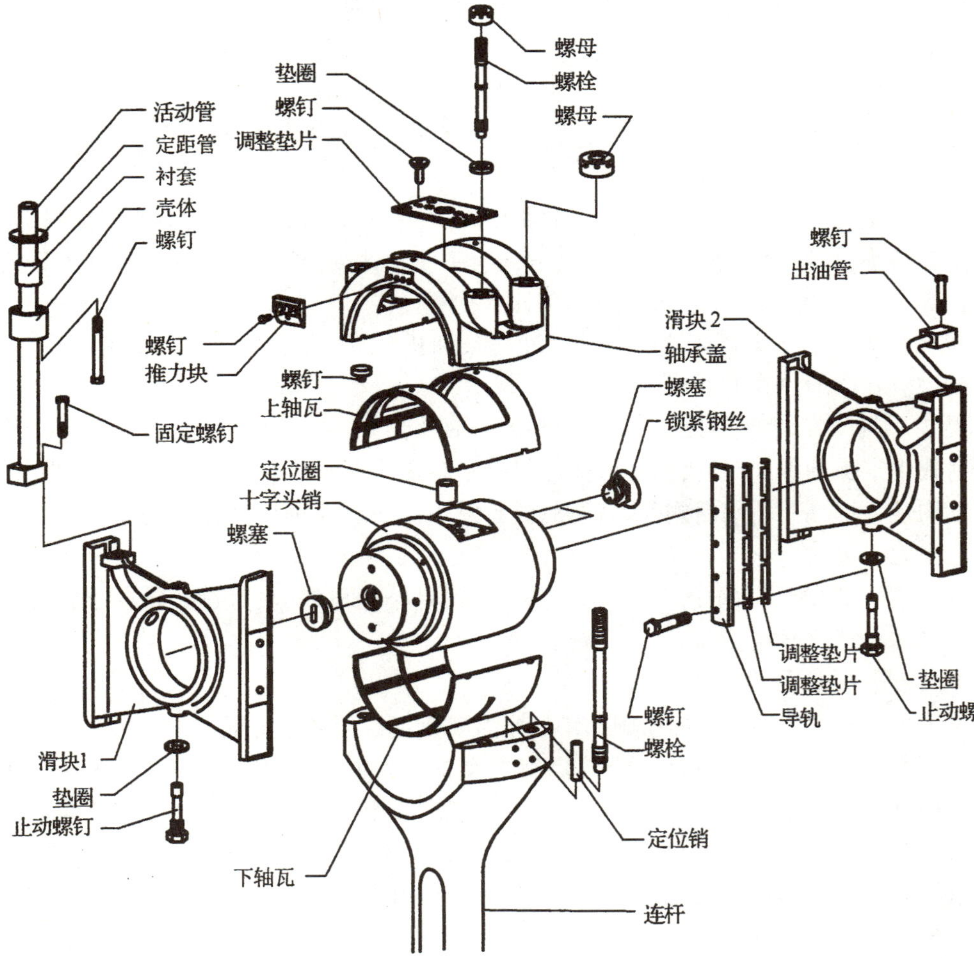

图 2-68 全支撑式十字头

轴瓦，在钢质瓦背上衬有高锡铝白合金，在白合金上有铅、锡、铜合金覆层，最上面是一层极薄的锡层。滑块滑动表面浇铸有白合金。十字头由机架上的导板导向，由固定在滑块上的导轨限位。

活塞杆的下端落在十字头上，由十字头内的导环定位。活塞杆和十字头间插有垫片，垫片厚度可根据柴油机的不同需要而改变（调整压缩比）。活塞杆通过4个螺栓固定在十字头销本体上部的平面上。

向十字头、曲柄销和活塞供滑油的套管固定在滑块1的上端，十字头销体中有滑油输送孔，将套管供来的滑油一部分送去冷却活塞，一部分送去润滑十字头轴承和滑块，还有一部分经连杆中钻孔送去润滑曲柄销轴承。活塞冷却油的出油管安装在滑块2上，出油管可在设置于机架内的开槽管内滑动，使滑油能被导入各缸的检查装置检查流回油柜的滑油温度和流量。润滑十字头轴承、滑块及曲柄销轴承的滑油都落入曲轴箱内。

(2)十字头轴承工作分析和提高可靠性的措施

关于柴油机故障的统计表明，十字头轴承是柴油机各种轴承中发生故障最多的轴承。这种轴承之所以易发生故障，是由于它们的工作条件比较差。

①十字头轴承的工作特点

A. 轴承的比压大。十字头轴承承受的气体压力很大，而十字头销因受结构的限制，尺寸不能太大。

B. 难以形成足够的滑油膜。连杆小端轴承绕十字头销摆动，低速柴油机的连杆摆角和摆动角速度都很小，且摆动角速度时大时小，方向也不断地改变，使十字头轴承往往处于边界润滑状态，难以形成足够的滑油膜，摩擦和磨损比较严重。

C. 单向受力。十字头式柴油机都是二冲程柴油机，十字头销始终压在轴承下瓦上，不利于滑油的供应和楔形油膜的形成。

D. 受力不均。在柴油机工作时，由于十字头轴承受力，这些部件难免发生变形。特别是对于分岔式十字头轴承，十字头销变形往往很难和轴承变形一致，易使局部受力严重，产生负荷分配不均现象。一般轴承内侧受力较大，更易发生故障。这种情况在采用全支撑式十字头轴承后已大大改善。

可见，十字头轴承是工作条件最恶劣的轴承，也是柴油机安全、可靠运转的重要环节。该轴承允许有细小裂纹存在，不必急于换新。

②提高十字头轴承可靠性的措施

延长十字头轴承使用寿命的措施归纳起来主要围绕以下几个方面：

A. 降低轴承比压。降低轴承比压的措施主要有增大轴颈直径和增大轴承承压面积。增大轴颈直径可提高刚度，增加十字头销表面的线速度，有利于滑油膜的形成，有的柴油机十字头销直径已增大到气缸直径的96%。采用全支承式轴承，在轴颈的全长上都设轴承承压面，增大了承压面积，限制柴油机最高爆发压力，使之不要过高。

B. 使轴承负荷分布均匀。采用刚性结构，短而粗的十字头销提高了十字头销与轴承座的刚度，减少了变形。对于分岔式十字头轴承，曾通过如采用弹性结构和反变形法以增大承压面的贴合面积等方法来使轴承负荷分布均匀。采用反变形结构，使承压面积随负荷增减而改变，达到任何压力下均不超轴承承压极限。

C. 保证良好的润滑和冷却。采用专设的滑油升压泵提高滑油压力，从而实现液体静力润滑(只有十字头式柴油机才采用静力润滑)。合理开设纵横布油槽和输油槽,轴向油槽不能开到边缘,以防滑油流失,在油槽边缘应开有楔形斜面;油槽尽量减至最低限度,以降低比压。某些轴承油槽的端部有小直径泄油槽,保证良好冷却。选择合适的间隙:间隙太大,油压不易建立,油膜不易形成;间隙太小,轴颈不易浮起,热量不易被带走,轴承容易抱轴。

D. 采用薄壁轴瓦。采用疲劳强度高的轴承材料,如薄壁轴瓦,大多采用锡基白合金和高锡铝合金薄壁轴承。

E. 提高十字头销颈表面光滑程度。十字头轴承的使用寿命也取决于十字头销颈的表面光洁(粗糙)度,它对油膜的形成影响很大。此外,采用短连杆结构,以增大摆动角度和角速度,提高轴承的润滑条件。

(3)连杆的功能认识

连杆的功能是将作用在活塞上的气体力和惯性力传递给曲轴,并把活塞或十字头与曲轴连接起来,将活塞的往复运动变成曲轴的回转运动。连杆的运动复杂,连杆小端随活塞做往复运动,大端随曲柄销做回转运动。连杆杆身在小端和大端运动的合成下,绕着往复运动的活塞销或十字头销摆动。杆身上任意一点的运动轨迹随其位置而异,都近似呈椭圆形。

连杆不但运动复杂,而且受力很复杂。连杆承受周期性变化的气体力和活塞、连杆惯性力的作用,并且气体力在燃烧时具有冲击性。在四冲程柴油机中,连杆有时受拉,有时受压。二冲程柴油机的连杆始终受压(非增压机在大部分时间承受压应力,小部分时间承受拉应力),但压力的大小是周期性变化的。连杆大小端轴承还在活塞销或十字头销、曲柄销产生摩擦和磨损。

对连杆的主要要求是耐疲劳、抗冲击,具有足够的强度和刚度。连杆轴承工作可靠、使用寿命长、质量小、加工容易、拆装维护方便。连杆长度应尽量短,以降低发动机的高度和总质量。在筒形活塞式柴油机中,连杆选用优质碳钢或合金钢制造;十字头式柴油机的连杆一般选用优质碳钢制造。

(4)连杆的结构解析

图2-69所示为工字形截面连杆。工字形截面在其摆动的平面内有较大的截面惯性矩,抗弯能力大,质量小,材料利用合理。通常采用模锻毛坯,适合于大批量生产的中、高速柴油机。杆身内钻孔,可通滑油,以润滑连杆小端和冷却活塞。

连杆小端是活塞销的轴承,小孔内压入(冷套)锡青铜衬套或浇有轴承合金的卷制衬套。对于中速强载柴油机,通常采用锥形或阶梯形的连杆小端,以增大连杆小端下部主要承压面的面积。连杆大端是曲柄销轴承,通常制成剖分式结构,用螺栓连接起来。连杆大端首先要满足拆装条件,即在检修时连杆能同活塞一起从气缸中吊出。随着柴油机的强化度越来越高,为了提高曲轴的刚度和强度,曲轴轴颈需越来越粗,使得连杆轴承尺寸越来越大,因此连杆大端出现了车用大端(平切口、斜切口和阶梯切口)及船用大端等结构。斜切口大端如图2-70所示。船用大端如图2-71所示。

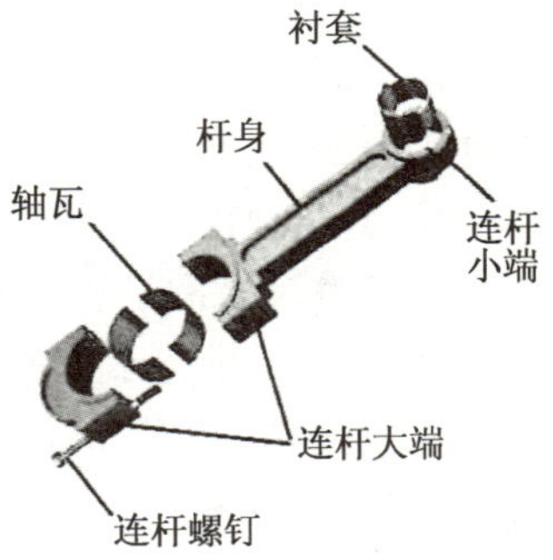

图2-69　工字形截面连杆

Wärtsilä L20型柴油机的连杆由合金钢锻造而成,由于该型柴油机转速较高,为了减小惯性力,连杆采用工字形截面。杆身内开油孔,滑油经此孔道由连杆大端送至连杆小端,以润滑小端和冷却活塞。

为了同时满足连杆的拆装条件并减小轴承负荷和保证曲轴的刚度,连杆大端做成阶梯形切口。采用斜切口和阶梯形切口的连杆大端会使连杆螺栓承受剪切作用。为了不使连杆螺栓承受剪切作用并在结合面处不产生滑动,在结合面处常采用锯齿形结构。连杆小端为阶梯形,具有良好的承载能力。连杆螺栓由液压工具同时上紧。

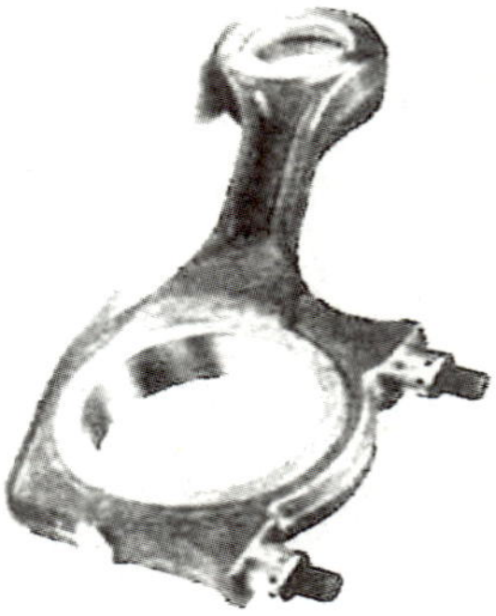

图 2-70　斜切口大端

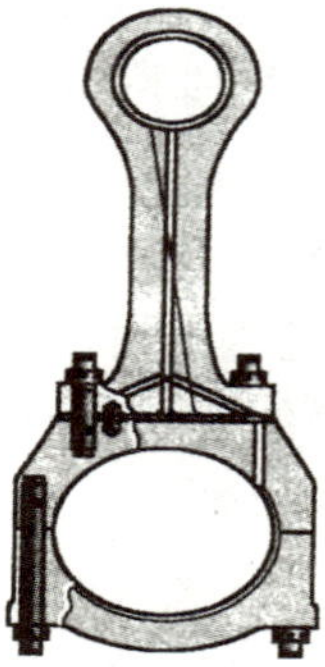

图 2-71　船用大端

Wärtsilä L38 型柴油机的连杆由合金钢锻造并加工成圆形截面,而圆柱形截面是由自由锻造毛坯制成的(用于中型或小批量生产的柴油机)。杆身中间钻孔,用于输送滑油。

由于该机的 p_z 已达到 19 MPa,为了保证曲轴的刚度和轴承的承载能力,连杆大端采用船用大端结构,可以在不打开大端轴承的情况下进行吊缸并使吊缸高度达到最小。连杆大端轴承较宽,使轴承负荷较小。在连杆大端和杆身之间为一铝合金板,保证两部分能很好地贴合且可用于调整压缩比。杆身与连杆大端的结合面正好处于连杆大端轴承座的上方,可以方便地拆卸和维护。所有螺栓用液压工具同时上紧。连杆小端为阶梯形小端,并采用三层结构的轴瓦,具有良好的承载能力。

十字头式柴油机连杆一般由小端、杆身和大端三部分组成。对应于不同类型的十字头,连杆小端也有两种结构:一种是分岔式连杆小端,它对应于穿过活塞杆的十字头,由于这种十字头轴承工作可靠性降低,现在已基本不用;另一种是全支撑式连杆小端。

连杆大端根据杆身与大端轴承座是否分开分为车用大端和船用大端。连杆杆身与连杆大端轴承座剖分式的大端结构称为船用大端,船用大端在剖分面处装有压缩比调整垫片。杆身与大端轴承座不分开的结构称为车用大端,车用大端结构简单、紧凑。

K98MC 型柴油机连杆采用了车用大端结构,如图 2-72 所示。其小端为十字头端,由轴承盖、轴承座、薄壁轴瓦和螺栓等组装而成;大端为曲柄销轴承,由轴承盖、轴承座、薄壁轴瓦以及螺栓等组装而成。大、小端的螺栓都是紧配柔性螺栓,有较高的疲劳强度,它们都用专用液压工具上紧。连杆的杆身与连杆大端、小端轴承座合为一体,使整个连杆结构紧凑。这种连杆长度很短,这对于现代超长行程柴油机降低整机高度是非常重要的。连杆小端刚性大,十字头销短而粗,采用全支承刚性十字头轴承,它的承载能力和工作可靠性都明显提高。

(5)连杆螺栓认识

连杆螺栓是连接连杆大端轴承的重要螺栓,其受力情况为:对四冲程柴油机,除受到预紧力外,在上止点附近还受到惯性力的拉伸作用,此外,由于筒形活塞式柴油机结构紧凑,连杆大

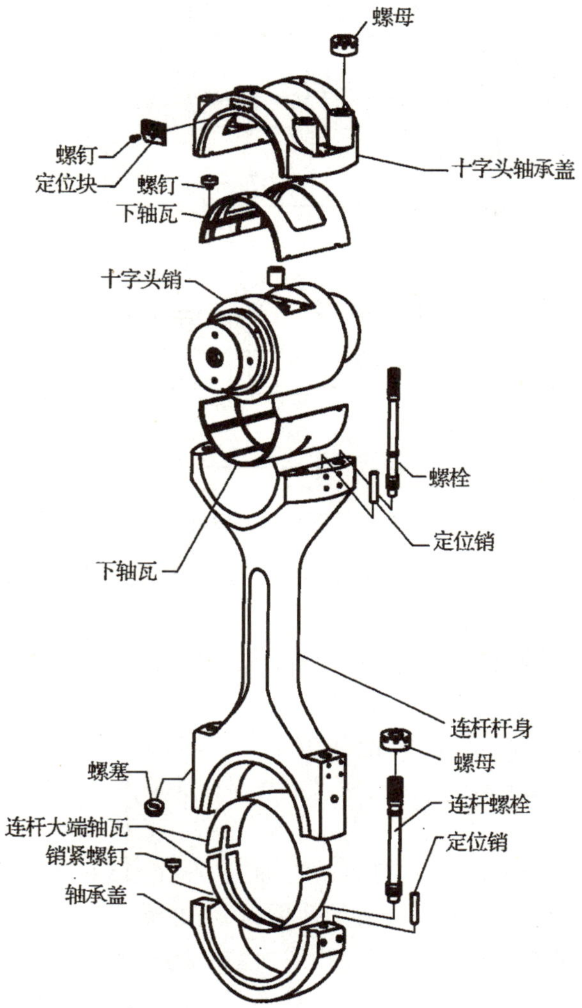

图 2-72　K98MC 型柴油机连杆

端在工作时容易变形，所以还受到大端变形所产生的附加弯曲作用；对二冲程柴油机，连杆螺栓在工作中只受到预紧力的作用。

筒形活塞式柴油机的连杆螺栓由于受到曲柄销和大端外廓尺寸的限制，其直径较小，如图2-73 所示。为了满足强度上的要求，连杆螺栓一般选用韧性好、强度高的优质碳钢或合金钢制造。

在设计上采用耐疲劳的柔性结构（增加螺栓长度、减小螺栓杆部直径以增强螺栓柔度）；采用精细加工螺栓螺纹；在断面变化处以及螺纹部分采用大圆角过渡，以减小应力集中；保证螺栓头及螺母支承平面与螺纹中心线垂直，以减小附加弯曲应力等。

连杆螺栓是至关重要的连接螺栓，如在运转中连杆螺栓断裂，将发生机毁的重大事故，因此在安装中必须严格按照说明书的规定进行。如安装预紧力的大小、预紧方法、预紧次序等，甚至对连杆螺栓的检查与换新等均需严格按规定进行。实践证明，正确的紧固与锁紧是避免发生断裂事故的有效措施。

连杆螺栓断裂的位置和原因：

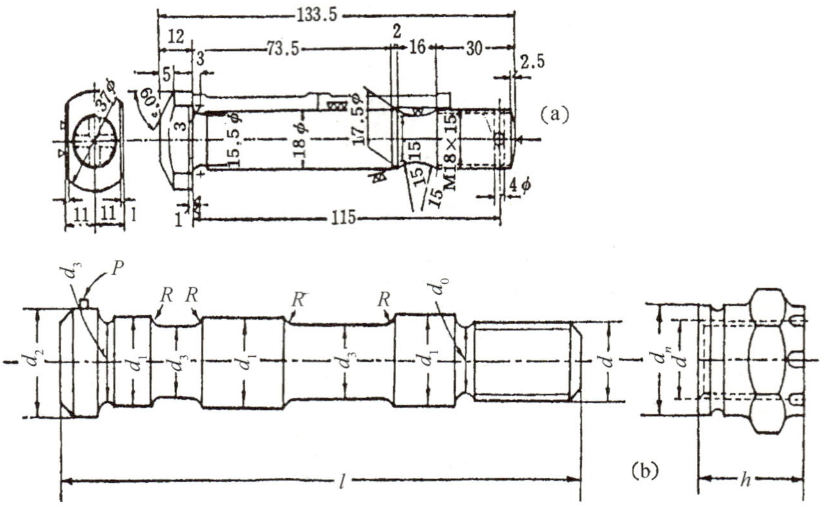

图 2-73　连杆螺栓设计图

螺栓的断裂一般发生在应力集中处，日本海事协会对柴油机连杆螺栓断裂的位置和原因统计如下：

①断裂位置：螺纹部分断裂的约占 46%；在中央圆角处断裂的约占 40%；在螺栓头根部断裂的约占 10%。

②断裂原因：疲劳原因占 40%；忘记装防止螺帽转动的开口销等占 25%；上紧不良占 13%；圆角不足等设计、加工不佳占 12%；材料本身存在缺陷占 6%。

（6）检查连杆螺栓

①严格按使用期限更换连杆螺栓，四冲程柴油机为运行 15 000~20 000 h。目前某些强载四冲程柴油机的连杆螺栓拆下后不允许继续使用，必须更换。

②柴油机按说明书的规定检修时，对使用或换新的连杆螺栓必须进行探伤检查后方能装复使用。应着重检查螺栓头部、螺纹及根部、螺栓的各圆角、螺纹之间的过渡处，应无裂纹。若无条件做探伤检查，应使用放大镜或肉眼检查无缺陷；也可用手锤敲击螺栓，从声响判断有无明显缺陷。不允许有碰伤、拉毛、变形、裂纹、螺纹损坏等缺陷。

③用牙规检查螺距，用直尺检查弯曲情况和伸长量。测量螺栓的总长度以检查螺栓的永久变形量并与档案中该螺栓的原始长度对照，伸长量超过规定值就必须换新。如有的柴油机厂规定，当四冲程柴油机连杆螺栓伸长量超过原设计长度的 2%时即应报废换新。螺栓伸长或出现颈缩大多是安装时用力过大所致，柴油机发生拉缸、咬缸时使连接螺栓受到过大拉应力也会导致螺栓伸长。

④检查螺帽、螺杆与轴承接触面的配合及磨损程度；检查定位销是否松动或磨损。装上螺母，通过看其是否有过松现象来检查螺纹的磨损情况。尤其要检查螺母和螺栓头部与轴承的接触面接触是否均匀、贴合是否完好。连杆螺栓与螺栓孔的配合是过渡配合，间隙不可过紧或过松。螺栓若在轴承上、下两半紧配处的孔中松动，则柴油机在运转时轴承盖由于离心力的作用而产生位移，使螺栓受到剪切力的作用。检查螺栓孔表面和轴承上、下两半接合处表面状态，若在轴承合缝处露出合金，则在安装螺栓时会将其挤出，或者由于孔边缘有毛刺，易使螺栓咬死。

⑤上紧螺母插入开口销时,应检查开口销是否与螺母上表面接触良好。

(7)上紧螺栓时的注意事项

为防止连杆螺栓安装不当引起变形或折裂,安装时应注意以下几点:

①安装前,认真进行外观检查和清洁。必须保持轴承上下接触面和垫片的清洁,保证贴合良好并涂以润滑剂(如二硫化钼或白铅油等),防止螺纹和承压面咬死。

②上紧螺栓的方法和预紧力的大小均应按柴油机说明书的规定进行,因为预紧力过大或过小、各螺栓的预紧力不均匀等均不能保证其工作的可靠性。现代柴油机都配有专用工具,应使用专用扭力扳手或液压拉伸器,按规定的扭矩或液压力或伸长量上紧螺母。严格遵守上紧次序,切忌单边上紧,并应分几次交替上紧。如新型四冲程柴油机,用专用的样板上紧连杆螺母,规定每次上紧每缸连杆螺栓的螺母角度必须一致,也规定了上紧次序。又如某些四冲程柴油机设有螺栓伸长限制样板,连杆螺栓依次上紧的过程中,用塞尺插入螺栓头部、样板平面之间,以确定螺栓伸长量是否在允许范围内。

③检修中不可随意调换连杆螺栓与其原装配孔的关系。解体柴油机时,一般在螺母的原来位置上做一记号,以便安装时参考。如需更换螺栓而无资料可查,可将螺母拧入贴合后,再旋紧 50°左右作为紧固的限度,并及时停车检查。

2.2 曲轴与主轴承检修

(1)曲轴认识

曲轴的主要作用是把活塞的往复运动通过连杆变成回转运动;把各缸所做的功汇集起来向外输出和带动柴油机的附属设备。

在曲轴带动的附属设备中,柴油机的喷油泵、进(排)气阀、启动空气分配器等均因定时的要求必须由曲轴来驱动。离心式调速器要根据柴油机转速的变化自动调节柴油机喷油量,也必须由曲轴来驱动。此外,在中小型柴油机中,为了简化系统、布置紧凑,曲轴还带动滑油泵、燃油输送泵、淡水泵和海水泵,也有少数柴油机曲轴带动空气压缩机。

①曲轴的工作条件分析

A. 受力复杂

曲轴在工作中承受着各缸交变的气体力、往复惯性力和离心力以及它们所产生的输出扭矩和弯矩等的作用。这些力不仅随着曲柄的转角变化而变化,还随着负荷变化而变化。曲轴在这些力的作用下要产生弯曲和扭转变形并产生非常复杂的交变应力,还可能出现扭振和纵振引起的附加应力和力矩。

B. 应力集中严重

一根曲轴由 1~12 个彼此错开一定角度的曲柄以及功率输出端和自由端构成。每个曲柄由主轴颈、曲柄销和曲柄臂三部分组成。现代大型低速柴油机曲轴上还直接锻出推力环。因此,曲轴的形状很复杂,弯头很多,特别是中小型柴油机在曲轴上还钻有滑油输送孔。这些因素都将使曲轴内部的应力分布极不均匀,以致在曲柄臂和轴颈的过渡圆角处及滑油孔周围产生严重的应力集中现象,其中以曲柄臂与曲柄销的过渡圆角处最为危险。

C. 附加应力大

曲轴是一个弹性体,它在径向力、切向力和扭矩的作用下会产生扭振、横振和纵振。当曲轴的自振频率较低时,在发动机工作转速范围内可能出现共振,使振幅大大增加,产生很大的附加应力。这不仅会造成曲轴的损伤和破坏,而且恶化了柴油机的工作性能,如扭振将引起传动齿轮的噪声和疲劳,使柴油机定时不准,从而引起柴油机工作过程恶化,横振会因曲轴弯曲过大而使轴颈和轴承磨损加剧,甚至不能正常工作。

D. 轴颈遭受磨损

轴颈在经常启停柴油机时,特别是在润滑不良、机座或船体变形、轴承间隙不合适、超负荷运转时,轴颈的磨损会明显加剧。

②曲轴作用分析

曲轴是柴油机中最长和最重的部件,直接影响整台柴油机的尺寸和质量。曲轴形状复杂,加工质量要求很高,制造工艺难度大,因此也是柴油机中造价最高的部件。曲轴的工作好坏对整台柴油机有直接影响,它的损坏会导致柴油机瘫痪,而且难以修复,甚至无法修复。航行中若曲轴发生故障会威胁到全船的安全,所以对曲轴的要求非常严格。对曲轴的主要要求是:抗疲劳强度高,工作安全可靠;有足够的刚性,工作时变形小,以保证轴承负荷均匀;有足够的轴颈承压面积,以保证较低的轴承比压;轴颈要有良好的耐磨性能,并允许多次车削修复;曲柄的布置要兼顾动力均匀、主轴承负荷低、平衡性好、扭振小、有利于增压系统等。以上这些要求是相互关联的,有些又是相互矛盾的,要权衡利弊妥善解决。

③曲轴材料分析

曲轴的常用材料有优质碳钢、合金钢和球墨铸铁。一般柴油机的曲轴常用优质碳钢制造,只有中、高速强载柴油机的曲轴才采用合金钢制造,球墨铸铁一般用于强化程度不太高的中、高速柴油机。

为了适应船舶海上运输安全的需要,保证船舶具备安全航行的技术条件,我国船级社制定的《钢质海船入级规范》从强度的观点对曲轴的材料、尺寸、扭振做了一系列规定,船舶柴油机的建造必须遵守这些规定。

(2)曲轴结构解析

①曲轴的分类

A. 整体式曲轴

整体式曲轴是整根曲轴一体锻造或铸造出来的。它具有结构简单、质量小、工作可靠的优点,在中、高速柴油机上得到广泛应用,并逐渐扩大到大型低速柴油机领域。

B. 组合式曲轴

将曲轴的不同部分分开制造,然后应用一定的连接工艺使之成为一个整体的曲轴称为组合式曲轴,如图 2-74 所示。组合式曲轴普遍应用于大型柴油机。采用组合式主要是为了制造方便,解决曲轴制造设备能力的限制问题。

曲轴的组合方式有套合式和焊接式。套合式曲轴的套合工艺有红套和冷套两种方法。焊接式工艺是一种先进的加工工艺,由于可减小曲柄臂的尺寸,能使组合式曲轴质量减小 20%~30%。

C. 分段式曲轴

分段式曲轴先分成两段制造,然后用法兰连接成整根曲轴。一般用于气缸数较多的曲轴,如 MC 系列柴油机 9~12 缸机采用分段式曲轴。

②曲轴的构造

A. 单位曲柄

曲轴主要由若干个单位曲柄、自由端和飞轮端以及平衡块等组成。单位曲柄是曲轴的基本组成部分，由主轴颈、曲柄销颈和曲柄臂组成，为了减轻曲轴的重量和减小惯性力，曲柄销颈和主轴颈一般采用空心结构。为了平衡曲柄不平衡回转质量产生的惯性力，有的还在曲柄臂上装有平衡重，如图 2-75 所示。

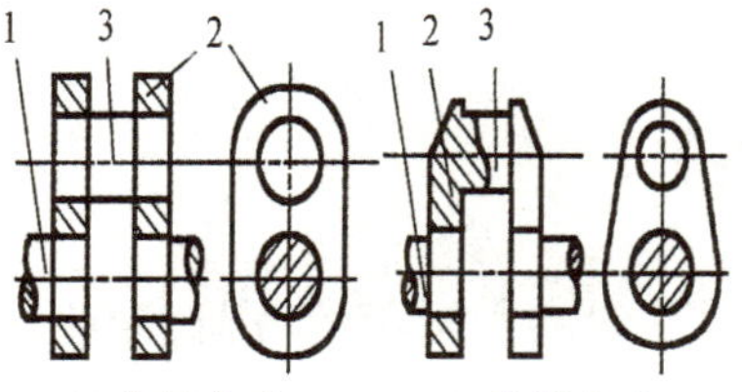

(a)全组合式　(b)半组合式

图 2-74　组合式曲轴

1—主轴颈；2—曲柄臂；3—曲柄销颈

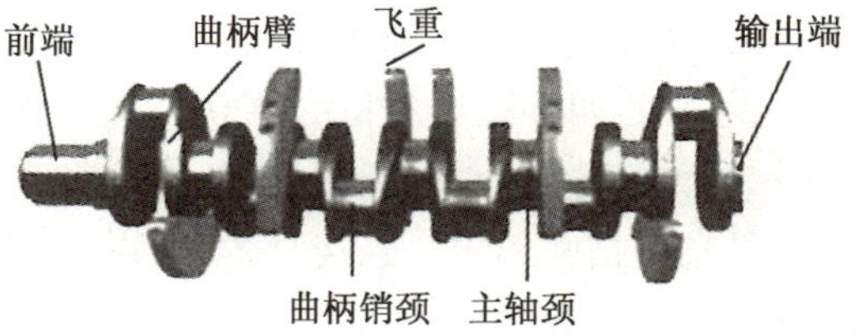

图 2-75　曲轴与平衡重

B. 过渡圆角

轴颈与曲柄臂相连接的过渡圆角处由于截面急剧变化，应力集中十分严重，为减小应力集中的影响，过渡圆角处应采用足够大的过渡圆弧半径。一般采用外过渡圆角，也有的采用车入式圆角，如图 2-76 所示。车入式圆角可提高轴颈的有效长度，减小轴承的比压。

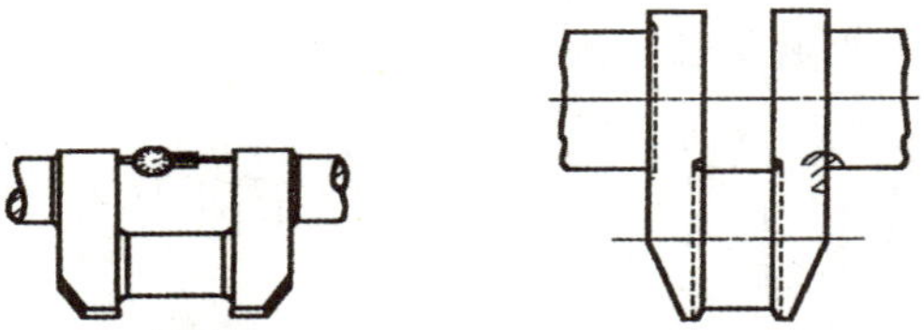
(a) 大弧角　(b)车入式圆角

图 2-76　曲柄过渡圆角

C. 曲轴滑油道

为了润滑曲柄销轴承以及活塞销，对于筒形活塞式柴油机，其曲轴上钻有油孔，把输送至主轴承的滑油引至曲柄销轴承。由于开油孔时会增加曲轴的应力集中，因此要合理选择油孔的位置，将其对轴颈的疲劳强度削弱到最小。

为减小对疲劳强度的影响，油孔应开在弯曲应力和扭转应力较小的区域（即采用直角钻孔，因扭转应力在垂直于曲柄臂方向为最小），也就是在曲柄臂中心线左或右 90°方位的轴颈中心钻孔最好，如图 2-77（a）所示。为利于滑油的输送，应考虑轴承的负荷。主轴颈上的油孔应开在轴承负荷大的部位；曲柄销上的油孔应开在负荷小的部位。对负荷不太大的中、高速柴油机，为简化加工工艺往往采用倾斜钻孔，如图 2-77（b）所示。现代低速柴油机则不在曲轴上钻孔，以免削弱曲轴强度。为了减少应力集中，油孔应倒角、抛光。

（3）曲柄的排列

曲轴的曲柄都是以气缸的号数命名的。气缸的排号有两种方法，一种是由自由端排起，另一种是由动力端排起。我国和其他大部分国家采用由自由端排起。曲柄的排列是由气缸的发火间隔角和发火顺序决定的，而气缸的发火间隔角和发火顺序又要按照下列原则来决定。

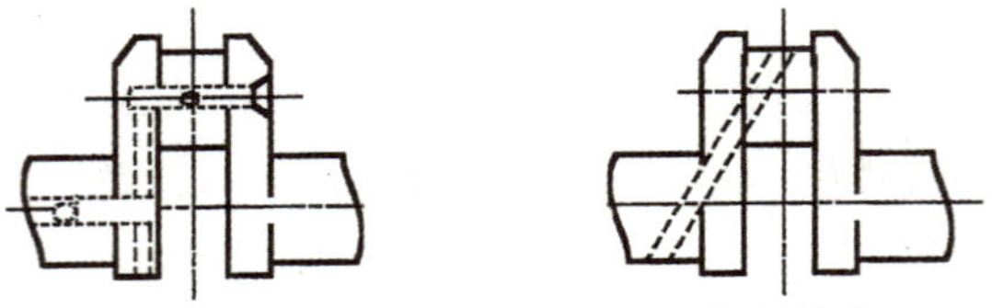

(a)直角钻孔　　(b)倾斜钻孔

图 2-77　曲轴油道

①柴油机的动力输出要均匀

动力输出要均匀，即发火间隔角要相等。对于相邻发火的两个缸的曲柄夹角：二冲程柴油机为 $360°/i$；四冲程柴油机为 $720°/i$，i 为柴油机气缸数。

②要减轻主轴承的负荷

要避免相邻的两个缸连续发火，以减轻相邻两缸之间的主轴承的负荷，为此，最好是在柴油机的首、尾两端轮流发火。

分析如图 2-78 所示的某四冲程六缸柴油机曲柄排列图（其发火顺序为 1—5—3—6—2—4，发火间隔角为 120°），可知它较好地满足了①和②的要求。偶数缸的单列式四冲程柴油机的曲轴必然出现两个曲柄处在同一方向的情形，即第 1 和第 6 缸、第 2 和第 5 缸、第 3 和第 4 缸的曲柄夹角都是 0°，但工作相位相差 360°。因此当第 1 缸处于上止点发火位置时，第 6 缸处于气阀叠开期间（换气），按柴油机工作过程依次可推出：第 5 缸压缩，第 2 缸排气，第 3 缸吸气，第 4 缸膨胀。

分析如图 7-79 所示的某四冲程六缸柴油机的曲柄排列图（发火顺序为 1—3—5—2—4—6），它虽满足了①的要求，但不满足②的要求。

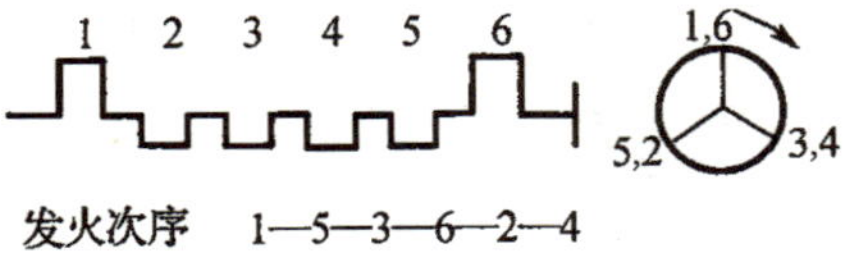

图 2-78　满足①和②要求的发火顺序

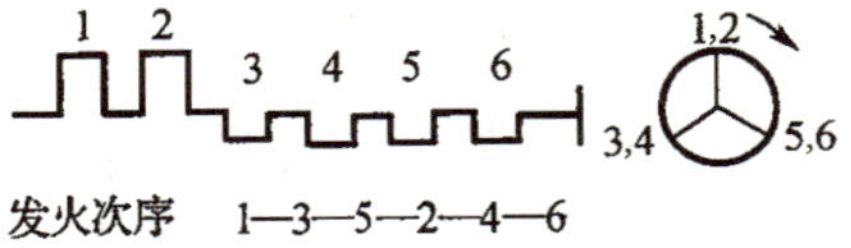

图 2-79　满足①不满足②要求的发火顺序

对于 V 形柴油机，普遍采用插入式发火。插入式发火就是两列的发火顺序及发火间隔角彼此完全相同，而总的发火顺序为这两列的发火顺序根据气缸间的夹角关系进行穿插形成。例如 8 缸 V 形四冲程柴油机，每列 4 缸，每列的发火间隔角都是 720°/4 = 180°，发火顺序都是 1—2—4—3。为了避免混乱，第 Ⅰ 列用 1_{I}—2_{I}—4_{I}—3_{I}—1_{I} 表示，第 Ⅱ 列用 1_{II}—2_{II}—4_{II}—3_{II} 表示，两列气缸间的夹角为 γ。

图 2-80 所示为气缸 1_{II} 比 1_{I} 落后 γ 角发火的曲柄排列。

图 2-81 所示为气缸 1_{II} 比 1_{I} 落后 $360°+\gamma$ 角发火，也就是 1_{I} 发火后跟随着的是 1_{II} 进气，1_{I} 与 1_{II} 不接连发火，则对减轻轴承负荷有利。

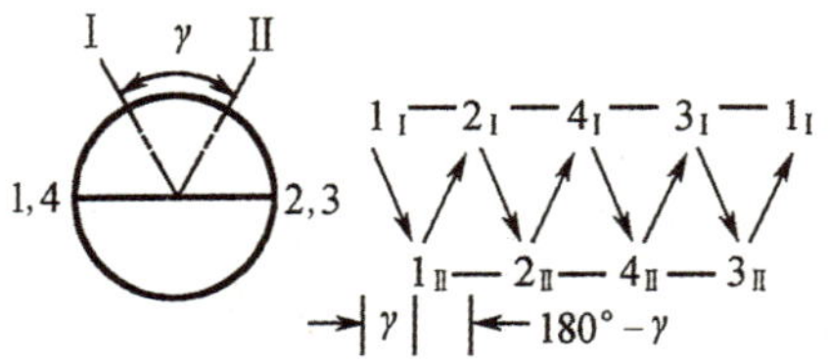

图 2-80　V 形柴油机发火角相差 γ

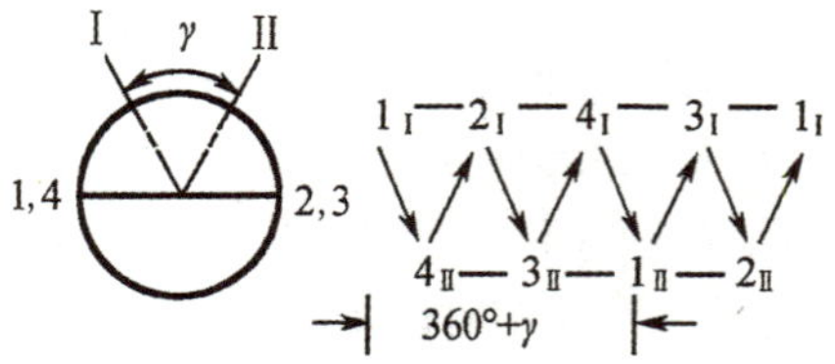

图 2-81　V 形柴油机发火角相差 $360°+\gamma$

③要使柴油机有良好的平衡性

柴油机在往复惯性力与惯性力矩、离心惯性力与离心力矩的作用下会产生振动。曲柄的合理排列可使引起振动的力和力矩减至最小。

④要注意发火顺序对轴系扭振的影响

发火顺序不同,各段轴上扭矩的交变情况也不同,对轴系扭振的影响也不同,要力求减轻扭振。

⑤有利于脉冲增压式柴油机的排气管连接

在脉冲增压式柴油机中,为了防止排气互相干扰,各缸的排气管要分组连接。如发火顺序为1—5—3—6—2—4的柴油机,气缸1、3、2(或5、6、4)各缸间的排气间隔都是240°,而四冲程柴油机的排气持续角也大约为240°。所以将前三个相邻气缸1、3、2分为一组,后三个相邻气缸5、6、4分为另一组,各自与增压器的进口相连,使同组排气管的气缸排气不会相互干扰。

要同时满足曲柄排列的所有要求,往往很难做到,只能先满足某些主要要求,再兼顾其他要求。

(4)筒形活塞式柴油机曲轴和飞轮认识

①Wärtsilä IA6型柴油机曲轴

Wärtsilä IA6型柴油机的曲轴为整体锻造式曲轴。在每一个曲柄臂上都装有平衡重,使柴油机不会受到离心力和离心力矩的作用。曲轴的主轴颈和曲柄销之间有很大的重叠度,保证了曲轴有足够的刚度和曲柄臂的强度。曲轴内钻孔,使滑油可以送至每一个轴承处。曲轴的首、尾两端都设有法兰,可以在任何一端连接轴带发电机。如有必要,可以在曲轴首端安装扭振减振器。

②柴油机的飞轮

飞轮一般装于曲轴的动力输出端。飞轮的作用是:使柴油机输出的功率均匀、连续;对缸数较少的发动机可协助启动;能保证空车运转的稳定性,协助调速器在柴油机负荷急剧变化时避免转速的变化过大。

飞轮的外圆表面刻有记号,标明柴油机各缸的上、下止点,有的还标明气阀定时和喷油定时等的相应位置,以便检修时检查和调整定时。

柴油机的飞轮外周还装有齿圈,当柴油机停车检修时,可用盘车机或手动装置进行盘车,小型柴油机还用作启动时的传动齿轮。

(5)大型十字头式柴油机的曲轴认识

S-MC-C型柴油机曲轴为锻钢曲轴,由单位曲柄、自由端(首端)和功率输出端(尾端)三部分组成,如图2-82所示。

曲轴为半组合式,有焊接型和半套合式。在曲轴上采用焊接工艺是现代曲轴制造中的一个重要成就,曲柄臂不必因为套合工艺需要而加大尺寸,所以可减小质量。曲柄臂和主轴颈及曲柄销之间的连接处是用车入式圆角过渡,圆角处经过冷滚压加工,以提高它的疲劳强度。自由端法兰用来驱动辅助设备或轴带发电机。自由端法兰后为轴向减振器活塞,推力环的前后两侧都装有推力块,以传递螺旋桨的推力和为曲轴轴向定位。推力环的外圈用来安装主动链轮,以便通过链条驱动凸轮轴。这种将推力轴和曲轴锻成一体,并将推力轴承和主传动轮组合在一起的形式,可缩短整个柴油机推进轴系的长度,使布置更为紧凑。

目前在曲轴结构方面一项较新的技术是采用不等的曲柄间距,相应的柴油机气缸间距也

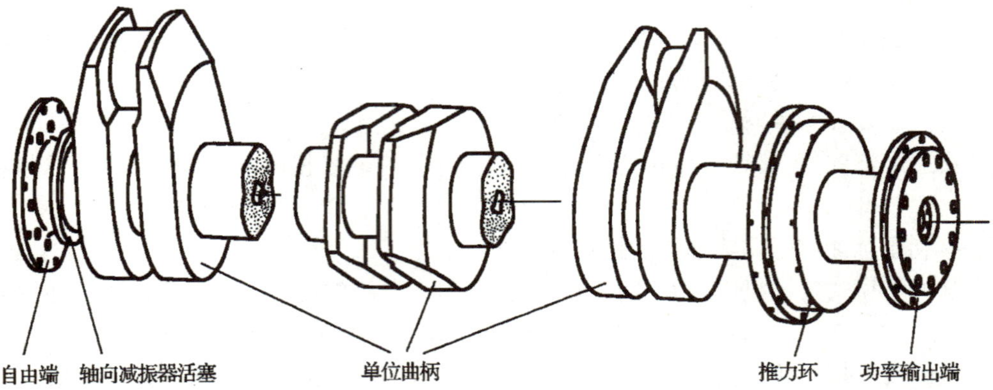

图 2-82 S-MC-C 型柴油机曲轴(锻钢曲轴)

是不等的,这样可以明显缩短柴油机的长度、减小柴油机的质量。典型的做法是,曲轴前端的曲柄间距较后端的曲柄间距小。因为前端曲柄传递的扭矩小,曲柄臂可较薄,曲柄间距因而减小。这种不等的曲柄间距有两种情况,一种是曲轴前一段各曲柄的间距与后一段不同,另一种是前、后各缸的间距都不同。例如,12K90MC/ME-CM K9 型柴油机,前端 6 缸的气缸间距为 1 480 mm,而后端 6 缸的气缸间距为 1 588 mm,这一措施使柴油机总长减小 0.5 m 以上,质量减小 25 t。8K90MC/ME-C 型柴油机曲轴各缸的曲柄间距都是不同的,即从后向前曲柄间距依次减小,使柴油机总长减小近 1 m,质量减小 34 t。

二冲程柴油机的曲柄排列也是由气缸的发火间隔角和发火顺序决定的。要求:动力输出要均匀;要减轻相邻两缸间的主轴承负荷;要使柴油机具有良好的平衡性;要注意发火顺序对轴系扭振的影响;要有利于脉冲增压式柴油机的排气管连接。以二冲程六缸柴油机为例,若其发火顺序为 1—6—2—4—3—5,则满足发火间隔相等(即都为 360°/6 =60°)的要求,并且在首、尾两端轮流发火。虽然上述发火顺序没有完全满足相邻两缸不能连续发火的要求,但通过综合分析,得出这个发火顺序还是比较好的。排气管分两组(1、2、3 缸和 4、5、6 缸)分别供给增压器,因同组各缸的排气间隔(即发火间隔)为 120°,而二冲程柴油机的排气持续角也大约为 120°,因此同组气缸的排气不会相互干扰。

要同时满足曲柄排列的要求往往是不可能的,只能先满足某些主要要求,再兼顾其他要求。如在 MAN B&W 十字头式二冲程 MC 系列柴油机中,为了满足平衡性和减少轴系的振动,甚至出现了各缸发火间隔角不等的柴油机,如图 2-83 所示。

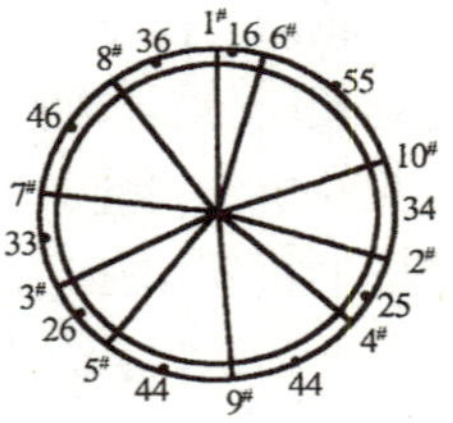

图 2-83 发火间隔角不等的新型 MC 系列柴油机

(6)曲轴检查

曲轴占整机质量的 7%~15%,占总造价的 10%~20%,是柴油机的重要部件。曲轴的技术状态直接影响柴油机的正常运转、船舶的安全航行和经济性,所以应加强曲轴的维护保养,减少损伤。尤其应减少曲轴的磨损,控制曲轴的变形和防止曲轴断裂。

①对曲轴的日常检查

磨损、腐蚀、裂纹和断裂、红套滑移等是曲轴的主要损伤形式,对曲轴的检查内容一般有如下几项:

A. 检查轴颈表面有无擦伤、蚀坑和机械损伤。检查轴颈特别是圆角及油孔附近有无裂纹,必要时应用有效方法进行探伤。

B. 检查磨损情况:测量轴颈直径,计算圆度、圆柱度、磨损量和磨损率,这些技术数据都不应超出相应的规定值。

C. 检查分段式曲轴的法兰连接及组合式曲柄臂与平衡重块的紧固是否可靠。

D. 检查曲轴红套或压力配合处有无松弛或滑移现象。

E. 测量曲轴臂距差,以控制曲轴的变形,防止断裂。

②曲轴测量

柴油机的长期运转会使曲轴主轴颈和曲柄销颈产生不均匀磨损,如直径减小、几何形状精度降低、产生圆度误差和圆柱度误差等。

曲轴轴颈的圆度误差是由柴油机工作循环使曲轴轴颈回转一周时在圆周方向受到大小和方向变化的力的作用产生的不均匀磨损所致;圆柱度误差是由曲轴轴颈受到气体力和运动部件重力作用产生弯曲应力及活塞运动部件安装不良或失中等使在轴颈长度方向受力不均,产生的轴向不均匀磨损所致。圆度误差和圆柱度误差是衡量曲轴轴颈磨损程度的主要参数。

圆度误差过大使轴与轴瓦的配合间隙变化,破坏滑油膜,降低轴承的承载能力。圆柱度误差过大使轴承负荷轴向分布不均,引起活塞运动装置的失中,所以,新造曲轴应符合图纸上的尺寸及几何形状精度的要求。运转中磨损的曲轴圆度误差、圆柱度误差应符合说明书或标准的规定。

曲轴磨损的一般规律:增压二冲程柴油机及大多数增压四冲程中速柴油机的曲柄销和主轴颈的外侧磨损大于内侧磨损,原因是活塞连杆惯性力小于气体力,以受压为主。有些高速四冲程柴油机,由于惯性力较大或连杆大端刚性较差而产生变形,曲柄销和主轴颈内侧的磨损大于外侧的磨损。

进厂修船时,可在柴油机解体后在船上或车间测量曲轴的磨损量。航行期间在船上测量曲柄销直径则需移除活塞连杆装置。主、副柴油机各道主轴颈的测量需在拆去主轴承螺栓、上盖、上瓦和下瓦,以及清洁主轴颈后进行。

采用外径千分尺测量主轴颈和曲柄销颈的直径,曲柄销颈测量位置如图 2-84 所示,测量曲柄销颈直径的步骤如下:

A. 将待测曲柄销转至上止点后 10°左右。

B. 按图 2-84 所示的三个截面位置(Ⅰ、Ⅱ、Ⅲ),即曲柄销颈两端分别距曲柄臂 10~30 mm 的两个截面及其中央截面,测量每个截面内的垂直与水平方向的直径。

C. 计算每个截面的圆度误差和两个纵截面内的圆柱度误差,分别取其最大值。

D. 查出标准值并与误差的最大值比较,做出磨损程度的判断。

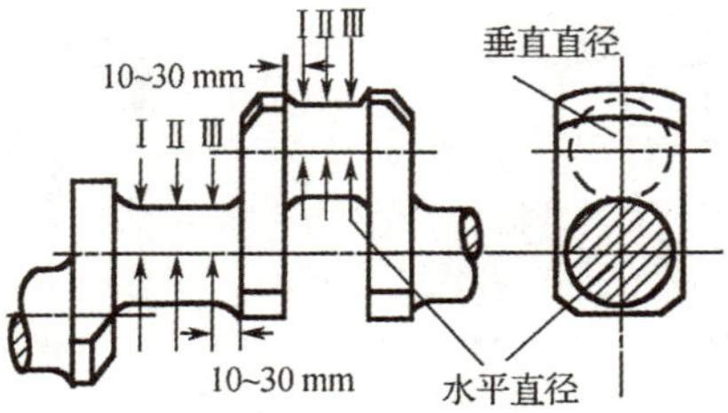

图 2-84　曲柄销颈测量位置

测量主轴颈直径的步骤基本与上述类似，如图2-85所示，为使测量工作顺利进行，应将待测主轴颈相邻任一曲柄销转至上止点位置，并按图2-84所示的三个截面进行测量和记录，计算出圆度误差和圆柱度误差，对磨损程度做出判断。

若曲轴磨损超过规定值，应及时修理。曲轴磨损修理的原则是在保证曲轴强度和几何形状精度、位置精度的前提下，选用最小的加工余量对曲轴轴颈进行车削。轴颈减少量大于0.01d（d为轴颈直径）时应进行强度校核。

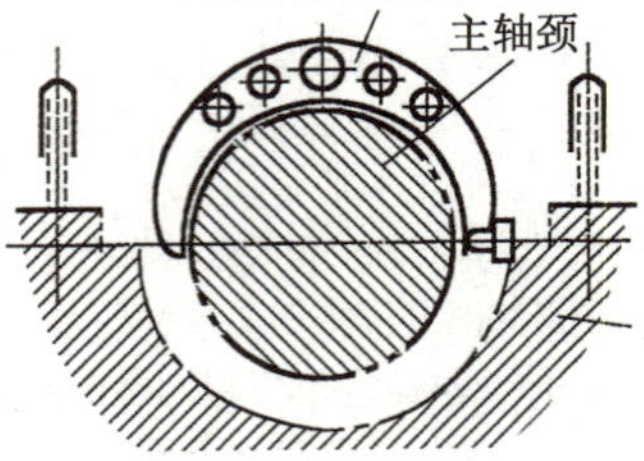

图2-85　主轴颈直径测量方法

曲轴进厂修理时，可在曲轴车床、磨床上加工或在车间平台上人工锉削修理。在船上可采用原地车削或磨削，也可人工锉削。无论采用哪种方法，均应保证轴颈圆度、圆柱度和表面粗糙度符合要求，尤其是对手工锉削更要严格检测。

注意：曲轴轴颈车削后，应按修理尺寸配制轴瓦，保证恢复原配合间隙。

曲轴磨损的修理还可用镀铬、镀铁等工艺恢复曲轴轴颈原有尺寸。目前，国内外成功地采用无刻蚀镀铁工艺修复了各类曲轴，这项工艺能满足需较大镀铁层厚度的曲轴修理。

③曲轴轴颈擦伤与腐蚀的检查

滑油不净，如含有机械杂质或磨损产物等，易引起轴颈表面的划痕、拉毛和擦伤等；又如滑油中含水分和酸过多会发生电化学腐蚀，造成轴颈表面的腐蚀凹坑、锈斑等；因漏电等杂散电流引起静电腐蚀，也会造成轴颈的烧伤。

当擦伤、腐蚀不严重（尚未影响轴颈的尺寸和几何精度）时，一般采用人工原地修磨的方法予以消除，具体方法如图2-86所示，其中各序号（①、②、③）分别表示如下：

A. 轻微擦伤：采用麻绳或布条敷细砂纸（0号或00号）缠于轴颈①，人工往复拉动磨去伤痕。

B. 较浅伤痕：采用细油石打磨轴颈②，消除伤痕后再用砂纸磨光。

C. 较深伤痕：采用油光挫轻轻修挫轴颈③，消除伤痕后再用砂纸磨光。

当轴颈表面有轻微擦伤和几何形状误差时，还可采用专用磨光夹具进行修磨，其中①适用于小型柴油机曲轴的修磨，②、③适用于大中型柴油机曲轴的修磨，如图2-87所示。

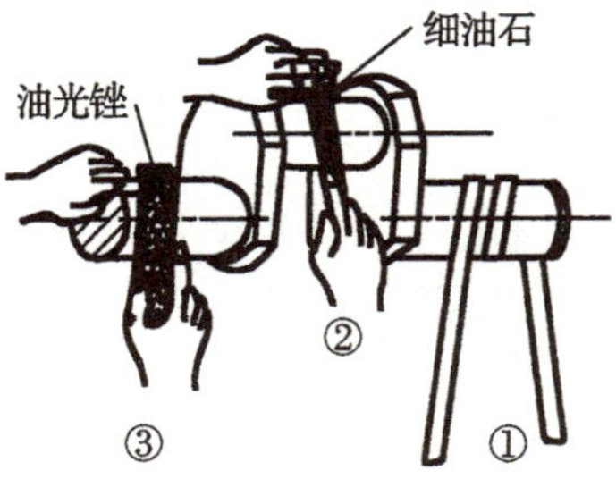

图2-86　曲轴轴颈擦伤修复方法

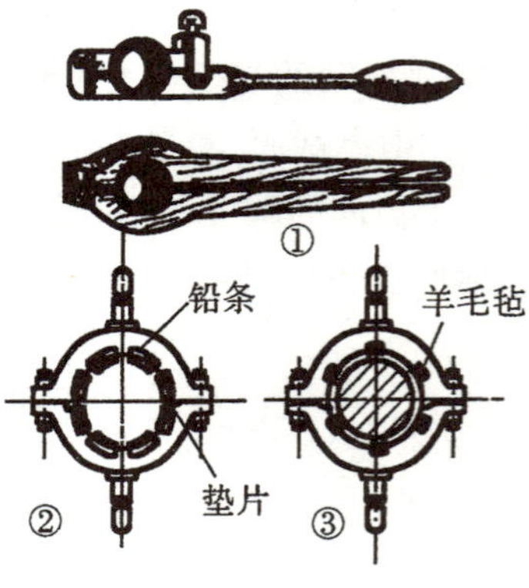

图2-87　擦伤修复工具

注意：曲轴轴颈修磨前，应用油脂将轴颈上的油孔堵住，以免落入脏物。修磨时注意不要破坏轴颈的几何形状精度。修磨后，用压缩空气吹通油孔等。

修磨量很小，不会影响轴承间隙，所以无须更换轴瓦，但其几何形状误差和表面粗糙度应符合标准要求。

④曲轴裂纹与断裂的检查

A. 裂纹的检验

中国船级社 CCS 在《钢质海船入级规范》中规定：锻钢和铸钢的曲轴毛坯均要进行无损探伤检验。曲轴锻钢件所有加工表面均应进行磁粉检验并严格检查整锻曲轴的主轴颈、曲柄销颈与曲柄臂连接处过渡圆角，半组合式曲轴的曲柄销颈表面、曲柄销与曲柄臂连接处过渡圆角。曲轴锻钢件还应进行超声波检测。曲轴铸钢件应进行超声波探伤，曲轴所有表面均应进行磁粉探伤，在最终热处理前和精加工后分别进行。

对于新购成品曲轴或修理的曲轴，应依具体情况进行着色探伤、磁粉探伤或超声波探伤，以检查曲轴表面和内部的缺陷状况。

B. 裂纹产生的原因

曲轴工作一段时间后，会发生疲劳损坏。疲劳损坏是指机件在交变负荷作用下产生裂纹并逐渐扩展，随着裂纹的逐渐发展，截面逐渐减小，最后因截面尺寸不足而发生突然断裂。疲劳损坏的断面具有初始裂纹区、渐断纹理区和突断区三个区域特征，如图 2-88 所示，这三个区域体现了疲劳损坏过程发展的三个阶段。初始裂纹区是断面纹理的发源地。渐断纹理区是由两断裂面间的摩擦形成的。断面纹理根据引起疲劳的原因不同分为波浪线和螺旋线之分，在这个区域中，因有污物存在，颜色暗黑。突断区断开的截面具有冲击折断的特点，晶粒粗糙明亮，与暗的平滑纹理断面有明显的区别。三个阶段不同的纹理如图 2-89 所示。

疲劳损坏的形式可分为弯曲疲劳损坏和扭转疲劳损坏两种，曲轴的疲劳损坏究竟是由弯曲应力还是由扭转应力引起的，或是由两者共同引起的，可根据断面纹理判断。

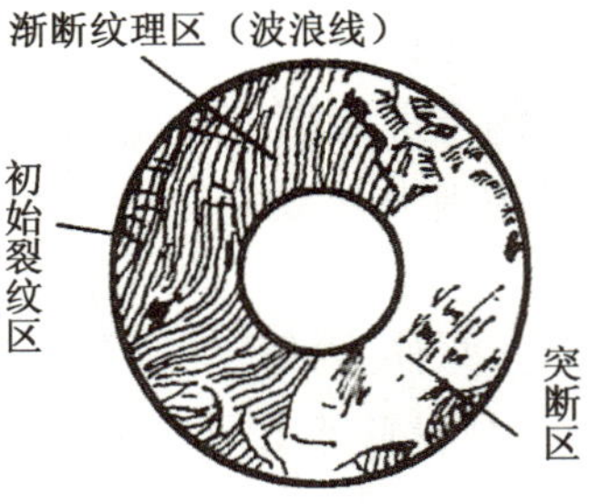

图 2-88 裂纹发展的三个阶段

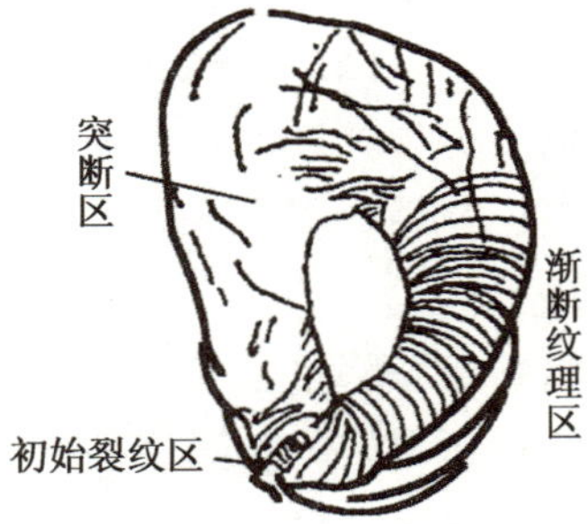

图 2-89 三个阶段不同的纹理

a. 弯曲疲劳损坏

曲轴弯曲变形的可分为弹性（挠曲）变形和塑性变形两种，其原因是各主轴颈中心线不在同一直线上。

挠曲变形的曲轴轴线的弯曲方向不随曲轴的回转而改变，这是由船体或机座变形、轴承磨损不均等引起的，可用测量臂距差来检测。塑性变形的曲轴轴线的弯曲方向随曲轴的回转而发生改变，可用测量曲轴轴颈的跳动量来检测。

弯曲疲劳裂纹首先产生在曲柄销圆角或主轴颈圆角处，然后向曲柄臂发展。这是因为对于承受弯曲来说，曲柄臂比主轴颈和曲柄销弱。弯曲疲劳产生的波浪线形裂纹断面与断裂件的轴线相垂直，如图 2-90 所示。

曲轴弯曲疲劳损坏通常是由轴颈不均匀磨损所造成的主轴承不同轴度而引起的。特别是某个主轴承过低,当柴油机工作时,这段轴就会产生过大的变形和过大的交变弯曲应力。由于轴承的不均匀磨损要经过一定的运转时间才会发生,因此弯曲疲劳损坏很少发生在未经长期使用的柴油机上。

b. 扭转疲劳损坏

曲轴在驱动力矩作用下产生交变的扭转应力及曲轴的扭振产生的附加扭转应力,会引起曲轴发生扭转疲劳损坏。

轴颈的疲劳裂纹多从油孔开始,然后向与断裂件的轴线成45°角的方向发展,所以往往出现两条对称裂纹,裂纹线近似为螺旋线,如图2-91所示。起始于过渡圆角处的扭转疲劳裂纹由于轴颈的抗扭截面模数比曲柄臂的弱,因此多自圆角部位向轴颈方向发展,较少向曲柄臂上发展。

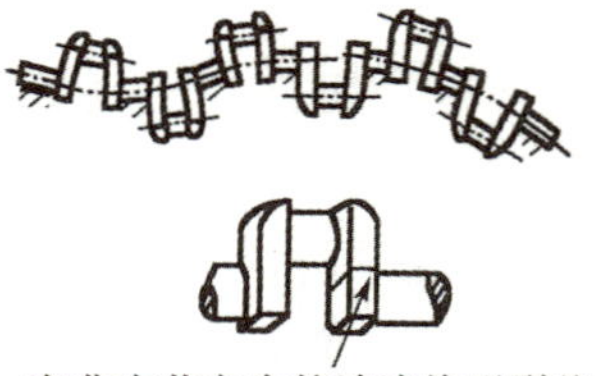

图 2-90　曲轴折断

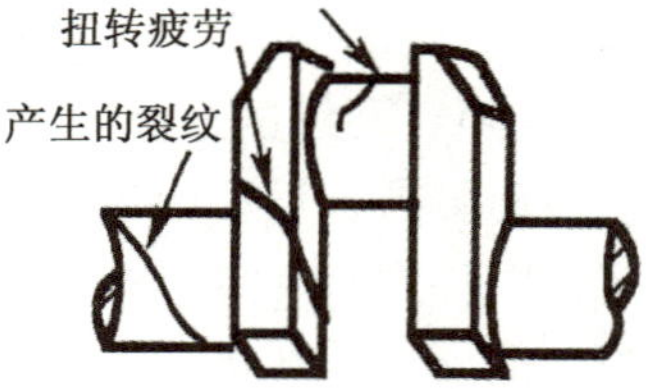

图 2-91　曲轴扭断

扭转疲劳损坏和弯曲疲劳损坏不同,扭转疲劳损坏一般出现在柴油机运转初期。但现在扭振的计算及测量技术比较成熟,只要扭振减振器不发生故障、不飞车,操作人员不过于疏忽,通常不会出现扭转疲劳损坏;相反,弯曲应力复杂,难以精确计算,而且轴承磨损后能产生很大的附加弯曲应力。因此,曲轴的弯曲疲劳损坏多于扭转疲劳损坏。

曲轴的疲劳损坏往往是由轴承磨损引起的。曲轴先因弯曲疲劳产生直的裂纹,而后在弯曲(纹理往往呈波纹状)和扭转(纹理往往呈放射状)的综合作用下遭到破坏,最后的断面与轴线成45°角。

曲轴材料的缺陷也是导致疲劳损坏的原因之一。制造曲轴的材料可能有缩孔、气孔、收缩裂纹、夹渣、偏析等缺陷。当这些缺陷处在应力集中部位时,危险性就更大了。若柴油机使用中滑油变质使圆角处腐蚀,或滑油中进水及停机后轴颈表面产生凝结水(在潮湿空气中易出现)使轴颈油孔或圆角腐蚀,都有可能导致曲轴发生腐蚀疲劳损坏。

为了避免曲轴疲劳损坏,在管理中要注意检查曲轴轴线的状态、轴颈与下瓦的贴合情况。在操车时要尽快越过转速禁区,注意对扭振减振器的检查和保养。要注意化验滑油和利用分油机分离滑油,以保证滑油的质量。若发现疲劳裂纹,要查明并消除引起裂纹的原因,并根据《钢质海船入级规范》的要求对裂纹进行处理,应及时把裂纹除掉。

(7)曲轴裂纹和断裂的修理

a. 裂纹较小时采用修磨除去裂纹,并将裂纹部位修整光洁,与其他表面之间过渡圆滑,最后经着色探伤或磁粉探伤确认裂纹消失;否则应继续打磨和探伤。当打磨至规定深度仍有裂纹时应停止打磨,改用其他办法处理(此项工作应受到验船师的监督和认可)。

b. 裂纹较深时换新曲轴。组合式和半组合式曲轴可采用局部换新办法处理。

c. 曲轴断裂时换新曲轴。如果航行中曲轴断裂,尤其是主机曲轴断裂,可采用应急焊接修理。设法将断裂曲轴焊接成一体,以维持柴油机运转,待抵达港口后再进行彻底修理。

(8)曲轴红套滑移的检查

①曲轴的红套

曲轴的红套又称热套,是实现零件过盈配合的一种工艺,利用金属材料的热胀冷缩的特性把轴和孔装配在一起。曲轴红套工艺是把曲柄臂上小于轴颈直径的孔加热,使孔胀大并超过轴的直径,将轴顺利地插入孔内,待冷却后孔径收缩恢复原值并与轴颈牢固地连接在一起。

冷态时,轴大孔小,两者直径的差值为过盈量。为了使曲轴能够传递一定扭矩,必须有一定的过盈量,使曲柄臂孔对主轴颈或曲柄销颈产生足够的紧固力。过盈量过小,曲轴传递扭矩时轴与孔就会松动,原有配合位置发生变化,即红套滑移;过盈量过大,过大的紧固力使轴孔配合面产生塑性变形,降低传递扭矩的能力甚至产生裂纹。

中国船级社《钢质海船入级规范》中规定了组合式曲轴红套过盈量的计算公式,要求过盈量 δ 限制在最小过盈量 δ_{min} 和最大过盈量 δ_{max} 之间。中国船舶行业标准中,曲轴红套过盈量 $\delta=(1.4/10\,000\sim1.8/10\,000)d$,式中,$d$ 为红套配合处的轴颈。英国劳氏船级社推荐 $\delta=(1/700\sim1/550)d$。

为了产生一定的过盈量,需将曲柄臂上的孔加热至一定温度(依理论计算求出)。一般在保证足够过盈量的前提下,使加热温度尽量低一些。

曲轴红套时应保证以下技术要求:曲柄间轴向距离(即主轴颈长度)和曲轴轴向长度符合图纸要求;曲柄夹角符合要求;主轴颈与曲柄销颈的平行度符合要求。

②曲轴的红套滑移

在组合式或半组合式曲轴中,主轴颈与曲柄臂套合处有时会发生位置的相对移动,这种现象为曲轴红套滑移。曲轴发生红套滑移后将使曲柄夹角增大或减小(具体视滑移曲柄相对主轴颈转动方向而定),这样直接影响滑移曲柄以后的各缸定时、燃烧和功率。红套滑移主要是由于曲轴受到很大的冲击性扭矩的作用,当过大的扭矩超过曲柄臂对主轴颈的紧固力时就会使曲柄臂和主轴颈产生松动和相对转动,如航行中螺旋桨碰到冰块、礁石、浅滩,以及气缸中产生水击、咬缸、超负荷等都会产生过大的扭矩。曲轴红套质量不佳,如过盈量太小、加热温度不足、配合表面太粗糙或不清洁等均会使紧固力不足,造成柴油机正常运转时产生滑移。

③曲轴红套滑移的检查

曲轴发生红套滑移时,一般有如下征兆:柴油机气缸定时不正,严重时有后燃、冒黑烟现象;柴油机剧烈振动;停车后再也不能启动;等等。

在船上,轮机员可把红套时所画的曲柄臂中心线(即曲柄臂对称线)或曲柄臂上的安装臂距差表的冲孔作为检查红套滑移的标志,检查它们相对于主轴颈纵向垂直平面位置的变化便可确定滑移的方向和角度。

④曲轴红套滑移后的处理

a. 航行中曲轴发生滑移时,若滑移角度不大,可重新调整定时后降负荷运行,但这仅是应急办法,应尽快进厂处理。

b. 滑移不严重时可在港口进行原地修理。采用加热曲柄臂(如用氧-乙炔焰加热)或用冷却主轴颈(如用液氮、液氢冷却)的方法,并同时对曲轴施加扭矩使之反向转动滑移角度后复位。

c. 进厂修理采用更换主轴颈和重新进行红套修复的方法。

(9)主轴承

①主轴承的工作条件和要求

主轴承的作用是支承曲轴,保证曲轴的工作轴线,使曲轴在转动中以小的摩擦和磨损传递动力。

主轴承的工作条件比较恶劣。主轴承受到曲轴传来的气体力和惯性力的作用,具有很大的轴承负荷,而且轴承工作表面与轴颈工作表面之间的相对运动速度很快,除造成轴承摩擦、磨损外,还使轴承发热。滑油使用中的氧化变质还会使轴承遭到腐蚀。

主轴承决定着曲轴的轴线。主轴承中心线与气缸中心线垂直并相交的准确度决定着主轴承、曲轴、连杆、活塞和气缸之间的正确位置关系。主轴承刚性不足会引起曲轴弯曲、轴承与轴颈产生不均匀磨损和过度磨损。主轴承损坏会造成气缸套、活塞、活塞环迅速磨损,以及严重的敲缸、曲轴挠曲变形甚至折断。所以对主轴承的要求是有正确而且固定的位置,有足够的刚度,有较高的承载能力和疲劳强度;在工作温度下有足够的热强度和热硬度,有较好的抗腐蚀能力,有减磨性和耐磨性,能均布滑油和散走摩擦热量;另外,还要求维护管理方便。

②主轴承的构造解析

除个别高速柴油机采用滚动式主轴承外,船舶柴油机的主轴承几乎都是滑动式。按主轴承结构特点可把主轴承分为正置式和倒挂式两类。

A. 正置式主轴承

正置式主轴承是将曲轴支撑在机座的横梁上,主轴承盖用螺栓紧固。正置式主轴承的轴承盖紧固方式有连接螺栓紧固和撑杆螺栓紧固两种。紧固方式的改变在 Sulzer 柴油机的设计上有充分的体现。

Sulzer RTA-U 型柴油机上的主轴承由轴承盖、上轴瓦、下轴瓦和液压撑杆螺栓等组成,如图 2-92(a)所示。刚度较高的轴承盖下端插在机座内侧的垂直精加工面内,保证轴承盖的横向定位,在轴承盖上由两个液压撑杆螺栓紧固,撑杆的顶部设有油缸活塞机构,用以上紧(拆卸时放松)撑杆。这样的结构可以减小贯穿螺栓的间距和柴油机的横向尺寸,减少机座横梁的弯曲应力与变形。

RTA-T 型柴油机采用一种新型弹性正置式压紧螺栓,如图 2-92(b)所示。这是对主轴承的应力、变形进行了大量计算后所做的改进,使轴承的受力更加合理,并且省去撑杆螺栓使主轴承的质量减小了 40%,轴承的加工和维护保养也更加方便。

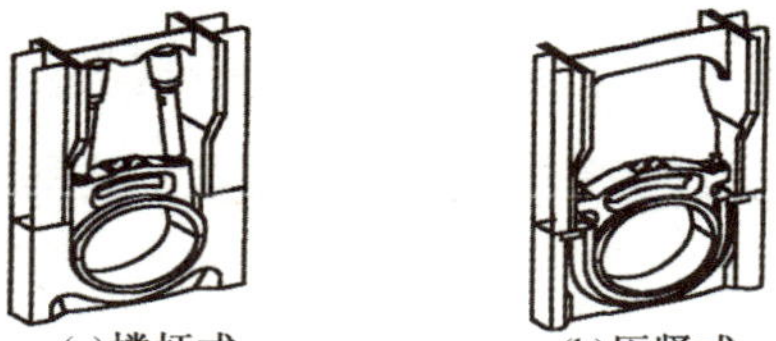

(a)撑杆式　　(b)压紧式

图 2-92　正置式主轴承

B. 倒挂式主轴承

倒挂式主轴承的轴承座布置在机体的横梁上,用螺栓把轴承盖倒挂在机体上以支承曲轴,因此,可以省去机座,机体底部只需装一个轻便的油底壳。倒挂式主轴承广泛地应用在中、高速柴油机中，如图 2-93 所示。

其优点是：对小型柴油机而言，拆装检修曲轴比较方便（倒置机体进行拆装）；可减少机座变形对轴线的影响；可减小机座的质量。

其缺点是：轴承盖起支撑曲轴的作用，所受的气体力和惯性力较大，往往由于刚性差而使下轴瓦易于磨损，机架下部有张开并产生塌腰变形的倾向。为此，要求轴承盖及其连接螺栓有足够高的疲劳强度。对于大功率强载中速机，轴承盖除用倒挂螺栓紧固到机体上之外，需用横向螺栓把轴承盖侧面与机架紧固到一起，使下部类似于封闭式结构，以提高主轴承和机体的刚性，避免柴油机工作时机体下部张开并造成的较大塌腰变形，因此可以满足柴油机增压度提高的需要，但在拆装和维修曲轴时不太方便。

图 2-93　倒挂式主轴承

③主轴承的润滑

主轴承的上轴瓦有径向油孔、周向油槽和轴向油槽。其作用是使由上部油管引入的滑油通过上轴瓦的径向油孔和周向输油槽流至下轴瓦，并经轴向油槽的储油和布油，将滑油分布到轴承的全部宽度范围内，使主轴承得以充分润滑。

④止推轴承解析

发电柴油机（副机）的最后一道主轴承起着曲轴轴向定位作用，称为止推轴承，用来防止曲轴因柴油机振动、倾斜和摇摆而发生轴向窜动。当柴油机工作时，曲轴受热膨胀向自由端伸长，使柴油机带动的设备不受曲轴膨胀的影响。当主轴承采用厚壁轴瓦时，将轴瓦两侧制成翻边，在翻边上也浇有减磨合金，此翻边的结构即为止推轴承。当采用薄壁轴瓦时，在轴承盖和轴承座的两侧设有半圆环槽，在其中镶以铜铅合金的推力环或浇以减磨合金作为止推轴承。

(10) 连杆轴承

连杆大端的上轴瓦除承受气体压力外，还要承受曲柄连杆机构的惯性力，下轴瓦只承受曲柄连杆机构的惯性力。中小型船用柴油机的连杆轴承多采用滑动轴承。

筒形活塞式柴油机的连杆小端为圆柱形，多与主杆做成一体，在其内孔处压入耐磨青铜衬套。

连杆大端轴承由轴承座，轴承盖和上、下轴瓦等构成。轴瓦由瓦壳和瓦衬（耐磨合金层）组成（将瓦衬合金浇铸在瓦壳上）。大端轴承普遍采用薄壁轴瓦，也有用厚壁轴瓦的，甚至有些为了加大轴径、便于散热而采用无轴瓦式。

①厚壁轴瓦

厚壁轴瓦的壁厚大于 10 mm（大型柴油机的壁厚可达 20～50 mm，其中合金层厚度为 3～6 mm）。瓦壳可选用青铜、黄铜或铸钢，目前广泛采用钢瓦壳。瓦衬的材料主要采用锡基或铅基巴氏合金。此种轴瓦壁厚、刚度大，可以保证轴承孔的尺寸精度和几何精度。在上、下瓦结合端面之间有调整垫片，用以调整轴承间隙，但易引起疲劳裂纹（浇铸时厚度不均或冷却不均，存在残余应力等）。轴瓦损坏后可以重浇合金或拂刮修复。厚壁轴瓦广泛应用于中、低速柴油机和一些辅机的轴承上。

对于厚壁轴瓦，为保证合金与瓦背结合牢靠，在锻钢瓦背内表面开有燕尾槽，浇铸时合金即嵌入槽内，如图 2-94 所示。对于厚壁轴瓦，一般用定位销实现周向定位。有的轴瓦制有卷边，用来防止轴向移动。

②薄壁轴瓦

当壁厚为 3~6 mm 时,瓦衬的合金厚度为 0.5~1.0 mm;壁厚为 0.8~3 mm 时,合金厚度为 0.25~0.75 mm。薄壁轴瓦刚度低,容易变形。轴承孔的尺寸和几何精度由轴承座和瓦壁的厚度加工精度来保证。使用时,轴承间隙不可调整(没有调整垫片),也不允许拂刮,损坏后应废弃换新。薄壁轴瓦与轴承座有一定的过盈量,瓦口不可挫削。其具有尺寸小、质量小、造价低、互换性好的特点,其最突出的优点是耐疲劳、强度高。

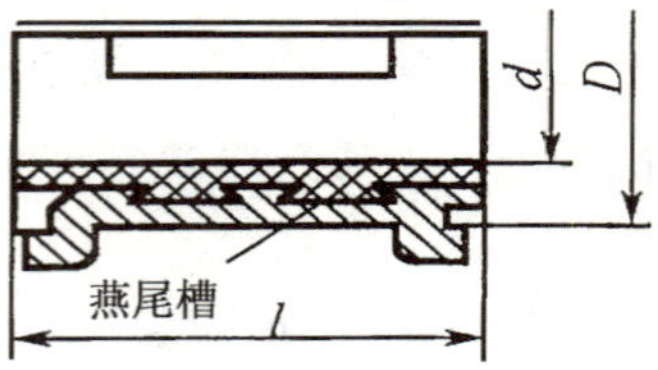

图 2-94　厚壁轴瓦

为改善轴瓦表面的磨合性能,在轴瓦的合金上再镀覆一层极薄的表面镀层,例如镀覆 0.02~0.04 mm 的铅、锡、铟等。由多个组元组成的合金称为多元合金。

为了防止轴瓦在瓦座中转动,以致阻断滑油路、刮伤轴瓦和轴颈表面,轴瓦要在瓦座中采取周向定位措施。薄壁轴瓦在轴瓦的接合面处冲压出一个小的定位凸肩(或称定位唇),在轴承座和轴承盖的相应位置铣出定位凹槽(或称定位槽),两者镶嵌实现周向定位,防止轴瓦转动,如图 2-95 所示。

③轴瓦的材料

轴瓦或轴衬的材料有白合金、铜基合金、铝基轴承合金、高锡铝合金等。

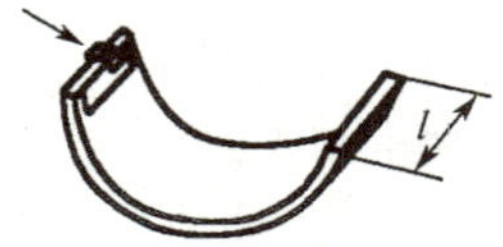

图 2-95　薄壁轴瓦

白合金具有抗咬合性好、耐磨性好、嵌藏性与顺应性好的特点,但疲劳强度较低。其工作温度较低,不高于 110~120 ℃。

铜基合金具有疲劳强度高,承载能力大,导热性、耐磨性好的特点,但耐蚀性及表面性能较差。其工作温度高,可达 300~320 ℃,一般用于活塞式连杆小端轴承。

铝基轴承合金具有密度小、导热性好、疲劳强度高、耐蚀性好的特点,但热膨胀系数大,要求有较大的轴承间隙。

高锡铝合金如 Sn40Al,具有与白合金相近的性能、较低的温度敏感性和很强的抗疲劳能力,大大提高了主轴承的可靠性,多作为大型低速柴油机的轴承合金材料。

④连杆轴承的滑油道

筒形活塞式柴油机的曲轴箱油经专设管系首先送至各主轴承处,并经曲轴内钻孔送往连杆大端轴承处润滑,最后经连杆杆身油孔由下而上送到小端轴承润滑后,流入曲轴箱。如活塞顶采用滑油冷却,则此滑油经小端轴承润滑后再经喷管喷入活塞顶(喷射式冷却)或经专用油路进入活塞顶冷却腔内冷却后,最后泄入曲轴箱。

为此,在轴瓦比压较小处开有径向油孔、周向油槽(输油槽)和轴向油槽(垃圾槽)。周向输油槽一般开在下瓦上;轴向油槽由上下轴瓦结合处的内侧构成,起到储存滑油的作用,以便更好地把滑油分布到轴承的全部宽度范围内,同时也起着沉积机械杂物的作用,故又称"垃圾槽",其宽度约为轴瓦宽度的 2/3,两端要留出一定的边缘,以防止大量滑油外流。它们的作用是使由曲轴钻孔引入的滑油,通过周向输油槽和轴向油槽输送至连杆大端轴承,并通过周向输油槽和径向油孔送入连杆的钻孔中。

(11)曲轴弯曲的日常检修

①曲轴弯曲的原因

曲轴弯曲是指曲轴发生塑性变形,表现在曲轴各主轴颈的同轴度误差增大、主轴颈与曲柄销平行度误差的增大。前者使得曲轴轴线状态变坏,引起过大的附加应力,导致曲轴产生疲劳裂纹甚至折断、轴承合金磨损加快;后者使活塞工作时产生敲缸现象,活塞组件对中不良。

曲轴弯曲的主要原因有:各主轴承轴线的同轴度受到破坏,如机座、船体变形;主轴承与轴颈的配合间隙过小或滑油中断等,使轴承烧损、咬死轴颈,导致曲轴局部温度很高,产生塑性变形;刚性较差的大中型曲轴在拆卸、安装过程中起吊不当或与其他物体相撞;柴油机各缸负荷相差较大并经长期运转或超负荷工作,以及定时不对;连杆螺栓突然折断,曲轴受冲击;等等。

②曲轴弯曲的修理

A. 当主轴颈与曲柄销的不平行度及弯曲变形较小时,可结合轴颈的圆度误差、圆柱度误差一起修复,用车削、磨削或手工锉削等加工方法予以消除。

B. 当曲轴弯曲度较大或虽弯曲度较小,但为了减少主轴颈的机械加工量,常采用塑性变形修复法。小型曲轴的弯曲变形采用敲击法或机械校直法进行校直;大型曲轴或弯曲度较大的曲轴采用热校法或加热-机械校直法进行校直。

(12)曲轴臂距差测量

曲轴是一个结构复杂、刚性差的重要零件,容易产生弯曲变形,即便是自重也会使其产生变形。新造柴油机曲轴安装在机座主轴承上,因各道主轴承孔中心在同一直线上,安装在主轴承上的曲轴轴心也在同一直线上。柴油机长期运行后,由于各道主轴承下瓦的不均匀磨损,各道主轴承中心不等高,致使坐落其上的曲轴轴线发生弯曲变形,使曲轴产生弯曲应力。因此,在柴油机正常运转的情况下,曲轴轴线状态主要取决于主轴承下瓦的高低;反之,曲轴轴线状态也反映了各道主轴承下瓦的高低,也就是反映了各道主轴承下瓦的磨损情况。

①曲轴臂距差的概念

A. 曲轴的变形

运转中的柴油机主轴承位置高低不等使其上的曲轴产生弹性变形,整根曲轴的变形为宏观的整体变形,每根曲柄的变形为局部的微量变形。曲柄微量变形是曲柄臂之间的距离在曲轴回转一周时产生的微量变化。

B. 运转中的曲柄的三个假定

运转中的曲柄为了便于分析存在三个假定:

a. 主轴颈与曲柄臂之间为刚性连接,夹角为 90° 并保持不变。

b. 主轴颈、曲柄销颈和曲柄臂均为刚性,运转中形状不变。

c. 曲柄销颈与两臂之间夹角 α、β 不仅相等而且变化相同,即保持 $\alpha=\beta$,如图 2-96 所示。

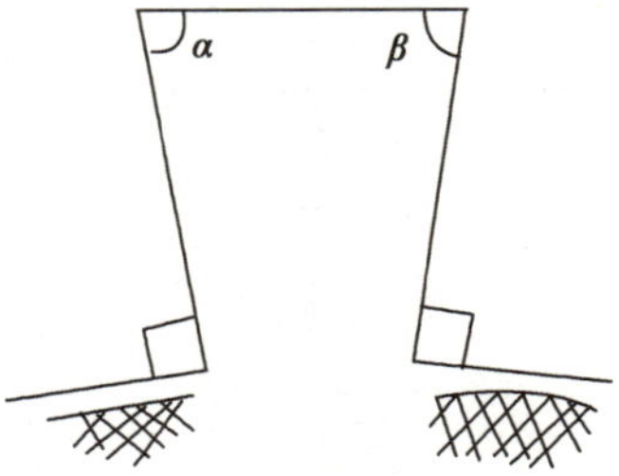

图 2-96 符合三个假定曲柄

C. 曲柄微量变形、曲轴整体变形与主轴承位置高低的关系

当曲轴发生整体变形时,分析曲轴任一曲柄的微量变形:如图 2-97(a)所示,当某一曲柄的两个主轴承低于相邻主轴承时,该曲柄的两个主轴颈轴线向下弯曲呈塌腰形。此时,将曲柄销转至上止点位置时,曲柄两臂向外张开,曲柄臂间距离增大;将曲柄销转至下止点位置时,曲柄两臂向内收拢,曲柄臂间距离减小。当某一曲柄的两个主轴承高于相邻主轴承时,该曲柄的

主轴颈轴线向上弯曲呈拱腰形，如图 2-97(b)所示，此时，曲柄臂间距离变化与塌腰形相反。

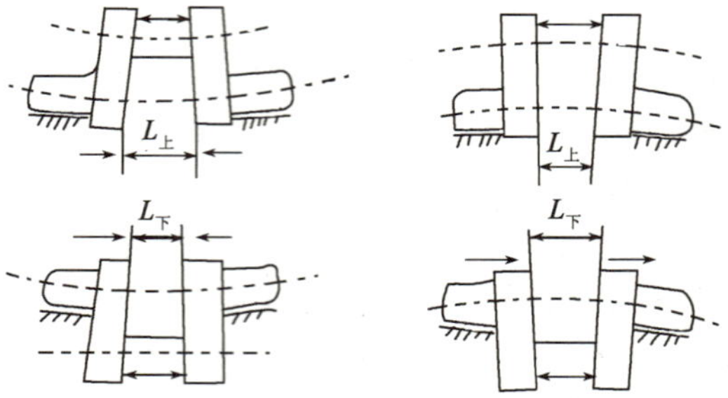

(a) 主轴承低时呈塌腰形　　(b) 主轴承高时呈拱腰形

图 2-97　曲轴任一曲柄的微量变形

同样，将曲柄销分别转至左、右水平位置时，曲柄臂间距亦会发生相应变化。

运转中的柴油机曲轴因主轴承高低不等而产生整体变形。曲轴回转一周时，曲轴上的每个曲柄都会随之产生不同的微量变形，曲轴整体弯曲变形越大，曲柄的微量变形也越大。曲轴在装合状态下的整体变形即轴线弯曲度难以直接测量，然而单个曲柄的微量变形是可以定量测出的。所以，可通过测量每一个曲柄臂距的微量变化来了解曲轴整体的轴线状态。

曲柄的两个曲柄臂之间的距离称为臂距值，用 L 表示，俗称拐挡值。曲柄销分别在上、下止点位置时（或曲柄销分别在左、右水平位置时）对应臂距值的差称为臂距差，俗称拐挡差，用符号 Δ 表示。

$$\Delta_{\perp} = L_{上} - L_{下}$$

$$\Delta_{-} = L_{左} - L_{右}$$

式中，$\Delta_{\perp}$、Δ_{-}——分别为垂直平面、水平平面内的臂距差，mm；

$L_{上}$、$L_{下}$——分别为曲柄销在上、下止点位置时的臂距值，mm；

$L_{左}$、$L_{右}$——分别为曲柄销在左、右水平位置时的臂距值，mm。

根据图 2-97 可以得出：

$\Delta_{\perp} = L_{上} - L_{下} > 0$，即 $\Delta_{\perp} = (+)$，曲轴轴线呈塌腰形或下弧线弯曲。

$\Delta_{\perp} = L_{上} - L_{下} < 0$，即 $\Delta_{\perp} = (-)$，曲轴轴线呈拱腰形或上弧线弯曲。

这种关系从表 2-3 中可清楚看出。

表 2-3　臂距差、轴线状态与主轴承位置的关系

图形	臂距差($\Delta_{\perp}$)	$\Delta_{\perp}$与轴线状态和轴承位置的关系
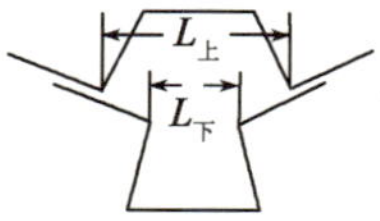	(+)	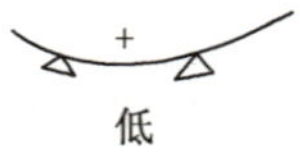 低
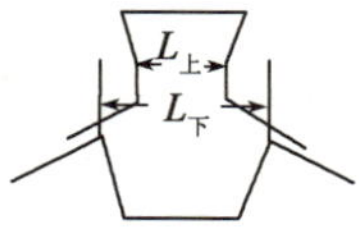	(−)	 高

同样，在水平平面亦可得出：

$\Delta_{-} = L_{左} - L_{右} > 0$，即 $\Delta_{-} = (+)$，曲轴轴线呈右弧线弯曲。

$\Delta_{-} = L_{左} - L_{右} < 0$，即 $\Delta_{-} = (-)$，曲轴轴线呈左弧线弯曲。

曲轴臂距差的大小表明曲轴弯曲变形的程度；臂距差的符号表明曲轴轴线弯曲变形的方向。一般来讲，水平平面内臂距差较小，不是研究的重点。

②臂距差的意义

臂距差的存在说明两个曲柄臂之间的距离在曲轴回转一周的过程中发生了变化，即曲柄臂时而张开时而收拢，导致曲轴的过渡圆角处（特别是曲柄臂与曲柄销连接处）产生时拉时压的交变应力，长期运转后会使曲轴产生疲劳裂纹或断裂。所以，测量臂距值、计算臂距差就是为了了解和控制曲轴轴线的变形程度和主轴承的磨损情况，防止曲轴发生疲劳破坏。应用修刮主轴承等方法把臂距差控制在说明书或规范允许的极限值以内，使各主轴承中心基本同轴，确保曲轴轴线处于良好的状态，保证船舶安全航行。

③臂距值的测量

A. 测量点

臂距值的大小与测量位置有关。规定的测量点设在距离曲柄销中心线$\frac{S+D}{2}$处（S 为活塞冲程，单位为 mm，D 为曲轴主轴颈直径，单位为 mm），如图 2-98 所示。为了便于迅速、准确地装表，一般在制造曲轴时在曲柄臂的内侧中心对称线上$\frac{S+D}{2}$处（即图中 A 点）打上冲孔。有的大型柴油机为了测量方便，测量点选在靠近曲柄臂底部的 B 点，为了便于与标准比较，可按下式进行换算：

$$\Delta A = \Delta B \cdot OA/OB$$

式中，OA——测量点 A 至曲柄销中心线的距离，mm；

OB——测量点 B 至曲柄销中心线的距离，mm。

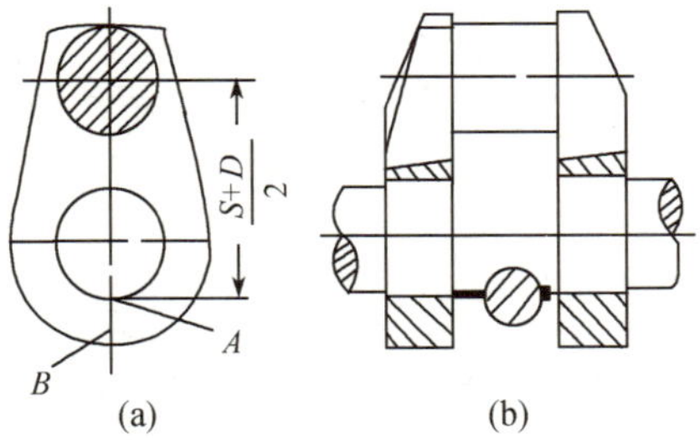

图 2-98　装表位置示意图

B. 测量工具

专用的测量工具，即拐挡表，是一种特殊的百分表，测量精度为 0.01 mm。

C. 测量条件

为了测量精确，应尽量消除影响测量精度的因素，准确地反映曲轴轴线状态，因此，测量时应满足以下条件：

a. 夜间、清晨或阴雨天气时测量。海水、气温直接影响船体变形，进而影响曲轴臂距差。轮机员测量时应注意环境温度对曲轴臂距差的影响，避免在船舶被太阳暴晒时测量。

b. 柴油机冷态下进行测量，即当机件温度降低到环境温度时测量。柴油机停机后立即测量，随着温度的不断降低，先后测量时的温度影响不同，所以测量值不稳定、测量值不准确。

c. 船舶装载条件相同的情况下测量。船舶装载条件不同，船体变形不同，致使曲轴臂距差不同。为了便于比较,应在相同的装载条件下进行测量。通常新造船舶和修理船舶都在空载条件下测量臂距差。

④测量的要求

A. 一次装表完成全部测量:测量过程中不允许改动拐挡表的位置,拐挡表安装后,应完成测量曲轴回转一周中各要求位置的臂距值。当曲轴上未安装活塞运动部件时,测量 0°、90°、180°、270°四个位置的臂距值,可从任一位置开始装表测量;当曲轴上已安装活塞运动部件时,由于曲轴转至下止点时,活塞运动部件的位置恰好居中,不能安装臂距表,生产中就用曲柄销位于下止点前、后各 15°(以表不碰连杆为准)位置,即 165°和 195°位置,故此时应测量 0°、90°、165°、195°、270°五个位置的臂距值,从 195°位置开始装表测量。

B. 柴油机正车回转进行测量:按柴油机正车运转方向进行,回转一周完成规定点的测量,使测量值符合实际情况,精度高。

⑤记录(如图 2-99 所示)

盘车使曲轴正车回转一周,分别读出曲柄销在上止点、左平、下止点、右平位置的臂距值(4 点法)或 195°、270°、0°、90°、165°五个位置的臂距值(5 点法),并记录在专门的表格中。现场测量值可按以下方式记录:

A. 按曲柄销所在位置(俗称销位法)记录读数;

B. 按拐挡表所在位置(俗称表位法)记录读数。

注意:虽然记录方式不同,但臂距差的概念不变,均按公式 $\Delta_{\perp} = L_{\text{上}} - L_{\text{下}}$,$\Delta_{-} = L_{\text{左}} - L_{\text{右}}$ 计算。采用 5 点法时,$L_{\text{下}} = (L''_{\text{下}} + L''_{\text{下}})/2$。此外,表的位置与曲柄销的位置正好相反,不要搞混。

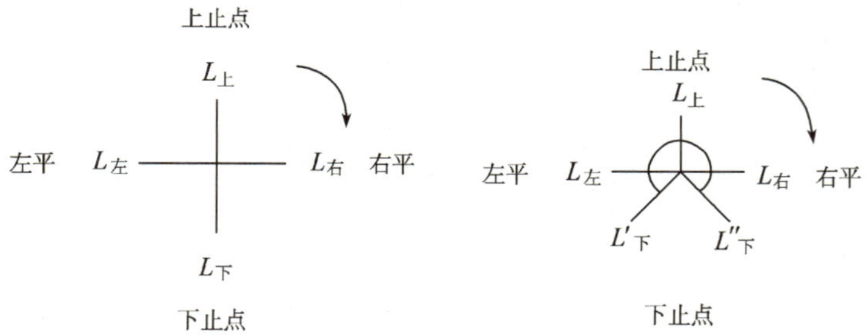

图 2-99　测量点选择(4 点法和 5 点法)

曲轴臂距差的精度与臂距表的精度、表的安装精度、读数误差和测量技术等有关。将测得的上、下止点臂距值之和进行与左、右平臂距值之和比较,两者差值在±0. 03 mm 内,即$(L_{\text{上}} + L_{\text{下}}) - (L_{\text{左}} + L_{\text{右}}) < \pm 0.03$ mm,表明测量基本准确。如果几次测量结果均超过±0. 03 mm,表明曲轴存在严重变形。

⑥臂距差的标准

各船舶主机都有本机的标准,各个生产厂家和各国的船检部门也都有相应的规范和标准,归纳起来主要有:

A. 柴油机说明书

曲轴臂距差随柴油机机型、结构、尺寸和计算方法不同而异。各类柴油机说明书中均对其曲轴臂距差测量方法、安装值和极限值有明确规定。MAN B&W 型柴油机测量点在$(S+D)/2$至 10 mm 处,表 2-4 为其冷态时的曲轴臂距差标准。

表 2-4 MAN B&W 型柴油机冷态时的曲轴臂距差标准

机型	对于新机或刚修理过的主机正常值		须重新对中的推荐值		允许的最大值	
	1 *	2	1	2	1	2
L50MC/MCE	0. 17	0. 34	0. 45	0. 51	0. 68	0. 68
S50MC/MCE	0. 23	0. 46	0. 61	0. 69	0. 92	0. 92
L60MC/MCE	0. 20	0. 40	0. 54	0. 61	0. 81	0. 81
S60MC/MCE	0. 27	0. 55	0. 73	0. 82	1. 10	1. 10
L70MC/MCE	0. 24	0. 48	0. 63	0. 71	0. 95	0. 95
S70MC/MCE	0. 32	0. 64	0. 85	0. 96	1. 28	1. 28
L80MC/MCE	0. 27	0. 54	0. 72	0. 81	1. 08	1. 08
S80MC/MCE	0. 36	0. 73	0. 97	1. 10	1. 46	1. 46
K80MC/MCE	0. 24	0. 48	0. 64	0. 72	0. 96	0. 96
L90MC/MCE	0. 30	0. 60	0. 81	0. 92	1. 22	1. 22
K90MC/MCE	0. 27	0. 54	0. 72	0. 81	1. 08	1. 08

注:1—正常值;2—曲轴上装有扭振减振器、调频轮、弹性联轴节等时,首、尾两个曲柄的允许值。* 也用于判断曲轴变形测量的正确性。

B. 中国船级社标准

中国船级社在《海上营运船舶检验规程(1984)》中规定曲轴臂距差测量点在$(S+D)/2$处。曲轴与轴系连接后冷态下的曲轴臂距差标准如表 2-5 所示。

表 2-5 曲轴臂距差标准

状况	Δ/S(每米活塞行程的臂距差)/mm	
经修理试车后	≤0. 125	
营运中允许范围	0. 125~0. 25	>0. 25(应限期修理)
最大极限	<0. 30	>0. 30(应立即停航修理)

C. 中国修船标准

《中华人民共和国船舶行业标准》CB 3364—1991、CB/T 3544—1994 分别有对船舶副柴油机和船舶主柴油机曲轴臂距差的规定。

CB 3364—1991 规定,曲轴臂距差测量点为$(S+D)/2$处,曲轴与发电机连接后冷态臂距差标准:

正常值不大于 0. 000 125S,即 1. 25S/10 000。

修理中飞轮端控制值不大于 0. 000 15S,即 1. 5S/10 000。

飞轮端如为弹性联轴节可适当放宽至不大于 0. 000 175S,即 1. 75S/10 000。

CB/T 3544—1994 规定:船用主柴油机整体式和组合式曲轴臂距差应符合图 2-100 的要求,测量点在$(S+D)/2$处。图中Ⅰ线左上方为车床或平台上最佳值;Ⅰ、Ⅱ线之间为曲轴安装中的优良值;Ⅱ、Ⅲ线之间为柴油机运转中的合格值;Ⅲ线为柴油机的最大允许值。

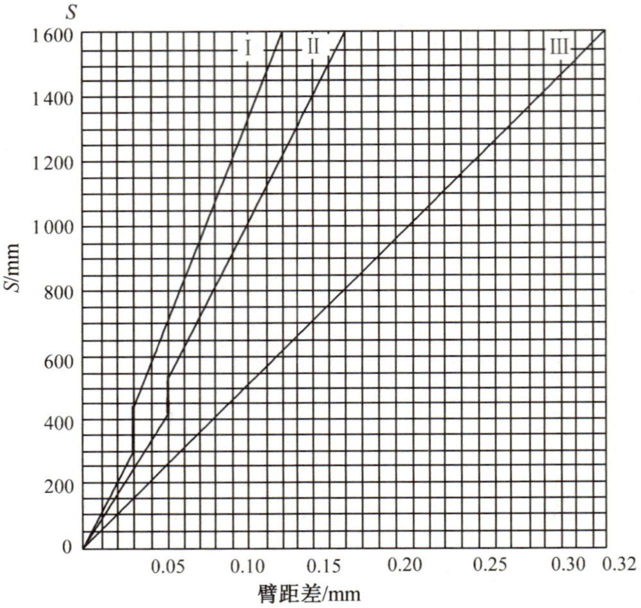

图 2-100　CB/T 3544—1994 规定

⑦影响曲轴臂距差的因素

影响营运船舶主柴油机曲轴臂距差的因素很多,影响的情况也各不相同。了解这些影响因素对减少和防止曲轴疲劳破坏,分析曲轴损坏原因,以及修理、安装等都有很大的意义。

A. 机座变形或下沉

船体变形、机座底脚螺栓和贯穿螺栓松动或重新预紧等均会使机座产生无规律的变形。柴油机机座与底座间垫铁松动或磨损变薄等会使机座相应部位下沉。新造船舶主柴油机在船上安装或船舶进厂修理时,严禁用调节地脚螺栓或贯穿螺栓预紧力的方法来调节柴油机的臂距差。

B. 主轴承下瓦的不均匀磨损

柴油机各缸功率不同、磨损得不均匀,导致臂距差变化。

C. 船舶装载的影响

若船体的弹性梁受力产生变形,船体刚性差,则船体变形就更加严重。货船装载不同,船体的变形也不同,曲轴轴线状态和臂距差也会随之变化。船体刚性随船龄增大不断降低,曲轴变形和臂距差变化也会随之增大。

机舱、货舱在船上的位置不同,其装载对船体变形和曲轴臂距差的影响程度也不同。

中机舱船舶:货舱布置于机舱前后,船舶装载后船体中部上拱,使曲轴轴线呈拱腰形变化,臂距差向负值增大方向变化。如果空载时臂距差为负值,轻、满载时负值继续增大;如果空载时臂距差为正值,轻、满载时正值减小并向负值变化。

尾机舱船舶:船舶装载后对臂距差的影响与中机舱船舶基本相同,只是影响程度轻些,仅波及曲轴首端曲柄,臂距差也是朝负值增大方向变化。

营运船舶应科学、合理地配载,这对于刚性差的船舶尤为重要。因装载引起船体过大变形以致在每次装载后需测量曲轴臂距差,以检验船体和曲轴变形情况。当臂距差超过规定值时需重新配载,重新装货。

船厂在新造船舶时,主机采用反变形工艺安装,即令安装曲轴时有一定的预变形,以克服船体结构带来的无法避免的影响。如中机舱船舶,安装曲轴时使其轴线呈塌腰形状态,以抵消装载后船体上拱腰形的部分或全部影响。

D. 活塞运动装置和爆发压力的影响

活塞运动装置的重量使曲轴轴线呈塌腰形变化,对大型柴油机的影响较为明显。船用二冲程柴油机气缸爆发压力较高,目前最高已达 18 MPa,通过活塞连杆作用于曲轴,使曲轴轴线呈塌腰形变化,且以曲柄销位于上止点时影响最大。以上两种因素均使曲轴轴线呈塌腰形变化,臂距差朝正值增大方向变化。

E. 飞轮的影响

飞轮装于曲轴尾端,使曲轴尾部轴线朝拱腰形变化,臂距差向负值增大方向变化,而对曲轴其他曲柄的影响自尾向首逐渐减小。飞轮越重,影响越大,对中小型柴油机的影响也较大。安装曲轴时亦可采用反变形工艺以减小飞轮的影响。

F. 轴系连接误差的影响

船舶主柴油机曲轴与轴系采用法兰刚性连接,轴系安装误差直接影响曲轴尾端轴线状态和臂距差的变化。要求曲轴尾端法兰与第一节中间轴首端法兰连接误差:偏移值不大于 0.1 mm,曲折值不大于 0.1 mm/m,以使曲轴尾端臂距差符合要求。

当轴系安装误差较大,使轴系轴线高于曲轴轴线、两法兰呈下开口时,连接后使曲轴尾端轴线呈塌腰形,臂距差朝正值方向增大,如图 2-101(a)所示;当轴系轴线低于曲轴轴线、两法兰呈上开口时,连接后使曲轴尾端轴线呈拱腰形,臂距差朝负值方向增大,如图 2-101(b)所示。

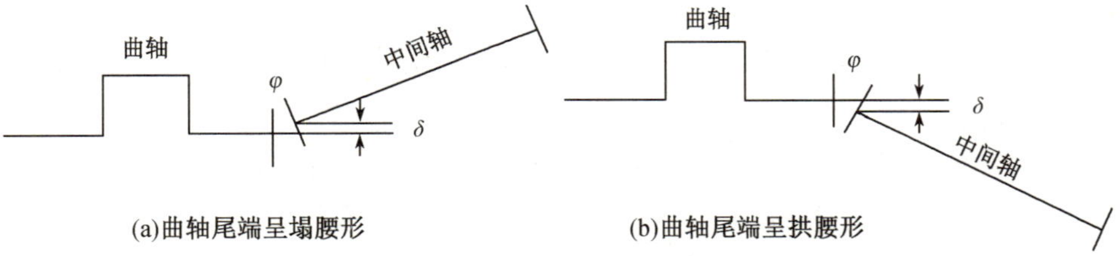

图 2-101 安装误差造成轴线状态变化示意图

此外,天气、海水温度和船舶进坞坐墩等对船体变形和臂距差的影响,主轴承安装质量对臂距差的直接影响等在轮机管理工作中均应注意。

船舶航行期间应将曲轴臂距差始终控制在要求范围内,一旦超过标准应及时进行复测、全面分析和采取措施,以防造成曲轴裂纹和断裂的事故。

⑧须测量曲轴臂距差的情况

测量曲轴臂距差是对船舶大中型柴油机曲轴状态的重要技术检验,而对活塞行程小于 200 mm 的小型柴油机,因其曲轴刚性较好,故不必检验。除此之外,不论是制造、安装、修理或运转中的柴油机,此项检验均必不可少,且应在不同的情况下进行测量。

A. 新造柴油机

在台架组装试验期间和在船上安装期间应进行多次测量,如在机座安装后、活塞运动部件安装后、主机与轴系或副机与发电机连接后等。

B. 主、副柴油机进厂修理

根据修理规模、类别的不同可进行在不同情况下的测量。通常在修理前、曲轴与轴系或发电机脱开后、拆去飞轮后、拆去活塞运动装置后、松开贯穿螺栓和修理后的安装过程中的相应情况下测量曲轴臂距差。

C. 营运期间

按照说明书的规定或船级社要求的各种检验中的规定进行测量。此外,柴油机吊缸检修时或发现问题时应进行测量。

D. 特殊情况

当船舶发生搁浅、碰撞等海损事故后或船体刚性差的船舶每次装载后,以及在主轴瓦拂刮或换新、贯穿螺栓或地脚螺栓重新预紧后等情况下均应进行测量。

(13) 主轴承高度的判断

柴油机正常运转中曲轴轴线弯曲状态主要取决于主轴承下瓦不可避免的磨损。通过了解和控制主轴承下瓦的磨损、确定各道主轴承的高低,从而了解曲轴轴线弯曲变形的程度,轮机员可及时采取措施,防止曲轴过大的弯曲变形引起附加弯曲应力增大所致的曲轴裂纹和断裂,也可避免引起活塞运动装置的失中。判断方法主要有以下几种:

①分析法

通过对臂距差、轴线状态和轴承位置的基本关系分析,判断主轴承高低。

若测得臂距差 $\Delta_{\perp}>0$,表明该曲柄轴线呈塌腰形状态,两主轴承低于相邻轴承;反之,若 $\Delta_{\perp}<0$,表明该曲柄轴线呈拱腰形状态,两主轴承高于相邻轴承。

利用上述基本关系判断主轴承高低是最基本的方法,可以根据臂距差迅速做出判断,这在生产中普遍应用。

②桥规法

柴油机长期运转后,主轴颈和主轴承下瓦均会发生磨损,以致主轴颈相对机座上平面的位置发生变化。各道主轴承下瓦和对应主轴颈磨损量不同,各道主轴颈下沉量不同。因主轴颈硬度高,磨损量很小,故可略去。这样可将主轴颈下沉量视为主轴承下瓦的磨损量,因此,某一段时间的前、后两次测量的桥规值之差即为这段时间内主轴承下瓦的磨损量。

桥规值反映了曲轴各道主轴颈相对于机座上平面的位置,亦即反映了整根曲轴轴线相对于机座上平面的状态,所以可利用各道主轴颈的桥规值作出垂直平面内的曲轴轴线状态图。

作图步骤如下:

a. 首先画一水平线 OO 代表机座上平面。

b. 在 OO 线上等距画出垂线 1、2、3、4、5、6、7、8,代表各主轴颈(或主轴承)的中线。

c. 分别在各主轴承中线上自 OO 线向下截取相应主轴颈的桥规值长度 a_1、a_2、…、a_8,连接各线段的端点,得到曲轴在垂直平面内的曲轴轴线状态图,如图 2-102 所示。

从图 2-102 可以看出垂直平面内曲轴轴线状态和各道主轴承的高低,其中:第 6 道主轴承位置较低,说明磨损较为严重;第 7 道主轴承位置较高,说明磨损较轻。可以通过拂刮轴瓦和换瓦调整曲轴轴线状态。

③臂距差法

臂距差法根据臂距差直接判断主轴承位置高低或作曲轴轴线状态图,进而判断各主轴承位置的高低。其方法如下:

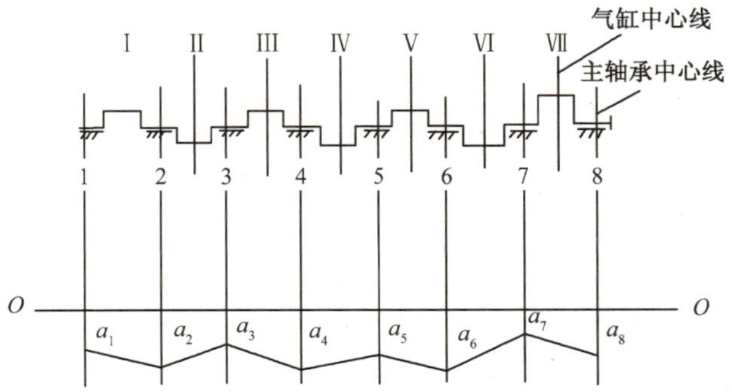

图 2-102　利用桥规值作曲轴轴线状态图

A. 经验判断法

我国修船厂根据多年的生产实践经验，总结出了判断曲轴各道主轴承高低的规律，不需要作图，直接依所测臂距差判断。现摘录以下几点：

a. 曲轴自由端曲柄或拆去飞轮端的曲柄，当臂距差为“+”时，一般表示端部主轴承较相邻主轴承位置高；当臂距差为“-”时，一般表示端部主轴承较相邻主轴承位置低。

b. 若曲轴相邻两曲柄臂距差均为“+”，表示中间主轴承位置最低，臂距差越大，中间轴承位置越低；若臂距差均为“-”，表示中间主轴承位置最高，臂距差越大，中间轴承位置越高。

B. 简单作图法

利用曲轴各曲柄在垂直平面内的臂距差$\Delta_{\perp}$作出曲轴轴线状态图，进而判断各主轴承位置高低。现以一台7缸柴油机为例作图，其$\Delta_{\perp}$列于表2-6中。

表 2-6　7缸柴油机曲轴臂距差　（单位：mm）

曲柄号	Ⅰ	Ⅱ	Ⅲ	Ⅳ	Ⅴ	Ⅵ	Ⅶ
臂距差$\Delta_{\perp}$	+0.12	+0.02	+0.14	-0.17	-0.12	+0.07	+0.05

作图步骤如下：

a. 作横坐标，在其上等距画出各气缸中心线Ⅰ、Ⅱ、Ⅲ、…、Ⅶ；以臂距差Δ为纵坐标，且令原点以上为负值，原点以下为正值。

b. 分别将所测各缸臂距差Δ标于各缸中心线上。

c. 连接各缸中心线上的点，所得折线便近似表示垂直平面内曲轴轴线状态，但未示出首、尾两端主轴轴线状态，如图2-103所示。

d. 用经验法中的第一条判断，第1、8道主轴承分别高于第2、7道主轴承。

e. 作各道主轴承中心线1、2、3、…、8，它们与曲轴轴线的交点即为各道主轴承的高度，再依上述原则画出分别高于第2、7道主轴承的第1、8道主轴承，依次连线aO_1、O_1O_2、…、O_6O_7、O_7b，则获完整的曲轴轴线状态图。

从图中可以看出，第5道主轴承位置最高，第3、2、7道主轴承位置较低。

C. 复杂作图法

现介绍MAN B&W型柴油机曲轴轴线状态的作图方法（仍以上述7缸柴油机为例）：

a. 作各缸中心线Ⅰ、Ⅱ、Ⅲ、…、Ⅶ，如图2-104所示。

b. 在第1道主轴承下方取任意方向线段A_1，图中选取水平方向，线段A_1与第Ⅰ缸曲柄中线交于O点。

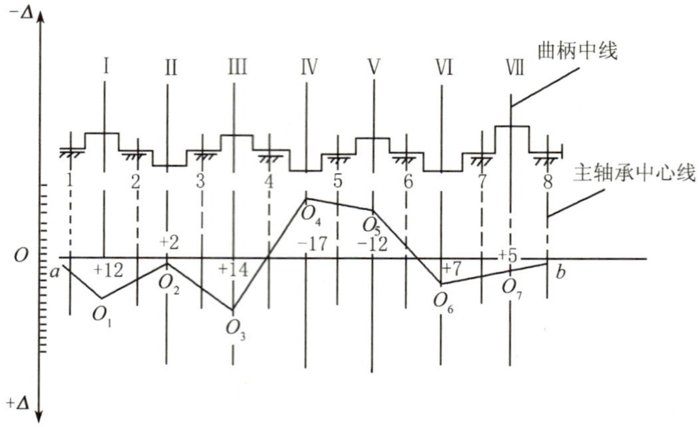

图 2-103　曲轴轴线状态简单作图法

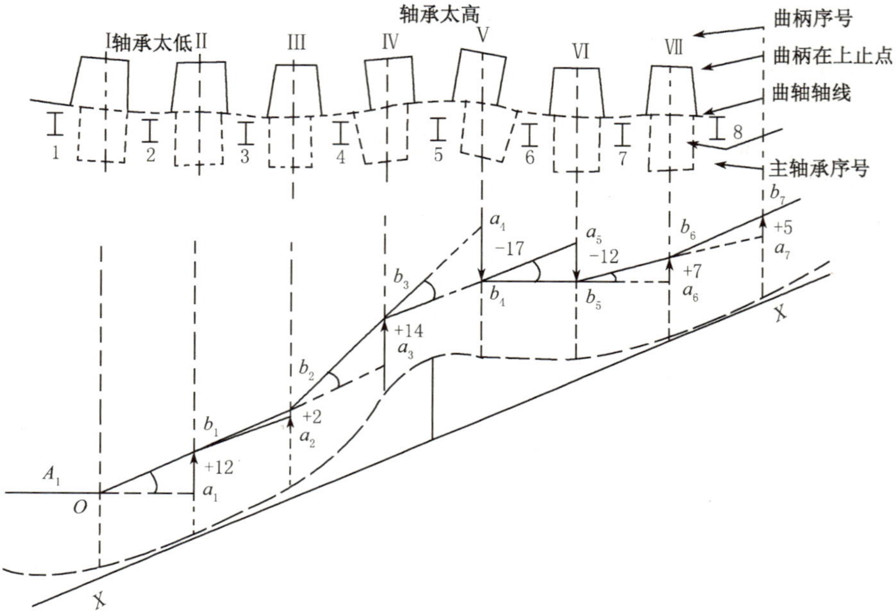

图 2-104　曲轴轴线状态的复杂作图法

c. 延长 A_1 与第Ⅱ缸曲柄中线交于 a_1 点，将第Ⅰ缸曲柄臂距差 $\Delta=+0.12$ mm 标于第Ⅱ缸曲柄中线上，自 a_1 向上截取 $a_1b_1=+0.12$ mm（图中记作+12）。$\Delta_{\perp}=L_{上}-L_{下}$，$\Delta_{-}=L_{左}-L_{右}$。

d. 连接 Ob_1 并延长与第Ⅲ缸曲柄中线交于 a_2 点，向上截取 $a_2b_2=+0.02$ mm（图中记作+2）。

e. 连接 b_1b_2 并延长与第Ⅳ缸曲柄中线交于 a_3 点，以此类推，臂距差为负值时，则自交点向下截取线段。

f. 连接 b_5b_6 并延长时，应补画一曲柄中线，两者交于 a_7 点，截取 $a_7b_7=+0.05$ mm（图中记作+5）。

g. 连接 b_6b_7 后获得垂直平面内曲轴轴线的 $Ob_1b_2b_3b_4b_5b_6b_7$ 折线，为使其更符合轴线实际状态，将此折线修正成圆滑曲线。

D. 基准线法

为了判断各道主轴承的高低，需先确定该曲轴轴线相对应的基准线，以其相对于基准线的距离判断各道主轴承的位置高低。基准线可按以下几种方法确定：

a. 利用桥规值作基准线：过首、尾端主轴承中点作主轴承中线，分别与曲轴轴线相交于一点，自该点分别向上截取线段等于各自的桥规值，连接首、尾桥规值线段终点的直线即为基准线。它相当于机座上平面，依其确定各道主轴承位置较为准确、合理。

b. 以曲轴轴线上位置最低的两道主轴承处的连线作基准线，图 2-104 中以第 2、7 道主轴承的连线 *XX* 作为基准线，各主轴承位置均较高，第 5 道主轴承最高，即磨损最小，此法简便、合理。

c. 用首、尾主轴承中线与曲轴轴线的交点连线作为基准线，此法简便，为近似方法。

d. 利用曲轴轴线状态图上首、尾主轴承与气缸中心线的交点连线作为基准线来判断主轴承的高低。

用桥规法或臂距差法判断的结果应该是一致的，若两者不一致，可能是机座上平面发生了变形。以上作图方法亦可作出水平面内的曲轴轴线状态。

(14) 曲轴的验收

曲轴质量应从以下方面进行校验：

a. 新造曲轴应由制造厂提供材料成分、机械性能、金相组织和无损探伤等检验报告，造船厂应进行无损探伤等的复查。

b. 曲轴尺寸精度、几何形状精度和表面粗糙度等级应符合图纸要求。

c. 检验主轴颈与法兰的径向跳动量。

d. 检验曲柄销颈与主轴颈平行度，要求平行度误差不大于 0.15 mm/m。

e. 检验曲柄夹角，可采用平台画线法、光学象限仪法等进行检验。

f. 检验曲轴臂距差，可在车床或平台上检验新造或修理的曲轴臂距差。

g. 曲轴的平衡试验，一般中、低速柴油机曲轴进行静平衡试验，高速柴油机曲轴进行动平衡试验。

(15) 轴承的检查

船舶柴油机的曲轴主轴承、曲柄销轴承、十字头销轴承和活塞销轴承等均为滑动轴承。滑动轴承是由轴承座，轴承盖和上、下轴瓦等组成的。轴瓦是由瓦壳（瓦背）与瓦衬（耐磨合金层）构成的。常见滑动轴承的轴瓦有以下三种形式：

A. 两半式厚壁轴瓦

轴瓦厚度 t 较大，一般 $t \geq 0.065D$（D 为轴承直径，mm），合金层的厚度为 3~6 mm。此种轴瓦壁厚、刚度大，可以保证轴承孔的尺寸和几何精度；在上、下轴瓦结合面之间有调节垫片用以调整轴承间隙；轴瓦损坏可以重浇合金和拂刮修复。

通常瓦壳材料可选用青铜、黄铜或铸钢，目前广泛采用钢瓦壳。瓦衬材料主要选用锡基或铅基巴氏合金。厚壁轴瓦广泛应用于中、低速柴油机和一些辅机的轴承。

B. 两半式薄壁轴瓦

轴瓦厚度 t 较小，一般 $t=(0.02 \sim 0.065)D$（D 为轴承直径，mm）。此种轴瓦壁薄、刚度差、易变形。轴承孔尺寸和几何精度由轴承座孔和瓦壁厚度加工精度来保证；轴瓦的互换性好，装入轴承座孔后不允许修刮，损坏后也不能修复，只能换新。

通常瓦壳材料选用低碳钢，瓦衬材料选用铜铅合金或铝基轴承合金。薄壁轴瓦广泛用于中、高速柴油机和大型低速柴油机的十字头轴承，甚至有些柴油机的主轴承和曲柄销轴承也改用薄壁轴瓦。

C. 整体衬套式轴瓦

采用青铜或碳钢制成套筒式，或在衬套上面浇有 0.4~1.0 mm 厚的耐磨合金层。中小型柴油机的连杆小端轴承、摇臂轴承广泛采用锡青铜或铝青铜衬套式轴瓦。

此外，轴瓦按金属的层数分为单层轴瓦、双层轴瓦、三层轴瓦和四层轴瓦。单层轴瓦为一种合金制成的整体衬套式；双层轴瓦是钢壳上浇注或压上减磨和抗咬合的轴承合金层；三层轴瓦又称三合金轴瓦，是在双层轴瓦上再镀上一层极薄的表面镀层，以改善表面性能或抗疲劳性能，例如镀 0.02~0.04 mm 的铅、锡、铟等；四层轴瓦是由钢背、高疲劳强度的轴承合金、表面性能良好的轴承合金、表面镀层组成的。

①轴承的损坏

轴承的损坏主要发生在轴瓦的耐磨合金层上，其主要损坏形式有：过度磨损、裂纹和剥落、腐蚀和烧熔。

柴油机运行一段时间后，主轴承下瓦、曲柄销轴承上瓦和十字头轴承下瓦会产生过度磨损。轴瓦的过度磨损将会使轴承间隙增大，引起冲击和加剧磨损。轴瓦过度磨损主要与轮机员日常的维护管理不良有关，具体表现如下：

a. 滑油净化不良，含机械杂质和水分较多。

b. 轴颈表面的粗糙度等级太低、几何形状误差过大和曲轴变形等。

c. 柴油机启停频繁和长时间超速、超负荷运转。

以上各点使轴承滑油膜不能建立，或由于磨粒、轴颈表面状态不良或过大的轴承负荷破坏已形成的油膜，造成轴瓦的异常磨损。

②轴瓦的裂纹和剥落

裂纹和剥落主要发生在白合金厚壁轴瓦上。最初由于种种原因在轴瓦工作表面产生微小疲劳裂纹，随着柴油机的继续运转，轴瓦上的裂纹扩展、延伸，致使轴瓦上的耐磨合金呈片状脱落，即剥落。轴瓦的裂纹和剥落主要与轴承受力、轴瓦合金材料的性能及管理等因素有关，具体表现如下：

a. 白合金材料的疲劳强度低，在交变载荷作用下容易产生疲劳裂纹。

b. 轴颈的几何形状误差过大和轴瓦过度磨损使轴瓦受到过大的冲击负荷，导致轴瓦产生裂纹。

c. 柴油机超负荷运行使轴承负荷过大，造成轴瓦裂纹。

d. 轴瓦浇铸质量差，如合金层与瓦壳结合不良或两者间嵌有异物等，在交变载荷作用下使轴瓦裂纹和合金层剥落。

e. 龟裂是白合金轴瓦常见的一种疲劳损坏。由于柴油机运转时轴瓦受到周期性交变负荷作用，特别在轴承负荷过大和轴向负荷分布不均匀时，轴与瓦之间难以建立连续而又分布均匀的滑油膜，以致局部产生金属直接接触，经过一段时间的运转后在轴瓦表面上局部产生细微裂纹，称为发裂。发裂在柴油机台架试验时就可能产生。轴瓦产生发裂后仍可继续运转很长时间，直到发展成龟裂报废，十字头轴瓦龟裂如图 2-105 所示。

轴瓦上的发裂会使滑油渗入，在轴承负荷作用下滑油无处溢出，形成油楔，使发裂逐渐扩

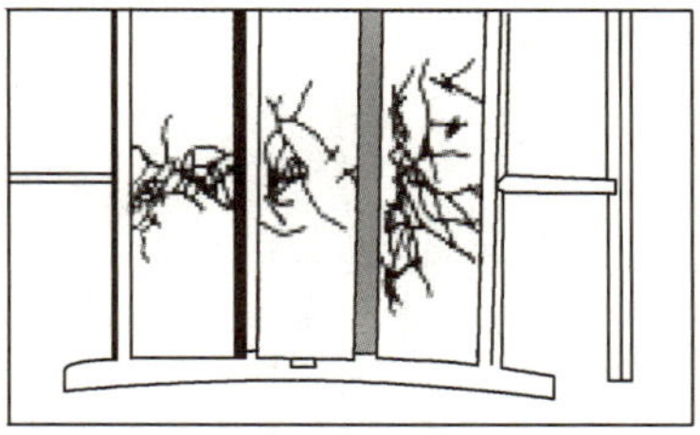

图 2-105　十字头轴瓦龟裂

展、延伸并且彼此连接成封闭网状。所以,当轴瓦受到过大的轴承负荷和轴向负荷不均时,轴瓦上产生发裂,进而在油楔作用下扩展形成许多封闭的裂纹,称为龟裂。当龟裂面积较大并扩展至轴瓦端面或合金剥落时,应换新。

③轴瓦腐蚀

轴瓦腐蚀包括电化学腐蚀、穴蚀和静电腐蚀。滑油中含水或滑油氧化、燃气或燃油的混入都会使滑油变质,导致轴瓦工作面产生宏观或微观的电化学腐蚀麻点。船上的杂散电流是电器漏电引起的,它使轴瓦内外表面产生局部麻点的静电腐蚀。

④轴瓦合金烧熔

轴瓦合金烧熔属于滑动轴承常见的严重损坏,其主要原因有:轴承间隙过小、滑油油压不足或失压使油膜不能建立;轴颈表面太粗糙或几何形状误差过大导致油膜被破坏。油膜不能建立或被破坏均使轴与轴瓦的金属直接接触,又因干摩擦而产生高温,从而使合金熔化。

(16)轴瓦的检修要求

①轴瓦的安装

轴瓦安装最关键的是下瓦安装,应使下瓦外圆面与轴承座孔内圆面紧密贴合和均匀接触,用厚度为 0.05 mm 塞尺插不进。这样,运转时轴瓦就不会产生变形和裂纹,也有利于散热。

a. 厚壁轴瓦的下瓦:与轴承座孔内的贴合情况可采用色油法进行检查。在轴承座孔涂上一层薄薄的色油后与轴瓦互研,检查瓦背。若轴瓦背面色油沾点少,说明接触不良,可用铜锤敲击或修锉瓦背,但任何情况下都不允许修锉轴承座孔面。要求在 25 mm×25 mm 面积内色油沾点不少于 3 点时为好,即小型柴油机接触面积不小于 85%,大中型柴油机不小于 75%。

b. 薄壁轴瓦的下瓦:与轴承座紧密贴合是通过轴瓦与轴承座孔的过盈配合来实现的。薄壁轴瓦在自由状态下具有一定的弹性,其瓦口直径比名义直径稍大,两者之差为扩张量。当下瓦装入轴承座内,轴瓦两端均高出轴承座端面 Δ,即轴瓦外圆周长较座孔周长大 4Δ,如图 2-106 所示。螺栓上紧前,在轴承剖分面处的间隙为 2Δ;当螺栓上紧后间隙消失,借助薄壁轴瓦的弹性变形和过盈量,使轴瓦紧压在轴承座孔中。轴瓦端面超出轴承座的高度 Δ 与过盈量 δ 的关系:$\Delta=\pi\delta/4(\text{mm})$;轴瓦凸出高度 Δ 与轴承孔直径 D 的关系:$\Delta=0.000\,6-\pi D/4(\text{mm})$,薄壁轴瓦瓦口处自由状态下的扩张量,通常推荐值为:无翻边瓦为 0.3~1.0 mm;翻边瓦为 0.1~0.4 mm。

②轴颈与轴瓦的配合

轴颈与轴瓦应在一定的角度内均匀接触,接触面积应大于 75%。柴油机主轴颈与主轴承下瓦接触角应在机体中心线两侧 40°~60°;曲柄销颈与大端轴承上瓦的接触角应在连杆中心线两侧 60°~90°,如图 2-107 所示。

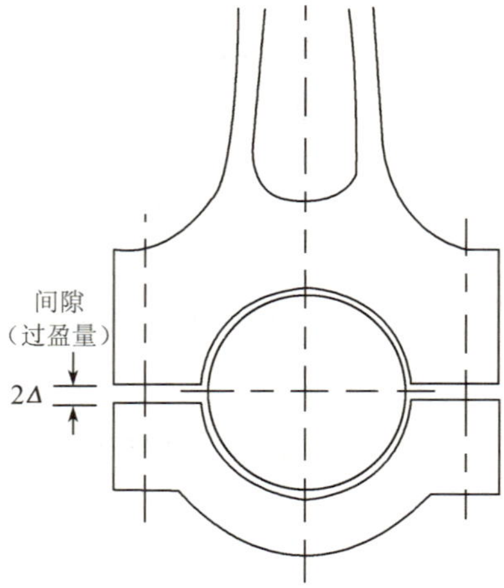

图 2-106　薄壁轴瓦与轴承孔座的过盈配合

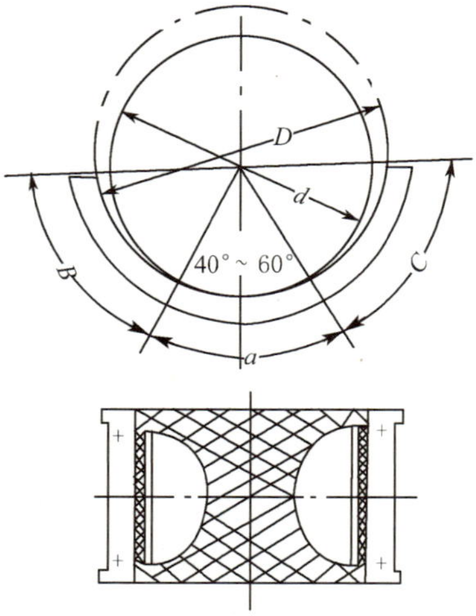

图 2-107　轴颈与轴瓦的接触角

③轴承间隙

轴与轴瓦之间的径向最大配合间隙称为轴承间隙。合适的轴承间隙是形成滑油膜、实现液体动压润滑的重要条件。轴承间隙过大，滑油流失和产生冲击，使轴瓦合金层产生裂纹、碎裂；间隙过小，油膜不能建立，轴与瓦衬直接接触，因干摩擦而产生大量的热，以致合金熔化。所以要求轴与轴瓦之间的轴承间隙 Δ 在安装间隙 $\Delta_{安}$ 和极限间限 $\Delta_{极}$ 之间，即

$$\Delta_{安} \leqslant \Delta < \Delta_{极}$$

柴油机说明书和柴油机修理技术标准中对主轴颈与主轴承、曲柄销颈与连杆大端轴承的轴承间隙均有具体规定。

(17)轴承间隙的测量

①塞尺法

用塞尺法测量主轴颈与主轴承的轴承间隙时，先拆去轴承盖上的滑油进油管和盖内的油管，再用长塞尺从端面测量。尽量使用柴油机随机专用长塞尺进行测量。一般每运转 3 000 h 检查一次轴承间隙。

使用此法时，轴承间隙应为测量值加上 0.05 mm 的修正值（因为塞尺平直，而轴承间隙为弧形）。此法简便，但精度不高且使用受轴承结构限制，可作为轴承间隙的粗检。

②压铅法

压铅法是利用置于轴承间隙处的铅丝在轴承螺栓上紧后被压扁的厚度来反映轴承间隙实际大小的测量方法。此法精度高，但操作麻烦，适用于厚壁轴瓦轴承。其具体测量步骤如下：

a. 拆去主轴承上盖和上瓦或连杆大端轴承的下盖和下瓦。

b. 选直径为（1.5～2.0）Δ（Δ 为轴承安装间隙），长度为 120°～150°轴颈弧长的铅丝 2～3 条。沿轴颈首、中、尾轴向位置周向安放铅丝，并用牛油粘住，如图 2-108 所示。

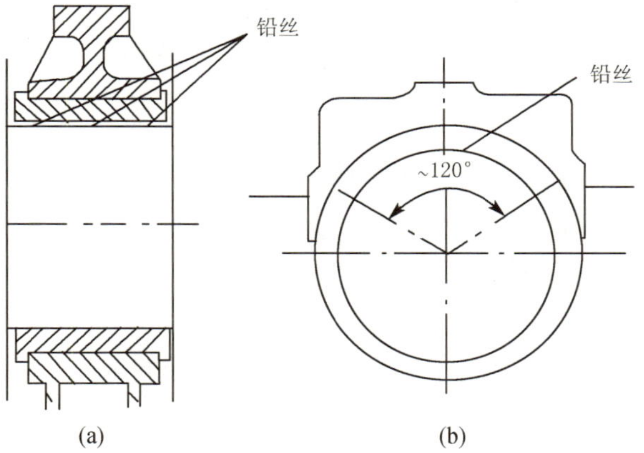

图 2-108　压铅法测量主轴承间隙

铅丝的塑性和直径对测量精度影响很大。铅丝直径小于轴承间隙，铅丝未被压扁，不能测出轴承间隙；铅丝直径过大，上紧螺栓后铅丝被压并产生硬化，可能被压入白合金层内，亦不能准确测出轴承间隙。

c. 装复主轴承上盖和上瓦，按规定值上紧螺栓，此时切勿盘车。

d. 打开轴承，取出铅丝进行测量和记录。注意铅丝对应的测量位置，切勿弄乱。

e. 用千分尺测量铅丝中间厚度和两端厚度。中间厚度为轴承间隙值；两端厚度为轴承两侧间隙，应小于轴承间隙且两侧间隙差不超过 0.05 mm。

③比较法

此法常用来测量薄壁瓦的轴承间隙。用内、外径千分尺分别测量轴、孔的对应部位直径，两个直径之差即为轴承间隙。一般应测量对应于曲柄销在上、下止点位置时的轴、孔直径，且在轴向首、中、尾三处测量，并求其平均值进行比较。

（18）轴瓦磨损量检测

①主轴承厚壁瓦下瓦

可用桥规测主轴颈下沉量的方法或直接测量下瓦厚度并与新瓦厚度比较的方法来确定其磨损量。

②连杆大端轴承上瓦

可用直接测量法确定其磨损量。

③薄壁轴瓦

当其轴承间隙超过说明书或标准时即表明其下瓦（或上瓦）磨损严重，无须测量磨损量，应换新。轴瓦合金层浇铸质量不好就会使结合面局部有缝隙,运转后就会产生合金层脱落现象。因此,对厚壁轴瓦备件可采用听响法或渗透探伤法进行检测。轴瓦工作表面可用低倍放大镜或渗透探伤法检验有无裂纹。

(19)轴瓦的修理

轴瓦的修理主要是针对厚壁轴瓦而言的,依损坏形式和程度不同采用局部修刮、焊补和重浇合金等方法。薄壁轴瓦损坏一般是换新。薄壁轴瓦的合金层损坏也可采用喷涂工艺进行修复。

①局部修刮

局部修刮适用于修理轴瓦工作表面上的小面积擦伤、腐蚀或早期发裂,用刮刀修刮刮面,使其与周围瓦面圆滑过渡。滑油中含水量较多时会使瓦面上生成黑色氧化锡硬壳,也可用刮刀刮去。

②焊补

焊补适用于轴瓦工作面上较深的裂纹、局部合金脱落或腐蚀等。焊前要用汽油或煤油清洗并擦干,修刮损坏部位使其露出金属光泽后进行焊补。焊补常采用氢氧焰或焊烙铁将瓦面损坏处合金熔化,再用与轴瓦白合金牌号相同的焊条进行焊补。

③重新浇瓦

有下列情况之一者,应熔去轴瓦上的合金,重新浇铸相同牌号的白合金:

a. 轴瓦合金烧熔。

b. 轴瓦过度磨损且合金层厚度小于 2 mm。

c. 轴瓦合金层脱壳或大面积剥落。

d. 轴瓦龟裂严重,扩展到轴瓦端面或裂纹深及瓦壳时。

(20)主轴承下瓦的换新

当轴瓦损坏后,在船条件下只能更换备件。换瓦的工艺实际上就是新瓦的安装工艺过程,其质量仍然是保证柴油机安全可靠运转的关键。薄壁瓦安装工艺较为简单,下面介绍厚壁瓦的安装过程及注意事项。

①新瓦的检验及安装

A. 新瓦(备件)的检验

检查新瓦有无变形、有无合金层与瓦壳结合的情况、有无油槽和垃圾槽等,测量和记录轴瓦厚度等。

B. 盘瓦

将旧瓦自瓦座内盘出并以同样方法将新瓦盘入瓦座。为便于盘瓦,通常在新瓦背上镀 0.002~0.003 mm 厚的锡或铜,镀层均匀光滑,或均匀地涂以二硫化钼润滑剂。

C. 新瓦安装质量的检验

由于备件在放置过程中可能产生变形,所以新下瓦装入瓦座后应检查下瓦背面与瓦座孔的贴合情况,用色油法进行检查:

a. 若下瓦背两侧面有色油沾点而瓦背底面无色油沾点,说明新下瓦瓦口产生向外扩张的变形,在底部产生间隙 δ,如图 2-109(a)所示,此时新下瓦卡在轴承座上,没有“落底”。可采用修挫瓦背或用铜锤敲击瓦口外侧使之向内收拢的方法修理。

b. 若下瓦背两侧面无色油沾点而瓦背底面有色油沾点,说明新下瓦瓦口产生向内收拢的变形,在瓦口两侧产生间隙 β,如图 2-109(b)所示。此时新下瓦在轴承座内"晃荡",应采用木槌敲击瓦口内侧使之向外扩张的方法修理。

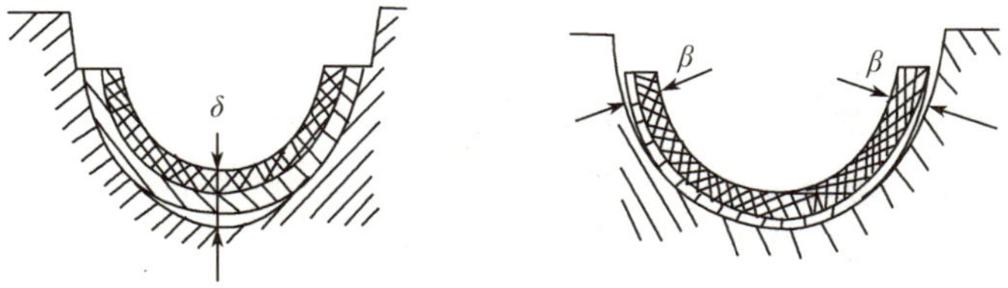

(a)瓦口扩张变形　　(b)瓦口收拢变形

图 2-109　新下瓦瓦口变形对其安装的影响

②主轴颈与主轴承下瓦接触检验

新的主轴承下瓦安装合格后,主轴颈与之接触情况也应符合要求。检验时,在轴上均匀涂上色油,使轴回转观察下瓦色油沾点的多少和分布。如不合格,用刮刀拂刮下瓦上的色油点,再次使轴回转,并检查沾点和拂刮,直到符合要求为止,具体拂刮轴瓦的方法有以下几种。

a. 样轴拂刮轴瓦:样轴又称假轴,使其代替曲轴,轻便、容易操作、效率高。假轴采用钢管或铸铁管制成,外径 $D=d+\Delta$(d 为主轴直径,Δ 为轴承间隙),长度等于机座全长或 3~4 个主轴承座的长度,此种刮瓦方法容易建立油膜,但必须制作专用样轴和吊出曲轴,适用于船厂小批量修理或船上小型柴油机。

b. 曲轴拂刮轴瓦:船厂和船上均可使用,根据主轴颈与主轴承下瓦研配时的色油沾点拂刮主轴承下瓦,直到符合接触角内均匀接触为止。此法方便,不需要制作样轴和吊出曲轴,但盘瓦较麻烦。

c. 根据臂距差拂刮轴瓦:此法利用臂距差和色油沾点拂刮主轴承下瓦。首先在换新轴瓦的主轴承两侧曲柄上安装臂距差表并在主轴颈上涂色油。然后盘车测量两个曲柄的臂距值。根据臂距差值和主轴承下瓦的色油沾点情况进行下瓦的拂刮。用垂直平面内的臂距差值检查瓦底,用水平平面内的臂距差值检查瓦口。拂刮轴瓦时不可一次刮削得太多,应少量、多次拂刮,多次研配,逐渐达到要求,否则会造成刮削过量而使轴瓦报废的局面。

注意下瓦两侧垃圾槽附近瓦口部位的拂刮:拂刮过量,造成漏油,影响油膜建立;拂刮不足,瓦口与轴颈直接接触引起轴承发热,甚至在瓦口处咬死。一般瓦口处要有 0.05 mm 的间隙。主轴承上瓦先开油线,然后进行拂刮。

③轴承间隙的测量与调节

以上检验合格后再测量主轴颈与主轴承装配后的轴承间隙。当所测轴承间隙与说明书或标准不符合时,采用抽减或增加上下瓦配合面处的垫片的方式进行调节。

厚壁轴瓦上下瓦结合面处有一组紫铜或黄铜垫片,其形状与结合面形状相同,不会妨碍轴的回转及瓦口处的垃圾槽。垫片的厚度为 0.05 mm 的整倍数,如 0.10 mm、0.15 mm 等,便于调节间隙。两边的垫片数量和厚度应相同,而且垫片数目应尽量少。

调节轴承间隙时,轴瓦两边要同时抽减或增加厚度和数目相同的垫片,以免使轴承上盖、上瓦歪斜和轴承间隙变化。

23 推力轴承工作原理解析

(1)推力轴承认识

船舶柴油机(通过推力轴、中间轴和尾轴)带动螺旋桨旋转。螺旋桨桨叶在旋转时给水轴向的作用力,而水对螺旋桨桨叶产生轴向的反作用力。作用在螺旋桨上的轴向力就是使船舶前进的推力(或后退的拉力)。螺旋桨的这个推力(或拉力)通过尾轴、中间轴和推力轴作用到推力轴承上并经过推力轴承作用到船体上。当推力轴与曲轴直接连接起来时,推力轴承还对曲轴起轴向定位作用。

①推力轴承的结构

对于大型低速二冲程柴油机推进装置,推力轴承座一般与柴油机的机座制成一个整体,推力轴承设置在最后两道主轴承之间。对于中速柴油机推进装置,由于需要设置减速装置,推力轴承一般单独设置。

图 2-110 所示为 MAN B&W 98MC-C 型柴油机推力轴承的结构。正、倒车推力块各 8 块,沿圆周方向排列,排成约占 2/3 圆周共 240°的扇形面。柴油机正车运转时,螺旋桨的轴向推力通过尾轴和中间轴传到推力环,推力环通过正车推力块和推力盘将推力传给柴油机机座,又通过地脚螺栓传给船体,从而推动船舶克服水的阻力前进。推力环与推力块之间由滑油润滑,滑油来自主轴承润滑系统。为了使滑油不至于从轴颈处漏出机外,在轴颈上设有轴封(由甩油圈和刮油圈组成)。

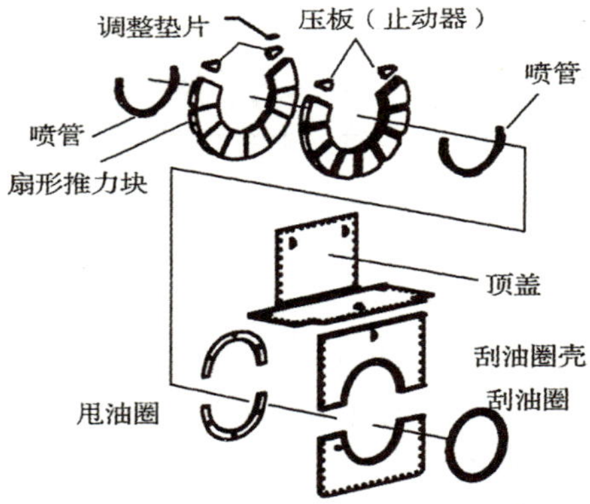

图 2-110 推力轴承的结构

9~12 缸 MAN B&W MC/ME 型大缸径柴油机上的推力轴承采用了一种新型 360°推力轴承,如图 2-111 所示。根据前、后侧推力要求的不同,推力环前侧使用 12 块推力块(360°),后侧使用 8 块推力块(240°)。与传统的 240°推力轴承比较,360°推力轴承的推力环的直径、推力轴承的长度、推力轴承的质量都有所减小,同时柴油机机座后部的强度也有所提高。不像传统的 240°推力轴承的推力环所受作用力偏离曲轴中心线,360°推力轴承的推力环所受作用力作用在曲轴中心线上,改善了曲轴的受力条件。推力轴承结构的这种改进,使其性能和可靠性得到了提高,而造价并没有提高。

在 S65ME-C 型柴油机上采用了弹性推力环结构,如图 2-112 所示。该柴油机为电子控制柴油机,无链轮驱动机构,所以在推力环外圆周上加工出环槽,优化了轴承负荷分布,减少了轴承的最大压力及油膜压力,使油膜厚度增加。由于弹性推力环结构改善了推力块上负荷分布,因而减小了推力块的面积以及推力环的尺寸。

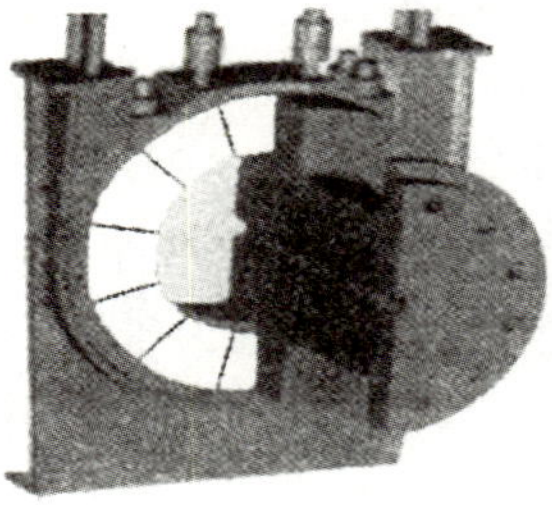

图 2-111 新型 360°推力轴承

图 2-112 弹性推力环结构

②推力块的结构和工作原理

A. 推力块的结构

推力块为一个扇形块,在靠近推力环的工作面上浇有白合金,并将进油边制成圆角或斜面,如图 2-113 所示。调节圈一侧有高位、低位两个面,高位面与低位面相交的棱边 *AB* 为工作时的支持刃,工作时它与调节圈工作面靠在一起。推力块两个侧面上都有凸台,起着推力块间支撑和定位的作用。为避免工作面间发生金属接触,工作面的粗糙度等级要求很高,否则推力轴承很容易发生烧损事故。

B. 推力块的工作原理

推力轴承的关键部件是推力块,推力块的结构随机型的不同虽然也不完全相同,但工作原理是一样的。推力轴承在正常情况下是在液体动力润滑下工作的。在工作中,推力块绕支持刃偏转一个小角度,在推力块与推力环的工作面间形成楔形空间,滑油被推力环带入楔形空间,产生了动力油压。推力环的推力通过动力油压传递到推力块上,再经过支持刃传递到调节圈上,如图 2-114 所示。

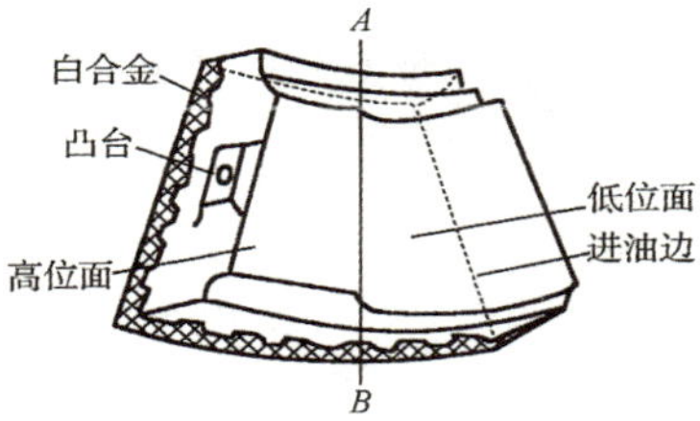

图 2-113 推力块的结构

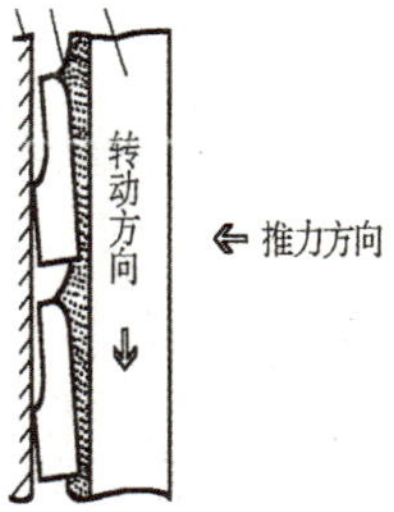

图 2-114 推力块的工作原理

(2)检查与调整

①调整压板间隙

正、倒车推力块用压板定位。当推力块紧靠在一起时,在压板处应留有间隙 i_1 和 i_2。这个间隙数值保证了推力块绕支持刃摆动的灵活性,如图 2-115 所示。间隙 i_1 和 i_2 之和要符合说明书的规定,其数值可通过增减压板处的垫片进行调整。

②调整推力轴承间隙

正、倒车调节圈用来调整推力块与推力环间的间隙 f_1(即推力轴承间隙)和曲轴与推力轴承之间的轴向相对位置。间隙f_1是用力把推力环压紧在正车推力块上时,用厚薄规在倒车推力块与推力环间测量出来的推力方向间隙。此间隙也可在轴处于不受轴向力的自由状态下,用两个厚薄规在正、倒车推力环处同时测量,然后将这两个数值相加得出,如图2-115所示。这个间隙的大小要符合说明书的要求,否则要通过调节圈进行调整。作为临时性的调整措施,可在调节圈后加放垫片,在以后修船时再更换调节圈。

在工厂安装两排推力块时,调节需按下述要求进行:当推力环与正、倒车推力块之间各为1/2装配间隙时,靠近推力轴承的最后一个曲柄的中心线应向推力轴承方向偏移一个规定的数值。这样做是为了补偿曲轴在运转中的热膨胀,以尽可能地使各曲柄臂与主轴承之间的轴向间隙保持均等。

MAN B&W 98MC-C型柴油机记录下的间隙值是在柴油机台架试验时测量而得的。对新的柴油机,推力轴承间隙应是1.0~1.5 mm,营运中不超过2.0 mm。为方便检查,将最上层的一块推力块在近推力环的工作面上朝其上侧边开一道V形槽,深度为1 mm,如图2-116所示。检查时,可在正对推力环的V形槽处插入塞规,若0.1 mm的塞规不能塞入,表明磨损已达到极限,应更换推力块。

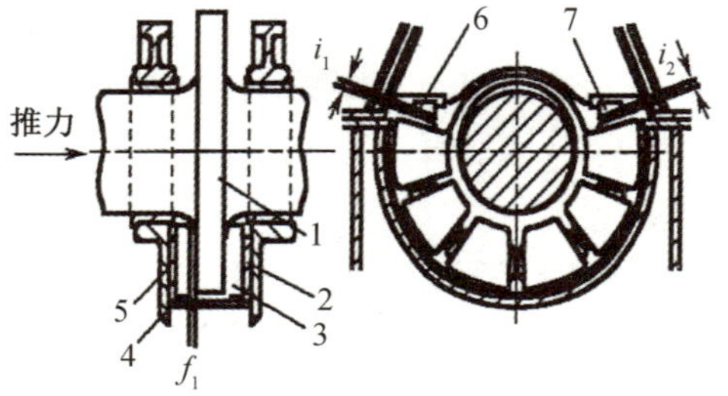

图2-115　推力轴承间隙

1—推力环;2,5—调节圈;3,4—推力块;6,7—压板(止动器)

图2-116　推力环与推力块

任务3　固定部件的检查

3.1　固定部件认识

(1)工作条件和要求

柴油机的主要固定部件包括机座、机架、气缸体、贯穿螺栓和主轴承等,如图2-117所示。它们构成柴油机的骨架,用来支撑柴油机的运动机构和辅助设备并形成柴油机的工作和运行空间。

气缸体、机架和机座构成整个柴油机的主体,它们的内部要安装运动部件的导承和支承气缸套、导板、主轴承等,形成运动部件(活塞、十字头、连杆、曲轴)和传动部件(传动齿轮、链轮)的运行空间,并布置冷却、润滑,以及扫气的水、油、气空间。它的外部则要安装喷油泵、调速器、启动与换向设备、增压器、扫气箱、各种系统的管道等。柴油机还要通过机座或机架上的支承安装到基座上。

柴油机的固定部件承受着气体力和运动部件惯性力的作用,承担着全部机件的重力。动

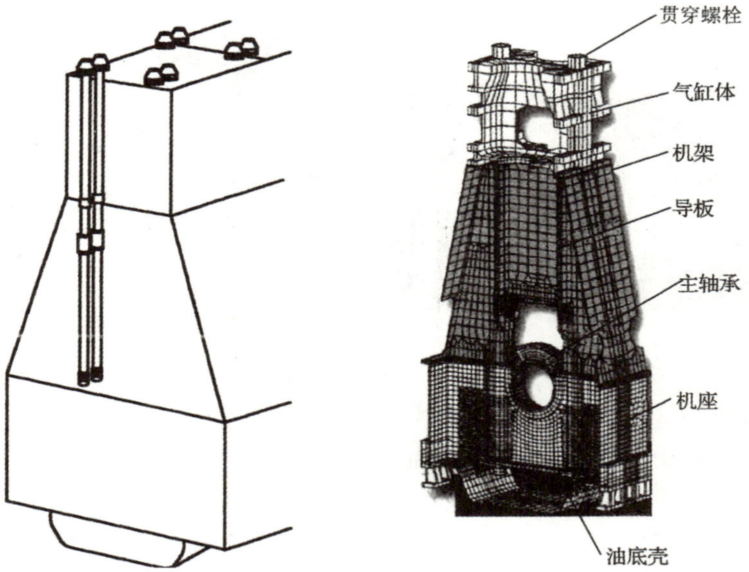

图 2-117 柴油机主要固定部件

力转矩的输出使固定部件产生倾覆;惯性力的作用使固定部件产生振动;贯穿螺栓和连接螺栓的紧固使固定部件受到安装应力;各处温度不同使固定部件产生热应力;水、油、气的作用使固定部件受到腐蚀。为了保证柴油机的工作可靠性和使用寿命,要求机架、机座必须有足够的刚度和强度,以使各运动部件的支承和导承变形小,保证良好的配合和精确的位置及避免运行中发生裂纹和损坏。在满足刚度和强度要求的前提下,要求机架和机座尺寸小、质量小。此外,机架、机座的结构要便于内部运动机件的拆装和检修。机架和机座的各结合面、检修道门要密封性好,避免泄漏造成浪费、污染甚至出现事故。

在十字头式柴油机中,气缸体、机架和机座是分开制造的,然后由贯穿螺栓连成刚性整体,构成柴油机的主体部分。

(2)机架

机架是柴油机的支架,它与机座形成的曲轴箱空间是柴油机运动部件的运动空间。机架分为 A 形机架与箱形机架两种。

①A 形机架

A 形机架是单片式装配结构,通过在铸造的单片 A 形架上覆板制造而成。但由于加工制造复杂,刚性、密封性较差,目前 A 形机架已很少使用。

②箱形机架

MAN B&W 公司的 MC 系列柴油机和 Wärtsilä 瑞士公司的 Sulzer RTA 系列柴油机都采用箱形机架。

箱形机架由上面板、底板、横向隔板和侧板等焊接而成,其结构如图 2-118 所示,它具有结构紧凑、质量小、刚性好的优点。在机架内设有十字头滑块导板,用以承受侧推力。在侧板上开有检修通道,通过它可以检查主轴承、曲轴及连杆大端轴承的工作状态。在机架的背面设有防爆门。整个机架为刚性整体,结合面少,加工、制造容易,安装简单,改善了曲轴箱的密封性。

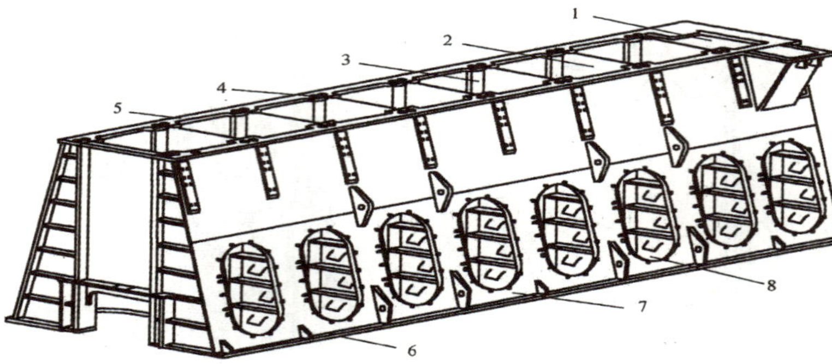

图 2-118　箱形机架结构

1—链条传动箱；2—横向隔板；3—导板；4—贯穿螺栓孔；5—上面板；6—底板；7—侧板；8—道门

MAN B&W S/K80ME/MC-C 型和 K90ME/MC-C 型柴油机机架采用了三角形导板结构，如图 2-119 所示。

导板背部由一块竖向整板支撑，取消了从前的水平加强筋，从顶部到底部形成连续的三角形结构。这种结构使导板在垂向的刚性均匀，改善了滑块表面的工作条件。采用这种三角形导板结构，使结构应力降低，加工容易，制造成本降低。

（3）机座

机座是柴油机的基础。它和上面的机架共同组成曲轴箱，也是柴油机装配时的基准件。目前，在大型低速柴油机中主要采用的是单壁深型机座。

图 2-120 所示为 S-MC-C 型柴油机的机座，它主要由两侧的纵梁和带铸钢轴承座的横梁焊接而成。每侧纵梁为单层结构，横梁上焊有铸钢的主轴承座用以支撑曲轴。轴承盖用 4 个螺栓安装在轴承座上，螺栓采用液压上紧。轴承座孔在机座中的位置较低，便于给主轴承盖定位。

图 2-119　三角形导板结构

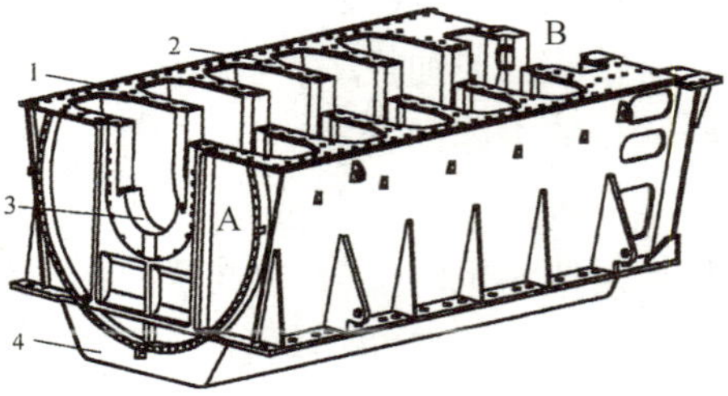

图 2-120　S-MC-C 型柴油机的机座

1—纵梁；2—横梁；3—主轴承座；4—油底壳；A—首端；B—尾端

机座设计得较高，以提高刚性。机座的首端 A 安装有轴向减振器，用以控制轴系的轴向振动，这已是现代新型柴油机的基本配置。机座的尾端 B 还设有推力轴承和驱动链条的空间，用以安装推力轴承和驱动链轮。

S-MC-C 型柴油机机座最主要改进之处在于取消了贯穿螺栓孔，使机座与主轴承座的焊接过程都得到了简化，此外还在不增大机座宽度的情况下将地脚螺栓移至机座外侧，这样更有利于安装。机座与船体的基座之间垫有环氧树脂或铸铁垫块并由地脚螺栓固定。垫块用以调整机座上平面的高度和水平度。

(4) 贯穿螺栓

十字头式柴油机的气缸体、机架和机座用贯穿螺栓连在一起。大功率筒形活塞式柴油机的大尺寸固定部件也广泛采用贯穿螺栓连在一起。这是因为固定部件的结构比较复杂，如果在结合面处用短螺栓连接，在拉力的作用下，各部分受力很不均匀，难以准确计算。采用贯穿螺栓结构，拉力由贯穿螺栓承担，螺栓的作用力可以准确计算。而且在安装后气缸体、机架与机座三者只受压应力，不受拉应力，既合理利用材料抗压不抗拉的性能，又提高了柴油机整体的刚度。

①单贯穿螺栓

图 2-121 所示为 L-MC 型柴油机的单贯穿螺栓结构，其本体部分由上、下两部分组成，中间用螺纹连接套连接。在安装时先在机体外将两部分连接后，由上面插入贯穿螺孔中。贯穿螺孔位于每个主轴承中心的两边。在贯穿螺栓的两头有螺纹，配置上、下螺帽，在顶端有供液压拉伸器拉伸用的附加螺纹头，平时用保护罩保护。

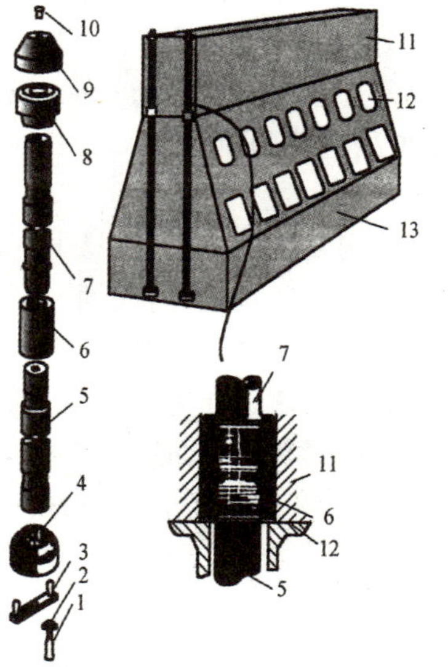

图 2-121　单贯穿螺栓结构

1,10—螺钉；2—锁紧垫片；3—保护架；4—下螺母；5—下贯穿螺栓；6—连接套；
7—上贯穿螺栓；8—上螺母；9—保护罩；11—气缸体；12—机架；13—机座

大型低速柴油机的贯穿螺栓又细又长，容易因产生横向振动而断裂，为改变其振动的固有频率（提高频率），防止发生共振，通常在其中部装有防振的连接套，连接套的下部与机架上面板的开孔精密配合；也可以在其水平方向装 2~3 个支头螺钉，在贯穿螺栓完全上紧后将其顶紧。在使用中，支头螺钉不能松动，故应每年检查一次。

大型低速柴油机贯穿螺栓都采用液压拉伸器上紧和松开。以螺栓的伸长量衡量其预紧度的大小，其大小应符合规定，以保证柴油机工作时机件不出现拉伸应力，维持各连接件的紧密性，保证运动部件的正常工作。

②双贯穿螺栓

图 2-122 所示为 S-MC-C 型柴油机采用的双贯穿螺栓结构。其最明显的特征是以双贯穿螺栓取代传统的单贯穿螺栓，还在于它不再一直插到机座底部，而是拧入机座顶部的螺孔之

中，这样就大大缩短了贯穿螺栓的长度。

采用这种双贯穿螺栓结构，可以减小主轴承座孔由于贯穿螺栓上紧所引起的变形，保证十字头导板不变形，以改善滑块的滑动状态，简化机座和主轴承座的焊接过程。

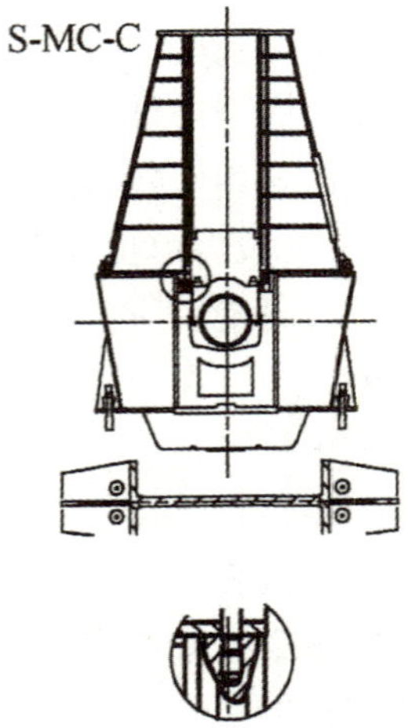

图 2-122　双贯穿螺栓结构

3.2 固定部件检查内容

(1)严防曲轴箱爆炸

运转中经常触摸曲轴箱，若发现过热要及时查找原因（详见应急处理项目）。曲轴箱上的防爆门（安全释放阀）要定期进行功能试验。

(2)及时处理各种泄漏问题

曲轴箱各壁面道门和密封盖板很多，要及时处理各种泄漏问题，以免造成严重事故，特别是机座周围和油底壳泄漏容易造成滑油流失和润滑系统失压，因此更要密切注意。这可通过曲轴箱及机座四周壁面上是否有泄漏现象和柴油机周围舱底水中含多少油进行判断。

(3)定期检查机座内、外表面裂纹

机座是整台柴油机的基础，承受很复杂的应力，容易出现疲劳裂纹。主轴承座孔周围形状复杂，易出现应力集中，更是裂纹的多发区。机座内表面和滑油接触，正常情况下滑油本身基本没有腐蚀性，但滑油污损变质后会使机座遭受腐蚀。这种腐蚀在柴油机停止运转时由于污物停滞，比运转时更为严重。当柴油机由热态变为冷态时，机座表面有凝水出现也会产生腐蚀作用。腐蚀处应力集中、强度下降，成为裂纹发源地。焊接机座的焊接不良处、铸造机座的铸造缺陷区及由于船体变形使机座受到较大附加应力的地方，也都有可能出现裂纹，所以要定期对机座内、外表面进行检查。

(4)定期检查地脚螺栓有无松动和断裂

柴油机的不平衡力和力矩都要作用到地脚螺栓上，船体变形有可能使地脚螺栓受到剪切作用，所以还要定期检查地脚螺栓有无松动和断裂。

(5)定期检查贯穿螺栓

贯穿螺栓断裂的事故并不罕见，除和制造质量有关外，还与安装时预紧力是否均匀有密切关系。为了防止贯穿螺栓受到附加弯曲应力，贯穿螺栓要与螺栓孔同心，两端螺母不能偏斜。

上紧时要严格按如图 2-123 所示的顺序进行，不准单根上紧和放松，一定要成对进行。紧固时要分两个阶段，每个阶段应达到液压专用工具的泵油压力（符合说明书的规定值）并检查螺栓伸长量。

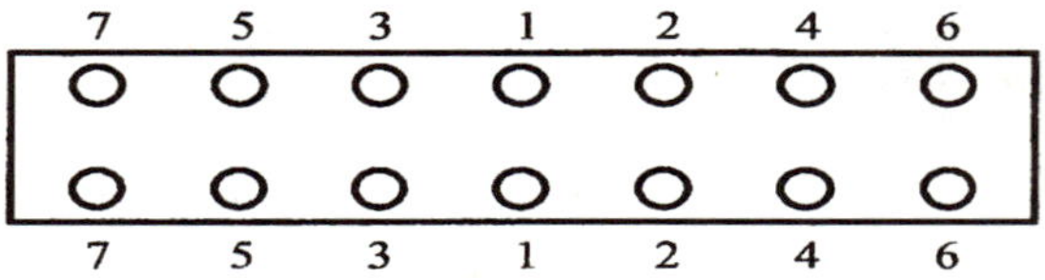

图 2-123　贯穿螺栓上紧顺序

对中小型柴油机贯穿螺栓的上紧，一般采用专用扳手按规定扭矩值靠人力上紧。

用液压拉伸器上紧贯穿螺栓的具体步骤如下：

①先用扳手从柴油机的中间向两端成对地依次将螺母旋紧，测量出螺栓的初步控制尺寸 X，并记录该数值。

②在柴油机的中间装上 2 只组合的液压拉伸器，进行第一次成对上紧。对液压拉伸器进行放气（将高压油泵出口阀打开并旋松放气螺钉。泵油使油液充入软管，用油液驱赶其内的空气，至无气泡冒出时，拧紧放气螺钉）。手动泵油使油压逐渐增大，待油压表上的读数满足说明书上的要求（上紧油压为标准上紧油压的 60%～70%）时，用搬动杆将螺母旋至与机体上平面贴紧。这时测量出螺栓的控制尺寸 X_1，计算出第一次上紧贯穿螺栓后的增值 Δ_1（$\Delta_1 = |X - X_1|$）并与说明书上规定的伸长值对照，确认无误后拆去液压拉伸器，进行下一对贯穿螺栓的上紧（按从柴油机的中间向两端交替成对上紧的原则进行）。

③对全部贯穿螺栓上紧一次后，即可进行第二次上紧，操作方法基本与第一次相同，使油压升高到标准上紧压力，同样旋紧螺母，再测得 X_2 值。此时，上紧后贯穿螺栓总增值为 $\Delta_2 = |X - X_2|$，对照说明书无误即可。若有误，应松开贯穿螺栓，仔细检查各部分及支承面后，再重新上紧。

注意：如果柴油机的主轴承是撑杆式的，则应在上紧贯穿螺栓前先将其松开。上紧螺栓时，须在其螺纹处、螺母与机体的接触处，均匀涂抹二硫化钼润滑剂。

④上紧贯穿螺栓其中部的连接套及止动螺钉。

⑤贯穿螺栓上紧后，应检查螺帽、垫圈与气缸体上支撑面之间的贴合情况，其间隙应不能让厚度为 0.05 mm 的塞尺插入，同时测量曲轴拐挡差。通常用测量曲轴拐挡差的方法来验证贯穿螺栓的紧固效果。

应定期检查紧固情况（预紧力）。新机使用一年后应对全部的贯穿螺栓进行一次检查，且均应合乎标准，以后应定期检查，一般每四年一次。

项目 3

柴油机换气机构维护

[项目背景]

柴油机换气机构把废气从气缸中排出去，再吸入新鲜空气供柴油机燃烧，周而复始地进行着这个动作，目的就是维持柴油机连续地运转。为了提高单位质量柴油机的功率，利用增压技术使进入柴油机气缸的空气量增加，从而可以喷入更多的燃油，柴油机就能产生更大的功率。换气质量的好坏对柴油机的动力性、经济性及排放性等影响很大。

[任务分解]

柴油机换气机构维护项目分 4 个任务，首先对换气过程和换气质量进行简要描述，然后对换气机构进行一一剖析，再论述十字头式柴油机换气机构的维护，最后通过论述增压技术及其原理，简单阐述废气涡轮增压系统的维护。

本教材按照认知规律编排知识点，采用理实一体化的方式进行教学，教学内容符合《海船船员培训大纲》的要求。

任务 1 柴油机换气过程和换气质量描述

在柴油机中，从排气、扫气到进气终止的整个气体更换过程称为换气过程。它的作用是更换工质，为下一个循环的工作提供必要的条件。换气质量直接影响柴油机的动力性、经济性、可靠性及排放特性，是柴油机工作质量的先决条件。

1.1 换气机构的流通能力描述

在换气过程中，有一定数量的空气或废气流过气阀或气口，它们应有足够的流通能力。

设在某一曲柄位置时，气阀或气口的开启面积为 f，则在时间微元 $\mathrm{d}t$ 内，流过气阀或气口的气体数量 $\mathrm{d}G$ 为

$$\mathrm{d}G = cf\mathrm{d}t$$

式中，c——气体流过气阀或气口时的平均流速，代替瞬时流速（为简化计算）。

$$G = c\int f\mathrm{d}t$$

上式表明，气体流速一定时，流过气阀或气口的气体流量取决于 $\int f\mathrm{d}t$。这样，$\int f\mathrm{d}t$ 即可代表气阀或气口的流通能力。该流通能力不仅与气阀或气口的开启面积有关，还与开启时间有关。当气阀或气口的几何尺寸一定时，若提高转速（即时间缩短），流入气缸的气体流量就变小，其流通能力减弱。

若画出气阀或气口的开启面积 f 随时间 t 的变化曲线，则曲线下的面积即为 $\int f\mathrm{d}t$ 。这样的曲线图称为时面图，此曲线与横坐标包围的面积 $\int f\mathrm{d}t$ 叫时面值。图 3-1（a）所示为四冲程柴油机的换气时面图，图 3-1（b）所示为二冲程直流换气式柴油机的时面图。

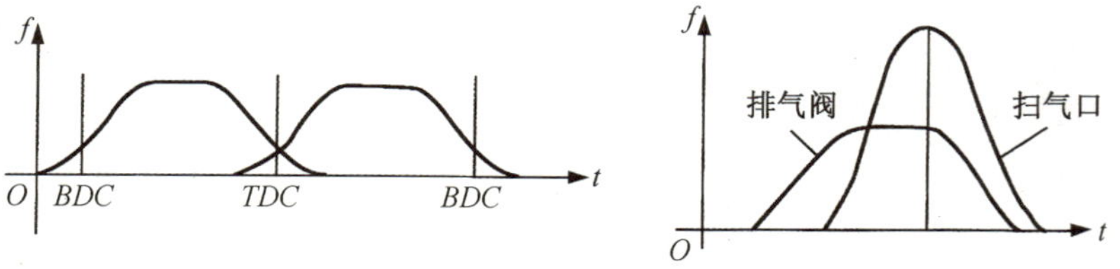

（a）四冲程柴油机的换气时面图　（b）二冲程直流换气式柴油机的时面图

图 3-1　柴油机的时面图

若横坐标取曲轴转角 ψ，则相应的曲线图称为角面图，$\int f\mathrm{d}\psi$ 为角面值。当转速 n 不变时，由于

$$\psi = \omega t = \pi nt/30$$

则

$$\int f\mathrm{d}\psi = \frac{\pi n}{30}\int f\mathrm{d}t = \frac{180n}{30}\int f\mathrm{d}t$$

所以,时面值与角面值的关系为

$$\int f\mathrm{d}t = \frac{1}{6n}\int f\mathrm{d}\psi$$

显然,对同一尺寸的气阀或气口,当柴油机转速 n 增大(Δt 减小)时,时面值要减小,而角面值与转速无关。为保证柴油机的换气质量,必须保证柴油机气阀或气口有足够的时面值。运转中的柴油机,若气阀或气口处结炭、脏污或开度不足、转速升高,都会引起时面值减小,从而导致气体流量减小、气缸充气量不足、换气质量变差,使柴油机工作性能恶化。

1.2 四冲程柴油机的换气过程解析

按照换气过程中气缸内压力 p 和排气管压力 p_τ 变化的特点,将四冲程柴油机从排气阀开到进气阀关的整个换气过程分为自由排气、强制排气和进气三个阶段。图 3-2(a)所示为气缸压力与排气管压力随曲轴转角的变化。图 3-2(b)所示为进、排气阀流通截面比随曲轴转角的变化。图 3-2(c)所示为低压示功图(弱弹簧 p-V 示功图)。

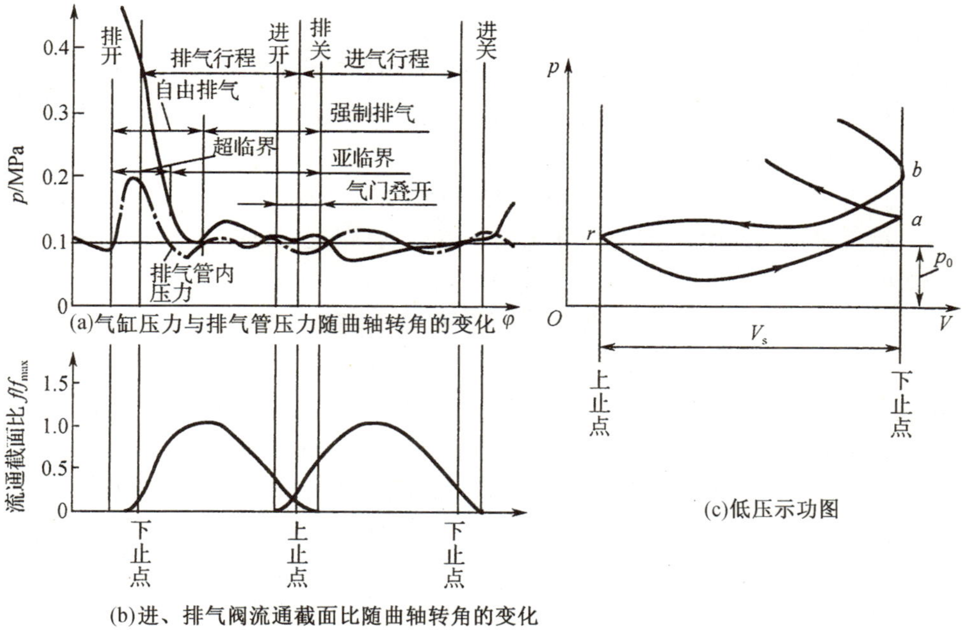

图 3-2 四冲程柴油机换气过程

(1)自由排气阶段

排气阀在下止点前 30°~80°打开,直到下止点后气缸压力接近排气管压力为止。由于废气是在压差的作用下排出的,故称为自由排气阶段。此阶段根据气缸内外压差是否超过临界值,可分为超临界阶段和亚临界阶段。

当气缸内压力 p 与排气管压力 p_τ 之比大于等于临界值时,即 $p/p_\tau \geqslant [2/(k+1)]^{k/(k-1)}$,为超临界阶段,废气以当地音速流过排气阀,其流量只取决于气缸内的气体状态和排气阀最小流通面积的大小,与排气管内的气体状态无关。

当 $p/p_{\tau}<[2/(k+1)]^{k/(k-1)}$ 时,气体流动转入亚临界阶段,废气以亚音速流出,其流量取决于气缸内的气体与排气管内气体的压差大小,此时排气阀流通面积也逐渐加大。

排气阀开启提前角要大,以便使排气阀在下止点的开度和下止点前的时面值足够大,但也不能太大,若太大将引起膨胀功的损失过多。自由排气一般在 *BDC* 后 10°~30°CA 结束。结束越晚,下一阶段活塞排气消耗的功越大。自由排气阶段虽然占整个排气时间的比例不大,但由于废气流速很高,排出的废气量可达总废气量的 60%以上。

(2)强制排气阶段

从自由排气结束到排气阀关闭这一阶段,排气过程主要由活塞的推挤造成,故称为强制排气阶段。此后,活塞到达上止点后向下运行,在初期的强制排气阶段所形成的高速排气气流的惯性作用下,废气继续排出气缸,故称为惯性排气。因此排气阀在上止点后滞后关闭,一般排气迟闭角为 10°~70°CA,实现了过后排气,延长了排气时间,增大了气阀的时面值,可使废气排得干净,排气功减小,排气流的惯性得到充分利用。但过大的排气迟闭角会导致废气倒流入气缸,最理想的排气迟闭角是当废气从气缸流出的流动刚好停止时的角度。

(3)进气阶段

从进气阀开启至关闭的全过程都是进气阶段。为了使在进气过程开始时,进气阀有一定的流通截面,以减少进气过程的阻力,增加进入气缸内的新鲜空气量,进气阀也在上止点前提前开启,称为进气提前。进气提前角一般为 10°~40°CA。

在进气过程中进气压力是基本不变的,但进气阀刚打开时,气缸压力高于进气压力。由于进气阀开度很小,气缸压力只略高于进气压力,并且在气缸中存在一个排气流,所以一般废气不会倒流入进气管。

只有气缸内压力低于进气管压力时才开始进气。为此,非增压柴油机的实际进气时刻在上止点后。进气过程刚开始时,活塞的下行造成气缸内体积的膨胀,加上气阀开启还不充分,缸内压力短时间里迅速降低,这为新鲜空气的顺利流入创造了条件。随着进气阀流通截面积的加大,进入气缸的新鲜空气不断增加,气缸压力逐渐升高。

为了利用在吸气过程中进气管内形成的气流的流动惯性,实现气缸的过后充气,进气阀不在下止点关闭,而是在下止点过后的一定角度关闭,即进气迟闭。这样有可能使进气过程终了时缸内压力等于或略高于进气管压力。进气迟闭角一般为 20°~60°CA。

可见,从进气阀开启到进气阀关闭的阶段,初期进气是活塞的抽吸作用引起的,后期进气则是靠气流的惯性作用。尽管利用过后充气可以有效地增加进入气缸的空气量,但过大的进气迟闭角可能会发生新鲜空气倒流,被活塞压入进气管,并且使有效压缩比减小。因此,合理的进气定时是非常重要的。

通过上述分析发现,从时刻上看,进气阀的提前开启和排气阀的延迟关闭都位于排气上止点前后,这样就会在排气上止点附近出现进、排气阀同时开启的特殊现象。通常将这一现象称为气阀重叠,相应的曲柄角度称为气阀重叠角,它是排气迟闭角与进气提前角之和。

在气阀重叠期间,进气管、气缸、排气管三者直接连通。此时若进气压力高于气缸内压力或排气压力,新鲜空气在正向压力差和排气气流抽吸的作用下,由进气管进入燃烧室,部分可以直接排入排气管中。这样,一方面,有利于扫除燃烧室中残存的废气,为气缸增加新鲜空气,达到扫气的目的;另一方面,新鲜空气又可以降低燃烧室壁面的温度。尽管新鲜空气带走的热量不多,但这对受热严重且冷却水难以冷却到的燃烧室壁面是十分可贵的。在气阀重叠期间,新鲜空气对燃烧室的清扫称为燃烧室扫气。

但气阀重叠角并不是越大越好。进气阀开启得过早，会造成废气倒冲入进气管；排气阀关闭得过迟，过量的扫气空气会降低涡轮前的排气温度，减少增压器涡轮获得的可用能，也可能使已排出的废气倒吸入气缸。统计结果表明，一般非增压柴油机气阀的重叠角为 20°~50°CA，增压柴油机气阀的重叠角为 80°~140°CA。

由上述可知，四冲程柴油机的进、排气过程分别在两个行程中完成，新鲜空气和废气互不掺混，因而其换气效果较好。

1.3 二冲程柴油机的换气过程解析

二冲程柴油机和四冲程柴油机同样有进气、压缩、燃烧、膨胀和排气冲程，不同的是这些过程只用两个活塞行程来完成，其中差别最大的是换气过程。

(1) 换气过程

以弯流扫气二冲程柴油机为例，其换气过程的工作顺序是：在膨胀行程的末期，活塞下行，首先打开排气口，开始排气，而后开启扫气口，具有一定压力的新鲜空气由扫气口流入气缸，并强迫废气由排气口流出。活塞到达下止点后又上行，依次将扫气口和排气口关闭，换气过程结束，如图 3-3 所示。

根据换气过程中气缸的压力变化特点，通常把二冲程柴油机的换气过程分为三个阶段，即自由排气阶段、强制排气和扫气阶段以及过后排气阶段。

①自由排气阶段（B—R）。从排气口的开启点 B 到开始进气的点 R（此时气缸内的压力与扫气压力 p_k 相等）称为自由排气阶段。在这一阶段里，气缸内的废气借助于缸内与排气管中的压力差（$p-p_\tau$）经开启着的排气口高速流入排气管中，使气缸内的压力急剧降低。此阶段根据气缸内外压差是否超过临界值，可分为超临界阶段和亚临界阶段。

一般来说，当活塞下行到点 D 开启扫气口时，气缸内的压力 p_d 仍略高于扫气压力 p_k。但因扫气口的节流和排气的流动惯性，不会发生废气经扫气口倒冲至扫气箱。但若因排气口堵塞而使 p_d 超过 p_k 很多，则有可能发生废气倒冲现象，甚至引起扫气箱着火。

②强制排气和扫气阶段（R—C）。当气缸压力下降到稍低于扫气压力 p_k 时，新鲜空气经扫气口进入气缸，直到活塞下行到下止点后再上行将扫气口关闭为止，即强制排气和扫气阶段。此阶段主要靠新鲜空气与缸内废气的压力差，利用新鲜空气清扫废气，把废气从气缸中强制排出。显然，新鲜空气与废气在此阶段发生掺混，并有部分新鲜空气经排气口排出。

③过后排气阶段（C—E）。从扫气口关闭（点 C）到排气口关闭（点 E）称为过后排气阶段。在这一阶段，缸内的部分新鲜空气将经仍开启着的排气口排至排气管，是一个新鲜空气损失阶段，因此越短越好。若能以某种方式控制排气口，使它与进气口同时关闭或早于进气口关闭，则可避免过后排气损失或实现过后充气。点 E 后，开始压缩冲程。

(2) 二冲程柴油机换气的特点

二冲程柴油机的换气过程和四冲程柴油机相比有很大的不同，主要表现为以下几点：

①二冲程柴油机用于换气的时间远少于四冲程柴油机。二冲程柴油机整个换气过程为 120°~150°CA，而四冲程柴油机在 450°CA 以上。

②二冲程柴油机在换气终了时缸内残留的废气较多，其换气没有四冲程柴油机干净。二

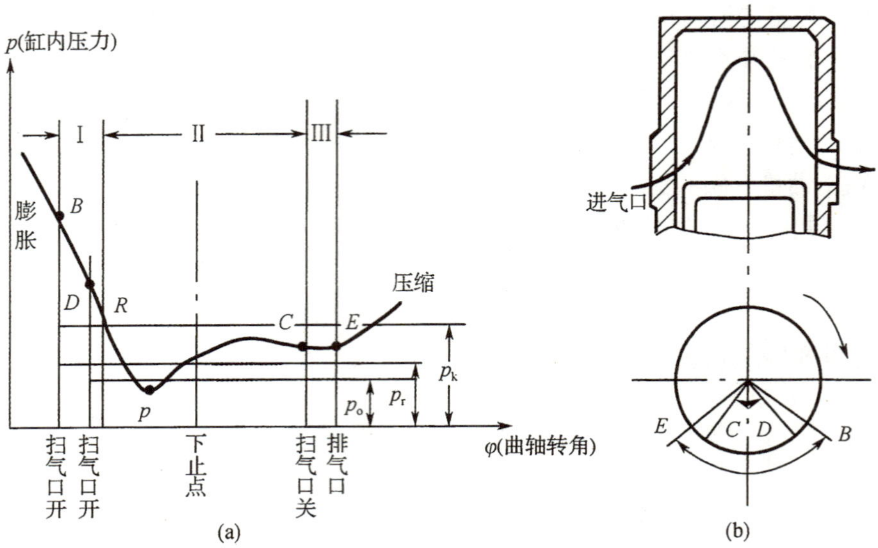

图 3-3　二冲程柴油机换气

冲程柴油机的换气主要是依靠进、排气口之间的压差，用新鲜空气驱赶废气的扫气方式，新鲜空气的进入和废气的排除过程同时进行。新鲜空气和废气之间没有明确的界面，必然在缸内发生掺混，气缸内部还存在扫气空气达不到的死角以及新鲜空气的短路流动。

③二冲程柴油机为实现扫气所需的气体压力差较大，空气的消耗量也较大，在换气过程中所消耗的功较多。

④二冲程柴油机的气缸容积不能被充分利用。二冲程柴油机为了保证扫气空气在合适的压力下通过气缸，扫气口和排气口应具有足够的流通能力。因此，它必须具有一定的总宽度、高度和开启时间。由于气缸下端开有气口，所以并不是整个气缸工作容积都能用来容纳空气，也就是气缸容积未能全部被利用。

1.4　评定换气过程质量的参数

(1)残余废气系数

残余废气系数是指换气过程结束时，缸内残存的废气量 G_r 与充入气缸的新鲜空气量 G_0 之比，即

$$\gamma_\tau = G_r/G_0$$

残余废气系数是用换气过程结束后废气排除的干净程度来表示换气过程的完善程度。显然，此数值越小，说明废气排得越干净，换气过程越完善。

残余废气系数 γ_τ 是由燃烧室扫气过程、扫气形式及扫气的完善程度来决定的。对于四冲程柴油机，决定 γ_τ 的主要因素是燃烧室扫气过程的好坏，扫气过程进行得越好，废气清除得越干净，则 γ_τ 越小。一般增压柴油机的 γ_τ 值在 0~0.15。四冲程增压柴油机的 γ_τ 值最小，甚至可达 $\gamma_\tau=0$。一般来说，四冲程柴油机的 γ_τ 小于二冲程柴油机；增压柴油机的 γ_τ 小于非增压柴油机；二冲程直流扫气的 γ_τ 小于二冲程弯流扫气；二冲程回流扫气的 γ_τ 值较大。

降低 γ_τ 值的措施有：在设计上改善气道形状及改变扫气形式；在管理上清洁扫、排气口及

其通道,降低排气背压使排气通畅;加大进、排气阀重叠角;采用燃烧室扫气(此时有新鲜空气流失);提前打开排气阀(有膨胀功损失);等等。

(2)充量系数(充气效率)

充量系数是用来表征柴油机换气过程完善程度的一个极为重要的参数,它是指每一工作循环进入气缸的实际充气量 G_0 与在进气状态 p_0、T_0(二冲程柴油机为扫气压力 p_s、扫气温度 T_s,增压柴油机为 p_k、T_k)下能充满气缸工作容积 V_s 的理论充气量 G_s 的比值,即

$$\psi_c = G_0/G_s$$

根据气体状态方程和气缸容积的相互关系可得

$$\psi_c = \frac{\varepsilon}{\varepsilon - 1} \cdot \frac{p_a}{p_0} \cdot \frac{T_0}{T_a} \cdot \frac{1}{1 + \gamma_\tau}$$

由上式可知,影响充量系数 ψ_c 的参数有:气缸进气终了时的参数 p_a、T_a;残余废气系数 γ_τ;排气系统的结构参数,以及柴油机运行时的转速、负荷、增压程度、冷却情况、换气系统的清洁程度;等等。影响 ψ_c 的主要因素有以下三个。

①柴油机构造:主要有进、排气道的形状,表面状况,流通面积的大小以及柴油机的行程缸径比(S/D)等。

若进气管短而光滑、清洁、畅通,则进气阻力下降。排气道畅通,背压较低时,排气阻力减小,则气缸内残余废气减少,可使 ψ_c 增大。为使换气畅通,应增大 ψ_c,还应选择合理的气口形状和尽可能大的进、排气阀直径。

柴油机的行程缸径比(S/D)是柴油机的一个重要结构参数。S/D=常数,则随着 S 与 D 的增大,柴油机的相对散热面积 F/V 减小,则新鲜空气进入气缸后与缸壁的热交换减弱,温升减小,有利于增大 ψ_c。为此,大中型柴油机的 ψ_c 较大。当 V_s 一定,而 S/D 增大时,也就是相应地 S 增大或 D 减小时,F/V 增大,热交换强烈(传热路径加长),V_s 下降,这对目前发展中的长行程柴油机不利。

②运转条件:主要有柴油机转速、供油量(负荷)、气缸冷却条件与效果等运转条件。

转速对 ψ_c 影响极大,一般存在一个使 ψ_c 为最大的最佳转速。转速升高或下降时,都会造成 ψ_c 减小。

柴油机负荷增加后,循环供油量增加,而使缸壁温度升高,T_a 升高,则 ψ_c 减小。

气缸活塞的冷却条件改变时也将使 ψ_c 变化。如因传热恶化或冷却不良或气缸套活塞冷却水温度较高,则缸壁温度升高,不利于 ψ_c 的改善;而当气缸冷却较好时,ψ_c 有所增大。

③运转管理:进、排气道污染,进气滤器阻塞,气阀或气口表面严重积炭,增压系统、中间空气冷却器(简称空冷器)变脏时,均会使进气阻力增大,促使 ψ_c 减小。当空冷器损坏、冷却效果变差、海水温度升高或流量不足时,则进气温度 T_0 上升,也促使 ψ_c 减小。气阀定时的改变或调整不当时也将影响 ψ_c。ε 并不影响换气过程的好坏。

通常,充量系数均小于1,也就是说换算到进气管状态,换气终了时气缸内存留的空气体积小于气缸工作容积。一般四冲程柴油机的 ψ_c 为0.75~0.90,二冲程回流扫气的 ψ_c 为0.75~0.80,二冲程直流扫气的 ψ_c 为0.80~0.90。可见,四冲程柴油机的 ψ_c 大于二冲程柴油机;四冲程中增压柴油机的 ψ_c 大于非增压柴油机的 ψ_c;二冲程柴油机中直流扫气的 ψ_c 最大。

(3)扫气效率、扫气系数、给气比(扫气过量空气系数)

扫气效率、扫气系数、给气比是评价二冲程柴油机换气质量的指标。

①扫气效率 η_s：换气过程结束后，气缸内的新鲜空气量 G_0 与气缸内全部气体量 G_a 之比，即

$$\eta_s = \frac{G_0}{G_a} = \frac{G_0}{G_0 + G_r} = \frac{1}{1 + \gamma_\tau}$$

②扫气系数 ψ_s：在一个循环中通过扫气口的全部扫气空气量 G_k 与换气过程结束后留在气缸中的新鲜空气量 G_0 之比，即

$$\psi_s = G_k / G_0$$

③给气比 β：每循环通过扫气口的新鲜空气量 G_k 与在进气状态下（p_s，T_s）充满气缸工作容积 V_s 的理论空气量 G_s 之比，即

$$\beta = G_k / G_s$$

二冲程柴油机换气进行得好坏是结合换气的干净程度和扫气空气的消耗两方面来衡量的。扫气效率 η_s 是衡量扫气干净程度的指标（即换气结束时缸内新气浓度）。η_s 越大，标志着扫气越干净。η_s 的极限值是 1。然而单纯用换气干净程度的指标 η_s 来说明二冲程柴油机换气的好坏是不全面的，因为只要用大量的空气扫气，总是能扫干净的，所以必须要考虑到空气的消耗量。扫气系数 ψ_s 用来说明扫气空气消耗的相对量，而给气比 β 用来说明扫气空气消耗的绝对量。一般扫气系数 $\psi_s = 1.4 \sim 2.0$，给气比 $\beta = 1.0 \sim 1.3$。显然，扫气效率 η_s 越高，扫气质量越好，扫气系数 ψ_s 和给气比 β 越小，换气系统越完善。

一般四冲程柴油机用充量系数 ψ_c 和残余废气系数 γ_τ 衡量换气过程进行的完善程度，二冲程柴油机用充量系数 ψ_c、扫气效率 η_s 和残余废气系数 γ_τ 来衡量换气过程进行的完善程度，而给气比 β 和扫气系数 ψ_s 主要用来评定扫气过程所消耗的新鲜空气量的多少。

任务 2　四冲程筒形活塞式柴油机换气机构的维护

换气机构保证柴油机按规定顺序和时刻完成进、排气过程，又叫配气机构。其任务是保证柴油机在工作过程中按规定的时间开启或关闭各气缸的进气阀和排气阀，使尽可能多的新鲜空气进入气缸并使膨胀终了后气缸内的废气排净，保证柴油机工作过程连续和完善。四冲程柴油机采用气阀换气机构。气阀换气机构主要包括气阀机构、气阀传动机构、凸轮轴及凸轮轴传动机构三部分，如图 3-4 所示。

（1）气阀机构

气阀机构由气阀、阀座、气阀导管、气阀弹簧、弹簧盘和气阀锁夹等零件组成。气阀靠导管导向，靠弹簧贴紧在阀座上呈关闭状态。开启与关闭受气阀传动机构的凸轮控制。

（2）气阀传动机构

气阀传动机构由滚轮、顶头、顶杆、调节螺钉、摇臂、锁紧螺母、摇臂座、摇臂等零件组成。气阀传动机构的作用是把凸轮的运动传给气阀机构，当凸轮顶升气阀传动机构时，气阀及时开启；当凸轮转过之后，在气阀弹簧的作用下气阀及时关闭。

（3）凸轮轴及凸轮轴传动机构

凸轮轴传动机构由曲轴齿轮、传动（中间）齿轮、凸轮轴齿轮等组成。曲轴转动时，通过凸

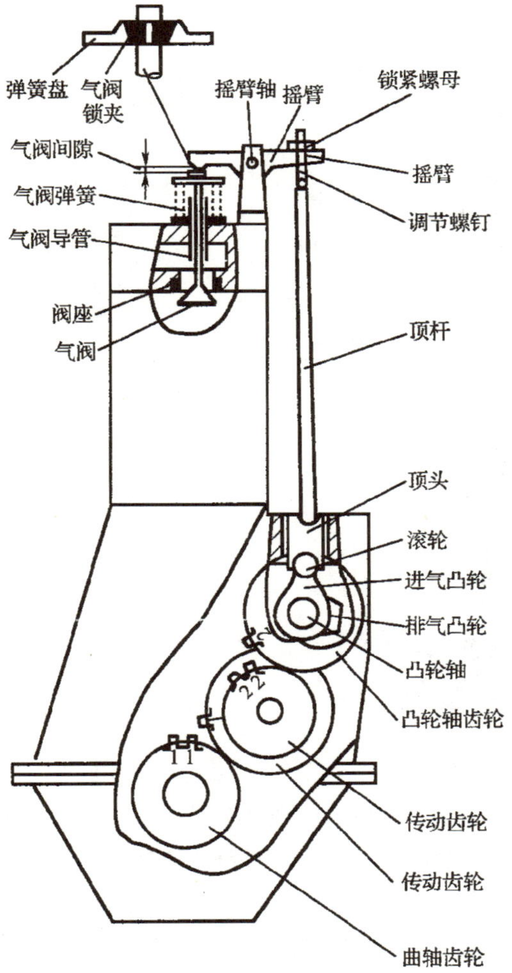

图 3-4　气阀换气机构

轮轴传动机构，使凸轮轴转动，凸轮轴上的凸轮就按一定的时刻顶动气阀传动机构，从而驱动气阀组件，使气阀按配气定时关系的要求启闭。

2.1　气阀机构认识

四冲程柴油机的气阀机构大同小异，根据结构特点可分为不带阀壳和带阀壳两大类。

(1)不带阀壳的气阀机构

不带阀壳的气阀机构是直接将气阀机构(阀座、气阀导管、内弹簧、弹簧盘和气阀锁夹等)零件装在气缸盖上的，如图 3-5 所示。这种形式的气阀构造简单，但在检修时必须拆下气缸盖。为了防止因阀座座面损坏而导致气缸盖报废，一般装可以更换的阀座。此种结构多用于中小型柴油机。

(2)带阀壳的气阀机构

带阀壳的气阀机构是将气阀机构各零件装在阀壳上形成一个整体，然后把这个总成装入气缸盖的阀壳孔中，如图 3-6 所示。

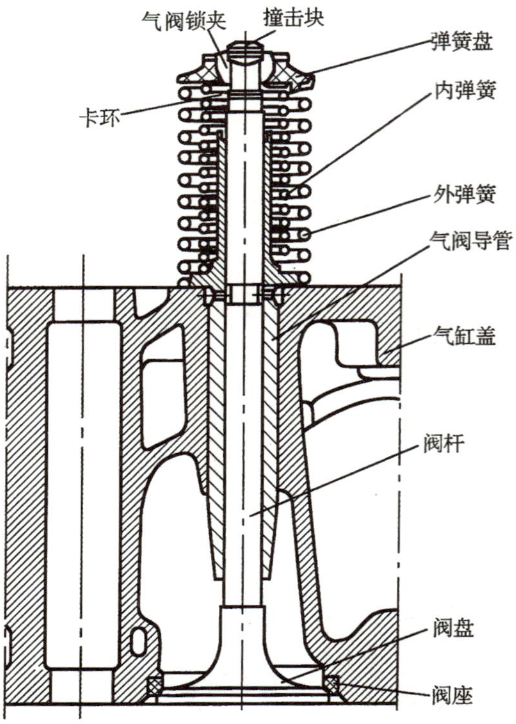

图 3-5　不带阀壳的气阀机构

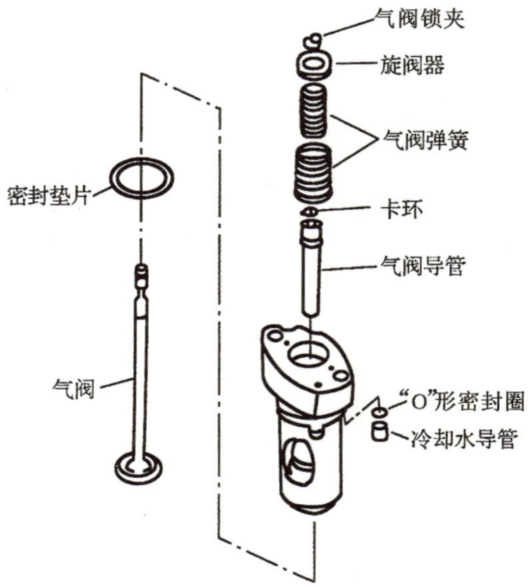

图 3-6　带阀壳的气阀机构

阀壳紧固螺栓均采用柔性紧固螺栓，如图 3-7 所示。柔性紧固螺栓断面较细、表面光滑，结构上力求避免应力集中，疲劳强度较高。当阀壳、气缸盖等受热零件因热膨胀不一致而产生附加应力时，由于具有柔性，削弱了附加应力的作用，也使这些部件不易发生蠕变而松脱，有效地防止了气阀及阀座的烧损（旁吹）及燃烧室的漏气。固定阀壳的螺栓与气缸盖螺栓一样，除受预紧拉应力外，还承受着脉动的气体力，因柔性螺栓所受的交变应力变化幅度较普通螺栓小，所以不易发生疲劳断裂。

阀壳中设有润滑阀杆的油道和强制循环冷却水腔，可以简化气缸盖的结构。若带阀壳的气阀机构出现伤裂、过度磨损等故障，修理时可不必拆卸气缸盖，只需拆下阀壳进行维修即可，维修比较方便。大功率中、低速柴油机的气阀，尤其是排气阀，广泛采用带阀壳的气阀机构。

最新型的中速柴油机增加了气缸盖的高度，采用双层底式结构或厚燃烧壁钻孔冷却，气阀座圈直接安装在气缸盖上并强制水冷。虽然设计的增压度尤其是爆发压力大大提高，但燃烧壁面的热应力和机械应力均可降低，燃烧壁面的变形可减至最小。这就意味着改善了气阀与阀座的接触角，从而延长了气阀的维修间隔。新设计还使拆装气缸盖的工作量大大减少，因此，最新型中速柴油机排气阀已不带阀壳。

2.2　气阀机构拆装

以下是 YANMAR 2280L 型四冲程柴油机气阀机构的拆卸方法。

（1）拆卸气阀前，须关闭柴油机冷却水阀并将冷却水放净。打开气缸盖罩壳，拆去滑油油管、冷却水管等附件，拆卸摇臂座。用套筒扳手将两固定螺母拧出。装上专用拉马，将排气阀

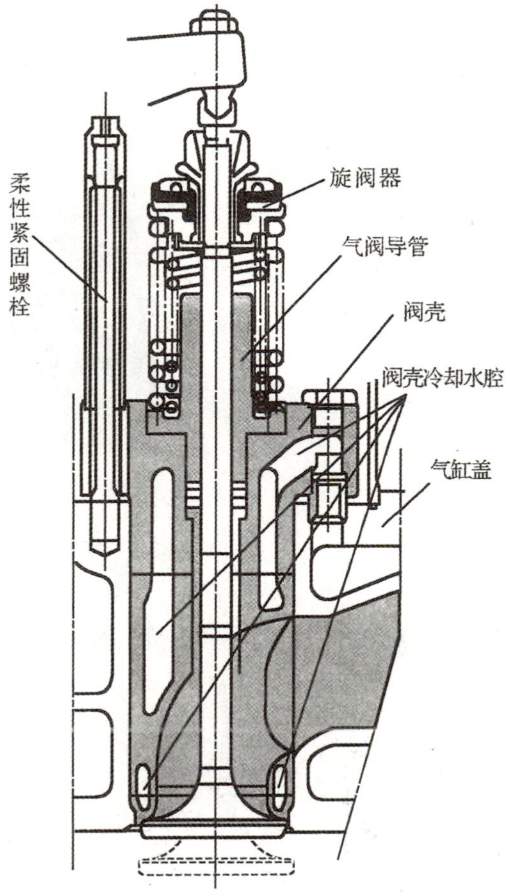

图 3-7 阀壳紧固螺栓采用柔性螺栓

阀壳总成从气缸盖上拉出，如图 3-8 所示。若拉出有困难，可在阀壳与气缸盖的结合处浇灌柴油或煤油或喷射除炭剂、除锈剂等。

(2) 拆去"O"形密封圈，清洁排气阀阀壳。

(3) 将阀壳总成置于拆装专用工具上。装上压板，交替均匀地上紧两只螺母，将压板平稳地压至适当位置，取出气阀锁夹，如图 3-9 所示。要保管好气阀锁夹，以免遗失。

(4) 拧出螺母，拆去压板。取出旋阀器、气阀弹簧、卡环等。

(5) 取出排气阀。若气阀不易取出，应检查卡住的部位（一般在阀杆的顶部），可用细砂纸或手提砂轮光磨阀杆顶部的损伤处，然后用手锤衬以软垫轻轻打出。

(6) 清洁各部件。可将气阀放在轻柴油或煤油里浸泡一段时间，用机械清洗法（如用刮刀、钢刷等）和化学清洗法（如喷洒除炭剂、除锈剂）去除结炭、锈垢等，将气阀导管、气阀和阀座及阀壳安装孔等清洗干净，并按顺序对各缸气阀机构部件进行编号并对应放置。清洗的同时应仔细检查各部件（后述）。清洗后要用压缩空气吹净气阀阀座、导管等，吹通气道、冷却水道等。特别是一定要注意将气阀导管清洁干净并加注适量的滑油。

气阀安装的方法同上，次序与拆卸相反。气阀装复后要试压一下弹簧，观察气阀的回位情况，要防止安装在阀杆上的锥形气阀锁夹错位。

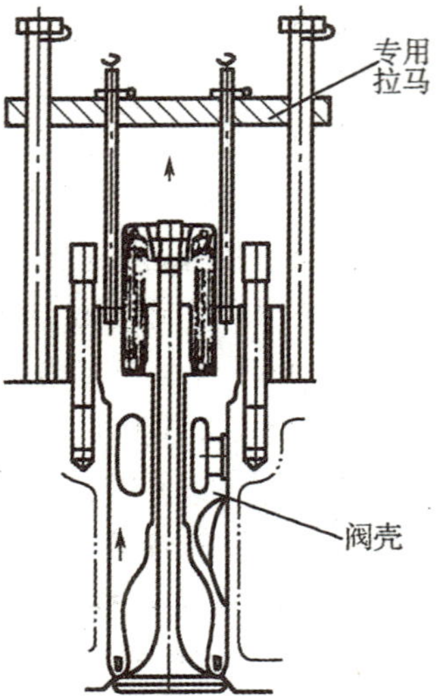

图 3-8　气阀拆装专用拉马

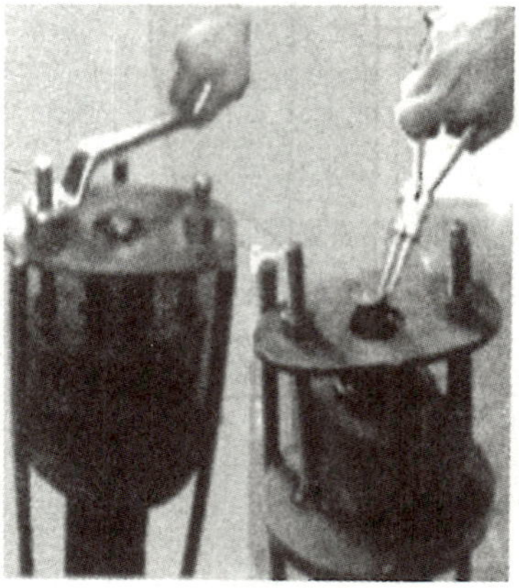

图 3-9　气阀总成和气阀锁夹(阀壳式)

该型柴油机的进气阀为不带阀壳式,拆装方法同上。但需将气缸盖吊出,而后使用专用的拆装工具将气阀弹簧压下,取出气阀锁夹,就可拆出各部件,如图 3-10 所示。

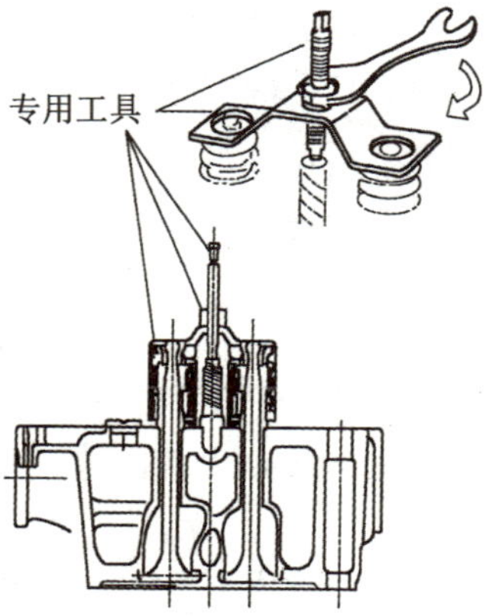

图 3-10　从气缸盖上拆气阀(不带阀壳式)

23　气阀和阀座的检查

在柴油机中,气阀机构的工作条件最为恶劣。尽管气阀机构在设计、制造和材料选择方面根据其工作条件已做了充分考虑,但在使用中由于运转情况经常变化或维护保养和使用管理不当,仍然会出现各种故障。日常工作中应勤于检查,发现问题及时处理。

(1)船舶柴油机的气阀和阀座认识

气阀由阀盘和阀杆两部分组成。阀盘是直接控制气孔的部分,其形状对气阀的刚度、导热性、工作可靠性、使用寿命、质量和气体的流动阻力均有影响。阀盘的底面有平底、凸底和凹底三种常见形式。凸底和凹底分别作为排气阀和进气阀,能减小气流的流动阻力,但都存在受热面积大的缺点。船用柴油机的气阀阀盘一般制成平底,呈蘑菇状,具有结构简单、制造容易的特点,如图 3-11 所示。阀锥面与底平面之间的夹角 α 称为阀面锥角。阀面锥角 α 越大,阀面压力越大,气阀对中性和密封性越好,但磨损较大。阀面锥角 α 越小,在气阀升程一定的情况下,气阀可获得较大的流道截面面积,但阀盘强度降低。常见的阀面锥角为 30°和 45°。一般进气阀常采用 30°的阀面锥角,排气阀则常采用 45°的阀面锥角。

气阀上部为圆柱形的阀杆。阀杆中部与导管配合,在导管的引导下,使阀盘沿阀座锥孔中心线运动,同时将气阀的部分热量传递给导管、气缸盖。阀杆上部用连接卡块(气阀锁夹)与弹簧盘连接。顶端承受摇臂冲击性的顶动。

气阀采用耐热优质合金钢材料整体锻造而成,在阀盘和阀杆之间用较大的圆弧连接起来,以增大气阀的刚性,并使气流流动平顺,减小流动阻力。

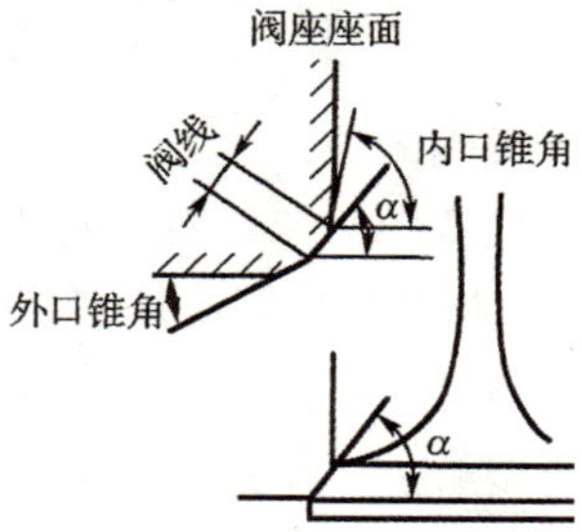

图 3-11　阀与阀座配合

阀座的温度很高,又承受频率极高的冲击性载荷,容易磨损,一般由合金铸铁或耐热合金钢制造而成。为了延长其使用寿命,避免气缸盖或阀壳损伤,有的柴油机的阀座单独制造,以一定的过盈量压入气缸盖上的座孔中。

(2)阀面和阀座的磨损和腐蚀的检查

气阀阀盘和阀座底面是燃烧室壁面的一部分,受到燃气高温、高压的作用。特别是排气阀,由于受到排气气流的加热,温度很高;而进气阀由于进气流的冷却作用,温度会低一些。对于船用增压柴油机,排气阀阀盘的平均温度高达 650~800 ℃,阀杆温度为 150~250 ℃;进气阀阀盘的平均温度也高达 450~500 ℃,阀杆温度为 100~120 ℃。气阀在关闭时与阀座发生撞击和磨损。在撞击中,由于阀和座的弹性变形、气阀弹簧的振动及气阀弹簧螺旋圈的扭转作用,阀面和阀座会产生楔入性和扭转性的干摩擦,且阀面和座面上存在剥落的金属颗粒、灰分、炭粒变成磨料,加重了磨损。特别是燃用重油时,燃烧后的灰分中含有硫、钒、钠生成的氧化物及这些氧化物生成的盐及复杂的聚合物,有的熔点较低($V_2O_5 \cdot Na_2O$ 系和 $V_2O_5 \cdot NaVO_3$ 系熔点低至 535 ℃)。它们在排气时一部分以熔融状态沉积到温度较高的排气阀和阀座上,这些沉积物是一层混有炭粒的既脆又硬的玻璃状物质,使气阀和阀座接触不良,并对金属有腐蚀作用(称为高温腐蚀)。普通的气阀锥面在工作温度下硬度并不是很高,在气阀的撞击下,有沉积物部分的密封锥面会凹陷;当沉积厚度较大时,在气阀的撞击作用下会破碎、脱落,在阀面和座面上出现凹坑,造成漏气,严重时使阀面烧损。

由此可知,磨损主要是由燃气中的炭粒或其他杂质的冲刷或这些杂质落在结合面上时阀与阀座的撞击造成的。腐蚀主要是由高温腐蚀造成的。

这些都使气阀接触面金属疲劳,密封性变差,引起漏气;使排温升高,柴油机功率下降,各缸功率不均;增压器故障;启动困难,甚至不发火。因此,必须经常检查气阀的工作情况,发现漏气应及时对气阀进行维护,使之重新密封。

2.4 阀面与阀座的烧损检查

(1)阀座扭曲、偏移、倾斜和失圆都会造成大面积烧损。阀盘翘曲时,关闭不严处如喷管流道,发生旁吹,会被严重烧损,应立即处理。此外,阀面和座面也会因麻点、伤痕处漏气而发展到烧损。阀座与气缸盖的结合处也会因发生漏气而烧损,烧损的阀座应换新。

（2）气阀阀杆卡阻、弯曲，会使阀盘不能落座，导致密封面发生均匀烧损，应立即处理。如处理不及时，会烧出气坑。

2.5 气阀和阀座的裂纹检查

气阀的裂纹大多是由频繁撞击引起金属疲劳以及高温下金属的机械强度降低造成的。应仔细检查阀头与阀杆的过渡处、阀杆上端支承弹簧盘的圆槽处（或装锁夹处）及阀盘底平面（热应力较大或易烧损）等。此外，阀座处也会出现裂纹。

导管的间隙过大造成气阀单边落座，除产生漏气烧损外，还极易引起阀盘与阀杆过渡圆角处的裂纹。气阀的裂纹会发展至断裂，若在柴油机工作时气阀碎片掉入气缸中，将导致柴油机停止工作，并可能将活塞、气缸盖、气缸套击碎。

常使用便携式喷罐对气阀及阀座进行着色探伤，如图 3-12 所示。

(a)

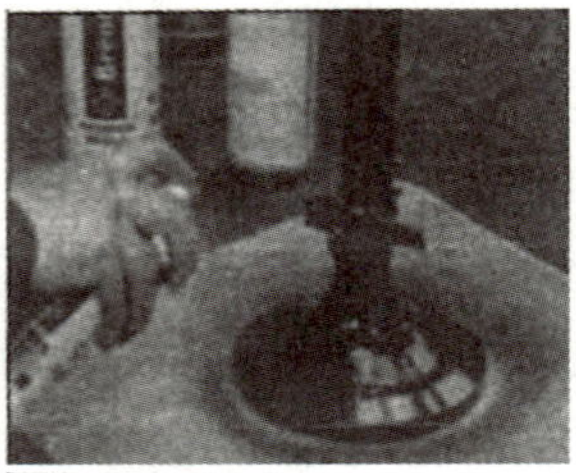

(b)

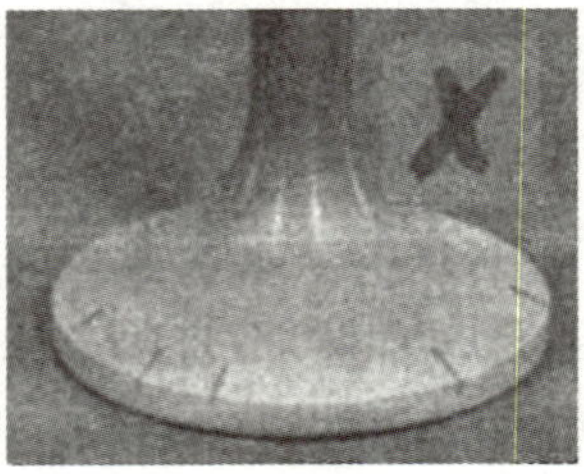

(c)

图 3-12　使用便携式喷罐对气阀及阀座进行着色探伤

（a）喷涂清洗剂，清洁表面；（b）喷涂渗透着色剂（红色）渗透时间：10~20 min；（c）喷白色显像剂后裂纹显现（红色缺陷）

2.6 气阀阀盘测量

由于气阀阀盘锥面的磨损、腐蚀和烧损，以及阀盘底平面的烧损等原因，气阀阀盘厚度变薄，强度下降，若发生破碎将影响柴油机工作的可靠性，甚至造成活塞、气缸等部件的受损。为此要测量阀盘的厚度、阀底平面烧损的凹坑深度、气阀装配后阀盘底平面与气缸盖底平面的距离等，并要求不超过柴油机说明书的规定值。

图 3-13 所示为 MAN L21/31 型筒形活塞式柴油机说明书上介绍的方法，其要求是：在 $\frac{2}{3}D$（D 为阀盘直径）的位置上测量与阀锥面平行的阀盘厚度，厚度的减少量（ΔS）小于原厚度的 10%，测量方法如图 3-13（a）所示；阀盘底平面烧损的最大凹坑深度 B 小于 3 mm，测量方法如图 3-13（b）所示。

2.7 气阀导管和阀杆检查

气阀导管是气阀的导承。它承受着摇臂所引起的侧推力，还起着气阀散热的作用。一般经导管的散热量占气阀总散热量的 25%。

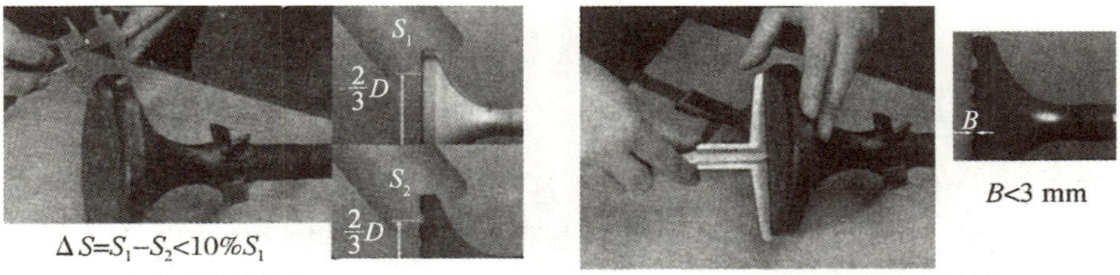

(a)阀盘厚度测量　　(b)阀盘底凹坑深度测量

图 3-13　阀盘厚度及阀盘底凹坑深度测量

(1)检查清洁后的气阀导管和阀杆表面,应无明显麻点凹陷。

(2)检查导管与阀杆之间的间隙。导管与阀杆之间的间隙是有一定要求的,间隙过小,气阀的动作迟滞甚至咬死;间隙过大,则散热不良,横向振动、撞击和漏气加剧,甚至可能引起烟灰进入间隙,这样使导管中滑油结焦,沉积物增多,最终造成气阀卡住。还可能由于中心线不正,致使气阀单边落座或阀杆卡死在导管中,这将使气阀与阀座关闭不严而发生漏气,甚至影响气阀的启闭。

用比较法分别测量导管内径和阀杆的外径,计算两者间的间隙,但需使用专用的测量内径的量规。比较实用的判断方法为:用手从侧面推动阀杆,若有摇晃、松动感,即可判断已超出磨损极限,应换新。

(3)气阀导管若磨损超差应及时更换。用专用冲头将气阀导管顶出,仔细清洁导管安装孔,如图 3-14 所示。将新的气阀导管用液氮冷却到大约-70 ℃后,嵌入安装孔中。检查确认气阀导管已安装到位。有些要在气阀导套中需装“O”形密封圈,不要漏装。

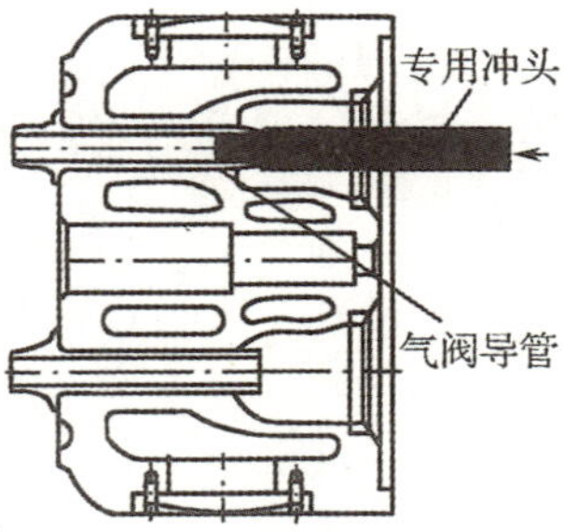

图 3-14　安装气阀导管

(4)检查气阀锁夹和阀杆的配合处,磨损严重的应换新。

2.8　气阀弹簧检查

气阀弹簧的作用是当摇臂抬起时使气阀关闭。在大多数柴油机中,每个气阀都装有内、外两根弹簧。这样,在满足总的弹簧负荷要求下,每根弹簧的负荷就可以小一些,使之尺寸小、应力低,可提高疲劳强度并增加工作的可靠性。此外,两根弹簧由于自振频率不同,互相干扰,可以起到减振的作用。为了防止一根弹簧断裂后卡入另一根弹簧中,两根弹簧的旋向应当相反,这还可以减少阀在开关时由于弹簧产生扭转而发生气阀与阀座的自动研磨。

气阀弹簧可能会发生断裂,可能是由振动造成的,也可能是因材质、热处理不符合要求,所以在保管中要防止锈蚀,检查时应认真仔细地检查弹簧的表面、自由高度、歪斜等情况。

2.9　阀壳检查

阀壳的主要故障是裂纹。这是由于安装时将固定螺栓拧得太紧,阀壳在柴油机工作时因受热膨胀而产生很大的应力。阀壳产生裂纹后,会使冷却水喷入排气管中。因此,固定螺栓不宜拧得过紧。按规定扭矩拧紧螺栓,虽然这可能在初期造成少许漏气,但工作一段时间后,漏气将逐渐消失。阀壳裂纹的检查方法和要求与气缸盖等部件一样,也可和气缸盖检查同时进行。

2.10 旋阀器检查

旋阀器能使气阀在开、关过程中缓慢转动，这种转动对排气阀尤为重要，尤其是在强载、烧重油的柴油机中，除应加强对排气阀的阀座冷却外，还应装设旋阀器。其作用是：可有效地延长排气阀的使用寿命，减少阀面与阀座上的积炭，使磨损减小，贴合严密；使阀盘均匀地接受热量和散热，以改善阀盘的热应力状态，防止局部过热；消除阀杆与导管间的积炭，防止卡阻。它是提高气阀工作可靠性的有效措施之一。现代船用中速柴油机一般采用旋转帽式旋阀器或推进器式旋阀器。

(1)旋转帽式旋阀器

旋转帽式旋阀器的主要组成部分包括本体、钢珠、蝶形弹簧、旋阀器环及复位弹簧等，如图3-15所示。在本体的周边制有若干个槽，每个槽内都装有钢珠及复位弹簧。槽的顶面呈锥状。平时旋阀器被气阀弹簧压紧在弹簧盘上。

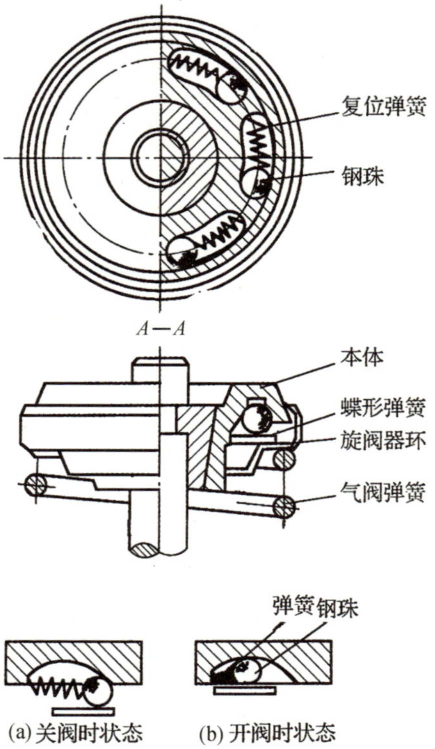

图3-15 旋转帽式旋阀器

当气阀关闭时，由于气阀弹簧的作用力变小，作用力经蝶形弹簧的内边缘直接传到旋阀器本体上，所以钢珠就被复位弹簧推到了槽的一端。当气阀被打开时，蝶形弹簧因受力增大而变扁平，气阀弹簧力逐渐转移到钢珠上。钢珠受到挤压克服了复位弹簧的作用力而沿着锥面滑动到槽的中间。在这个过程中，蝶形弹簧、旋阀器环、气阀弹簧和气阀阀壳之间由于摩擦力的作用不会转动，而旋阀器本体、弹簧盘及气阀会在钢珠运动的摩擦力矩驱动下转过一个角度。当气阀又关闭时，由于蝶形弹簧的变形逐渐恢复，钢珠受力减小，复位弹簧又把它推回到槽的一端，这样，气阀便会在每次的开启中慢慢转动。

柴油机运行时，可通过气缸盖的观察孔或打开气缸盖罩检查排气阀的转动情况。如检查发现旋阀器转得太慢（如转速低于 1 r/min，具体要求按柴油机说明书的规定进行），或气阀机构检修时应拆检旋阀器。

①用螺丝刀顶出卡环，即可将旋阀器拆开，如图 3-16(a)所示。

②清洁各零件，检查蝶形弹簧、钢珠、复位弹簧及本体的腰形槽，若有磨痕、疲劳斑痕、弹簧断裂等应换新，如图 3-16(b)所示。

③按拆卸时反顺序组装旋阀器并添加滑油，如图 3-16(c)所示。

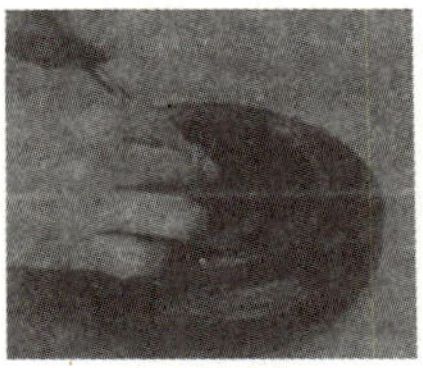

(a)拆开旋阀器

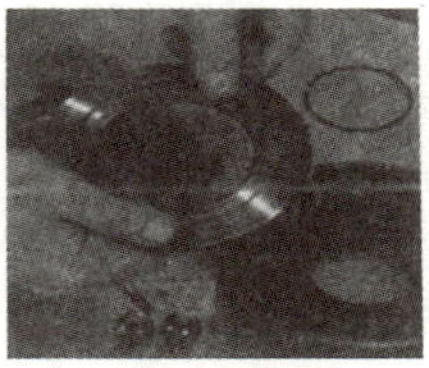

(b)清洁旋阀器

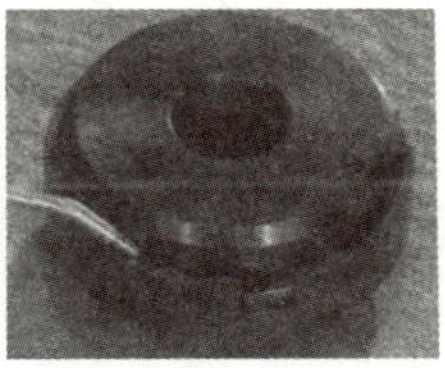

(c)给旋阀器添加滑油

图 3-16　拆检旋阀器

(2)推进器式旋阀器

在排气阀的阀杆上装有转翼，柴油机运转中排气阀打开时，排气气流作用在转翼上，使转翼带动阀杆绕其轴线转动使排气阀旋转，如图 3-17 所示。排气阀旋转的速度随柴油机负荷的变化而变化，在标定工况下，应按设计值旋转。

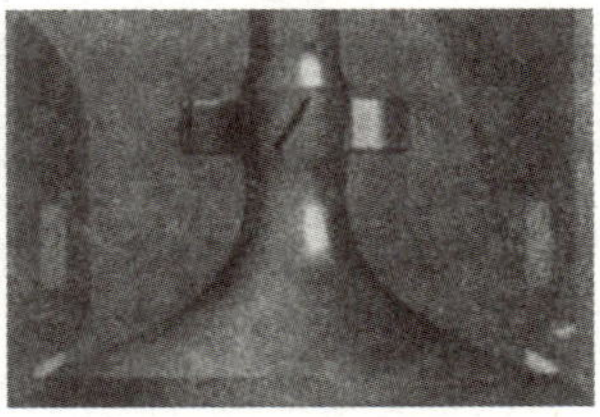

图 3-17　推进器式旋阀器

2.11　气阀与阀座检修

气阀与阀座的工作条件恶劣，易破坏其密封性，影响柴油机的工作性能。为此，检修气阀与阀座是机舱日常管理中一项重要的工作。

(1)气阀与阀座的接触形式

为了提高气阀工作的可靠性，阀面锥角与阀座锥角在配合时采用了全接触式、外接触式和内接触式等不同的配合形式。

①全接触式

全接触式多用于小型高速柴油机和部分老式机型。阀面锥角与阀座锥角相等，如图 3-18 所示。密封锥面宽度大，阀头刚度和导热能力强（实际接触宽度愈大，散热能力愈强），但其接触压力将下降，从而影响密封，易结炭而敲击出麻点。小型柴油机的实际阀线宽度一般为 1.5~2.5 mm。

②外接触式

外接触式多用于强载中、高速增压柴油机，阀面锥角比阀座锥角小 0.2°~1°，如图 3-19 所示。以“线”接触提高其接触应力，朝燃烧室一侧不存在缝隙。外接触式因排气阀尺寸较小，在高温、高压下发生拱腰变形，增加了散热面。其特点是密封性好、散热性好。

③内接触式

内接触式多用于大型二冲程长行程或超长行程柴油机，阀面锥角比阀座锥角大 0.2°~

0.5°，如图 3-20 所示。内接触式因排气阀尺寸较大，受热变形后发生周边翘曲变形，锥角变小，在工作温度下，阀面与阀座仍保持良好的接触，保证可靠的密封。其特点是密封性好、散热性好。

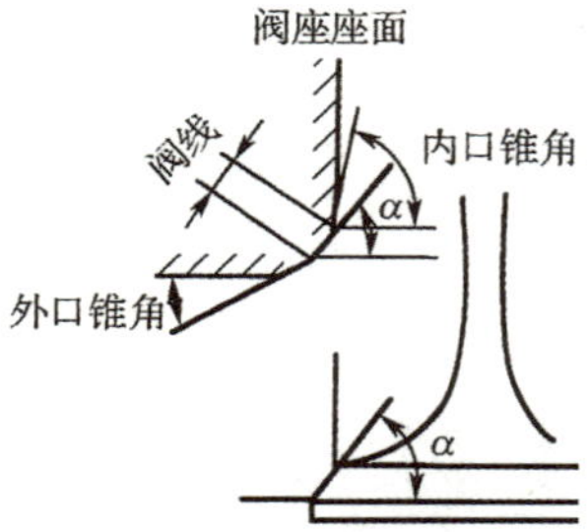

图 3-18　全接触式气阀

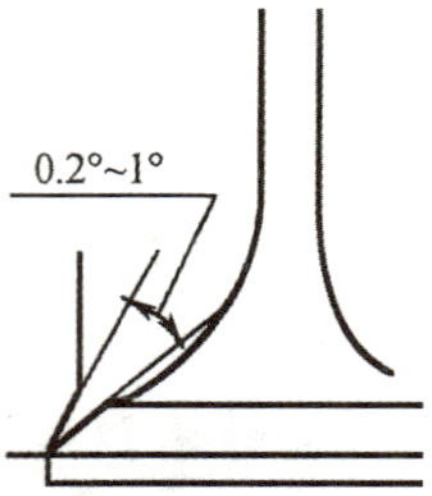

图 3-19　外接触式气阀

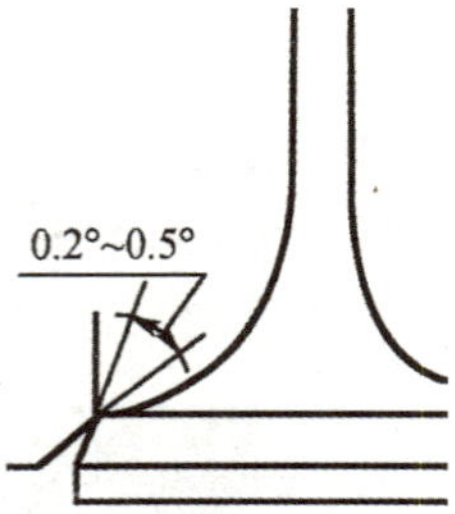

图 3-20　内接触式气阀

（2）提高气阀工作可靠性的其他措施

为了提高气阀工作的可靠性，对高增压、燃用重油的柴油机的气阀阀面和阀杆应做特殊处理，现应用较广的有阀面堆焊、加装旋阀器、阀座钻孔冷却、阀杆氮化、镀铬、滚压、抛光等工艺。如在阀面和座面上堆焊钴基硬质合金（如 Stellite 合金），以提高阀面和座面的耐高温和耐磨性能；旋阀器、阀座钻孔水冷等已成为提高气阀工作可靠性的普遍采用的技术措施。目前，新型的中速柴油机排气阀密封锥面温度均已能控制在 410 ℃以下，低速柴油机控制在 350 ℃以下。目前，德国的 MWH 公司采用火焰喷涂技术将玻璃-金属涂料应用于排气阀表面的涂层，使阀面具有耐高温腐蚀和较低的热应力。

（3）气阀及阀座的磨削

①更换阀座圈

不带阀壳的气阀机构，在气缸盖底面安装有气阀座圈，损坏时应更换。图 3-21 及图 3-22 所示为 MAN B&W 27/38 型柴油机进、排气阀座圈的拆装方法。

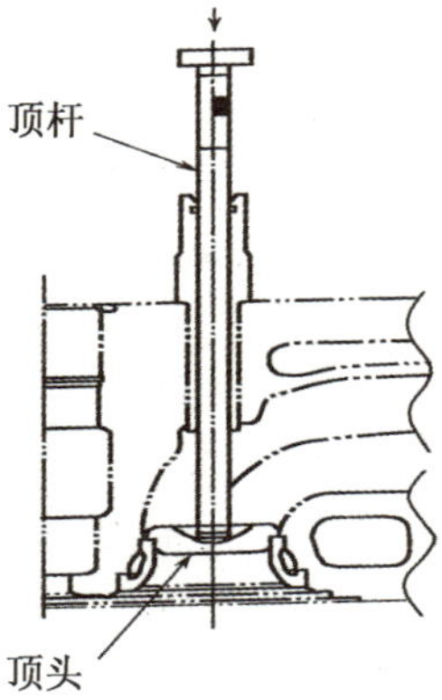

图 3-21　拆座圈

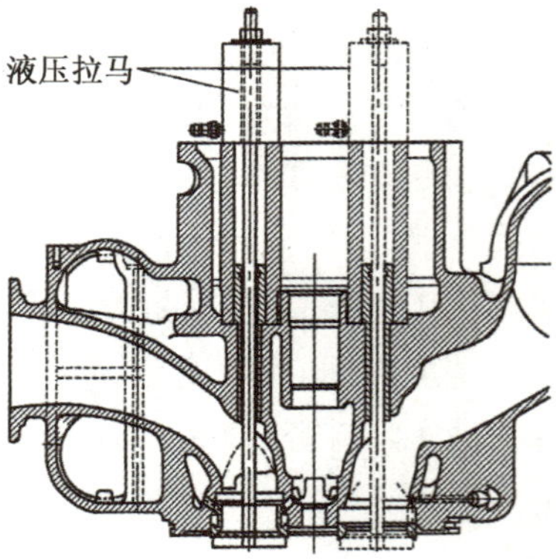

图 3-22　用液压拉马安装座圈

A. 用适当的工具将旧座圈顶出或拉出，如图 3-21 所示。

B. 在安装新的座圈之前，气缸盖里的孔应仔细清洗。但不得用砂纸进行清理，因为这将改变孔的尺寸公差。

更换座圈时要严格采用推荐的过盈量。过盈量过小,座圈可能脱落;过盈量过大,则将出现塑性变形,座圈也容易脱落。

对用水冷却的排气阀座圈,在安装孔时应加一点密封剂,座圈上的"O"形密封圈应换新后用滑油或润滑膏涂抹,再用专用液压拉马拉入即可。进气阀座圈装入前应在液氮中冷冻后用专用液压拉马拉入,如图3-22所示。严禁采用敲击法安装座圈,气阀座圈安装完毕后,阀座锥面必须进行磨削。

②用磨削机磨削阀面和座面

当磨损、腐蚀等损伤较严重时(如凹陷深度达2 mm),可用专用磨削机磨削。磨削前,应检查磨削机的橡胶垫块是否完好,防止研磨面上出现颤痕。测量气阀或阀座的中心线,夹装气阀或磨削工具时要准确地找正。按要求的阀面锥角和座面锥角正确地调整磨削机。磨削时,随时用专用工具测量气阀和阀座的磨削量,超过规定者应换新。如MAN B&W 27/38型柴油机的阀面磨削要求为:

A. 气阀锥面角要求按角度$30^{\circ}_{-0.1}$磨削。磨削后检查高度H,不得小于9.0 mm,如图3-23所示。

B. 阀座锥面角为$30^{\circ}{}^{+0.1}_{0}$,磨出清洁匀质的表面为止。最后一道时,应从里磨到外磨削。当排气阀座圈工作面由S处磨到凹入的R处,进气阀座圈尺寸$D>100$ mm时,该座圈必须换新,如图3-24所示。

注意:应检查磨削机的橡胶垫块是否完好,防止研磨面上出现颤痕。

C. 阀面经磨削后,应检查其密封性、阀线的位置和宽度。具体的做法是:在配对的气阀阀面上均匀地涂抹少量的蓝丹或红丹后,插入相配的阀座中,略施压力并在小角度(小于30°)范围内左右转动,取出气阀观察阀座面上阀线的位置和宽度(要满足有关机型的配合要求)。若座面上呈现一条完整的连续色带,表明气阀与阀座面配合良好。

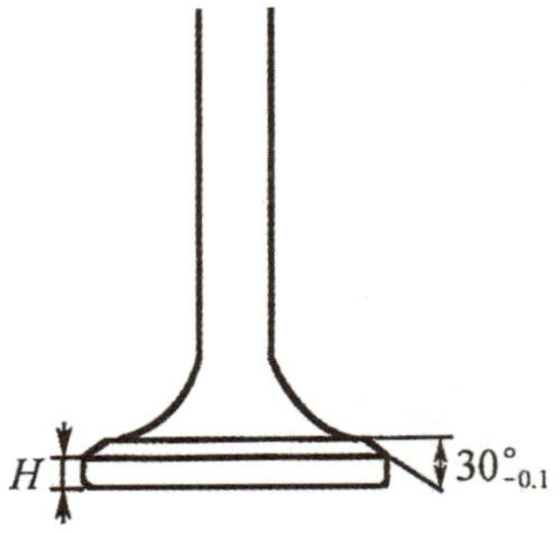

图3-23 气阀锥面角要求按角度$30^{\circ}_{-0.1}$磨削

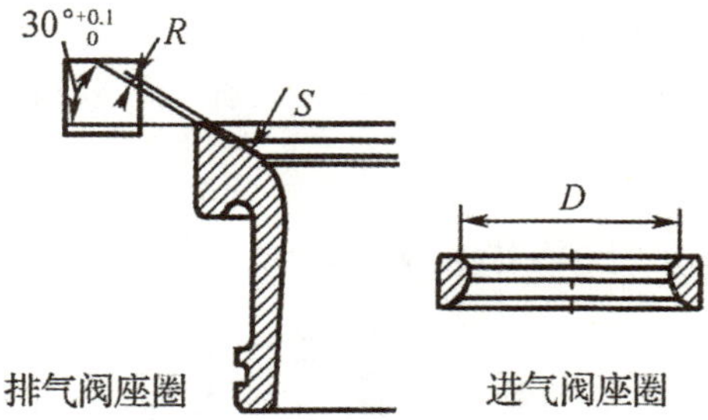

图3-24 气阀座圈

③手工研磨阀面和座面

A. 小型柴油机阀座面损伤较重或阀座安装后可采用如图3-25所示的专用工具铰削。每套手用气阀铰刀一般由厂方成套提供,有15°、30°、45°和75°等几种锥角的铰刀,每种锥角的铰刀又有精铰和细铰两种并配有铰刀导杆,作为铰削时的安装基础。

铰削前,气阀导管应清洗干净,注意铰刀导杆与气阀导管的配合情况,不应有太大的间隙。根据座面锥角选用铰刀(30°或45°),用人力铰削座面。在相配的气阀锥面上均匀地涂抹色油,检查阀线的宽度和位置,如图3-26所示。若阀线过宽且位置偏低(偏外),则用15°锥角铰刀修正,直至阀线位置和宽度达到要求,使气阀安装后阀盘底面与气缸盖底面的距离符合规定。

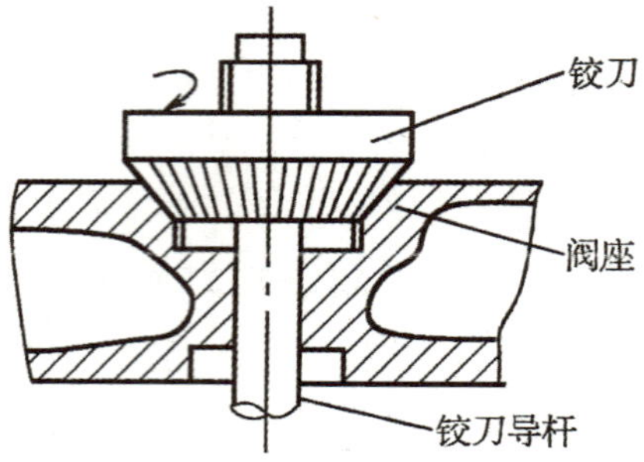

图 3-25　手工铰削阀座

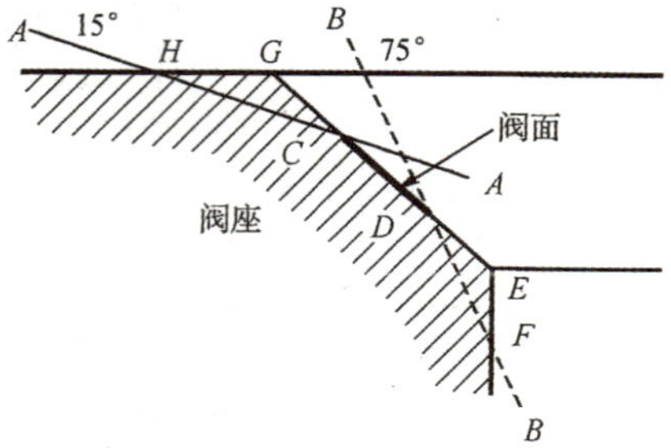

图 3-26　铰削位置

B. 阀面损伤时要用车床光车或专用磨削机磨削，然后用细研磨砂对研。直至在阀面上研出暗色连续等宽度的阀线（凡尔线）。中、高速柴油机进、排气阀的阀面磨损后也可用专用研磨工具进行手工研磨。

C. 手工研磨阀面。气阀或阀座换新或修理后需互研后才可使用。当阀面和座面损坏不太严重时，如阀线宽度正常，但是局部有麻点，也可按下述方法进行互研修复。

a. 准备好研磨台架、研磨工具，按气阀大小选用不同工具，如图 3-27 所示。将气缸盖或阀底面朝上放置于研磨台架上，确认已放稳。清洁各部件，特别是气道、气阀导管、阀座等处的积炭，应刮洗干净。

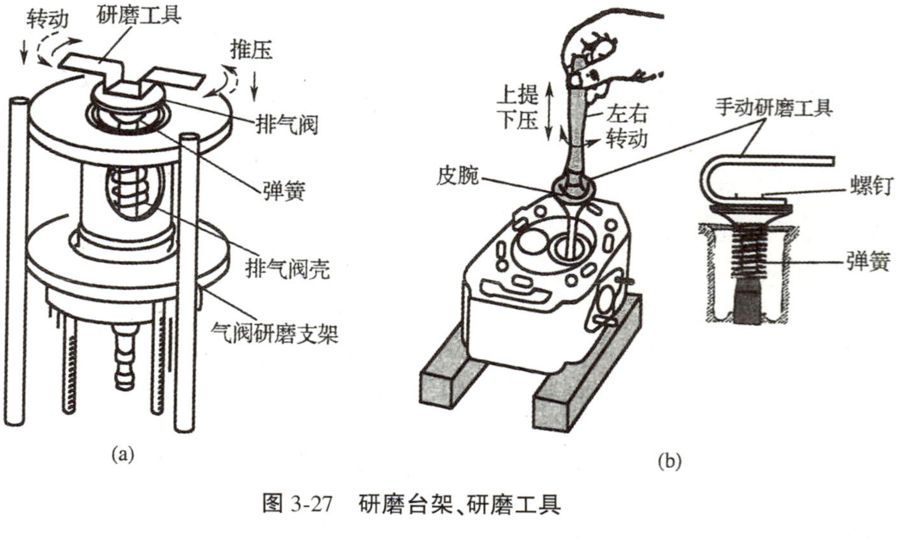

图 3-27　研磨台架、研磨工具

b. 粗磨。一般先用200目的凡尔砂进行粗磨,这样能较快地纠正形状误差和粗糙度,气阀和阀座的缺陷也能较快地被磨掉。研磨时,先在阀面上涂上一层薄薄的经机油稀释的凡尔砂。为防止凡尔砂落入阀杆或导管处,可用细杆挑研磨砂。互研时,用拍打与转动相结合的动作进行研磨,直至气阀锥面出现一条十分整齐的呈灰暗色的环带为止。

c. 精磨。粗研完成后,擦净阀面与座面上的残余粗砂,再用600目的凡尔砂进行精磨,精研用时大约30 min。

手工研磨的上下往复次数,粗研时为30~60次/min,精研时为20~40次/min。手工研磨时要注意用力的大小(精研比粗研时的用力要小),防止阀面敲出凹圈。每次涂上新砂后的研磨时间不宜过长,因磨粒会钝化,微切削作用会下降。所以当凡尔砂的磨粒钝化,研磨效果差时,应立即更换。一般精研1~3 min换砂。

d. 精研后,还需在密封锥面上涂上一层机油,继续研磨数分钟后,在气阀密封锥面和气阀座上就会出现一条完整的密封环带。

e. 检查密封环带(凡尔线)的宽度,以下数据作为参考,如表3-1所示。

表3-1　密封环带参考宽度　　(单位:mm)

阀盘直径	<50	50~75	75~125	125~175	175~250	250
凡尔线宽度	2.0	2.5	3.0	4.0	4.0	4.0~6.0

一般小型柴油机的气阀凡尔线宽度为1.5~2.5 mm。锥面的比压小、气密性较差,不利于挤碎阀面的沉积物,妨碍气阀的密封。气阀凡尔线宽度过窄、密封面磨损快,则不利于热量的传出。

注意:研磨时不要将研磨砂弄进气阀导管的内径处,以免造成阀杆和导管的拉毛及正常间隙被破坏。研磨完毕后,应将气阀、阀座、气阀导管,以及进、排气道用轻柴油仔细清洗干净,并用压缩空气吹干,绝不允许有任何残留。凡尔线过宽会降低阀面的密封。

2.12 气阀密封性的检查

对中小型柴油机气阀与阀座互研后的密封性检查,有以下几种:

(1)在阀面上用铅笔每隔3~5 mm画一条线,然后将阀装入,压住阀盘并转动90°角。取下气阀观察其上的铅笔线,若在阀线上的铅笔线全部被擦掉,表示密封性好,研磨质量高,如图3-28所示。

(2)倒置气缸盖,将气阀插入,如图3-29所示,在阀盘底面与阀座间的凹坑内倒入煤油或柴油(无阀壳式的),5 min后擦净煤油或柴油并迅速提起气阀,观察阀锥面上的凡尔线,若无渗入的煤油或柴油,表明密封性良好。

(3)在气阀阀面上均匀地涂上色油,检查方法如前文所述。

若密封性不好,则应重新研磨。

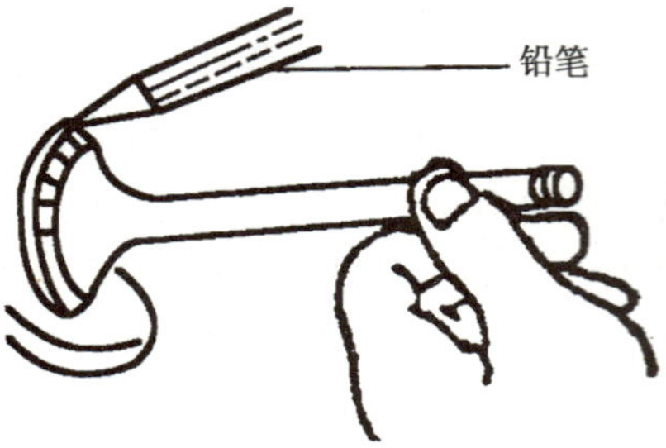

图 3-28　铅笔画线法

图 3-29　煤油或柴油渗漏法

2.13　气阀间隙测量和调整

(1)气阀传动机构认识

大多数中小型柴油机机械式气阀传动机构是由带滚轮的顶头(又称挺柱)、顶杆和摇臂等组成的。摇臂经摇臂轴安装在摇臂座上,摇臂座固定在气缸盖上。凸轮在转动中将顶头、顶杆顶起,从而使摇臂绕摇臂轴转动,克服气阀弹簧的弹力并将气阀打开。当滚轮沿凸轮的形线下降时,在气阀弹簧的作用下气阀逐渐关闭。因而凸轮的形状与安装位置决定了气阀的启闭时刻,如图 3-30 所示。

顶头是滚轮式的,它位于顶杆下端,是被凸轮直接驱动的传动件,其作用是将凸轮的回转运动变为往复运动,把凸轮的推动力传给顶杆并承受凸轮的侧推力。顶头柱面设有止转槽或止转销,配合导程套构成止转装置,防止顶头绕自身轴线转动。顶头的柱面和球面支座要求耐磨。

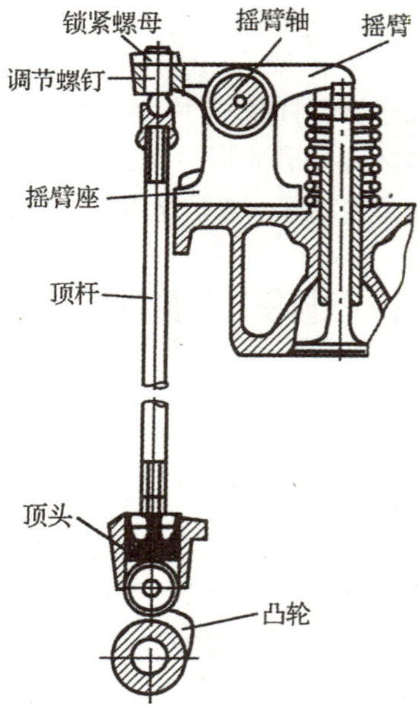

图 3-30　气阀传动机构

顶杆位于顶头和摇臂之间,其作用是将顶头传来的运动和作用力传给摇臂。在下置式凸轮机构中,顶杆是一个细长杆件,加上传递力很大,极易弯曲,所以要求其具有纵向的稳定性和较大的刚度;为了减小质量,顶杆一般用冷拔无缝钢管制成,两端铆接或焊接经硬化处理的钢球头和球座。现阶段大多数船舶筒形活塞式柴油机采用如图 3-31 所示的滚轮摇臂式顶头结构,顶杆长度的缩短提高了其刚度。

摇臂的作用是将顶杆或凸轮传来的运动和作用力传给气阀使其开启。其在摆动过程中承受很大的弯矩,要求有足够的强度和刚度以及较小的质量,一般采用“工”字形或“T”形断面,由锻钢、可锻铸铁等材料制造而成。摇臂以摇臂轴为支点,有的在短臂端加工有螺纹,用来拧入气阀间隙调节螺钉,如图 3-32 所示;长臂端加工成圆弧面,以推压气阀。摇臂座孔内镶有轴衬,以支承摇臂轴。摇臂轴在摇臂座上的轴向位置由限位卡环或挡圈定位。

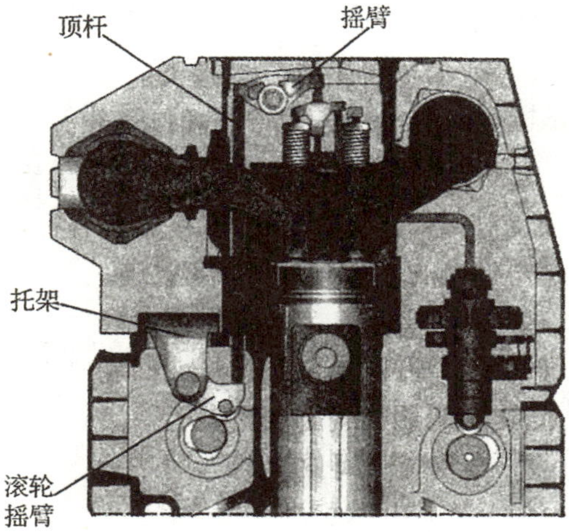

图 3-31　滚轮摇臂式顶头结构

换气机构的相对运动部位均需润滑。滑油通过摇臂座中的油道进入摇臂轴，再从摇臂轴、摇臂衬套和摇臂上油孔流向摇臂两端。因润滑换气机构的机油受污染的概率较大，为了防止曲轴箱系统油的交叉污染，大多数柴油机设独立的凸轮轴润滑系统。

船舶增压四冲程柴油机要求供给的空气和排放的废气的量较大，为此在气缸盖上装置两个进气阀和两个排气阀（双进双排）。为使气阀传动机构结构简单，有同一定时要求的气阀应能共用同一气阀传动机构，一般在调节螺钉 A 与气阀机构之间加装一个阀桥装置，如图 3-33 所示。阀桥套装在导柱上，由导柱导向。为使阀桥的两端能紧贴在两阀杆上，使两气阀能同时工作，在阀桥的一端配有调节螺钉 B。

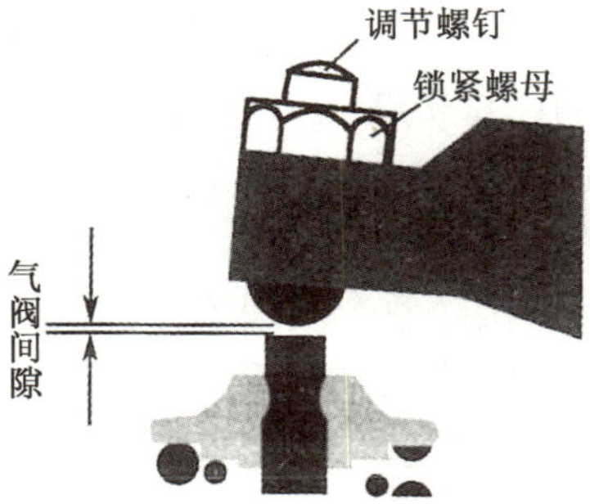

图 3-32　气阀间隙调整位置

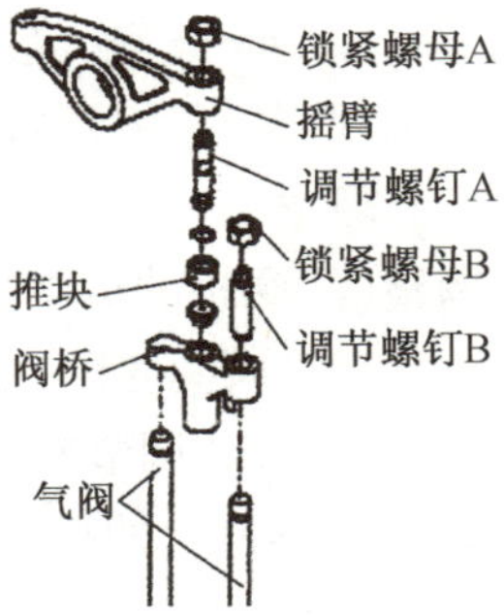

图 3-33　气阀阀桥和调节螺钉

（2）气阀间隙认识

四冲程筒形活塞式柴油机一般采用机械式气阀传动机构。对此，在柴油机冷态时，滚轮落在凸轮的基圆上，摇臂与气阀之间应留有间隙，此间隙称为气阀间隙。其目的是保证在柴油机热态时，气阀和气阀传动机构受热膨胀后仍能完全关闭。若气阀间隙过小，则气阀受热后会关闭不严，造成气阀漏气并可能引起其他故障；若气阀间隙过大，则除影响气阀定时外（晚开、早关），还会使撞击严重（具有冲击性），造成大的噪声和磨损。

一般气阀的工作温度高和尺寸大，其膨胀的数值也大，所以排气阀比进气阀的气阀间隙大，增压机比非增压机的气阀间隙大，大型机比小型机的气阀间隙大。气阀间隙的具体数值可从柴油机使用说明书中查到。对各种类型的柴油机，厂方都有各自的规定，一般是进气阀小些。但也有进、排气阀要求一样大的,如 MAN B&W 27/38 型柴油机进、排气阀的间隙要求相同,都为 0.7 mm。

柴油机安装后或换气机构检修后,要检查和调整气阀间隙。柴油机在工作过程中换气机构各零件的磨损、顶杆或凸轮轴的变形及调节螺钉的松动等,都会引起气阀间隙的变化,也应定期检查和调整。

(3) 调整气阀间隙

①确定柴油机处于冷态

测量与调整气阀间隙,要求在停车状态且柴油机充分冷却后进行。

测量前,应首先消除顶杆弯曲、摇臂轴承松动等缺陷。确定气缸盖、摇臂座等得到了正确的紧固或安装。盘车校准,小型柴油机也可直接用人力将气阀打开,使气阀上下活动几次,防止卡滞,以免造成测量误差。

准备好扳手、塞尺(有的柴油机还备有专用的塞规)等调整用的工具。

②确定气阀处于全关位置

调整气阀间隙时,要确定气阀处于全关位置,确定的方法有以下几种:

A. 盘车,使滚轮落于凸轮的基圆上,则可确定该气阀处于全关位置。

B. 盘车,使待检缸的高压油泵处于供油状态[盘车时,在油泵壳体的检查窗口处能看到导筒(柱塞)升起的,表明该缸处于压缩行程末、膨胀行程初的发火上止点附近,从飞轮端也能见到该缸处于上止点附近],则可确定该缸的进、排气阀都处于全关位置。

③气阀间隙测量

测量时应使摇臂、顶杆和顶头之间保持接触;阀桥两端与气阀顶部保持接触(可用调节螺钉 B 来调整)。

一手压下顶杆端的摇臂(或用手提起气阀端的摇臂),另一手拿按规定的气阀间隙值选取厚度的塞尺或塞规(塞尺的片数以少为好,否则会影响测量精度),插入气阀端的间隙处,用手抽动塞尺。若有阻尼感,说明该气阀的间隙合适。若太松或太紧或插不进去,则应调整。

④阀桥调整(无阀桥的可略去这一步)

在调整或检查气阀间隙前,必须检查阀桥是否同时接触两个气阀的阀杆顶部 T。若接触不良,可松开锁紧螺母和调节螺钉(A 和 B 都松开),使阀桥置于阀杆顶部 T。顺时针转动调节螺钉 B 直到在调节螺钉上的推块与阀杆顶部 T 相接触。按规定扭矩(如 MAN B&W 27/38 型柴油机要求为 200 N · m)拧紧锁紧螺母 B。复查阀桥应使其与两个阀杆同时接触,如图 3-34 所示。

⑤气阀间隙调整

将塞尺放在调节螺钉 A 下的推块与阀桥之间。如图 3-35 所示(无阀桥的则将塞尺放于调节螺钉与阀杆顶部的推块与阀帽之间)。顺时针转动调节螺钉 A,直至阀桥、塞尺以及推块互相接触为止。抽动塞尺应有阻尼感。按规定扭矩(如 MAN B&W 27/38 型柴油机要求为 200 N · m)拧紧锁紧螺母 A。拧紧锁紧螺母 A 后,再抽动塞尺复验气阀间隙,直到合格为止。

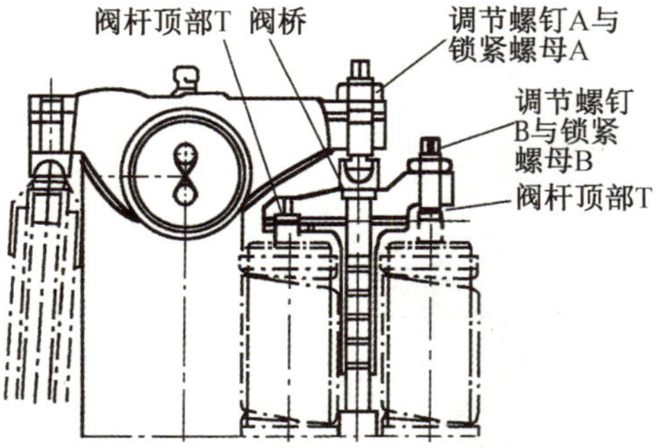

图 3-34　阀桥调整

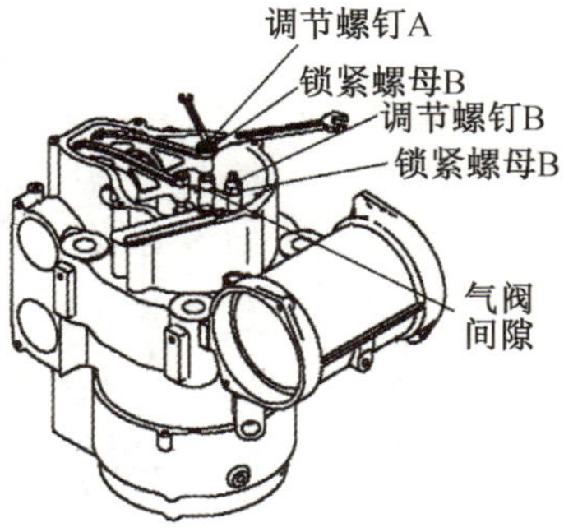

图 3-35　气阀间隙测量

⑥逐缸测量并将进、排气阀间隙整理并填入表 3-2 中。

提示：整台柴油机气阀间隙的测量与调整可按柴油机发火顺序逐缸调节。

表 3-2　气阀间隙记录表

缸号	1		2		3		4		5		6	
气阀间隙/mm	进	排	进	排	进	排	进	排	进	排	进	排

⑦对六缸四冲程柴油机也用两次调整法调整整机的气阀间隙。

若该六缸四冲程柴油机的发火顺序为 1—5—3—6—2—4 且按正车工作转向。

A. 顺曲轴正车工作转向盘动飞轮，使第一缸活塞处于发火上止点附近（高压油泵供油位置），然后进行检查与调整。第一次调整情况如表 3-3 所示。

表 3-3　第一次调整情况

缸号	1	2	3	4	5	6
可调气阀	进、排	进	排	进	排	

B. 检查与调整表 3-3 中的气阀间隙后，转动飞轮一圈（360°），当第六缸处于发火上止点附近时，可以进行检查与调整。第二次调整情况如表 3-4 所示。

表 3-4　第二次调整情况

缸号	1	2	3	4	5	6
可调气阀		排	进	排	进	进、排

2.14　气阀定时检查

（1）凸轮轴及凸轮轴传动机构认识

①凸轮轴

凸轮轴是非常重要的传动轴，其上装有凸轮。它驱动并满足有定时要求的设备，如柴油机进、排气阀的启闭，喷油泵和空气分配器的驱动都是通过凸轮轴进行的。通过凸轮轴准确地控制气阀和喷油泵等的定时，保证柴油机的正常工作。此外，凸轮轴还带动调速器、气缸注油器及其他附件的传动轮。图 3-36 所示为某四冲程筒形活塞式柴油机凸轮轴。

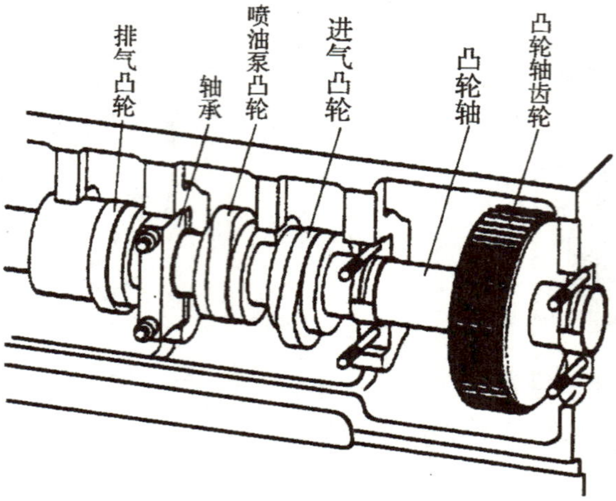

图 3-36　某四冲程筒形活塞式柴油机凸轮轴

凸轮轴由轴和凸轮等组成。在四冲程柴油机中，凸轮轴上安装有各缸组的进、排气凸轮和喷油泵凸轮，有的还装有空气分配器凸轮。装在凸轮轴上的凸轮是每缸一组，组数与缸数相同。凸轮轴放在凸轮轴箱内，由多个轴承支撑。凸轮轴的结构有整体式和装配式两大类。整体式凸轮轴用于小型柴油机，装配式凸轮轴用于大中型柴油机。整体式凸轮轴的凸轮与轴本体锻成或铸成一体。装配式凸轮轴的凸轮和轴分开制造，然后根据定时的要求将凸轮紧固在轴上。装配式凸轮轴上的凸轮是可调的，以便定时调节，并且任何一个凸轮损坏时都可以单独更换。大型柴油机的凸轮轴很长，都是分成几段组装而成的。为了使柴油机结构简单，控制进、排气阀和喷油泵的凸轮一般都装在同一根轴上。现代中型筒形活塞式四冲程柴油机为了更好地控制柴油机的进、排气过程和燃烧过程，满足日益严格的排放法规要求，采用了两根凸轮轴（燃油和换气各一根）且每缸一段的结构。

凸轮在顶动滚轮过程中，在工作表面上产生摩擦和很高的接触应力。当接触应力过高时，工作面会发生疲劳损坏，产生麻点或金属剥落。因此，凸轮要有很好的耐磨、耐疲劳性能。凸轮工作表面应渗碳或淬火，以提高硬度。凸轮轴要求有足够的韧性和刚度，以便能承受冲击负荷，使受力后变形较小，一般使用碳素钢、合金钢和球墨铸铁材料制造。

②凸轮轴传动机构

凸轮轴是由曲轴带动的，两者应保持准确的相对位置。按照柴油机工作循环的要求，有凸轮控制的机构，柴油机工作每循环必须动作一次。由于四冲程柴油机曲轴回转两周完成一个工作循环，因此其凸轮轴与曲轴的转速比应该是 1∶2（二冲程柴油机则是 1∶1）。

曲轴与凸轮轴之间的传动方式与发动机的类型、凸轮轴位置以及附件的传动等因素有关，一般采用齿轮传动或链传动。所以，凸轮轴的传动机构分为齿轮传动机构和链传动机构。四冲程柴油机通常采用齿轮传动。齿轮传动的轮系称为正时齿轮。为了减小曲轴扭振的影响，凸轮轴传动机构都安装在飞轮端。定时齿轮包括主动轮、从动轮和两者之间的中间齿轮。但齿轮间隙的积累误差使定时受到影响且噪声较大。某大型四冲程 V 形柴油机的凸轮轴齿轮传动机构如图 3-37 所示。曲轴上的正时齿轮的转动，经过中间齿轮传给凸轮轴上的正时齿轮带动凸轮轴。经过两级齿轮减速后，曲轴正时齿轮与凸轮轴正时齿轮的转速比为 2∶1。齿轮的润滑由喷油管的喷嘴喷入。

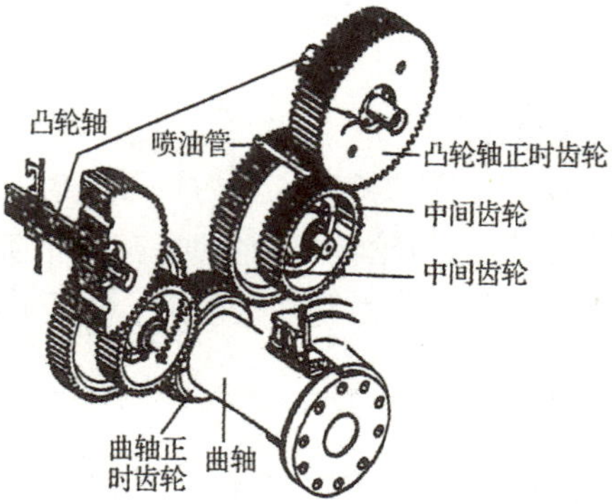

图 3-37 某四冲程 V 形柴油机的凸轮轴齿轮传动机构

三个齿轮互相啮合的轮齿上均有啮合记号,以保证配气、喷油定时正确,如图 3-38 所示。在拆、装凸轮轴传动机构时必须注意装配记号,严格按记号装配。

正常情况下,当气阀间隙符合要求,传动系统安装相对位置正确时,气阀定时可保证在允许范围内。

(2)气阀定时检查

经长期运转后的柴油机,由于定时齿轮的磨损、凸轮轴磨损、凸轮轴弯曲、调节螺钉松动等原因,各缸的气阀定时发生变化。而定时齿轮装配记号不正确,会使所有气缸的定时同时发生很大的误差,造成柴油机燃烧不良、排气温度高并冒黑烟,甚至会发生活塞与气阀相碰撞和柴油机启动困难等故障。因此,在柴油机使用和修理过程中,应对气阀定时进行仔细的检查,当气阀定时不符合规定时,要查找原因,进行调整。

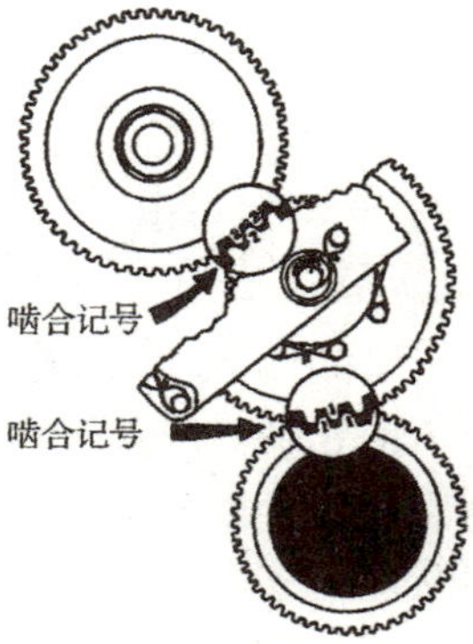

图 3-38 啮合记号

气阀定时的测量只有在气阀间隙符合要求时才能进行,以消除气阀间隙不同时对定时的影响。测量气阀定时的方法随柴油机而异,一般在说明书中均有规定。

①捻动顶杆法

此法在船舶柴油机实际管理中比较实用,可作为气阀定时的初步检查。方法是:

A. 盘动飞轮,使第一缸气阀处于关闭状态,此时顶杆处于放松状态,用手可以转动。然后慢慢正向盘车,同时用手不断转动顶杆,一旦顶杆转不动,立即停止盘车,此时飞轮的刻度即为气阀开启的实际时刻,记下该角度 A。

B. 然后继续盘车,当某一瞬间顶杆由转不动变为能转动时,飞轮的刻度即为实际的气阀关闭时刻,记下该角度 B。

②千分表法

A. 确定气阀处于全关状态后,在气缸盖上放一千分表架,将千分表的触头压在气阀弹簧盘上,预紧(如 1~2 mm)并调零,记下千分表上的读数。

B. 然后缓慢盘车,当千分表指针刚刚移动时,停止盘车。此时飞轮指针所指的角度就是气阀提前角,记下该角度 A。

C. 继续缓慢盘车,千分表指针刚回到原位时,就是气阀关闭的时刻,此时,飞轮指针所指的角度就是气阀关闭延迟角,记下该角度 B。

气阀开启的持续角为 $180°+A+B$。

注意:用捻动顶杆法和千分表法测量的气阀定时并不准确。因为在设计凸轮机构时,为了减小气阀机构的惯性,一般气阀升程随凸轮转角变化时,在开始阶段都较小。加之传动机构等零件变形、松动,使气阀初始升程不明显。当气阀开启时,观察千分表或捻动顶杆时的误差会较大。

③凸轮升程法

有些柴油机除规定了气阀提前角,还注明了曲柄转过一定角度后气阀的升程。所以检查气阀定时时,只要测量当飞轮刻度在规定的位置时,气阀的升程能是否符合要求,即说明气阀定时是否正确,此法比较准确。

注意:检查定时前,应检查飞轮指针的准确性。对重新安装的传动齿轮,建议拆去除第一缸外的各缸气阀顶杆,以防曲轴盘车时,活塞与气阀相碰。若不拆除而盘车,只能在很小转角范围内进行。

(3)气阀定时调整

在检查气阀定时中,如果气阀早开晚关、晚开早关或者迟早不定,此时除检查气阀间隙并调整至规定值外,还应检查并校正顶杆,消除摇臂轴承松动等缺陷。

若发现同一缸的进、排气阀的开启和关闭时刻都过早或过迟,而气阀开启的持续时间正确,这是由凸轮轴与曲轴的安装相位不对引起的。此时首先校对飞轮(或刻度盘)指针位置是否正确,然后打开齿轮箱盖,检查传动齿轮装配位置(出厂时标有记号)是否正确。若无齿轮啮合标记,应检查齿轮系是否得到了正确安装,简单的检查方法是:盘车用千分表找出第一缸气阀开启时刻,拆下中间齿轮,盘车至飞轮刻度为要求的气阀提前角,安装中间齿轮即可。同时,检查齿轮系的齿隙,必要时开动滑油泵检查喷油嘴的供油情况。检查时,如发现齿轮系磨损严重的应换新。

任务 3 十字头式柴油机换气机构的维护

3.1 二冲程十字头直流扫气式换气机构

液压式气阀传动机构是在气阀和顶柱的两端各设液压传动器,两者之间通过高压油管连通,如图 3-39 所示。开阀靠液压传动器产生的油压来实现,关阀靠“空气弹簧”的气体压力来实现。这种气阀传动机构具有尺寸小、质量小、利于布置、气阀不承受侧推力、噪声小、拆装方便等优点,但存在调试与密封困难等缺点,目前普遍用于超长行程低速柴油机的排气阀中。

液压驱动器由顶柱、顶杆、套筒、柱塞、安全阀、补油阀等组成,由凸轮来驱动。液压传动器由缓冲销、柱塞、套筒等组成,用来驱动气阀。空气弹簧装置由空气活塞、气缸等组成。气源由启动空气瓶经减压后通过止回阀进入气空间 N。

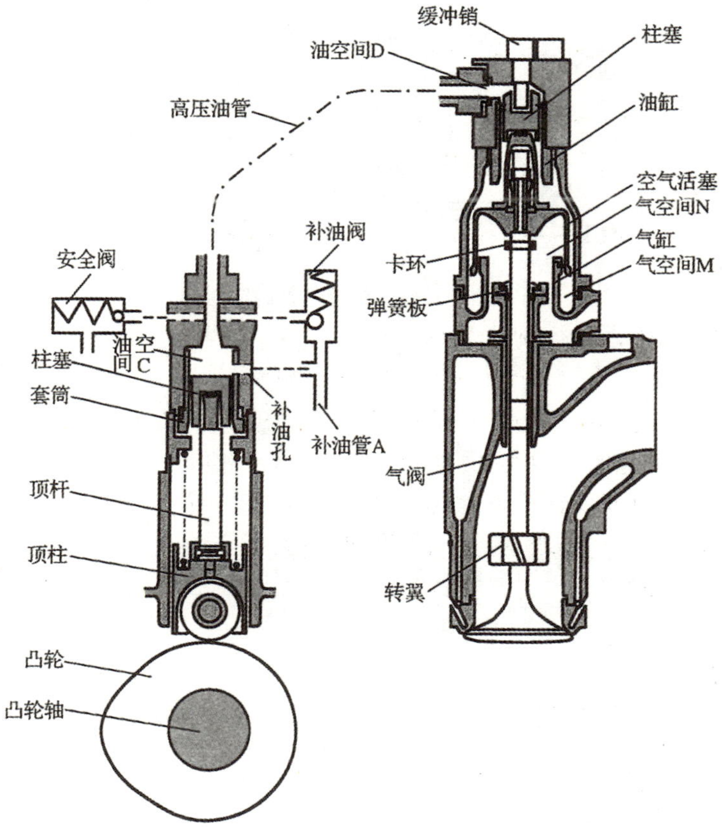

图 3-39　液压式气阀传动机构

当凸轮通过顶柱、顶杆顶起柱塞时,液压驱动器的油空间 C 的油被压缩,建立起油压并经高压油管泵入液压传动器的油空间 D 作用在柱塞上面。油压力推动柱塞下行并推动空气活塞下行,将气空间 N 内的空气压缩,并把气阀打开。

当凸轮把顶柱放下时,柱塞重新下行,油压下降,油空间 D 的油流回到油空间 C。气阀在气空间 N 内气体压力(空气弹簧)的作用下关闭。排气阀关闭时,液压柱塞上行,缓冲销进入柱塞上面的孔内并将油挤出。油的阻尼作用减小了气阀与阀座的撞击。

此机构中的油由十字头轴承润滑系统经减压后供给,在运行时经柱塞和套筒间隙泄漏的油经补油管 A 和补油阀补充。当机构中的油压过高时,由安全阀泄掉。

当气空间 N 因故无压缩空气时,柱塞会在油压作用下下移,气阀被打开,但当卡环落在弹簧板上时便不再下移,避免了排气阀与活塞发生撞击。

阀座用合金铸铁或耐热合金钢制造并钻孔冷却,以提高气阀和阀座工作的可靠性。

大型低速十字头式二冲程柴油机排气阀阀面与阀座的配合形式为内接触,在阀座密封面附近还开有 V 形或 W 形空气槽,如图 3-40 所示。当密封面漏气时,因槽内存有温度较低的扫气空气,可避免高温排气的烧蚀。

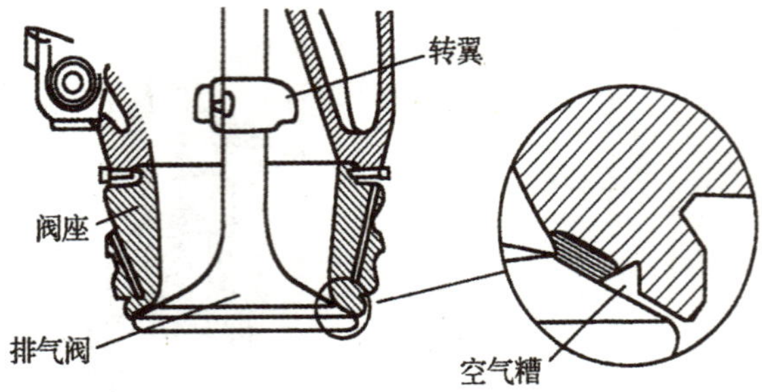

图 3-40　开有 V 形空气槽的密封面

3.2　安全措施落实

拆装之前应检查并核实如表 3-5 所列内容,经确认后才可进行。

表 3-5　安全核查内容

柴油机完车	√	锁定启动装置	√	关闭启动空气	√	合上盘车机	√
关闭冷却水	√	关闭燃油		关闭滑油	√	锁住增压器转子	

3.3　排气阀组件拆装与维护

(1)拆装主要数据

拆装 MAN B&W K98MC-C 型柴油机的主要数据如表 3-6 所示。

表 3-6　MAN B&W K98MC-C 型柴油机的主要数据

D-1	排气阀总成	2 980 kg	D-15	安全阀启阀压力	2.1 MPa
D-2	排气阀阀壳+螺栓	1 760 kg	D-16	气阀锥面磨削角度	30.7°
D-3	油缸-活塞	485 kg	D-17	阀座锥面磨削角度	30.0°
D-4	气缸	160 kg	D-18	阀面最大磨削量	2.3 mm
D-5	排气阀	275 kg	D-19	阀座开口	1.0 mm
D-6	阀座	190 kg	D-20	气阀旁吹(最大)	14.0 mm
D-7	最大油缸内径	140.2 mm	D-21	阀面磨削量(最大)	2.0 mm
D-8	活塞环最小间隙	5.2 mm	D-22	液压压力(拆卸)	150~165 MPa
D-9	最小高度	47.0 mm	D-23	液压压力(装配)	150 MPa
D-10	最大高度	51.2 mm	D-24	导管衬套顶部最大直径	108.8 mm
D-11	阀杆最小直径	107.8 mm	D-25	导管衬套底部最大直径	112.0 mm
D-12	油缸紧固扭矩	340 N·m	D-26	空气活塞	36 kg
D-13	吊装托架紧固扭矩	340 N·m	D-27	油缸法兰紧固力矩	82 N·m
D-14	安全阀紧固扭矩	50~80 N·m	D-28	测量区域(阀杆)	460~620 mm

(2)检查

①柴油机运行时的检查

对该机型的柴油机,在运转期间可按如下方法检查排气阀的工作情况。

在柴油机运转期间,提起排气阀转速测试杆并转动90°解锁,使插销落入导管的直槽中,如图3-41所示。此时,排气阀转速测试杆落于空气活塞顶上,随着空气活塞的转动,测试杆将在空气活塞转动一周的过程中进入其顶部的6 mm深槽中一次。所以当排气阀在开关过程中同时转动一圈后,插销在上下往复运动过程中将会出现6 mm行程的跳动量,此时用秒表配合计时,可测量排气阀的转速。排气阀的转速与柴油机负荷有关,一般正常的排气阀转速范围应在0.5~5 r/min。若发生转动不正常现象,要尽快维修排气阀,并密切注意排气阀的密封性(如可查看排温等)。检查完成后应及时提起插销脱开直槽并转动90°后在顶端位置上锁定。

警告:排气阀转速测试杆的测速时间不应过长。

排气阀阀壳安装在气缸盖上,阀壳与气缸盖之间形成的空间构成冷却水腔。在排气阀阀壳(操作边)上,有一个检查孔,若有冷却水从此孔漏出,说明阀座与阀壳的结合面上的密封圈已损坏,如图3-42所示。应尽快拆装排气阀阀壳总成,换新密封环。

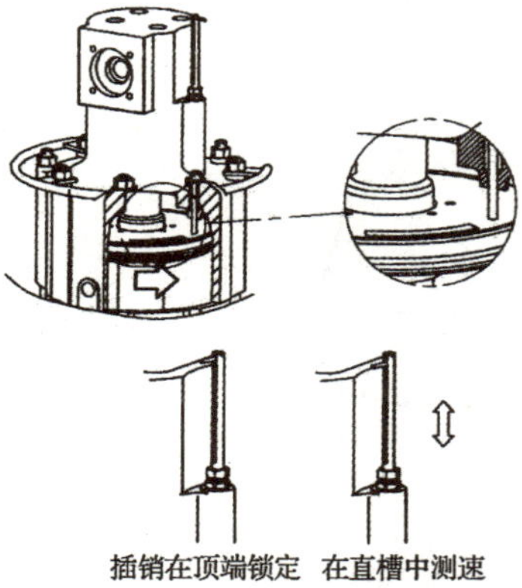

图3-41 排气阀转速测试杆

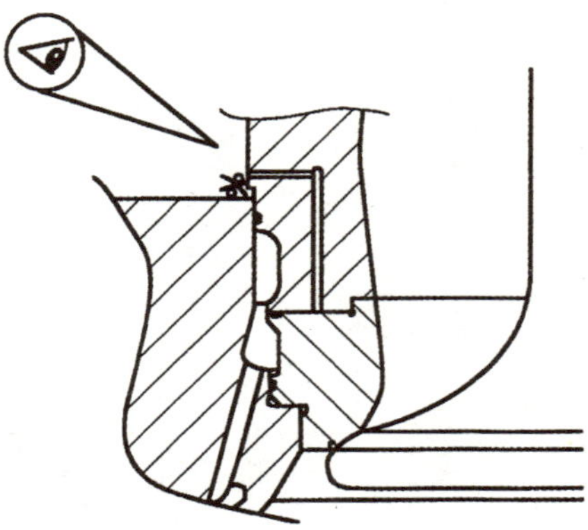

图3-42 阀壳与气缸盖密封情况检查

②柴油机停车时的检查

排气阀开关动作灵活性的检查。在止回阀上安装空气分配器并通入压缩空气,使排气阀处于关闭状态。合上排气阀转速测试杆后,将控制空气开关关闭,并通过顶开止回阀将空气弹簧内的控制空气释放,排气阀将打开。按上述方法反复操作几次,排气阀开关动作应自如,如图3-43所示。

测试空气缸的密封性的方法:在空气缸中充入控制空气,使排气阀关闭。然后将控制空气切断,观察排气阀转速测试杆的移动量,要求排气阀关闭15 min以上。在此时间段内,排气阀转速测试杆若是不动的,说明空气缸密封良好。如果排气阀在15 min内打开,说明空气弹簧失去作用(空气缸密封不良),应更换排气阀总成。

试验完毕后,将排气阀转速测试杆上的插销复位锁定,拆去压缩空气分配器等。

(3)拆卸

①关闭冷却水(关闭进出水阀),将该缸的冷却水排净。拆卸高压油管及泄油管、冷却水出水管等。拆卸排气管支管接头及垫片。关闭控制空气开关。为利于排气阀阀壳总成的拆

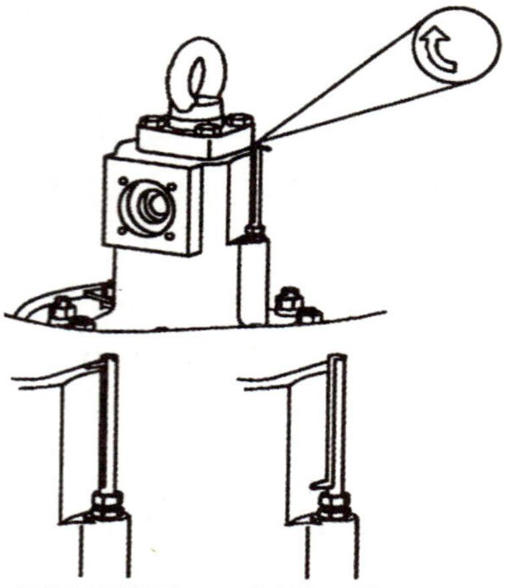

图 3-43　排气阀开关动作灵活性检查

卸,应使排气阀处于关闭状态。为此先将控制空气管拆去,在止回阀处安装控制空气分配器接头,并用软管接上 0.7 MPa 的控制空气将排气阀关闭,如图 3-44 所示。

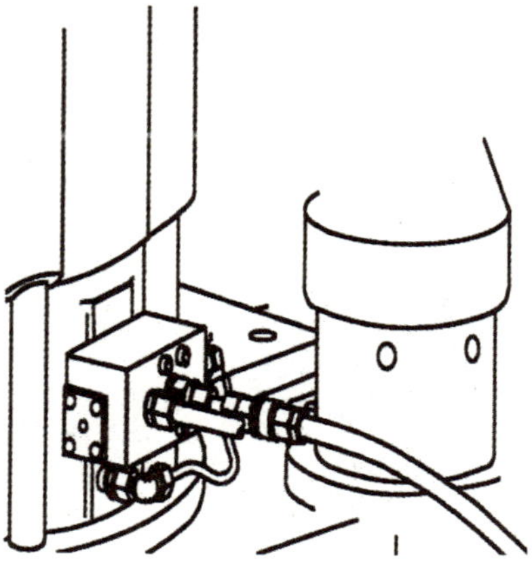

图 3-44　在止回阀处安装控制空气分配器接头

②拆去排气阀阀壳的 4 个紧固螺栓上的护帽,装上液压拉伸器。液压泵与各液压拉伸器用高压管通过分配器连接。液压系统经放气并升压至规定的值(D-22),松开螺母并拆去。

③在起吊排气阀总成的过程中,合上排气阀转速测试杆,可随时观察阀壳各部件情况。用起重葫芦吊住油缸顶上的起重架,起吊排气阀阀壳总成,如图 3-45 所示,吊出后置于花铁板的木垫上。

起吊排气阀阀壳总成时可能会发生各部件分离的危险,如阀座被卡在气缸盖内,而空气弹簧仍起作用,这样可能会损坏空气活塞等部件。借助排气阀转速测试杆可以查出这种情况。起吊时,若测试杆向下移动,表明阀壳各部件已分离,则应按下述方法进行。

A. 拆去 0.7 MPa 操作空气软管等。从油缸上拆去 8 只螺母和安全锁片,先将液压油缸吊出,如图 3-46 所示,并置于木垫上。

B. 在排气阀杆上安装专用吊阀工具,小心地将排气阀及其他部件吊出,如图 3-47 所示。

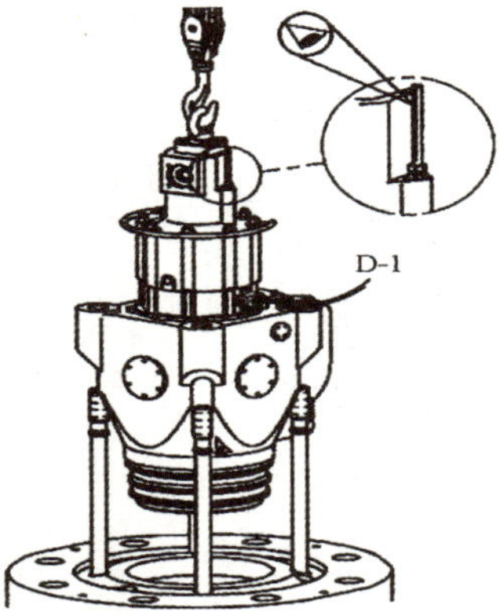

图 3-45　起吊排气阀阀壳总成

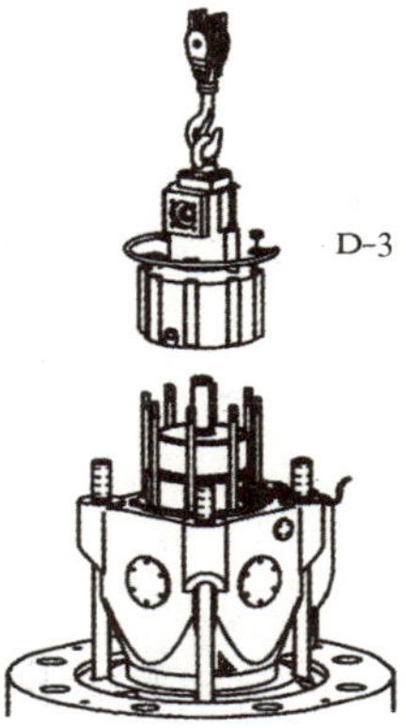

图 3-46　液压油缸吊出

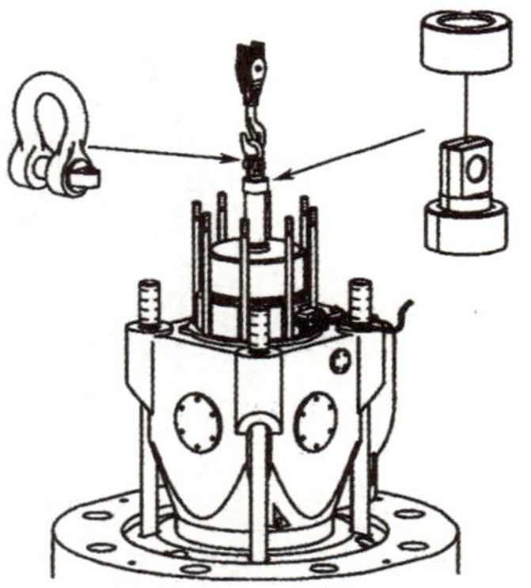

图 3-47　排气阀解体

吊出阀壳后，仔细地清洁气缸盖内的排气阀阀孔并按要求修理密封面。

(4) 排气阀解体检查

①拆解置于木垫上的排气阀阀壳总成上的液压油缸。先拆出液压油缸上的 8 只螺母和安全锁片，将油缸吊出并置于木垫上。

②拆出并检查高压油管推力块，拆解排气阀转速测试杆，如图 3-48 所示。

③拆卸油缸顶上的起吊支架，取出并废弃垫片。拧出并清洁起阻尼作用的缓冲销。

检查和清洁油缸顶上的小阻尼孔，如图 3-49 所示。

④水平放置油缸体后，拆出挡块，取出活塞，如图 3-50 所示。检查油缸衬套工作面磨损情况，测量其内径。如果衬套的内径超过标准值，应更换新的衬套。分解衬套时，可用 2 枚 M12×100 mm 的顶头螺钉均匀地拧入衬套的拆卸孔中，将衬套顶出，如图 3-51 所示。

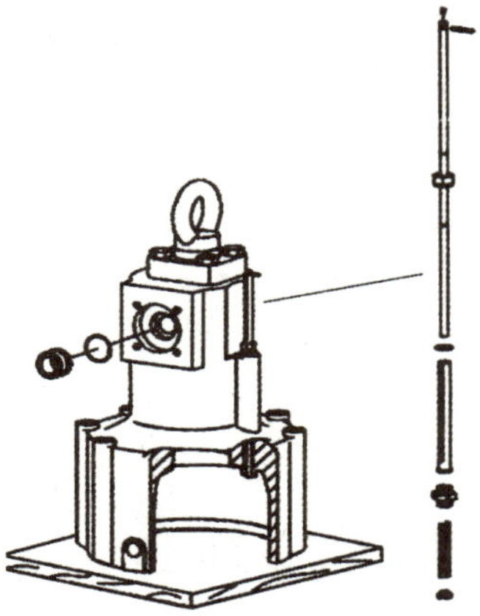

图 3-48　拆出并检查高压油管推力块

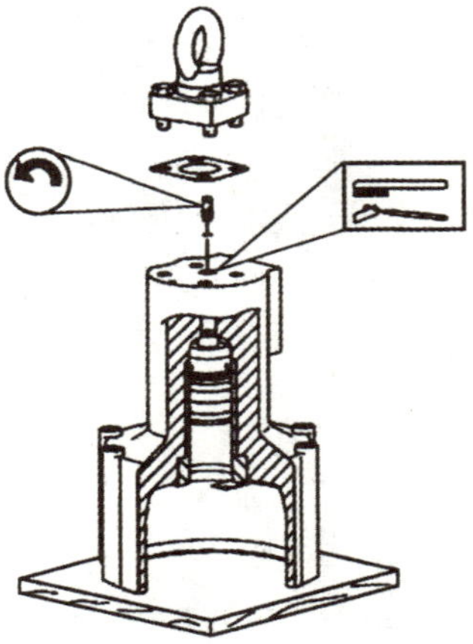

图 3-49　检查和清洁油缸顶上的小阻尼孔

⑤分解空气活塞，如图 3-52 所示。

通过单向止回阀释放空气活塞下部的控制空气压力(可使用一把小的螺丝刀将止回阀的小钢球压下。压下小钢球时，应在单向止回阀的出气孔处，用布盖住，以捕捉油滴，防止直喷伤人)。

将位于空气活塞顶部法兰上的 4 支螺栓拆去，拆出法兰。

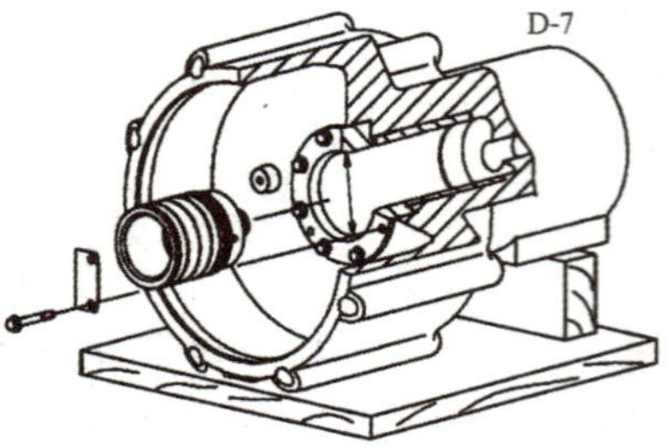

图 3-50　拆出挡块,取出活塞

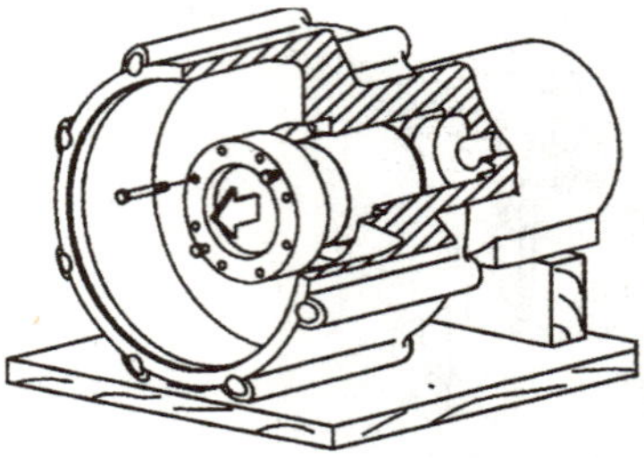

图 3-51　分解衬套

用一把软锤轻敲,以压下空气活塞,将锁夹取下。

⑥为取出排气阀,先安装一对阀座锁夹工具,将阀座与阀壳连在一起,如图 3-53 所示。在阀壳上安装吊环,将阀壳吊起,取出排气阀,如图 3-54 所示。

起吊过程中,当阀杆顶部的锁夹槽通过空气活塞下部的密封装置时,应小心地留意密封装置内的"O"形密封圈和密封环,以防损坏。

⑦吊起阀壳约 10 mm,拆去阀座锁夹工具,取下阀座。如果阀座与阀壳不能分离,用软锤轻敲阀座,使之分离。吊移阀壳并置于木垫上。拆出并废弃阀座上部密封槽内的"O"形密封圈。

⑧用阀座样板检查阀座的密封面,如图 3-55 所示。

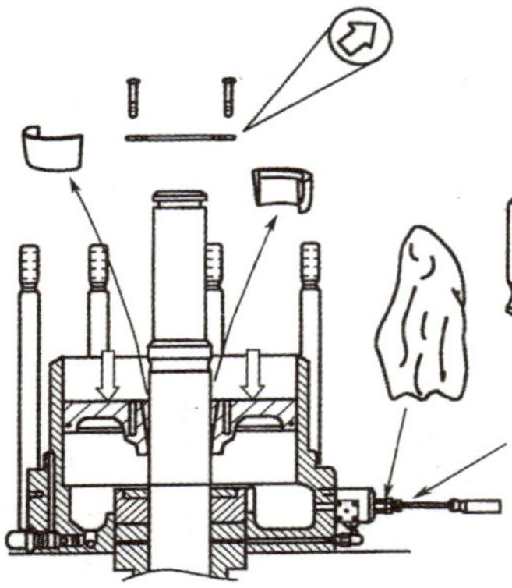

图 3-52　分解空气活塞

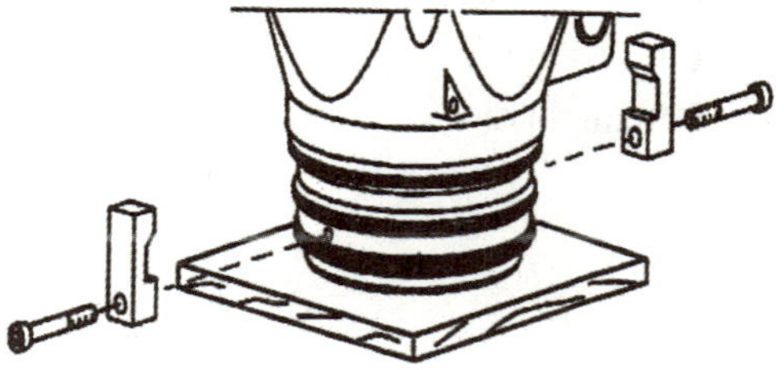

图 3-53　安装阀座锁夹

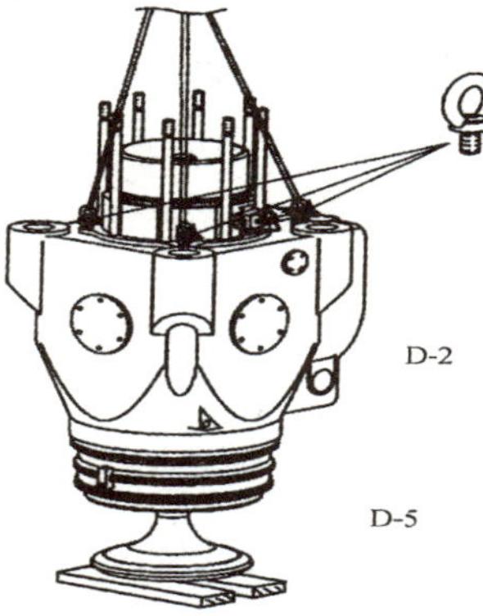

图 3-54　取出排气阀

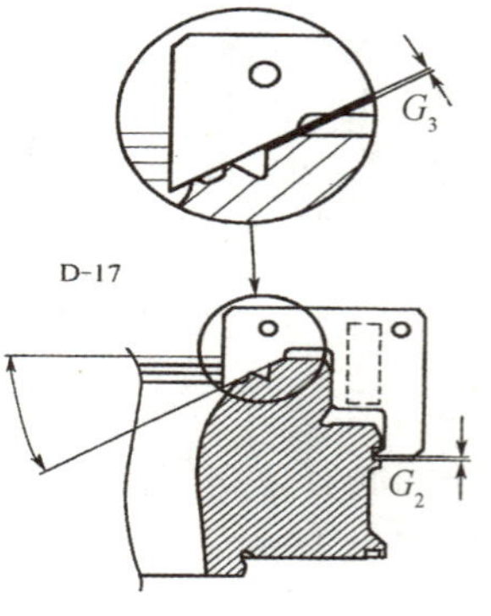

图 3-55　用阀座样板检查阀座的密封面

使用阀座样板前，应用钢丝刷清洁阀座，特别是与阀座样板接触的 W 形的壁面。检查密封表面，在阀座密封面上允许有水的压痕，但不允许出现排气旁吹的痕迹。

沿着阀座密封面的圆周，取 2 条互为垂直的直径上的 4 个点作为测量点。使用样板测量出 G_2 和 G_3，取最大值与标准的数值 D-18 和 D-19 比较。

如果阀座密封面有烧蚀现象，或 G_3 不等于 D-19 的值，必须磨削密封面。当 $G_2=0$ 时，阀座的强度会不够，应换新阀座（厂方不推荐通过加强、研磨或修理继续使用）。

（5）排气阀安装

①安装阀座锁夹工具，用机舱行车吊运排气阀总成。

②在止回阀上安装适配器。接通控制空气，使排气阀关闭（排气阀阀壳总成安装之前，连接 0.7 MPa 控制空气到空气弹簧，确保排气阀关闭后，才可将阀座锁夹工具拆去），同时，可用 1.0 mm 的塞尺插入 G_3 处，应能插入约 15 mm。检查阀座的外密封面与排气阀密封面的配合。

应再次检查排气阀的启闭情况和空气弹簧的密封性。如在泄油孔处有空气漏出，应检查活塞的密封环，如在排气口的阀杆周围有空气漏出，应检查阀杆的密封环或其他的密封部位。

③在阀座和阀壳上安装新的“O”形密封圈并用凡士林涂抹润滑。在固定螺栓上涂抹抗黏剂。将阀壳总成吊至气缸盖孔内并正确地定位（使排气管法兰与装于排气阀阀壳边上的导柱一致）。

④使用液压拉伸器安装固定螺栓，液压压力按数据 D-23 的规定，其方法与拆卸时相同。安装后释压拆去液压拉伸器并装上护帽。

⑤安装排气支管接头、冷却水管、高压油管和回油管、控制空气管等。

⑥最后通水试验，用 0.7 MPa 水压试验阀座和阀壳总成的密封性，应保持 5 min 内不漏。

3.4 链传动机构认识

大型低速二冲程柴油机根据凸轮轴的位置有两种传动方式：一种是凸轮轴布置在机架中部，因与曲轴较近，采用齿轮传动；另一种是凸轮轴布置在气缸体中部，因与曲轴的位置较远，采用链传动。无论采用何种传动方式，其传动机构必须保持正确的定时关系。此外，还应尽量减小扭振及凸轮轴扭转变形引起的定时偏差。

链传动机构结构简单、紧凑，在柴油机换向时可以避免齿轮传动中可能产生的齿间间隙累积误差，因而在正、倒车运转时都能得到准确的定时，对于轴线的不平行度与中心距的误差都不敏感。由于长行程柴油机的使用，考虑缩短与气阀机构的距离，现代的二冲程十字头式柴油机往往把凸轮轴布置于气缸体中部。此外，还可以通过链轮、链条驱动往复惯性力矩平衡装置。因而链传动机构在大型低速柴油机中广泛使用。但链传动机构的润滑不如齿轮传动装置，磨损快，容易松弛，需经常检查。

链传动机构由曲轴上的主动链轮、凸轮轴上的从动链轮、链条、中间轮、链条张紧臂、张紧轮、张紧弹簧装置等组成，如图 3-56 所示。

主动链轮由两个半块组成，用螺栓紧固在曲轴上。从动链轮为整体式，用键连接在凸轮轴上。曲轴与凸轮轴之间采用一级链传动，速比为 1∶1。链条选用双排套筒滚子链。导轨（未画出）由导轨板和装在导轨板上的特种耐油橡胶块组成，以防止链条的横向抖动和敲击，使之工作平稳。

链传动机构的链条磨损较快，容易松弛，影响了凸轮的定时并引起链条振动。故在链传动机构中设有中间轮和张紧弹簧装置，用以减少链条的振动和调节链条的松紧程度，保证链条与链轮啮合良好，传动平稳。张紧弹簧装置的弹力通过张紧臂、张紧轮作用到链条上并将它拉紧。为了保证定时正确，链条按啮合记号装在链轮上。

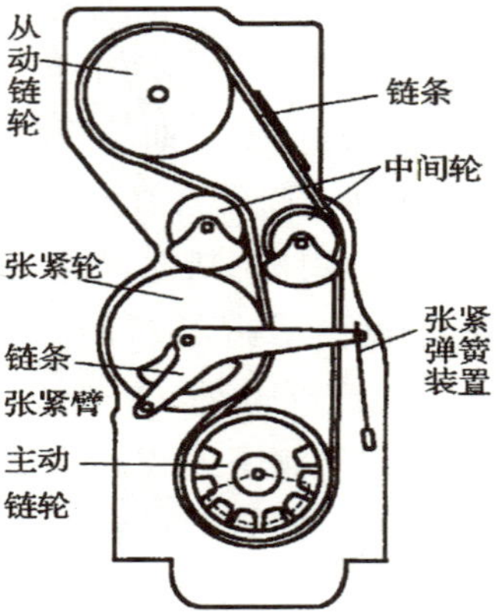

图 3-56　链传动机构

张紧轮可位于正车转动时链条的紧边或松边，通常较老机型多位于紧边，而新机型多位于松边。新机型的张紧轮布置有利于操作。张紧链条时要边盘车边张紧，盘车时要使张紧轮一侧的链条为松边。可见，老机型在张紧链条时，要盘倒车，操作不便。

要注意的是，链条、链轮磨损后，链条会松弛，再度张紧时，定时会发生变化，所以此时应检查和调整柴油机的定时。若链条长度增加超过 1.5%，则需换新。

3.5　链传动机构拆装

检查和调节 MAN B&W K98MC 型链传动机构的数据，如表 3-7 所示。

表 3-7　MAN B&W K98MC 型链传动机构的数据

D-1	4.5″链轮链齿的最大磨损量	4.0 mm	D-7	1″链轮链齿的最大磨损量	0.9 mm
D-2	4.5″链原长度	1 070.6 mm	D-8	1″链原长度(每 10 链节)	238.1 mm
D-3	4.5″链最大长度(每 10 链节)	1 081.3 mm	D-9	1″链最大长度(每 10 链节)	240.5 mm

(1)检查

该机共装有两套链传动机构，一套用于驱动凸轮轴，另一套用于驱动气缸注油器。它们的检查和安装方法基本是相同的，只是气缸注油器链驱动机构不设导轨或链条收紧装置。凸轮轴链条驱动机构装于链轮架内。气缸注油器的链驱动机构有两套：前部的链条驱动机构处于第一缸燃油凸轮箱位置；后部的处于最后一缸的排气凸轮箱内。

①链传动机构检查

应检查各部件的螺栓和螺母的紧固情况。检查滑油管是否完好，以及喷嘴是否堵塞或变形。检查导轨的橡胶垫是否有裂开或有其他破损现象。如发现橡胶垫已有点似“拔出”状，应更换之，如图 3-57 所示。

②链齿工作情况检查

如发现链齿有不正常的磨损，可按下述方法进行测量，如图 3-58 所示。取一直尺，放于 *A*、*B* 点之间，用塞尺量出磨损的深度(允许在 D-1 或 D-7 规定的值内)。通过检查链条边板的划痕可发现轮齿侧边的划痕，允许有小而浅的划痕存在。

③各链节检查

装配于一起的链节，应使其能均匀地分配负荷。在配对链节中，外链节边板上标上年、月、日和链条数目，还标有记号(—)，用来指示安装方向。检查可能发生裂纹的滚轮和边板。滚轮转动应自如，各链节的销和轴承不应有卡阻现象。在磨合期间，只要滚轮能轻松转动，虽有周向划痕，也是正常的。对每个链节都应进行以上检查。

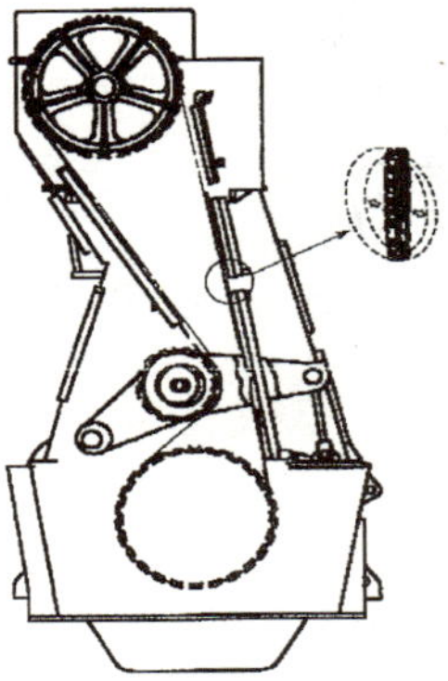

图 3-57　检查导轨的橡胶垫

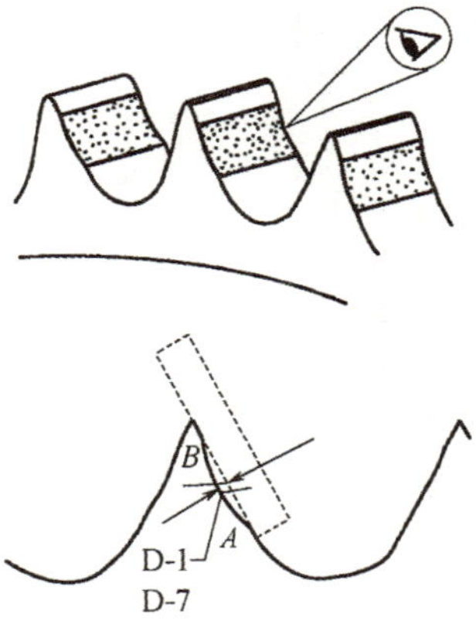

图 3-58　链齿磨损测量

一般检查链条的磨损量是通过测量 10 个链节的长度来计量的，测出的值可与数值（D-2 和 D-8，D-3 和 D-9）比较，如图 3-59 所示。

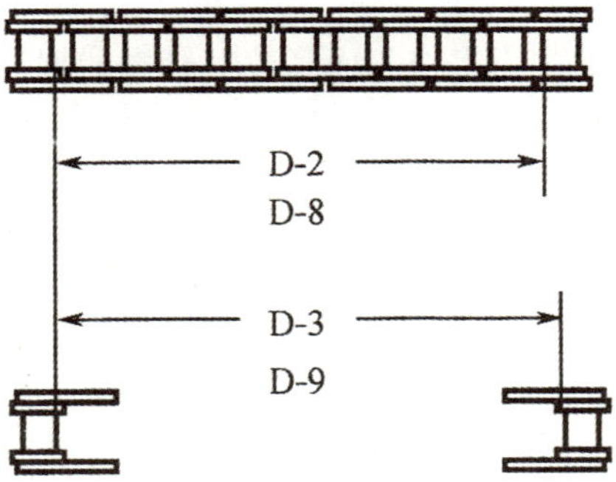

图 3-59　磨损量比较

若链条、链轮磨损，链条会松弛，应张紧链条。

(2)链节更换

如检查出滚轮有划伤或销与轴承有卡阻等，则该链节应换新。当链条被拆开时，压配的销轴可能会损坏，所以在拆卸链节前，要预先准备好新的链节。当有一链条换上新的链节后，另一链条的对应链节也必须换新，否则两链条的长度会不一致。

①松开张紧器，放松链条。盘车至被拆的链节处于松弛同时又有利于拆卸工作展开的位置，如图 3-57 所示。

②用一根钢丝绳绕过包含需换新链节的某一段的两端滚轮（在滚轮上应覆盖保护物，防止滚轮擦伤）。用滑车将钢丝绳的两端钩住并收紧后，用凿子凿去或用锉刀削去销轴的铆接部分，如图 3-60 所示。

③在链节的外侧，安装链条拆卸工具，交替地上紧工具上的两枚螺栓，将链节上的销轴顶出，如图 3-61 所示。

④将内、外链节组装在一起并装上压紧专用工具，如图 3-62 所示。交替均匀地拧紧专用

工具上的两枚螺母，将两侧的外板都压紧后，拆去专用工具并铆接好销轴端。

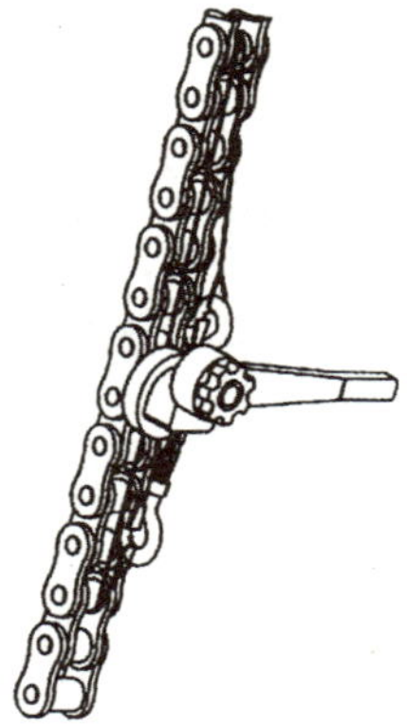

图 3-60　凿去铆接部分

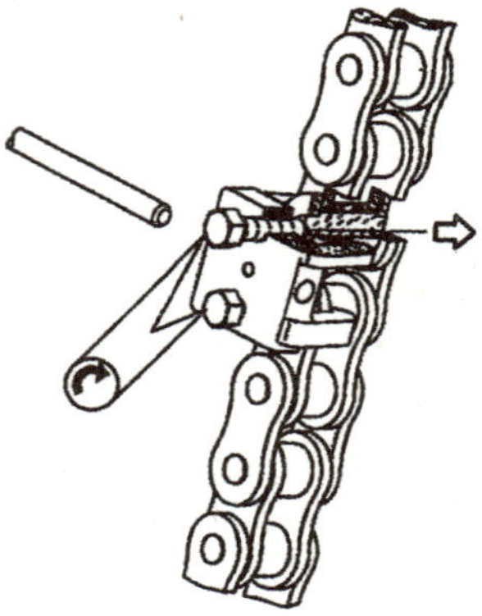

图 3-61　顶出销轴

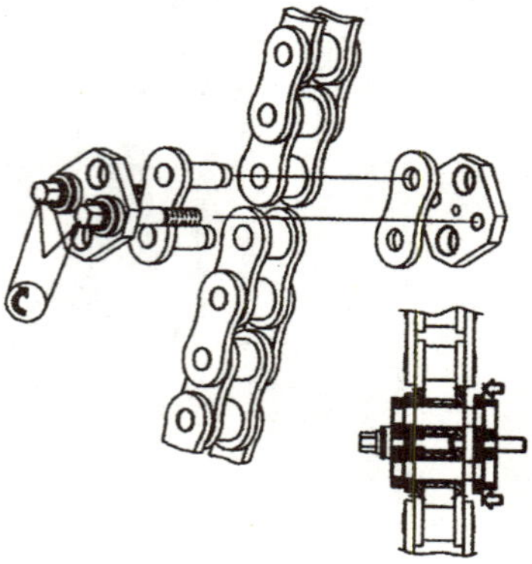

图 3-62　组装链节

链节组装完成后，拆去滑车和钢丝绳，重新将链条张紧。

3.6　排气凸轮维护

（1）检查凸轮表面

盘车让凸轮转动一周，检查凸轮工作表面。若有轻微的划痕，可用精细的金刚砂磨石沿凸轮的转动方向小心地抛光去除划痕。其原因是滚柱与凸轮间的装配不准确。若在沿转动方向的工作面上有严重的划痕或有金属脱落，应立即修理。

（2）检查和调节排气定时

在 MAN B&W K98MC 型柴油机中，分段式的凸轮轴上安装有各缸组的排气凸轮、喷油泵凸轮和空气分配器凸轮。凸轮通过一定过盈量液压装配在凸轮轴上。调节定时时，可通过专用的液压泵将液压油压入凸轮与轴间，按所需的角度转动凸轮即可。

①凸轮位置检查

排气定时（排气提前角）可从凸轮安装位置上直接查出来。通过查看凸轮轴上的上止点标记刻度所指的凸轮上的刻度值（如图 3-63 所示），即可知排气提前角，应与主机说明书上的标准值比较相符。所以，排气定时的检查，最主要的是检查凸轮轴的上止点标记位置是否正确。检查定时时，应确保链传动机构的工作是正常的，否则应先调整好链条。检查凸轮位置的方法如下：

A. 按正车方向盘车，将第一缸曲柄盘车至上止点位置，如图 3-63 所示。

B. 按正车方向盘车，测量排气滚轮顶头机构的上行升程，直到顶头上升 17 mm 时，停止盘车，如图 3-64 所示。从飞轮上读出从上止点到现位置时所转过的角度，记为 A。继续正车盘车，当顶头机构上升后又下降到 17 mm 时，停止盘车。读出从上止点到现位置时所转过的角度，记为 B。可知，排气阀凸轮轮廓中心线与止点垂线间的夹角是：$180°-(A+B)/2$。

当该缸排气凸轮处于止点对称位置时，该式应等于零。若有差值，应与凸轮安装在凸轮轴上的指示刻度值相符且在允许的最大误差范围内（D-3）。

图 3-63　曲柄在上止点位置

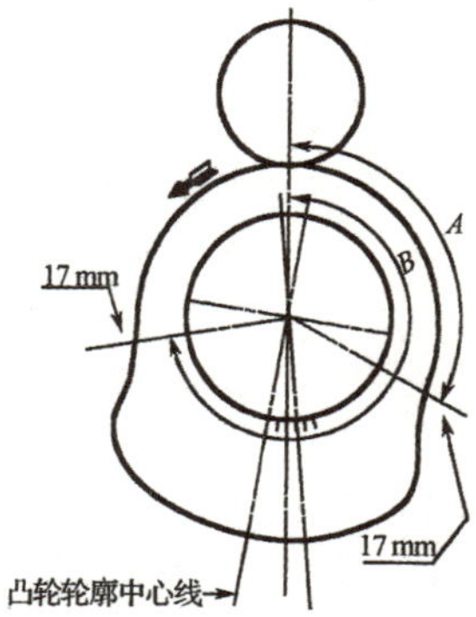

图 3-64　凸轮轮廓中心线与止点垂线间的夹角

②用销规对排气定时检查

将第一缸曲柄盘车至上止点位置后，用曲轴销规检查核实第一缸曲柄的上止点位置，如图 3-65 所示。

在凸轮轴箱，在冲孔标示的中心位置放置凸轮轴销规，检查排气提前角的偏差值，如图 3-66 所示。若超过数据 D-3 要求的最大允许值，应调节排气阀开启提前角。

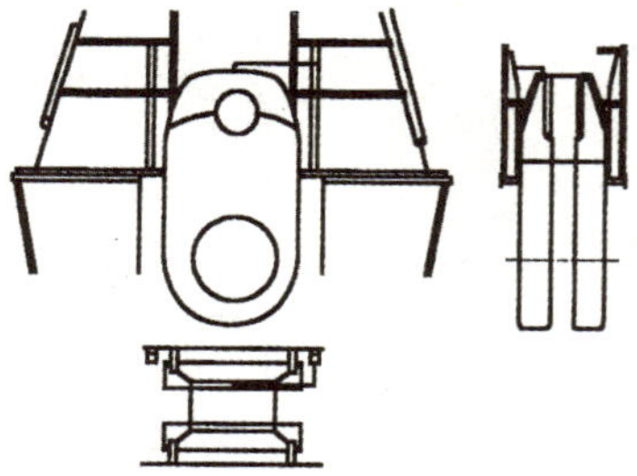

图 3-65　盘车至上止点位置

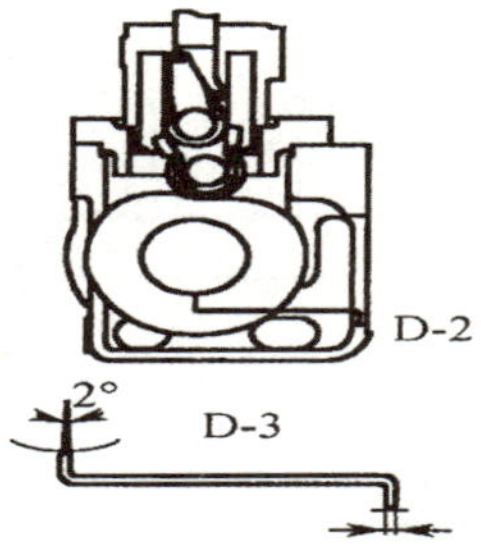

图 3-66　检查排气提前角的偏差值

在检查和调节排气阀开启提前角时，应同时检查和调节气缸注油器和空气分配器的定时。

3.7　排气阀电控设备系统介绍

MAN B&W ME 系列柴油机为典型的电子控制式柴油机，其排气阀驱动器及控制阀在结构上与燃油增压泵没有多大差异，定时由电控电磁阀 ELVA 控制，如图 3-67 所示。电控电磁阀根据气缸燃烧情况，由微处理器控制程序系统 ECSP 对各缸排气阀的启闭进行优化控制，以达到最佳的扫气和压缩效果并满足燃烧与排放的要求。

在 Sulzer RT-flex 系列船用柴油机的排气阀控制系统（如图 3-68 所示）中，由柴油机曲轴输出端齿轮驱动的伺服油泵供应 20 MPa 的伺服液压油（同时供给容积式喷油电液控制阀）。WECS 9500 控制系统根据曲轴位置传感器判断柴油机各缸的工作状态而控制液压驱动器，启闭排气阀。

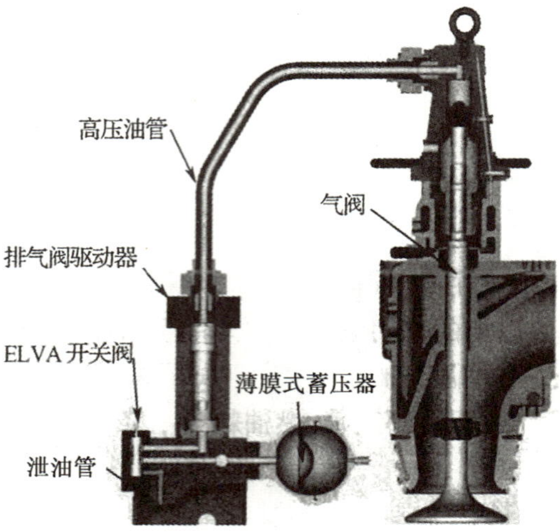

图 3-67　电控排气阀

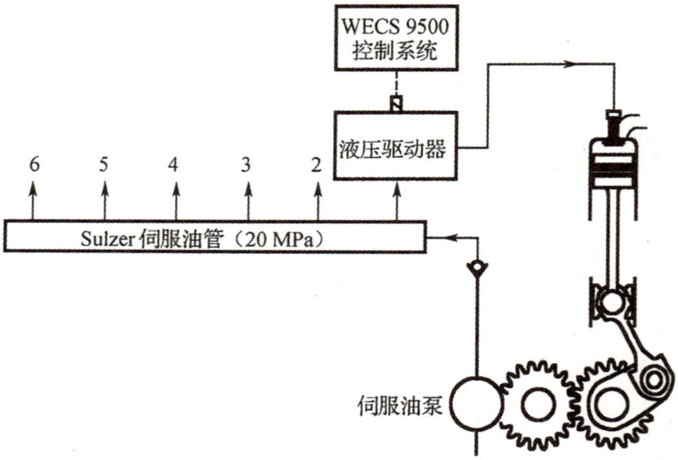

图 3-68　排气阀控制系统

任务 4　废气涡轮增压系统的维护

4.1　废气涡轮增压器认识

增压技术始于 19 世纪末期，在 20 世纪初期得到初步应用。随着材料科学及制造技术的进步，柴油机的涡轮增压技术在 20 世纪中期开始大规模商业应用。目前，绝大部分的船用大功率柴油机和半数以上的车用柴油机采用了增压技术。增压柴油机的比功率(以平均有效压力表示)较非增压柴油机增加了 4~5 倍。涡轮增压利用排气能量来增加充气量以提高功率，不仅工作过程得到改善，燃油耗量下降，排放也得到改善，柴油机的性能得到了全面、大幅度的提高。

(1)增压概述

所谓增压,就是用增大气缸进气压力的方法,使进入气缸的空气密度增大,从而可以增加喷入气缸的燃油量,以增大柴油机的平均指示压力和柴油机的平均有效压力。

柴油机的增压程度一般用增压度来表示。增压度是柴油机增压后标定功率与增压前标定功率之差值与增压前标定功率的比值。它表示增压后功率增加的程度。

由于空气在增压器中被压缩时压力和温度是同时升高的,影响了空气密度的增大和增压的效果,因此,大多数增压器设有中间冷却器以降低空气温度,增大空气密度。通常船舶柴油机增压器的中冷器用海水来冷却。中冷的另外一个作用是降低柴油机的循环平均温度。资料表明,当进气温度降低 10 ℃时,循环平均温度将降低 25 ℃,这使柴油机的热负荷降低很多。因此,中冷是增压柴油机,特别是中高增压柴油机在增大进气压力的同时所必须采用的技术措施。

在一些新型柴油机上,空冷器采用两级冷却,高温淡水冷却第一级而低温淡水冷却第二级,这样就能够更有效地利用柴油机的废热。此外,采用两级冷却还可以在低负荷下旁通第二级冷却以升高进气温度,保证柴油机的良好工作。

(2)柴油机废气能量分析

在柴油机中,燃油所发出的热量有30%~37%被排出的废气带走,而排气的可用能又约占排气总能量的60%。因此,充分利用这部分能量是提高柴油机热效率的重要途径。

由于柴油机结构的限制,柴油机的膨胀过程不可能完全膨胀到大气压力 p_0,而只能膨胀到 p_b 后即开始排气。所以,排气开始时气缸中燃气状态为 b,若这些燃气无损失地等熵膨胀到大气压力时,在理论上所能做的功在图上为面积 b—1—f—b,如图3-69所示,这些热能未被柴油机利用而损失掉。但该热能可以设法在废气涡轮增压器中得到利用。显然 T_b 和 p_b/p_0 越大,该热能也越大。

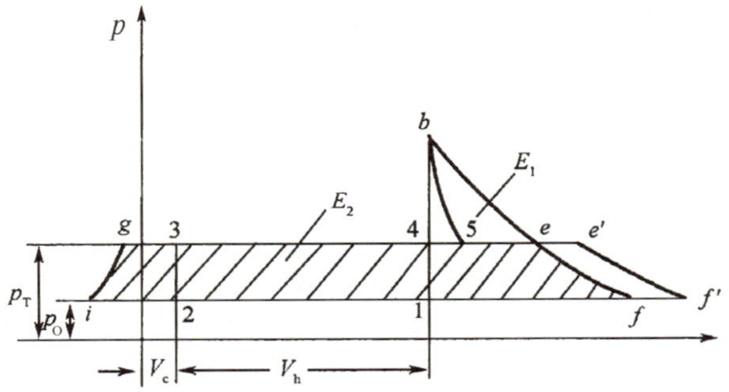

图3-69 废气涡轮中能量的利用情况

柴油机采用废气涡轮增压后,气缸后的压力不再是大气压力 p_0 而是涡轮前压力 p_T。废气在换气过程中获得的能量为 4—g—i—1—4 表示的面积。这部分能量对四冲程柴油机包括强制排气过程中的活塞推出功 1—2—3—4—1 和燃烧室扫气阶段进入排气管的扫气空气所具有的能量 2—i—g—3—2 两部分;而二冲程柴油机这部分能量为扫气期间扫气空气所做的功。

值得注意的是,二冲程柴油机在排气开始后活塞继续下行,获得膨胀功为 b—4—5—b 所表示的面积,则废气可用能减少;在换气过程中没有活塞推出功补充废气能量,并且废气中掺混有很多扫气空气,使涡轮前气体温度 T_r 降低,因而废气中的能量较少。

根据在废气涡轮中能量的利用情况,通常把废气的能量分成两部分:一部分是废气由压力

p_b 膨胀到 p_T 的膨胀能量 E_1，称为脉冲能，它是一种脉动的速度能，在排气管中以压力波的形式出现，在图 3-69 中为 b—4—e—b 所表示的面积；另一部分是废气由压力 p_T 膨胀到 p_0 的膨胀能 E_2，称为定压能（亦称势能），在图 3-69 中为 g—e—f—i—g 所表示的面积。e'—f'—f—e—e'是由于废气可用能（用 b—e—5—b 所表示的面积）的损失使废气温度升高而得到的可用能，当然，它远小于损失掉的可用能（用 b—e—5—b 所表示的面积）。

废气能量 E 是脉冲动能 E_1 和定压能 E_2 之和。能量 E_1 和 E_2 各在总能量中所占的百分数随着增压压力 p_k 的不同而不同。p_k 越低，则 E_1 所占的比例越大；p_k 越高，则 E_2 所占的比例越大。

（3）废气涡轮增压的基本形式

在柴油机的废气涡轮增压系统中，根据对废气能量利用方式的不同，涡轮增压可分为脉冲涡轮增压和定压涡轮增压两种基本形式，其他的增压方式都是由这两种基本形式演变和发展而来的。

①脉冲涡轮增压

脉冲涡轮增压在结构上的特点：把各缸排气支管经过分组后（一般每三缸为一组），与容积较小的排气管相连接，而后接到涡轮口，如图 3-70 所示。由于排气管容积较小，因此排气阀或排气口开启后，排气管中的压力因废气冲入而迅速提高，瞬间接近气缸的压力。此后，由于气缸和排气管的压差迅速减小，废气进入排气管的流速降低，加上排气管中的废气不断流入涡轮机，排气管中的压力又随之下降。这样就形成了脉冲压力波（排气脉冲波）。为了充分利用脉冲动能，要求排气管应短而细，而且弯头要少，通道要光滑、呈流线型，并使涡轮机尽量靠近排气口。

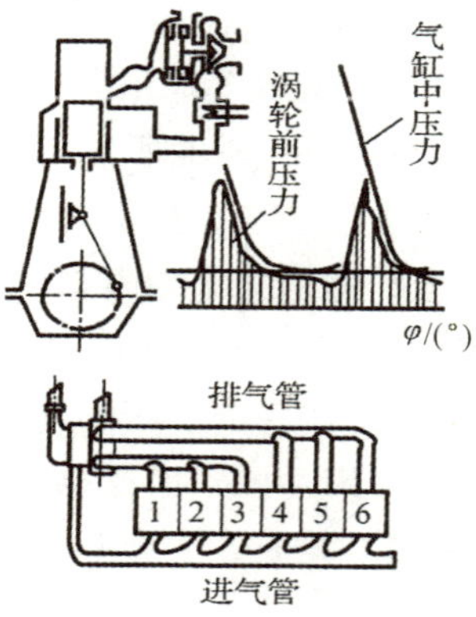

图 3-70　脉冲涡轮增压排气管分组

在多缸柴油机的脉冲增压系统中，如果各缸的排气均排入一根排气管，那就会产生扫气与排气的相互干扰，即当某缸进行扫气而相邻缸正好在排气时，排气压力波就会传到扫气缸的排气口处，使该缸排气背压升高，从而严重影响该缸扫气的正常进行。如果每缸各自向单独的排气管排气，虽然消除了各缸间的排气干扰，但是会使涡轮机供气间断，效率降低。这一问题必须依靠对排气管进行合理分组来解决。分组的原则是避免同组内各缸的排气与扫气互相干扰。排气管分组是脉冲增压所必须采取的措施。

根据上述分组原则，对于二冲程柴油机，完成一个工作循环需要 360°CA，而扫、排气延续时间可近似认为是 120°CA。因此，为使同一组内各缸扫、排气不重叠，必须保证排气间隔（即发火间隔）为 120°CA。这样，同一组的最多允许气缸数为 360/120＝3。在四冲程柴油机中，完成一个工作循环需 720°CA，排气时间约为 240°CA。同样，同组的最多允许缸数为 720/240＝3。由此可见，无论是二冲程柴油机还是四冲程柴油机，每组最多只能是 3 个气缸。如果多于 3 个气缸，排气就会重叠并产生干扰；如果少于 3 缸，虽然不会发生排气干扰，但是因为废气不能连续供给，涡轮机工作不稳定，损失较大。所以脉冲增压最适合于气缸数是 3 的倍数的柴油机。例如某二冲程 6 缸柴油机发火顺序为 1—6—2—4—3—5，各缸发火间隔角为 60°，则可把 1、2、3 缸分为一组，4、5、6 缸分为另一组。

一般来说，大型低速二冲程柴油机的脉冲增压系统采用多台增压器，而四冲程柴油机为使结构布置紧凑，往往只采用一台脉冲涡轮增压器。为了防止排气干扰，往往将废气涡轮的喷嘴环分隔开，采用多进口的布置方案。

②定压涡轮增压

定压涡轮增压在结构上的特点：将柴油机各缸的排气支管接到一根共用的容积足够大的排气总管上，而后将废气引入涡轮，如图3-71所示。由于排气管容积足够大，各缸排出的废气进入其中后迅速膨胀、扩散并很快稳定下来，只引起微小的压力波动。进入废气涡轮增压器的废气压力基本上是恒定的，所以这种增压方式使涡轮工作稳定、效率高。定压涡轮增压亦称等压增压。

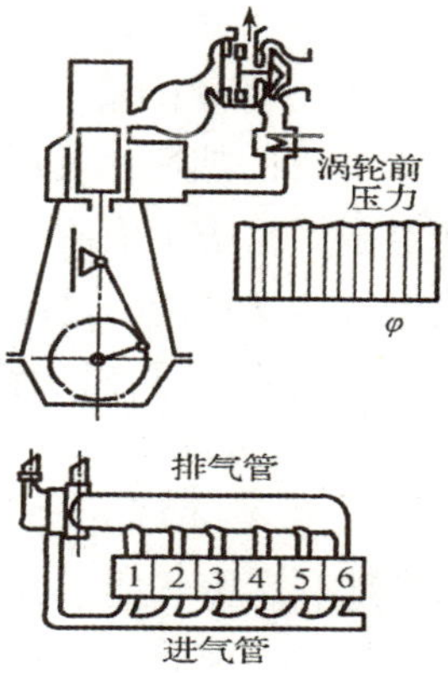

图3-71 定压增压排气共用一根排气管

③两种增压方式比较

A. 废气能量的利用

脉冲增压除了可以利用脉冲能 E_1（可利用40%～50%）外，还能较好地利用废气的定压能，故废气的能量利用增多。这有利于涡轮机和压气机之间的功率平衡。此外，扫气阶段正好是排气管中的低压阶段，扫气箱与排气管间压差较大，故有利于扫气，即使柴油机在低负荷时也是如此。而定压涡轮增压只利用了废气的定压能 E。虽然，E_1 这部分能量转化为相当于面积 $f—e'—e—f$ 的能量可以在涡轮机中利用，但它比 E_1 小得多，大部分脉冲动能 E_1 在节流中损失掉了。特别是当柴油机在低负荷运行或启动时，因定压增压利用的废气能量少，排气管压力低，使涡轮机发出的功率低于压气机所需的功率，增压器转速下降。因此必须另设辅助风机来满足低负荷或启动时的扫气需要，保证所需的增压压力和空气流量。所以，脉冲增压对排气能量的利用比定压增压要好，这是脉冲增压的主要优点。

值得注意的是，脉冲能和定压能在总能量中所占的比重是随着增压压力的变化而变化的。增压压力较低时，脉冲能在总能量中的比重较大，但随着增压压力的升高，脉冲能在总能量中的比重降低而定压能的比重相应增加。所以，在低增压时采用脉冲增压是有利的，而随着增压压力的逐渐升高，脉冲增压在能量利用方面的优势逐渐减弱。

B. 涡轮机的工作性能

在定压涡轮增压中，由于废气是在等压下进入涡轮机的，气流的压力和速度不变，涡轮机喷嘴环均匀进气，工作比较稳定，故涡轮机效率高；而在脉冲增压中，由于进入涡轮机的废气压力和流速是变化的，涡轮机喷嘴环是间歇地部分进气，工作不稳定，增加了损失，故涡轮机效率较低。显然，从这方面来看，采用定压增压是有利的。

C. 增压系统的布置

对于脉冲增压，为有效地利用废气的脉冲能，对排气系统的布置、构造和加工方面都有较严格的要求，如要求排气管尽量短而细，增压器应尽量靠近排气口等。这就给系统的布置带来了困难，排气管拆装和检修也不方便。此外，为了保证压力波峰通过时的流通能力，所需的涡轮机较大。定压增压排气系统的布置比较简单，只需装设容积足够大的排气总管，增压器的布置不受限制，也可以减少增压器的数量并且使用体积较小的增压器。

D. 管理上的要求

脉冲增压的增压器距排气阀(口)很近,并且气流脉冲冲击使得涡轮机叶片容易污损,活塞环碎片及燃气中的炭粒等容易损伤涡轮机中的零件。此外,脉冲增压对排气的定时和气口的清洁程度较敏感,而定压增压不存在上述问题。

E. 柴油机的加速性及低负荷性能

在定压涡轮增压柴油机中,由于排气管容积较大,在低负荷时排气管中压力低、能量小,涡轮机发出的功率不能满足压气机的需要。在加速时,排气管中废气压力建立比较缓慢,增压器跟不上柴油机的加速,出现较大的滞后,而脉冲增压柴油机由于排气管容积较小,不存在上述问题。因此,定压增压柴油机必须另设辅助风机来满足低负荷时的扫气要求。

综上所述,在不同的增压压力下应当采用不同的增压方式。在低中增压时,采用脉冲增压可以更多地利用废气能量,虽然在结构、管理、涡轮机效率等方面有缺点,但是与其优点相比还是可以接受的。因此,在这个增压压力范围内的柴油机绝大多数采用脉冲增压。随着增压压力的提高,定压能的比例也随之增大,脉冲增压在废气能量利用方面的优势不再,而在结构、布置、涡轮机效率等方面的问题突显。因此,在高增压时均采用定压增压,如目前 Surlzer RTA 系列柴油机、MAN B&W MC 系列柴油机,均采用定压涡轮增压。定压增压也是目前大型低速柴油机增压系统的发展方向。

④其他增压形式

从对定压增压和脉冲增压的分析比较中可以看出,定压增压的主要特点是废气在从排气阀(口)至废气涡轮的能量传递过程中损失较大,而在废气涡轮内做功的过程能量损失较小。脉冲增压则相反,废气从气缸出口至废气涡轮的能量传递过程中损失小,而在废气涡轮内做功的过程中能量损失大。特别是对气缸数不是 3 的整数倍的柴油机,排气管分组难以使同组中各缸排气和扫气互不干扰,而且废气供应不连续,致使涡轮机中进气和鼓风损失增大,涡轮机效率明显下降。随着增压技术的发展,出现了一些兼顾定压增压和脉冲增压优点并且可用于气缸数不是 3 的整数倍的柴油机的新的增压方式,如脉冲转换增压、多脉冲增压和模件式脉冲转换增压等。

模件式脉冲转换增压(Modular Pulse Converter),简称 MPC 系统,也称为单管脉冲增压,是近年来发展的一种新型增压系统,如图 3-72 所示。这种增压系统在布置上与定压增压系统很相似。它将排气支管做成倾斜且收缩形的喷管并与一段排气管相连,将此部件作为一个模件。将各管段连接起来,即形成一个整体,构成排气系统并与涡轮机连通。

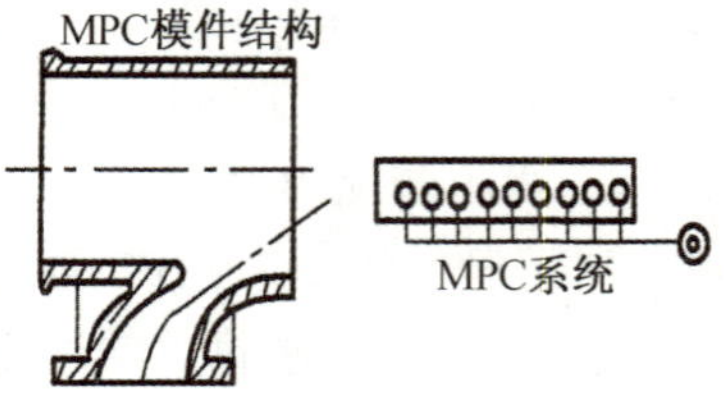

图 3-72　模件式脉冲转换增压

排气管的内径比等压增压的排气管尺寸要小。由于排气管直径较小,故排气脉冲动能损失较小。在气缸出口处由于各排气支管的引射,各缸的压力能变为动能,并迅速把它传给已在排气管中做高速流动的气体,使气体的速度不断增大以阻止产生的压力波动。在排气管的末端有一个扩压器,把气体的动能转变为压力能,而后进入涡轮机,保证涡轮机按定压工作。这种增压系统的排气管布置简单,又不受柴油机缸数限制,而且使柴油机的工作性能优于多脉冲转换增压系统,目前广泛用于大功率中速柴油机。

(4)废气涡轮增压器分类

通常,废气涡轮增压器有以下三种分类方式:

①按涡轮壳体是否进行冷却分为水冷式和非水冷式两种。水冷式涡轮增压器的涡轮壳体有水冷夹层,用以通水冷却,防止壳体向外散热及变形,从而保证轴承对中良好,使增压器稳定运转,大型涡轮增压器多采用水冷式。小型涡轮增压器则在壳体外面包扎隔热材料或不采取措施任其向外散热,大多是非水冷式的。

②按所采用的涡轮机类型分为轴流式和径流式两种。废气流经涡轮的方向为平行于转子的轴向流动方向称为轴流式涡轮增压器,船用大中型柴油机的涡轮增压器均为轴流式;而中小型柴油机多采用径流式涡轮增压器,即废气流经涡轮的方向为垂直于转子的径向流动方向。

③按轴承布置形式分为外置式轴承、内置式轴承、内外置式轴承和悬臂轴承四种。

(5)废气涡轮增压器的结构

废气涡轮增压器结构很多,船用柴油机中用得较多的是 ABB 公司制造的 VTR 系列增压器及 TPS 和 TPL 系列增压器,此外,还有 MAN B&W 公司制造的 NA、NR 系列增压器和 TCA、TCR 增压器,三菱公司生产的 MET 系列增压器。

图 3-73 所示为 VTR 系列增压器剖视图。它由左侧的离心式压气机和右侧的轴流式废气涡轮机组成。废气涡轮机的叶轮和压气机的叶轮装在同一根轴上构成废气涡轮增压器的转子,由两端的轴承支承。从增压器的外部来看,压气机部分主要由进气消音器和排气蜗壳组成,废气涡轮部分由废气进气箱和废气排气箱组成。压气机与涡轮增压器通过隔热墙隔开。

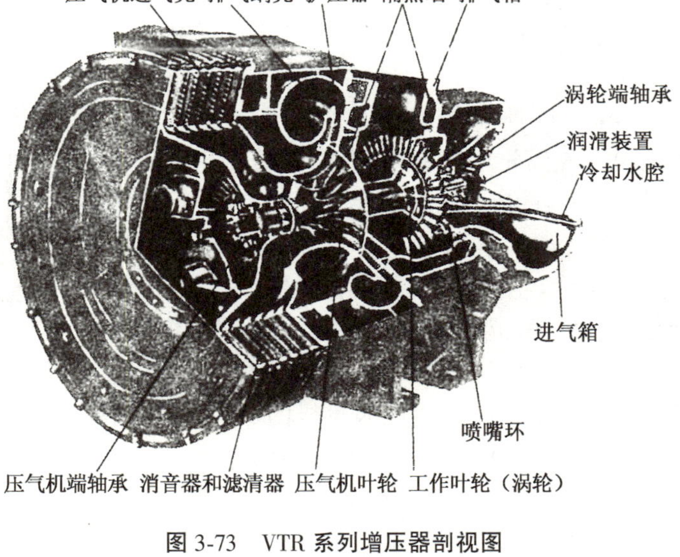

图 3-73 VTR 系列增压器剖视图

废气涡轮增压器的发展在 1978 年以前以增大增压比为主,而在 1978 年以后以提高增压器效率为主。目前,单级轴流式涡轮增压器的总效率已达 76%,增压比已达 5 以上。

①废气涡轮

废气涡轮是压气机的动力来源,它的作用是把柴油机的废气能量转变成驱动增压器转子旋转的机械功,从而带动压气机旋转。轴流式涡轮增压器主要由进气箱(蜗壳)、排气箱、喷嘴环、工作叶轮(涡轮)、导流器、隔热墙等组成,如图 3-73 所示。进、排气箱内腔用水冷却。进气箱与排气箱之间用螺钉紧固。进气箱右侧布置着轴承箱。排气箱下部装有增压器支架。柴油机排出的废气由进气箱下部引入涡轮机,由排气箱上部排出。隔热墙用绝热材料制成,避免废气对压气机叶轮和空气的加热。

A. 喷嘴环

喷嘴环由铸铁铸成的喷嘴内环、外环和耐热钢制成的喷嘴叶片组成，如图3-74所示。喷嘴叶片形成的通道从进口到出口呈收缩状，其作用是将柴油机排出的废气的压力能部分转变为动能，并使气流具有工作叶片所需要的方向。有的增压器采用可变喷嘴环，是为了提高废气利用率和保证在低负荷时增压器的工作效率。

B. 工作轮

工作轮由轮盘和工作叶片组成，工作叶片轴向安装在轮盘边缘的槽口中。叶根有榫形和球形两种，如图3-75所示。叶身为叶片的工作部分，其形状由气体流动情况决定，它沿着叶片的高度逐渐扭转。这是因为废气通过喷嘴进入叶轮时，其流动参数（压力和速度）的大小和方向等均沿着叶片的高度变化。为减少气流流过叶片时的能量损失，要求叶片的形状与沿叶片变化的气流参数相适应，以提高涡轮机效率。

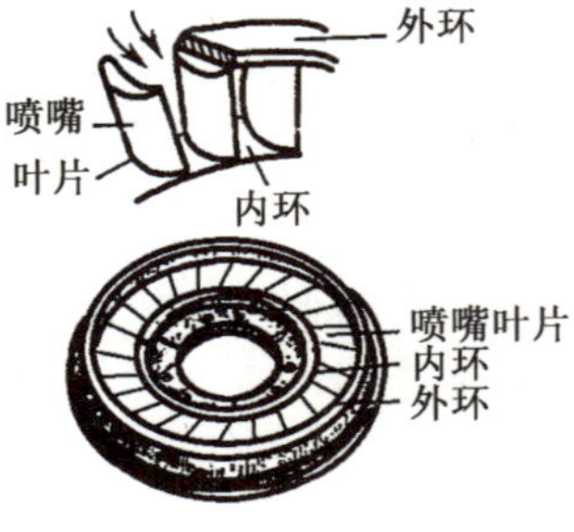

图3-74　喷嘴环

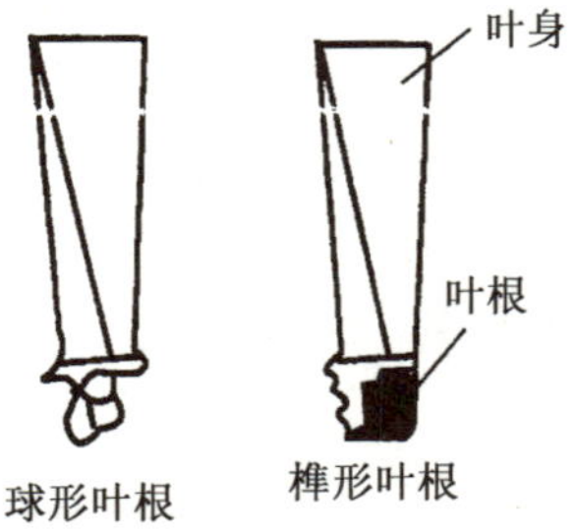

图3-75　工作叶片

在新型高增压比的废气涡轮增压器中，涡轮机的叶片由薄片型改为矮胖的桨叶型，使膨胀后的废气很少有尾迹，得以改善涡轮机性能，使其效率提高1%~2%，如图3-76所示。另外，由尾迹引起的激振减少，因而在叶片上取消了为减少叶片振动而设置的拉筋。此外，还常在涡轮工作叶片出口后面加装起导流作用的导流器，以增加涡轮叶片后的压力降，提高涡轮效率。

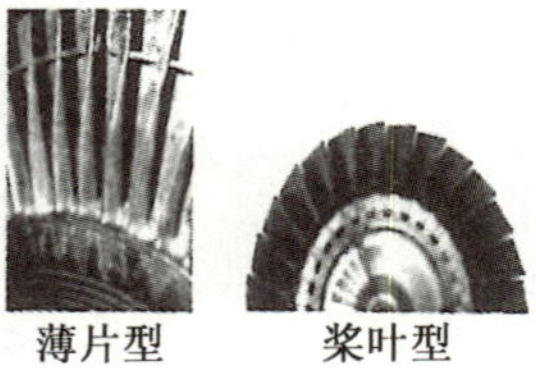

图3-76　工作叶轮

由一个喷嘴环与其后的工作叶轮组成涡轮机的一个级，仅有一个级的涡轮称单级涡轮。绝大多数增压器采用单级涡轮。

C. 废气涡轮

废气涡轮的工作原理如图3-77所示。当柴油机的气口或气阀打开时，废气经烟管、蜗壳流入涡轮的喷嘴环。具有一定压力 p_0 和温度 T_0 的废气以速度 C_0 流入喷嘴，在收缩形流道中膨胀加速，其压力和温度分别降低到 p_1 和 T_1，而流速升高到 C_1，部分压力能转变为速度能。从喷嘴出来的高速气流进入叶轮叶片间的流道时，气流被迫转弯。由于离心力的作用，气流压向叶片凹面而企图离开叶片凸面，使叶片的凹、凸两面间产生压力差。此压力差的合力即为作用在叶片上的冲动力 F_u。作用在所有叶片上的冲动力对转轴产生一个冲动力矩。

此外，因叶轮叶片的通道是收缩的，废气在其中继续膨胀加速，其流出叶轮的相对速度大于流入叶轮的相对速度。当气流在旋转的叶轮中流动时，因膨胀加速而给涡轮以反作用力，使得涡轮得到一个反动力矩。

冲动力矩和反动力矩的方向是相同的，叶轮就在这两个力矩的共同作用下回转。由于工

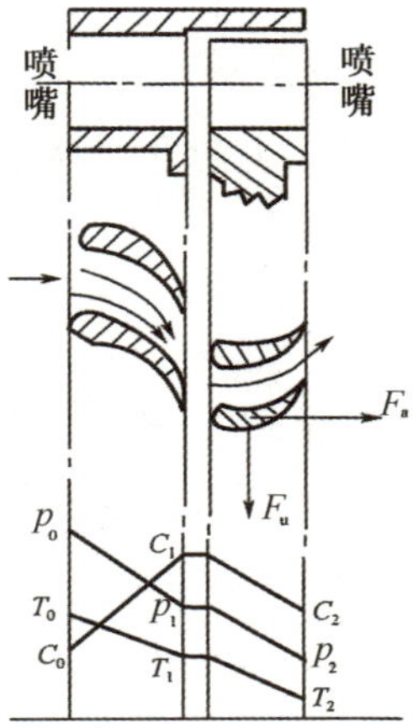

图 3-77 废气涡轮工作原理

作轮在高速气流作用下旋转并做机械功，故气流的温度、压力和绝对速度在工作叶片中分别从进口的 p_1、T_1、C_1 下降到出口的 p_2、T_2、C_2，燃气的热能和动能转换成叶轮的机械能。

在冲动力矩和反动力矩的共同作用下回转的涡轮机称为反动式涡轮机，只有冲动力矩者称为冲动式涡轮机，废气涡轮增压器多为反动式涡轮机。

气流在叶片流道中流动时除了产生旋转力（即冲动力）F_u 外，还产生轴向推力 F_a，使增压器转子朝压气机方向窜动，因此必须在压气机端装设止推轴承。

②压气机

压气机是废气涡轮增压器的增压元件，其作用是将吸入的新鲜空气进行压缩，增大它的压力和密度，最后送入气缸，从而达到增压的目的。废气涡轮增压器的压气机多采用单级离心式，主要由消音器、进气箱、压气机叶轮、扩压器、排气蜗壳等组成，如图 3-73 所示。空气从消音器滤网处进入。消音器中的空气滤网、导流环对空气起滤清、导流、吸音作用（导流环由吸音材料制成）。进气箱由内、外进气壳共同组成进气道，对吸入的空气起导流定向作用。进气箱的左侧布置着轴承箱。

A. 工作叶轮

工作叶轮是压气机的主要部件，有半开式和闭式两种，如图 3-78 所示。半开式径向叶轮由导风轮和工作叶轮组成。前弯的导风轮的扭曲方向和角度能适应气流进入叶轮的相对流动方向，使气流平顺地从轴向转到径向，减少进气流动损失。在工作叶轮上沿径向布置着直叶片，各叶片间形成气流通道。导风轮和叶轮可分开制造，也可一体制造，制造工艺简单，强度高，回转质量较小，允许有较高的轮缘速度，能获得较高的增压压力，一般用于大型高转速增压器。

与半开式叶轮所不同的是，闭式叶轮有封闭通道，避免了空气与静止的蜗壳间的摩擦，从而使叶轮的气流流动损失小，效率高。轮盖可以加强叶片的刚性，减少叶片的振动，但是质量增大，制造工艺变得复杂，目前较少采用，一般只用在中小型

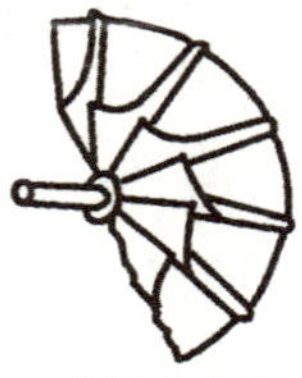

半开式叶轮

闭式叶轮

图 3-78 压气机工作叶轮形式

增压器中。

B. 叶片式扩压器由叶片和金属圆环平板组成

扩压器用螺钉固定在排气蜗壳上，其叶片间的气流通道呈扩张形，如图 3-79 所示。叶片环一般比圆环平板圈窄一些，形成无叶片的圆环段，同样起扩压作用（通常称为无叶扩压器）。一个工作轮与相邻的扩压器组成一级。

C. 压气机排气箱

压气机排气箱的主体是一个蜗壳状的管道，其流通截面由小到大，如图 3-80 所示。它一方面收集从叶片扩压器流出的空气，另一方面继续起着扩压作用。空气从蜗壳排出后经空冷器进入柴油机的扫气箱。

图 3-79　叶片式扩压器

图 3-80　压气机蜗壳

D. 压气机

压气机工作原理如图 3-81 所示。废气涡轮增压器的压气机一般都采用单级离心式压气机，由进气道、工作叶轮、扩压器和排气蜗壳组成。1—1、2—2、3—3、4—4 分别为上述各部件的交界面。

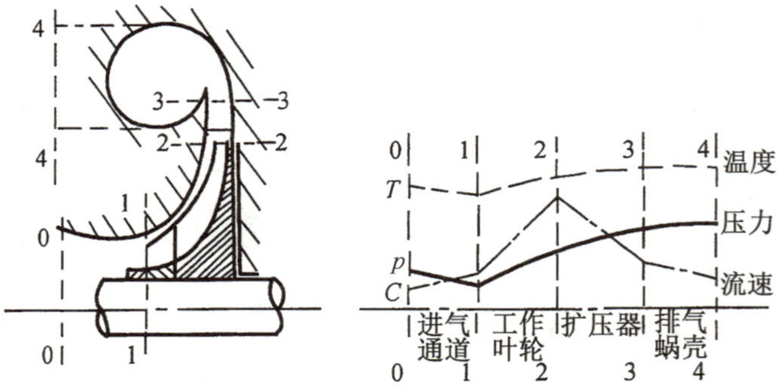

图 3-81　压气机工作原理

当压气机工作时，新鲜空气经进气道轴向进入压气机叶轮。由于通道的导流作用，气流能在最小的损失下均匀进入压气机叶轮。进气道是渐缩流道，在进气通道中，压力、温度略有降低，流速提高。正是因为压力降低，空气才被吸入工作轮。空气进入压气机叶轮后，随叶轮高速回转，产生离心力。这样，空气在叶轮叶片间随叶轮做圆周运动的同时，在离心力的作用下向叶轮外缘流动并被压缩。在叶轮中气体的流速、压力、温度都升高了，其中流速提高了很多。这是因为叶轮对气体做功，把叶轮的机械能变成了气体的动能和压力能。气体被压缩时也升高了温度。在扩压器中，流道逐渐扩大，使空气的动能转换为压力能，流速降低，压力升高。排气蜗壳除收集叶轮流出的空气外，还因其通道也是渐扩的，因而在空气流过时继续将动能转换为压力能。

在增压器中，涡轮发出的功率全部用于压气机的工作，两者之间的能量必须维持平衡。

③转子

压气机叶轮和涡轮机叶轮装在同一根轴的两端，构成增压器的转子，如图3-82所示。转子的工作转速很高，一般大型增压器的转速在10 000 r/min左右，而小型增压器的转速每分钟可高达数万转。因此，转子的平衡非常重要。对于直径较大的转子一般做成空心的，以减轻重量和提高临界转速。

图3-82　压气机叶轮和涡轮机叶轮转子

④轴承

废气涡轮增压器的轴承有滚动轴承或滑动轴承两种形式，按轴承支承转子的方式有外支承、内支承、内外支承和悬臂支承四种。

A. 外支承

外支承的两端轴承安装在压气机叶轮和涡轮的外侧，如图3-83(a)所示，在大型增压器中应用得较多。其优点是转子的稳定性好，便于密封（轴承离叶轮较远，轴向空间大），轴承受高温气体的影响较小，工作条件好。轴的中间轴颈较粗，转子支承轴颈的两端较细，使轴承有较低的表面切向速度，这有利于延长轴承的使用寿命，轴承更换也较方便。其缺点是增压器结构相对复杂，质量、尺寸较大，清洗涡轮较困难等。

B. 内支承

内支承的两端轴承在压气机叶轮和涡轮的内侧，叶轮两端悬臂放置，如图3-83(b)所示，主要应用于小型废气涡轮增压器中。其特点是质量较小，造价较低，轴向长度较短，维护保养转子较方便，但其油、水、气的密封布置较困难。有一侧的轴承很靠近涡轮端，因此其工作条件较差，更换轴承也很不方便，须先拆去叶轮后再更换。

C. 内外支承

内外支承的涡轮和压气机装在转子两端的同侧，转子用合金钢锻造，分左、右两段，压气机端半轴和带涡轮端半轴焊接成一体，如图3-83(c)所示。轴的中间部分造得较粗，以增加其刚性并减少弯曲变形。

D. 悬臂支承

悬臂支承的两个轴承布置在转轴的一侧，压气机和涡轮背对背地靠着布置在转子的另一侧，如图3-83(d)所示。其优点是减少了轮盘的摩擦损失，从而改进了综合效率。两个轴承均在冷的壳体内，轴承的工作条件好，但在设计时需要仔细地解决热传导、不同的线膨胀以及转子有较大的悬臂力矩等问题，要仔细地研究转子和轴承组合的动力特性。目前，悬臂支承已开始在大型废气涡轮增压器上使用。

E. 滚动轴承

滚动轴承（俗称弹子盘），具有摩擦损失小、加速性能好等优点，适用于高转速，如图3-83(e)所示。但其构造复杂、使用寿命短，使用后无法修复。润滑采用自备的齿轮油泵供油或甩油环飞溅的润滑系统。转子的热膨胀自由端放在涡轮一侧，为单排滚动轴承；推力轴承放在压气机一端，为双排滚动轴承，以承受轴向推力。两端轴承都装有轴向和径向减振弹性片。ABB公司生产的VTR系列增压器多采用滚动轴承，并用外支承方式。

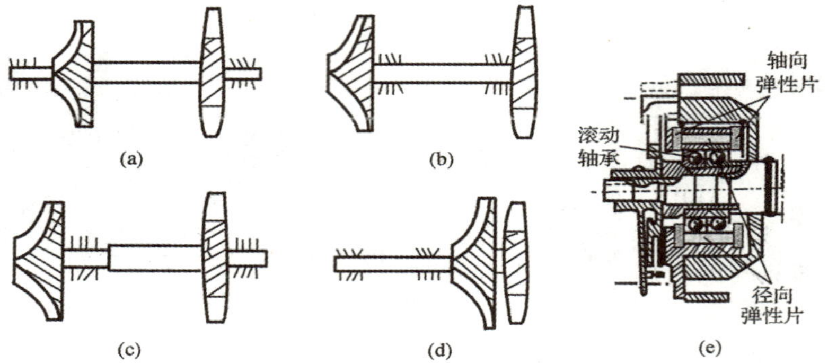

图 3-83　增压器转子支撑方式

F. 滑动轴承

滑动轴承结构较简单。浮动式轴瓦在工作时会产生挤压油膜,具有对转子的不平衡敏感性低、振动噪声小、使用寿命长等优点。由于滑动轴承的摩擦损失较大,所需滑油循环量很大,滑油还需进行冷却,因此轴承的滑油是强制循环的。一般滑油可单独使用或与主机同一系统共用。MAN B&W 公司生产的增压器一直使用滑动轴承,ABB 公司新开发的 TPL 和 TPS 系列增压器也使用滑动轴承。

无论采用何种轴承,都要考虑留有轴在受热膨胀后的余地。一般把自由端留在涡轮侧,热膨胀时可以向涡轮端外侧膨胀。涡轮和压气机的轴向推力是朝向压气机一侧的,因此在压气机轴端装有翻边推力轴承或止推块来承受轴向推力。

⑤气封与油封

废气涡轮增压器的密封装置有气封和油封两种,如图 3-84 所示。气封的作用是防止压气机端的压缩空气大量泄漏和涡轮端的燃气泄漏。压气机端的压缩空气大量泄漏使增压器效率降低;涡轮端燃气泄漏造成涡轮功率下降,高温燃气漏入轴承箱污染滑油和损坏轴承。

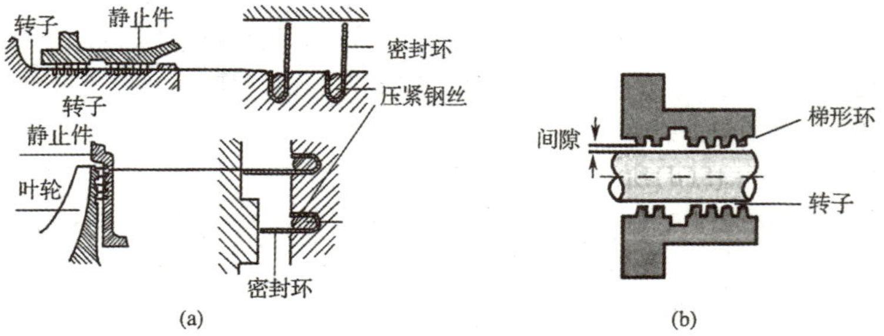

图 3-84　气封和油封

气封和油封一般采用迷宫式密封(或称曲径式密封),气体经过迷宫式密封多次节流后,压力下降,因此流过的气体很少。在气封处,还需通过通道或空气管引入增压空气以提高密封效果。在转子左、右两端的油、气封之间通过通道与大气相通。小型增压器一般采用活塞环式密封装置。

(6)典型增压器的特点

①VTR 系列增压器

VTR 系列增压器的效率及增压比范围如图 3-85 所示。ABB 公司制造的 VTR 系列增压器在船舶柴油机中得到了广泛的应用。VTR 系列增压器有 0、1、4、4A、4D、4E 及 4P 等系列产品。

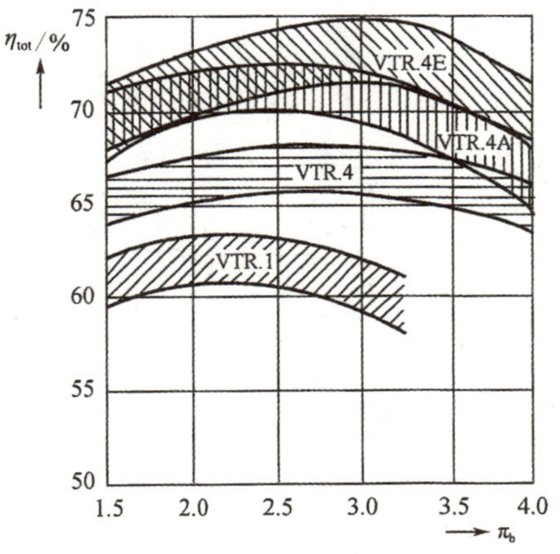

图 3-85　VTR 系列增压器的效率及增压比范围

图 3-86 所示为 VTR. 4 增压器,由左侧的单级离心式压气机和右侧的单级轴流式涡轮增压器组成。涡轮机叶轮 29 和压气机叶轮 25 装于同一根轴上构成废气涡轮增压器的转子。由采用外支承式的滚动轴承 32 和 33 支承。为承受轴向推力,在压气机端采用了双排滚动轴承。轴承封闭在轴承箱中,由增压器自带的专门滑油泵 47、48 润滑。

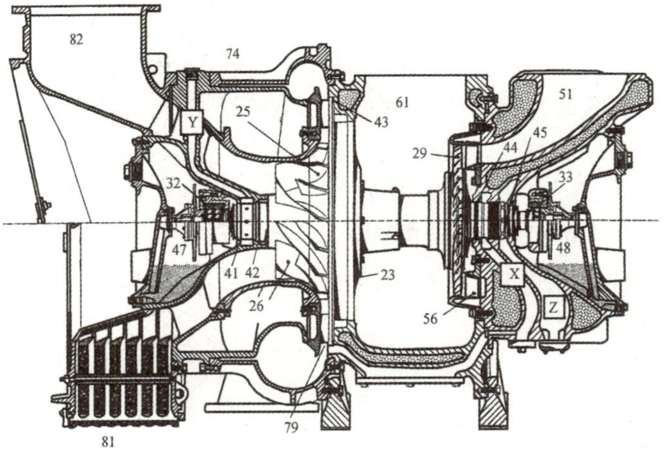

图 3-86　VTR. 4 增压器(节选)

23—隔热墙;25—压气机叶轮;26—压气机导风轮;29—涡轮机叶轮;32,33—滚动轴承;41,45—油封;42,43,44—气封;47,48—滑油泵;51,82—进气箱;56—喷嘴环;61—排气箱;74—排气蜗壳;79—扩压器;81—消音器

废气涡轮由涡轮进气箱 51、喷嘴环 56、涡轮机叶轮 29、隔热墙 23、排气箱 61 等组成。进、排气箱内腔用水冷却。进气箱与排气箱之间用螺钉紧固。进气箱 61 右侧中心布置着装有滚动轴承 33 的轴承箱。排气箱下部装有增压器支架。柴油机排出的废气由进气箱 51 引入涡轮,由排气箱 61 上部排出。隔热墙 23 用绝热材料制成,避免废气对压气机叶轮和空气的加热。当柴油机排出的废气经进气箱 51 流过喷嘴环 56 时,喷嘴环将废气的压力能部分转变为

动能,使气流具有工作叶片所需的方向。高速流动的气流进入工作叶轮的叶片通道,其中一部分能量转变为机械功,最后经排气箱排往大气。

压气机主要由进气消音器 81、进气箱 82、压气机叶轮 25、扩压器 79、排气蜗壳 74 等组成,由同轴的涡轮机带动,当压气机被驱动时,空气从消音器 81 滤网处进入。消音器 81 中空气滤网、导流环对空气起滤清、导流、吸音作用。进气箱由内、外进气壳共同组成进气通道,对吸入的空气起导流定向作用。进气箱的左侧中心布置着轴承箱。工作叶轮是压气机的主要部件,它是由前弯的压气机导风轮 26 和半开式压气机叶轮 25 组成的,两部分制成整体装在转轴上,在这里将吸入的新鲜空气压缩,提高其压力和温度并使流速提高送入有叶扩压器 79。有叶扩压器用螺钉固定在排气蜗壳 74 上。空气从排气蜗壳排出,经空冷器冷却后进入柴油机的扫气箱。

为了防止燃气、空气和滑油泄漏,在轴承箱的内侧装有油封 41、45,在叶轮两侧装有气封 42、43、44。气封 44 处由排气蜗壳 74 经通道 X 引入增压空气,增强气封效果。在转子左、右两端的油、气封之间通过通道 Y、Z 与大气相通。

② TPL 系列增压器

TPL 增压器是 ABB 公司专为二冲程柴油机设计制造,具有较高的效率和较大的增压比,配机功率可达 500 kW 以上。与 VTR 系列相比,其最大的不同是该增压器使用内支撑滑动轴承结构,轴承的使用寿命可达 35 000 h,可使常规检修间隔期延长,更易检修、保养,与 VTR.4 相比零部件数量更少(只有 VTR 系列的 1/4),在无须拆除废气涡轮端的情况下,可从压气机端拆出轴承、转子、喷嘴环、涡轮及扩压器。

TPL 系列增压器离心式压气机由铝合金整体叶轮、前弯式导轮与部分后弯式叶轮整体制成,叶片特别是叶尖部位厚度减薄,而叶轮直径增大,压气机效率达 87%。专用于定压增压的轴流式涡轮通过采用短胖的宽翼叶片、无减振拉筋来提高涡轮机效率。内置式的浮动轴承,具有良好的对中性,还采用了专利轴承技术,实现了挤压油膜式减振功能。专为承受高负荷、高转速的运行工况而设计的可自由浮动的止推轴承为一圆盘结构,具有倾斜补偿、磨损少等特点。滑油的进口和出口均位于底部并与柴油机滑油系统共用,还设有重力式的应急供油系统,结构坚实,固有频率高,采用整体式消音器,隔热、隔音设计较好。增压器虽为非水冷式,但其表面温度仍可保持较低。

③ NA 系列增压器

MAN B&W 公司制造的 NA 系列增压器分为 NA/S 和 NA/T 系列,两者的主要差别是 NA/S 系列的转子轴承箱无冷却,NA/T 系列的转子轴承箱用水冷却。现在新型的 TCA 系列已经开发成功,它是在 NA 系列的基础上进一步改进而成的。NA/S 系列增压器的结构特点与 VTR 系列的 TPL 增压器相似。

4.2 增压器拆装

拆装增压器前必须熟悉增压器的内部结构(例如涡轮和压气机的结构轴承类型、支承方式以及润滑方式和冷却方式,叶轮和主轴的连接方式和配合性质,各零部件的相对安装位置及其间隙等),认真阅读说明书,掌握其拆装顺序和要求。

在进行拆装时要正确使用专用工具,一定要按照拆卸顺序和要求进行,不能破坏零件原有的精度和表面粗糙度，各零件拆卸时必须标上装复记号，组装时工作面应清洁、抹油，严格控制装配间隙，按说明书的规定进行检验和调整。一般在船上拆装增压器，无须拆卸增压器壳体，维护工作主要是轴承的检查和转子的清洁工作，其他修理一般送厂进行。以下为 VTR 630 增压器的拆装维护过程。

(1)增压器轴承拆装

①拆装压气机端或涡轮端的轴承

两端轴承的拆卸基本相似，以下介绍压气机端轴承的拆卸方法。

A. 拆下放油塞，放净滑油。拆下轴承盖。拆卸螺钉、垫片、定位销、锁紧钢丝，拆下油泵托架等，在拆卸托架前可用千分表检查轴的径向跳动量，如图 3-87 所示。

B. 将固定转子的专用工具(锁板)套在导栓上，用螺钉固定在支承圈上。用专用扳手将脱锁的螺帽旋出，取出油泵，如图 3-88 所示。

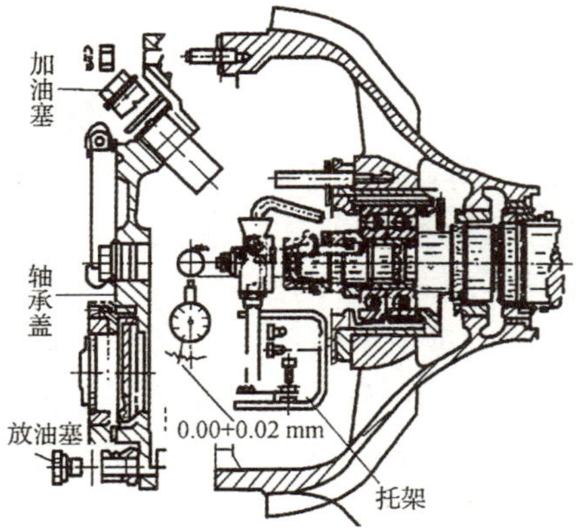

图 3-87　拆卸轴承盖、测量跳动量

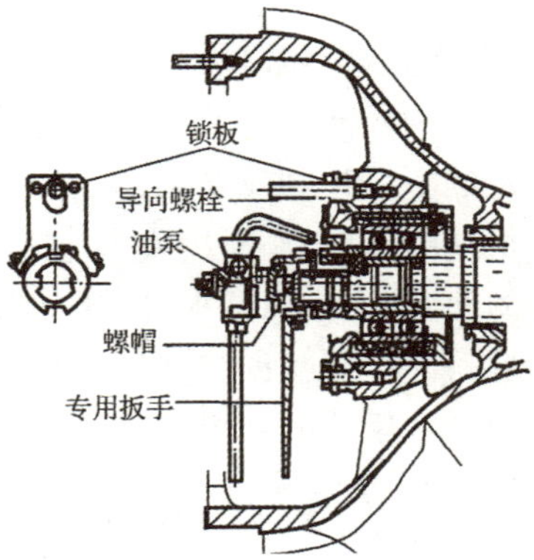

图 3-88　套上锁板、取出油泵

C. 用专用套筒扳手拆下环形螺母，如图 3-89 所示

卸下锁板和支承圈。拆下固定轴承总成的螺钉。

注意：不要拆动导向螺栓，因为轴承组的正确位置由它决定。

D. 将专用拉马旋到内轴承套上，拔出轴承总成，如图 3-90 所示，用蜡纸包好以免脏污。

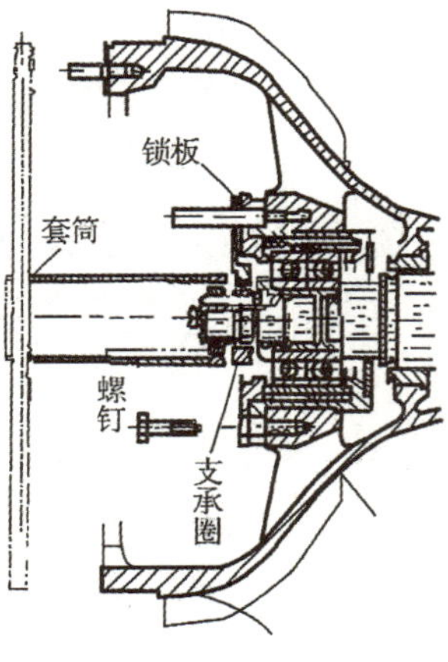

图 3-89　用专用套筒扳手拆下环形螺母

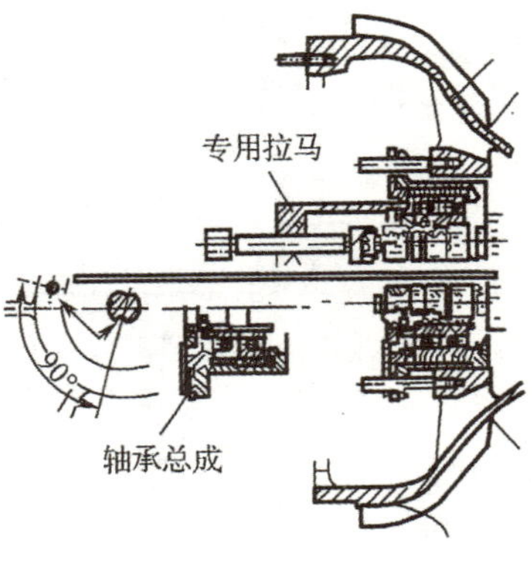

图 3-90　拔出轴承总成

安装轴承时,按图示的反方向进行。在重新安装前应把轴承箱清洁干净。更换由厂方调整合格的轴承。安装自带泵前应检查轴线。环形螺母上紧时应先上很紧直到轴承组完全入座并使轴上的凸肩相靠为止,然后把它松开再上紧到中等程度。所有螺母应仔细地锁紧,损坏的应换新。两端轴承安装后,应测量压气机端的 K 值,使之符合要求(一般在轴承盖上给出数据)。

②滚动轴承检查

增压器轴承是在高温、高速和轻负荷条件下工作的,必须保证转子安全、可靠地高速回转。轴承的可靠性对增压器和柴油机正常运转均有极大关系。保证轴承在工作条件下可靠运转,除了保证轴承的结构设计、材料和制造等满足要求外,使用中良好的维护管理也是至关重要的。滚动轴承累计工作时间达到 8 000 h 左右时应成套更换。

A. 清洁轴承和轴承壳,可用煤油清洗,切记不可用汽油(会使零件生锈)。

检查轴承,各零件应无损伤、腐蚀、裂纹,轴承内外套应无松动等缺陷。滚动轴承在工作时应转动灵活、无异常声音、无过热。

检查轴承的径向弹簧片。带孔的弹簧片间应有 0.25~0.55 mm 的间隙,用以减轻径向振动。减振片的整片弹性应均匀,无咬毛、过度磨损和断裂等缺陷,如有上述缺陷应换新。

压气机端的轴向弹簧片安装在轴承的前后端处,由数个薄钢片组成,片间有 0.13~0.18 mm 的间隙,除用以减振外,还具有调整和确定转子轴向位置的作用。

涡轮端只有径向减振弹簧片。径向弹簧片若已损坏,绝不可随意互换,同一组中的弹簧应全部更换由厂方供给的经校准过的整组减振片,以保证正确的轴承径向间隙。安装径向弹簧片从里至外,第一片是 0.5 mm,然后是其他不同厚度的,对不同型号的增压器可每 2 片或每 3 片将端部交错 180°,端部至少要有 3 mm 的空隙,绝不可把弹簧片的两端叠在一起。弹簧片边缘的凸部应进入定位凹槽中。

B. 测量压气机端轴承组的轴向位置。组装的轴承组,用专用量规和塞尺检查滚动轴承的轴向位置,如图 3-91 所示。应使专用塞尺薄的一端可以插入,而厚的一端插不进去,否则可把装于轴承两端的轴向弹簧片对换,加以调整。

C. 最后将挡油圈用六角螺钉均匀拧紧,用锁紧线锁紧,如图 3-92 所示。

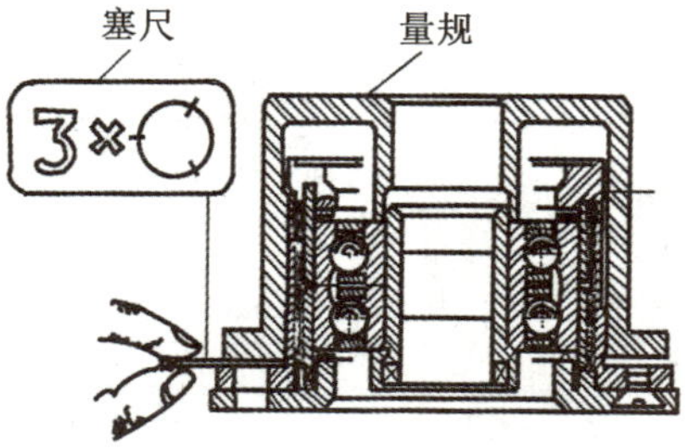

图 3-91 测量压气机端轴承组的轴向位置

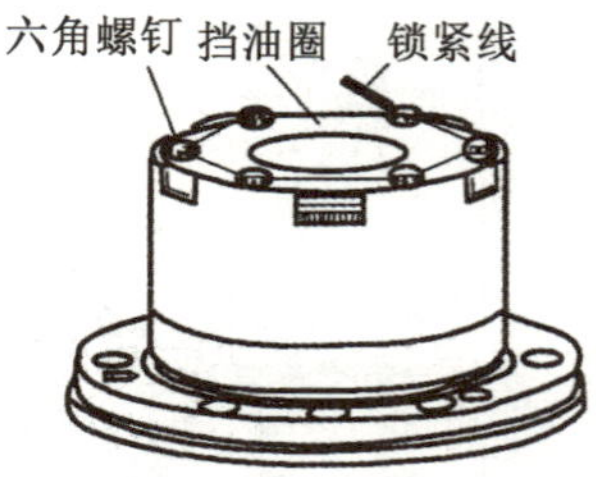

图 3-92 锁紧轴承

D. 预测滚动轴承径向间隙。将预装好的轴承总成装于专用工具上,轴承内套插入假轴,扳紧螺母,在轴承外套一边安置好百分表。将图 3-93 所示的左侧的调节螺钉完全松开,右侧的调节螺钉拧紧,调节百分表使其预紧 1~2 mm 并调零。然后将右侧的调节螺钉完全松开,左侧的调节螺钉拧紧,读出百分表的读数增量即为轴承总间隙(径向减振片间隙与轴承径向游隙之和)。

E. 预测滚动轴承轴向间隙。将假轴置于工具上,然后使用压板及调节螺钉把轴承壳固定在专用工具内。在内套一侧安装好百分表,采用与上述相同的操作,便可从百分表中读出轴承的轴向总间隙,如图 3-94 所示。若上述所测间隙不符合规范要求,允许适当地调整径向减振片或轴向减振片的厚度。

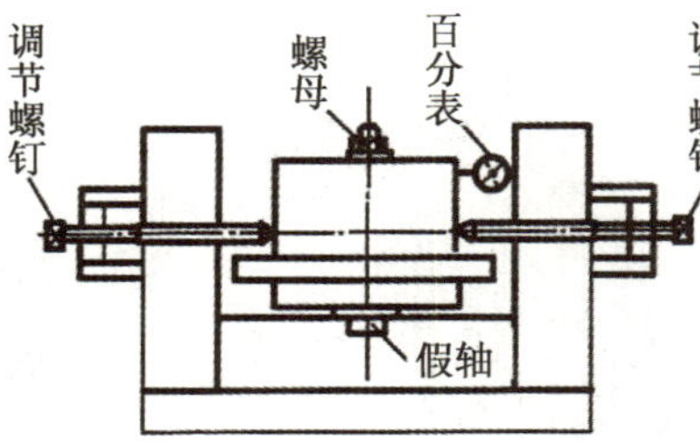

图 3-93　预测滚动轴承径向间隙

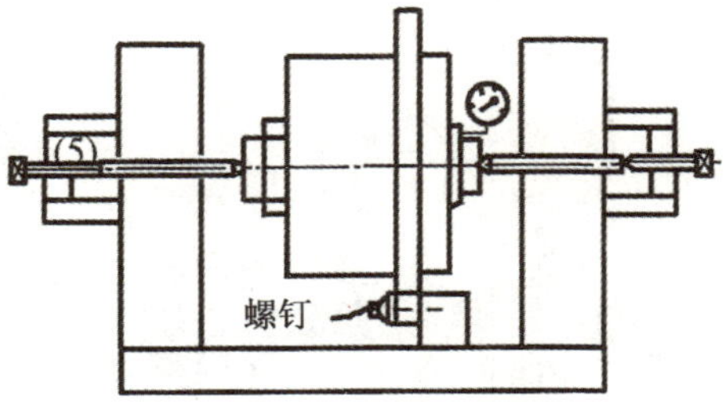

图 3-94　预测滚动轴承轴向间隙

(2)增压器转子拆装

①拆装

在船上拆装增压器的转子时,一般不将增压器从柴油机上拆下,在将消音器及两端的轴承组拆下后,使用专用工具将转子从压气机端抽出。整个拆卸过程要保护好转子及有关部件,特别是压气机叶轮和涡轮及气(油)封等,避免发生碰撞、擦伤等现象。具体步骤如下:

A. 拆卸进气壳,如图 3-95 所示。将压气机端导管和延长管套在一起并旋在压气机端的轴上。将导套装于进气壳的轴承孔中并固定住。把装有杆的支架装到进气壳上并用空缝销钉定位。把锁块(能限制进气壳拆卸时的轴向位移量,防止发生意外)装到延长管的端部,在延长端选用木块做好临时支撑的准备。在涡轮端装上轴向夹持器并固定到导板上,以防止转子轴在拆卸进气壳时发生轴向移动。

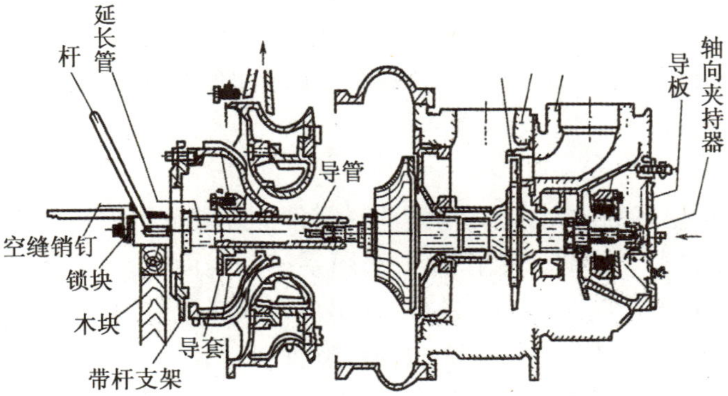

图 3-95　拆卸进气壳

拆除固定进气壳的螺钉,均匀地用螺钉将其顶开。顶出后用带杆支架把进气壳拔出。拆除延长管和导管后,卸下进气壳。

B. 抽出转子,将压气机端导管重新装到轴上,如图 3-96 所示。将带支架导轨装到排气蜗壳上,调节转子位置,使在抽出转子的过程中能有效地保护好转子和有关部件。把导管旋到涡轮机端的轴上,装上带锁块的延长管。上述工作完成后,可利用顶头螺钉把隔热墙从排气蜗壳上顶出。推动转子向压气机一端滑动直到与轴保护套靠紧。用螺钉把三个木隔块固定在隔热墙上以保护端部气封。

转子滑出后,用绳索把转子吊住并在压气机端用木垫支撑,如图 3-97 所示。卸去拆转子专用工具和导管,继续拉出转子直到锁块和导板相接触时为止。用绳索在隔热墙处和轴保护套处把转子挂住,拆下管子和导管,把转子完全拉出来。

注意:抽出的转子长期存放时应立放于木墩上。

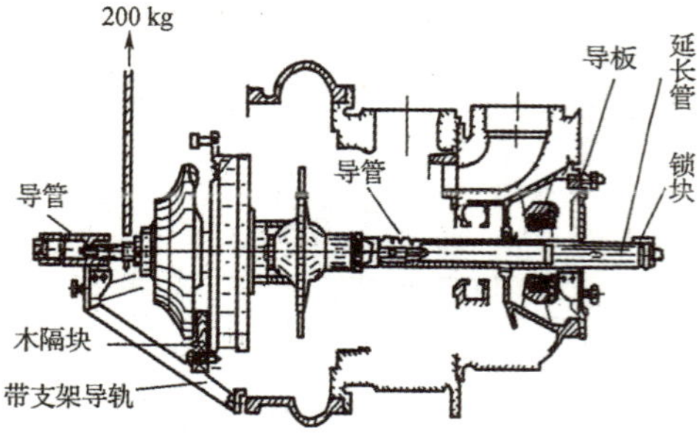

图 3-96　套上延长管

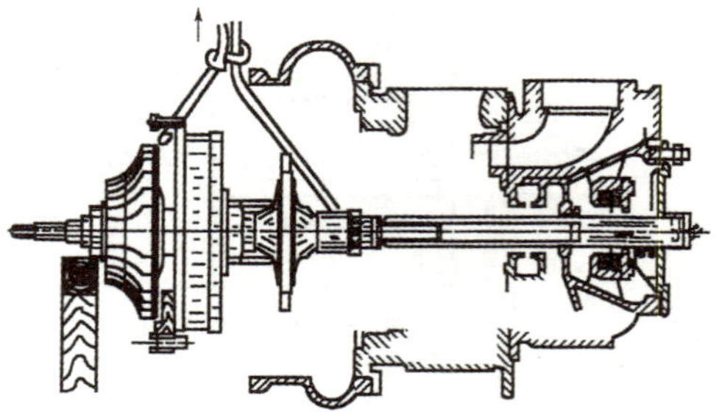

图 3-97　拔出转子

待清洗、检查各部件后(后述),装回转子。安装时按与拆卸相反的顺序进行,并注意隔热墙的定位导销安装位置应正确,它决定了隔热墙在排气蜗壳上的位置。

②清洗

拆卸分解后和装复前对所有零件均应仔细清洗,清除积炭、油污,包括拆装用的各种工具、专用工具等务必干净。

A. 应使零部件在油、洗涤剂中浸泡(注意:不允许使用有腐蚀性的洗涤剂)。待污垢松软后用毛刷、塑料刮刀等软质器具清洗铲刮铝质或铜质零件上的积垢。

B. 清除涡轮壳水空间的污垢。

C. 密封空气通道和平衡通道必须清洗干净并用压缩空气吹通。

D. 一般在涡轮端的侧壁上有较厚的积炭,必须彻底铲除。

E. 若用蒸汽冲击清洗,须将轴颈部位等表面加以保护,之后用压缩空气对所有零部件进行清理吹净。

③检查

注意:为便于分析损坏的原因,应在清洗前对零件的外观进行检查。

A. 检查轴和涡轮叶片。在转子工作轴颈上用手摸其表面,应感觉不出明显的沟槽迹象。观察叶片进出口边缘有无弯曲和断裂迹象;叶片出口边缘有无裂纹和卷边毛刺;涡轮叶背有无碰擦现象。检查装于转子上的气封片有无碰伤或裂纹。

叶片的损伤主要是由碰撞引起的叶片变形、裂纹和断裂。涡轮叶片变形主要是异物撞击所致。如吊缸检修,由于粗心使工具等物特别是尺寸不大的工具或螺帽等遗留在气缸中或者活塞环折断后的碎块,甚至由于安装不良使喷油器头部落入等。当柴油机运转时,这些异物被排气自排气口吹至排气管和增压器涡轮进气壳,这些高速飞来的异物冲破废气进口处的金属隔栅进入涡轮,与高速回转的涡轮叶片相撞击,轻者使叶片变形、裂纹,重者造成叶片折断,并随之碰撞其他叶片导致涡轮叶片的大部分乃至全部损坏。

对叶片的损伤一般做如下处理:

a. 叶片变形。检查有无裂纹存在，如有裂纹，换新。海上条件下更换叶片不便时，可将断叶取出并将其对称位置的叶片取下，以保持转子的动平衡性，减少增压器的振动。如叶片有轻微变形可进行冷校。

b. 压气机叶轮叶片的弯曲变形。如果是钢质的，加热矫正；如果是铝质的，换新。涡轮叶片凹面上的撞击伤痕等少量缺陷允许修磨；磨去深度不得超过相应部位叶片厚度的1/6，磨去的面积符合规定要求。叶片的上、中部区域内的一般性缺陷允许焊补修复（详见CB/T 3563—1994）。

c. 涡轮叶片的腐蚀。较浅（<0.2 mm）时，用砂轮、砂纸打磨；较深时，换新。

注意：增压器的转子或叶片经修理或换新后均应进行动平衡试验，使之符合要求。

B. 检查喷嘴环。有无碰擦情况，有无损伤、变形和裂纹痕迹等。

C. 检查扩压器。有无碰擦情况，有无损伤、扭曲变形等。

D. 检查隔热墙。观察与压气机叶轮背部以及涡轮叶轮背部相邻的表面有无擦痕或积炭现象。

E. 检查压气机壳及涡轮壳。各壳体上圆弧部分有无碰擦情况或被异物擦伤的痕迹。注意观察各流道表面上的油污沉积程度，分析引起上述不良情况的原因，注意有无腐蚀和穿孔现象。

F. 检查与矫正气封片装置。良好的密封装置能保证废气涡轮增压器工作可靠。密封装置的损坏，大多是由在增压器拆装过程中不慎碰伤密封带、增压器运转中的剧烈振动、安装间隙不符合要求等造成的。

密封带顶部有较轻的弯曲变形时，可用平尖嘴钳将其夹直校正；损伤严重时则应换新密封带和压紧丝。更换新的气封片一般在工厂里进行。在船上，若损坏的气封片较少，可按增压器说明书中规定的要求和步骤进行。

a. 用弯头凿子先将旧气封片的压紧丝铲出一个头，再用钳子夹住此头，用力顺势把压紧丝拔出即可将气封片取下，如图3-98所示。拆装时，注意不能伤及气封槽岸。清洁转子轴面和气封片槽沟。

图3-98 取下压紧丝

b. 准备并清理好新气封片，将气封片的一端和压紧丝一起嵌入气封片槽中（应能轻松嵌入），如图3-99所示。若气封片的U形端挤压在一起，应使用专用开气封片器把它弄开。如果气封片的U形端张开太大，可用方形小木块轻轻地将其打扁后（不可打得变形），再嵌入槽中。之后用叉头冲子顶着压紧丝，用200 g小锤均匀地轻轻敲打压紧丝，在此过程中不要在同一部位敲打2次以上，防止因反复敲打使压紧丝变形、伸长而松弛，起不到压紧气封片的作用。压紧丝要有足够的紧度，一般认为压紧10 mm后用10 kg的力才能拉动压紧丝为合适。当压紧丝在槽中即将嵌满一圈时，仔细量剪气封片的长度，使两接头处留有1 mm的间隙，以备其自由膨胀余量，并用锉刀修整。每道气封片的搭口与上下相邻的搭口都应错开一定位置。

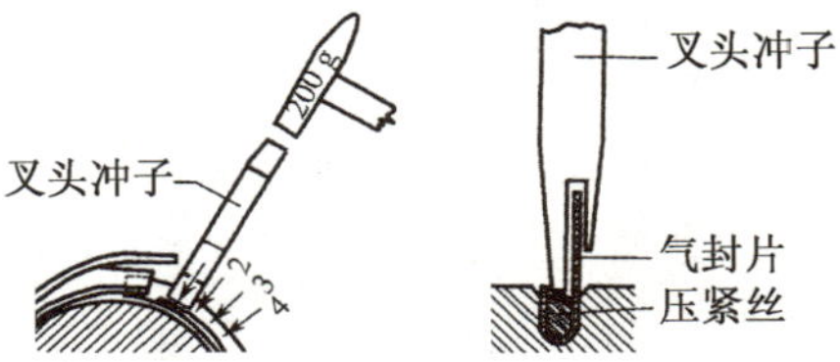

图3-99 嵌入压紧丝

c. 在车床上加工轴承里应加工到说明书规定的尺寸，以保证气封装置与轴孔间的间隙。上车床车削时，控制转速以气封片的线速度为 1 m/s 为好，车刀刀尖应低于轴中心约 1 mm，以免振动，如图 3-100 所示。

(3) 增压器装配间隙检查

增压器是高温下高速回转的精密机械，为了保证正常运转，必须严格控制运动部件与固定部件之间的配合间隙。间隙太小，引起擦碰，如叶片与壳体、密封装置与壳体相碰，轻者损坏零件，重者造成严重的事故；间隙太大，漏气损失增大，增压器的效率大大降低。

当增压器检修、更换零件后，对图 3-101 所列的装配间隙进行测量检查。

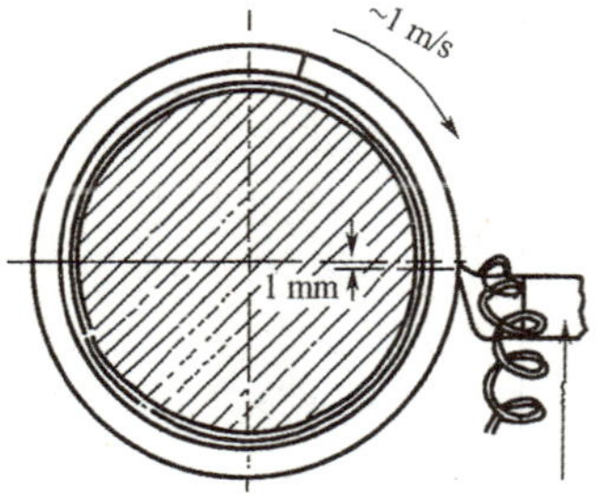

图 3-100　在车床上加工轴承

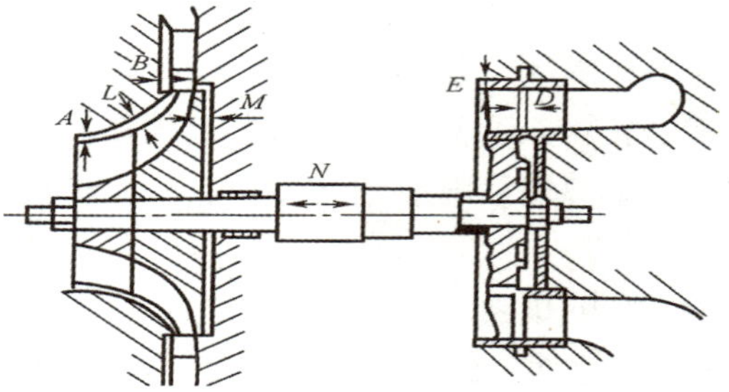

图 3-101　测量装配间隙

间隙 *A* 为压气机端导风轮与壳体的径向配合间隙。

间隙 *B* 为扩压器与壳体的轴向间隙。

间隙 *L* 为压气机叶轮与壳体之间的间隙。

间隙 *M* 为压气机叶轮背面与气封板之间的轴向间隙。

间隙 *D* 为轴流式涡轮叶片与喷嘴叶片之间的轴向间隙。

间隙 *E* 为轴流式涡轮叶片与喷嘴外环之间的径向间隙。

N 为转子轴向窜动量，或者说是转子轴向热膨胀量。

以上各间隙随机型而异，具体数值在增压器说明书中均有明确规定。

注意：拆装时，转子轴上的运动部件均有确定位置，不可改动，轴上的零件也不允许随便更换，以免破坏动平衡精度和与固定部件的配合间隙。

(4) 增压器的校中

根据推力轴承处的轴向间隙和压气机叶轮前后与壳体的间隙 *L* 和 *M* 的测量结果进行调整，使之符合说明书的技术要求，这就是增压器的校中。总装后，检查运动部件与固定部件之间的相对位置是否正确，特别是压气机叶轮在壳体中的位置，但只有在增压器检修更换零件后才能进行。校中检验一般分为粗检和精检。

①粗检是用手盘动增压器转子使之回转，倾听转动时有无擦碰的声音。如果有擦碰现象，说明转子对中不良，应查明原因予以消除。

②精检是在粗检合格后采用测量方法进行校中检验，方法如下：

A. 测量 *N*。放尽滑油后，取下增压器两端的轴承盖，分别在转子轴的左、右端施以轴向推力，使转子轴分别处于左、右两个极端位置，分别测出转子轴端面与压气机壳体端面之间的距离 K_3、K_4 值，则 $N = K_4 - K_3$，如 VTR 630 型增压器的止推轴承轴向间隙 $N = 0.17 \sim 0.23$ mm。

B. 为测量压气机叶轮前后的间隙 *L* 和 *M*，先使转子轴恢复到不受轴向力作用的状态，测量出转子轴左端面至压气机壳体端面的距离 K,如图 3-102 所示。

C. 测量 L。将压气端的轴承紧固螺钉旋出约 5 mm。在涡轮端的转子轴上装一吊环,施一轴向推力,使转子轴向左移动,间隙 L 消失,测量转子轴左端面至压气机壳体端面的距离 K_1,则压气机叶轮前方与壳体之间的间隙 $L=K-K_1$,如图 3-103 所示。如 VTR 631 型增压器的 $L=1.055\sim1.665$ mm。

D. 测量 M。将压气机端的转子上两个螺母及甩油盘拆下。将转子轴向右拉动,使间隙 M 消失,测量转子轴左端面至压气机壳体端面的距离 K_2,则压气机叶轮背面与气封板之间的间隙 $M=K_2-K$,如图 3-104 所示。如 VTR 631 型增压器的 $M=0.275\sim1.185$ mm。

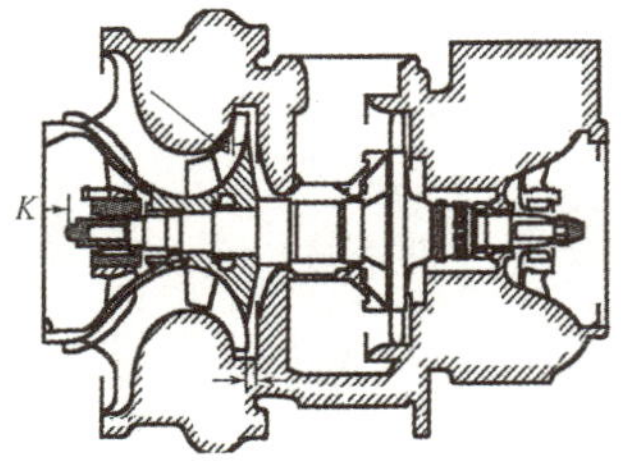

图 3-102　自由态测量 K 值

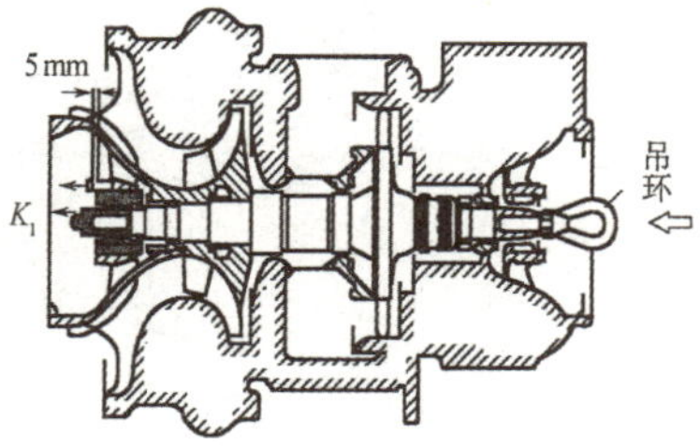

图 3-103　朝压气机侧推,测 K_1

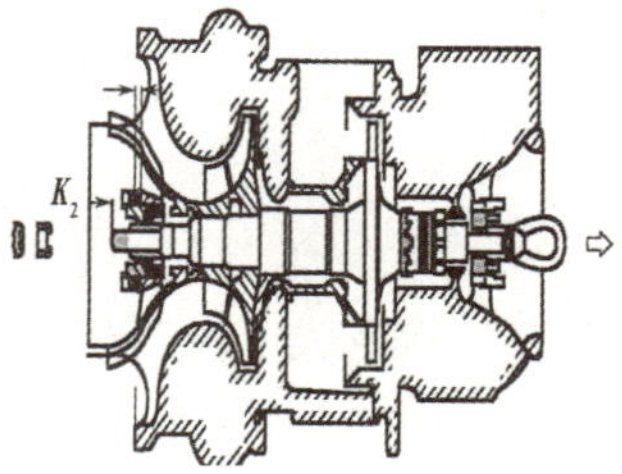

图 3-104　朝涡轮侧拉,测 K_2

若各间隙值符合要求,则说明增压器转子与壳体对中性良好;否则,应查明原因,调整后再度测量。

每台增压器的 K 值都打印于压气机油室盖板内面的铭牌上。它是保证 L 和 M 值的重要数值。当 K 值和转子轴向串动量 N 符合规定时,L 和 M 值一般也符合规定。所以,它既可作为每次安装确定转子轴向位置的依据,又可替代测量 L 和 M 值,使检查间隙工作简化。

4.3 增压系统认识

(1)增压系统

增压系统是由柴油机、压气机、废气涡轮机、空冷器和辅助扫气泵等组成的。其主要任务是提供足够的空气,保证柴油机扫气和燃烧的需要。增压系统可分为单独增压系统、复合增压系统(串联增压系统和并联增压系统)以及涡轮复合系统。

①单独增压系统

单独增压系统只利用废气涡轮增压器来实现增压,如图 3-105 所示。涡轮机由废气驱动并带动压气机高速旋转,空气被压气机吸入并压缩,然后经管路送至空冷器冷却,经冷却降温后的空气进入柴油机扫气箱。这种增压系统可采用等压增压,也可以采用脉冲增压。在这种增压系统中,增压器是依靠柴油机废气所提供的能量来工作的。它可以满足柴油机的工作需要而不消耗柴油机的输出功。因此,这种增压系统最突出的优点是它能够最有效地提高柴油机的功率,同时还能改善

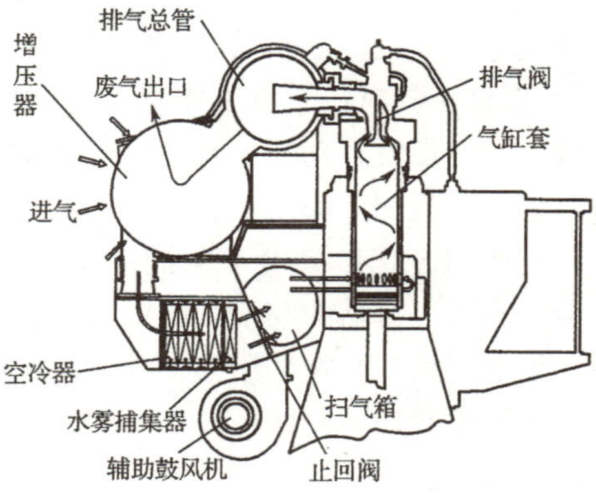

图 3-105　单独增压系统

柴油机的经济性和排放性。

增压空气的压力越高，空气中的含水量越多。增压空气中的水分经过空冷器时就会凝聚在一起并形成水滴。这些水滴被增压空气带进扫气箱和气缸，就会加重单向阀的腐蚀，破坏气缸壁上的油膜，加重气缸和活塞环的腐蚀磨损。当大气湿度高、海水温度低时，凝水现象就愈加严重。因此，在空冷器之后要装设水雾捕集器（或称气水分离器），如图 3-106 所示。水雾捕集器一般装在扫气箱进口处，以除去增压空气中的水分，平时应经常彻底地排水。

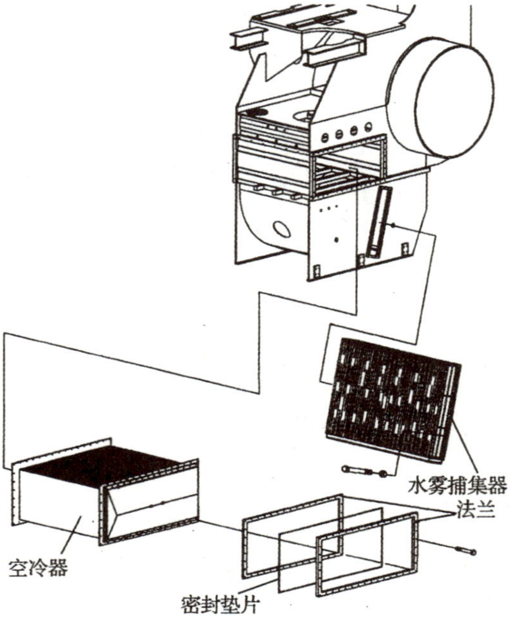

图 3-106　水雾捕集器

在船用二冲程柴油机上，这种增压只适用于扫气质量较好的直流扫气式柴油机。因为这类柴油机的排气规律容易控制，排气管路布置方便、紧凑，涡轮机可以发出较大的功率。此外，直流扫气的换气质量高，容易达到涡轮机与压气机的功率平衡。但在启动和低负荷状态下，由于废气量较少且温度较低，增压器提供的空气量不能满足柴油机的工作需要，需另设辅助风机，以保证柴油机的正常工作。在增压器损坏时，也可以通过电动辅助风机维持柴油机的低速运转。一般设置自动开关与油门杆联动，当启动柴油机时应将该开关置于“自动”位置，低负荷时辅助风机的启动则由压力继电器自动控制。

国产 9ESDZ43/82B 型柴油机以及丹麦 B&W 公司生产的柴油机均采用脉冲涡轮增压的单独增压系统。目前的 MAN B&W MC 系列柴油机及 Wärtsilä Sulzer RTA 系列柴油机也采用单独等压增压系统。在船用四冲程柴油机上，单独增压系统得到了最广泛的应用。四冲程柴油机一般采用脉冲涡轮增压，不增设其他辅助增压泵，即可满足柴油机启动、低速、全速工作的需要。当增压器损坏时，在无增压器状态下柴油机仍能工作。某些小型中速四冲程柴油机，为了简化结构，特别是在增压度较低时，不设空冷器。

②复合增压系统

复合增压系统可分为串联增压系统和并联增压系统。采用复合增压主要是为了解决二冲程柴油机废气涡轮机与压气机之间的功率平衡问题。二冲程柴油机在相同的转速下工作循环比四冲程柴油机多一倍，因此受热部件热负荷比较大。为了限制柴油机的热负荷就要增大过量空气系数,这就增加了单位功率的空气消耗量。另外,二冲程柴油机是靠新气和废气的压差进行扫气的,采用废气涡轮增压后,排气背压升高,因此必须相应提高扫气压力。这都要求压气机的供气量增加和压气机功率提高。二冲程柴油机在扫气过程中新鲜空气掺混到废气中直接流入排气管,降低了涡轮机前废气的温度,使废气的能量降低。对于弯流扫气柴油机,这种掺混更加严重,加上气流路线长、流动阻力大,更使得废气能量减少,涡轮机功率降低,就会出现涡轮机发出功率小于压气机所需功率的问题。复合增压是从柴油机的轴功中提取一部分机械能以弥补废气能量的不足,是在无法满足增压要求时采用的一种特殊方法。

现代新型二冲程船舶柴油机普遍采用直流扫气,新鲜空气和废气掺混少,气流路线较短,并且由于废气涡轮增压器的效率不断提高,目前大型轴流式涡轮增压器的效率可达68%~76%。一般认为,效率达到64%就完全可以满足增压的要求,因此,复合增压系统已很少使用。

③涡轮复合系统

20世纪80年代后期,由于增压器效率的提高,使用部分废气就可以保证柴油机所需的增压压力和空气流量。为了提高柴油机总的热效率,人们又设计了动力涡轮机,使其余部分废气在单设的动力涡轮机中膨胀做功,并经减速机构传给曲轴,组成涡轮复合系统(TCS)。由于涡轮复合系统比较复杂,造成废气锅炉可用能量下降,这一系统在出现几年后就不再使用了。

(2)增压器与柴油机匹配要求

①离心式压气机的特性

增压器与柴油机的正确匹配是得到柴油机良好性能的关键。若两者匹配不当,即使性能良好的增压器和柴油机,也会在增压后性能恶化。离心式压气机在各种不同工况工作时,它的各主要参数会随之变化。在不同转速下压气机的排出压力和效率随空气流量变化的变化规律称为离心式压气机的特性,表示这种特性的曲线称为压气机的特性曲线。

图3-107所示为压气机特性曲线,当转速 n_k 等于常数时,随着流量 G_k 的减小,增压比 π_k

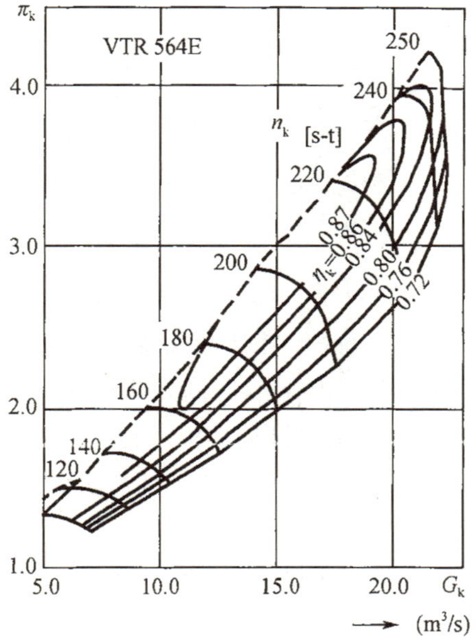

图3-107　压气机特性曲线

开始是增大的。当 G_k 减小到某一值时，π_k 值达到最大，然后随 G_k 的减小开始减小。效率 η_k 随流量 G_k 变化的变化规律与 π_k 类似。当压气机的流量减小到一定值后，气体进入工作叶轮和扩压器的方向偏离设计工况，造成气流从叶片或扩压器上强烈分离，同时产生强烈脉动并有气体倒流，引起压气机工作不稳定，导致压气机振动并发出异常的响声，这种现象称为压气机喘振。喘振是压气机的固有特性。压气机特性曲线上表示喘振状态的临界线称为喘振线，其左方为喘振区，右方为稳定工作区。压气机不允许在喘振区工作。

②产生喘振的原因

A. 在设计流量下，气流平顺地流进叶片前缘和扩压器，气流与叶轮叶片、扩压器叶片既不发生撞击，也不产生分离，如图 3-108 所示。

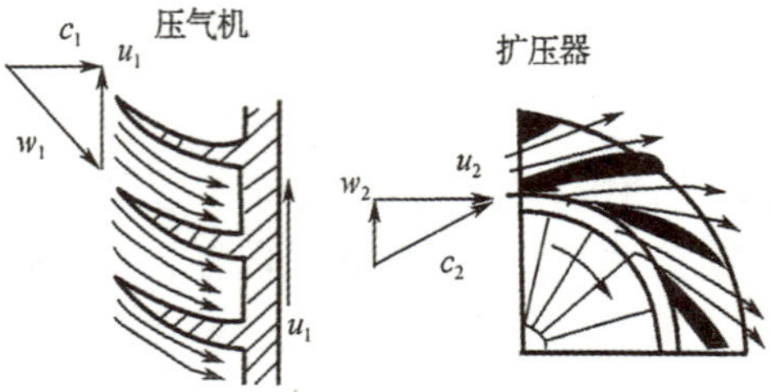

图 3-108　设计流量

B. 当流量大于设计流量时，气流在叶轮叶片前缘冲向叶片的凸面，与叶片的凹面发生分离；在扩压器中气流冲向叶片的凹面，与叶片的凸面发生分离，如图 3-109 所示。但是，由于叶片转动，空气压向气流分离区，扩压器中气流的圆周向流动压向气流分离区，气流的分离区受到限制，不致随流量的增加而过分地扩大。

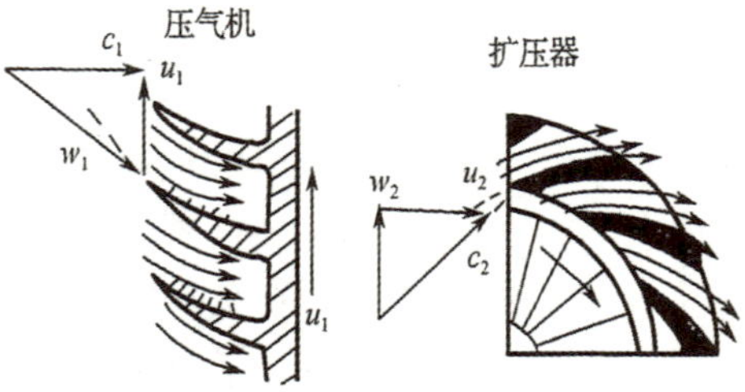

图 3-109　流量大于设计流量

C. 当流量小于设计流量时，气流在叶轮叶片前缘冲向叶片的凹面，与叶片的凸面发生分离；在扩压器中气流冲向叶片的凸面，与叶片的凹面发生分离，如图 3-110 所示。由于叶片在转动中要离开气流分离区，扩压器中气流的圆周向流动也使气流离开气流分离区，气流分离区有扩展的趋势。随着流量的减少，气流分离区会越来越大，以致在叶轮和扩压器中气体倒流，发生不稳定流动，最终导致喘振。

一般扩压器叶片内气流分离的扩展是压气机喘振的主要原因。

③增压器的工作特性曲线

当增压器与柴油机配合工作时，增压器（或包括辅助扫气泵）的供气量和压力要满足柴油机的要求。此时压气机在柴油机各种负荷下的排出压力-流量变化曲线称为增压器的工作特

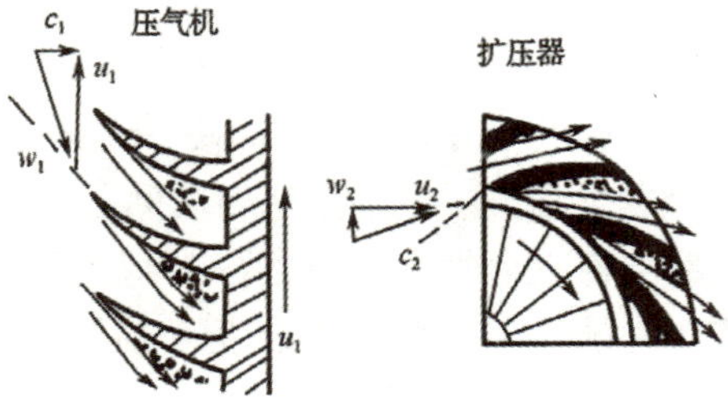

图 3-110 流量小于设计流量

性曲线或配合工作特性曲线，如图 3-111 中的粗实线所示。柴油机与增压器良好匹配的标志是柴油机达到预定的增压指标；增压器在柴油机全部工作范围内都能稳定地运转，既不喘振也不超速，并且尽可能在高效区工作，即增压器工作特性曲线应离喘振线远些。增压器的工作特性曲线取决于柴油机按什么特性运转。

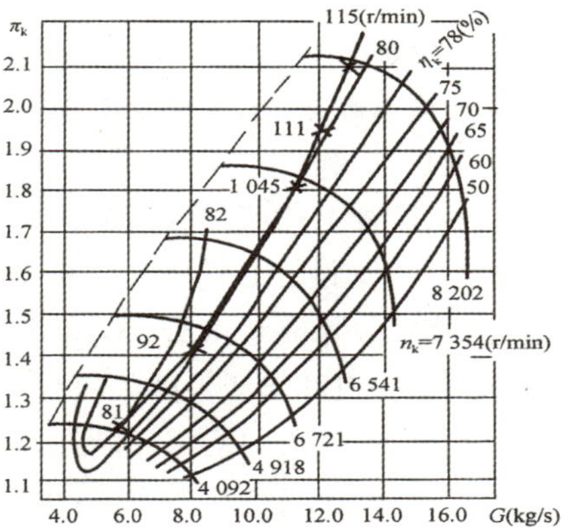

图 3-111 增压器工作特性曲线

(3)柴油机增压系统中增压器的运行特点及喘振原因分析

①增压器的运行特点

如图 3-112 所示，曲线 C 为单独增压系统的柴油机按推进特性工作时的增压器工作特性曲线。曲线 C 的上部离喘振线较远，下部离喘振线较近。在运行条件的全部变化范围内，增压器的工作特性曲线不会进入喘振区。因此，只要设计柴油机时选配的增压器合适，在正常情况下是不会发生增压器喘振的。

但当流道堵塞时，压气机的背压升高，流量减少，其工作特性曲线将左移至 C'，这时工作特性曲线的下部会进入喘振区。当柴油机工作在低负荷时，会发生增压器喘振。因此，在管理中应经常注意气口和空冷器的清洁，保持流道畅通。当在低负荷下发生喘振时，可暂时用提高负荷的办法消除。

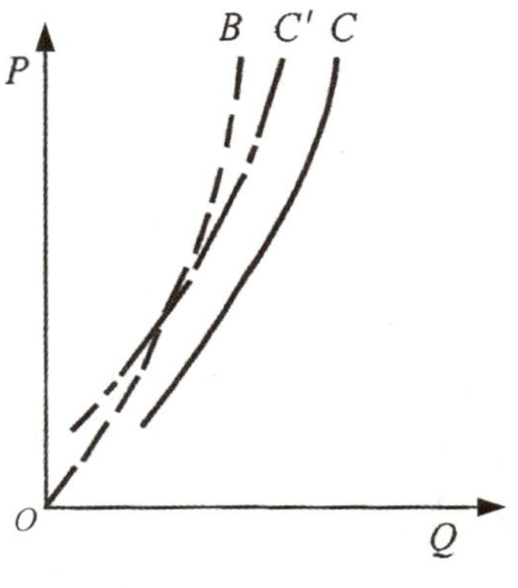

图 3-112 单独增压按推进特性工作

②增压器喘振的原因

增压器产生喘振,从根本上讲,是由于压气机的实际流量小于该转速下引起喘振的限制流量,造成气流与叶片的强烈撞击与脱离。任何新造的增压柴油机,只要涡轮增压器与柴油机匹配良好,使用初期增压器都不会发生喘振。但随着运转时间的延长,增压系统中各部件就会污损或出现故障,柴油机本身某些部件也会发生故障,致使两者的性能逐渐恶化,导致匹配不良,引起喘振。此外,运行中某些暂时的匹配不良也可能发生喘振。下面介绍一些在运转中可能导致增压器喘振的原因和消除喘振的方法。

A. 气流通道堵塞。增压系统流道堵塞是引起增压器喘振最常见的原因。柴油机运行时,增压系统的气体流动路线是:压气机进口滤器和消音器→压气机叶轮→压气机扩压器→空气冷却器→扫气箱→柴油机的进气阀(口)→排气阀(口)→排气管→废气涡轮喷嘴环→废气涡轮叶轮→废气锅炉→烟囱。其中各组成部分的通流面积都是固定的,只有各气缸的进、排气阀(口)是按照一定的发火顺序轮流开关,它随着柴油机转速的高低改变着开关次数和持续时间。但无论什么时刻,至少总有一两只气缸的扫、排气口是接通的,所以在正常情况下,增压器喘振是不会发生的。但若上述流动路线中的任何一个环节发生堵塞,如脏污、结炭、变形等,都会因流阻增大而使压气机背压升高,流量减小,引起喘振。其中容易脏堵的部件是进口滤器、压气机叶轮和扩压器、空冷器、气缸扫气口和排气口、涡轮的喷嘴环和叶轮。此外,涡轮机的喷嘴环容易发生热变形。管理中应注意检查上述部件的污损并加以清洁。

B. 增压器和柴油机的运行失配。对于设计时选配良好的柴油机和增压器,在正常情况下是不会发生喘振的。柴油机本身的某些故障或者满载、顶风、污底严重等,或者轮机员操作不当以及在大风浪天航行,都可能导致柴油机和增压器匹配不良,引起喘振。柴油机喷油设备出现故障会使柴油机燃烧不良,后燃严重;柴油机的活塞环断裂或者黏着、气阀烧损、气阀间隙太小都可能导致气缸漏气、过量空气系数降低、热负荷增大、排烟温度升高。这时,如果柴油机的供油量不变,因指示功率或有效功率减小,柴油机转速下降。而排烟温度升高意味着废气能量增加,使增压器转速升高,供气量增多,这就破坏了柴油机和增压器正常的匹配关系,导致压气机在高背压、小流量的状态下工作,严重时就会发生增压器喘振。这时只要排除了柴油机的故障,也就消除了喘振。

与上述情况类似,当船舶满载、顶风、污底严重时,因阻力增大,主机负荷加大,柴油机在低转速、高负荷下运行,气缸耗气量降低而循环喷油量增加,废气能量增加,也会使增压器转速升高,供气量增多。这也容易引起增压器和柴油机匹配不良而出现喘振,这种喘振可通过减小油门来消除。

若轮机人员操作不慎,可能使增压器与柴油机暂时失配而发生喘振,但不久又能恢复匹配状态,喘振即自动消失。如高速下停车,急速将操纵杆拉到停油位置,这时因主机运动部件质量大,轴系和螺旋桨阻力大,会很快停止转动。但增压器本身的转速很高,转动能量很大,不能立即停止运转,它所供出的空气,柴油机不能消耗,致使压气机背压过高而引起增压器瞬时喘振,待增压器转速下降后喘振自然消失。急速降低主机转速时也会出现类似的情况。主机加速过快时,增压器也会发生短暂喘振。这是因为主机运动部件质量大,转动阻力矩大,转速上升慢;而增压器转子质量小,废气能量迅速增加使转速迅速升高。两者暂时失去匹配关系会发生喘振。随着柴油机转速升高,压气机流量增大,喘振会自动消失。

船舶在风浪天航行发生飞车时,并联增压系统和单独增压系统会发生喘振。这是因为螺旋桨出水，柴油机转速升高，调速器自动停止供给燃油，增压器因废气能量减少导致转速下降。在并联增压系统中，辅助泵因转速高、供气增多、压气机背压较高而流量减小，引起喘振；在单独增压系统中，当螺旋桨入水时，柴油机转速会下降至过低，造成压气机阻塞并发生喘振。

C. 脉冲增压出现一缸熄火或各缸负荷严重不均。在脉冲增压系统中，往往将三个气缸与一台增压器相连接。一台柴油机有多台增压器，它们并联向一根进气总管供气。当某缸熄火时，与之相连的涡轮机功率减小，转速下降，供气能力降低，而其他增压器正常工作，压气机的出口背压仍与正常运转时相同。这对于与熄火缸相连的增压器来说背压就显得过高，使其压气机排量减小，发生喘振。喘振使得压气机出口压力波动幅度较大，甚至可能引发多台增压器交替喘振。若使熄火缸恢复工作或减小另一组气缸的供油量，则可消除喘振。各缸负荷不均引起喘振的机理与上述相同。

D. 环境温度的变化。在低温时匹配的不带空冷器的增压器和柴油机用在高温海域时，或者在高温时匹配的带有空冷器的增压器和柴油机用在低温海域时，由于两者匹配关系的改变，运行点更靠近喘振区，因而更容易引起喘振。

4.4 增压系统管理

废气涡轮增压器的工作条件是转子转速高、气流流速高、涡轮工作温度高。废气涡轮的转速可高达几千转甚至几万转。大尺寸增压器的最高转速在 1×10^4 r/min 左右，较小尺寸增压器的转速可达 $(4\sim5)\times10^4$ r/min。增压器的气体流量很大，对于一台 1×10^4 kW 的柴油机，增压器以 20 m/s 的速度供应的空气，涡轮机和压气机中的气流速度可达每秒数百米；涡轮机端的废气温度很高，涡轮机进口温度高达 500~600 ℃。因此增压器在运转中，应保持转子良好的静平衡和动平衡，轴承要有良好的润滑，流道要清洁并保证可靠的冷却。在拆装管理时应保证安装间隙，防止部件变形和安装不正。

为保证柴油机的正常运行，增压系统的维护管理可根据其工作条件来确定，如系统中的气流具有高速性，这就对系统的整个通流部分的粗糙度和精度要求较高，在运行中不允许机件表面积垢过多或通道堵塞，否则会大大影响增压器的效率，影响增压系统的正常运行。

(1) 日常管理

①在运行中应测量和记录下列主要运行参数：各缸排烟温度、涡轮机前后温度、增压器的转速、空气滤网和中冷器的压降、扫气箱中的压力、中冷器前后的温度与冷却水的进出口温度，以及轴承滑油的油位、温度和压力等。根据检查的参数判断增压器和增压系统的工作状态，以确定必要的检查、调整和检修方案。

柴油机运转期间，若在扫气室泄水管的检视镜中看到有水，则需检查其是否为冷凝水或是漏自中冷器的冷却水，以确定中冷器是否进行拆检。须随时注意中冷器放气系统是否正常，若空气积存在冷却水侧将造成柴油机运转困难及损害中冷器。

扫气温度与冷却水进口的温差过大，在柴油机负荷保持不变，冷却水温度及流量正常的情况下，表示中冷器已脏污，须及时清洗。中冷器水侧脏污，则冷却水及空气进出口温差将减小。空气侧脏污，除温差减小外，空气流过中冷器后的压力降将增加并使扫气量减少。中冷器正常压降为 100~200 mm 水柱，越低越好，若超过正常压降时应立即清洗。中冷器脏污主要与空气滤网得不到及时清洗、带油气和灰尘的空气进入有关，所以应注意空气滤网的清洁维护。空气流过滤网的正常压降为 100~150 mmH_2O,若超过此范围应立即清洗。此外,尽可能避免出现运转设备的跑、冒、滴、漏等现象,减少舱底污油水,避免大量油气充斥机舱污染压气机。

运转中须经常检查扫气温度,扫气温度必须控制在露点以上,以免对有关部件产生腐蚀,故扫气温度不得低于 25 ℃,但不得高于 45 ℃。在机舱的实际工作中,正常的扫气温度可参考图 3-113 求出。如当柴油机负荷点①(100%)与冷却水进口温度为 27 ℃时的交点为②时,依图可查出扫气温度应在点③(36 ℃)与点④(48 ℃)之间。

②涡轮增压器运行时,应经常用金属棒或其他专用工具细心倾听增压器中有无异常声响和运转是否平稳。转子不平衡时会发出钝重的"嗡嗡"声。

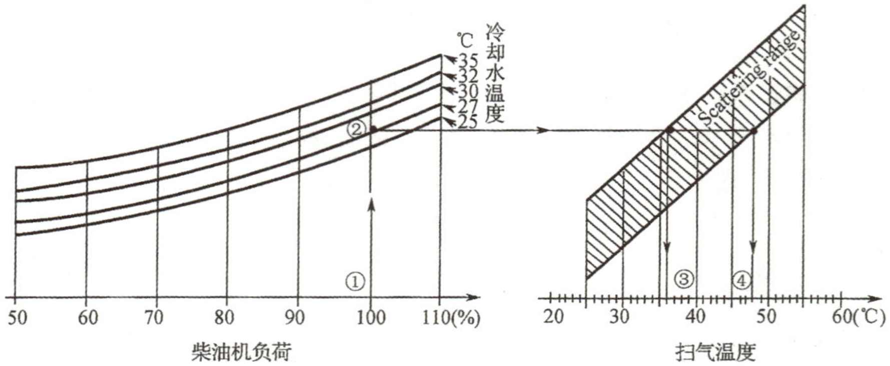

图 3-113　扫气温度与负荷的关系

③增压器是高速回转机械,应特别注意轴承的润滑。轴承为外部供油润滑时,要注意检查重力油柜的油位及滑油进口压力和出口温度;轴承为自身供油润滑时,应注意检查油池中的油位,若油量不足应及时补充。

④在船舶靠泊期间应用防尘罩将消音器滤网盖上,在装卸粉尘性货物时或港口粉尘较大时,还要考虑停止机舱风机运转,关闭通风口以防止机舱吸入大量粉尘。

如果柴油机停车时间较长(如超过 1 个月),应将增压器转子转动一个位置,以防止转子弯曲变形。增压器再次投入使用前,应通过启动空气吹动使之短时转动,用金属棒倾听运转是否平稳、有无杂音和阻滞现象。

⑤拆装增压器时,应事先阅读说明书以了解其内部结构、拆装顺序和所需的专用工具。拆卸时,应注意各可拆零件的相对位置;组装时,应注意装配间隙及间隙的调整方法,要对一些重要间隙进行严格控制。

⑥涡轮增压器在使用过程中,由于各种因素的影响会产生异常现象,应及时处理。下面介绍增压系统除喘振以外的其他常见故障及其处理方法。

A. 轴承烧损。轴承烧损大多是由滑油压力过低、油量不足或断油、滑油过脏和油中混入金属屑等造成的。轴承烧损时往往表现为增压器转速急剧下降、滑油出口温度升高、增压压力降低,并出现异常的声音。若管理中发现增压器转速急剧下降、运转声音异常,应立即停车检查增压器轴承,否则可能造成严重的事故,甚至导致整台增压器报废。若轴承轻度烧损,轴封和叶片均未损伤,可更换轴承;若转子严重损伤无法修复,应使增压器停止运转。

B. 增压器强烈振动。除了喘振的原因,增压器的强烈振动还可能是由涡轮机叶片上有结炭和附着燃烧产物、叶片折断、压气机叶轮损坏、转子与固定部件碰擦、轴承减振弹簧片损坏等原因引起的。

柴油机烧重油和长期燃烧不良,会在涡轮机喷嘴环和叶轮上结炭和附着氧化物。这些结炭和氧化物在叶片上分布不均,会引起增压器的强烈振动。结炭和氧化物不能用水洗掉,必须打开增压器进行专门清洗。

叶片断裂大多是由外来物引起的,也可能是由叶片共振引起的。叶片断裂的应急处理方法是把与断叶对称的叶片切掉,使叶轮保持大致平衡,继续使用。若叶片大量损坏,则应使增压器停止运行,厂修时换新叶轮。

对于因装配调整不当使转子与固定部件发生摩擦或轴承运转磨损引起增压器强烈振动的,应重新装配或更换轴承。此外,应注意检查轴承减振弹簧片的状态,及时更换。

C. 增压压力下降。废气涡轮和压气机通流部分脏污是引起增压压力下降的重要原因,这里包括进口滤器、消音器、空冷器等。运行中应按说明书的要求按时清洗增压器。此外,必须定时拆开清洗以清除坚实的结炭和污垢。当空气滤器的压降超过 150 mmH_2O(1.47 kPa)、中冷器的压降超过 250 mmH_2O(2.45 kPa)时,也要进行清洗。

若增压压力降低的同时发现增压器的转速也明显下降,说明废气能量不足:在柴油机方面可能是喷油提前角过大、排气阀开启较晚、气缸套活塞漏气等原因引起的;在废气涡轮方面可能是喷嘴环变形使通流面积增大、涡轮机前排气管膨胀接头漏气等原因引起的。此外,轴封结炭、轴承故障使转子阻力增大,也会使增压器增压压力下降,转速降低。应查明具体原因,予以排除。

若增压压力降低的同时增压器的转速没有明显下降,则可能是由压气机故障(如压气机进口滤器和消音器堵塞,内部气流通道积垢,增压器轴封、气封漏气,扫气箱漏气等)引起的。

D. 增压压力升高。增压压力升高主要是由柴油机引起的,常见的是柴油机负荷过大或喷油系统故障使燃烧不良、后燃严重,导致废气能量增加,涡轮机转速提高,增压压力升高。排气阀漏气、开启过早也会出现类似的情况。

E. 轴承箱中滑油很快变黑和漏失。滑油变黑是因为排气漏入轴承箱。这是由涡轮机端的轴封损坏、密封衬套间隙过大、密封空气的通道被阻塞造成的。滑油漏失是由平衡密封空气失去作用、密封衬套间隙过大、轴承箱压力过高、轴承箱盖板螺栓松动造成的。

(2)清洗废气涡轮增压器

增压器在运行时其内部流道会被灰尘、油雾和炭粒所污染。这会使流阻增大,增压器效率下降,增压压力降低,污染严重时还会引起增压器喘振;污物在叶轮上分布不均还可能使转子因动、静平衡不良而引起振动,因此要对增压器进行清洗。增压器的清洗有运转中的清洗和拆开清洗两种。经常定期进行运转中的清洗,以清除旋转件上的灰尘和疏松的积炭,使增压器处于良好的工作状态。但运转中的清洗不能代替定期的拆开清洗。在柴油机运转期间,可择时分别对增压器的涡轮机和压气机进行清洁。

①清洗废气涡轮

柴油机运转中清洗涡轮机的方法有水洗法和干洗法,一般使用水洗法。每运行 150~1 000 h 应水洗一次,具体按柴油机实际使用时涡轮的积炭情况而定。水洗时要在柴油机运行于低负荷时进行,这样就可避免因柴油机运行于高负荷时排气温度过高,水滴被过快地蒸发而减小水滴的撞击和减弱热能冲击的效果。

建议:在多数情况下每隔 6 天清洗一次,柴油机负荷调节至 50%标定功率。

涡轮水洗方法如下(如图 3-114 所示):

A. 转动旋塞 A 使管 1 与管 3 相通,排除冲刷下来的污物和水。关闭泄水旋塞 B、打开进水管截止阀 C,准备喷水(进水管装在涡轮机保护格栅前的排气管上,清洗水的流量通过接头中的板孔和水压来控制)。

B. 缓慢开启供水阀 D,将来自机舱淡水管路的清洗水引入并将压力调到 0.25 MPa 后经进水管截止阀 C 喷入。喷入的水雾通过水对污垢的溶解作用和水滴对污垢的机械冲刷作用将流道中附着不牢固的污垢洗掉。冲下的污垢与水由管 1 泄至舱底。当排泄阀流出的水变清时,清洗工作即告完成,用时 5~10 min。

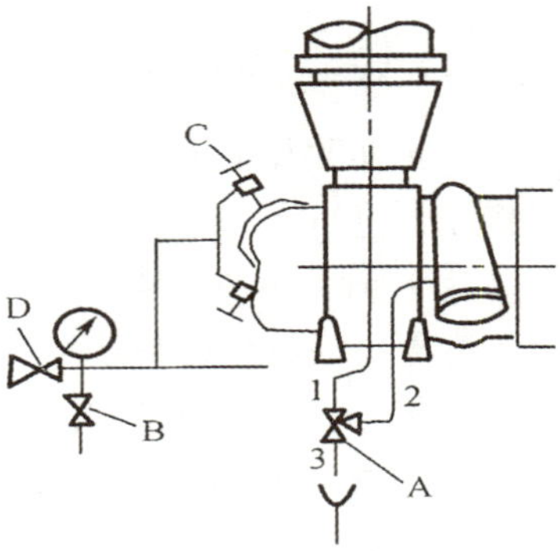

图 3-114　涡轮水洗

A—旋塞;B—泄水旋塞;C—进水管截止阀;D—供水阀;1,2,3—管

C. 清洗完后,关闭进水管截止阀 C 和供水阀 D,打开泄水旋塞 B 将管路中水放掉。转动旋塞 A,使管 2 与管 1 相通,用少量压缩空气吹扫排泄管道和排气箱,使管 1 畅通。

②清洗压气机

柴油机运转中清洗压气机采用水洗法。一般每运行 25~75 h 水洗一次。方法是将一定量的水在短时间内喷入压气机。水洗法靠的是水滴的撞击作用,因此尽可能在柴油机全负荷运转下增压器全速运行时进行,以增强水滴的撞击作用。

注意:清洗前后 30 min 内,应将气缸滑油供给量增加 50%~100%,以保护气缸套免受腐蚀。

清洗方法如下(如图 3-115 所示):

A. 在容器中盛满清洁水。

B. 清洗时,按下容器上的按钮即可。

全部清洁水喷入压气机,时间控制在 4~10 s。喷水量由盛水容器的体积决定,一般随机配给。

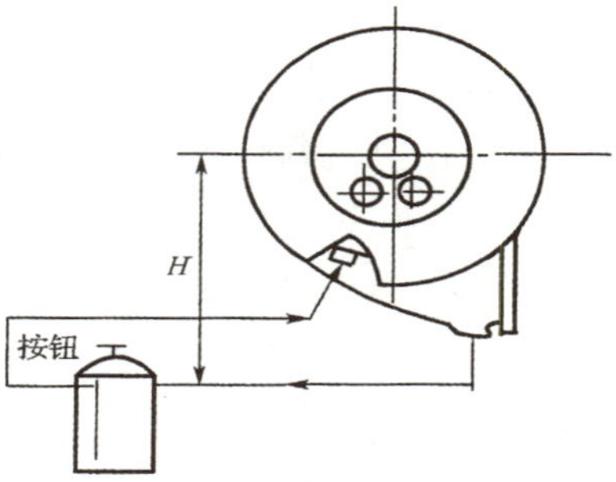

图 3-115　压气机水洗

与容器相连的进水管装在压气机的进气箱上,容器上另有一根气管与压气机排出管连接。当按下容器上的按钮时,水便在增压压力和进气通道压力差的作用下,经进水管送至压气机叶轮前的进气通道中。

清洗后,检查增压压力和排气温度,如变化不大可重复清洗。

注意:清洁水可选用温开水,但不可添加带有溶解作用的任何溶剂或冷却水处理剂。清洗使用的水盛于容器中可确保每次清洗只给一定量的水。过量的清洁水进入压气机和柴油机会造成事故,绝不允许将机舱的淡水管路直接与喷管接通,致使水量无法控制。

喷水后,柴油机要在全负荷下运转一段规定的时间(一般需 10 min),以使增压器和柴油机完全干燥。两次清洗的时间间隔一定要超过 10 min。

清洗压气机后,应清洗空冷器,以洗去从压气机冲洗下来的积垢。

(3)空冷器清洗

空气密度决定了气缸内每一循环燃油燃烧的最大量,也决定了柴油机所产生的最大功率,所以有效的增压系统对柴油机的运行有着重要的作用。机舱内吸入的空气往往被油气、烟灰及灰尘所污染,当此种高温压缩空气进入冷却器后,会在冷却器管的散热片上聚积一层炭渣膜似的污垢,影响冷却器的热传递,聚积物过多时会造成管路的严重堵塞。其结果是不但使扫气温度升高,而且限制了空气的流通,使柴油机的热负荷增加及排气温度升高,燃油耗量增加,降低了柴油机的运转性能。冷却水侧的脏污会影响传热效果,使扫气温度升高,所以其清洁也很重要。

冷却水侧的清洗间隔可以较长且较为简单,需清洗时可参阅说明书在停车时拆洗。而空气侧因黏附油泥、灰尘等污物且散热片间隔较小,清洗困难,一般采用停机后的拆洗方法。还可采用不解体浸湿式清洗方法,即用配好的清洗液注满底部装上盲板的中冷器,同时用蒸汽持续加热并用空气吹搅,一般需30 h以上方能达到清除污垢的效果。这种拆洗费时费钱。有的船舶采用在运转中用化学品喷洗的方法(在增压器水洗后进行,效果更佳),以使冷却器经常保持清洁,又不影响柴油机的运转。但应注意的是,化学品对空冷器及柴油机气缸、活塞等部件有腐蚀作用。为防止清洗剂的侵蚀,有的机型只允许在停车状态下清洗;有的机型在运行中清洗时要求将气缸滑油的供给量增加50%~100%。

不管采用何种清洗方式,经清洗后的中冷器都应待其内部完全干燥后再连接管路。清洗效果可依压差计读数、扫气压力、扫气温度、排气温度及冷却水温度来推定。

下面介绍的是一种用清洗液清洗空气侧脏污的方法(如图3-116所示):

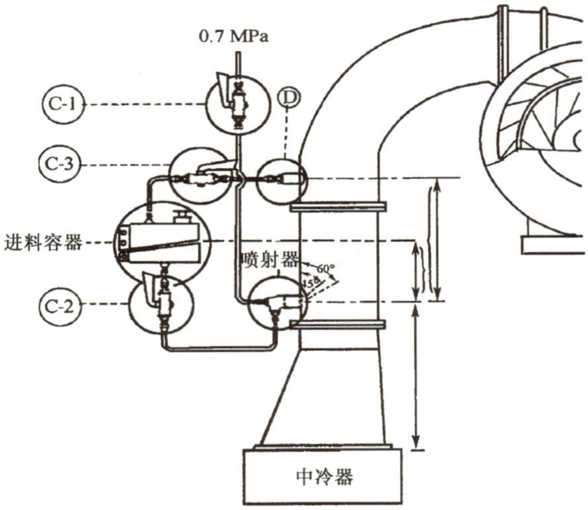

图3-116 用清洗液清洗空气侧脏污

①准备关闭空气管路、清洗液或清水输送管路和平衡管路的各阀C-1、C-2、C-3,关闭进料容器上的通气旋塞并打开注入塞,将配好的清洗液注入进料容器中,盖上注入塞。

②喷射清洗前打开中冷器后的排泄阀。打开C-1阀,将压力为0.7 MPa的压缩空气引入喷射器中。打开C-2和C-3两阀,使进料容器内的清洗液由喷射器注入进气管内。喷射完成后,关闭C-1、C-2和C-3并打开进料容器上的通气旋塞。

③用清水冲洗约10 min后,在进料容器中加满清水,用以上方法将中冷器进行洗净。冲洗完毕后,待中冷器完全干燥后,关闭C-1、C-2和C-3。

注意:只有具有高沸点的清洗液才可以在运行中使用,因为中冷器前的空气温度可达200 ℃以上。

项目 4 燃油喷射设备与系统维护

[项目背景]

在柴油机压缩行程末期，燃油喷射系统把一定数量和质量的燃油喷入气缸，与空气混合形成可燃气体，然后在足够高的压缩温度下发火并燃烧。燃油喷射技术的应用是获得良好的燃烧质量的重要措施之一。为此，在日常燃油喷射系统的维护工作中，除应保证供给一定量的具有良好品质的空气和燃油以及保证正常的柴油机技术状况外，应特别加强喷油设备的维护管理，以保证燃油喷射和燃烧的质量。

[任务分解]

燃油喷射设备与系统维护项目分 5 个任务，首先对燃油的性能及喷射燃烧进行分析，然后对高压油泵、喷油器进行拆装解析，再分析供油定时和供油量调整，最后简要阐述现代船用电控喷油系统。

本教材按照认知规律编排知识点，采用理实一体化的方式进行教学，教学内容符合《海船船员培训大纲》的要求。

任务 1 燃油的性能及喷射燃烧分析

1.1 燃油的性能分析

(1)燃油的化学组成

柴油机所使用的燃油由天然石油提炼而成。天然石油为黑褐色,由各种烃类化合物组成[组成石油的基本元素是 C(含量为 83%~87%)和 H(含量为 11%~14%)],还含有少量的硫化物、氧化物、氮化物以及微量的无机盐类夹杂物。

天然石油提炼燃油的工艺主要是蒸馏,首先是常压蒸馏(又称直馏,是在 360~370 ℃下进行的),先后分馏出汽油、煤油、轻柴油和重柴油。直馏剩下的重油(馏分在 350 ℃以上)再送入 410 ℃下减压蒸馏并先后分馏出重柴油和滑油。减压蒸馏剩下的渣油称减压渣油,含有高沸点成分及大量胶质和沥青质,可直接作为锅炉燃料油,也可掺和部分柴油作为内燃机燃料油。其次是裂化,加热、催化、加氢等裂化方法均以二次精炼后的重馏分油作为裂化原料,裂化成各种轻质油品,裂化后剩下的就是裂化渣油。

烃类以其分子所含碳原子的个数来命名:含有 1~10 个碳原子的烃类,分别以甲、乙、丙、丁、戊、己、庚、辛、壬和癸命名;含碳原子的数目超过 10 的则以数字命名。烃类按碳原子的排列结构,又分为脂肪烃、环烷烃和芳香烃三类。

①脂肪烃

脂肪烃的分子结构是开链式的,就是它的碳原子以长链状形式排列。根据碳与氢的饱和程度不同,脂肪烃包括烷烃、烯烃和炔烃。

烷烃(石蜡烃):分子结构通式为 CH_nH_{2n+2},是一种含有单键饱和的链状结构烃,常温下有气体、液体和固体三种形态。

烯烃:分子结构通式为 C_nH_{2n},是一种含有一个双键未饱和的链状结构烃。

炔烃:分子结构通式为 C_nH_{2n-2},是一种含有一个三键未饱和的链状结构烃。

在烷烃中,凡碳原子以直链排列的叫正烷烃,呈分支排列的叫异烷烃,因其是饱和烃,故性能稳定,不易变质。烷烃的链状结构在高温下容易发生破裂,因此含烷烃较多的燃油容易燃烧,自燃温度较低,而且碳原子越多,其自燃性越好,所以含烷烃多的燃油是柴油机的良好燃油。较为典型的为正十六烷烃,它被作为柴油自燃性能的衡量标准。

烯烃和炔烃较多存在于热裂化生产的柴油中,为不饱和烃(相邻碳原子间由双键或三键相结合),性能不稳定,易氧化变质,发火性能较烷烃差且热值较低。

②环烷烃

其分子式为 C_nH_{2n},是一种碳原子间以单键结合的环状饱和烃。其环状结构在高温下不易破裂,故自燃温度高于脂肪烃,适合作汽油机燃料。

③芳香烃

其分子结构为 C_nH_{2n-6},是一种不饱和环状结构。碳原子以单键和双键交替联结。苯(C_6H_6)是最基本的环状结构,两个苯环并在一起的(骈苯环)称为萘($C_{10}H_8$)。一甲基萘(又叫 α-甲基萘),其发火性能最差,作为柴油发火性能试验的标准试验燃料之一,适合作汽油机燃料。

芳香烃为柴油的不良成分。燃油中含过多芳香烃,其自燃温度较高,燃烧时易产生不完全燃烧,使燃烧室部件结炭,因此应限制柴油中芳香烃的含量。

(2)燃油的理化性质

燃油的品质是以其理化性能指标来衡量的,这些指标分别从不同方面反映燃油的品质。根据它们对柴油机工作的影响,大致分为三类:影响燃油燃烧性能的指标(十六烷值、苯胺点和柴油指数、计算碳芳香烃指数、馏程、热值、黏度等),影响燃烧产物成分的指标(硫分、灰分、沥青分、残碳值、钒和钠的含量等),影响燃油管理工作的指标(闪点、密度、凝点、倾点、浊点、水分、机械杂质、黏度等)。其中与燃油腐蚀性有关的指标有腐蚀度、酸度、水溶性酸或碱、硫含量、钒含量、钠含量等。

①影响燃油燃烧性能的指标

A. 十六烷值(CN)

十六烷值是评定燃油自燃性能的指标。在标准的四冲程试验柴油机上,将所试燃料同正十六烷(十六烷值为100)与α-甲基萘(十六烷值为0)的混合液相比较,当两者自燃性能(以滞燃时间计)相同时,混合液中的正十六烷的体积百分比即为所试燃料的十六烷值。

柴油机对燃油的十六烷值有一定的要求。十六烷值过低时燃烧粗暴,甚至在启动或低速运转时难以发火;但如果燃油的十六烷值过高,不仅燃油费用高,而且因发火过快使燃油产生高温分解而生成游离碳,致使柴油机排气冒黑烟,经济性能下降。

通常,高速柴油机使用燃油的十六烷值在45~60,中、低速柴油机在40~50。而大型低速柴油机使用燃油的十六烷值应不低于25。

B. 苯胺点和柴油指数

燃油的自燃性能还可用苯胺点和柴油指数来衡量。苯胺点是指同体积的燃油与苯胺混合加热成单一液相溶液,然后使之冷却,当混合液开始混浊(析出沉淀物)时的温度(℃)。燃油中各族烃类在苯胺中有不同的溶解度,所以可根据燃油的苯胺点大致判断其十六烷值的高低。其中芳香烃最易溶于苯胺,其苯胺点较低,自燃性差,燃油的十六烷值低。

柴油指数也是衡量燃油自燃性的指标。它不必使用贵重试验设备便可以在试验室中用简单的方法测定,按下式计算燃油的柴油指数I_D

$$I_D = (1.8t + 32)(141.5/d - 131.5) \times 1/100$$

式中,d——油的相对密度,温度为60 ℉时同体积燃油与水质量之比;

t——苯胺点,℃。

柴油指数I_D和十六烷值CN在数值上相近。一般柴油指数较十六烷值略高几个单位,两者换算公式为

$$CN = \frac{2}{3} I_D + 14$$

C. 计算碳芳香烃指数I_{CCAI}

十六烷值CN、柴油指数I_D对馏分油的着火性能的评价是准确的,但对以裂化渣油为主的重油(现不但用于低速柴油机,还用于中速柴油机甚至高速柴油机)难以适用。因在低负荷、低温条件下,柴油机会出现发火困难、燃烧粗暴现象,从而造成柴油机的使用寿命缩短,甚至造成柴油机不能启动或熄火而影响船舶的安全运行。

研究发现，各种燃油的发火性能与它本身具有的芳香度或碳芳香度（与芳香环中结合的碳原子的百分数）关系密切，但较难测定。而碳芳香度与密度和黏度具有一定的函数关系，所以可根据这种关系式进行计算，按此方法计算出的值称为计算碳芳香烃指数 I_{CCAI}。欧洲国家习惯用 I_{CCAI} 来评价燃油的发火质量。

I_{CCAI} 对柴油机热效率、废气排放物、燃烧部件温度有直接影响。一般认为 I_{CCAI} 值小于 850 时可以得到满意的发火性能，大于 875 时燃油难以发火。现一般采用由 Shell 公司提出的计算 I_{CCAI} 方法（ISO 8217—1996 也推荐使用），它可以用图表或下式来确定：

$$I_{CCAI}=\rho-140.7\lg(\nu+0.85)-80.6$$

式中，ρ——15 ℃时的密度，kg/m^3；

ν——50 ℃时的黏度，mm^2/s。

D. 馏程和馏分

把燃油放在蒸馏装置中蒸馏，馏出的第一滴油品的气体温度称为初馏点，蒸馏到最后达到的气体最高温度称为干点（终馏点）。每个馏分的初馏点和干点称为该油品的馏程，为燃油的蒸发指标。

在一定温度范围内燃油所能蒸发的百分数称为馏分，该馏分蒸发的温度范围叫馏程。通常，用 50%馏出的温度表示该油品的平均蒸发能力。

轻馏分（250 ℃以下蒸馏出的成分）蒸发快，易与空气混合和发火。但轻馏分过多（超过 15%）时，因蒸发速度太快，能与空气较快混合，使燃烧的滞燃时间太短，燃烧会过于粗暴。重馏分（350 ℃以上蒸馏出的成分）蒸发慢，使燃烧不完全且易结炭。所以，品质好的燃油应是在 250~350 ℃的中馏分最多，而轻馏分与重馏分都很少。

E. 热值

1 kg 燃油完全燃烧时放出的热量称为燃油的热值，单位用 kJ/kg 表示。其中不计入燃烧产物中水蒸气的汽化潜热者称低热值，用符号 H_u 表示。重油的基准低热值 H_u = 42 000 kJ/kg；轻油的基准低热值 H_u = 42 700 kJ/kg。

F. 黏度

黏度是液体内分子摩擦的量度，即燃油流动时分子间阻力的大小，是评定燃油流动性的指标。燃油的黏度通常用动力黏度、运动黏度、条件黏度等表示。

a. 动力黏度：动力黏度是两个相距为 1 cm、面积为 1 cm^2 的液层，相对运动速度为 1 cm/s 时所产生阻力的数值。其工程单位为 g/cm · s（泊），国际单位为 Pa · s（帕 · 秒），1 Pa · s = 10 g/cm · s。

b. 运动黏度：运动黏度是动力黏度与同温度下液体密度之比，国际单位为 m^2/s 或 mm^2/s。通常使用工程单位厘斯（cSt），1 cSt = 10^{-6} m^2/s = 1 mm^2/s。

c. 条件黏度：条件黏度（或相对黏度）有恩氏黏度、赛氏黏度和雷氏黏度。

i. 恩氏黏度是 200 cm^3 液体在特定温度下，从恩氏黏度计流出所需的时间与蒸馏水在 20 ℃时流出相同体积所需的时间之比。它是一个无因次量，符号为°E。恩氏黏度曾是我国和部分欧洲国家常用的黏度表示法。

ii. 赛氏黏度是液体在 37.8 ℃（100 ℉）温度下从赛氏黏度计流出 60 cm^3 所需的时间（s）。

iii. 雷氏黏度是液体在 37.8 ℃（100 ℉）温度下从雷氏黏度计流出 50 cm^3 所需的时间（s）。

赛氏黏度和雷氏黏度是美国和英国常用的黏度表示法。各种黏度表示法的换算关系如下：

$$恩氏黏度(°E) = 0.132\times运动黏度(mm^2/s)$$
$$雷氏黏度(s) = 4.05\times运动黏度(mm^2/s)$$
$$赛氏黏度(s) = 4.62\times运动黏度(mm^2/s)$$

商业上习惯用 100 ℉(37.8 ℃)时的雷氏一号黏度。ISO 组织规定,自 1977 年 10 月开始,采用 50 ℃时的运动黏度值(mm^2/s)作为燃油的黏度值。

动力黏度和运动黏度属于绝对黏度,绝对黏度表示内摩擦系数的绝对值;恩氏黏度、赛氏黏度和雷氏黏度属于条件黏度(或相对黏度),相对黏度是在一定条件下测得的相对值,并因测定仪器而异。

燃油的黏度是燃油最重要的特性之一,但不是衡量燃油品质优劣的指标。受加热条件限制,黏度对现有既定的柴油机动力装置来说很重要。船用燃油传统上是按黏度来估价的,现仍沿袭这一方法。燃油在管路中输送的流量和压差、燃油在喷射时的雾化质量、燃油对喷油泵偶件的润滑能力等都与黏度有密切关系。

压力和温度对燃油的黏度有很大影响。燃油的黏度随压力的增大而增大,随温度的升高而减小。燃油的黏度随温度变化的特性称黏温性能,燃油被加热后黏度会变小,黏度变化大的黏温特性好。图 4-1 所示为船用燃油的黏温特性曲线。

②影响燃烧产物成分的指标

A. 硫分

燃油中所含硫的质量百分数叫硫分。燃油中含硫的危害有四:其一,液态的硫化物(如硫化氢等)对燃油系统的设备有腐蚀作用。其二,燃烧产物中的三氧化硫(SO_3)和水蒸气(H_2O)在缸壁温度低于其露点温度时,会生成硫酸附着在缸壁表面,产生强烈的腐蚀作用。由于这一腐蚀只发生在气缸内的“低温”条件下,故称为低温腐蚀。其三,燃烧产物中的 SO_3 能加速碳氢化合物聚合而结炭,而且此结炭较硬,不易清除。其四,硫燃烧后产生的 SO_2 是柴油机排放的主要有害成分。

燃油中的硫分主要与原油产地有关,同时也受加工炼制工艺影响。虽然可以通过燃油脱硫显著降低燃油中的硫分,但燃油的价格将大幅度上涨。

B. 残碳值

燃油在隔绝空气条件下加热干馏,最后剩下的一种鳞片状碳渣物称残碳。残碳占试验油质量的百分数称残碳值。残碳值表示燃油燃烧时形成结炭、结焦的倾向,并不表示形成结炭的数值,残碳值中包括了机械杂质和灰分。当燃用残碳值较大的燃油(如含铝、硅、锌、磷、钒等的船用燃料油)时,将在燃烧室产生较多的结炭使热阻增大,引起过热、磨损(气缸套颗粒磨损严重),会缩短柴油机的维修周期。

C. 灰分

灰分是在规定条件下燃油完全燃烧剩余物的质量百分比。燃烧后残存的灰分中含有的各种金属氧化物,可造成燃烧室部件的高温腐蚀和磨料磨损,加剧气缸的磨损。

D. 钒、钠含量

燃油中所含钒、钠等金属的质量浓度用 ppm(10^{-6})表示。钒以金属有机化合物形式存在于原油中。这些金属有机化合物是油溶性的,净化系统无法除去,在炼制过程中也不蒸发,因而大部分聚集到残渣油中,燃烧后生成金属氧化物。钠是原油中的有害金属元素。燃油中的钒和钠是非常有害的成分。钒与钠燃烧后的生成物的熔点低,当排气阀和缸壁温度过高而超

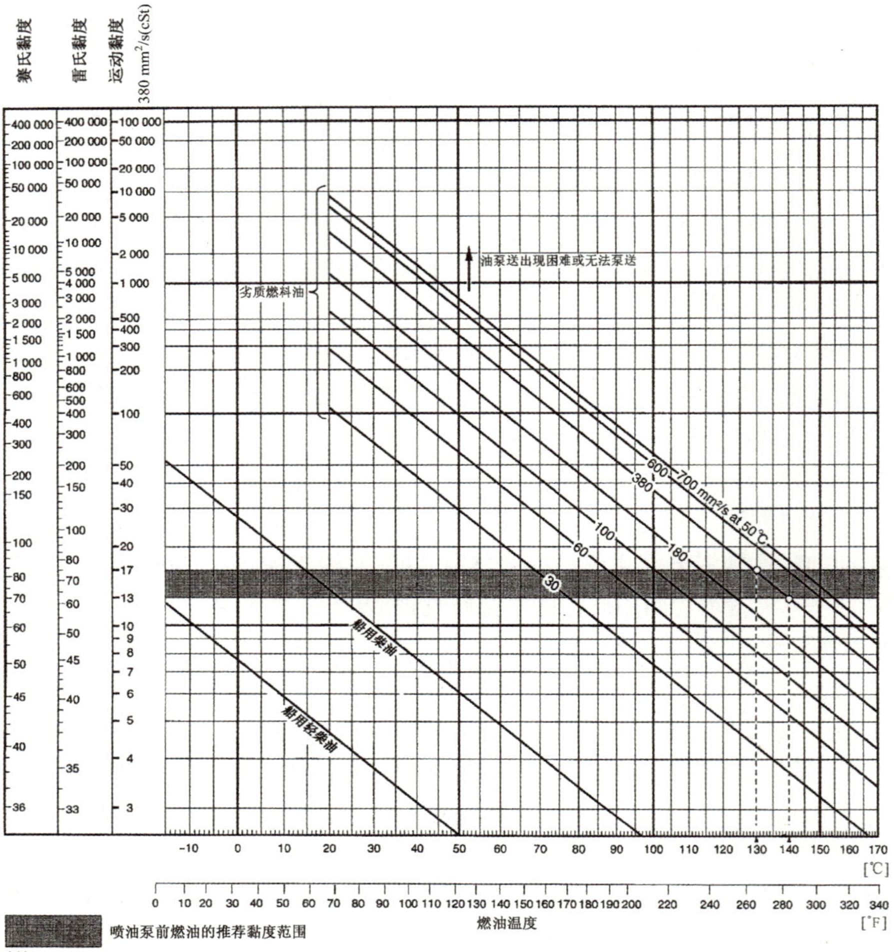

例如：
某燃油50 ℃时的黏度为380 mm^2/s(cSt)，为了使喷油泵前的燃油达到所推荐的黏度，必须将燃油加热到130～140 ℃。

图 4-1　船用燃油的黏温特性曲线

过这些化合物的熔点时,它们就会熔化附着在金属表面上,因与金属表面发生氧化还原反应而腐蚀金属。由于这种腐蚀只发生在高温条件下,故称为高温腐蚀。为了控制此种腐蚀,应限制排气阀和气缸套、活塞表面的最高温度。

③影响燃油管理工作的指标

A. 闪点

燃油在规定条件下加热到它的蒸气与空气的混合气能同火焰接触而发生闪火时的最低温度称闪点。根据测试仪器的不同,闪点分为开口闪点和闭口闪点,闭口闪点低于开口闪点。闪点是衡量燃油挥发成分产生爆炸或火灾危险性的指标。按国内外船舶建造规范的规定,船舶使用的燃油闭口闪点不得低于 60 ℃。从防爆、防火的观点出发,在低于燃油闪点 17 ℃的环境温度下倾倒燃油或敞开容器才比较安全。

B. 密度与相对密度

燃油在温度 t 时单位体积的质量称密度,常用单位是 kg/m^3 或 g/cm^3。在 20 ℃时的密度称标准密度 ρ_{20}。燃油在 20 ℃(国外为 15.6 ℃)时的密度与 4 ℃(国外为 15.6 ℃)时水的密度的比值称相对密度。

燃油的密度与它的化学成分和馏分组成有关。烷烃的密度最小,环烷烃稍大,芳香烃较大,含硫、氧、氮的胶质和沥青质密度最大。燃油的密度随馏分温度的升高而增大。

燃油的密度随温度而变,通常需按温度的变化对密度进行修正。燃油密度的温度修正公式如下:

$$\rho_t = \rho_{20} - 0.000\,672(t - 20)$$

式中,ρ_t——燃油在温度 t 时的密度,g/cm^3。

密度对燃油的使用有很大意义。其一,在装载燃油时应根据燃油的密度和油舱的舱容计算装载量(应按装油温度对密度进行修正)。其二,应根据燃油密度的变化正确选择分油机的比重环,一般的分油机允许的最高分离密度是 0.991 g/cm^3。其三,当换用不同密度的燃油时,油量调节机构不变而喷油泵的循环供油量不同,柴油机的转速将相应变化。为此,换油后应正确调节有关设备,控制柴油机的负荷和转速。

C. 机械杂质和水分

燃油中所含不溶于汽油或苯的固体颗粒或沉淀物的质量百分数称为机械杂质。燃油中的机械杂质主要来自储运、使用及加工过程中混入的非油溶性固体物质,如尘土、铁锈、漆皮、金属末以及残存的添加剂等。机械杂质会加剧喷油设备中各偶件的磨损和喷油器喷孔堵塞、滤器堵塞。

燃油中的水分用容积百分数表示。燃油中的水分主要来自在储运过程中进入的或燃油与大气或水接触时吸收和溶解的水,以及使用中管道泄漏进入的水分等。燃油中的水分会降低燃油的低热值,破坏正常发火,甚至导致柴油机停车,如为海水将会造成腐蚀,加剧气缸套磨损。因此,应限制燃油中的水分,尤其对轻柴油应限制其水分不大于痕迹(即不大于0.025%)。在船舶上可以使用燃油净化措施来降低燃油的机械杂质和水分。

D. 凝点、倾点和浊点

凝点、倾点和浊点都是说明燃油低温流动性和泵送性的重要指标。燃油的凝点取决于它的成分和组成结构。对于含石蜡较多的燃油,在低温下由于石蜡结晶而形成网状晶架,从而使燃油失去流动性,称为结构凝固;对于含石蜡较少的燃油,在低温下由于黏度增大而失去流动性,称为黏温凝固。在规定冷却条件下,燃油开始变混浊时的温度称为浊点;石蜡结晶长大到不能越过 360 目/英寸筛网的温度称为冷凝点。燃油尚能够流动(即能倾动)的最低温度称为倾点。燃油开始不能倾动的温度称为凝点。

通常,燃油的倾点比凝点高 3~5 ℃。浊点比凝点高 5~10 ℃。燃油温度低于凝点时,将无法泵送。燃油的温度低于浊点时将使滤器堵塞,供油中断。从燃油的使用角度来看,凝点比浊点更为重要。所以,燃油的使用温度至少应比浊点高 3~5 ℃。

(3)柴油机的燃油选用

①国产柴油机燃油的规格与选用

我国的柴油机燃油分为轻柴油和船用燃油两类。

A. 轻柴油

国产轻柴油是由直馏(常压蒸馏)柴油馏分及二次加工的柴油馏分制成的,其主要性能及质量指标取决于原油品质与炼制方法。轻柴油以其凝点数值作为柴油的牌号,有 10 号、5 号、0 号、-10 号、-20 号、-35 号、-50 号等 7 个牌号。轻柴油是质量最好、价格最高的柴油机燃料,在船舶上作高速柴油主机、高速柴油发电机组、应急设备柴油机和救生艇柴油机等的燃油。表 4-1 所示为国产轻柴油的技术要求。

表 4-1　国产轻柴油技术要求(GB 252—2000)

项目	10 号	5 号	0 号	-10 号	-20 号	-35 号	-50 号	试验方法
色度,号　不大于	3.5							GB/T 6540
氧化安定性,总不溶物 mg/100 L 不大于	2.5							SH/T 0175
硫含量,%(*m*/*m*)　不大于	0.2							GB/T 380
酸度,mgKOH/100 mL　不大于	7							GB/T 258
10%蒸余物残碳,%(*m*/*m*)　不大于	0.3							GB/T 268
灰分,%(*m*/*m*)　不大于	0.01							GB/T 508
铜片腐蚀(50 ℃,3 h),级　不大于	1							GB/T 5096
水分,%(*V*/*V*)　不大于	痕迹							GB/T 260
机械杂质	无							GB/T 511
运动黏度(20 ℃),mm^2/s	3.0~8.0				2.5~8.0	1.8~7.0		GB/T 265
凝点,℃　不高于	10	5	0	-10	-20	-35	-50	GB/T 510
冷滤点,℃　不高于	12	8	4	-5	-14	-29	-44	SH/T 0248
闪点(闭口),℃　不低于	55					45		GB/T 261
十六烷值　不小于	45							GB/T 386
馏程 50%回收温度,℃　不高于 90%回收温度,℃　不高于 95%回收温度,℃　不高于	 300 355 365							GB/T 6536
密度(20 ℃),kg/m^3	实测							GB/T 1884 GB/T 1885

B. 船用燃油

为了与国际接轨,我国目前的船用燃油标准是根据国际标准化组织 1996 年的船用燃料油标准 ISO 8217(1996)来制定的,将船用燃油分为船用馏分燃料油和船用残渣燃料油两种规格,分别对应于 ISO 8217 的 DM 级和 RM 级船用燃料油(分别如表 4-2 和表 4-3 所示)。船用馏分燃料油相当于以前的重柴油,而船用残渣燃料油相当于以前的内燃机燃料油(重油)。2010 年修订版与 2005 年版在 DM 级船用燃料油上的主要不同在于增加了 DMZ 级船用燃料油,而 DMC 级船用燃料油降级为 RMA10 级船用燃料油,同时增加了对硫化氢氧化稳定性和润滑性的要求。

表 4-2 DM 级船用燃料油的规格 ISO 8217(2010)

性能		单位	LIMIT	DMX	DMA	DMZ	DMB
运动黏度	40 ℃	mm^2/s	max.	5.500	6.000	6.000	11.00
			min.	1.400	2.000	3.000	2.000
密度	15 ℃	kg/m^3	max.	—	890.0	890.0	900.0
十六烷指数		—	min.	45	40	40	35
硫分		mass%	max.	1.00	1.50	1.50	2.00
闪点		℃	min.	43.0	60.0	60.0	60.0
硫化氢		mg/kg	max.	2.00	2.00	2.00	2.00
酸值		mgKOH/g	max.	0.5	0.5	0.5	0.5
热过滤总沉淀物		%	max.	—	—	—	0.10
氧化稳定性		g/m^3	max.	25	25	25	25
10%蒸余物残碳		mass%	max.	0.30	0.30	0.30	—
残碳		mass%	max.	—	—	—	0.30
浊点		℃	max.	-16	—	—	—
倾点	冬季	℃	max.	-6	-6	-6	0
	夏季	℃	max.	—	0	0	6
外观				清澈透明			
水分		volume%	max.	—	—	—	0.30
灰分		%	max.	0.010	0.010	0.010	0.010
润滑性,修正磨痕直径(wsd1.4)	60 ℃	μm	max.	520	520	520	520

②国外柴油机燃油的规格与选用

国外船用燃油基本上分为轻柴油、船用柴油、中间燃料油和船用燃料油四类。

A. 轻柴油(Marine Gas Oil,简称 MGO),常用于救生艇柴油机和应急发电柴油机。

B. 船用柴油(Marine Diesel Oil,简称 MDO),常用作发电柴油机和主柴油机机动操纵时的燃料。

C. 中间燃料油(Intermediate Fuel Oil,简称 IFO),是渣油与柴油调制而成的掺和油,可用于各类大功率中速及低速柴油机。

D. 船用燃料油(Marine Fuel Oil,简称 MFO),也叫 C 级燃油,主要用于锅炉,也可用于最新型的大功率中速柴油机及大型低速柴油机。

国际标准化组织(ISO)于 1987 年 9 月制定了国际船用燃油标准(ISO 8217),将燃油分为两个等级,即 DM(Marine Distillate Fuel)级和 RM(Marine Residual Fuel)级。DM 级是指蒸馏燃油,也就是轻油,共分为 4 个等级;RM 级是指重油或渣油,共分为 15 个等级。目前执行的 ISO 8217 标准是经过 2010 年修订的,重油改为 11 个等级,这一修订在黏度等级和含硫量限制方面普遍被国际海事组织认可。

表 4-3　RM级船用燃油的规格ISO 8217（2010）

性能	单位	LIMIT	RMA	RMB	RMD	RME	RMG				RMK		
			10	30	80	180	180	380	500	700	380	500	700
运动黏度 50 ℃	mm^2/s	max.	10.0	30.0	80.0	180.0	180.0	380.0	500.0	700.0	380.0	500.0	700.0
密度 15 ℃	kg/m^3	max.	920.0	960.0	975.0	991.0	991.0				1 010.0		
CCAI	—	max.	850	860	860	860	870				870		
硫分	mass%	max.	法规要求										
闪点	℃	min.	60.0	60.0	60.0	60.0	60.0				60.0		
硫化氢	mg/kg	max.	2.00	2.00	2.00	2.00	2.00				2.00		
酸值	mgKOH/g	max.	2.5	2.5	2.5	2.5	2.5				2.5		
总沉淀物	mass%	max.	0.10	0.10	0.10	0.10	0.10				0.10		
残炭 %	mass%	max.	2.50	10.00	14.00	15.00	18.00				20.00		
倾点 冬季	℃	max.	0	0	30	30	30				30		
倾点 夏季	℃	max.	6	6	30	30	30				30		
水分	volume%	max.	0.30	0.50	0.50	0.50	0.50				0.50		
灰分	mass%	max.	0.040	0.070	0.070	0.070	0.100				0.150		
钒	mg/kg	max.	50	150	150	150	350				450		
钠	mg/kg	max.	50	100	100	50	100				100		
铝	mg/kg	max.	25	40	40	50	60				60		
使用过滑油(ULO) 钙和锌，或钙和磷	mg/kg	—	燃油中应没有使用过的滑油，当下列条件中有一条被满足，可认为燃油中含有用过的滑油(ULO)： 钙>30和锌>15，或 钙>30和磷>15										

1.2 燃油的喷射

在柴油机中,燃油必须是在压缩行程末期通过喷油设备喷入气缸的。

(1)燃油喷射系统的基本要求和组成

①燃油喷射系统的基本要求

a. 精确的循环喷油量调节(定量):喷油设备应根据负荷和转速的变化及时、准确地调节喷油量(能总调);应在柴油机负荷不变时,保持各循环喷油量均等(各泵能单调)。

b. 适当的喷油规律,良好的雾化质量(定质):能产生足够高的喷射压力(由喷油设备来保证),以保证燃料良好的雾化质量;满足燃烧过程要求的最适宜的喷油规律,燃油油束与燃烧室的形状和空气运动相匹配,以形成均匀的可燃混合气,保证燃烧完全。

c. 准确的喷油定时:在整个负荷和转速范围内,应能保持最佳的喷射时刻和喷油持续时间,能进行总调与单调。

d. 附加要求:工作稳定可靠、便于管理、能驱气、能应急停油等,无不正常喷射现象,无泄漏(喷射系统的液压试验压力应为其最大工作压力的1.5倍)。

②燃油喷射系统的组成

燃油喷射系统的作用是在一定的时刻以很高的压力将一定数量的燃油迅速地喷入气缸并使之雾化。其主要设备是喷油泵、喷油器和连接它们的高压油管,如图4-2所示为燃油机械喷射系统示意图。

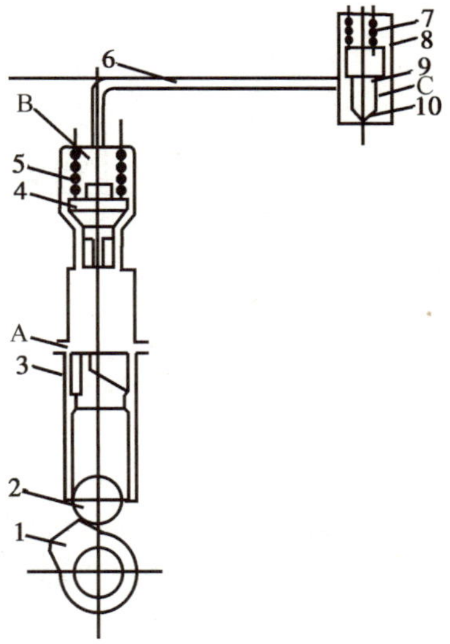

图4-2 燃油机械喷射系统示意图

1—凸轮;2—滚轮;3—柱塞;4—出油阀;5—弹簧;6—高压油管;7—喷油器弹簧;8—喷油器;9—针阀;10—喷油孔;A—油孔;B—出油阀空间;C—喷油器空间

喷油泵为高压柱塞泵,它可使燃油产生高达60~150 MPa的压力。柱塞由燃油凸轮及滚轮顶动,柱塞下方的弹簧(图中未画出)能够保证滚轮始终压在凸轮上。

柱塞下行时为吸油行程,燃油靠进油压力及柱塞下行的抽吸作用经油孔A进入泵腔。

柱塞上行时为泵油行程,当柱塞的上边缘封闭油孔A时,柱塞上面的空间成为一个封闭空间,随着柱塞的上行,泵腔中的燃油受到压缩而压力升高。当油压升高到克服弹簧的弹力和高压油管的残余压力而打开出油阀时,压力油进入出油阀空间B,通过高压油管进入喷油器空间C,燃油压力作用在针阀上产生向上的力,此力克服喷油器弹簧的弹力后,针阀打开,燃油经喷油孔以高压、高速并呈雾状喷入燃烧室。当凸轮顺时针转过一定角度时,柱塞也跟着上行到一定的高度,使其上的斜槽将回油孔打开而开始回油,压力迅速下降并使出油阀关闭,喷油泵供油立即结束,同时,高压油管中的燃油压力也迅速下降。当燃油压力低于针阀落座压力时,针阀在弹簧的作用下自行关闭,喷油结束。随后,柱塞升至最高位置后下行,吸油动作又重新开始。

(2)燃油的喷射过程

①喷射的三个阶段

可将喷油泵出油阀出口端的燃油压力 p_p、喷油器入口端的燃油压力 p_n 以及喷油器针阀升程 h_u 随曲轴转角的变化情况绘成如图 4-3 所示的喷射过程示意图,横坐标均为曲柄转角。其中,图 4-3(a)为喷油泵出油阀出口端的燃油压力变化曲线;图 4-3(b)为喷油器入口端的燃油压力变化曲线;图 4-3(c)为喷油器针阀升程曲线。

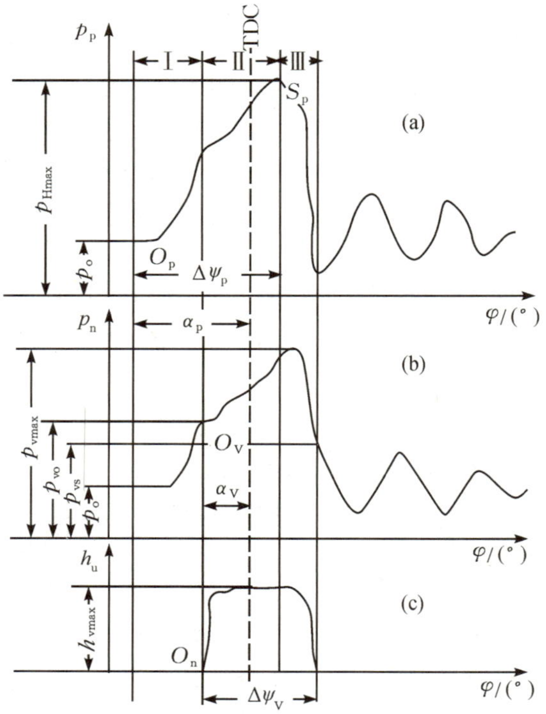

图 4-3　喷射过程示意图

燃油的喷射过程是指从喷油泵的供油始点 O_p 到喷油器的喷油终点 K_u 的全过程。根据这些曲线的变化特点,把喷射过程划分为以下三个阶段:

a. 喷射延迟阶段:从供油始点 O_p 到喷油始点 $O_n(Q_u)$。

在压缩行程后期,喷油器提前在上止点前开始供油,供油瞬时到活塞上止点(TDC)的曲柄转角称为供油提前角$(\psi_{CA})_p$,又称几何供油提前角。

在压缩行程后期,喷油器提前在上止点前开始喷油,喷油瞬时到活塞上止点(TDC)的曲柄转角称为喷油提前角$(\psi_{CA})_n$。

由图 4-3 可知,喷油器的喷油提前角$(\psi_{CA})_n$ 比喷油泵的供油提前角$(\psi_{CA})_p$ 要小。喷射的延迟角即为$(\psi_{CA})_p-(\psi_{CA})_n$,即喷油器针阀抬起瞬时的喷油始点 O_n 与柱塞将进油孔遮住瞬时的喷油泵供油始点 O_p 并不在同一时刻。当喷油泵开始供油时,喷油器针阀并未即刻抬起喷油,而是要等到喷油器内压力升高到启阀压力 $p_n(O_n$ 点)时针阀才打开(Q_u),燃油喷入气缸。启阀压力是指能抬起喷油器针阀的最低燃油压力。

喷射延迟阶段过长将会导致后燃严重,排气温度升高,所以此阶段应尽可能短些。喷射延迟阶段是由燃油的可压缩性、高压油管的弹性以及高压系统的节流等三方面原因造成的。显然，高压油管越长、内径越大、柴油机转速越高、针阀启阀压力越高，则喷射延迟阶段越长。

b. 主要喷射阶段：从喷油始点 O_n 到供油终点 K_p。

从喷油器针阀抬起瞬间的喷油始点 O_n 到喷油泵柱塞斜槽打开回油孔瞬间的供油终点 K_p 为燃油的主要喷射阶段。在此阶段中，为了维持喷射，喷油压力要比启阀压力大许多，且在整个阶段中喷油压力持续增大。

这一阶段的持续时间长短取决于柴油机的负荷，负荷越大，此阶段越长。

从供油始点 O_p 到供油终点 K_p，曲轴所转过的角度 $\Delta\psi_p$ 即为供油持续角。

c. 滴漏阶段：也称尾喷阶段，从供油终点 K_p 到喷油终点 K_u。

从喷油泵柱塞斜槽打开回油孔瞬间的供油终点 K_p 到喷油器针阀落座的喷油终点 K_u 为燃油的滴漏阶段。在这一阶段中，喷油泵虽已结束供油，但喷油器仍在燃油压力不断迅速下降的情况下向气缸中喷油，直到压力从最高喷油压力 p_{nmax} 下降到针阀落座压力 p_k。在此阶段喷入气缸的燃油雾化质量很差，有时甚至会产生滴漏现象，造成燃烧不良、喷孔结炭等后果，因此应使滴漏阶段越短越好，阀断油迅速。此阶段的产生原因与影响因素均与喷射延迟阶段相同，如喷射延迟阶段长，则滴漏阶段亦长。

从喷油始点 O_n 到喷油终点 K_u，曲柄所转过的角度 $\Delta\psi_n$ 即为喷油持续角。

现代柴油机功率不断提高，一方面供油量越来越大，另一方面又延长了喷射的持续时间，造成后燃，使柴油机的热效率降低、热负荷增加。为解决这一问题，现代柴油机改进喷射过程的目标之一就是设法缩短喷射持续时间。

②喷射过程产生压力波的主要原因和危害

在喷射过程中，高压系统内的压力发生剧烈的变化。燃油在喷射过程中，高压油管中的最高压力可达60~70 MPa，甚至更高。喷射过程结束后，高压油管中的剩余压力仅有几兆帕。另外，柴油机每一循环喷油量大大少于喷油泵的供油量。由于高压油管中的燃油压力的剧烈变化，高压油管的容积发生变化，使高压系统形成一个弹性系统。

油泵供油瞬时，在泵端的燃油受到来自喷油泵燃油的冲击，由于燃油的惯性和可压缩性，所供的燃油量大于高压油管中流动的燃油量，造成泵端（或高压系统中流阻较大处）的燃油瞬时堆积，局部压力瞬时升高并以压力波的形式沿高压油管向喷油器一端传播（以声速 a 传播），如图4-4所示。在整个供油与喷油过程中，压力波往复传播反射多次，致使高压系统中的压力随着时间和空间变化而变化。

喷射过程中压力波的存在，既有可能引起一系列的异常喷射，还有可能造成喷油设备的损坏。喷射过程中的压力波必将改变喷油泵的供油规律和喷油器的喷油规律，使两者产生很大的差异。燃油喷射系统的改进包含着消除或削弱喷射过程中的压力波。

（3）供油规律与喷油规律及其影响因素

①供油规律和喷油规律

供油速率是指喷油泵单位凸轮轴转角（或单位时间）的供油量；供油规律是指供油速率随凸轮轴转角变化的规律。

喷油速率是指喷油器单位凸轮轴转角（或单位时间）的喷油量；喷油规律是指喷油速率随凸轮轴转角变化的规律。

供油规律完全由柱塞的直径和凸轮形线的运动规律决定，可以根据喷油泵几何参数计算得出。喷油规律由喷油系统的几何参数和燃油在高压作用下的液力特性综合作用决定。图

4-5 所示为某高速柴油机的供油规律与喷油规律的比较，从图中可以看出，供油规律和喷油规律之间有一定的内在联系：喷油规律受供油规律的影响，喷油始点迟于供油始点，喷油持续时间大于供油持续时间，喷油速率的峰值小于供油速率的峰值。

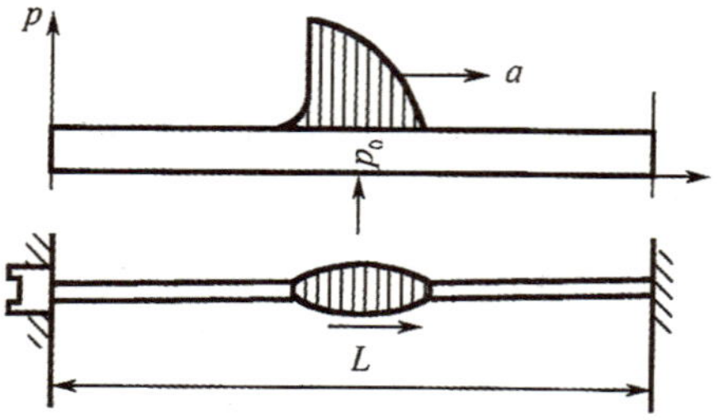

图 4-4　压力波传递示意图

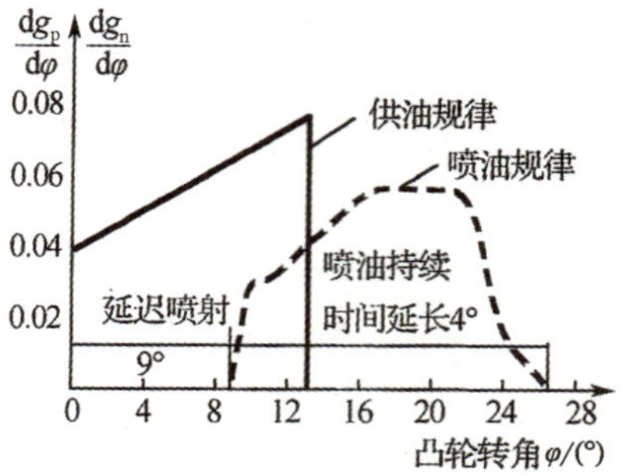

图 4-5　供油规律与喷油规律

喷油规律在一定程度上控制着燃烧过程，对柴油机性能有重要影响。借助喷油规律曲线可分析和判断：喷油始点、喷油终点和喷油持续角是否合适；有无二次喷射、断续喷射等不正常喷射现象；喷油规律是否符合理想的燃烧过程和放热规律的要求。

②影响喷油规律的因素

喷油规律与燃油喷射系统的结构特点和柴油机的运转工况等许多因素有关。以下分析其主要因素，如图 4-6 所示。

a. 凸轮形线和有效工作段[如图 4-6(a)所示]：在喷油泵柱塞行程和供油始点相同的条件下，凸轮形线或凸轮轮廓线越陡，柱塞上升速度越快，供油速率越大，则喷射延迟角和喷射持续角越小。不同的凸轮有效工作段(凸轮有效工作段是指在柱塞有效行程内所对应的滚轮滚过的那段凸轮轮廓线)，柱塞运动速度是不同的，喷油规律也不一样。可以通过供油正时的调节改变其凸轮有效工作段，如升降柱塞或套筒。

b. 柱塞直径[如图 4-6(b)所示]：在不改变喷油泵柱塞行程而增大柱塞直径时，供油速率增大，喷油延迟角和喷油持续角均减小。但因提高了初期的喷油速率(喷油规律曲线加高)，

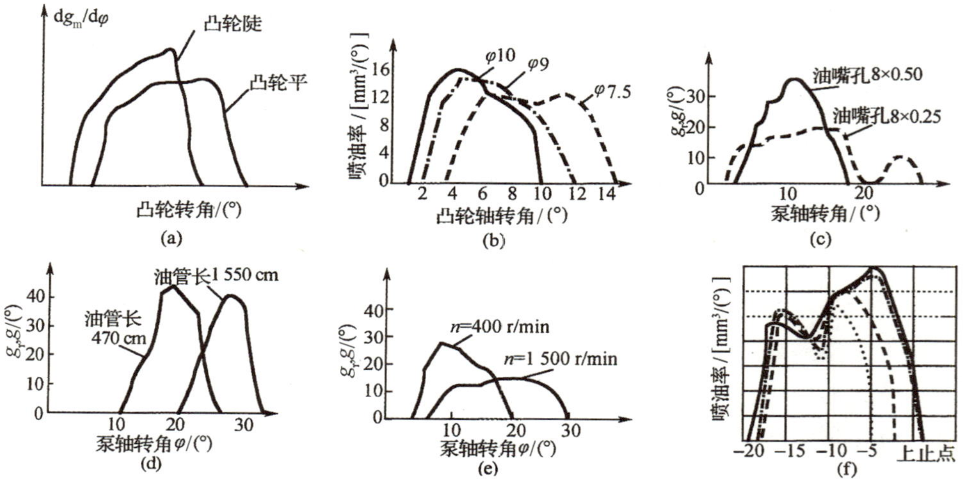

图 4-6　影响喷油规律的因素

在改善柴油机经济性的同时可能使燃烧粗暴。如在增压柴油机中，为增加循环喷油量和减小喷油持续角通常用加大柱塞直径的方法。为了防止燃烧的粗暴，喷油提前角应较非增压机的小。

c. 喷孔直径［如图 4-6(c)所示］：当喷孔数目不变而直径减小时，喷油阻力的增大使喷油持续角加大，喷油速率减小；高压油管中的压力增大，容易产生异常喷射。

d. 高压油管尺寸［如图 4-6(d)所示］：油管越长，喷油延迟角越大，而喷油持续角不变，即实际喷油提前角变小。油管内径越小，燃油流动阻力越大，则喷油延迟角越大。为了使各缸喷油规律一致，应尽可能使各缸的高压油管长度、油管内径相同。高压油管长度不等时，会使多缸柴油机工作不均匀，则应加大油管较长缸的供油提前角或调换新的高压油管。

e. 柴油机转速［如图 4-6(e)所示］：当柴油机负荷及喷油正时不变而增加转速时，随着转速的增加，对应单位凸轮转角的时间缩短，喷油速率减小，喷油延迟角和喷油持续角均加大。

f. 柴油机负荷［如图 4-6(f)所示］：当柴油机转速及喷油正时不变而负荷增加时，其喷油始点不变，而喷油终点改变，并且增加了后半期的喷油速率。

对于负荷与转速同时改变的柴油机工况，应对其喷油规律的改变做综合分析。

(4) 正常喷射与各种异常喷射分析

①正常喷射

正常喷射的特点：对应柴油机每一个工作循环的喷射过程中，喷油器阀启闭一次；针阀升程曲线呈梯形；每循环高压油管的剩余压力基本相同，如图 4-7 所示。

②异常喷射

与正常喷射不同的喷射称为异常喷射，常见的有二次喷射、断续喷射、不稳定喷射和隔次喷射、滴漏等。

A. 二次喷射

在喷油泵供油结束喷油器针阀落座后又第二次开启形成再次喷射的现象，称为二次喷射，又称重复喷射，如图 4-8 所示。其产生的内因是压力波动过大，喷射后期压力波反射；具体外因是喷油器喷孔部分堵塞，出油阀减压作用被削弱(如减压环带磨损)，换用了内径和长度较大或刚性较小的高压油管(以上都因喷射后剩余油量过多，压力波反射较大)，喷油器启阀压力较低等。其危害是，一方面会使喷油持续角变大；另一方面由于后期在低压下喷油，雾化质量差，致使燃烧恶化，后燃严重，排温升高，零部件过热，排气冒黑烟，甚至喷孔积炭堵塞，从而降低了柴油机的经济性和可靠性。

图 4-7　正常喷射

图 4-8　二次喷射

二次喷射最容易出现在柴油机大负荷、高转速工况时，最可靠的判断方法是测量针阀升程图。在管理中可通过燃油消耗率增加、排温升高、喷孔积炭等加以判断。船用中、低速柴油机在正常工作时不应发生。

由于二次喷射主要是由压力波的反射引起的，这与高压容积的存在关系密切，所以应防止喷射后喷油器处重新出现高的压力波。在设计方面,其主要措施有:选用较小长度和内径的高压油管(减小高压系统的容积);加大喷孔直径或增加孔数(提高喷油器喷孔流通能力);适当提高出油阀减压卸载能力(消除压力波的影响明显);增大出油阀弹簧刚度(加快减压卸载速度);适当提高喷油器启阀压力;取消喷油器上缝隙式滤器(因缝隙式滤器会加强压力波的作用);等等。

B. 断续喷射(波动喷射)

在喷油泵供油期间,喷油器针阀断续启闭的喷射过程称为断续喷射,如图 4-9 所示。断续喷射虽没有延长喷油持续时间,但针阀与阀座撞击次数增加,磨损增大,缩短针阀使用寿命,雾化质量下降。断续喷射多发生在低负荷、低速运转工况。因负荷低,此时喷油泵的供油量小于喷油器的喷油量,低速时喷油压力难以提高,此为机械喷射系统的缺点,使柴油机在此工况下运转不稳。

C. 不稳定喷射(不齐喷射)

喷油泵每循环供油量不均的喷射过程称为不稳定喷射,如图 4-10 所示。其极端情况是从间隔喷射变成隔次喷射,即喷油泵两次供油才有一次喷油过程。不稳定喷射使柴油机转速不稳定,甚至造成低速运转时自行停车。两次供油才喷油一次的极端情况可能造成燃烧粗暴。不稳定喷射多发生在柴油机低负荷运转或喷油设备偶件过度磨损时。

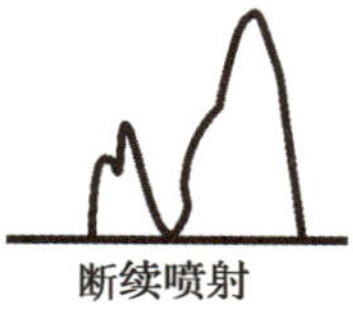

图 4-9　断续喷射

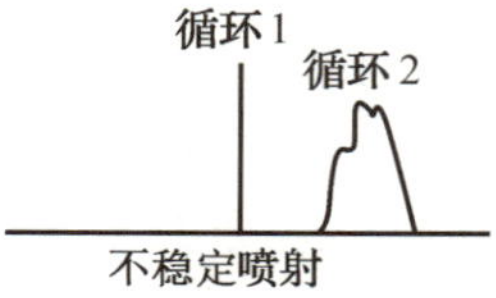

图 4-10　不稳定喷射

D. 滴漏现象

滴漏现象是在针阀偶件密封正常的情况下,由于燃油流出速度和压力均很低,燃油不雾化,形似“油滴”的现象。

发生滴漏时,会产生燃油油滴集结在喷孔处,易形成结炭,从而堵塞喷孔。其主要原因是针阀密封锥座下部至喷孔间的容积(称为压力室)过大,以及针阀不能迅速落座(如针阀等运动部件惯性太大,或出油阀减压卸载能力减弱使高压油管内油压下降缓慢)等。因此,提高出油阀减压卸载能力,加快针阀落座速度(如增加针阀弹簧预紧力,设计成弹簧下置式喷油器以减小运动部件的惯性力),可防止滴油现象。而因压力室容积过大引起的滴漏现象,只有更换喷油器才能消除。

1.3　燃油的燃烧

自压缩行程末期,燃油喷入气缸,直到在膨胀中燃烧结束的整个燃烧过程中,缸内燃油经历了以内部混合形成可燃混合气,以压缩发火方式形成自燃发火,以及火焰扩散形成燃烧的全部过程。这一过程是一个极为复杂的相互渗透的物理与化学变化过程。由于柴油机燃烧过程时间的短暂和情况的复杂,虽然对柴油机燃烧过程进行了长期的研究,但至今对其中的许多细节问题仍缺乏明确的解释,在某些理论问题上尚存在一定的争议。

(1)可燃混合气的着火

①燃烧过量空气系数 α

A.完全燃烧1 kg燃油所需的理论空气量

燃油的燃烧是其中可燃的C、H同空气中的O所发生的剧烈氧化反应,在氧化的同时产生大量的热量。由于气缸内的实际燃烧过程极其复杂,所以在下面的讨论中忽略其实际中间过程,只考虑燃油中的氧化的最后化学反应,即燃油中的C、H生成最终燃烧产物 CO_2、H_2O。采用这种简化所分析与计算的结果与实际情况基本符合。

柴油机燃料的化学成分主要是C、H、O,常用质量百分比(m_C,m_H,m_O)表示其含量。若忽略其他含量很少的元素,则有

$$m_C + m_H + m_O = 1$$

一般 $m_C = 0.865 \sim 0.885$,$m_H = 0.125 \sim 0.135$,其余为 m_O。

按化学方程式算得1 kg燃油完全燃烧时所需的空气量称理论空气量 Lo(kg/kg燃料)。它是1 kg燃料完全燃烧所需的最低限度的空气量。按C、H和O的化学反应方程式,考虑到1 kg燃料中已含有氧32 kg/mol,以及空气中的氧气和氮气的体积百分比分别近似为0.21和0.79,得到

$$Lo = \frac{28.93}{0.21}\left(\frac{m_C}{12} + \frac{m_H}{4} - \frac{m_O}{32}\right)$$

若取 $m_C = 0.86$,$m_H = 0.13$,$m_O = 0.01$,则有 $Lo \approx 14.3$ kg/kg燃料。

B.燃烧过量空气系数 α 概述

在实际柴油机中,按内部混合方式形成可燃混合气,混合的时间很短。由于结构的限制,雾化燃油不可能在燃烧室内均匀分布,因而油气混合不均匀。按理论空气量向气缸内提供空气不能保证燃料的完全燃烧,所以为得到完全燃烧,向气缸供给的实际空气量 A 必须大于理论空气量 A_0。

充入气缸内的实际空气量 A 与进入气缸内的燃油完全燃烧所需的理论空气量 A_0 之比称为燃烧过量空气系数 α,即

$$\alpha = A/A_0$$

显然,在柴油机中 $\alpha>1$。

C.燃烧过量空气系数 α 对柴油机的工作性能的影响

a.反映气缸容积的利用程度和空气的混合质量。当气缸容积、进气状态和充气效率一定时,每循环充入气缸的空气量一定。α 小,意味着每循环能燃烧的油量多,发出的功率大,但应以燃烧良好(即燃油与空气混合良好)为前提。因此,柴油机在标定功率下能以较小的 α 良好运行,说明气缸容积的利用程度高,混合质量好。

b.对经济性的影响。α 大,空气量相对较多,燃烧较完全,可改善经济性。但 α 过大时,由于混合气浓度过低,燃烧速度很慢,后燃增加,排气带走的热量相对增加,燃油消耗反而增加。应该指出,为获得同样的燃烧质量,混合质量不同,可以有不同的 α:混合质量好时,α 可小些;反之应大些。

c.与柴油机的热负荷和排放有关。α 减小,每循环燃烧的油量增多,循环平均温度、最高燃烧温度和排气温度升高,废气中的氧化氮的含量因最高燃烧温度的升高而增加。

α 与柴油机的型号、尺寸、增压程度、转速和燃烧室形式有关。从提高柴油机的强载度出发,

希望 α 值能够较小,但非增压小型高速柴油机受燃烧完善程度的限制,增压中、低速柴油机受热负荷的限制。一般情况下,二冲程柴油机的 α 大于四冲程柴油机(降低二冲程柴油机的热负荷);大型柴油机的 α 大于小型柴油机(小型柴油机的单位气缸容积的散热面 F/V 大);增压柴油机的 α 大于非增压柴油机(降低增压柴油机的热负荷)。在标定工况下,不同机型的 α 值通常在下列范围:非增压高速四冲程小型柴油机 $\alpha=1.2\sim1.7$;增压高速四冲程小型柴油机 $\alpha=1.5\sim1.9$;非增压低速二冲程大型柴油机 $\alpha=1.8\sim2.1$;增压中、低速二冲程大型柴油机 $\alpha=2.0\sim2.3$。

应当指出,上述资料是标定工况下的取值。实际上工况变化时 α 会随之改变,如负荷减小,α 增大。另外,由于燃油分布不均匀,其局部地区的 α 值也是不同的。在油束内部,因空气很少或无空气,$\alpha\approx0$;在油束外缘,油气与空气混合,随着与油束中心距离的增加,α 逐渐增大;在燃烧室周边无油区,$\alpha\approx\infty$。

欧洲各国和美国习惯上使用空燃比或燃空比表示燃烧时空气量(燃油量)与燃油量(空气量)的配比关系,它与过量空气系数 α 有相似的含义。空燃比是实际空气量与喷入气缸的燃油量之比,用符号 AF 表示;燃空比是喷入气缸的燃油量与实际空气量之比,用符号 FA 表示。显然,两者互为倒数。

②油滴的着火过程

燃油喷入燃烧室后,分散成许多细小油滴,这些细小油滴经过加热、蒸发、扩散与空气的混合等物理准备及分解、氧化等化学准备阶段后,即自行着火。

燃烧室中空气的温度为 T_0,油滴受热后温度会升高,同时表面开始蒸发并向四周扩散,与空气混合,在油滴外形成一层燃料与空气的混合气。接近油滴表面的燃空比 FA 高,由于蒸发需要吸收气化潜热,所以这里的温度 T_u 较低。随着离开油滴表面距离的增加,混合气的燃空比 FA 降低,温度 T_u 渐高。

试验表明,着火点不在燃空比 FA 较高的油滴表面附近,也不在远离油滴表面的高温区,而是距油滴表面一定距离、混合气浓度适当且温度足够的部位,这里的反应速率较大。

由此可知,着火需要具备两个条件:一是混合气的浓度要在一定范围内(称为着火范围或着火界限),超过这一界限将不能着火;二是混合气一定要达到某一临界温度,低于这一温度也不能着火。

在柴油机中的可燃混合气着火比上述情况复杂得多。因为燃油喷入气缸分散成大小不同的油粒,油粒与空气有相对运动,各点处的温度也不同,各油粒具备的物理与化学条件不同,相邻油粒形成的混合气相互干扰、渗透。在油束外围直径很小的油粒附近,虽因其蒸发快而使浓度适当,但因其温度较低或化学准备不足而不会着火,油束核心处浓度太大也不会首先着火。首先着火的部位是油束核心与外围之间混合气浓度适当(通常该局部 $\alpha\approx1$)和温度适当处。由于在缸内符合此要求的部位不止一处,所以可能是多点同时着火,各循环的着火点也不尽相同。

当火焰核心形成之后,火焰即向四周传播形成稳定的燃烧。传播路径与速度仍然取决于可燃混合气形成的状态以及空气的扰动。如果个别火焰核心在传播途中遇到不合适的可燃混合气(如浓度过大或过小),则火焰传播中断,同时其他部分的混合气可能形成火焰核心并向四周传播。

(2)燃烧过程分析

柴油机的燃烧过程可以用不同的方法进行研究,但最简便、最实用的方法是通过的示功图(即 p-ψ 图)和 T-ψ 图来分析。因为燃料燃烧后,气缸中的压力和温度不断升高,它们是反映燃烧进行情况的重要参数。典型的 $p-\psi$ 图和 $T-\psi$ 图如图 4-11 所示。

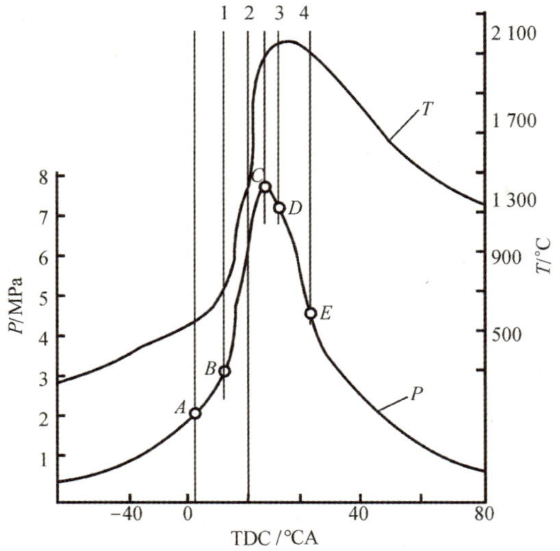

图 4-11 典型的 $p-\psi$ 图和 $T-\psi$ 图

根据燃烧过程的进展特点,一般可把燃烧过程人为地划分为四个阶段:

滞燃阶段——自喷油始点 A 至着火点 B。

速燃阶段——自着火点 B 至最高压力点 C。

缓燃阶段——自最高压力点 C 至最高温度点 D。

后燃阶段——自最高温度点 D 至燃烧终点 E。

①滞燃阶段(A—B)

燃油从 A 点喷入气缸,这时虽然气缸中空气的温度一般高于在当时压力下燃油的燃点,但燃油并不能立刻燃烧。从 A 点至 B 点,气缸内的压力基本与压缩线重合,直到 B 点因压力急剧上升才离开压缩线。B 点是发火点,因此从 A 点至 B 点称为燃烧过程的滞燃期。滞燃期的长短可用滞燃角 ψ_i(°CA)表示,亦可用滞燃时间 τ_i(s)度量,两者关系为:$\psi_i = 6n\tau_i$(式中,n 为柴油机转速,r/min)。对于一般柴油机,$\tau_i = 0.001 \sim 0.005$ s,在有些情况下甚至可缩短到 $\tau_i = 0.0005$ s,但不可能使 $\tau_i = 0$。

在滞燃期中,燃油进行着一系列发火前的物理和化学准备。此间喷入气缸的燃油量称为滞燃量 Δ_i,一般低速柴油机的 $\Delta_i = (15\% \sim 30\%)\Delta g_i$,而有的高速柴油机可使 $\Delta_i = (80\% \sim 100\%)\Delta g_i$,($\Delta g_i$ 为循环喷油量)。燃油在滞燃期内没有产生明显的燃烧,焰前氧化反应的放热量与物理准备的吸热量基本相等,因此气缸内的压力和温度基本分别与压缩压力和温度相同。滞燃期气缸内的压力和温度取决于压缩终点的状态。

τ_i 被视为柴油机运转的重要参数。从避免敲缸和减轻机件负荷的角度出发,τ_i 越小越好。但是 τ 必须有一个最小限度,当 τ_i 过小时也会发生不正常燃烧。这是因为当 τ_i 过小时,燃油喷束刚离开喷油器就立即燃烧,使油气和火焰过分集中在喷油器附近,进而造成混合气不均匀而无法实现完全燃烧,严重时造成部分燃油分子在高温下热裂生成炭烟,致使柴油机无法产生标定功率。理想的滞燃期应是至少允许燃油喷束在混合气发火前有穿过燃烧室空间到达(或接近)燃烧室壁面的时间。但是一般说来,滞燃期过长是柴油机燃烧过程恶化的通病,应尽可能减小柴油机的 τ_i 值。

②速燃阶段(B—C)

从气缸内燃油发火燃烧到出现最高压力为止的这段时期称为速燃期。柴油机的发火点一般在上止点前几度曲轴转角,而最高爆发压力点为上止点后10°~15°CA。这一燃烧时期的特点是气缸中的压力迅速上升至最高爆发压力p_z。压力之所以迅速上升,一是因为燃烧急剧进行,二是因为活塞的位移极微。在速燃期,不但烧掉了滞燃期形成的可燃混合气,还烧掉了速燃期喷入气缸并已完成了燃烧准备的部分燃油,燃烧近乎在等容状态下进行。

评价速燃期的重要参数是平均压力增长率$\Delta p/\Delta\psi$,它表示本阶段内气缸内相应于单位曲轴转角的平均压力增长量(率),此值决定了柴油机燃烧过程的柔和性。$\Delta p/\Delta\psi$小的柴油机工作柔和,燃烧平稳,无敲击声;$\Delta p/\Delta\psi$大的柴油机工作粗暴,常伴有敲击声。这种燃烧在气缸内产生激波并传向气缸四壁,往复反射并产生敲击声,称为燃烧敲缸。

τ_i越长,Δ_i越多,一旦发火燃烧,使柴油机工作粗暴,压力就会突然增大,表现在曲线BC段上特别陡峭,C点也格外高,严重时会造成燃烧敲缸。燃烧敲缸乃是由管理者以听觉主观判断的,敲缸对于柴油机的可靠性和使用寿命构成了威胁。虽然敲缸时柴油机的经济性较好,但仍需竭力避免。通常,为保证柴油机的运转平稳性与经济性,其平均压力增长率$\Delta p/\Delta\psi$不宜超过0.4 MPa/°CA。

速燃期的燃烧速率很难直接用控制该燃烧期燃油与空气混合速度的办法来加以控制,故亦称不可控燃烧期。由于速燃期的可燃混合气主要是为滞燃期喷入气缸的燃油所准备的,为了使柴油机工作平稳,应通过滞燃期来影响速燃期,力求缩短滞燃期、减少滞燃量、控制可燃混合气的形成量。滞燃期对燃烧质量起决定作用,因此控制滞燃期是影响燃烧过程的重要手段,此阶段亦称预混合燃烧阶段。

③缓燃阶段(C—D)

从气缸内工质出现最高压力到出现最高温度这段燃烧期称为缓燃期。最高温度一般出现在上止点后20°~35°CA。在缓燃期,燃烧速度仍然很快,工质温度可迅速上升至最高温度(瞬时温度为1 700~2 000 ℃)。在缓燃期,由于燃烧室内已充满燃烧产物和正在燃烧的火焰,燃油油滴喷入气缸即蒸发燃烧。但此时由于活塞已离开上止点下行,气缸容积迅速扩大,故燃烧燃油量虽多而工质压力缓慢下降(近似于等压燃烧)。该燃烧期的燃烧速度取决于喷入气缸的燃油分子寻找氧气分子的速度,故亦称扩散燃烧阶段。

缓燃期的燃烧速率之所以比速燃期慢,是因为此时燃烧室中的废气和燃烧中间产物增多而氧气分子变少,燃油分子与氧气分子进行反应的机会减少。在这一燃烧期,燃油分子有可能在氧气分子不充分的条件下进行燃烧,容易发生燃油分子的热裂而产生黑烟,影响燃油燃烧的经济性和排气净化问题。缓燃期的主要矛盾是油气得到氧分子的速度赶不上燃烧速度的需要而发生不完全燃烧。此燃烧期的长短主要取决于负荷大小,亦称可控燃烧期。

据试验资料,缓燃期燃烧的燃油量为(40%~60%)Δg_i,连同速燃期燃烧的燃油量总计为80%Δg_i左右。速燃期和缓燃期构成了燃油明显燃烧时期,统称为主燃期。

④后燃阶段(D—E)

后燃是燃烧过程在膨胀行程中的继续,其原因有二:一是在缓燃期中难免有一部分燃油因遇不到足够的氧分子而来不及燃烧或燃烧不完全;二是部分燃烧产物在高温下发生逆反应,这些燃烧产物只能在活塞下行、气缸内温度下降后才能重新进行燃烧。因此,完全消除后燃现象是不可能的,但应设法使之减轻。后燃期的终点E很难确定,随柴油机负荷和燃烧过程进行的情况而异，一般在上止点后 80°~100°CA。

后燃期因气缸内温度开始下降，活塞下行，工质膨胀比减小，致使燃油燃烧的热效率较低。后燃期的存在使排气温度升高并由此使柴油机机件的热负荷增加。因此，后燃现象越短越好。缩短后燃期的措施是加强燃烧室内的空气流动，减少混合气的形成。一般柴油机在低负荷运转时，后燃期将缩短，低速柴油机的后燃期短于高速柴油机。喷油器雾化不良、滴漏、气缸漏气、换气不良、喷油太晚等，均使后燃期延长。

(3)影响柴油机燃烧过程的因素分析

影响柴油机燃烧过程的因素主要有以下几个。

①燃油品质

在燃油的性能指标中，十六烷值(*CN*)对燃烧过程的影响最大。十六烷值高，自燃性能好，则滞燃期短，燃烧平稳；反之，十六烷值低，自燃性能差，则滞燃期长，燃烧粗暴。因而当柴油机使用的燃油品质发生变化时，必将影响燃烧过程，需要调整喷油定时。另外，燃油的挥发性也影响滞燃期，挥发性好，既可缩短着火前的物理准备时间，又有利于着火前的化学准备。加入某种添加剂(如助燃剂等)可改善燃油的燃烧性能。

②缸内工质状态

缸内工质状态的主要参数是压缩终点的空气温度、压力和扰动，其中以温度对燃烧过程的影响最大。压缩终点温度越高，则滞燃期越短，柴油机工作越平稳。压缩比过小、气缸严重漏气的柴油机将丧失启动能力，程度较轻者也将出现排气冒烟的不良后果。空气的扰动有加速燃前和燃后混合气形成的积极作用，同时也会影响燃油喷射的穿透距离。

③喷油定时

喷油定时显著影响燃烧过程，如图 4-12 所示。

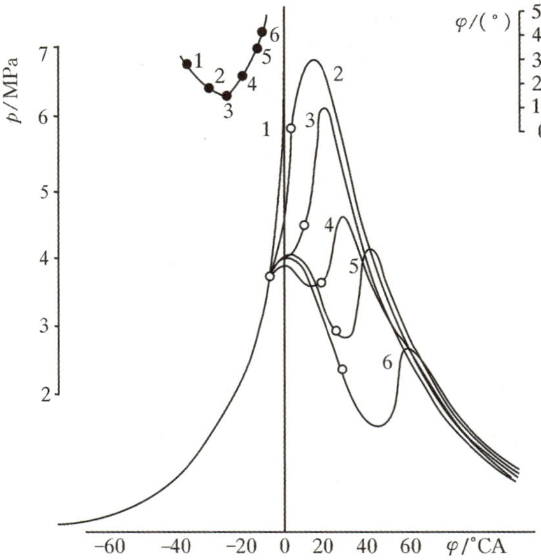

图 4-12 喷油定时对燃烧过程的影响

●喷油始点标记；○喷油后 30°CA 标记

若喷油提前角过大(如图 4-12 中曲线 1 所示)，此时缸内工质状态不利于着火，使滞燃期延长，燃烧粗暴，引起最高爆发压力过高。由图可知，曲线 1 的喷油提前角约为上止点前 40°CA，相应的滞燃角 ψ_i 约为 30°CA。

若喷油提前角过小,将因着火前缸内温度和压力已下降,滞燃期则延长,但活塞已下行使最高爆发压力降低,后燃增加,排温上升。图 4-12 中曲线 6 所示的喷油提前角为上止点前 10°CA,滞燃角为 40°CA。

由此可知,各种类型的柴油机均有一个最佳喷油提前角,在该喷油提前角工作时,柴油机的燃烧平稳,最高爆发压力适中(符合设计要求)且相位正确(通常在上止点后 10°~15°CA),经济性高。

④雾化质量

雾化质量好将使滞燃期 t 缩短,柴油机工作平稳,同时燃油细粒能与空气均匀混合使燃烧完全。在船用大中型柴油机中,燃油的雾化质量主要取决于喷油设备,若喷油设备不正常,则将直接影响柴油机的燃烧质量。

⑤换气质量

若换气质量好,则进入气缸的新鲜空气量增多,燃油燃烧时有足够的氧气与之反应,燃烧完全。影响换气质量的因素主要有气阀定时,气口(阀)、气道的清洁程度,增压系统(如增压器、空冷器等)的工作状态等。

⑥运转工况

柴油机的转速和负荷是反映柴油机运转情况的两个主要参数。转速和负荷对整个燃烧过程都有影响。

A. 转速的影响

柴油机的转速升高,气缸漏气和散热损失减少,压缩终点的空气压力和温度升高。与此同时,喷油压力提高,空气扰动也加强。这些因素使滞燃期 τ_i 缩短,有利于燃烧。但转速的升高使滞燃角 ψ_i($\psi_i = 6n\tau_i$)增大,比 τ_i 缩短对滞燃油量 Δ_i 的影响要大,即 Δ_i 增多,从而使速燃期的平均压力升高率上升,爆压升高,不利于燃烧。这种不良后果对涡流室式燃烧室的影响要比对开式燃烧室轻些。此外,转速的升高使喷油过程(以曲轴转角计)延长,喷油速率下降,从而使后燃期加长,这种不利影响将因气缸内扰动的加强而得以减轻。

B. 负荷的影响

柴油机的负荷对滞燃期有间接影响。当负荷增加时,由于循环喷油量的增加,气缸内总发热量增加,燃烧室壁温升高,使滞燃期稍有缩短。与此同时,燃烧持续时间成比例地延长,其爆压也提高,后燃就加剧。平均压力增长率的变化随机型而异:一般低增压四冲程柴油机随负荷增加,压力升高率有所下降,而高增压二冲程柴油机可能上升。

⑦喷油规律

喷油规律对燃烧过程也有很大影响。例如,在滞燃期内喷油量的多少将直接影响平均压力增长率和最高燃烧压力;再如,喷油结束时间的早晚对燃烧过程的后燃阶段有直接的影响。所以,凡是影响喷油规律的因素都会影响燃烧过程。

(4)改善燃烧质量的方法

①理想的燃烧过程

根据分析,一个完善的、理想的燃烧过程应具有以下特点:

a. 控制滞燃期内的喷油量以保证柴油机燃烧柔和。

b. 燃烧在上止点附近发生,燃烧压力应迅速升高到限定的最高爆发压力并基本以此不变的压力按等压过程燃烧。

c. 燃烧持续时间不应过长(通常应不超过 40°CA)。

d. 主燃期燃烧完全,后燃最少。

在实践中,柴油机各性能对燃烧过程的要求往往发生矛盾。例如,为保证柔和的燃烧和减少污染就要求降低平均压力增长率及最高爆发压力;欲提高柴油机的热效率,则要求燃烧压力尽可能快地升高到最高爆发压力并保持定压燃烧。可见,柴油机的平稳运转与运转经济性两者是矛盾的,保证柴油机既平稳又经济地运转是设计者和管理者所要解决的主要问题之一。

对柴油机的放热率(单位曲轴转角的放热量)的研究侧面揭示了一个完善的燃烧过程的特点。其燃烧发热率应先缓后急,即开始放热要适中以满足柔和运转的要求,随后燃烧加快,加速扩散燃烧阶段的放热率,使燃烧在上止点后 40°CA 附近结束,以满足经济运转的要求。在实际运行管理中,管理者应善于综合各种运转因素来调整柴油机的燃烧过程,抓住主要矛盾并兼顾各方面的不同要求。

②改善柴油机燃烧质量的措施

通过对燃烧过程的理论分析与试验表明,以下措施可改善柴油机的燃烧质量。

A. 设计方面

a. 采用特殊形状的燃油凸轮,保证初期喷射速度低,而后期喷射速度增加并在短时间内完成喷油。

b. 采用油膜蒸发燃烧方式以保证燃烧柔和。

c. 采用分级喷射,即同一气缸有两个油泵柱塞,初期由其中一个柱塞供油,随后两个柱塞同时供油。

d. 采用变压缩比活塞以及变喷油定时等。

B. 运转管理方面

a. 确保换气质量良好。包括增压空气系统,气口、气阀定时,活塞环工作状态等均应处于正常状态,保证气缸中有足够的新鲜空气量。

b. 燃油的质量应满足使用要求。燃用劣质燃油时,应重视燃油使用前的预处理(预热与净化)质量。

c. 保证良好的气缸热状态。如:应注意活塞环和气缸套的磨损情况,避免燃烧室漏气;注意对气缸的冷却应适当,必要时还需暖机,使气缸压缩温度能满足喷入的燃油自燃发火的要求。

d. 确保喷射系统正常工作。喷油泵应有正确的供油定时和各缸均匀的供油量;喷油器有正确的启阀压力和良好的雾化质量,避免不正常喷射的出现。大中型柴油机的燃烧过程对喷射系统的工作状态很敏感,更应重视喷射系统的工作。

C. 日常例行管理方面

a. 注意观察排气颜色。柴油机排气的正常烟色是隐约可见的淡灰色。若发现冒黑烟,则表示燃烧不正常。但要判断哪个缸不正常,还需观察各缸排温。一般燃烧不正常的气缸排温比正常的气缸高;若发现冒蓝烟,说明燃烧室中有滑油被烧掉;若发现冒白烟,则说明燃烧室中有水分蒸发。

b. 查看各缸排气温度与排气烟度。若某一缸排气温度低于各缸平均值,则可能是由于该缸喷油量较小而使负荷不均。若某一缸排气温度超过平均值较多,则有两种可能:一是该缸喷油量太多而超负荷;二是由于喷油设备发生故障而出现严重后燃现象。至于究竟属于哪一种情况,还需从其他方面进行观察,而排气烟度增加表示不完全燃烧加重。

c. 测取气缸示功图。定期测取各缸示功图，计算各缸指示功率，以检查各缸负荷是否均匀。同时，测取各缸的转角示功图，以分析各缸的燃烧状态；也可测取各缸最高爆发压力的数值，以便大致判断各缸供油定时的变化；测取各缸压缩压力，以判断各缸的压缩状态；等等。

任务 2 高压油泵拆装

2.1 回油孔式高压油泵认识

筒形活塞式柴油机使用的喷油泵（此部分表示高压油泵）一般为柱塞泵，它是喷射系统的核心部件，除了能产生喷射所需的高压外，还能执行定时与定量地供给燃油的任务，如图 4-13 所示。

其定时供油由凸轮轴上的凸轮控制，凸轮轴与曲轴的传动相位确定了整机各喷油泵的供油定时。喷油泵的定量供油取决于柱塞上行时有效供油行程的大小，此有效行程的大小可在柱塞的上行行程中借助调节机构（齿圈和齿条等），使一部分燃油回流至低压空间加以调节。筒形活塞式及部分十字头式柴油机的油量调节机构一般为回油孔调节式。

（1）结构特点和工作过程

①结构特点

回油孔式喷油泵又称斜槽式喷油泵或布许喷油泵（由 R. Bosch 发明），按各缸喷油泵单元组合方式不同，可分为单体式和组合式两种，两者的基本结构相同。

如图 4-14 所示，回油孔式喷油泵的主要部件是柱塞与套筒、调油机构（齿条与齿圈）、出油阀及出油阀弹簧。柱塞头部有直槽、斜槽、环形槽，柱塞下方有横销，套筒上部有回油孔。拉动齿条可通过齿圈使柱塞转动。

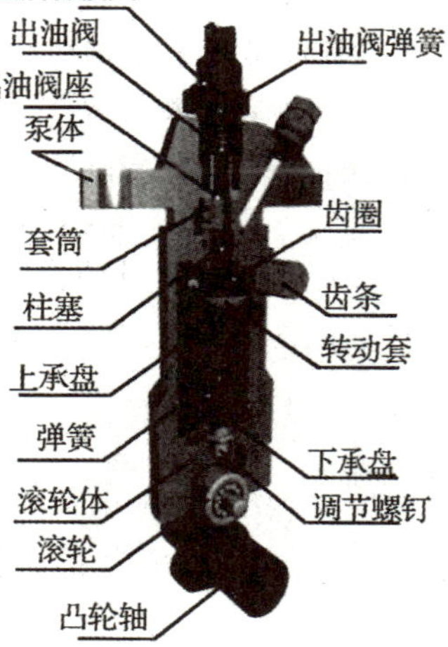

图 4-13　回油孔式高压油泵零件视图

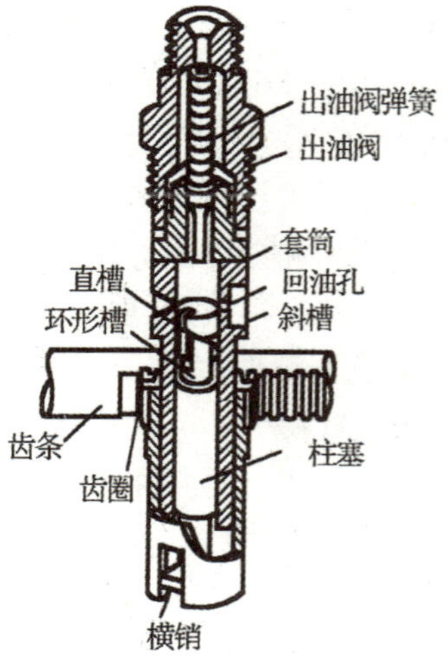

图 4-14　回油孔式高压油泵结构视图

②工作过程

柱塞与套筒组成一对精密偶件。柱塞在套筒内由凸轮顶动上下往复运动。

A. 当柱塞位于如图 4-15(a)所示凸轮基圆时，位置最低，此时套筒上部进(回)油孔开启，燃油进入泵腔。

B. 当柱塞由凸轮顶动上行时，在柱塞顶端未关闭回油孔之前，泵腔内燃油经回油孔流回进油空间，直到柱塞上部端面刚好关闭回油孔时，泵腔燃油开始受压缩，如图 4-15(b)所示，此为几何供油始点。

C. 柱塞继续上行，高压的燃油供给喷油器。但当柱塞头部的斜槽打开回油孔时，柱塞上方的高压燃油经柱塞头部的直槽和环形槽进入回油孔流回进油空间，如图 4-15(c)所示，此为几何供油终点。

D. 从供油始点到供油终点柱塞上行的供油行程称为柱塞的有效行程 S_e，此后柱塞继续上行至最高位置，燃油一直流回进油空间。

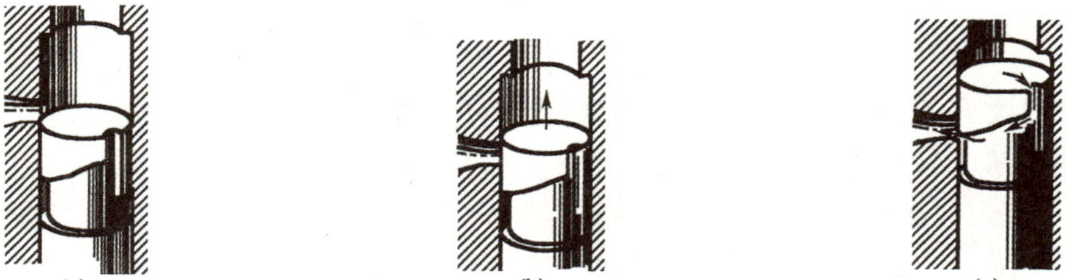

图 4-15　回油孔式高压油泵工作原理

柱塞下行时，泵腔经回油孔充油。若在柱塞的往复运动中通过调节机构逆时针转动柱塞，则供油始点不变，而供油终点延后，即柱塞有效行程 S_e 增大，供油量增加，为终点调节式；反之，顺时针转动柱塞，则柱塞有效行程 S_e 减小。当柱塞头部的直槽对准回油孔时，泵腔中的燃油在柱塞的全部上行行程中都经回油孔流回进油空间，此为停油位置，即停车位置。

(2)三种油量调节方式与柱塞头部结构

柴油机喷油泵的喷油量随柴油机工况的改变而做相应的改变。改变喷油量是通过改变柱塞有效行程来实现的，而柱塞有效行程又由供油的始点和终点决定。因而，可根据油量调节的方式不同分为终点调节式、始点调节式和始终点调节式三种。

图 4-16 所示为终点调节式。柱塞头部的上顶部为平面，斜槽在下，在转动柱塞调节油量时，供油始点不变而终点变化，供油量越大，供油持续时间越长，供油终点越滞后，此油量调节

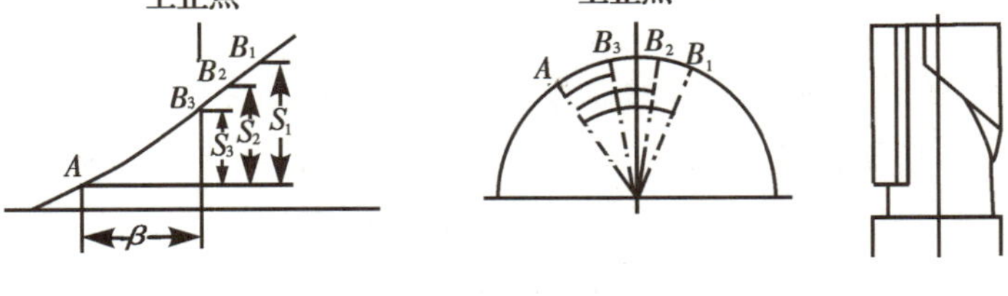

图 4-16　终点调节式

方式称为终点调节式。由于在各种工况下，供油始点不变，实际发火角基本相等。终点调节式有利于工作过程的进行，因此应用广泛，适用于按定速运转的船舶发电柴油机和高增压船舶主

机，被目前大多数船用柴油机及增压柴油机所采用。但当主机在低速、低负荷下运转时，容易工作粗暴。

图 4-17 所示为始点调节式。柱塞头部的斜槽在上、平面在下，在转动柱塞调节供油量时，其供油始点变化而终点不变。在始点调节式喷油泵中，供油量越大，供油始点越提前，即供油提前角越大，供油持续时间越长。始点调节式喷油泵在标定负荷时，燃烧状况良好，但当负荷较小时，由于供油提前角减小，燃烧后移，经济性变差。目前这种始点调节式喷油泵已很少使用。

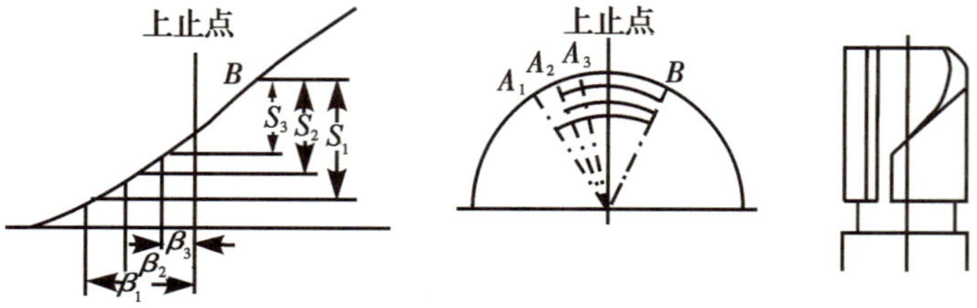

图 4-17　始点调节式

图 4-18 为始终点调节式，在柱塞头部上、下均有斜槽。在转动柱塞改变供油量时，其供油始点与终点均随负荷改变。负荷大时，供油始点提前，供油终点滞后；负荷小时，供油始点滞后，供油终点提前。这种结构的喷油泵，使终点调节式喷油泵在较小负荷时的工作平稳，但经济性又有所下降，目前采用得也不多。图 4-18 中 A_1、A_2、A_3 为供油始点；B_1、B_2、B_3 为供油终点；S_1、S_2、S_3 为柱塞有效行程；β_1、β_2、β_3 为几何供油提前角。

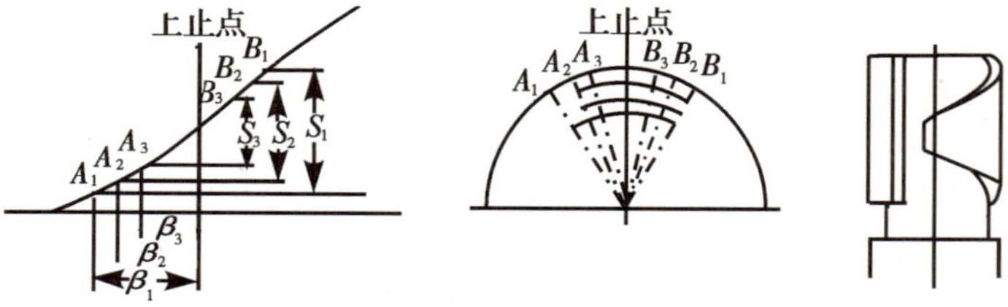

图 4-18　始终点调节式

在多缸柴油机中，各喷油泵的油量调节齿条均连接在一根共同的油量调节杆上，通过调速器的输出轴或操纵台上的加油手柄控制供油量，这是油量总调。要单独调节某缸的供油量，一般只要旋转装在各油泵齿条与油量调节杆之间的调节螺钉即可（称为单调），如图 4-19 所示。

(3) 出油阀和阀座

多数喷油泵在其出口处均装有出油阀，出油阀与阀座是喷油泵中的第二对精密偶件，又称出油阀偶件。

出油阀偶件有蓄压、止回和减压（卸载）作用。蓄压作用指在柱塞供油行程中使供油压力逐渐累进。止回作用指柱塞吸油行程中出油阀自动落座，可防止高压油管内燃油倒流，缩短喷射延迟阶段，也有利于排除系统中的空气。减压作用指通过出油阀的卸载容积可有效地控制喷射结束后高压油管中的剩余压力，有助于消除因高压油管剩余压力过高而引起的重复喷射现象。出油阀按卸载方式不同可分为等容卸载式和等压卸载式两种。

①等容卸载式出油阀

如图 4-20 所示，h 为出油阀的卸载行程，阀在落座至 h 距离之前时已把高压油管与油泵的工作空间隔断。因阀在落座前又下行 h 距离，高压油管中的容积增大，使管中燃油压力因容积增大而迅速降低，从而能缩短燃油喷射过程的尾喷阶段，防止二次喷射。

等容卸载式出油阀结构简单，可以通过选择相应的结构和参数来修正供油特性以适应柴油机的工作需要，因此得到广泛的应用。其缺点是由于卸载容积一定，高压油管中的剩余压力随柴油机工况而变化。尤其在低负荷运转时，容易因卸载过度而引起空泡和穴蚀。

②等压卸载式出油阀

在出油阀上无减压环带，但在其内部设有一个由卸载弹簧控制的锥形卸载阀。当出油阀关闭后，如果高压油管中的油压高于卸载阀的开启压力，卸载阀就开启，燃油便倒流入喷油泵的工作空间，直到与卸载阀的关闭压力相等时为止，如图 4-21 所示。

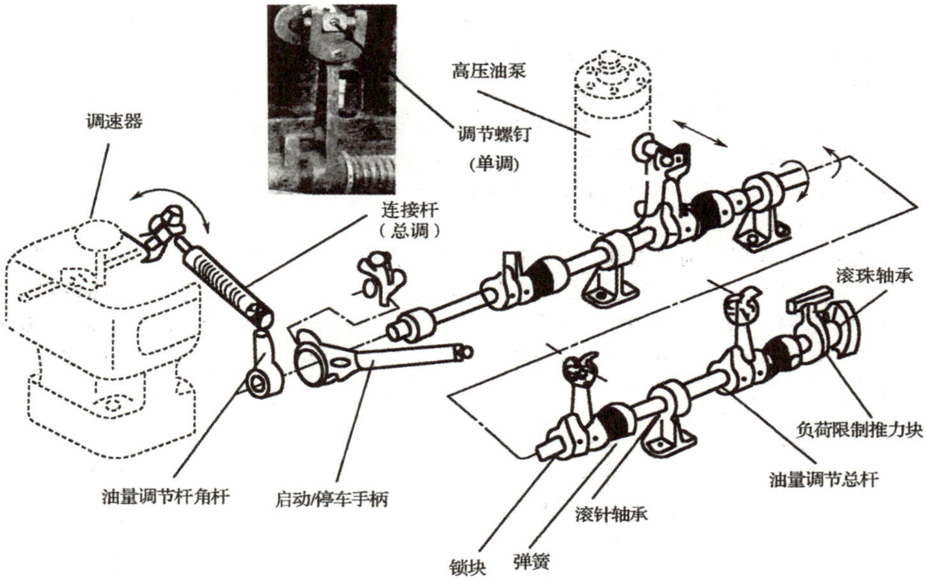

图 4-19 油量调节机构

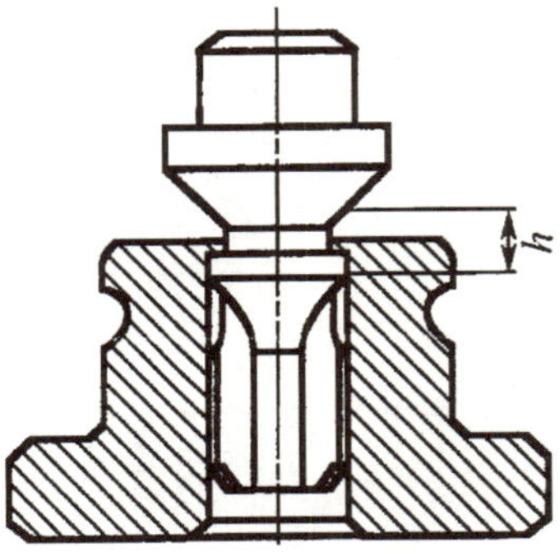

图 4-20 等容卸载式出油阀

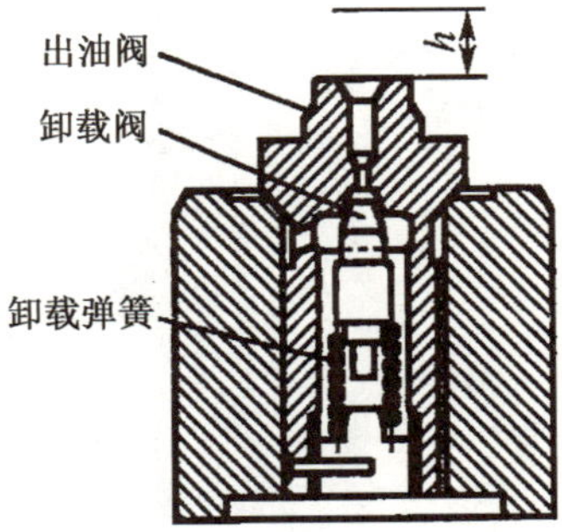

图 4-21 等压卸载式出油阀

高压油管中燃油的回流速度可由卸载弹簧的张力和卸载阀的尺寸来控制。等压卸载式出油阀不存在卸载容积，而是利用卸载阀对高压油管中的燃油起降压作用，使高压油管中压力波的幅值减小。如果卸载阀开启压力调节适当，既可避免重复喷射，又可避免穴蚀的发生。

回油孔式喷油泵结构简单，工作可靠，价格低廉，因而广泛用于各种类型的柴油机中。但此种油泵柱塞因有斜槽、直槽,故密封性差,而且直槽和斜槽中的压力油对柱塞产生一侧推力,使柱塞发生单面磨损。为避免此单面磨损,可采用具有两条对称布置斜槽的柱塞,以使侧推力互相抵消。

2.2 回油孔式高压油泵拆装

(1)拆装准备

喷油泵是精密设备,不允许随意拆卸。当喷油泵有故障或已达到检修周期时,更换后进行拆卸。拆装工作一般在专用车间内进行,拆卸前应做好如下准备工作:预先准备好拆卸工具、专用工具、油盘、木垫等物品。在台虎钳上拆卸时,需在台虎钳上衬上软金属片。

(2)高压油泵拆装

现代增压筒形活塞式柴油机多采用回油孔终点调节式喷油泵,图 4-22 所示为 MAN B&W 27/38 型柴油机的喷油泵。套筒用定位销在长孔处定位以免转动,套筒上端用压板压紧在泵体上。出油阀壳与套筒上端紧密配合并用内六角螺栓紧固在套筒上,在其壳体内装有一只出油阀和一只减压阀。当喷油结束后,喷油器针阀和出油阀之间出现较高的压力波时,减压阀被打开以降低压力波动的幅度,较好地防止了二次喷射的发生,从而减少了喷嘴头部的积炭及燃油的消耗。

如图 4-23 所示,柱塞下部的横销与齿套下部的切槽滑配,齿套上部的齿圈与齿条啮合。喷油泵齿条的一端与油门总杆相连,拉动齿条可转动柱塞,以调节供油量。齿条的另一端与停车伺服器的活塞相连。当伺服器气缸受压时,齿条移动至零刻度,可使柴油机停车,以实现柴油机飞车、滑油低压保护等。

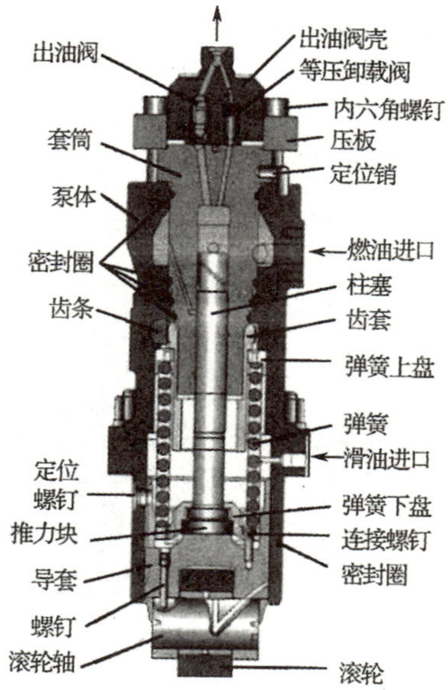

图 4-22　MAN B&W 27/38 型柴油机的喷油泵

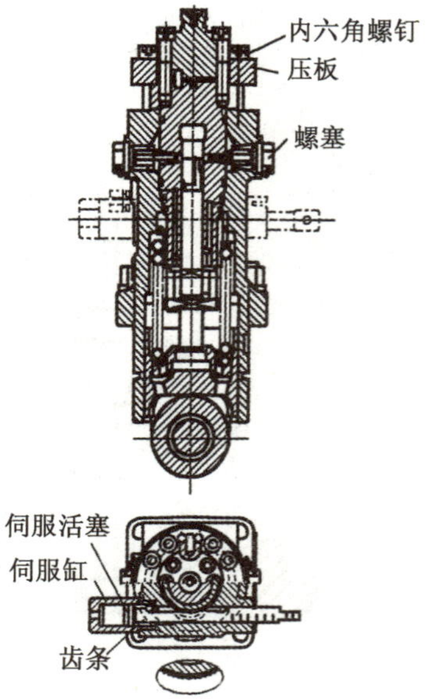

图 4-23　高压油泵结构图

柱塞下端接弹簧下盘并通过垫块与导筒滚轮装在一起。喷油泵和滚轮导筒组装成一体,更有利于对喷射系统设备的维护。喷油泵由燃油凸轮轴驱动,来自凸轮轴轴承的滑油通过输油管送到喷油泵下部的滚轮机构。套筒外圆装有几道密封圈,防止燃油泄漏,同时也防止滑油窜入泵油腔。柱塞的吸油动作靠油泵弹簧使柱塞下行来完成。燃油经进油口引入泵腔,被压缩后经出油阀压入高压油管。从柱塞与套筒处泄漏的燃油可经套筒上的油孔流回泵腔。

为了满足产生更高的压力和使用劣质燃油的要求,在结构上对其进行了加强(推荐使用HFO的燃油黏度不大于380 cSt/50 ℃,设计使用黏度不大于700 cSt/50 ℃,最大喷射黏度为12~14 cSt)。

①分解喷油泵

A. 关闭进油管阀门,旋松泵腔上的螺塞(如图4-23所示),将燃油放净后,拆去高压油管。拆除油量调节杆与齿条相连的有关部件,旋出固定螺钉,将喷油泵从柴油机上拆下。

注意:从柴油机上卸下喷油泵前,应让柴油机先使用轻油运行一段时间。

B. 按对角分几次均匀地拧出紧固出油阀壳的内六角螺钉,拆下出油阀壳。

注意:先不拆压板和套筒,待柱塞拆卸后再拆。出油阀壳取出时,要防止阀体内的两只阀(出油阀和减压阀)脱落坠地,以免损伤。拆出的出油阀、减压阀应置于干净的油池内待检。

C. 倒置喷油泵,装上专用工具,如图4-24所示。顺时针转动专用工具的中心轴,将滚轮导筒压下几毫米后,即可松开定位螺钉。而后逆时针转动中心轴,直到滚轮导筒内的弹簧完全松开为止。拆下工具,取出滚轮导筒,此时柱塞也会一起带出,应小心操作以防柱塞擦碰。

拆解柱塞、滚轮导筒及推块时,只要将内六角螺钉拆卸即可将它们分开。将拆下的柱塞放于清洁的油池中。从喷油泵体中取出油泵弹簧、齿套和弹簧上盘。

注意:重装时如果仍用原来的柱塞和套筒,则推力块也必须用原来的或者厚度相同的,否则会影响柱塞的初始位置(影响供油定时)。

D. 正置喷油泵,拧松并拆下两只螺塞。拧出内六角螺钉,拆下压板。拧松伺服气缸,拉出油泵齿条。

E. 安装拉马,从喷油泵体中拉出套筒,如图4-25所示。

清洗套筒后,与已拆出的柱塞成对配置,并放于清洁的油池内待检。

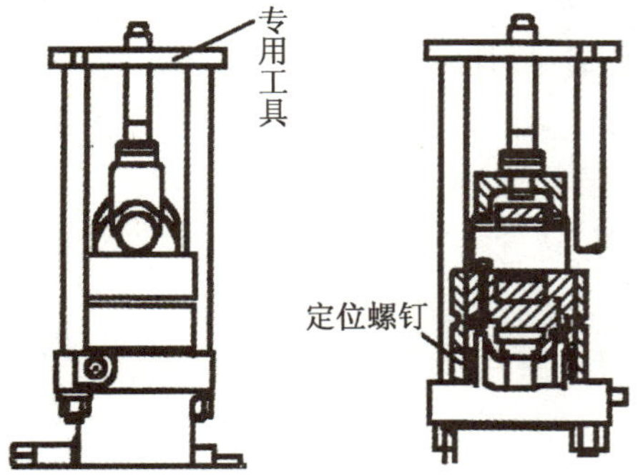

图4-24 倒置喷油泵及拆装工具

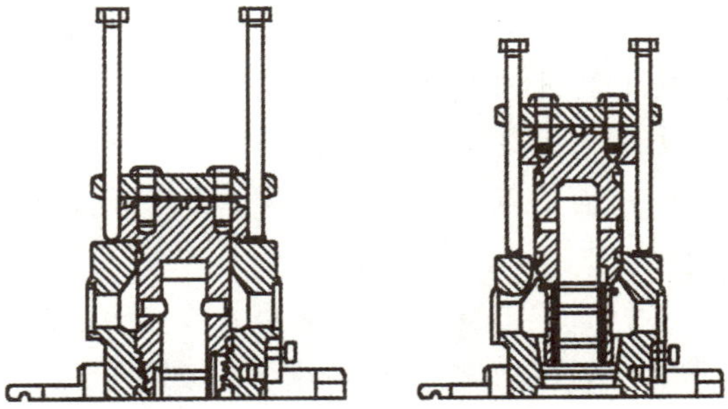

图4-25 正置喷油泵及拆装工具

F. 在专用的油池内清洗各部件,特别是两对精密偶件可用轻柴油或煤油清洗,并应注意:偶件配合面应使用软毛刷或软布进行擦洗。不可用棉纱头等,以免棉纱的毛头粘在偶件工作表面上,引起卡阻。

②检查柱塞偶件

柱塞与套筒是一对精密偶件。柱塞应在套筒中自由往复运动并在高压下保持良好的密封性,但允许有微量漏油以润滑其配合面。柱塞偶件的配合间隙较高,可达0.002~0.003 mm。

偶件不能互换，如需更换应成对换新。柱塞偶件的主要故障有：过度磨损、拉毛、卡紧、咬死以及穴蚀等，在拆装时应认真检查。

A. 过度磨损及拉毛多发生在柱塞头部斜槽上部的配油部位及套筒进、回油孔附近。过度磨损使偶件密封性下降，造成偶件漏油、喷油压力下降、雾化不良，以致各缸供油不均、转速不稳等。过度磨损除与偶件材料及加工有关外，还取决于燃油质量，如黏度、硫分和机械杂质含量等。当硬质杂质进入偶件配合面时，容易造成偶件拉毛。

B. 柱塞穴蚀多发生在斜槽的上方，而且在常用负荷时与回油孔相对的柱塞表面处最严重。供油结束时，在柱塞的斜槽打开回油孔的瞬时，燃油以极高流速冲过回油孔，过大的压力降使燃油气化形成气泡，此气泡在随后的压力升高时发生破裂而在柱塞表面和套筒表面产生穴蚀。穴蚀还可能发生在出油阀偶件、高压油管内表面以及喷油器针阀偶件表面。穴蚀使柱塞表面的金属受到破坏，外形改变，使柴油机性能下降，甚至使柱塞损坏。

防止喷油设备穴蚀的主要措施有：选择具有合适形式与参数的出油阀，如采用等压卸载式出油阀，或优化等容卸载式出油阀的结构；合理控制卸载速度，如提高低压腔进油压力，或在喷油泵回油系统中设置缓冲器以吸收回油系统中的压力波。

C. 检查柱塞有无卡紧和咬死。柱塞卡紧和咬死会引起喷油泵停止供油而使该缸停止燃烧。卡紧和咬死的主要原因是在使用劣质燃油时燃油中所含杂质太多或燃油温度突变。拆装过程如操作不当，也会导致卡紧和咬死。

③检查出油阀偶件

阀与阀座偶件除应保证密封外，阀应能在阀座上自由滑动，以保证及时启闭，具体检查时可参考图 4-26。

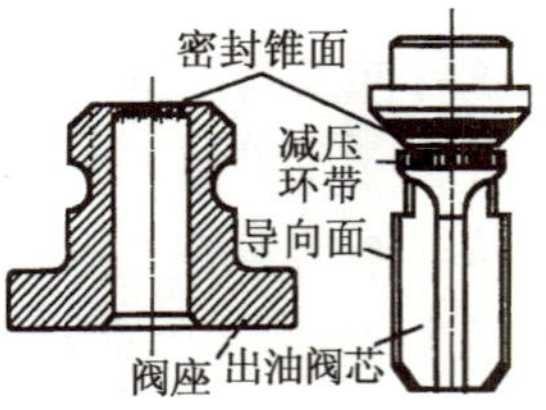

图 4-26　检查出油阀偶件

A. 检查密封锥面。阀面上留下冲刷的直细痕是高压燃油中杂质的冲刷结果；密封面或其他部位的不规则的凹痕和斑点是由燃油的酸性腐蚀造成的；密封面被磨得十分光亮并有轻微变形是阀的升程过大、撞击过重或阀面因多次研磨变薄而造成的。密封锥面磨损会导致密封性下降，引起出油阀泄漏，高压油管中的燃油回流，引起下一循环供油压力降低、供油量减少和喷油延迟。密封锥面的密封带宽度不应大于 0.4~0.5 mm。阀偶件的密封面应进行配对研磨，不允许互换。

B. 检查阀与阀座有无卡紧、咬死或关闭不严等情况，这些都会造成出油阀处于常开的故障。

C. 检查出油阀导向面有无变形、拉毛，如不严重可研磨使之恢复。若阀座内孔磨损较重，会使配合间隙增大、泵油量增多，应更换。

D. 检查出油阀减压环带的磨损情况。出油阀减压环带磨损会使出油阀发生重复喷射。其原因是：导向面的磨损使间隙增大，使出油阀落座时产生倾斜，从而破坏了密封锥面，并使减压环带产生单边磨损；整个环带的圆柱表面因磨损而呈锥体，使得密封面变宽；燃油中杂质的冲刷会同时在圆周方向出现环状沟痕。

E. 检查阀座底平面与套筒顶平面的接触部位，若有油渍、伤痕，则密封性下降，可通过研磨修复，严重的应换新。

F. 检查喷油泵弹簧（出油阀弹簧和柱塞弹簧）、泵体等有无裂纹。

④偶件的密封性试验

最简便的方法是“滑动试验法”，用以检验柱塞偶件、出油阀偶件、针阀偶件的圆柱配合面密封性。先用滤净的轻柴油清洗和润滑偶件，然后使偶件与水平面成45°倾斜放置，把柱塞(或针阀或阀芯)抽出1/3配合面长度后，使其在自重作用下自由滑下，柱塞(或针阀或阀芯)在套筒(或针阀体或阀座)内转至任何位置滑下时均不应感到局部有阻力或卡滞。

A. 若下滑速度缓慢、均匀，表明配合面无明显磨损，密封性较好。

B. 若下滑速度较快或很快，表明配合面磨损较大或密封性不良，不能继续使用。

注意：若第一次检查后密封性较好，应再次将柱塞(或针阀或阀芯)转动90°，此时，柱塞(或针阀或阀芯)下滑速度太慢或太快，表明偶件产生偏磨。若下滑至某一位置卡住，可能是零件变形引起的，要查明原因。

⑤组装高压油泵

经清洗、检查合格后，即可组装高压油泵。

A. 换新套筒上的密封环并涂以无酸油脂。用专用工具安装套筒，如图4-27所示，确认定位销的方位正确，推压套筒安装到位。

B. 用润滑膏涂抹内六角螺钉，先在套筒顶部装上压板，后装上出油阀。拧紧内六角螺钉的次序如图4-28所示，要分2~3次循环进行，不要一次拧到底。拧入后要往回松几次，最后按柴油机说明书规定的力矩将压板和出油阀分别拧紧(若拧力不均或拧得过紧，易发生套筒被压变形或裂纹，出现柱塞卡阻等故障)。

可将柱塞装入套筒内拉动几次，检查柱塞与套筒的滑动是否自如，如有阻滞现象，应及时处理。经确认正常后，抽出柱塞继续安装。

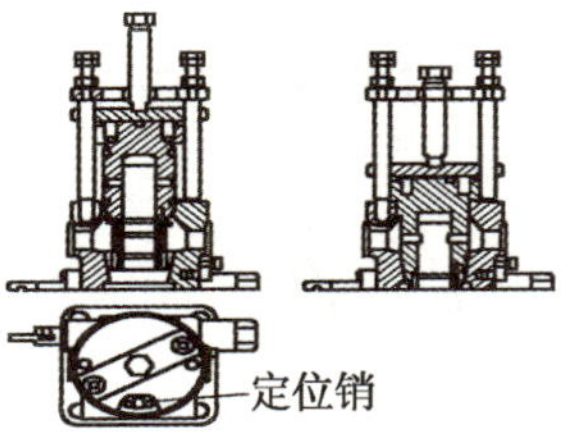

图4-27　安装套筒

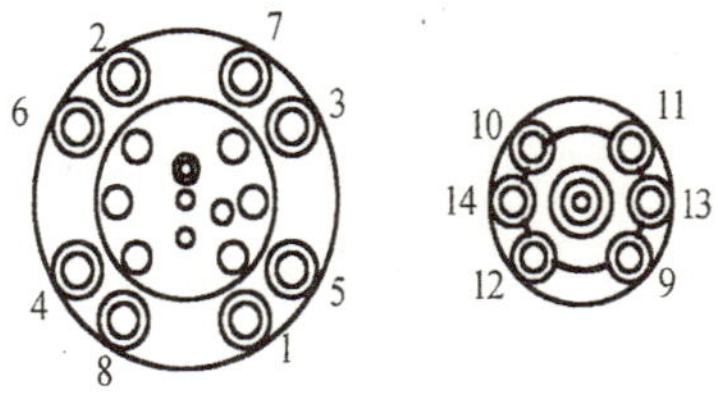

图4-28　压紧套筒顺序

C. 倒置泵体，插入齿条，慢慢套入齿套，并按记号对准安装，如图4-28所示。拉动齿条检验其是否在全行程中运动灵活。检查齿套与齿条的啮合间隙，可按住齿套，拉动齿条，其游动间隙允许在0.1~0.2 mm。

换新伺服活塞的密封环，并在伺服气缸的螺纹上涂以密封剂后装复。

D. 装入弹簧上盘和油泵弹簧。

E. 将滚轮、滚轮销、导筒和柱塞装在一起，在柱塞上蘸以燃油后，装入喷油泵内。要小心地将柱塞插入套筒中，注意柱塞横销上的记号应对齐齿套直槽上的记号。在确认柱塞横销与齿套凹槽、导筒上的定位槽与泵体的定位螺钉孔对齐后，装上专用工具，缓慢压下滚轮导筒，直到定位螺钉能旋入导筒上的槽内为止并将定位螺钉上紧。此后，试压导筒，同时拉动齿条，检查柱塞偶件等运动是否正常。

警示：用专用工具压导筒时，不可强行压下，否则会造成柱塞横销在未进入齿套直槽的情况下受损。

⑥检查喷油泵的密封性

将喷油泵装到柴油机上，用泵压法检查柱塞偶件、出油阀偶件的密封性。如其中之一的密封不良，则影响喷油泵的高压供油性能及供油量。密封性检查可按以下顺序进行：

A. 柱塞密封性检查。在喷油泵高压油管接头处装压力表，手动泵油至柴油机说明书规定的泵油压力时停止泵油，按住泵油手柄不动，观察压力表指针。此压力表读数若能在说明书规定的时间（一般不小于 30 s）内保持不降，则认为柱塞密封性良好。若压力下降很快，则说明柱塞偶件漏油，应予换新。

B. 出油阀密封性检查。泵油至规定值，放松泵油手柄。由于泵油手柄松动，柱塞自然下行。这时若压力表读数基本不变，则认为出油阀密封性良好，否则出油阀应拆出检查维修或换新。

在柴油机上手动泵油检查偶件的密封性的同时，可检验喷油泵动作是否正常，还可拉动喷油泵齿条，检查其是否灵活自如，同时用螺丝刀或扳手拧松放气螺钉，放气后拧紧。其间还应检查是否有滴、漏油现象（如套筒与泵体之间的漏油可在泵体下部查出），若有应排除。

通常，偶件密封不良可用研磨法修复；出油阀座与套筒之间的配合面如密封不良，可分别在水平的玻璃板或平台上研磨，使密封性恢复。

2.3 大型低速柴油机的喷油泵认识

（1）MAN B&W K98MC 型柴油机的高压油泵

MAN B&W K98MC 型柴油机的高压油泵不设出油阀，当供油结束时，高压油管中的剩油压力可迅速降低，避免了重复喷射，如图 4-29 所示。但当柱塞回油时，将使进油空间产生较强烈的压力波动。为了缓和此压力波动，在泵体进油空间处装设了燃油系统的（弹簧）缓冲器。

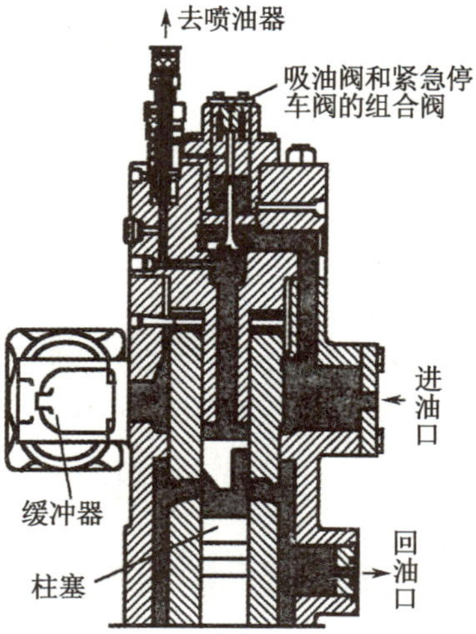

图 4-29　MAN B&W K98MC 型柴油机上的高压油泵

高压油泵的上部装有一个吸油阀和紧急停车阀的组合阀。当柱塞下行时，吸油阀打开，燃油通过该阀进入泵腔，柱塞上行时此阀关闭，高压燃油通入高压油管供给喷油器。当需停车或实现柴油机的单缸停油或紧急停车时，此阀通入控制空气，在柱塞上行供油期间则可放掉喷油泵中的高压燃油(流回进油腔),达到停油的目的。

MAN B&W 生产的大中型柴油机所使用的喷油泵一般都是回油孔式的。该喷油泵设有进、回油孔,在柴油机工作和停车状态下,借助于较高的进油压力(约 0.7 MPa)从进油口流入泵腔、高压油管和喷油器,高压油泵和喷油器的回油通过各自的回油口流回混合桶(详见燃油系统),实现高温燃料油在喷油泵及喷油器内的循环加热或冷却,柴油机停车和机动航行时都无须换燃油。

(2)Sulzer RTA 型柴油机的喷油泵

①结构特点

用于 Sulzer 大型低速柴油机的喷油泵大多使用回油阀调节式喷油泵,其特点是柱塞上不设直槽、斜槽与环形槽,在泵体中设有进、回油阀以调节供油量(调节柱塞的有效行程),进、回油阀由柱塞通过摆杆控制其开或关。

②工作原理

图 4-30 所示为回油阀式高压油泵,其进、回油阀分列在偏心轴(支点)左、右两侧,由柱塞通过摆杆和顶杆顶动。柱塞端部位于凸轮的基圆上时,右侧进油阀被顶杆顶开,而左侧回油阀关闭,泵腔经进油阀进油。柱塞上行初期,泵腔内燃油经开启的进油阀回油,无燃油从出油阀排出。当柱塞上行到进油阀落座时刻(此时回油阀尚未打开)即为泵油始点,出油阀开启对外供油。当柱塞上行使回油阀开启时,泵腔内燃油经回油阀回油,为泵油终点,此期间内柱塞上行的行程为柱塞的有效泵油行程。此后,柱塞上行至最高位置,泵腔内燃油经回油阀回油。柱塞下行时,燃油经进、回油阀充入泵腔,直至柱塞最低位置(凸轮基圆)。当柴油机负荷改变时,可转动偏心轴,使进油阀关闭时刻与回油阀开启时刻同时改变,即同时改变了供油始点与终点,故此种喷油泵为始终点调节式。

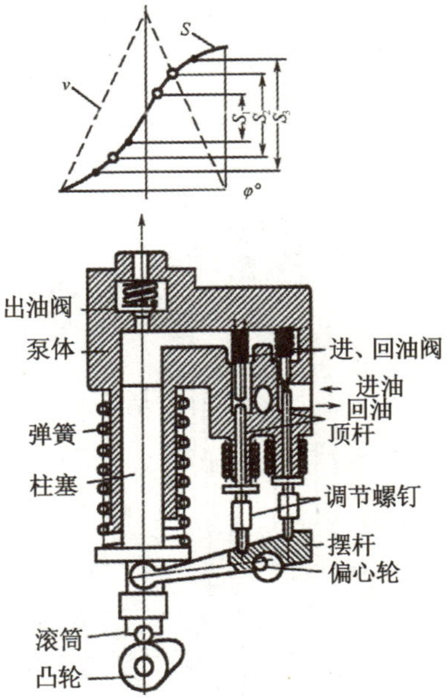

图 4-30 回油阀式高压油泵

若去掉偏心轴左侧的回油阀顶杆,保留右侧的进油阀,则当转动偏心轴时供油始点变化而供油终点(柱塞最高位置)不变,即为始点调节式。同理,若保留回油阀而去掉右侧的进油阀顶杆,则为终点调节式。

若把各泵的偏心轴用一拉杆与油门手柄(或调速器输出轴)连接,则拉动油门手柄可同时调节各缸的供油量,此为总调;在油门手柄固定不动的情况下,调整调节螺钉的高度即改变顶杆与进、回油阀之间的间隙可改变供油始点或终点,即改变单缸供油量,此为单调。当转动偏心轴使进、回油阀在柱塞的上行行程中处于不能同时关闭的位置时,则为停车位置。

回油阀调节式喷油泵柱塞偶件密封性好、磨损小,但结构复杂、管理麻烦。

③可变喷油定时机构

当代新型船用柴油机在提高经济性方面取得了巨大的成效,发展了多种节能措施。在这些措施中,最重要的是提高最高爆发压力 p_{max}。一般地说,p_{max} 与燃油消耗率 g_e 密切相关,p_{max}

上升,则 g_e 下降。目前 p_{max} 已增大至 13~15 MPa,甚至 18 MPa。通常这么高的爆发压力只有在标定负荷时才能达到,而在部分负荷时,由于供油量减少,最高爆发压力也随之降低,使其经济性相应下降。而作为船舶主机,考虑到航速及功率储备,其在标定转速下的装配功率为标定功率的 80%~90%,即柴油机在船上的常用续航负荷并不是额定负荷,而是部分负荷,这就意味着在续航负荷下柴油机的经济性有所下降。为此,当代新型船用二冲程柴油机的喷油泵均配备了可变喷油定时机构(VIT,Variable Injection Timing Unit),保证当负荷改变时,随着喷油泵供油量的改变能自动调整其供油提前角,使得柴油机在部分负荷运行时仍有较高的最高爆发压力,以改善部分负荷运行时的经济性,同时在高负荷运转时又能控制其最高爆发压力不超过标定值。

显然,VIT 机构随着喷油泵的不同而有不同类型,但其工作规律都是相同的,即该机构受柴油机调速器输出轴的控制,在调节喷油泵供油量的同时,自动地按最高爆发压力的要求调节其供油定时。目前,船用低速柴油机的 VIT 机构主要有以下三种。

A. MAN B&W MC/MCE 型柴油机使用的定时齿条机构(如图 4-31 所示)

该机构主要由位置传感器、位置伺服器和定时齿条组成,如图 4-31(a)所示。该机型使用回油孔终点调节式喷油泵,其喷油泵调节机构有两根齿条,一根为油量调节齿条,在油泵下部;

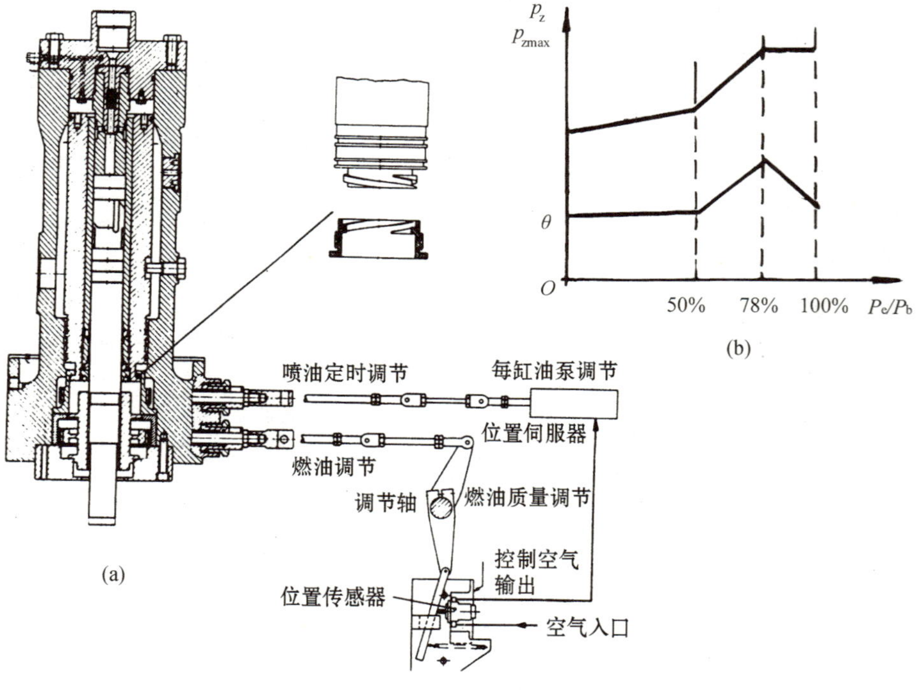

图 4-31　MAN B&W MC/MCE 型柴油机使用的定时齿条机构

另一根为定时调节齿条,在油量调节齿条上方。这两根齿条均由调速器输出轴控制。当调速器输出调节动作时,在拉动油量调节齿条调节供油量的同时,通过杆件改变位置传感器控制空气输出压力(由气源单独供应),该输出控制空气使位置伺服器(每缸一个)中的活塞动作,从而拉动定时调节齿条动作。定时齿条与油泵下部的齿套螺母外部啮合,齿套螺母内有梯形螺纹与喷油泵套筒下部的梯形螺纹啮合,在定时齿条移动的同时,通过齿套螺母使喷油泵套筒上升或下降,从而改变了供油定时。

由图 4-31(b)可知，在柴油机的功率在 50%P_b(P_b 为标定功率)以下时，喷油提前角 θ 最小，VIT 机构不起作用；当负荷由 50%P_b 增至 78%P_b 时，θ 相应增大；在 78%P_b 时，最高爆发压力达最大值 p_{zmax}(标定值)，此时的 θ 亦达最大值；当负荷由 78%P_b 增至 100%P_b 时，为保持最大爆发压力 p_{zmax} 不变，θ 逐渐减小，至 100%P_b 时，θ 恢复至标定值。

B. Sulzer RTA 型柴油机使用的 VIT 凸轮机构

该机型使用始终点调节回油阀式喷油泵，其 VIT 机构主要由 VIT 凸轮和燃油质量调定杆组成，如图 4-32 所示。VIT 凸轮设在以进油阀偏心轴单臂端为支点的十字摇臂的一端。十字摇臂的另外三个端点分别与调速器油量调节轴、回油阀偏心轴、拉伸弹簧相接。凸轮的工作位置取决于调速器油量调节轴和固定在燃油质量调定折角摇臂上且控制凸轮曲线槽的导销的位置。

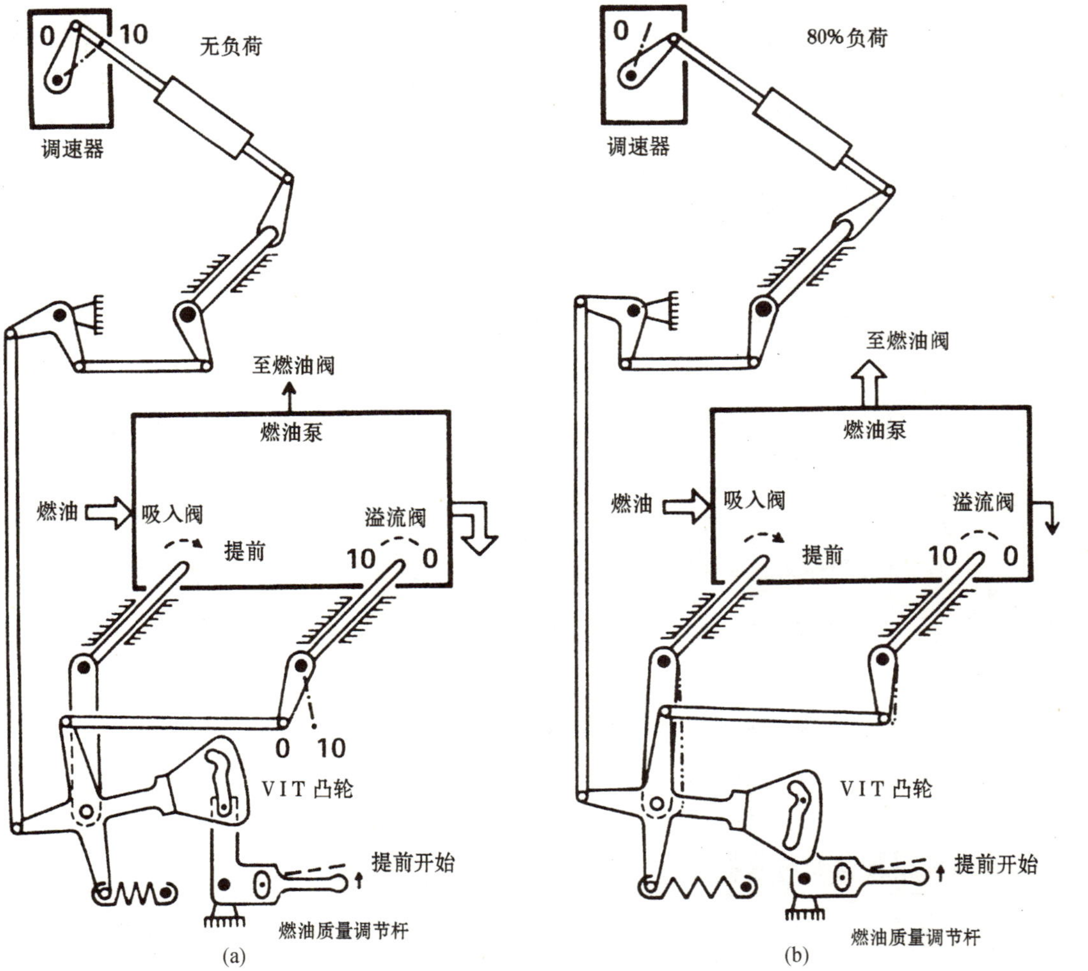

图 4-32 Sulzer RTA 型柴油机使用的 VIT 凸轮机构

柴油机负荷改变时，调速器油量调节轴带动十字摇臂转动，使喷油泵进、回油阀偏心轴同步转动，从而使供油始、终点受到叠加控制。当由全负荷降低负荷时，在降低循环供油量的同时，通过 VIT 凸轮使进油阀提前关闭，即供油定时提前且供油终点大幅度提前，保证循环供油量减少以适应负荷变化的需要。当降低至 85%负荷时，供油提前角最大，此后负荷再降低，供油提前角相应减小。

VIT 凸轮设有精心设计的曲线槽,当柴油机使用劣质燃油时,手动调节燃油质量调定杆,通过折角摇臂上的导销改变 VIT 凸轮的工作位置,以达到改变供油定时的目的。

RTA58 型柴油机采用 VIT 机构前后的性能对比如图 4-33 所示。从图 4-33(a)中看到,随着负荷的增加,采用该机构的 RTA 型柴油机其爆压 p_z 上升得较快。当 $P_e = 85\%P_b$ 时,p_z 已达 $100\%p_{zmax}$,但此后 p_z 不再增加。p_z 上升较快的原因就在于随着 P_e 的增加喷油提前角加大了。提高爆压又限制爆压是改善柴油机经济性和可靠性的重要措施。由于 RTA 型柴油机采用了该机构,明显地改善了部分负荷的经济性,尤其是在常用负荷的 $85\%P_b$ 下运行时,可获得最好的经济性,如图 4-33(b)中的 $85\%P_b$ 负荷下对应的 b_{emin} 值。

C. 柱塞头部的特殊线型

在 L-MC 系列缸径最小的两种柴油机上(L35MC 和 L12MC),因结构所限,没有采用单独的 VIT 机构,而在柱塞头部上边缘使用特殊双斜槽,在转动柱塞调节供油量的同时改变供油定时,以满足 VIT 机构的需求,如图 4-34 所示。这种 VIT 机构也为其他一些中小型回油孔式喷油泵所采用。

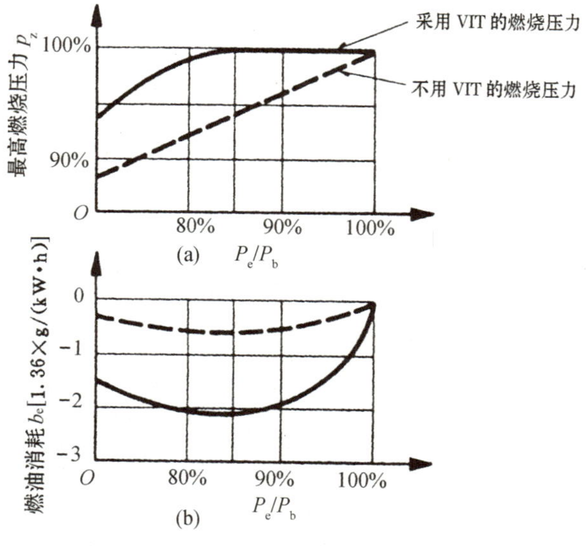

图 4-33 RTA58 型柴油机采用 VIT 机构前后的性能对比

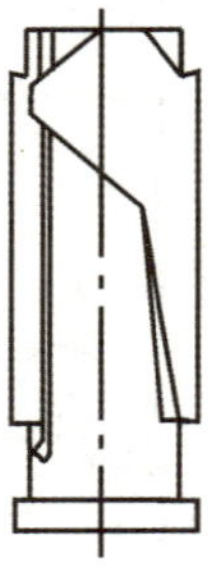

图 4-34 柱塞头部的特殊线型

24 喷油泵顶盖和柱塞偶件拆装

拆装大型低速二冲程十字头柴油机 MAN B&W K98MC 喷油泵之前,应做好如表 4-4 所示的检查工作并经确认后方可进行。

表 4-4 拆装高压油泵的安全确认

柴油机完车	O	锁定启动装置	O	关闭启动空气	O	合上盘车机	O
关闭冷却水		关闭燃油	O	关闭滑油	O	锁住增压器转子	

（1）拆装

拆卸前，关闭进油阀和回油阀，打开泄油阀。排完泵内燃油后，拆去泄油管。拆卸喷油泵之前，务必要释放泵内的压力并将燃油放净。

（2）紧急停车阀和吸入阀的拆卸

①拆去高压油管和控制紧急停车阀的空气管，如图 4-35 所示。

②拆下紧固紧急停车阀的螺钉后将其取出。将阀夹于台虎钳上。拆卸顶板上的四枚螺钉并将空气活塞拉出，取出弹簧，如图 4-36 所示。

用清洁的柴油彻底清洗阀壳及其上的孔，换新所有垫片和密封圈。在停车阀的中心轴上套装一个大的锥筒用于安装内边的“O”形密封圈。通过锥筒可顺利地用专用套筒将“O”形密封圈推入安装的沟槽里。用同样方法套上小的锥套，推入外边的密封圈。

③用同样方法用专用工具在空气活塞上安装新的密封圈，装上垫片、弹簧。用二硫化钼润滑空气活塞并安装到阀壳内，换新的垫片，盖上顶板。

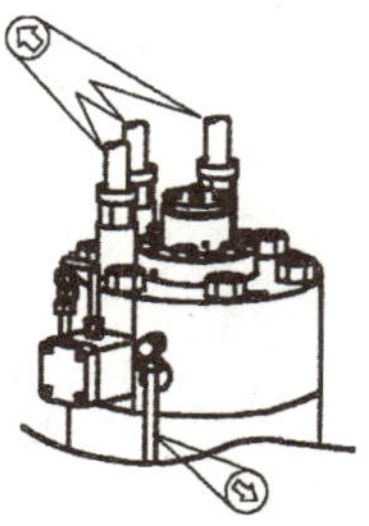

图 4-35　拆去高压油管和控制紧急停车阀的空气管

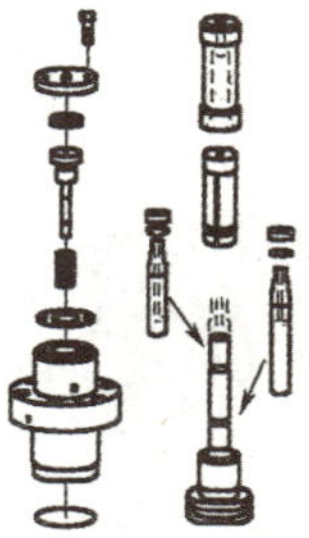

图 4-36　拉出空气活塞

④安装专用拉伸器，将拉伸器的两枚螺钉旋入吸入阀，如图 4-37 所示。拧动拉伸器中心螺杆上的螺母，将吸入阀拉出，拆出并废弃“O”形密封圈，清洁并检修吸入阀。

⑤将吸入阀夹于用软金属保护钳口的台虎钳中，压下弹簧，拆出锁夹，取下阀门，如图 4-38 所示。用柴油清洗各部件，然后用压缩空气吹干净。检查阀座和阀盘面的工作情况，若有划痕、麻点等损伤，应研磨检修或换新。

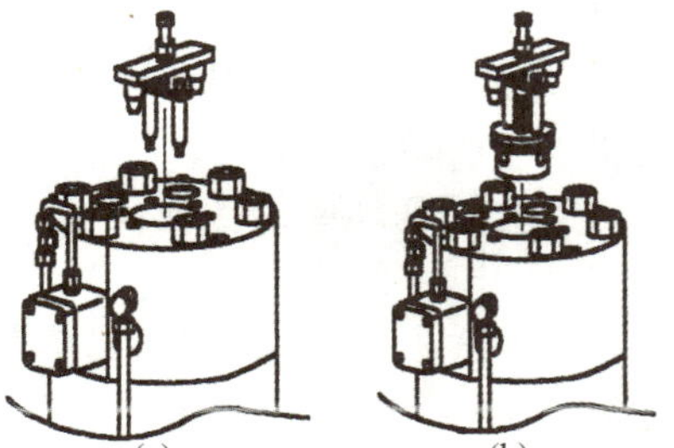

(a)　(b)

图 4-37　拆卸吸入阀

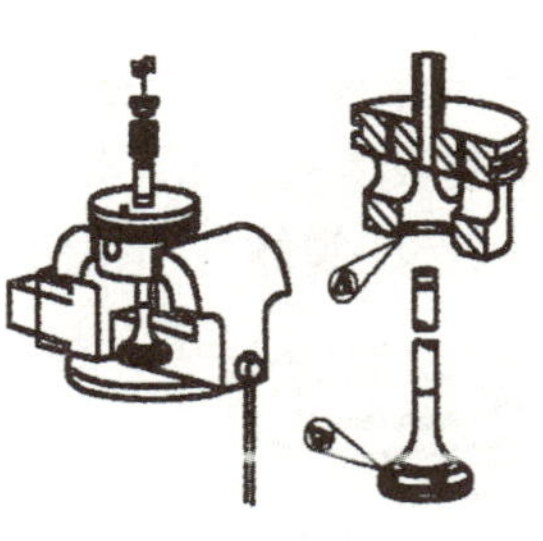

图 4-38　取下阀门

⑥清洁和检修所有部件后，用二硫化钼润滑剂润滑有关部件，装复吸入阀。在阀的进口处注入柴油以检查其密封性，经 5 min 后无油渗出的，密封性为合格，如图 4-39 所示。

（3）顶盖的拆装维护

①拆去顶盖上的固定螺母并安装吊具，用机舱行车小心地吊出顶盖，如图 4-40 所示。

②拆下芯轴上的密封圈并废弃，如图 4-41 所示。

③在高压油管接头螺纹处拧入导套，使用铣刀铰研高压油管座锥面，使之光滑，如图 4-42 所示。在铰研前用凡士林或油脂将油槽填满。研磨后，用压缩空气吹出油槽里的凡士林或油脂，并用柴油或煤油清洗后吹干，确保顶盖上所有的孔和螺纹内部的清洁。检查座面的最大直径，应不超过 D-2 的规定值。

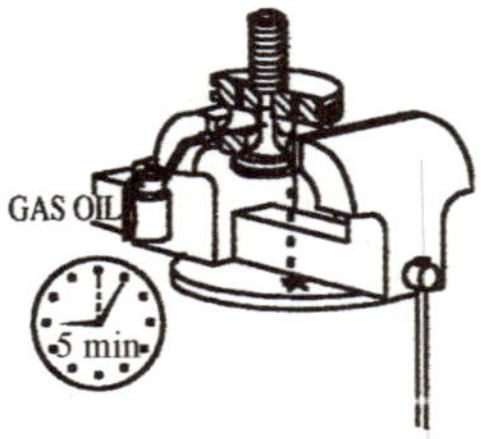

图 4-39　密封性检查

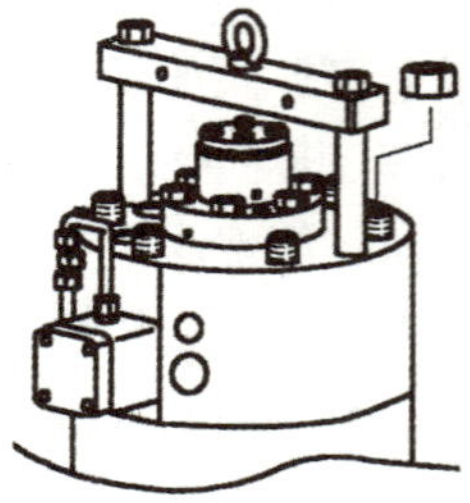

图 4-40　吊出顶盖

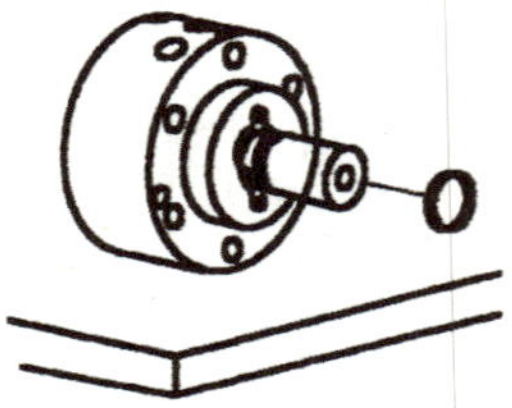

图 4-41　拆下密封圈

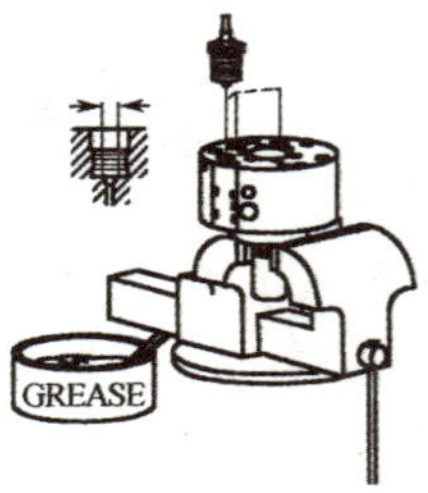

图 4-42　铰研高压油管座锥面

④将密封圈在温度为 200~240 ℃的油中加热约 5 min，如图 4-43 所示。

⑤在顶盖上装上圆锥体，将密封环套在圆锥体上。用顶推工具将密封环推入环槽内，装入之后用“模压器”滚压密封环，如图 4-44 所示。

注意：一定要使密封环的凹槽面正对顶盖的下端面。

⑥检查泵顶盖的中央孔并清洁干净，换新“O”形密封圈，用二硫化钼润滑剂润滑吸入阀底部和周边。安装吸入阀，如图 4-45 所示。压下吸入阀以检查阀是否活动自如。换新紧急停车阀的密封圈，以保证阀体与顶盖的密封，按规定扭力对角均匀地拧紧固定螺栓。

图 4-43　在热油中加热约 5 min

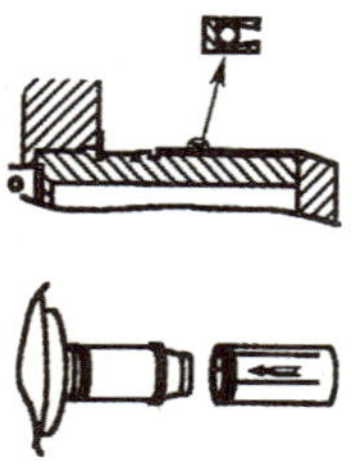

图 4-44　装密封环

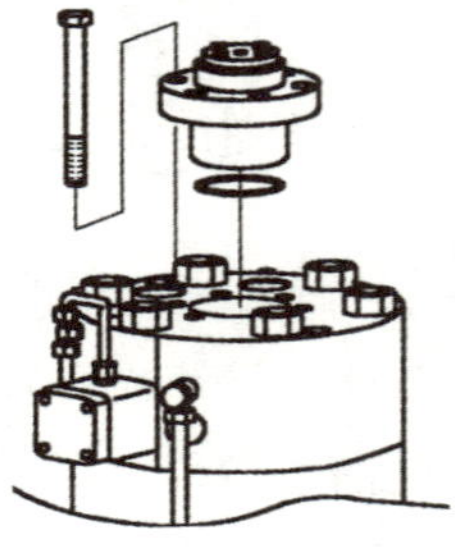

图 4-45　安装吸入阀

（4）柱塞偶件拆卸

①取出柱塞偶件的专用拉马，如图 4-46 所示。松开拉马中心杆上的止动环，将中心杆推至柱塞顶部，转动中心杆使两导销嵌入柱塞顶上的孔内。逆时针转动中心杆，使其拧入柱塞顶的螺纹中。

②将套筒的定位螺钉从泵壳上拆出，如图 4-47 所示。

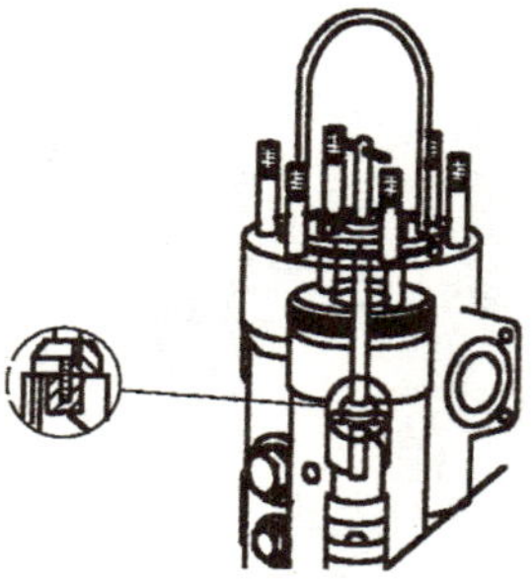
图 4-46 取出柱塞偶件的专用拉马

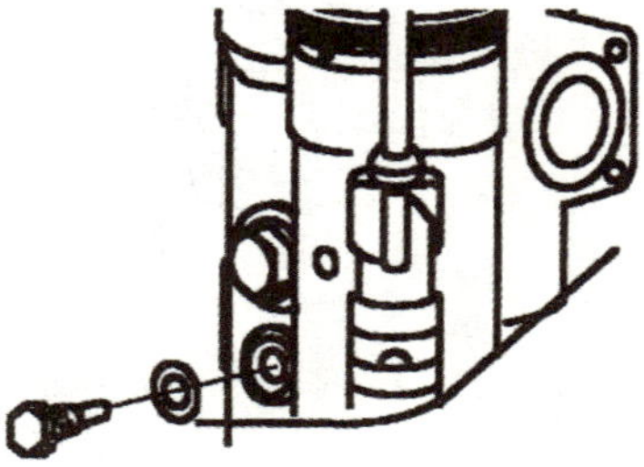
图 4-47 拆出套筒定位螺钉

③拆解 VIT 机构和油量调节装置的连接部件，拆去同步装置和拉杆，如图 4-48 所示。在定时齿条上套上抽出器并插上销钉，注意齿杆上的刻线标记。

④转动拉杆末端的螺母，借此向外移动定时齿条，直到销钉到达槽口的位置为止，此时定时齿条与定时套筒螺母完全分离，如图 4-49 所示。在检修或换新套筒期间，保持齿条在此位置上不动。

⑤拉出油量调节齿条，如图 4-50 所示。调节专用工具中心轴上的手柄方向，使其与柴油机的前后方向一致。此位置的柱塞横销能与滚轮导柱相分离。拆去泵壳的盖板，确认柱塞横销已能从连接处拔出。将锁紧环移向法兰与之接触并用锁紧螺母锁紧。

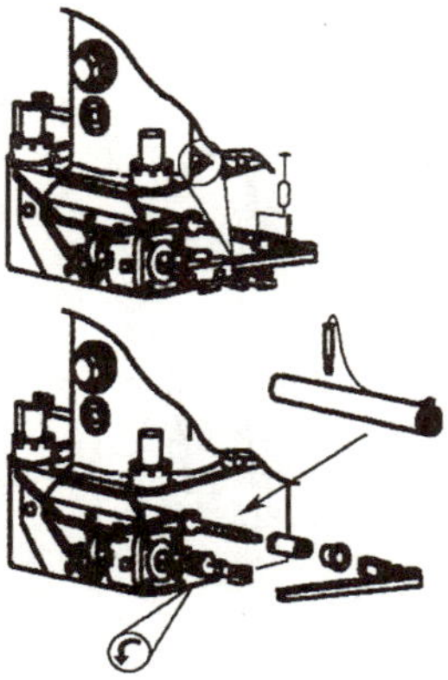
图 4-48 拆去同步装置和拉杆

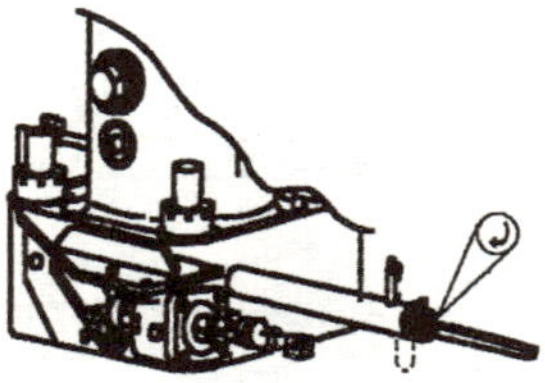
图 4-49 拆去定时齿条

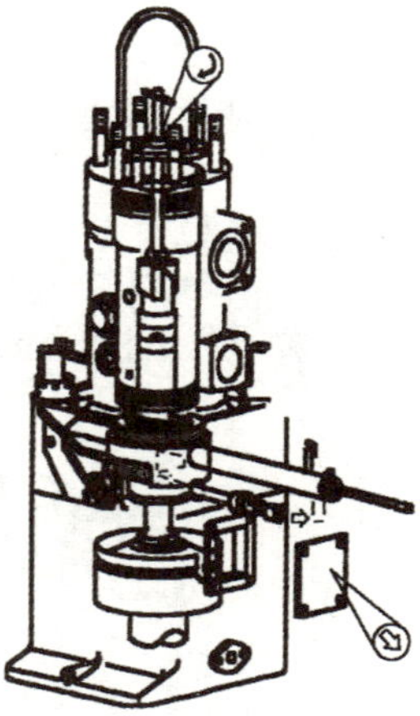
图 4-50 拉出油量调节齿条

⑥小心地将柱塞偶件从泵壳中缓慢吊出。拆去专用工具后，将柱塞偶件成对放置于油池中浸泡，准备清洗和检修。

（5）柱塞偶件的维护

①将柱塞偶件夹在用软金属保护好的台虎钳上，拆去套筒上的密封圈，如图 4-51 所示。

②小心地拉出柱塞，如图 4-52 所示，用煤油或柴油清洗后，检查柱塞和套筒表面有无磨

痕,同时检查柱塞顶部有无穴蚀等。

③清洁柱塞和套筒上的孔,并用清洁的压缩空气吹干。

注意:柱塞和套筒是成对配置的,若其中之一有磨痕迹象,必须成对修理或成对更换。

④在套筒上安装新密封圈前,应将密封圈在 200~240 ℃的热油中加热 5 min 左右。

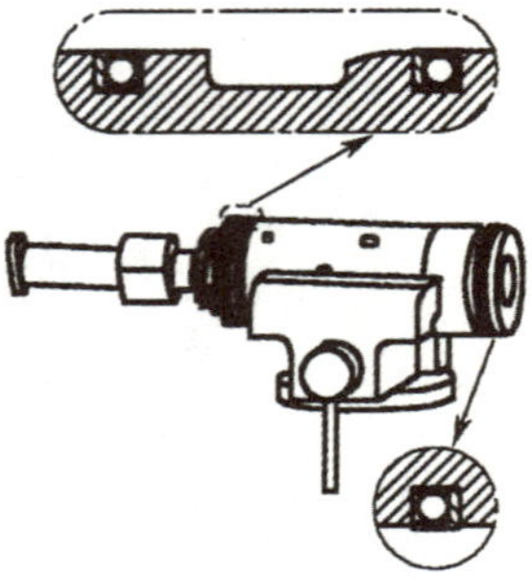

图 4-51 拆去密封圈

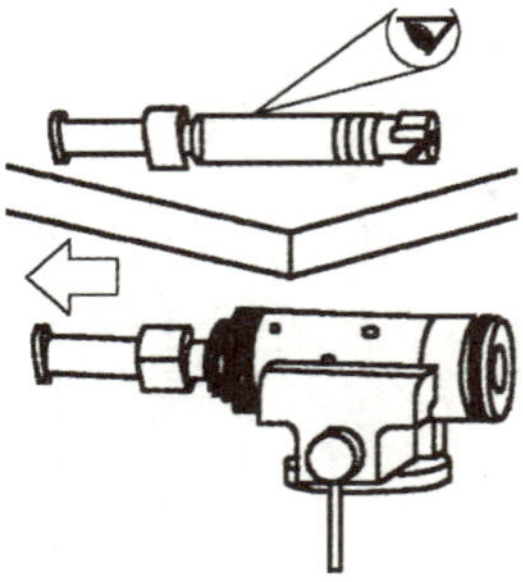

图 4-52 拉出柱塞

⑤先安装套筒底部内侧的密封圈,如图 4-53 所示。在套筒上套上导向锥套,将密封圈(弹性面朝上)套在导向锥套上,使用顶推工具将其推入环槽中。当安装外侧密封圈时,先安装一个支撑圈,将密封圈装妥。用同样方法安装套筒顶部的密封圈(弹性面朝下)。密封圈全部安装完成后,用“模压器”滚压密封圈。

⑥涂抹二硫化钼润滑剂,将柱塞装入套筒内并压至底部,如图 4-54 所示。

注意:不可用强力压入柱塞,否则会损伤柱塞和套筒的工作面。如柱塞偶件暂不安装,为防灰尘,应用塑料薄膜覆盖保存。

(6)安装柱塞偶件

①如图 4-55 所示,取一根与柱塞一样长的长测量杆,接于拉马的中心杆上。将工具置于泵壳上,松开止动环,压下中心轴直至测量杆的尖端与滚轮导柱的推力块相接触为止,然后压下止动环,使之与法兰接触后锁紧。

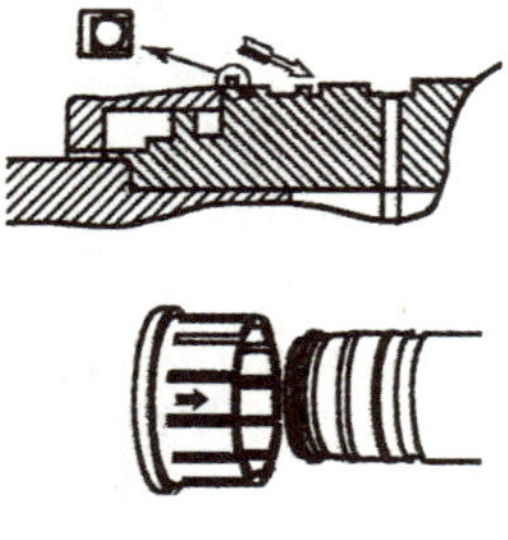

图 4-53 安装密封圈

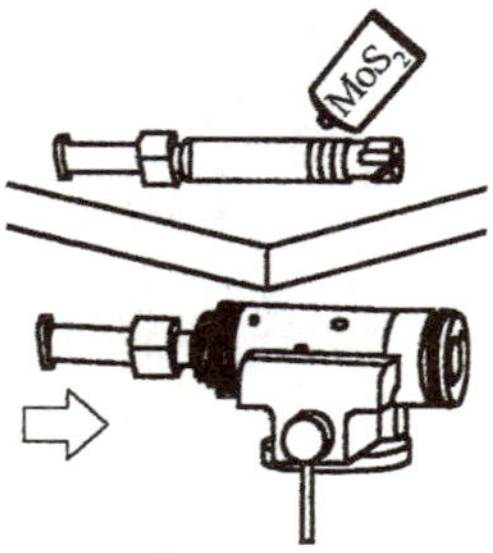

图 4-54 柱塞装入

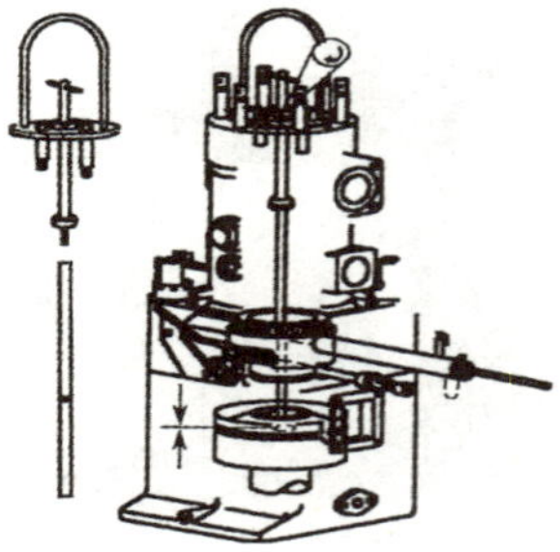

图 4-55 安装柱塞偶件

注意:应让止动环在此位置上保持到安装柱塞结束后再移走。在安装柱塞偶件过程中,不允许盘车。

②在安装之前,要用二硫化钼润滑剂润滑定时螺纹和密封圈,如图 4-56 所示。

拆去拉马上的测量杆后,在中心杆上旋入柱塞偶件。在安装时,一边推动一边转动中心轴,使柱塞下部的横销能准确地嵌入油量调节块的切槽中使连接到位。

③缓慢地将定时调节齿条拉出,同时检查抽出器的安装是否正确,如图 4-57 所示。

④当套筒的底部进入泵壳时应小心操作。为使柱塞横销(如图 4-58 所示)能顺利地落入油量调节块的切槽中,也可稍微拉动定时齿条以转动调节套筒。

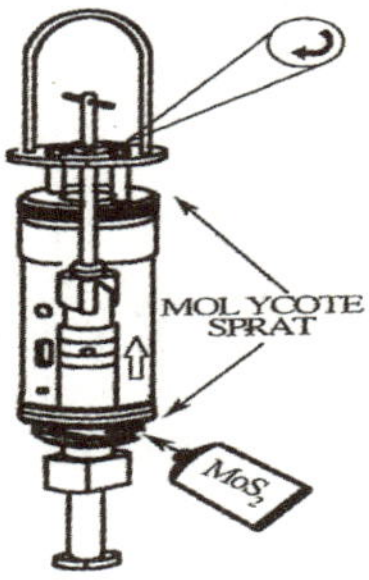

图 4-56　用二硫化钼润滑剂润滑定时螺纹和密封圈

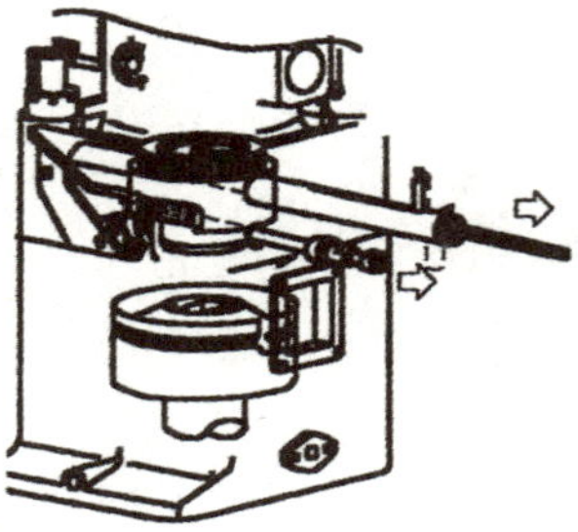

图 4-57　拉出定时调节齿条

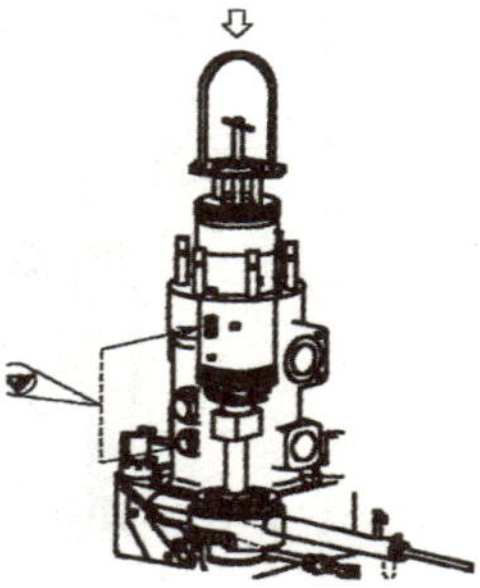

图 4-58　柱塞横销

推压套筒下移,使套筒的密封圈稍微进入泵壳孔内。然后继续压下柱塞偶件,直到套筒坐落于定时套筒螺母上,使套筒上的定位孔与泵壳的定位螺孔对齐,此时,在专用拉马的法兰和泵壳之间应有一间隙存在。

⑤拆去抽出器,重新将定时齿条杆与拉杆连接。用推入齿条的方法,完成油泵套筒螺纹与定时套筒螺母的啮合(推入的压力大约为 3 MPa,不可太大),如图 4-59 所示。左右拉动拉杆,检查齿条的啮合情况。当啮合正常时,推动拉杆,套筒会下移,直到工具的法兰坐落于泵壳上(无间隙)。

⑥套筒部件落座后,继续压下柱塞,使其与滚轮导柱的推力块相接触。检查中心杆的止动圈,测量其间隙,此时应完全与法兰接触。通过检查孔来检查柱塞的位置,如图 4-60 所示,应使柱塞完全落于滚轮导柱的切口中。转动中心杆约 90°,使柱塞得到正确的接合后,中心杆也被推至最低。安装检查孔盖板。

⑦安装定时拉杆指针和联结套,如图 4-61 所示。安装定时驱动和油量调节装置的连杆(按原刻线记号装配)。

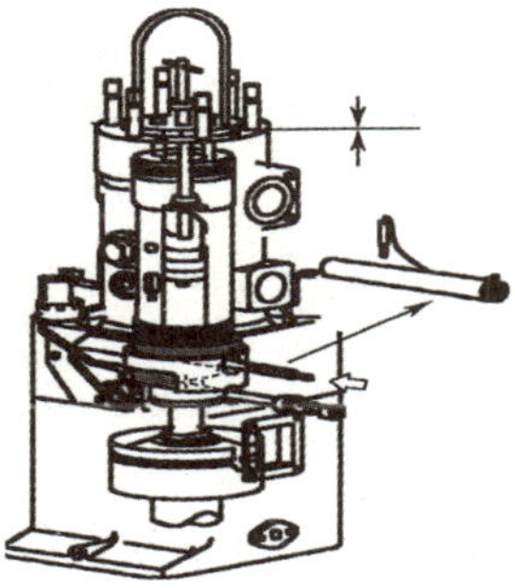

图 4-59　拆去抽出器

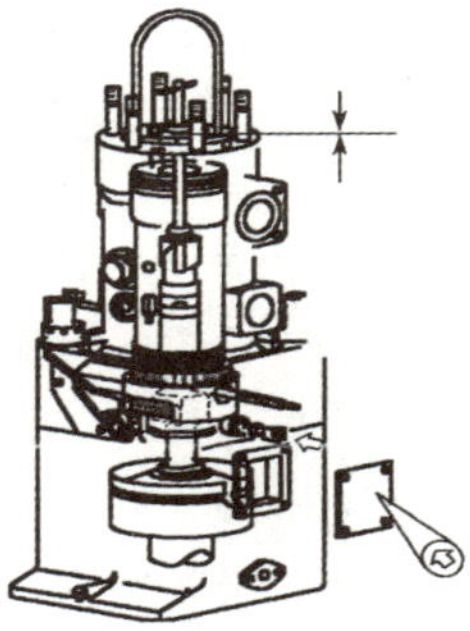

图 4-60　检查柱塞位置

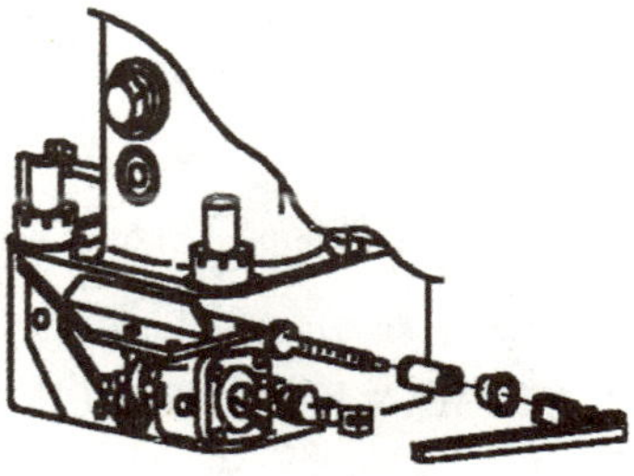

图 4-61　安装定时拉杆指针和联结套

⑧在泵壳上安装套筒的导向定位螺钉,如图 4-62 所示。将柱塞上的拉马中心杆顺时针拧出并拆去工具。

(7)喷油泵顶盖的安装

①在泵壳顶上安装新垫片,如图 4-63 所示。润滑所有滑动面,螺栓和密封圈处用二硫化钼润滑剂涂抹。吊装检修过的顶盖。注意检查顶盖上的导销是否已插进泵壳的孔内。拧紧顶

盖之前,一定要合上盘车机盘车,使主机至少回转一周。在盘车过程中,顶盖不应被向上顶起。

②安装顶盖固定螺母,如图 4-64 所示,按规定扭矩拧紧,移去吊装工具。

③安装高压油管,关闭泄油阀,安装泄油管和控制空气管,打开进油阀和回油阀等。

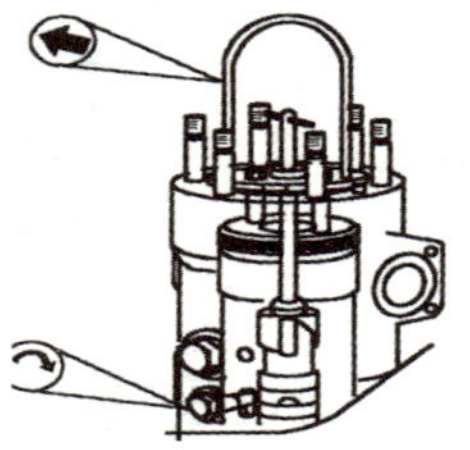

图 4-62　安装导向定位螺钉

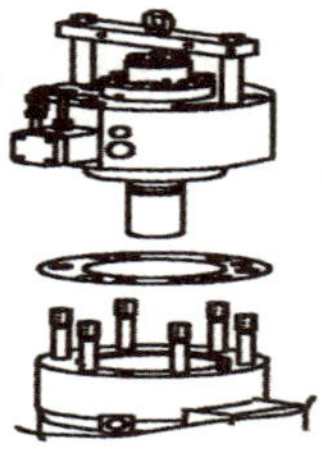

图 4-63　安装新垫片

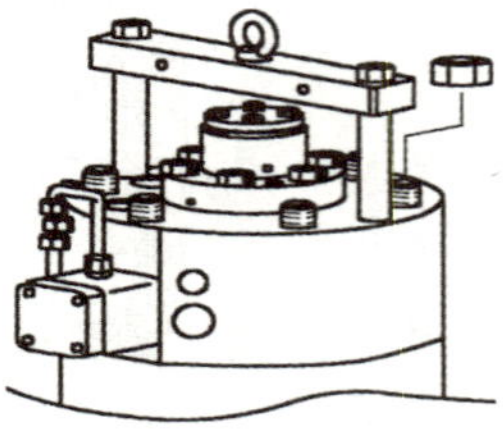

图 4-64　安装顶盖固定螺母

25　燃油系统缓冲器检查

(1)MAN B&W K98MC 燃油系统的缓冲器检查

为保证安全,对燃油系统的缓冲器应按时定期进行检查。检查工作一般是在柴油机运行期间进行的。

①拆出缓冲器尾端的螺塞,检查螺孔处出气的脉动情况,如图 4-65 所示,应有短促的气流脉动冲出,脉动周期与喷油泵的行程周期是一致的。空气脉动的发生,说明缓冲器的活塞正在工作,是活塞压缩了空气并从螺孔处放出的结果。

②为了检查活塞的密封性,可测量泄油管漏出的油量,并注意与早期测量值进行比较,如图 4-66 所示。油量的增加显示了活塞密封性恶化的趋向,如增加的量较多应检查并维修缓冲器。

图 4-65　拆出缓冲器尾端的螺塞

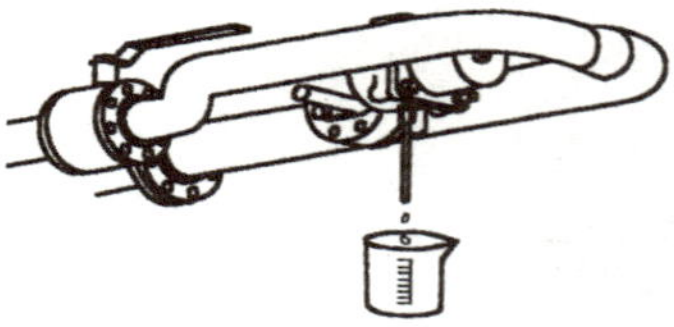

图 4-66　密封性检查

注意:漏出的燃油温度很高,操作时应小心防范。

(2)MAN B&W K98MC 燃油系统的缓冲器维护

①在拆卸燃油系统的任何部件之前,务必要释放喷油泵内的压力和燃油,待冷却后再进行作业。拆去缓冲器的泄油管,旋松支撑螺栓并拆去。拆出端盖螺塞,在螺孔中装入一枚 M10 的螺杆以锁住弹簧,防止端盖等弹出伤人,如图 4-67 所示。

②拆去锁紧钢丝,旋松端盖紧固螺母,将端盖和活塞一起拆出,如图 4-68 所示。

③旋松螺杆上的螺母,以释放弹簧弹力并将螺杆移去。拆出并废弃壳体上的密封圈和活塞上的防磨环,如图 4-69 所示。

清洁全部部件并抛光活塞和缓冲器壳。在缓冲器中安装新密封圈,在活塞上安装新防磨环,如图 4-70 所示。在安装密封圈或防磨环时,要小心进行,不要损伤这些部件。

④润滑所有滑动表面和其他部件。检查活塞,使其在缓冲器内滑动自如。

使用螺杆安装好弹簧和弹簧导筒并与活塞组装在一起,将它们装入缓冲器壳内。安装端盖后,移去螺杆,装上螺塞。安装缓冲器,装上新垫片。安装泄油管,驱气并输送燃油。

当柴油机工作时,按上述(1)的方法复查缓冲器。如果检查后还有过多的油量泄漏,缓冲器应重修或送厂修复。

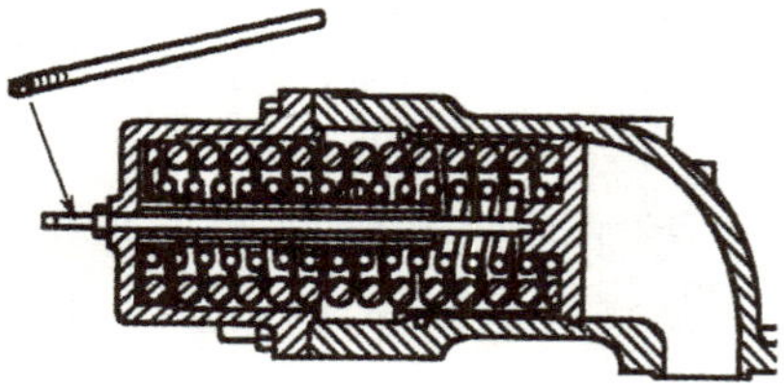

图 4-67 泄放燃油压力

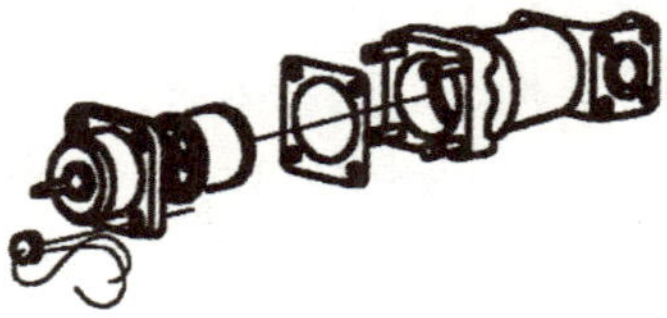

图 4-68 拆卸端盖

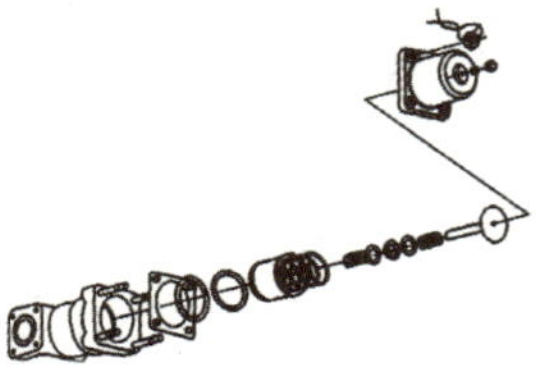

图 4-69 拆卸密封圈和防磨环

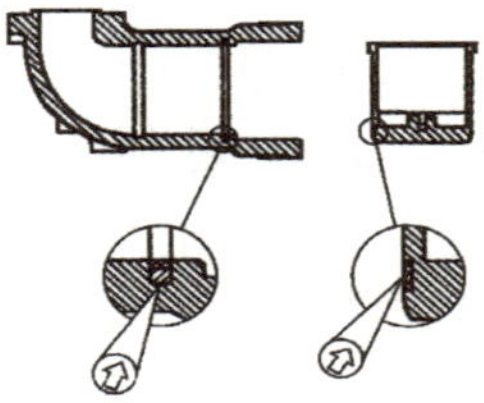

图 4-70 安装新密封圈和新防磨环

任务3 喷油器拆装

3.1 喷油器认识

为获得良好的燃烧,经喷油器的燃油喷雾不但要具有良好的雾化质量,而且其油束要与燃烧室形状匹配(即喷雾特性良好),以利于在燃烧室内形成均匀的可燃混合气。喷油开始和结束应利落、无滴漏和二次喷射等异常喷射现象。喷油器的结构和参数决定着喷雾的质量。喷油器头部与高温燃气接触,工作条件极为苛刻。

(1)喷油器的作用和型式

喷油器分为开式和闭式两大类。

①开式喷油器

开式喷油器结构简单,没有针阀控制喷油压力,一般在喷孔后装有止回阀,以防止烟气倒冲入喷油器。其主要缺点是喷射性能差,在开始喷油时雾化不良,喷油结束时有滴油现象,易引起燃烧不良而排气冒烟,在船用柴油机上很少采用。

②闭式喷油器

闭式喷油器克服了开式喷油器的缺点,是依靠燃油本身的压力开启针阀后才开始喷油的,所以也称为液压启阀式喷油器,由于在不喷射燃油时针阀把燃油空间与燃烧室隔开,所以又称为闭式喷油器。液压启阀式喷油器按其喷孔数目可分为单孔喷油器和多孔喷油器两种，按其是否采用强制冷却可分为冷却式喷油器和非冷却式喷油器两种，按调节弹簧的位置不同可分为弹簧上置式喷油器和弹簧下置式低惯性喷油器两种。

（2）喷油器工作过程

喷油器的主要部件是针阀偶件，它由针阀和针阀体组成。图 4-71 所示为针阀偶件局部示意图，针阀由弹簧预紧。当作用在喷油器针阀承压锥面上的油压超过喷油器弹簧预紧力时，针阀开启，高压燃油从喷孔中喷入气缸雾化，此燃油压力称启阀压力。当作用在喷油器针阀承压锥面上的油压低于启阀压力时，针阀关闭。

喷油器针阀密封座面以下的容积称为压力室容积。喷油结束时，针阀关闭，但压力室中存有燃油，此部分燃油靠高温蒸发在无喷射状态下进入燃烧室内燃烧，燃烧不完全，使经济性变差，达不到排放性指标，因此，压力室容积应尽量小。

（3）喷油嘴结构

①单孔喷油器

大多单孔喷油器为轴针式，它只有一个喷孔，位于喷油嘴中央。轴针式喷油器的优点是靠燃油的冲刷作用，其自洁性好，能防止喷孔内外的结炭堵塞。喷孔直径相对较大，启阀压力较低，因而雾化质量较差，多用于对雾化要求不太高的分隔式燃烧室柴油机上（小型高速柴油机）。

图 4-72（a）所示为标准轴针式喷油器。喷油器轴针伸出部分较短，轴针抬起喷油时，燃油从喷孔和轴针的孔隙喷出，油束呈中空的锥角形。

图 4-72（b）所示为节流轴针式喷油器。轴针向下伸出的部分较长并呈倒锥形，当轴针抬起时，在喷油的初期阶段，保持较长时间的较小流通截面，使滞燃期的喷油量降低，雾化质量高，燃烧柔和。

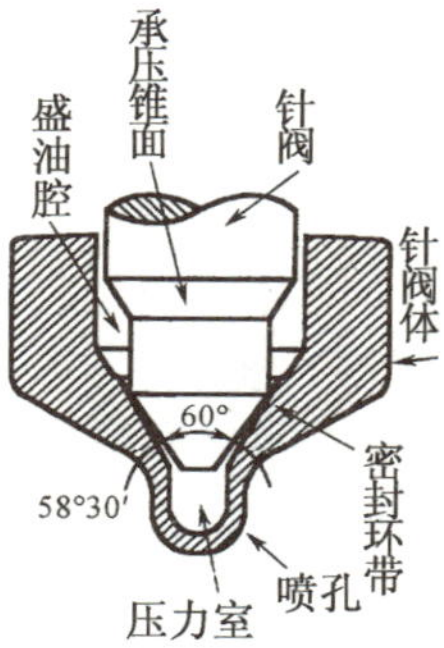

图 4-71　针阀偶件局部

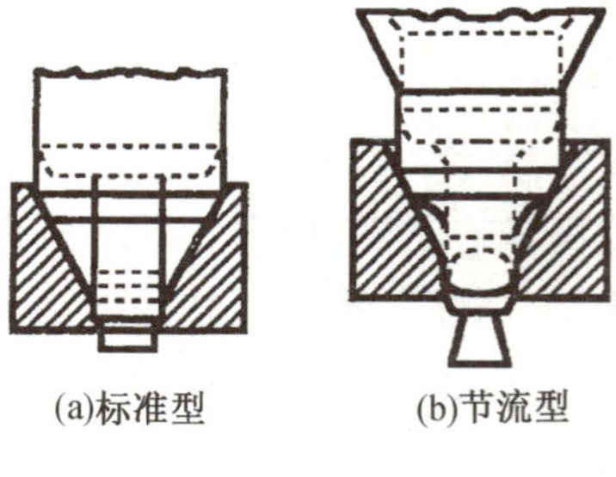

图 4-72　轴针式喷油器

②多孔喷油器

在喷嘴头部处设有圆形小孔，喷孔数目一般为 4～12 个，孔径在 0.15～1.0 mm，如图 4-73 所示。与单孔式喷油器相比，由于启阀压力较高，孔径相对较小，喷射的油粒细、锥角大、雾化质量较好。喷孔角度的设计应使喷出去的油束形状与燃烧室形状相配。多孔式喷油器多用于开式和半开式燃烧室的大中型中、低速柴油机上。

喷油器的针阀喷嘴有普通型和长型两种：图 4-74（a）所示为普通型针阀喷嘴，图 4-74（b）所示为长型针阀喷嘴。两者的区别是长型喷嘴的针阀导向面比普通型的长，远离燃烧室，即使因温度升高引起轻微变形，也会因其细而长，且具有较好的弹性，使锥面密封得以保证。

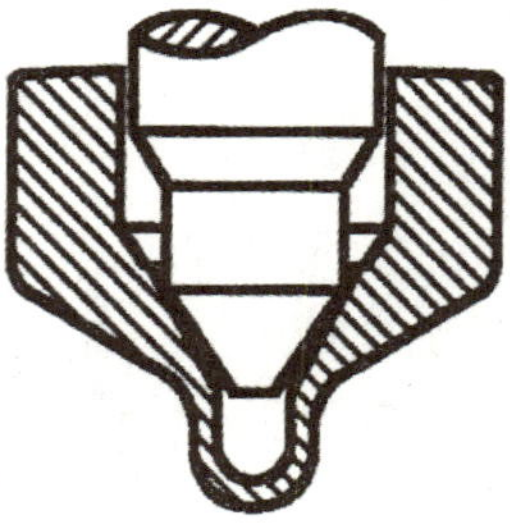

图 4-73 多孔喷油器

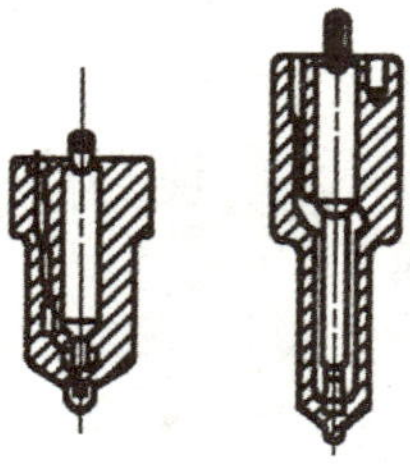

(a)普通型 (b)长型

图 4-74 针阀喷嘴型式

(4)喷油器的冷却

小型柴油机的喷油器多为非冷却式，它依靠喷油器本体与气缸盖的良好贴合来散热，喷射的燃油能带走部分热量，使喷油器的冷却得以保证。

冷却式喷油器采用淡水或柴油作为冷却介质进行冷却，多用于中、低速柴油机。燃用重油时，使用淡水作为冷却介质，冷却效果会更好，便于检查密封情况。用燃油冷却无须专门密封，系统较为简单，为现代大中型船舶柴油机所采用。

3.2 喷油器拆装

(1)喷油器总成拆卸

MAN B&W 27/38 型柴油机的喷油器为非冷却式，安装在气缸盖中部的喷油器套筒内，如图 4-75 所示。喷油器体外圆上装有“O”形密封圈，以防高压燃油外泄。

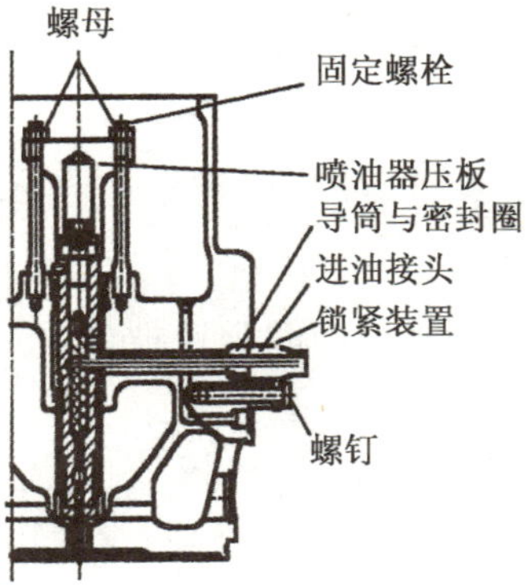

图 4-75 非冷式喷油器

从气缸盖侧面向喷油器旋入一只进油接头，该接头穿过气缸盖之处有导筒和两只“O”形密封圈进行密封。喷油泵用双层高压油管与进油接头连接。喷油器或高压油管可能出现的漏油会被引至进油接头在气缸盖的安装孔中，从该孔接一根管子泄放到泄油柜(使用 HFO 时)或日用油箱(使用 MDO 时)。

①拆出喷油器

柴油机停车冷却后，切断燃油，打开示功阀，释放气缸内压力，拆下喷油泵上部的侧盖和气缸盖上部的摇臂盖，均匀地旋出喷油器压板螺母，拆出压板，拆下喷油泵和喷油器进油接头间的高压油管。

拧松螺钉,拆下锁紧装置,将喷油器进油接头拧松并与安装套等一起从气缸盖中取出。各管口接头应用干净的麻布包堵,以免杂物浸入。

②安装喷油器拔出工具,拔出喷油器,如图 4-76 所示。

(2)喷油器总成安装

①将备用的喷油器装入气缸盖之前,应仔细地清洁装于气缸盖上的总成套筒,检查套筒与喷油器接触的座面。将高亮度的光源(探矿灯)伸入总成套筒内,若发现划痕等损伤,则必须用专用研磨工具仔细地研磨修复。检查喷油器的连接螺套、喷嘴的外座面,若有划痕,需用专用磨环研磨修复。

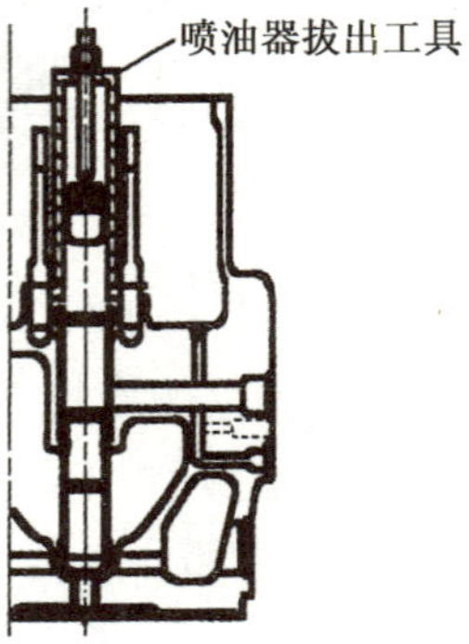

图 4-76 拔出喷油器

在喷油器体上涂以润滑剂,将喷油器压入气缸盖(总成套筒)内。压入时,应特别注意其进油螺孔与进油接头的伸入孔,使之能对准。

②在安装套上装上两根新的“O”形密封圈,将其压入气缸盖上的孔中。在进油接头的螺纹上涂以二硫化钼润滑剂后,将它拧入喷油器中(可能要稍微转动一下喷油器使螺纹能扣上)并按规定扭矩(75 N·m)拧紧。

③在喷油器顶部装上喷油器压板,将两只螺母拧在已涂抹过二硫化钼润滑剂的固定螺栓上并按规定扭矩(115 N·m)拧紧。

④在进油接头上装上锁紧装置,用涂有滑油的螺钉固定,按规定扭矩(115 N·m)拧紧。

⑤在进油接头和喷油泵出口接头的螺纹上涂以二硫化钼润滑剂后,装上高压油管,泵油驱气后按规定扭矩(115 N·m)拧紧。

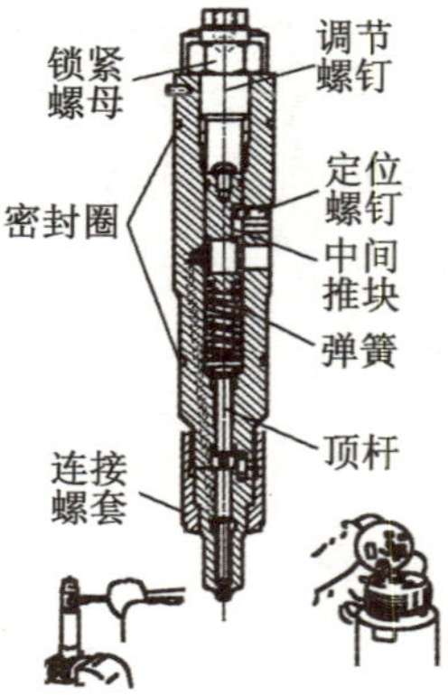

图 4-77 分解喷油器

(3)喷油器检修

①分解喷油器(如图 4-77 所示)

A. 将喷油器夹在装有软夹片的台虎钳上,拆下锁紧螺母,逆时针转动调节螺钉,把它拆下来。

B. 拆下定位螺钉,用 M8 的长螺钉将中间推块拉出。从喷油器体中拆下弹簧和顶杆。

C. 倒夹喷油器于台虎钳上,拧松连接螺套,拆下喷嘴。将拆卸的针阀偶件成对放入轻柴油中(不允许分开放置,并应单独用盆),浸泡后清洗。喷油器本体及其他部件也应预先浸泡于柴油或煤油中待洗并保护好(特别是定位销)。

注意:针阀体表面不允许夹于台虎钳上,以免针阀体导向工作面损伤和变形。

②清洗与检查

小心清洗所有零件,检查损伤情况。针阀与针阀体是喷油器中的一对精密偶件,其工作条件除与喷油泵的柱塞偶件相同外,还受到燃烧室高温的影响以及针阀落座时的撞击,所以喷油器中的针阀偶件工作条件较为恶劣,容易发生故障。针阀偶件的故障主要有密封面磨损及针阀卡紧、咬死等。

针阀偶件的密封面有四个,即针阀(与针阀座配合的)锥面、针阀(与针阀体配合的)圆柱面、针阀体(与喷油器本体配合的和与喷油嘴配合的)端平面等。

A. 针阀锥面的密封检查

针阀的密封锥面应有良好的密封性，在针阀打开期间应具有较好的流通能力，以获得良好喷射和雾化质量。为此要求：

a. 针阀的锥角 θ' 较针阀体座面的锥角 θ 大 0.5°～1°，如图 4-78（a）所示。

b. 偶件锥面配合面上狭窄的环形密封带（称为阀线）的宽度 h 为 0.3～0.5 mm，如图 4-78（b）所示，而且此环带应位于针阀锥面的上边缘，以保证针阀升起时有足够大的燃油流通面积，避免节流损失。环形密封带越窄，压强越大，锥面的密封作用越好，在燃油喷射终了时能干净利落地切断燃油。

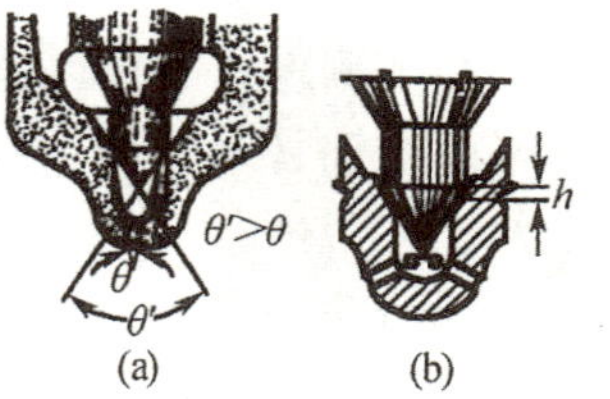

图 4-78　密封锥角后燃密封面

仔细检查密封带的位置和宽度，应满足以上要求。若密封带宽度大于 1 mm，喷油嘴将不会很好地保证燃油雾化，因为密封带变宽后使接触压力变小，密封性变差。

密封带变差的原因可能是针阀或阀座共同磨损，磨损的原因与出油阀磨损相同。阀座磨损后密封锥面会下沉，针阀的升程会增大（可通过测量针阀的升程来判断），使针阀落座时的撞击增大，针阀和阀座的磨损加剧。同时，针阀在升起初期，燃油从狭缝中漏出造成节流损失大，雾化不良。若密封锥面磨损发展至密封不良，因燃油滴漏会造成喷孔结炭、排气冒黑烟等故障，可通过喷油器的雾化检查加以判断。

B. 针阀圆柱面的配合密封情况检查

对针阀圆柱面的要求是针阀在针阀体中应能自由上下运动，并有可靠的密封性，允许有微量漏油以进行润滑。

针阀偶件一般采用耐磨性好、韧性好、疲劳强度高以及高温下有足够硬度的材料制成，如滚珠轴承钢、低碳合金钢等。其加工工艺要求高，以保证精确的配合间隙（0.02～0.04 mm）。针阀圆柱面磨损使配合间隙增大，引起供油量减少，造成回油量增加、喷油压力降低和雾化不良，引起柴油机功率下降。另外，各缸喷油器针阀偶件的磨损程度会不一样，使各缸喷油量不等，从而影响柴油机各缸功率的不平衡，所以特别会引起柴油机在低负荷运转时转速的不稳定。

针阀圆柱面磨损主要是由燃油质量不佳引起的。在管理中，可通过检查回油管的回油量，判断针阀柱面的磨损程度；拆检时与检查柱塞偶件的"滑动试验法"相同，检查其配合情况。

C. 针阀体端平面的密封性检查

针阀体的结构不同，有的针阀体头部带喷孔，另一端为平面（与喷油器本体端面相结合）；有的针阀体两端均为平面，一端平面与带喷孔的喷油嘴结合，另一端平面与喷油器本体结合。

针阀体端面长期使用会因燃油、冷却水的作用，使其发生微观电化学腐蚀，从而使喷油器本体或喷油嘴结合面处的密封性下降，此时高压燃油漏进冷却水中，并引起雾化不良，管理中可通过喷油器冷却水箱中有无油星、油迹等现象进行判断。

上述磨损除针阀圆柱面磨损外，其他各处磨损均可用研磨法修复。如确系因针阀锥面密封性不良所致，可用少许研磨剂调和机油仔细涂在锥面处研磨。

注意：研磨膏不得置于针阀与针阀体配合表面上，否则会造成针阀偶件报废。偶件有缺陷时应成对换新。

D. 判断针阀在针阀体中卡紧或咬死的方法

在管理中发现柴油机发火不正常，甚至单缸熄火，柴油机转速下降，则可能是由于针阀不能及时启闭或不能启闭，同时结合对高压油管脉动状态的诊断、排气温度的检查等方法可大略判断出喷油器针阀的工作状态。

a. 若出现喷射系统中油压剧增，高压油管脉动强烈，高压油管接头漏油或破裂，喷油泵发热并有异常响声，该缸排温很低（可视为无排温），可判断为针阀在关闭状态时咬死。

b. 高压油管无脉动，燃油未经雾化喷入气缸，排温较高，排气冒黑烟，则针阀在开启状态时咬死。

拆检喷油器时，如发现针阀在针阀体中卡紧或咬死，应分析原因并及时解决问题。针阀卡紧咬死的主要原因有：燃油中含有机械杂质、油温突变、喷油器冷却不良而过热以及安装不良等。

E. 喷油嘴检查

喷油器下端钻有喷孔并伸入燃烧室的零件称喷油嘴或称雾化头。孔径一般为 0.12～1.0 mm，喷孔数目为 1～12 个。喷油器的喷孔直径、数目和分布随机型而异。它不但受到燃油的冲刷、腐蚀，还受到缸内高温燃气的作用。中小型柴油机喷油器的喷油嘴多与针阀融为一体；大型柴油机喷油器的喷油嘴多与针阀体分开制造。喷油嘴中喷孔的数目与位置应与燃烧室匹配，以保证燃油雾化良好并与空气混合均匀。

喷油嘴的主要故障有堵塞、喷孔磨损以及裂纹等。在锥面密封良好的情况下，喷孔内外结炭主要是由喷油嘴过热引起的。喷孔结炭不仅破坏了油束与燃烧室的匹配关系，而且此结炭引起火焰逐渐移近喷孔，加速了喷孔的堵塞，形成恶性循环，最后使喷孔堵塞。喷孔堵塞会使喷射速率减小，喷射持续时间延长，后燃严重并出现二次喷射。喷油器因冷却不良而过热是喷孔结炭堵塞的主要原因。若喷油嘴过热，当燃油流经喷孔时在孔内必生成结炭。喷孔外喷油嘴表面的结炭，大多与针阀密封不良或关闭不及时形成滴漏有关。喷孔周围积炭严重时形成炭花，这是由于针阀偶件锥面磨损后密封不良或针阀关闭不及时，导致喷孔滴油、漏油黏附于喷孔四周，高温下形成炭花。喷孔周围积炭影响燃油雾化质量，使针阀体过热损坏。

当喷孔堵塞时可先用煤油浸泡，然后用略小于喷孔直径的通针疏通，如图 4-79 所示。

图 4-79　通针疏通

喷孔在使用中将因燃油的冲刷及腐蚀使直径增大或变形，此时将破坏油束与燃烧室的匹配。用专门的器具（探针）测量喷孔，当孔径增大 10%以上时，该喷油嘴应予以换新；当有一孔及以上变为锥形或不圆时，该喷油嘴也应予以换新。用着色探伤法结合放大镜等工具检查喷油嘴裂纹，若有裂纹应换新。喷油嘴裂纹主要是由高温引起的。

（4）喷油器组装

组装过程按分解过程的反序进行，在组装时要注意针阀偶件的各配合面或结合面绝对干净，用压缩空气吹净各油道。若需更换针阀偶件，应成对更换。按规定扭矩拧紧紧固针阀偶件的螺母。

①在喷嘴连接螺套的螺纹上涂以润滑膏，装上喷嘴，按规定扭矩（270 N·m）拧紧。

②向喷油器体中孔下部放入顶杆和弹簧。

③换新中间推块上的“O”形密封圈，并将它推入喷油器体中，确认定位螺钉与中间推块的定位槽对准。在定位螺钉的螺纹上涂以密封剂后将它装入并拧紧。

④在调节螺钉的螺纹上涂以二硫化钼润滑剂后，将它装入并拧紧。

组装完成后，应检查其密封性、启阀压力和雾化质量。

(5)喷油器试验(如图4-80所示)

根据柴油机的运行状况，对喷油器必须坚持进行定期的预防性检查和不定期的诊断性检查。检查中如发现有不适之处，必须随时加以维修和调节，以保证喷油器始终能提供良好的喷油质量。检查内容包括：启阀压力、密封性和雾化质量。

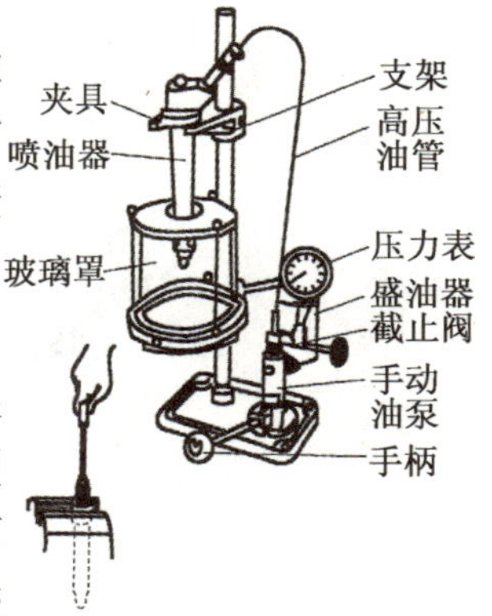

图4-80　喷油器试验

①启阀压力的检查和调节

启阀压力是喷油器开始喷射时的最低压力，对雾化质量影响很大，所有柴油机说明书中都规定了喷油器的启阀压力。对不同类型的柴油机，其值一般在17~41 MPa。喷油器长期使用后，启阀压力可能因调节螺钉松动、弹簧折断或卡滞、顶杆与针阀磨损或卡滞等而变动，因此必须经常进行检查。

检查所用设备是喷油雾化试验台。检查前必须先检查设备本身的密封性，当关闭试验油泵的出口，压动试验油泵使油压升至启阀压力以上时，油压应缓慢降落而不骤降。

A. 将喷油器装在试验台的夹具上，接上高压油管。在拧松调节螺钉(或打开回油阀)的情况下，泵动试验泵，用清洁的试验油驱除空气，冲洗喷油嘴。

B. 顺时针转动调节螺钉以增大启阀压力。缓慢泵油，观察开始喷油时的压力(此即启阀压力)。如该压力值与规定值不符，则拧动调节螺钉，直到满意为止(如6250型柴油机为18 MPa，MAN B&W 27/38型柴油机为41 MPa)。装上锁紧螺母并拧紧(MAN B&W 27/38型柴油机规定拧紧的扭矩为180 N·m)。

②密封性检查

喷油器密封性检查包括针阀与针阀体柱面和针阀与阀座两处的密封性检查及外部接头部位的密封性检查。此项检查也是在喷油器雾化试验台上进行的。试验时泵油油压控制在略低或略高于启阀压力，停止泵油后观察油压降落的速度，如某机型要求泵压至启阀压力(试验时应略调高启阀压力)在5 s内压力降不大于5 MPa。若此速度大于规定速度，说明针阀与针阀体柱面间隙大，因密封不良而产生漏油，致使压降较快。

在检查柱面密封性的同时，亦可检查锥面的密封性，即在上述停止泵油时，喷孔处只有轻度潮湿而无燃油滴漏者为密封性良好(应预先擦干喷油器)。

③雾化质量检查

A. 试验时，将启阀压力调至规定值，然后分别以快喷(60~120次/min)和慢喷(40~60次/min)进行多次喷雾试验。喷雾质量应符合以下要求：

a. 喷出的雾化油应呈雾状，无肉眼可见的飞溅油粒的连续油柱和局部浓稀不均匀的现象。

b. 喷油开始和终了时声音清脆，喷油迅速、利落。

c. 喷油开始和终了后不得有渗漏，允许喷孔周围有轻微的潮湿现象。当针阀直径大于10 mm时，允许喷孔周围有油液聚集现象，但不得有滴油现象出现。

B. 喷油器的雾化试验很重要，根据试验时燃油雾化的形状、分布等检验喷油器的质量，图 4-81 所示为燃油雾化正常情况，而图 4-82 为燃油雾化不正常情况。其中，图 4-82(a)表示雾化不良，是因为喷孔部分堵塞而产生滴油现象；图 4-82(b)表示针阀动作不良，产生油粒粗大现象，喷雾方向偏单；图 4-82(c)表示针阀锥面磨损，密封性差，在喷雾的同时有滴油现象。

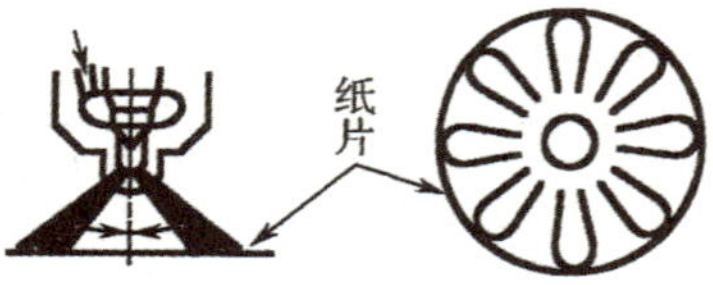

图 4-81　燃油雾化正常情况

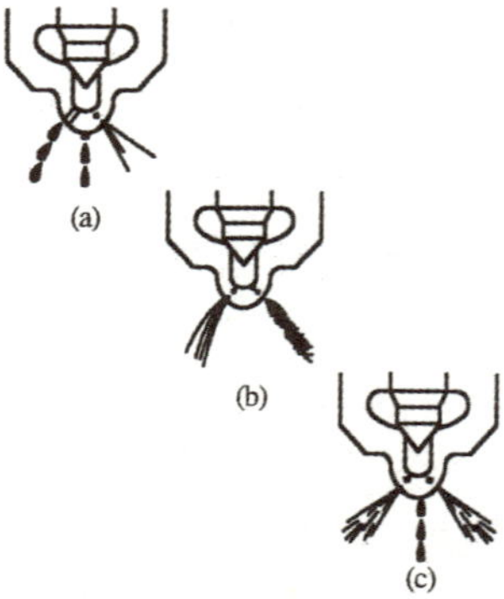

图 4-82　燃油雾化不正常情况

3.3 大型低速十字头式柴油机的喷油器检查和调节

现代船用二冲程长行程或超长行程柴油机使用了一种尺寸小、质量小、燃油循环冷却的喷油器，如 MAN B&W L(S)MC/MCE 型和 Sulzer RTA 型柴油机使用的喷油器。这两种机型使用的喷油器在具体结构上有所不同，但共同的特点是使燃油系统中的燃油经喷油泵进入喷油器本体内循环冷却，最后排至燃油系统中的混合桶。在该缸喷射期间，高压的燃油首先使燃油循环回路中断，然后高压燃油进入针阀的油腔内，待达到启阀压力时针阀开启进行喷油。供油结束，油压降低，针阀落座。当油压降低至某规定值时，上述燃油循环回路重新接通，喷油器本体的燃油循环重新恢复。这种结构不但省略了单独的冷却系统，而且在柴油机备车期间可对喷油器进行预热，在运转期间对喷油器冷却并兼有驱气作用。

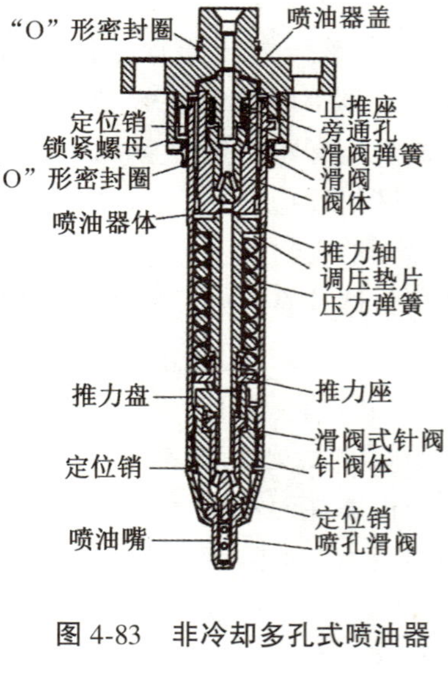

图 4-83　非冷却多孔式喷油器

图 4-83 所示为 K98MC/MCE 型柴油机的喷油器，它是一种非冷却多孔式喷油器。喷油器体内装有喷油嘴、针阀偶件(滑阀式针阀和针阀体)、压力弹簧等部件。锁紧螺母将喷油器体和喷油器盖连接固定在一起。

燃油由喷油器顶部进入。当燃油压力小于 1.5 MPa 时，止回阀关闭，即其滑阀封闭燃油下行通道，滑阀顶部的旁通孔开启，燃油经此旁通孔在喷油器体内循环后经喷油器盖上的回油孔排出。在喷油期间当油压大于 1.5 MPa 时，止回阀开启，旁通孔关闭，燃油向下进入针阀的油腔内。当燃油压力达到启阀压力时，针阀开启，同时也将喷孔滑阀开启，燃油通过喷孔喷入气缸。

喷油器启阀压力由压力弹簧的安装预紧力和有关零件尺寸预先确定,使用中不能进行调节,如需调节则应解体喷油器并换用专用的调压垫片。

随着现代柴油机平均有效压力(MEP)的提高,应提高喷油器的流通能力,这就导致了压力室容积的增大,喷油结束时残存在压力室中的燃油会滴入燃烧室中,这些油不会完全燃烧,易形成PM、HC且燃烧室的沉积增多,NO_x的排放量增大。对此,MAN B&W开发了“mini-sac”的喷油器,压力室的容积只有原来的15%。K98MC/MCE型柴油机上使用的喷油器,在其针阀的下部套装一个喷孔滑阀,基本消除了压力室。当喷油结束针阀关闭时,与针阀同步向下移动的喷孔滑阀也迅速地将喷孔关闭,将压力室与燃烧室完全隔开,基本上消除了喷射的滴漏现象。这些措施可有效地减少有害气体的排放和提高经济性。

K98MC/MCE型柴油机每缸配有三只喷油器,围绕气缸盖中央的排气阀周围均匀布置,如图4-84所示。当同时向燃烧室内喷油时,可获得均匀的混合气。

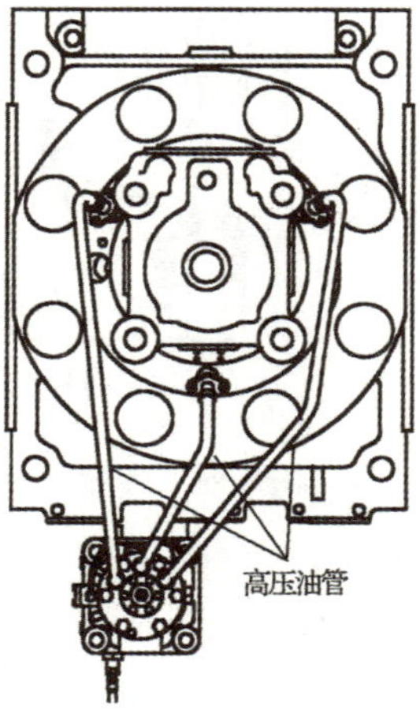

图4-84 喷油器布置图

(1)喷油器检查

柴油机运行期间,应特别关注喷油器的工作性能,一般通过测取示功图和排气温度等来判断。通常,燃烧恶化和各缸负荷不均匀的原因主要是喷油器性能不良,这可通过对喷油器的试验来进一步确定。若柴油机工作正常,也需在规定的维修期内对喷油器进行检查。

为了获得可靠的喷油器试验结果,应将喷油器从柴油机上拆卸下来并分解、检查和重装,经功能性试验后才能装机使用。

对滑阀式喷油器进行压力试验时,在没有清洁喷孔和喷孔滑阀前,试验压力值应比规定的值低,以防损坏滑阀。

①液压试验泵检查

操作液压试验泵前应认真阅读使用说明书。供应的压缩空气压力值应为0.7~1 MPa,使用的试验液压(防锈)油的黏度应为7~10 cSt(50 ℃)。

②弹性套筒检查

弹性套筒检查主要检查弹性套筒的定位销是否有弯曲或折断,如图4-85所示,若发生上述情况,应将弹性套筒换新。

③喷油器安装

将喷油器用弹性套筒紧固于试验台上,拧紧螺母直至弹性套筒的内圈与外圈上端面平齐,安装高压油管,如图 4-86 所示。

④冲洗和试射

目的:驱赶系统中的空气并冲刷清洁喷油器。

步骤:将控制手柄置于“OPEN”位置。慢慢地增大工作压力,直到有平直的油束从喷孔中喷出,如图 4-87 所示。

要求:至少在一个喷孔中有一束连续的油喷出。

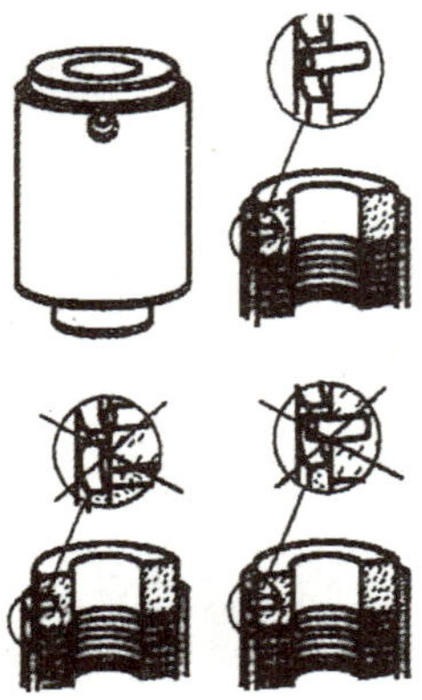

图 4-85　定位销检查

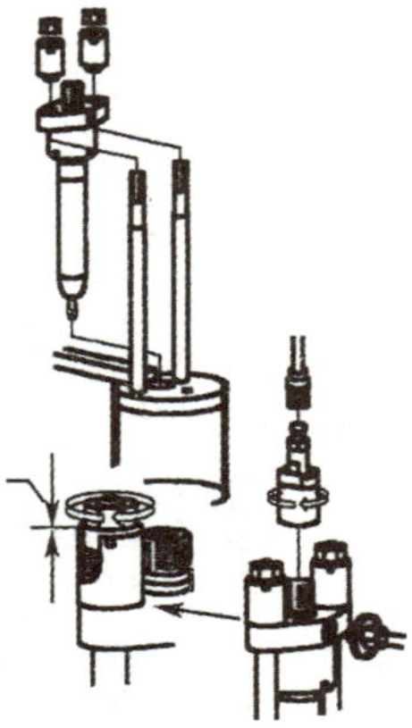

图 4-86　喷油器安装

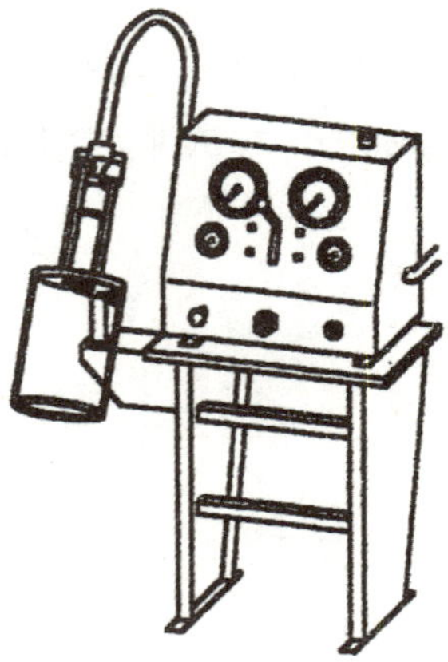

图 4-87　冲洗和试射

由于喷孔的内部几何结构以及在试验时的喷油压力升高率比柴油机正常工作时低,所以没有必要要求试验的液压油能从所有的喷孔中流出。

故障原因:如果喷射不符合上述要求,原因可能是喷孔被污垢堵塞或喷嘴安装不正确。

⑤喷射试验检查

试验时,仔细倾听启闭阀动作是否利落、清脆,观看喷柱的形状和数量。雾化试验后,油孔处不应见到油滴,如图 4-88 所示。滑阀式喷油器在进行雾化试验时,不要试图对其实施雾化喷射,否则会使喷孔滑阀在关闭喷孔时受损,从而失去止回作用。因为,在试验台上做雾化喷射时,会使针阀产生一个横向振动(甚高频、小振幅),从而产生横向侧推力。在高压作用下,当滑阀下落时,其圆柱的外边缘与喷孔内壁之间可能会产生刮擦。所以在试验喷油器时应选用液压油,因为使用燃油进行试验时的润滑性能比液压油差得多,会增加滑阀和喷孔内壁之间的磨损。

⑥启阀压力试验检查

目的:确定启阀压力。

步骤:控制手柄置于“OPEN”下位,增大压力直到试验油从喷孔喷出,如图 4-89 所示。

要求:检查压力表上启阀压力,数值应满足规定的数据。

故障原因:如果开启压力比规定的数据还要大,原因可能是选用的压力弹簧不合适,应更换压力弹簧。如有必要,应将推力轴和弹簧全部换新。如果开启压力还比规定的值低,原因可能是弹簧已变软,应更换弹簧。更换弹簧等部件后,必须重复喷油器的压力试验。换下的专用垫圈留作备用。

⑦试验喷油器针阀和止回滑阀的密封性

目的:检查针阀偶件和止回滑阀的密封性。

操作步骤:将控制手柄置于"OPEN"下位,缓慢泵压至小于 5 MPa 后,将控制手柄置于"CLOSED"上位,重复 2~3 次。

要求:试验油不应从喷孔中流出,观察到的压力应缓慢地下降,而下降至约 1.5 MPa 后,油会从回油口处流出,压力会迅速下降到 0(回油止回阀关闭,试验油开始循环)。针阀密封性检查如图 4-90 所示。

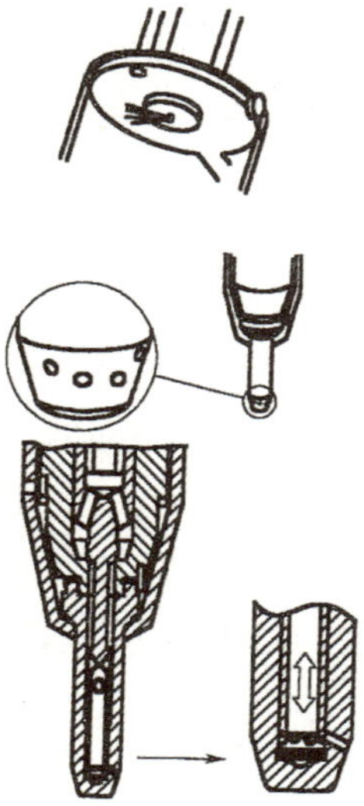

图 4-88　喷射试验检查

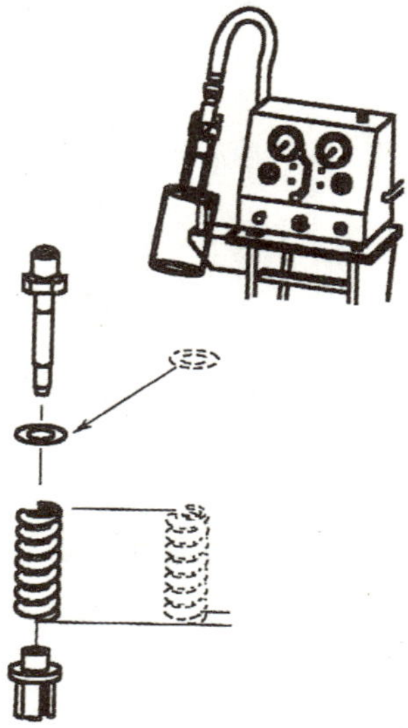

图 4-89　启阀压力试验检查

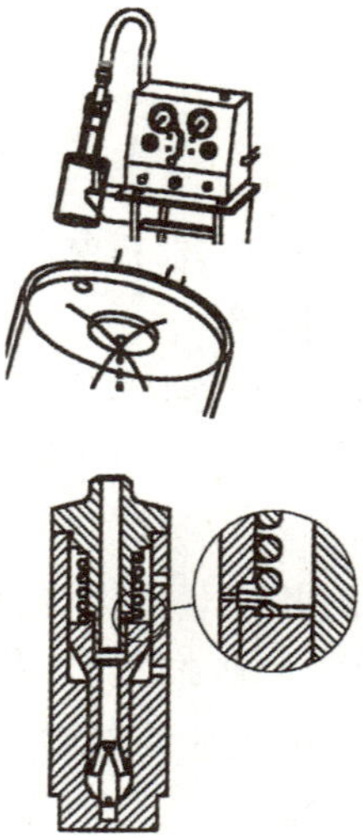

图 4-90　针阀密封性检查

注意:在喷油器充油初期,油应从回油口处流出。

故障原因:

A. 喷孔漏油:有油滴从喷孔外面流出的原因是针阀偶件的锥面密封不严或针阀偶件有黏滞卡阻现象,应成对检修或更换针阀偶件。

B. 降压太快:运动部件的间隙太大,如针阀偶件或止回阀的圆柱面配合间隙太大;或各部件结合的端面损坏,如推力块与针阀偶件的止推座的端面之间或与止回阀体之间;等等。检修或更换针阀偶件或止回阀等部件。

C. 降压太慢:若出现油压从 1.5 MPa 下降到 0 的过程是缓慢的,其原因可能是止回阀的针阀有黏滞卡阻现象或在止回阀阀体上的旁通孔被阻塞。此时应拆卸并且检查止回阀等部件,若有缺陷应修复或更换。

⑧喷油器总成密封性试验

目的:保证循环油在封闭的喷油器体内不泄漏。

步骤:

A. 控制手柄置于"OPEN"位置,缓慢泵压,最大不超过 1 MPa。当有油从回油口流出时,将控制手柄置于"CLOSED"位置停止供油,如图 4-91(a)所示。

B. 用螺塞封住回油口,将油压增至约 10 MPa 后停止供油,如图 4-91(b)所示。

要求:应能维持 10 MPa 压力不变。

故障原因：如果在喷油器的锁紧螺母处有油泄漏，应更换喷油器内的“O”形密封圈，如图4-91(c)所示。

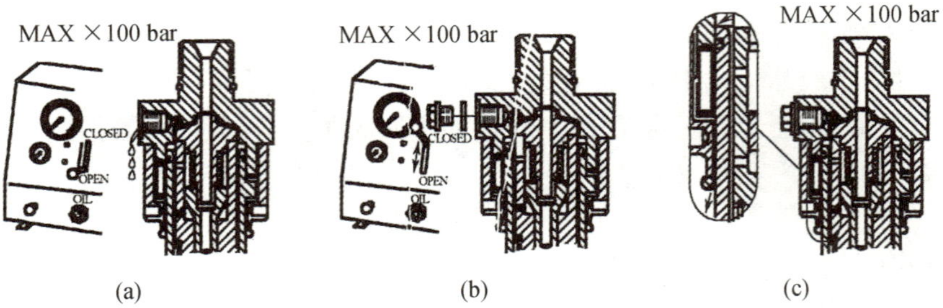

图 4-91 喷油器总成密封性试验

(2)喷油器拆装检修

①拆卸

将喷油器从柴油机上拆卸的步骤如下：

A. 关闭燃油的进、出口阀，将高压油管和喷油器内的残油放尽，拆去高压油管和喷油器上的回油管。

B. 拧开紧固螺母，拆去弹性套筒。

C. 拆卸喷油器。如果喷油器与气缸盖安装孔有粘连现象，应使用专用工具将喷油器强行拉出。拆出喷油器后，喷油器的安装孔用清洁的盖板覆盖。

②检修

检修喷油器时，应仔细地处理所有零件，使之保持干净。擦布和软刷应干净（不使用蓬松的旧布）。每次检修时，必须将所有密封圈换新。在重新组装之前，应准备好合格的密封圈。如果拆出的喷油器无须立即检修，可将喷油器浸在柴油中。

A. 测量油嘴伸出部分的长度 A，并且记下数据，与要求的比较，为重装做参考，如图4-92所示。

B. 按图4-93所示的方法，在钻床上用虎钳将夹持器夹住。将喷油器的两安装孔插于夹持器的两柱销上。在喷嘴部位套上保护套筒。借用钻床将喷油器压紧，注意用力不要太大，以免损坏螺纹。

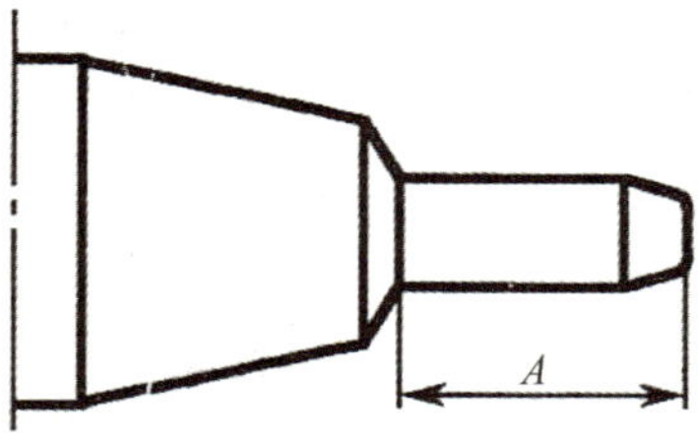

图 4-92 测量油嘴伸出部分的长度

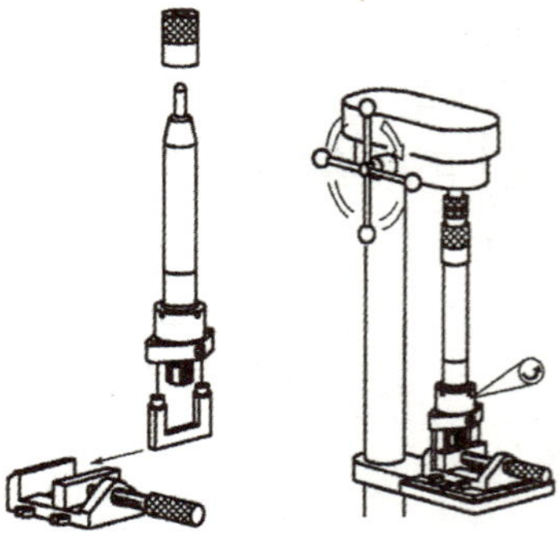

图 4-93 拆卸时应保护油头

C. 使用钩头扳手松开喷油器的接合螺母后松开钻床，将喷油器从夹持器上取下。

D. 阀体经清洁后，按次序取出下列部件（如图 4-94 所示）：喷油器盖、止回阀、推力轴、垫圈和弹簧、弹簧座、针阀偶件和喷嘴组件，去除所有“O”形密封圈。仔细地清洗并检查下列部件表面：喷油器体、针阀偶件、推力轴等。

E. 密封锥面的修理，可用研磨工具并配合研磨剂（如 No. 500 金刚砂）研磨，如图 4-95 所示。研磨后，应用轻柴油洗净，并用压缩空气吹干净，以去除研磨后留下的化合物及其他杂物。

锥面有严重损坏时，可使用专用铰刀。通常，铰刀是手动的，但也可以在车床上进行，车床转速控制在 100 r/min 以下，同时应供给充足的乳化液冷却。修理后的高压油管接头锥面直径不允许超过规定的数据。

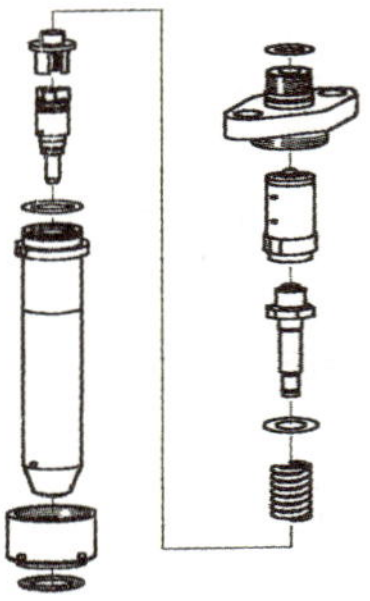

图 4-94　喷油器拆卸

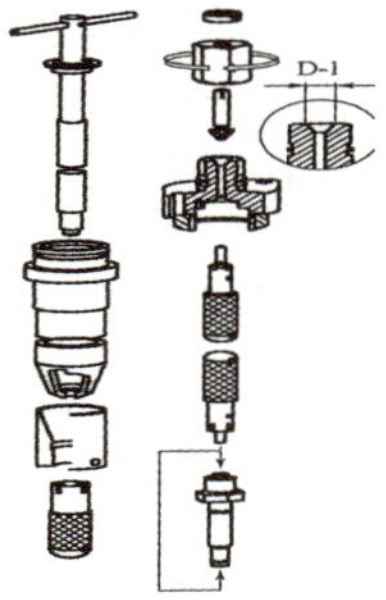

图 4-95　密封锥面研磨

F. 针阀偶件可送到授权的 MAN B&W 维修车间检修。送部件时应寄送完整的针阀偶件，包括喷嘴。在船上也可检修针阀偶件，除需拆解针阀偶件外，不要试图将喷嘴从针阀偶件中拆出，否则，可能会损坏滑阀的截止作用。

③组装

A. 装复带喷嘴的针阀偶件时，应小心地使针阀偶件滑入喷油器本体内，握住已伸出的喷嘴并转动，如图 4-96 所示，使针阀偶件与定位销嵌配在一起，从而得到正确的定位，保证燃油喷出喷嘴时的方向正确。检查喷嘴伸出的距离，该距离应等于 *A*。

B. 将下列部件依次装入喷油器壳体内：密封圈、弹簧座、弹簧和垫圈、推力轴、止回阀，如图 4-94 所示。所有的密封圈都应换新，用二硫化铝涂抹螺纹，喷油器盖上的导销与喷油器体上的孔应相互配合，以保证燃油喷出的方向正确，如图 4-97 所示。

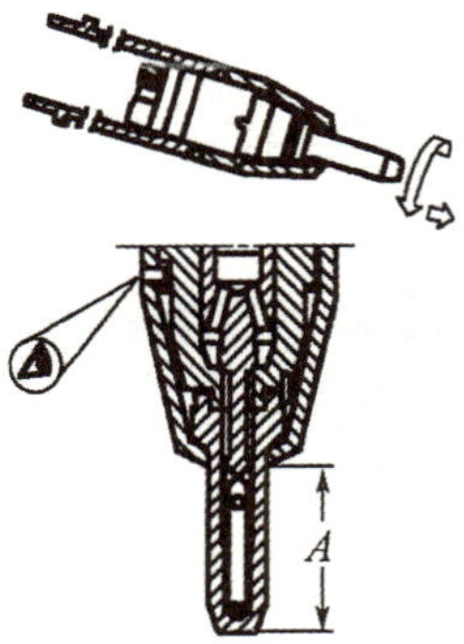

图 4-96　安装针阀偶件

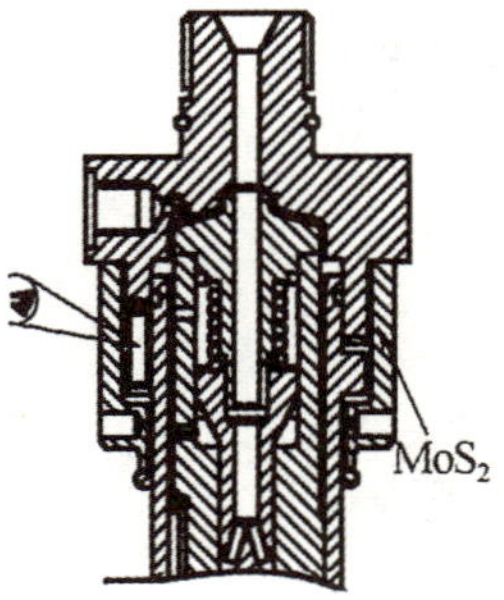

图 4-97　安装导销

C. 在钻床上拧紧螺母，装复喷油器。

若喷油器经检修后留作备用，应在喷油器的所有开口处都用塑料布包好，防止污物进入。

④安装

A. 喷油器装入气缸盖之前，都必须进行试验，同时，彻底地清洁气缸盖的安装孔，检查孔内的密封座并去除标记。“O”形密封圈应换新，用二硫化钼润滑剂涂抹喷油器外壳。

B. 将喷油器装于对应的气缸盖孔上。装上弹性支撑，拧紧螺母，直到弹性支撑的内弹簧盘与壳体的上边缘对齐，如图 4-98 所示。这一点十分重要，因为喷油器的安装扭紧力的大小由此来保证。

C. 在安装高压油管前，用耐热的滑油涂抹高压油管的螺纹接头，装上高压油管和回油油管。

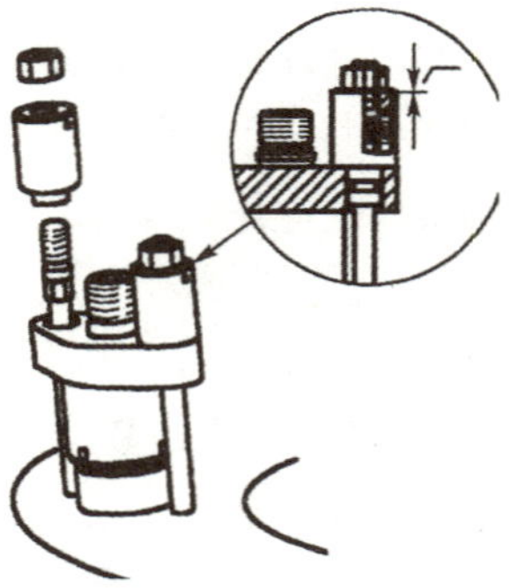

图 4-98 喷油器安装到对应气缸盖上

(3) 针阀偶件(主阀)检修

拆装针阀偶件时应极其小心。清洗针阀偶件的柴油或煤油应纯净。偶件的各部件(针阀体、针阀和止推座)不可互换，所以维护时最好单独进行。推荐的针阀偶件使用期限为 8 000 h，到期应换新。

①将偶件夹装于带软金属片的台虎钳上，用手锤配合铜棒敲出针阀止推座，拆出针阀，如图 4-99 所示。

②拆卸针阀上的滑阀，可在针阀的喷嘴附近装上专用锁夹和拉马，转动螺母拉松喷嘴后拆开，如图 4-100 所示。

③用清洁的柴油清洗各部件并用干净的布擦干后，再用煤油或专用清洁液清洗擦干。将针阀偶件的各部件置于清洁的塑料网格上，用 8~10 倍的放大镜和检查灯检查各部件的表面，如图 4-101 所示，应特别检查密封锥面和滑阀的表面。

去除部件上的沉积物时，可将需清洁的部件夹于车床上，用质量较好的亚麻布对其进行抛光(可加点滑油，已粗糙的亚麻布不应再用)，如图 4-102 所示。滑阀表面在抛光时应十分小心，不能对其表面有任何损伤，经抛光后的各部件应重新检查。

④用专用的铜刷清洁喷嘴内圆柱面；用专用通针疏通喷孔，如图 4-103 所示。用柴油清洗喷嘴后，再用煤油清洗并用干净的布擦干。

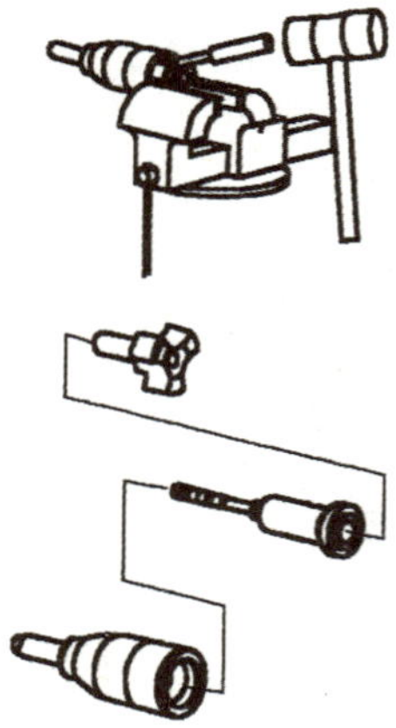

图 4-99 拆出针阀

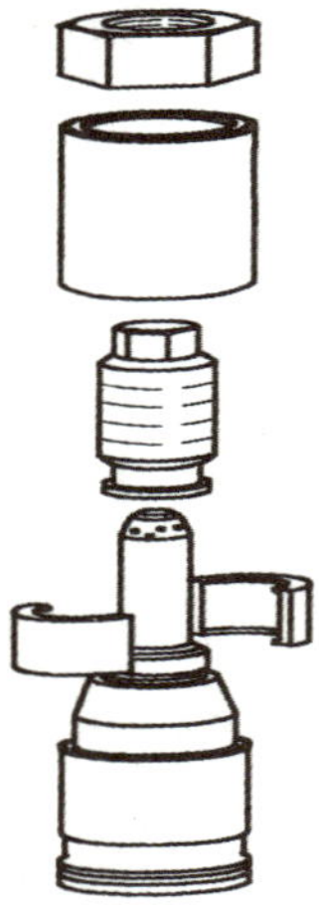

图 4-100 拆卸滑阀

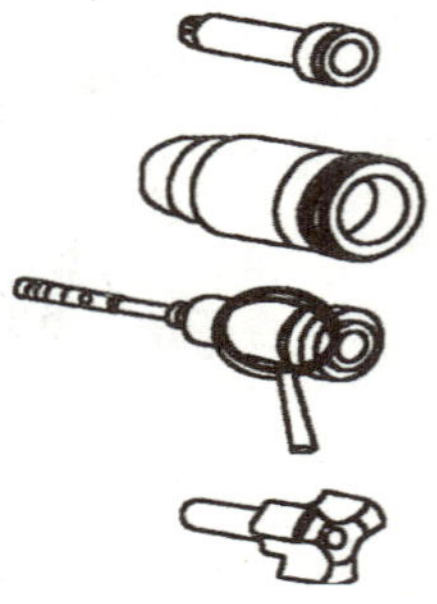

图 4-101 检查针阀偶件

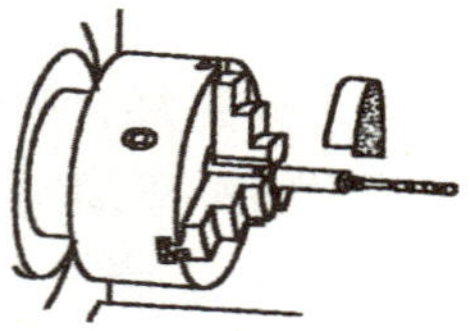
图 4-102　滑阀表面抛光

在偶件组装之前,应检查喷嘴。使用专用的探针测量喷孔,如果某一个喷孔能插入或不圆(可用放大镜配合探查),该喷嘴应更换。应注意的是在推动通针或探针时不可太深,以免擦伤喷嘴内孔的配合面。

⑤组装偶件,如图 4-104 所示。组装前,在止推座、针阀和喷孔滑阀等处用少量的二硫化钼润滑剂涂抹。组装后,应检查喷孔滑阀,要求其在喷嘴的内圆柱面里能灵活滑动。来回抖动针阀偶件,若能听到"咔、嗒"的声音,说明带滑阀式的针阀能灵活地滑动。

⑥安装喷嘴,如图 4-105 所示。在与针阀体相配处涂抹二硫化钼润滑剂。喷嘴装于针阀体上时,应使喷嘴处的标记与针阀偶件的标记相互对齐并与弹性圆柱销同处于一条线上。将针阀偶件置于台钻上,套上定位圆筒和压紧套筒,在各部件定位准确的情况下将喷嘴压装于针阀体上。针阀偶件检修后作为备用,用塑料布封存待用。

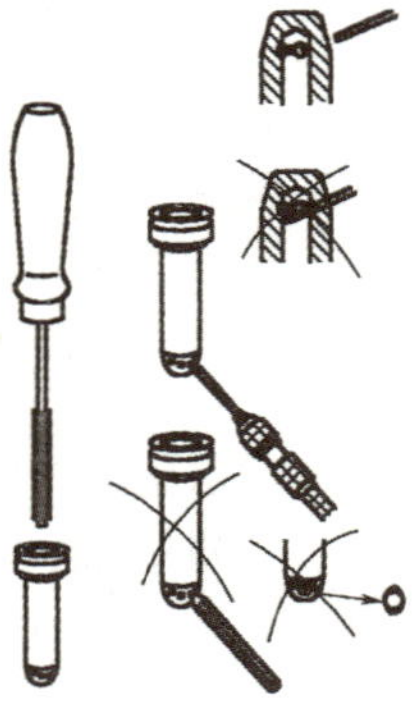
图 4-103　疏通喷孔

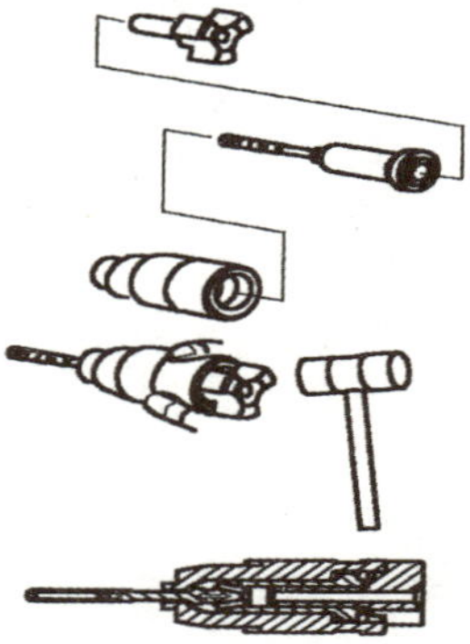
图 4-104　组装偶件

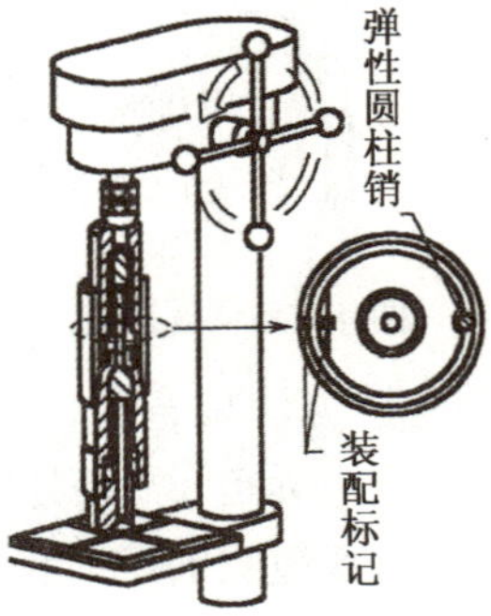

图 4-105　安装喷嘴

任务 4　供油定时和供油量调整

4.1　回油孔式油泵供油定时检查与调整

(1)供油定时检查

供油定时的检查在柴油机说明书中均有专门说明。现介绍在筒形活塞式柴油机上检查供油定时的常用方法。

①冒油法

首先将柴油机盘车至喷油泵供油点附近,检查时拆下喷油泵上的高压油管,接上有助于清晰观察液面变化的玻璃管接头。然后将燃油手柄置于标定供油位置,手动撬动喷油泵柱塞使燃油在玻璃管内升到一定可见高度。缓慢盘车,同时注视玻璃管中液面的位置,液面刚上升的时刻即为几何供油时刻,立即停止盘车。冒油法如图 4-106 所示。

②光照法

对于有的大中型回油孔终点调节式喷油泵,若套筒上进、回油孔高度相等,可拆下泵体上与之相对的螺塞,缓慢盘车,从油孔中观察柱塞的运动,在对侧的螺孔处用手电筒照明(或与反光镜配合)。当柱塞上行到刚将回油孔封住而看不到光线时,立刻停止盘车。光照法如图4-107 所示。

③标记法

在泵体的窗口上有上、下两条固定刻线,导筒上也有一条刻线称为滑动刻线。先检查当喷油泵滚轮处于凸轮的基圆上时,滑动刻线与泵体下刻线应重合(该固定下刻线也称为基线),以确认喷油泵装配的正确性。检查定时时,盘车使柱塞上行,在导筒上的滑动刻线与上固定刻线重合的瞬时,停止盘车。标记法如图 4-108 所示。

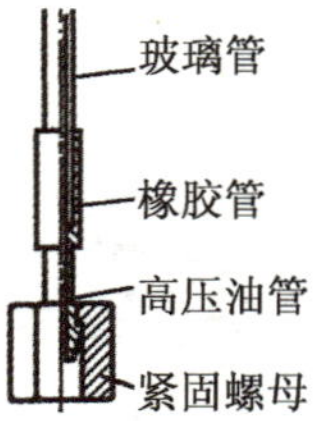

图 4-106　冒油法

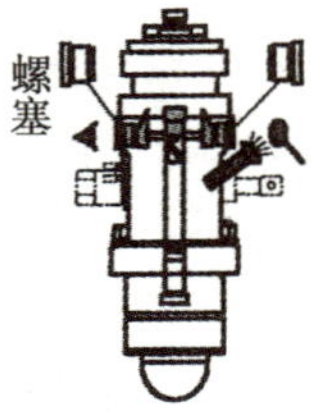

图 4-107　光照法

图 4-108　标记法

采用上述方法检查时(具体视机型而定),当出现几何供油时刻时,立即停止盘车,查看飞轮上的指针,其所指示的刻度(与该缸上止点间的夹角)即为相应的几何供油提前角,如图4-109 所示。其他缸的定时检查按发火顺序依次进行。

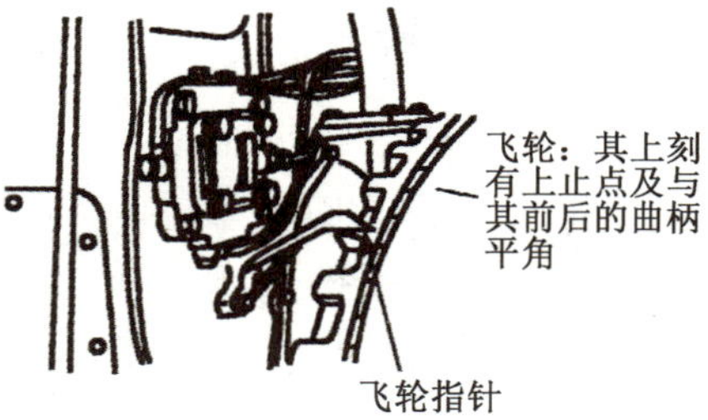

图 4-109　飞轮刻度

(2)供油定时调整

各类型柴油机的供油定时调整在其说明书上都有详细的说明,以下是常见的三种方法。

①转动凸轮法

对于整体式凸轮轴,调节整机的供油定时,可松脱油泵凸轮轴连接法兰盘,若凸轮轴上有定时刻线,转动需调角度后再重新连接即可。若凸轮轴上无刻度线,则可转动曲轴。

此方法的规律是:凸轮轴相对曲轴超前时,所有缸的供油都提前;反之则滞后。对于装配式凸轮轴调节单缸的供油定时,可直接转动燃油凸轮的安装相位,如图 4-110 所示。沿凸轮轴正车方向转动凸轮,定时提前;反之,定时滞后。

注意:当凸轮轴或凸轮转动 1°时,四冲程柴油机曲轴转角变化 2°,而二冲程柴油机变化 1°。

②升降柱塞法

此法多用于中小型柴油机回油孔调节式喷油泵,如图 4-111 所示。柱塞上升时,定时提前;反之则滞后。柱塞的升降是通过调节顶头的高度来实现的,在顶头上装有调节螺钉,调节螺钉的旋入或旋出改变了顶头的高度。调节前后需松动或紧固锁紧螺母。

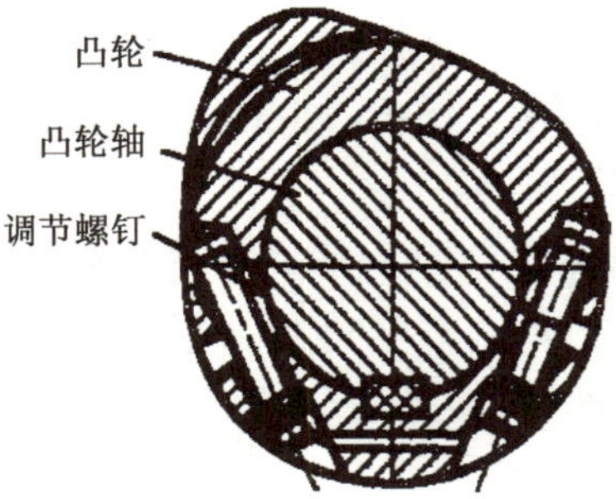

图 4-110　转动凸轮法

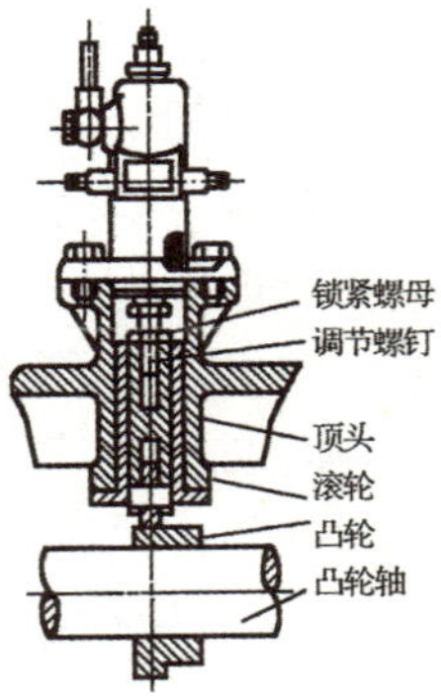

图 4-111　升降柱塞法

③升降套筒法

此法与升降柱塞法相似,即套筒上升时定时滞后,下降时定时提前。一般升降套筒的方法有两种:一种是套筒凸肩下端面与泵体内支撑处设有一组调节垫片(同时又起着密封作用),增厚垫片即升高套筒;另一种是在泵体下端与机体的安装处设置多个调节垫片,增加垫片或增厚垫片使套筒升高。

注意:任何一种调节方法均不能使柱塞的有效行程改变,这是供油定时调节的基本原则。一般在检查和调节供油定时时,油泵齿条位置应置于柴油机设计时的额定供油量位置,对供油始点式的高压油泵而言更应如此,而对终点调节式的喷油泵可置于除油泵齿条位置在零位外的任何位置。

转动凸轮法未改变凸轮的有效工作段,因而供油规律没有改变;而柱塞(或套筒)升降法相应改变了凸轮的有效工作段,供油规律相应改变。升降柱塞(或套筒)法只是对供油定时的一种微调,调节范围不能过大。如柱塞升高太多,可能会顶住出油阀而发生故障;如柱塞下降太多,则使顶头与导筒产生间隙,发生撞击。现代筒形活塞式四冲程柴油机也无须有很大的供油定时的调整,只在使用的燃油品质改变或凸轮传动机构磨损时才做微量调整,以维持柴油机设计的最高爆发压力,获得较好的动力性、可靠性和经济性。

4.2　回油孔式油泵各缸供油量的均匀性检查与调整

在多缸柴油机中,为保证各缸负荷均匀,要求各缸供油量均等。按我国有关规定,在全负荷时各缸供油量的不均匀性应小于 5%,此要求已在柴油机出厂调试中予以保证。在柴油机长期运转或喷油系统设备拆检后,各缸供油均匀性将发生变化,需进行调整。通常,供油量均匀性检查与调整包括停油位置和供油均匀性两项,这两项的调节方法又称单调。

(1)停油位置检查与调整

停油位置又称零位,是当油门手柄处在停车位置时,各缸喷油泵的供油量应为“0”,以保证可靠停车。

回油孔式喷油泵的油量调节齿条上有刻度，表示供油量的多少。将燃油手柄放在停车位置时，只要喷油泵安装正确，齿条处于刻度位置"0～2"任一位置时，就能保证喷油泵供油量为"0"（此时，柱塞的直槽与回油孔处于对齐位置）。如齿条刻度不符合要求，可通过转动齿条与油量调节杆连接处的调节螺钉调节，使其处于刻度位置"0～2"。

（2）供油均匀性检查与调整

回油孔式喷油泵供油量均匀性检查的目的是要求各缸喷油泵的柱塞有效行程相同。回油孔式喷油泵齿条刻度相应地表示了柱塞有效行程的大小。将燃油手柄置于标定位置，检查并调整各喷油泵齿条刻度使之与说明书规定值相等。

DK28 型柴油机的零位调整如图 4-112 所示，调整总油量调节杆与齿条连接处的调节螺钉，即可调整各缸喷油泵的油量，使各缸喷油泵的齿条均调节在同一刻度上，使各缸供油量大致相等。此项工作必须在柴油机停车后进行。调节时，可参考柴油机工作时的排温高低来调整。经此调节后，应重新检查停油位置，确保可靠停车。

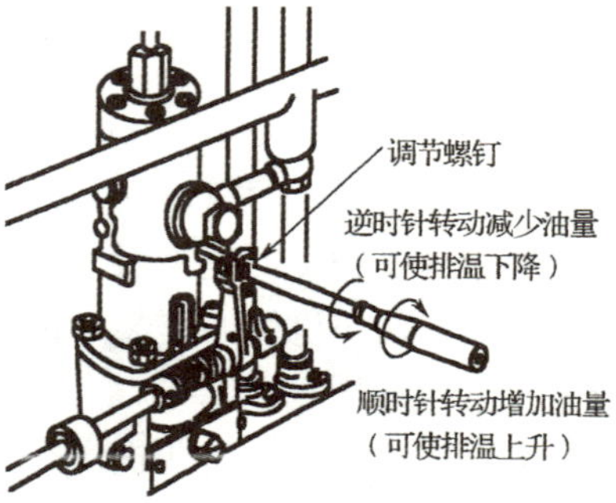

图 4-112　零位调整

对于中小型柴油机所使用的组合式喷油泵，应在油泵试验台上测定各泵连续泵油规定次数（如 100 次）时在专用计量筒中的累计供油量，然后酌情进行调整。此种测定方法准确，但需专用喷油泵试验台。

调整后应启动柴油机，测量正常运转时的热力参数（如排气温度、燃烧压力等）。大中型柴油机的高压油泵还可测量示功图并计算各缸的平均指示压力 p_i（这是判断各缸负荷均匀性的最可靠的方法），根据上述测得的参数进行最后调整。

4.3　大型回油孔式高压油泵供油定时检查和调节

检查和调节 MAN B&W K98MC 喷油定时的数据如表 4-5 所示。

表 4-5　MAN B&W K98MC 喷油定时的数据

D-1	供油始点刻度	80 mm
D-2	每改变 1 格定时齿条刻度的凸轮上行行程变化量	1 mm
D-3	每改变 1 mm 凸轮上行行程的最高爆发压力变化量	0.2～0.3 MPa
D-4	定时齿条刻度范围	0～14

(1)供油定时检查

①供油定时的检查采用了上行程(top lift)法。喷油泵柱塞上行行程 a 的定义是:当喷油泵柱塞上行时,从关闭套筒回油孔上边缘至该缸活塞到达上止点时柱塞的行程。测量前,先将 VIT 刻度置于“0”位,使用专用测深尺测量柱塞上行行程。

注意:停车及温度下降后才能进行测量。按前述方法关闭进油阀和回油阀。打开泄油阀,放尽喷油泵燃油。拆出执行器与 VIT 刻度臂相连的叉形杆上的扦销,将 VIT 刻度置于“0”位。拆去吸油阀和紧急停车阀组件。在喷油泵盖上安装专用测深尺,如图 4-113 所示。推动测量杆,使之完全进入喷油泵柱塞顶上的螺孔内,拆出泵壳上的前后检查螺塞。

按正车方向盘车,当柱塞上行并关闭套筒回油孔上边缘时(用照光法),读出专用测深尺的指示值 x_1,x_1 应满足规定要求的 D-1 数据。

②继续盘车至上止点位置。读出测深尺指示值 x_2,如图 4-114 所示,则柱塞的上行行程 $a= x_2- x_1$。如果 VIT 刻度不在“0”位,根据 D-2 提供的数据可知,每改变 1 格定时齿条刻度可改变 1 mm 凸轮的上行行程,则 $a= x_2- x_1$-“VIT 刻度”。记下计算结果,以作参考。

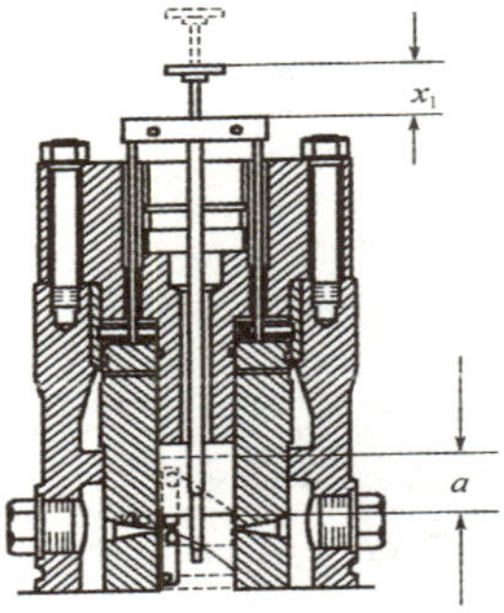

图 4-113　安装专用测深尺

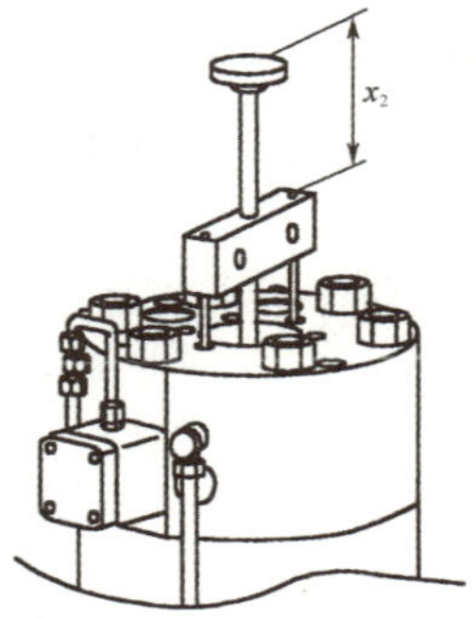

图 4-114　读取读数

③移去专用测深尺。重装吸油阀和紧急停车阀,装复 VIT 机构。关闭喷油泵的泄油阀,打开进油阀和回油阀等。

(2)供油定时的微调

①通过调节套筒位置来实现供油定时的微调(即升降套筒法),用于调节单缸最高爆发压力。根据 D-2 和 D-3 提供的数据可推知,每改变 1 格定时齿条刻度,最高爆发压力可改变 0.2~0.3 MPa。如果要求最高爆发压力增大(如 0.3 MPa),可调节定时齿条(如增加 1 格),使套筒下移(也就是增大供油提前角)。如果要减小最高爆发压力,则反向调节。

调节之初,应使定时齿条刻度处于中间位置,即 7.0 刻度位置。查 p-rack 图可得控制空气的压力为 0.275 MPa(控制空气压力范围为 0.05~5 MPa,对应的定时齿条刻度在 0~14),如图 4-115 所示(由柴油机厂提供)。

预调控制空气压力至 0.275 MPa,并确保定时齿条刻度为 7。

②按所需调节单缸最高爆发压力。具体可调节联动杆的位置,方法如下:松开锁紧螺母,转动调节螺杆,使 VIT 定时齿条刻度杆的位置改变(可调刻度范围为 3 格),以使单缸最高爆发压力达到要求值,如图 4-116 所示。若调节后还不能达到要求,则应调节喷油凸轮的位置。

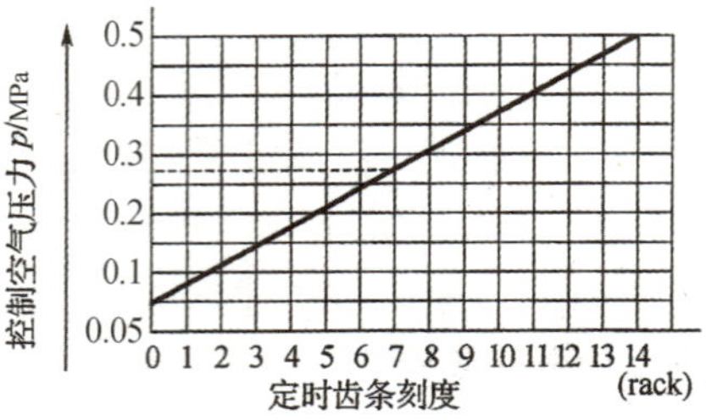

图 4-115　*p*-rack 图

(3)喷油泵凸轮调节

①检查与调节

凸轮上行行程的定义:从凸轮的最低处至该缸活塞行至上止点时的柱塞行程 S。测量方法与测量柱塞上行行程的方法基本相似。打开凸轮轴箱道门后盘车,同时注意凸轮的位置。当滚轮落于凸轮的最低处时停止盘车。在喷油泵盖上安装专用测深尺,如图 4-117 所示。读出测深尺数据,记为 b。将该缸盘车至上止点,读出测深尺数据,记为 a,则该凸轮的上行行程 S 可按下式计算:

$$S=a-b$$

记下计算结果,作为参考。

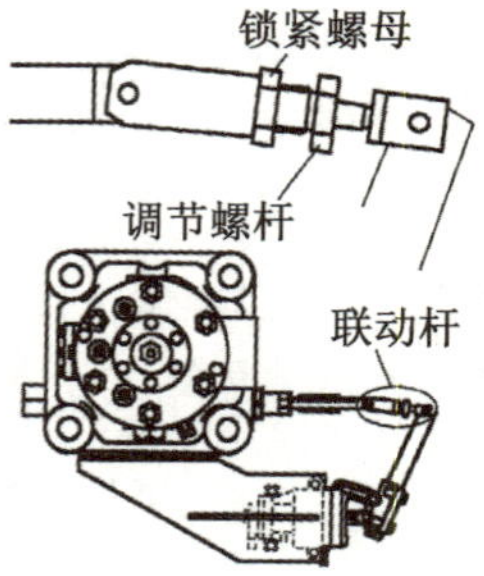

图 4-116　单缸微调

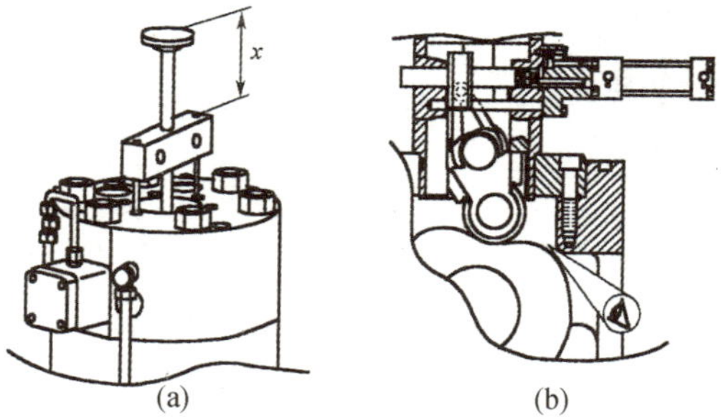

图 4-117　用专用测深尺测量

②如果最高爆发压力的调节已通过定时齿条的微调而未达到要求,则应调节喷油泵的凸轮。在调节之前,推荐将控制空气压力调为 0.275 MPa,则定时齿条应位于中间刻度位置 7。若不在此位置,应调节联动杆,使之满足要求。

若需调节最高爆发压力(如再增加 0.9 MPa),根据 D-3 提供的数据可得出,凸轮上行行程的改变量应为 ΔS=需增加的爆发压力/3 ($\Delta S=9/3=3$ mm),则要求的凸轮上行行程 $S'=S+\Delta S$(即 $S'=S+3$),记下这一需调节的凸轮上行行程的值。

以图 4-118 为例,当控制压力为 0.275 MPa 时,定时齿条处于刻度位置 9,记下定时齿条与刻度值 7 的差值($9-7=2$),据此差值由 D-2 数据可推出凸轮上行行程的增量为 $\Delta S'$($\Delta S'=9-7=2$),从而确定需调节的凸轮上行行程应为:$S'=S+\Delta S+\Delta S'$($S'=S+3+2=S+5$)。

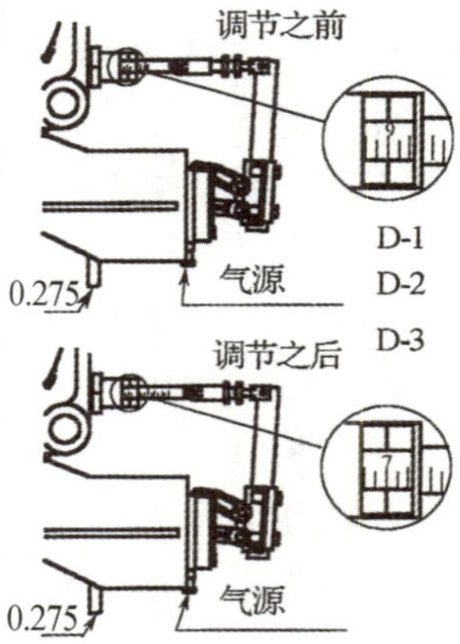

图 4-118　定时刻度

③盘车转动凸轮轴,使凸轮的径向油孔朝向检查口处。用内六角扳手拆去油孔上的螺塞,在每个油孔内安装三只紫铜垫片,安装快速接头,但不要拧紧。在快速接头与分配体之间和分配体与液压高压泵之间配装软管。

在凸轮上安装专用拔销扳手,一定要使专用扳手的两个销头进入凸轮的孔内。用低压将液压油送入液压系统中,驱赶空气后将快速接头拧紧。提高油压,直到有油从轴与凸轮的接合处渗出,如图4-119所示。使用专用扳手,转动凸轮,如需增大上行行程(增大最高爆发压力),向正车方向转动凸轮;如需减小上行行程(减小最高爆发压力),向倒车方向转动凸轮。直到上行行程达到所要求的值S'(如本例中的$S'=S+5$,可从测深尺上直接示出),在转动凸轮的同时注意观察测深尺上示出的位置,至达到该位置时表明凸轮已调节到位。

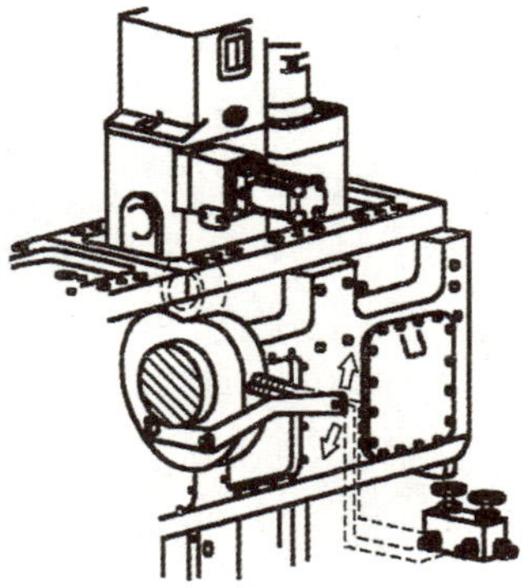

图4-119 上油

④按要求完成凸轮的转动后,释放加压的液压系统,拆去专用扳手和液压设备。注意:要在少于15 min时间里将凸轮重新固定并旋上螺塞。

调节后,应重新测量柱塞的上行行程进行校验。记录并存档新的结果,利于今后的测量和调节。安装凸轮轴箱的检查盖板,安装吸入阀和紧急停车阀等。

4.4 回油阀式高压油泵检查与调整

喷油泵在喷射过程中的作用有供油定时、定量及产生高压,因而对喷油泵的检查与调整也主要包括针对这三项的内容。

(1)检查密封性

喷油泵密封性检查包括柱塞偶件、出油阀偶件,以及进、回油阀偶件的密封性检查。如其中之一的密封性不良,则影响喷油泵的高压供油性能及供油量。

①综合检查

在喷油泵高压油管接头处装压力表,手动泵油至柴油机说明书规定的泵油压力时,停止泵油并按住泵油手柄不动,观察压力表指针。此压力读数若能在说明书规定的时间(一般不小于30 s)内保持不降,则认为柱塞密封性良好;否则,应按顺序继续检查,以确认是哪个精密偶件的密封性不良。

②出油阀密封性检查

泵油至规定值,放松泵油手柄。由于泵油手柄松动,柱塞自然下行。这时若压力表读数基本不变,则认为出油阀密封性良好;否则,出油阀应拆出检查维修或换新。

③取出出油阀后的检查

取出出油阀,将压力表等装复,泵压检查。若压力下降很快,则说明是柱塞偶件或进、回油阀漏油,区分的方法是在研磨进、回油阀并取得满意效果后再重复此项检查,若密封性明显改善,则说明原进、回油阀密封性不良;若密封性仍无改善,则说明柱塞偶件密封性不良。

通常,阀偶件密封性不良可用研磨法修复;出油阀座与套筒之间的配合面如密封性不良,可分别在水平的玻璃板或平台上研磨,使密封性恢复。此外,套筒与泵体之间的密封性亦不可忽视,此处漏油可在泵体下部查出。

(2)检查与调整供油定时

供油定时的检查一般采用千分表法。定时检查时,在进油阀上方安装一只专用千分表,详见供油量检查与调整。

(3)检查与调整供油量

①零位检查

为保证可靠停车,要求油门手柄处在停车位置时各缸的供油量应为零。回油阀式喷油泵的供油量取决于进、回油阀同时关闭的时间长短。当燃油手柄置于停车位置时,只要在柱塞上行的全行程中进、回油阀不同时关闭,即可停车。为此,对此种喷油泵的零位检查应首先测定进、回油阀的关闭和开启时刻,然后检查其零位。下面以始终点调节式喷油泵为例,说明零位检查与调整步骤。

A. 拆下进、回油阀上方的弹簧,拆出柱塞上方的出油阀。将燃油手柄置于停车位置,盘车至凸轮最高位置(进油阀处于关闭位置),在进油阀上方装专用千分表并调零,如图 4-120(a)所示。

B. 继续盘车至凸轮基圆(即回油阀关闭,柱塞处于最低位置),在回油阀及柱塞上方装专用千分表并调零,如图 4-120 (b)所示。

C. 正向盘车,当进油阀千分表读数为 0.02 mm 时停止盘车,此时为进油阀关闭时刻(飞轮指针所指角度即为供油提前角)。检查回油阀上方千分表,其读数应为某规定数字(如 0.8 mm 以上,表示此阀已开启),说明该油泵零位正确。如零位不正确(即回油阀千分表读数小于规定值),应酌情调节进、回油阀杆下方调节螺钉。可见油泵零位的检查需在进油阀和回油阀上方各装上一只表,如图 4-120(c)所示。

②供油量均匀性检查

按说明书的规定,回油阀式喷油泵通过测定各泵柱塞的有效行程 S_e 来检查其供油均匀性,如图 4-120(d)所示,检查方法和调整步骤如下:

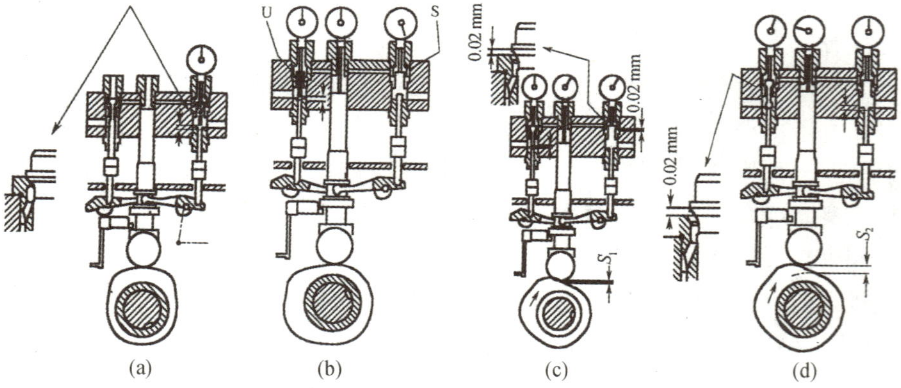

图 4-120　喷油泵检查

按上述 A、B、C 步骤,在进、回油阀,柱塞上方各装上一只专用千分表并调零。正向盘车,当进油阀千分表指示 0.02 mm 时为供油始点,停止盘车,此时柱塞上方千分表读数 S_1 为无效行程。此时,飞轮上的刻度即为供油提前角。继续盘车至回油阀上方,千分表读数为 0.02 mm 时为供油终点(回油阀开启),停止盘车。柱塞上方千分表读数为 S_2,飞轮处刻度即为供油结束角。柱塞有效行程 $S_e=S_2-S_1$。各缸喷油泵柱塞有效行程 S_e 的差值只有小于 0.2 mm,才能保证各缸供油均匀。如 S_e 值不符合规定值,应视供油始、终点的变化酌情调节进、回油阀杆下方的调节螺钉。

任务 5 船用电控喷油系统认识

5.1 电控式船用柴油机认识

传统柴油机的燃油喷射系统大多数采用机械式喷射系统(柱塞或泵-喷油器喷射系统)及蓄压式喷射系统,它借助于高压油泵将燃油输送到各燃烧室,高压油泵由柴油机的凸轮轴驱动。所以,其喷油定时和喷油量都会随柴油机转速的变化而变化,不能达到各种转速下的最佳供油,而且喷射系统容易出现二次喷射、断续喷射、不稳定喷射和低速运转时柴油机工作不可靠等缺点。

随着科学技术的发展,柴油机面临着继高压喷射、增压技术后的又一次根本性变革。柴油机燃油系统电控技术的应用始于 20 世纪 80 年代。初期采用的是位置式电控喷油系统,它保留了传统喷油系统的基本结构,增设了传感器、执行器和微处理器所组成的控制系统,通过控制齿条或齿套的位置实现喷油量调节,通过控制液压式喷油提前器来实现喷油正时的调节。其控制精度和响应速度有所提高,但控制自由度小,喷油率和喷射压力难以控制,而且不能改变传统喷射系统固有的喷射特性,也很难大幅度地提高喷射压力。

20 世纪 90 年代初,时间控制式电控喷油系统开发成功。它通过使用高速电磁阀准确控制喷油始点和喷油持续时间,直接对喷油过程进行控制。一般情况下,电磁阀关闭,执行喷油;电磁阀打开,喷油结束。喷油始点取决于电磁阀关闭时刻,喷油量则取决于电磁阀关闭时间的长短。因此,此系统既可实现喷油量控制,又可实现喷油定时控制,而且控制自由度更大。时间控制式电控喷油系统利用高速电磁阀泄油调节原理,柱塞只承担供油加压的功能,供油量、供油时刻则由高速电磁阀单独控制,因此供油加压和供油调节在结构上互相独立。这样传统的喷油泵结构得以简化,强度得以增强,而且传统喷油泵中齿条、齿套、柱塞上的斜槽及可变喷油定时机构等可全部取消,喷油泵的设计自由度提高,高压喷油能力大大加强,但这种喷油系统的喷油压力依旧利用脉动柱塞供油,因此其对转速的依赖性很大。在低速、低负荷时,其喷油压力不高,而且难以实现多次喷射,极不利于降低柴油机的噪声和振动。

20 世纪 90 年代中期,一种新型的共轨式电控喷射系统问世并迅速发展,如图 4-121 所示。它摒弃了以往使用的高压油泵—高压油管—喷油器脉动供油的形式,用一个高压油泵在柴油机的驱动下,以一定的速率连续将高压燃油输送到共轨管内,高压燃油再由共轨管送入各缸喷油器。高压油泵并不直接控制喷油,而仅仅是向共轨管供油以维持所需的喷油压力,并通过连续调节共轨管内压力来控制喷射压力,采用压力-时间式或容积式燃油计量原理,用高速电磁阀控制喷射过程。喷油压力、喷油量及喷油定时由电控单元(ECU)灵活控制。

由供油泵产生的高压燃油输送到燃油系统的共轨管中,通过油压控制单元对共轨管内燃油压力进行准确控制,使共轨管内的压力大小与柴油机转速无关,燃油压力在系统连续工作时

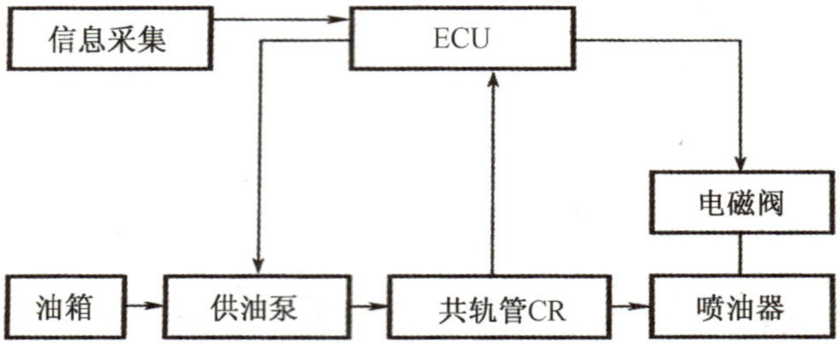

图 4-121　共轨式电控喷射系统

能有一个基本恒定的数值。柴油机电控单元(ECU)主要用于控制喷油器的喷油量和定时。通过采集柴油机运行的信息(如转速、最高爆发压力、排气温度等),决定喷油电磁阀开启的时刻和开启时间的长短。

近几年,以微型计算机和传感器为基础的柴油机电子技术的发展,特别是单片机在船用柴油机控制系统上的应用,使完成柴油机所需要的高精度实时控制成为可能,使节能减排和提高柴油机的经济性的目标得以实现,同时提高了柴油机的可靠性和动力性。

5.2　电子控制式船用柴油机的特点

电子控制式船用柴油机是在 2000 年后才正式装船使用的,与传统机械控制式柴油机相比,其主要特点如下:

(1)具有很强的运转适应性

①高的喷射压力和独立的喷射压力控制

柴油机喷射压力可提高到 200 MPa。如此高的喷射压力可明显改善柴油和空气的混合质量,缩短着火延迟期,使燃烧更迅速、更彻底,并且可以控制燃烧温度,从而减少废气排放量。高的喷射压力会增加驱动系统所需的平均扭矩和冲击性载荷,而高压共轨技术大大降低了这些负荷,具有不依赖转速和负荷的喷射压力控制能力,可选择最合适的喷射压力使喷射持续时间、着火延迟期最佳,使柴油机在各种工况下的废气排放量最少而经济性最优。此外,独立的喷射压力控制、小喷孔、高平均喷油压力等能降低燃油消耗率,从而提高了经济性。

②独立的燃油喷射定时和喷油速率控制

喷射定时决定着柴油机的峰值压力和最高温度。高的值可以提高经济性,但导致 NO_x 增加,而不依赖于转速和负荷的喷射定时控制能力,能实现燃油消耗率和排放之间的最佳平衡;可实现预喷射和多次喷射,达到理想的喷油规律,配合高的燃油喷射压力,既可降低柴油机的平均压力升高率,又能保证良好的动力性和经济性;还具有可变的预喷射控制能力,预喷射可以降低颗粒(PM)排放,又不增加 NO_x 排放,还可改善柴油机冷启动性能,降低冷态工况下白烟的排放,降低噪声,改善低速扭矩。因预喷射量、预喷射与主喷射之间的间隔在不同工况下的要求是不一样的,因此具有可变的预喷射控制能力,对改善柴油机的性能和排放十分有利。

③准确地控制燃油喷油量和快速切断能力

柴油机由电磁阀控制喷油,其控制精度高,高压油管压力稳定,在柴油机运转范围内,循环喷油量变动小,各缸供油均匀,柴油机工作稳定,同时也具有最小油量的控制能力。当传统的喷射系统具有高喷射压力时就与怠速所需要的小油量控制发生矛盾,如果不能快速断油,在低压力下喷射的柴油就会因燃烧不充分而冒黑烟，增加碳氢化合物的排放，而电喷柴油机上采用的高速电磁阀很容易实现喷射结束时的快速断油。

④燃料适应性好

对于不同的燃油，特别是低质燃料油，可根据燃油需要改变喷油正时和气阀定时，并且在任何负荷条件下柴油机工作无可见排烟，这些对于凸轮驱动的机械机构几乎是不可能实现的。此外，采用电子控制的柴油机，冷却系统、增压系统和气缸注油系统也具有很强的运转适应性。

(2)足够的可靠性

具有更长的寿命和维修周期，在整个柴油机使用过程中具有很低的故障率和良好的维修性能，并且在整个使用期间柴油机的性能维持不变。

(3)具有各种不同的操作模式

各种不同的操作模式是指可以根据不同的要求由操作者选择机器的运转模式，如经济模式、排放控制模式、安全模式和低负荷运转模式等，并保证柴油机一直处于最优化状态运转。

(4)完善的状态监测和控制系统

完善的状态监测和控制系统主要包括一体化的速度控制设备、在线的柴油机故障诊断系统、活塞工作和燃烧可靠性的监测及对气缸注油的优化等。系统能够在线监测柴油机的运转状况，确保各缸负荷均匀，防止柴油机超负荷，在故障发生前能够早期报警并启动处理程序。

目前，电子控制式的大型船用低速柴油机机型主要是瓦锡兰(Wärtsilä)公司的 Sulzer RT-flex 系列柴油机与 MAN B&W 公司的 ME 系列柴油机。

5.3 Sulzer RT-flex 系列柴油机介绍

瓦锡兰公司率先将共轨技术应用于大功率船用低速柴油机。瓦锡兰公司的前身 Sulzer 公司在 20 世纪 80 年代初开始从事电子控制式柴油机的研制，继 1981 年的 RTX-1 型和 1990 年的 RTX-2 型之后，1998 年将燃油共轨喷射技术应用于 RTX-3 型技术示范机并取得成功，在此基础上开发出全电子控制式采用共轨喷射技术的 Sulzer RT-flex 型船用低速柴油机，并在实船使用。

燃油喷射系统由供油单元(共轨泵)、Sulzer 燃油共轨管、WECS 9500 控制系统、容积式喷油电液控制阀等组成，如图 4-122 所示。柴油机在工作时，由低压燃油泵将燃油输入共轨泵，经共轨泵加压后送入燃油共轨管内。燃油共轨管中的压力由 WECS 9500 控制系统根据共轨压力传感器测量的共轨压力以及需要进行调节。

供给单元包括燃油泵和伺服油泵，在柴油机运转期间都由柴油机曲轴输出端的齿轮驱动。燃油泵是一个三作用凸轮式的直列泵(共 6 个共轨泵)，可将燃油压力提高到约 100 MPa。供给容积式喷油电液控制阀的 20 MPa 的伺服液压油由伺服油泵提供。每缸配有 3 个电液控制阀，各自控制一个喷油器，由于共轨系统的压力很高，因此对该阀的密封性和承压能力的要求都非常高。电磁阀由 WECS 9500 控制系统控制，通过对 20 MPa 伺服油的操纵，使燃油共轨管内的恒压燃油经电液控制阀进入 3 个喷油器喷入气缸。每个喷油器由各自的电液阀控制，可根据 WECS 9500 控制系统的指令控制燃油喷射的定时和喷油量，即预喷的喷射模式(预喷模式)或一个循环中进行 3 次喷射的喷射模式(多次喷射模式)，也可实现在低负荷时的单只喷油器循环喷油的顺序喷射模式，使柴油机具有更低的燃油消耗率、更平稳的燃烧压力和燃烧温

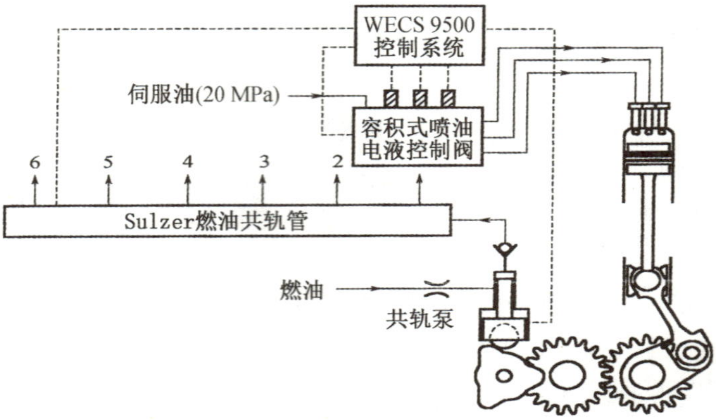

图 4-122　燃油喷射系统

度。与传统的机械控制柴油机相比,Sulzer RT-flex 系列柴油机还具有更低的最低稳定转速和更低的排烟及 NO_x 排放量,容易实现柴油机经济模式或排放模式的控制。在高压共轨管上还装有压力传感器、液流缓冲器和压力限制器。压力传感器向 WECS 9500 控制系统提供高压燃油共轨管的压力信号,以控制供油单元;液流缓冲器保证在喷油器出现燃油泄漏故障时切断向喷油器的供油,并可减小燃油共轨管中的压力波动;压力限制器保证共轨管在出现压力异常时,迅速将共轨管中的燃油进行泄放以保安全。

5.4　MAN B&W ME 系列柴油机介绍

MAN B&W 公司从 1993 年始研制电子控制式柴油机,在不断开发和完善软硬件的基础上,2003 年以其最成功的 MC 系列柴油机为原型机,开发出全电子控制式的 ME 系列柴油机。

ME 系列柴油机取消了原来的许多机械控制装置而代之以电子控制装置。电子控制装置主要由液压动力供给单元(Hydraulic Power Supply,HPS)、液压气缸单元(Hydraulic Cylinder Unit,HCU)和柴油机控制系统(Engine Control System,ECS)组成,如图 4-123 所示。

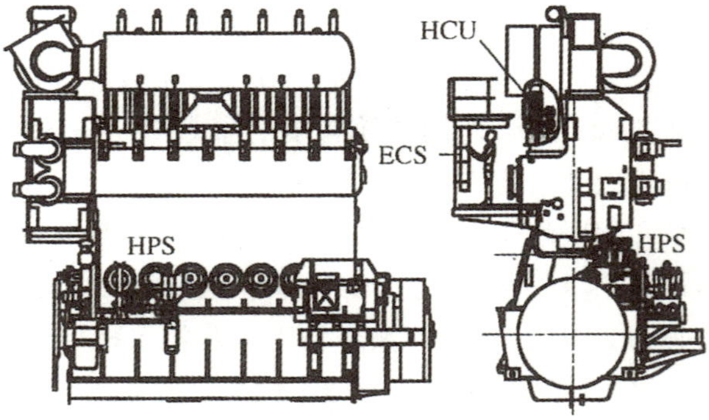

图 4-123　电子控制装置

(1)液压动力供给单元(HPS)

图 4-124 所示点画线部分为液压动力供给单元 HPS(双点画线部分为液压气缸单元 HCU),HPS 主要提供足够的动力用于燃油喷射和排气阀的启闭,由自清式细滤器、电动液压

泵和机带液压泵组成。

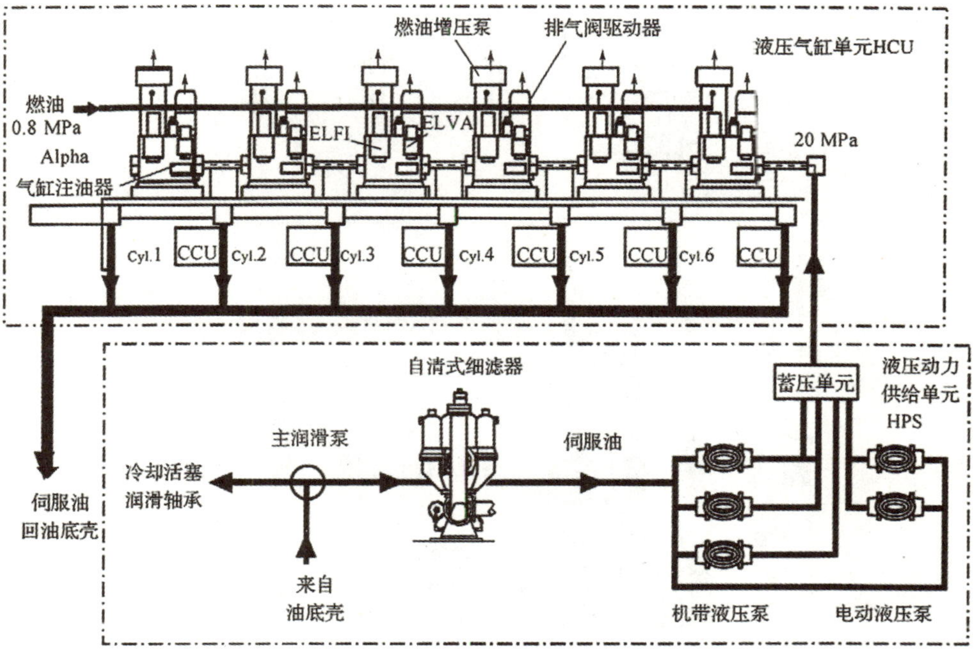

图 4-124　液压动力供给单元 HPS 及液压气缸单元 HCU

在柴油机启动前，用电动液压泵供给系统 17.5 MPa 的液压油；在柴油机启动后，则机带的轴向柱塞泵向系统供给液压油，供油压力高达 25 MPa。

3 台机带液压泵和蓄压安全单元位于柴油机的机座上方，电动液压泵、自清式细滤器等位于排气侧。

(2)液压气缸单元(HCU)

①单元组成

液压气缸单元的每缸一个都用于控制各缸的燃油喷射和排气阀的启闭。该单元中有两个重要的电子控制阀，一个是燃油喷射电子控制阀(ELFI)，另一个是排气电子控制阀(ELVA)，两者分别用来控制燃油增压泵和排气阀执行器。

②燃油喷射系统的组成和原理

如图 4-125(a)所示，S50ME-C 型柴油机电子控制燃油喷射系统的装置除燃油增压泵外，高压油管和滑阀式喷油器的结构与 MC-C 型柴油机相同。

0.8 MPa 的低压燃油由燃油系统的低压燃油泵送至燃油增压泵的入口；由液压动力供给单元提供的 20 MPa 伺服液压油经双壁供油管道送至液压气缸单元，通过电子控制阀控制各缸的喷油正时和喷油量。图 4-125(b)所示为该系统的实物模型图，当电磁阀处于关闭位置(不向喷油器供油)时，高压燃油泵的工作过程如图 4-126 所示。

A. 伺服器活塞向下运动。

B. 燃油吸入阀打开。

C. 高压腔的液压油通过电子控制阀控制的泄油口泄回油底壳。

D. 同时液压油进油口被关闭；蓄压器保持稳定压力；燃油增压泵(高压油泵)不工作，低压燃油在油泵处循环流动。

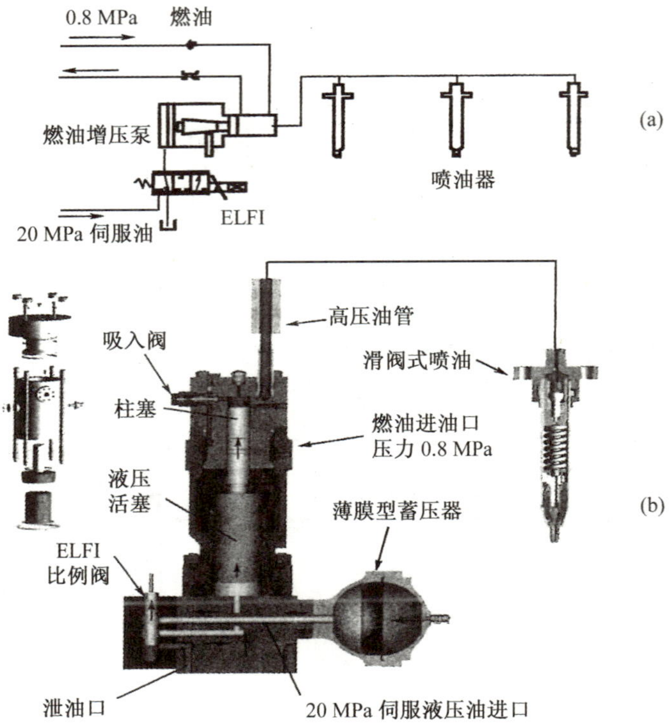

图 4-125 S50ME-C 型柴油机电子控制燃油喷射系统

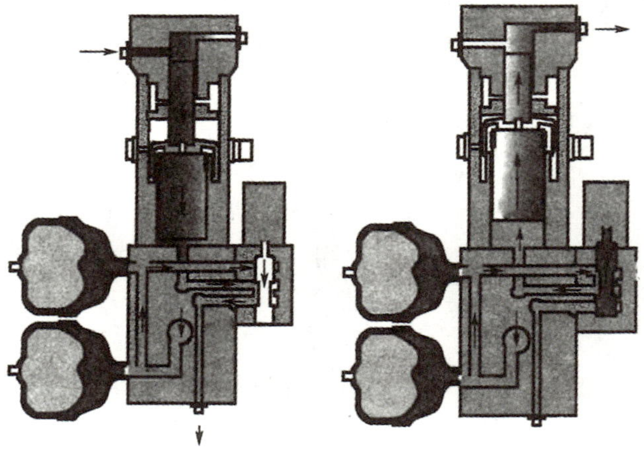

图 4-126 高压燃油泵的工作过程

③高压燃油泵工作过程

如果达到喷油时刻,高压燃油泵的工作过程为:

A. 电磁阀触发开启,将关闭泄油口并开启进油口,20 MPa 的液压油进入液压活塞下方。

B. 在高压液压油的作用下使液压活塞上移,同时燃油柱塞向上压油。

C. 燃油吸入阀关闭。

D. 由于油泵下方的活塞面积远远大于燃油泵的柱塞面积,燃油产生 60~100 MPa 的高压,将此高压燃油经高压油管送入喷油器,进行喷射和雾化。

(3)柴油机控制系统(ECS)

ME系列柴油机的燃油喷射系统取消了凸轮轴,利用电磁阀控制燃油的喷油正时、喷油量和喷油压力。通过控制柴油机在不同的模式下工作,以实现船舶在不同的航行工况下降低油耗和减少排放等。燃油的喷射控制模式有升压喷射、恒压喷射、降压喷射及预喷射等模式。此外,还有曲轴位置感受系统,以测量曲轴位置并提供给控制系统。另外,启动、换向和调速系统都采用了电子控制系统。

项目5 柴油机油水系统的维护管理

☞[项目背景]

燃油系统、润滑系统和冷却系统，包括压缩空气系统、蒸汽系统和排气系统等在船舶上统称为动力管路系统。柴油机的正常运行需通过动力管路系统供给符合要求的油、水和气等。现在大多数船舶柴油机使用劣质燃油，虽然使用上的技术问题已解决，但这些技术都有赖于供给柴油机的油水系统的综合管理。若管理不善或处理不当，将引起柴油机部件磨损、腐蚀加重，燃烧性能恶化，滑油加速变质等，严重的会导致柴油机停车。所以，日常维护和管理油水系统的工作量较大。

☞[任务分解]

本项目安排的任务有柴油机燃油系统、润滑系统、冷却系统以及船用分油机和滤器的维护，并能分析、判断、处理各系统故障，能对油水系统的设备进行常规的维护保养工作。

本教材按照认知规律编制知识点，采用理实一体化的方式进行教学，教学内容符合《海船船员培训大纲》的要求。

任务1 燃油系统的维护管理

1.1 重油认识

(1)重油的特点

考虑到船舶运营的成本和石油能源的合理利用,现代船舶柴油机使用的燃油主要为重油(低质燃料油)。重油的使用是柴油机的一项重要技术成就。它具有以下特点:

①密度大。重油密度高达0.94~1.06 g/cm^3,易造成燃油净化和雾化困难,同时油滴燃烧时易产生热裂,导致机件结炭增多。

②黏度高。重油的黏度为50~2 000 mm^2/s,易造成燃油储存、输送、净化和雾化困难。

③成分复杂。重油中的杂质较多(如K55燃料油的技术条件如表5-1所示),加剧了柴油机燃烧室部件和喷油设备的腐蚀和磨损。

表5-1 K55燃料油的技术条件

黏度/(mm^2/s)	密度/(g/cm^3)	残碳	硫分	灰分	水分	钒/$\times10^{-6}$	铝/$\times10^{-6}$
700	1.010	22%	5%	0.2%	1%	600	80

④发火性差。重油的十六烷值很低(*CN*为25),使滞燃时间和燃烧持续时间长,排气温度高且燃烧不完全,使耗油率和烟度增加,柴油机经济性下降。

(2)使用重油时出现的技术问题

使用重油时,处理不当会导致以下不良后果:

①影响喷油设备正常工作。喷油设备的机械负荷和热负荷增加,引起偶件的过度磨损、腐蚀、喷孔结炭、变形等故障。

②燃烧性能恶化。低质燃油雾化困难,自燃性能差,使燃烧性能恶化,最高燃烧压力降低。后燃严重,排气温度升高和烟度增大,缸内结炭严重。

③损坏主要部件。低质燃油中的灰分、机械杂质、含硅、铝的催化剂等都会使气缸套和活塞部件发生异常颗粒磨损;燃油中高硫分和高钠、钒含量所产生的低温腐蚀和高温腐蚀将使气缸套、轴承、排气阀与阀座、涡轮增压器等发生严重的腐蚀磨损,加剧部件损坏。

④加速曲轴箱内滑油变质。含硫氧化物的燃气漏入曲轴箱,将使曲轴箱滑油迅速变质并腐蚀有关轴承。

(3)燃用重油的管理要点

①使用前应进行预处理

低质燃油进入喷油泵之前应采取分段预热、净化和添加有关添加剂等技术措施,改善低质燃油的储存、驳运和使用性能,以满足燃油良好的雾化和燃烧的条件。

②应加强燃油系统的管理

A.应加强对重油及其系统的管理,如日常应加强对燃油质量的检查并注意在加油时应留样、送检等。注意燃油的不相容性,防止重油变质并产生大量油泥。油泥过多将影响柴油机正常工作,如供油管路堵塞、分油机油渣过多、喷油设备咬死、排气冒黑烟等。

B. 对喷油设备进行必要的调节，如适当增大喷油提前角，保证在上止点附近发火以及最高爆发压力的数值及相位正常；适当提高喷油器启阀压力以保证雾化质量，注意喷油器雾化质量。

C. 选用总碱值与燃油的硫分相适应的碱性气缸油以中和硫酸，正确调整气缸注油率。

D. 注意调节并控制各冷却部位的冷却温度，防止因过热引起高温腐蚀或因过冷引起低温腐蚀。在低负荷运转时应适当升高进气温度和淡水冷却温度。

E. 加强对增压系统和换气系统的管理。排气阀与阀座易因高温腐蚀而迅速损坏，废气涡轮增压器的喷嘴、工作叶轮以及压气机叶轮等易发生结炭堵塞、烧损、腐蚀，应定时检查与清洗；空冷器、扫气箱与气口易发生污染、堵塞，应定期检查与清洗。

1.2 燃油系统认识

燃油系统是柴油机重要的动力管路系统之一，其作用是为柴油机提供足够数量和符合质量要求的燃油，并且把燃油畅通无阻地输送到喷油泵入口端，是燃用重油的船舶柴油机必备的系统。该系统通常由三个基本单元组成，即燃油的加装、储存、驳运单元，燃油的净化处理单元，燃油的供给单元，如图5-1所示。

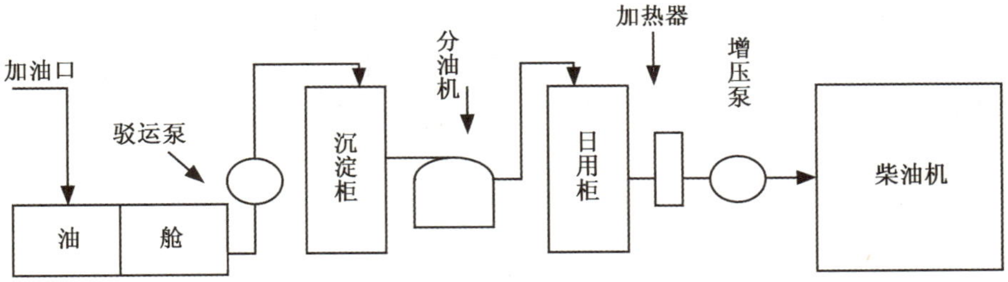

图5-1 燃油系统示意图

（1）燃油的加装、储存、驳运单元

①燃油的加装

燃油的加装或注入是通过设于船舶甲板两舷的加油站进行的。加油站由燃油的注入接头、集油槽和燃油输送管系组成。注入接头分重油和轻油两种，且两舷均可将轻油或重油直接注入各油舱。甲板两舷设置的注入接头为国际通岸接头，且应有可靠的超压保护设施，当超过一定压力后自动将燃油引入溢油柜或其他安全处所，注入口必须高出甲板平面，并加盖板密封，以防甲板上浪时海水灌入油舱。注入接头下安装集油槽，以防溢油造成污染。加装的燃油储存在燃油舱中，这些燃油舱可以是双层底舱、左右边舱或高柜。

测量油舱中的燃油存量可通过各燃油舱柜的测量孔用油尺测量存油的高度，然后参照船舶纵倾与横倾，即所谓前后吃水差与左右吃水差进行修正，对照舱容表就可以查到燃油的体积，若有必要还可按所存油的密度经过计算来获得质量。若燃油舱柜装有测深仪，也可以通过测深仪得到存油的高度。

加装燃油是一项十分重要的工作，在加装中必须注意以下几点：

A. 确定加油的数量和规格。根据存油的牌号和数量，考虑下一航次的运输任务，由轮机长提出加油的数量和规格，经与船长商定后提出加油申请（一般应提前一周提出），电告公司主管部门。公司批复后与船舶代理沟通具体加油事宜。

B. 加油前尽量并舱，以免因新旧燃油不相容而引起油泥的沉淀。应掌握各舱确切的存油品种和数量，与大副商定加油舱位，确保船舶的平衡。

注意：添加燃油时，不同牌号的同一油品以及不同加油港加装的同一牌号燃油不可混舱，因在储存、温度变化或与其他燃油混兑时，常会析出油泥状沉淀。这是不同成分的沥青和石蜡成分相互作用的结果，它会造成燃油管系的堵塞，供油中断；使柴油机燃烧不良，冒大量黑烟，在燃烧室内生成沉积物，导致柴油机工作困难。在燃油的储存中应注意因燃油的不相容性而出现淤渣，必要时需进行试验。

C. 切实做好防污染工作。由二管轮负责检查装油管系，正确开关阀门。事先准备好木屑和盛油容器，通知木匠将甲板疏水孔堵住，关好通海阀，对可能发生渗漏的地方重点检查，以防溢油流出舷外污染水域。

D. 开泵装油前，二管轮应检查供油方的供油质量和数量，以免误装；与供油方共同核查流量计读数或油尺读数并记录读数；用验水膏检查油中是否含有大量水分。供油和受油双方规定好联系信号，以船方为主，双方均应切实执行，同时双方要确定好加油速度。

E. 装油期间，禁止吸烟和明火作业。

F. 开泵后，装油人员要坚守岗位，应有专人负责，严格执行操作规程，确认燃油已进入预定舱位；掌握装油速度，严防跑、漏油事故；做到勤测算，及时调换舱位（加装油不得超过舱柜容量的85%~95%，以防加热温度升高后油液膨胀或遇大风浪天气而发生溢油事故）。

G. 换油舱时要先开空舱阀门后关满舱阀门，防止油压突增，造成油管破裂。停止装油时应关好有关阀门。

H. 拆除输油软管时，应事先用盲板将管口封好或采取其他措施，防止管内存油倒流入海。

I. 重新测量各舱柜存油数量，核对供方加油实际数量，索取油样并当场封好，以备发现问题时有据可查。封妥的油样要妥善保存至该油品留船数全部用完为止。

注意：每航次开始和结束都要实测燃油存量，并记入“油类记录簿”中。

②燃油的储存与驳运

油品不同，则需分舱储存。重油舱中装设有加热蒸气盘管以加热重油，保持其流动性，便于驳运。驳油操作时双层底燃油舱不必全部加热，只加热使用的那个燃油舱至驳运要求即可，但必须保持其中有一个舱处于加热保温状态，以备随时调驳。严寒季节，其他不加热的双层底舱的回气阀必须开足，微开进气阀，以免管系中存水结冰堵塞。燃油舱的驳运温度应加热到其油品的浊点以上，但不要太高，以免油气挥发及产生其他不良后果。低质燃油不要长期储存，以免氧化变质，产生淤渣。

机舱值班人员要注意各油柜的存油量。当油柜的存油量不足时，应进行驳运补充。燃油的驳运环节的主要作用是从燃油舱驳运燃油到燃油净化环节（沉淀柜），同时通过燃油驳运泵和调驳阀箱可实现油舱间、油舱与沉淀柜间的调驳，在必要时还可以将油驳到船外。一般船舶有2台驳运泵，通常使用的齿轮泵或螺杆泵分别用于重油和轻油的驳运工作，并互为备用。

驳油时，要正确开关有关阀门，随时注意驳油情况，防止驳油过多发生溢油事故。

（2）燃油的净化处理单元

从燃油舱柜中驳出的燃油，在进机使用前必须经过净化处理系统的净化。燃油的净化处理系统包括燃油的加热、沉淀、过滤和离心分离环节，其核心环节是离心分离。本单元的主要功能是去除燃油中的杂质和水分，以满足柴油机的用油要求。以下以图5-2所示的重油系统为例说明燃油的净化处理单元的工作过程。

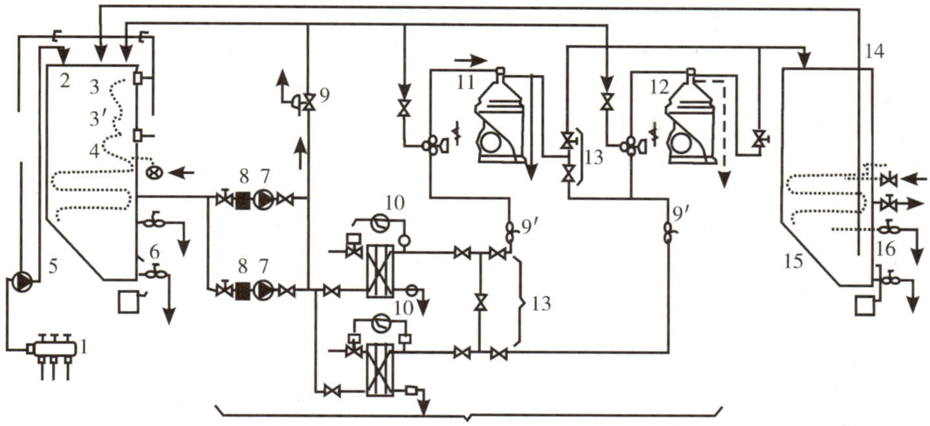

图5-2 燃油的净化处理单元

1—调驳阀箱；2—沉淀柜燃油进口；3—高位报警；3′—低位报警；4—温度传感器；5—沉淀柜；6，16—水位传感器；7—供油泵；8—滤器；9—气动恒压阀；9′—流量调节器；10—温度控制器；11，12—分油机；13—连接管；14—日用柜溢流管；15—日用柜

①燃油沉淀柜

早期船舶一般有两个重油沉淀柜，相互交替使用。为了提高燃油的净化质量，要求重油在重油沉淀柜中沉淀12 h以上。所以，每个沉淀柜的容积应能满足船舶一天的消耗量。为增强净化效果，在沉淀柜中设有加热盘管，一般重油的加热温度为50~60 ℃并可酌情加入泥渣分散剂和疏水剂，以使油中悬浮杂质易于沉淀。

现代船舶一般仅设一个沉淀柜，由一个燃油驳运泵自动地补充其中的燃油消耗。如图5-2所示。油舱里的重油经加热后，由驳运泵通过调驳阀箱1抽出并送入沉淀柜5中。重油驳入沉淀柜后，在其中通过加热、沉淀、放残进行净化，可除去大的颗粒杂质。

沉淀柜一般装有温度传感器4(高、低温)、水位传感器6，可提供高温、低温、高位、低位、水位、溢流等报警信号。驳运泵来的燃油从沉淀柜燃油进口2进入，每次驳油量限制在高位报警3与低位报警3′之间。系统设有自动调节蒸汽流量的加热系统，可使沉淀柜供油温度变化很小。在沉淀柜下部设有放残阀，定期或通过水位传感器6的提醒，放出沉积在底部的杂质(积水和污渣)，放残间隔一般为2~4 h。特别是风浪天，更要增加放残次数，否则会直接影响燃油的供给和燃烧，严重时将引起停车事故。

②离心分离环节

重油从沉淀柜经分油机净化后注入日用柜15。使用分油机的离心分油是净化燃油的主要手段。船舶根据燃油的日消耗量和分油机的排量配置分油机数量，一般至少配备2台。一般最佳分油量为标定分油量的30%~50%，以确保分油质量。对于密度大于991 kg/m^{3}的劣质燃油，建议使用α-LAVAL FOPX燃油分离系统。图5-2所示系统设有2台分油机、2台供油泵和2台加热器，互为备用，提高了系统的可靠性。分油机能分别按并联和串联工作，提高了系统的适应性。

为加速重油在沉淀柜中的沉淀分离，确保输送给分油机的重油油温变化幅度较小，提高净化质量，自动调节蒸汽流量的加热系统应将燃油加热至适当的温度。

为确保重油能平稳地输送给分油机，分油机的供油泵 7 后设有气动恒压阀 9，将流量调节阀 9′置于加热器之后，可将多余的油引回沉淀柜，使供油泵可维持在 100% 流量下工作，减轻对燃油的节流，使供油泵对杂质和水分的粉碎作用变弱，有利于提高净化质量。

燃油进入分油机前，通过控制精度为±2 ℃的温度控制器 10 的控制，在蒸汽加热器内加热，确保进入分油机的温度几乎保持恒定。

③燃油日用柜

经分油机离心分离后的净油进入日用柜 15，在日用柜中通过加热、沉淀、放残进行进一步净化。日用柜的功能与沉淀柜的基本相同，其预热温度较沉淀柜高，一般为 70~80 ℃，沉淀柜注满后一般溢流到专用的溢油柜，而日用柜一般溢流到沉淀柜。日用柜溢流管 14 的吸入口设于接近日用柜的底部，出口被引入重油沉淀柜。在船舶正常航行中，分油机的分油量将比柴油机燃油的消耗量稍大一些，所以日用柜中的燃油将溢出。溢出的燃油通过日用柜溢流管的吸入口，使日用柜底部温度较低、杂质和含水量较多的燃油被引回沉淀柜，既可实现尽可能少的循环分离量，提高分离效果，又可使分油机启停次数减少，延长分油机的使用寿命。日用柜与沉淀柜一样都设有水位传感器 6(16)，以提醒值班人员及时放出残水。

(3)燃油供给单元

燃油系统的核心是燃油供给单元(系统)。燃油供给单元由燃油供给泵、燃油循环泵、燃油混合桶(或称除气箱、集油柜)、雾化加热器(包括 PLC 黏度控制器或温度控制器)和自清滤器等组成。本单元的主要功能是提供符合柴油机燃油喷射系统要求并具有一定压力和黏度的燃油。

图 5-3 所示为现代船舶广泛采用的一种燃油供给系统的原理图。供给泵将燃油从日用柜中泵出并加压后送入循环泵的进口，循环泵使来自供给泵和混合桶的燃油经过雾化加热器和自清滤器，供给主机的喷油设备，喷油设备的回油流入混合桶或重油日用柜。

①燃油泵

燃油泵一般是螺杆泵或齿轮泵。燃油供给系统设有燃油供给泵和燃油循环泵。燃油供给泵从日用柜吸入燃油并加压供到燃油循环泵的吸口。其输送压力一般可达 0.6~1.0 MPa，一般由压力调节器和三通阀组成的压力调节系统控制。

增设(加压式)燃油循环泵主要是为了实现高黏度劣质燃油的使用。当使用高黏度(如 700 mm^2/s)重油时，雾化预热温度大大升高，为了避免因预热温度过高而发生汽化和空泡现象，应加压到一定高的压力。一般要求柴油机喷油泵进口处的压力为 0.8 MPa(循环泵出口压力为 1.0 MPa，供给泵出口和循环回路中的压力为 0.4 MPa)。供给泵供入燃油循环泵吸口处的燃油量与柴油机实际消耗量相等(忽略系统泄漏)，当因柴油机负荷降低，所需的燃油耗量减少时，多余的燃油在供给泵吸、排口间循环。供给泵一般设有两台，互为备用。供给泵的吸口通过一个三通阀与重油日用柜和轻油日用柜相连。早期的柴油机在机动航行期间，主机一般燃用轻油，定速航行后，主机燃用重油，通过三通阀实现重油与轻油的转换。

现代的柴油机在燃油系统中已实现在全工况范围内全部燃用重油，采用了能够使燃油经过喷油泵、喷油器循环流动的设计，在正常使用时，不再换油，除非柴油机预计停车时间较长，如当船舶进厂大修时才换用轻油。这种系统的主、副机可燃用同一种燃油，共用燃油供给系统，即副机由主机供油系统提供燃油，其循环重油也流入主机回油管路。该系统可实现主、副

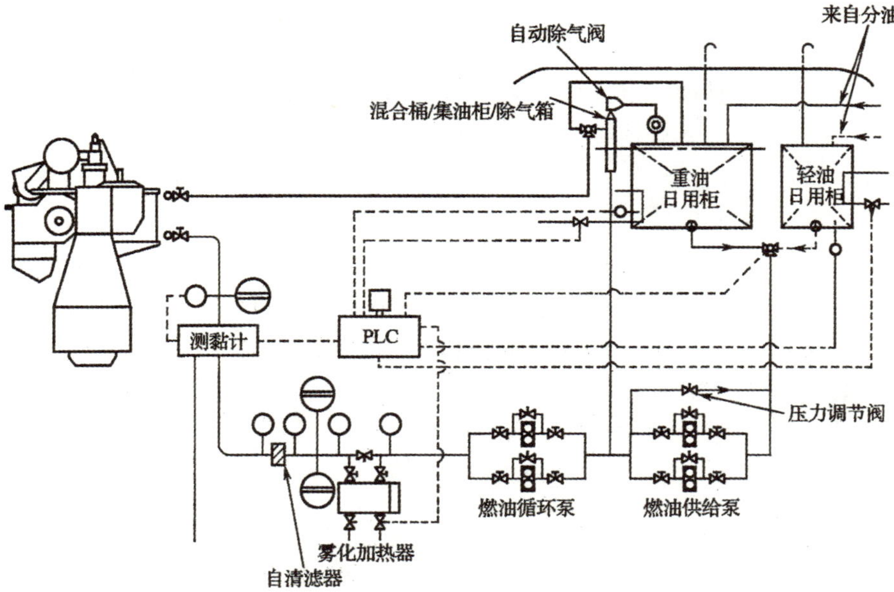

图 5-3 燃油供给系统原理图

机同时燃用轻油或重油；主机燃用重油，副机燃用轻油；主机燃用重油，副机部分燃用重油部分燃用轻油。此种系统管理方便，维护工作量大大减少，运转可靠性提高。

循环泵的供油率比燃油消耗率大几倍，以保证喷油泵进口处油压恒定，让燃油源源不断地流过喷油泵的供油腔。现代低速柴油机燃油还可经高压油管循环至喷油器、喷油泵，再流回混合桶。燃油的循环在柴油机停车时可加热喷油泵、喷油器，使其处于接近工作时的温度。因此，停车时间不太长时，只要循环泵不停地运转，就不需要改用柴油。燃油循环还可防止运转时喷油器过热，使这类喷油器省去了单独的冷却系统。此外，循环燃油会带走喷油泵、喷油器中的空气，柴油机启动前不必专门为喷油系统充油驱气。

②混合桶

混合桶又称集油柜或除气箱。柴油机喷油设备的回油在进入混合桶后又供入燃油循环泵的吸口，使由燃油供给泵泵出的燃油在主机和混合桶间形成一个封闭的循环，以满足柴油机的不同工况的燃油供应需求。其主要作用是：

A. 起循环柜的作用，回油流过时不断排掉燃油中的气体，其上装有自动放气阀，当聚集的气体过多时就自动将其放掉，保持油位，使系统能正常泵吸，不会发生气锁。

B. 该油柜容积小，使受高温的燃油量较少，易加压，便于保持较高的油温，避免接触外界空气引起火灾，减少燃油受热后不稳定析出的淤渣，而且能减少热量的散发，节省热能并改善机舱的劳动条件。

C. 能减少轻油、重油相互转换过程中发生油温突变的可能。

在图 5-3 所示的系统中，在正常情况下，突然停车时，燃油可通过转换三通阀使主机的回油流到重油系统中。

③加热器

重油使用前的预热处理是保证柴油机正常运转的重要措施，一般采用分段加热法。为了安全，一般使用饱和蒸汽作为加热源。加热温度随使用黏度要求而异，通过调节蒸汽量来控制。预热蒸汽压力不应超过 0.8 MPa(相当于饱和蒸汽温度 175 ℃),即预热燃油的温度不得超过 150 ℃,以防重油中的焦炭析出沉淀在加热器中而出现结垢现象。

雾化加热器是一个重要的预热设备。根据良好雾化的要求,重油进入喷油泵时其黏度应降低到 12~25 mm^2/s,据此黏度值确定加热温度。雾化加热器由 PLC 黏度控制器自动控制,如重油的黏度比所选定的值大,则黏度控制器自动发出信号,使雾化加热器的蒸汽调节阀开大,蒸汽量增加,重油的温度升高,使其黏度降低,保证燃油黏度与设定的雾化黏度相符。

④燃油滤器

滤器是燃油净化设备之一,用来过滤燃油中的杂质。滤清是燃油净化的重要环节,由分布在燃油系统中的粗、细滤器完成。系统中各种泵的泵前和泵后都设有滤器,常见的有驳油泵滤器、分油机供油泵滤器、燃油增压泵(低压燃油输送泵)前的粗滤器和泵后的细滤器;精密的油量元件如流量计也设有滤器。燃油滤器一般为双联式或多联式,以便经常轮换清洗而不影响柴油机运转。为便于管理,在滤器的进、出口各安装有一个压力表。

对燃油系统中滤器的要求是:驳运泵前能过滤粒度大于 0.2~0.4 mm 的杂质,低压输油泵前能过滤粒度大于 0.1~0.2 mm 的杂质,喷油泵前能过滤粒度大于 0.05 mm 的杂质。

1.3 燃油系统的维护

(1)驳油和分油

在航行中要密切注意沉淀柜和日用柜的油位,必要时及时驳油和分油以补充燃油,尤其应注意安排好分油机的工作,保证日用柜中有足够数量的净油;否则,有可能因来不及供油而发生停车事故。

目前使用的重油黏度高,其密度与水的密度接近,在沉淀柜中只能分离出颗粒较大的杂质和水,沉淀柜实质上已成为分油机提供温度稳定的待分燃油的缓冲柜,使分离前的预热温度易于保持在要求的±20 ℃范围内。所以,沉淀柜与油舱的燃油一样会出现分层现象。在日用柜中因易发生预热温度忽高忽低的情况(因使用连续测定式黏度计控制雾化加热器),也会出现分层现象。虽然这种分层可以通过提高分油机的循环流动量来消除,但可能使分离效果不能达到最佳。所以,在柴油机运行期间,应定期进行驳油作业,防止重油在油舱、沉淀柜和日用柜中出现分层。若燃油的来源多于一种,燃油的不相容性更会加剧这种情况的发生。

(2)加强燃油的预处理

①分段预热温度的确定

对重油进行加热是一项十分重要的工作。为满足低质燃油在输送、净化和雾化等环节中的不同使用要求,采用分段预热方法;为确保安全,规定使用饱和蒸汽作为加热源。预热温度应以满足其黏度要求为准,因而对不同黏度的低质燃油,其预热温度是不同的。

A. 在重油舱中,应以确保油管出口附近燃油不发生凝固以利于驳运为原则,控制黏度为 120 mm^2/s。一般将油舱加热至 15~20 ℃,出口附近为 35~40 ℃即可。

B. 在沉淀柜中,为增强分离效果,同时考虑到防火安全,预热温度应控制在比闪点低 20 ℃左右为宜(轻柴油闪点为 60 ℃;重柴油闪点为 65 ℃;重油闪点为 180 ℃)。一般沉淀柜加热到 50~70 ℃。

C. 为增强分离效果,一般将燃油黏度控制在 8~60 mm^2/s。分油机分离重油时的温度应适当升高,以提高待分离油与杂质的密度差,但最高温度不准超过 98 ℃。

D. 在日用柜中,重油加热温度应保持在 70~80 ℃。

E. 为使喷入气缸中的燃油完全燃烧,应保证良好的雾化,对燃油进入喷油泵前的加热十分重要。对中、低速柴油机而言,通过雾化加热器预热的温度应使燃油黏度控制在 12~25 mm^2/s,据此确定的预热温度还应再升高 10~15 ℃,以抵消喷油压力及散热对黏度的影响,一般为 100~150 ℃。为避免加热后迅速结垢,预热温度不得超过 150 ℃。

表 5-2 所示为两种常用重油的预热温度推荐值,以供参考。

表 5-2 两种常用重油的预热温度推荐值

名称	预热温度/℃	
	180 mm^2/s	400 mm^2/s
重油储存柜	30	38
重油沉淀柜	60	60
重油日用柜	70~80	80
分油机加热器	85	90
雾化加热器	90~115	110~130

②确保燃油净化质量

船舶在营运中,应认真掌握好沉淀、分离、过滤等净化环节。

A. 定期对沉淀柜和日用柜进行排污放水。若长期不进行油柜的排污工作,则沉积的水分可能会进入燃油管系中而造成停车事故。在船舶摇晃的情况下,这种危险更容易发生。

B. 定期清洗油柜,保证油柜(特别是日用柜)的清洁。油柜工作一段时间后,沉渣、杂质会沉积在油柜底部,容易造成油管的阻塞而导致停车事故。

C. 定期清洗燃油滤器。也可参考滤器前、后的压差,决定是否清洗滤器。特别是风浪天,要增加放残次数和燃油滤器的清洗次数。燃油滤器能将杂质留住并保护紧随其后的装置,当杂质过多时,就会使滤器堵塞。重油的稳定性差,容易发生油泥的析出,可能会在极短的时间内将滤器堵塞,造成供油中断而停车,这已成为燃油系统的主要故障。

(3)及时对系统进行放气

若有空气进入系统,则会造成供油压力波动,甚至因无法供油而停车。燃油系统中容易积气,气往往聚集在系统的高处。油柜上都设有透气管,正常情况下一般不会有空气进入燃油的供给系统。系统中的气体大部分是拆洗滤器、维修管路时进入系统的空气未及时放净,或柴油机停车时间过长气体从喷油泵的柱塞处漏入所致。所以滤器或喷射设备(如高压油管)拆装后或柴油机停车时间过长,都应及时充油驱气。

(4)进行正确的换油操作

当船舶需要较长时间的停泊或燃油管系中某些设备需要拆卸时,应在柴油机停车前改用轻柴油,以便把管系和设备中的重油冲净。此外,当柴油机处于机动操纵状态时,为使柴油机具有良好的机动性能(特别是启动性能),最好也使用轻柴油;在船舶处于正常航行状态时,应使用重油,以提高经济性。这种在柴油机运行中进行的轻、重油转换操作称为换油。一般船舶柴油机的换油操作过程如下。

①进港换油(重油换轻油)

一般在机动操纵前 1 h,接到驾驶台通知后就进行换油(也有些船舶为了节省轻油,在第一次变速车钟后就由重油换成轻油)。换油时首先关闭燃油雾化加热器的加热阀,随后切断重油,同时接通轻油。混合桶原来的重油和新注入的柴油逐步混合稀释。由于稀释燃油黏度比油温下降得快,所以不需要再加热。最后燃油供给管系及设备中充满了轻油,以供下次启动。这里的混合桶使两种油更充分地混合,避免燃油黏度突变和油温突变。

②出港换油(轻油换重油)

船舶出港后正常航行时,即可进行换油(轻油换成重油)。首先,必须将重油日用柜加热至使用状态并可高出规定温度 10~15 ℃。换油时,略微开启燃油雾化加热器使轻油温度上升至 40 ℃以上,随后切断轻油,接通重油。

注意:要在系统消耗完轻油之前,将温度加热至重油雾化要求的温度。换油操作的基本原则是防止油温突变,避免喷油泵柱塞卡紧或咬死。

若船舶柴油机的喷油设备或燃油供给系统中装有缓冲器,在由轻油改用重油的操作前,应先关掉黏度计,用手控方式逐渐将轻油加热至 85 ℃,使柴油机在热的轻油下运转一段时间,方可进行换油操作。换油后,调节蒸汽加温阀,使重油温度达到所需值,此后才可打开黏度计,由黏度计自动调节燃油温度,控制所需的黏度。由换用轻油时,可直接进行转换,然后关掉蒸汽加温系统,同时关掉黏度计。

任务 2 润滑系统的维护管理

2.1 柴油机滑油

(1)润滑的作用

润滑对于有接触的相对运动部件正常运转起重要作用:

①减磨作用。在相互运动表面保持一层油膜以减小摩擦,这是润滑的主要作用。

②冷却作用。带走两运动表面因摩擦而产生的热量以及外界传来的热量,保证工作表面的温度适当。

③清洁作用。冲洗运动表面的污物和金属磨粒以保持工作表面的清洁。

④密封作用。产生的油膜同时可起到密封作用。如活塞与气缸套间的油膜除起到润滑作用外,还有助于燃烧室空间的密封。

⑤防腐作用。形成的油膜覆盖在金属表面使空气不能与金属表面接触,防止金属锈蚀。

⑥减小噪声作用。形成的油膜可起到缓冲作用,避免两表面直接接触,减轻振动与减小噪声。

⑦传递动力作用。如推力轴承中推力环与推力块之间的动力油压。

(2)润滑的形式

①边界润滑或薄膜润滑。两运动表面间被厚度在 0.1 mm 以下的边界油膜分开所形成的润滑。两运动表面被一种具有分层结构和润滑性能的薄膜隔开。在此情况下,可能会发生金

属与金属的摩擦,因而产生零件的相互磨损,如气缸套上部的润滑。在边界润滑中其界面的润滑性能主要取决于薄膜的性质而与滑油的黏度无关。其界面的摩擦系数只取决于摩擦表面和边界膜的结构,又称为半干摩擦。

边界膜的结构有吸附膜(物理、化学吸附膜)和化学反应膜(包括氧化膜)。

②液体润滑(或全液膜润滑)。两运动表面被一层厚度在1.5~2 mm以上的油膜完全隔开,由液膜的压力来平衡外载荷的润滑方式,如主轴承、推力轴承等的润滑形式就是液体润滑。液体润滑的润滑性能取决于滑油的黏度,而与两表面的材料无关。摩擦只发生在油膜内,摩擦阻力小,磨损小(表面疲劳磨损、气蚀及流体侵蚀的除外)。液体滑油膜建立的方式有静压润滑和液体动压润滑。

③混合润滑(或半液膜润滑)。摩擦表面同时存在着液体润滑和边界润滑(半干摩擦),或同时存在着半干摩擦和干摩擦,它可能是暂时的,也可能是持久的,如十字头滑块与导板之间的润滑和气缸润滑(对气缸套整体而言)。

(3)形成液体润滑的方式

①液体动压润滑。由于摩擦表面的几何形状和相对运动,借助液体的动力学作用,可形成楔形液膜并产生油楔压力以平衡外载荷,如主轴承、连杆轴承和推力轴承等。

②液体静压润滑。从外部向摩擦表面供给有一定压力的滑油,借助滑油的静压力产生油膜以平衡外载荷,如十字头销轴承的润滑。

③弹性液体动压润滑。呈点(线)接触的运动表面的润滑,在接触点产生暂时的弹性变形而在其中产生极薄的挤压油膜避免金属间的直接接触,如齿轮传动的啮合齿之间或滚珠轴承的润滑。它们的磨损属于疲劳磨损。

(4)影响油膜形成的主要因素

①摩擦表面的运动状态(回转或滑动)。转速越高,越容易形成油楔。柴油机刚启动、变速或低速运转时,难以形成完整的油楔,是发生最大磨损量的运转工况。

②滑油黏度。滑油黏度适当,容易形成油楔;黏度过小,滑油就不易被轴颈带动,并且易从轴承两端流出;黏度过大,则滑油难以涂布。

③轴承负荷。负荷越高,越难以形成油楔,尤其是在冲击负荷的作用下,可能破坏已形成的楔形油膜。

④轴承间隙。间隙过小,滑油不易进入接触表面使轴颈浮起;间隙过大,滑油易从轴承两端溢出。所以,轴承间隙必须适当。此外,轴承的油槽位置也会影响油膜压力。

⑤表面加工粗糙度。如工作表面加工光洁程度高,很薄的油膜就能完全隔开两个摩擦面,容易形成楔形油膜。

(5)滑油的性能指标

滑油的性能指标主要有黏度、黏度指数、闪点、凝点、残碳、灰分、酸值(总酸值与强酸值)、腐蚀性、抗氧化安定性、热氧化安定性、总碱值、抗乳化度、机械杂质和水分等十余种。这些指标均按国家规定的试验方法进行测定。它们基本上反映出滑油品质的优劣,在选择和使用滑油时有着重要作用。以下仅介绍滑油特有的一些指标。

①黏度和黏度指数(*VI*)

黏度是滑油最重要的指标,它在很大程度上决定着两个摩擦表面间楔形油膜的形成。长期以来,国外广泛使用按滑油的黏度进行分类的美国汽车工程师协会(SAE)分类法,把发动机用滑油按黏度分成 10 个等级，如表 5-3 所示。

ISO(The International Standardization Organization)把滑油按 40 ℃时的运动黏度(cSt, mm^2/s)的数值分成 18 个等级，如表 5-4 所示。

表 5-3 滑油的 SAE 分类法

SAE 黏度等级	最大黏度/(MPa·s)(相应温度/℃)	边界泵出温度/℃	100 ℃时黏度/(mm^2/s)	
			最小	最大
0W	3 250(-30)	-35	3.8	—
5W	3 500(-25)	-30	3.8	—
10W	3 500(-20)	-25	4.1	—
15W	3 500(-15)	-20	5.6	—
20W	4 500(-10)	-15	5.6	—
25W	6 000(-5)	-10	9.3	—
20			5.6	小于 9.3
30			9.3	小于 12.5
40			12.5	小于 16.3
50			16.3	小于 21.9

表 5-4 ISO VG(Viscosity Grade)黏度分类表

ISO-VG 黏度等级	中点黏度(mm^2/s,40 ℃)	黏度限(mm^2/s,40 ℃)		ISO-VG 黏度等级	中点黏度(mm^2/s,40 ℃)	黏度限(mm^2/s,40 ℃)	
		最小	最大			最小	最大
2	2.2	1.98	2.42	68	68	61.2	74.8
3	3.2	2.88	3.52	100	100	90.0	110
5	4.6	4.14	5.06	150	150	135	165
7	6.8	6.12	7.48	220	220	198	242
10	10	9.00	11.0	320	320	288	352
15	15	13.5	16.5	460	460	414	506
22	22	19.8	24.2	680	680	612	748
32	32	28.8	35.2	1 000	1 000	900	1 100
46	46	41.4	50.6	1 500	1 500	1 350	1 650

滑油的黏度随温度的升高而降低，这种性能称为滑油的黏温特性。对于航行在不同季节和不同纬度的船舶，柴油机在冷车启动和正常运转时，滑油的工作温度不同，其黏度的大小也不相同，这对保证可靠的润滑影响极大。因而仅以测定温度下的黏度来判断滑油的品质是不够的，还必须注意黏度随温度的变化规律。研究表明，不同滑油的黏温特性是不同的，如有的滑油温度每升高 100 ℃，黏度能减小 3/4，有的滑油则减小不到一半。若滑油的黏度随温度变化程度小，它就能在比较大的温度范围内满足使用要求，这种滑油的黏温特性就好。

在国外，通常用黏度指数来说明滑油的黏温特性。它是通过与两种标准油相比较而得出的。黏度指数的物理意义表明，黏度指数大者，温度变化时其黏度变化小。一般，黏度指数在

80以上者称高黏度指数，小于35者称低黏度指数，35~80者称中间黏度指数。最好的石蜡黏度指数可达124，加入增黏剂（后述）后可高达200以上。

我国曾用黏度比来评定黏温特性。它是滑油在50 ℃和100 ℃时的运动黏度的比值。黏度比小，表示它在规定温度范围内黏度变化小，质量好。如已知滑油的黏度比，可由曲线法求出相应的黏度指数。

②酸值和水溶性酸或碱

滑油中的酸可分为有机酸和无机酸两种。新鲜滑油中有机酸的来源有二：一是原存于石油中精制时没有全部除去；二是有意识地加入的呈酸性的抗氧、抗腐添加剂。使用中滑油的有机酸主要来自自身氧化而产生的有机酸。含量低时，有机酸对金属无多大腐蚀作用，反而能增加滑油的油性以保持较好的边界润滑性能。含量较高时，有机酸就会对一些轴承材料（有色金属及其合金，特别是铅）产生腐蚀作用。无机酸主要是硫酸，对金属有强烈的腐蚀作用，滑油中一般不允许有硫酸存在。新鲜滑油中的硫酸是在精制过程中经酸洗和中和后残留下来的；使用中的滑油由于含硫燃油的燃烧产物漏入曲轴箱而可能形成硫酸。

我国用“酸值”表示滑油中的有机酸含量，用“水溶性酸或碱”表示无机酸或强碱的有无。“酸值”用中和滑油中的酸所需要的氢氧化钾毫克数来表示，单位为mgKOH/g。“水溶性酸”指能溶于水的无机酸（强酸）及低分子有机酸，这种酸几乎对所有金属都有腐蚀作用；“水溶性碱”是在油品加工时的碱洗剩余物或储存中污染而生成的，它对铝有腐蚀作用。“水溶性酸或碱”只说明油品呈酸性或碱性，仅用于定性检查。

国外用总酸值TAN（Total Acid Number）表示有机酸和无机酸的总和，用强酸值SAN（Strong Acid Number）单独表示无机酸的含量，单位均为mgKOH/g。

③抗乳化度

海水或淡水漏入滑油经搅拌后使滑油形成乳浊液并生成泡沫，这个过程叫乳化。乳浊液影响润滑性能，加速滑油变质，并在两相界面上吸附机械杂质，污损摩擦表面，加剧部件磨损。滑油的抗乳化度系指滑油在乳化后自动分层（油层和水层）所需的时间（以分计），即滑油的破乳时间。破乳时间短，抗乳化度就好；反之则差。

④热氧化安定性和抗氧化安定性

这两个指标都用来衡量滑油在使用条件下抵抗空气氧化的能力。只是试验方法和应用对象不同。前者属于薄油层在高温条件下的氧化试验，用氧化形成漆膜所需时间（以分计）来表示。我国标准规定的“巴包克法”，系指在规定的250 ℃高温条件下，空气自由流过薄油层试验油，测定试验油由氧化而生成50%的漆状物所需时间（min），用此时间来评定试验油的热氧化安定性。这种试验方法模拟气缸壁上的油膜工作条件，适用于柴油机滑油。抗氧化安定性属于较低温度条件下的厚油层氧化试验，用氧化后生成的沉淀物和酸值来表示，按我国规定是指在125 ℃条件下，向试验油中通入一定流速的空气或纯氧，维持4 h或8 h，分别测定试验油氧化后生成的沉淀物（%）和酸值（mgKOH/g）。如氧化后沉淀物少、酸值小，则试验油的抗氧化安定性好。这种试验方法模拟液压系统中滑油的工作条件，故用于液压油和透平油等品种。

⑤腐蚀度

腐蚀度用来衡量高温条件下工作的滑油在与氧气充分接触时，对金属（铅）腐蚀的程度。它是柴油机滑油的一个重要指标。现代柴油机中的铜、铅等合金轴承材料对腐蚀十分敏感，只要滑油中有少量酸就能严重腐蚀轴承。我国标准规定，腐蚀度试验用“品克维奇法”，即把试验油加热到 140 ℃,用特制的一定面积的金属片以每分钟 15~16 次的速度浸在油中,经过 50 h 后,测定金属片减少的质量。金属片减少的质量越多,滑油的腐蚀性越强,品质越差。

⑥碱值

碱值 BN(Base Number)表示滑油碱性的高低。它的单位与酸值相同,也用 mgKOH/g 表示。碱值表示 1 g 滑油中所含碱性物质相当于氢氧化钾毫克数。天然矿物油本身无碱性,只有加入碱性添加剂后才呈现碱性。在使用过程中,由于添加剂的损耗,碱值会逐渐降低。

⑦浮游性

浮游性表示含添加剂的滑油清洗零件表面胶质炭渣,使之分散为小颗粒而悬浮携带的能力。通常是在专用试验机上在规定条件下进行一定时间的试验,然后根据活塞上的漆膜情况,按 0~6 七个级别进行评定。0 级为活塞非常清洁,没有漆膜形成;6 级为严重脏污,活塞完全被漆膜覆盖。

⑧抗泡沫性

抗泡沫性表示在规定试验仪器内充以专用泡沫并通入一定数量的空气测量试验油的起泡体积和消泡时间。滑油在运转时受激烈搅动,使空气混入油中形成泡沫。泡沫过多,除损失滑油外,还会使油泵和轴承引起空泡腐蚀,润滑效能降低,造成轴承烧毁。

(6)滑油质量等级

国外有些国家和有关学会曾经根据滑油的性能特点和工作状态把滑油分成若干质量等级。比较通用的是美国 SAE、ASTM 和 API 三方联合公布的一种质量分类方法,称为 API 分类法。这种分类方法按油品质量和适用机型特点把滑油分为 CA、CB、CC 和 CD 四个质量等级。

CA:轻载荷柴油机滑油,燃用优质燃料,用于温和到中等条件下运转的柴油机。在非增压和使用优质燃料条件下具有抗轴承腐蚀和防止高温生成沉淀物(漆膜、积炭)的性能。

CB:一般负载的柴油机滑油,用于温和到中等条件下运转的柴油机。在非增压和使用含硫燃料时,具有抗轴承腐蚀和防高温下形成沉淀物的性能。

CC:中等负载柴油机滑油,用于中等到苛刻条件下工作的高增压柴油机。它具有防高温形成沉积物和防锈防腐蚀的性能。

CD:重载荷柴油机滑油,用于增压、高速、高功率并要求能非常有效地抑制磨损和防止形成沉积物的柴油机。在使用各种质量燃油的增压柴油机中具有抗轴承腐蚀和防高温形成沉积物的性能。

目前,CA 和 CB 级油已经被淘汰,CC 级油逐渐减少,CD 级油也已不能满足要求。近年来又研制出更高品质的滑油,主要包括以下几种:

CD-Ⅱ:用于重负荷二冲程柴油机。

CE:用于在低速、高负荷和高速、高负荷条件下运行的重负荷高增压柴油机,具有优于 CD 级油的高温性能,使沉积物较少且活塞环、气缸磨损降低。

CF-4:1990 年引入柴油机,用于高速自然吸气和涡轮增压发动机及含硫的重载高速四冲程柴油机,可代替 CD 和 CE 级油。

CF-2:1994 年引入柴油机,用于高速二冲程柴油机,可代替 CD-Ⅱ级油。

CF:1994 年引入柴油机,用于非道路非直喷式发动机以及使用含硫量低于 0.5%的柴油机,可代替 CD 级油。

CG-4:1995 年引入柴油机,用于含硫量低于 0.5%的重载高速四冲程柴油机,满足美国

1994 年排放标准，可代替 CD、CE、CF-4 级油。

CH-4：1998 年引入柴油机，用于高速四冲程柴油机，符合美国 1998 年废气排放标准。用于含硫量高于 0.5%的柴油，可代替 CD、CE、CF-4、CG-4 级油。

CI-4：2002 年引入柴油机，用于高速四冲程柴油机，符合美国 2002 年实施的 2004 年高速公路废气排放标准。使用特殊配方，可延长装有 EGR 发动机的使用寿命。用于含硫量高于 0.5%的柴油，可代替 CD、CE、CF-4、CG-4、CH-4 级油。

CJ-4：2006 年引入柴油机，用于高速四冲程柴油机，符合美国 2007 年高速公路废气排放标准。经过特殊合成，它可与含硫量最高的柴油一起使用，在维持排放控制系统耐久性方面更有效。

船用气缸油和大功率中速柴油机两用油，仍由各石油公司以 API 为基础，结合船用柴油机的特点，自行研制，自行评定，尚无统一规格标准。

（7）滑油添加剂

随着柴油机强化程度的提高和劣质燃油的使用，滑油的工作条件越来越差，直链纯矿物油已不能满足柴油机的工作需要。近几十年来，随着化学工业的发展，多种添加剂被加入纯矿物油（基础油）中，形成了一种由基础油和添加剂组成的新型油品。添加剂系指凡是能改善和提高石油产品的质量和给予新的性质，以满足使用及储存性能的要求而添加的少量物质。

①滑油添加剂使用的目的是：

A. 减少发动机部件上有害沉积物的形成和聚积。

B. 中和酸性物质，减少其对设备的腐蚀。

C. 防止设备及部件受到锈蚀。

D. 减少设备及部件的摩擦和磨损，延长设备及部件的使用寿命。

E. 使润滑剂的氧化和热分解延缓，延长使用寿命。

F. 改变润滑剂的物理性质，如提高黏度指数，改善黏温性能；降低倾点，改善低温使用性能；减少泡沫形成；等等。

②常用添加剂

A. 清净分散剂（清净浮游添加剂）

防止高温时生成漆膜的添加剂称为清净性添加剂，它能保持活塞环区清洁，不形成积炭，使活塞环经常处于可自由涨缩状态；防止低温时生成油泥沉淀物的添加剂称为分散剂，其对氧化后的油泥作用后使之呈胶体状态，分散悬浮。清净分散剂是我国对清净性添加剂和分散剂的统称。

其作用有二：一是洗涤与悬浮作用，能够使沉积在部件上的碳烟颗粒和沥青树脂状物呈分散悬浮状态并被循环的滑油带走，降低积炭和油泥，保持部件清洁和防止系统堵塞；二是中和酸性物质，抑制锈蚀。添加剂为碱性，既可以控制滑油因氧化而形成的有机酸，又可以中和进入曲轴箱的产物形成的无机酸，起到抑制锈蚀的作用。它是气缸油中的重要添加剂。对燃用劣质燃料的气缸，添加适量的高碱性清净分散剂是解决硫酸腐蚀的关键性措施。

B. 油性剂、极压剂(抗磨剂)

油性剂、极压剂都能在边界润滑条件下起减磨作用,但它们的作用机理不同。

油性剂是带有极性基团的活性物质,它能定向地吸附在金属表面上形成不易被破坏的边界吸附薄膜,以降低磨损。物理吸附是完全可逆的,当温度升高时就会脱附,适用于常温和负荷较低时的边界润滑。常用的油性剂有动、植物油,脂肪酸,脂肪醇,脂肪酸酯及硫化油脂等。其中动、植物油是很早以前就使用的天然油性剂,如氯化鲸鱼油、硫化棉籽油等。

极压剂能在高温和高负荷下分解产生活性化合物,在金属表面生成低熔点化合物(低于100 ℃),形成反应薄膜,有减少摩擦、防止擦伤、降低磨损、加强油膜承载能力的作用。其主要组成为含氯、硫、磷的有机化合物,如氯化石蜡、磷酸酯等。

C. 黏度指数改进剂和增黏剂

这类添加剂可提高基础油的黏度,并改善其黏温特性,提高其黏度指数。加入这类添加剂的滑油称稠化机油。

稠化机油在低温时黏度增加不多,而在高温时变稠,以满足柴油机冬、夏两季的不同需要。如对救生艇柴油机冬季启动温度为-30 ℃,正常运转后气缸温度可达 200 ℃。增黏剂不仅起到改进润滑剂的流体力学特性的作用,还可以改进润滑剂的吸附能力。其组成多为油溶性的链状高分子有机化合物,如聚甲基丙烯酸酯和聚异丁烯等。

D. 消泡剂

消泡剂可以降低泡沫的表面张力,抑制泡沫的产生并使形成的气泡破裂和消失,防止生成稳定的泡沫,如二甲硅油等。滑油越黏,形成泡沫的倾向越大。滑油组成中的胶质之类成分,滑油中的一些添加剂如清净分散剂、抗氧剂、油性极压剂等,以及滑油氧化的产物都能促进泡沫的产生。温度升高也有利于泡沫的产生。形成的泡沫若能很快消失尚不影响使用,若形成稳定的泡沫便会发生溢流和磨损等事故。

E. 降凝剂(降倾点剂)

降凝剂并不改变石蜡析出的温度,只改变石蜡结构。它吸附在油中石蜡结晶表面上,使之仅能生成微小结晶,防止形成结晶网,从而改变低温流动性,降低油品的凝点。降凝剂不降低浊点。常用的降凝剂有长链烷基萘等。

F. 防锈剂和抗腐蚀剂

防锈剂的作用是依靠其自身具有的极性,吸附在金属和油的界面上形成保护层,防止水与金属接触生锈。很多防锈剂呈碱性,它们能中和大气中含有的酸性气体和油氧化后的酸性物质,使腐蚀条件得到缓和。苯骈三氮唑是铜的有效防锈剂,它与石油磺酸钡复合使用时,就可对钢、铜并存的部件起到防锈作用。

注意:许多优良的防锈剂同时起乳化剂作用,使油、水形成稳定的乳浊液,对汽轮机油和液压油极为不利。因此,选择防锈剂受到了严格的限制。然而,用于处理主机冷却水的乳化防锈油,正需要这类同时起乳化作用的防锈剂。

抗腐蚀剂用于高温、苛刻的条件,借助于与金属生成硫化物膜而保护金属,如轴承合金表面。

2.2 曲轴箱油的选用

在柴油机中,润滑主要涉及两个方面,曲轴箱内各轴承的润滑以及气缸内气缸套与活塞之间的润滑,所以使用的滑油主要有曲轴箱油和气缸油。曲轴箱油又叫柴油机油或系统油。通常,系统油润滑主要指对柴油机曲轴箱内各轴承的润滑。在筒形活塞式柴油机中系统油兼作气缸滑油(飞溅润滑)和活塞冷却液,在某些柴油机中系统油还用作液压控制油。

船用柴油机润滑系统管理和滑油的正确选用对发动机功率的发挥、故障率的降低、使用寿命和维修周期的延长有很大影响。不管船用发动机的润滑系统是何种形式,在润滑管理中,如何正确选用滑油才是最重要的。系统油的选用主要根据柴油机的机型、运转工况、工作环境和所用燃油的质量而定。应保证所选牌号在性能上全面满足发动机的使用要求,其中主要考虑的指标有黏度、碱值和黏度指数等。

目前,国际上有许多知名的船用滑油公司,如 BP 公司、Sheel 公司、Mobil 公司、中石化滑油公司(SINOPEC)等,它们生产的各种品牌的滑油完全能够满足船舶发动机润滑的需要,但使用者必须根据用途,在对滑油牌号充分了解的基础上进行正确的选择。

柴油机曲轴箱油按使用条件不同有十字头式和筒形活塞式柴油机曲轴箱油两种,它们的工作条件不同,因而要求的质量等级也不相同。

(1)十字头式柴油机曲轴箱油的选用

十字头式柴油机的曲轴箱与气缸是隔开的,所以曲轴箱油的工作条件比较缓和。其正常消耗率为 0.1~0.3 g/(kW·h)。曲轴箱油主要用来润滑各轴承(主轴承、凸轮轴轴承及十字头轴承)和导板等,在某些柴油机中还用来冷却活塞或兼作操纵机构液压控制油。对曲轴箱油的要求如下:

①黏度和黏温性能。曲轴箱油必须具有适宜的黏度,以保证油膜的建立。由于船用柴油机经常在变工况下工作,环境温度变化也较大,所以要求能在较宽的温度范围内可靠地工作,即具有较好的黏温特性。根据使用经验,这种油应采用 100 ℃时黏度为 11~14 mm^2/s(相当于 SAE30)、黏度指数为 80~95 为宜。

②抗腐蚀性能。抗腐蚀性能对轴瓦有重要意义。抗腐蚀差可能引起轴承合金腐蚀或铅锡和铅铟等镀层剥落。曲轴箱油必须加有抗氧抗腐添加剂。

③清净分散性。能使炭粒或各种颗粒油泥等分散成微小粒子并悬浮在油中,以便滤掉。

④抗氧化安定性。冷却活塞的系统油应具有在较高温度下的抗氧化性能;曲轴箱油与空气接触机会多易氧化变质,要求抗氧化安定性好。通常应控制油温不超过 82 ℃,以控制氧化速度。

⑤其他(如抗乳化性能、抗泡沫性能、闪点等)

对于低速十字头式柴油机系统油的黏度等级一般在 SAE30 或 SAE40;对 *TBN* 的要求并不高,可选用 *TBN* 相对低些的,一般选用 10 mgKOH/g 以下;黏度指数应大于 90。中国石化润滑油公司(SINOPEC)生产的船用低速柴油机系统油划分为五个牌号:3006,3012,4006,4008,4012。以上牌号中前两位数字代表该产品的黏度等级,后两位数字代表该产品的碱值等级。

(2)筒形活塞式柴油机曲轴箱油的选用

筒形活塞式柴油机曲轴箱油除了润滑曲轴箱内各轴承外，还要兼作气缸滑油，故其工作条件较十字头式柴油机曲轴箱油恶劣，并且这种润滑方式的最大特点是滑油循环使用，因而它在使用中将逐渐被污染变质。筒形活塞式柴油机曲轴箱油的正常消耗率为1.07～1.6 g/(kW·h)，它除应满足对十字头式柴油机曲轴箱油的全部要求外，尚应满足以下要求：

①高温工作时的清净性。在高温下能保证各种沉淀物不黏附在机件上而应悬浮在油中。

②热氧化安定性好。

③足够的碱性。要求能中和劣质燃油燃烧后生成的硫酸。一般要求 TBN = 22～34 mgKOH/g。

④黏度要求高。根据不同使用条件应分别具有相当于 SAE20、SAE30、SAE40 等级的滑油。

对于燃用重油的大功率、高负荷的中速筒形活塞式柴油机，其滑油兼有气缸油和系统油的双重功能且其燃烧产物会落到曲轴箱中，因此对油品的质量要求更高。中国石化润滑油公司(SINOPEC)生产的船用中速筒形活塞式柴油机系统油划分为九个牌号：3012，3020，3030，3040，4012，4020，4025，4030，4040。以上牌号中前两位数字代表该产品的黏度等级，后两位数字代表该产品的碱值等级。

23 曲轴箱润滑系统和净化系统

(1)曲轴箱润滑系统

柴油机润滑系统的作用是保证供给柴油机动力装置各运动部件的润滑和冷却所需的滑油。曲轴箱油强制润滑系统组成形式依柴油机结构不同分为湿油底壳式滑油系统和干油底壳式滑油系统。

①湿油底壳式滑油系统

湿油底壳式滑油系统的滑油存放在柴油机油底壳中，柴油机正常运转时，由其所带的滑油泵抽吸油底壳滑油，经滑油冷却器送至各润滑部位，润滑后流回油底壳，构成独立的润滑系统。此种滑油系统的优点是结构简单，柴油机带滑油泵，管路依附于机体上，油底壳存油量少。该系统的缺点是油底壳中的滑油将经常受到燃烧室泄漏的高温燃气的污染，容易变质，故滑油的使用寿命短，这种系统经常用于小型柴油机中。

②干油底壳式滑油系统

干油底壳式滑油系统的滑油存放于单独设置的滑油循环舱(柜)中。它有以下两种形式：

A. 单泵系统。该系统滑油循环柜设置于柴油机油底壳之下，滑油泵自其内吸油，经滑油冷却器冷却后送至各润滑部件，润滑后借助重力流回柴油机底部，最后流回滑油循环柜中。

B. 双泵系统。该系统有两台滑油泵，其中一台具有单泵系统中的吸油和泵送功能；另一台则专门用于抽吸柴油机油底壳中的滑油，将油泵至循环柜中。该系统的循环柜与管路布置不受柴油机位置限制，滑油不储存在油底壳中，改善了滑油工作条件，延长了滑油的使用寿命，但需增加一台滑油泵。

在柴油机滑油系统中以单泵干油底壳式滑油系统居多，其特点是储油量大，滑油沉淀与净化处理方便，冷却充分和滑油使用寿命长。但其所占位置较大，管路较为复杂。此种系统适用于大中型柴油机。图 5-4 所示为 Sulzer RTA 型低速柴油机润滑系统。这是一种典型的干式润滑系统。主滑油泵自循环柜吸油，油经滑油冷却器冷却和温度自动调节阀的调节后，分两路，一路经十字头滑油泵将压力提高到 1.1 MPa，通过十字头滑油进口送入十字头；另一路滑油压力为 0.4 MPa，送至主轴承和推力轴承等处。各轴承润滑回油经油底壳流入循环柜。

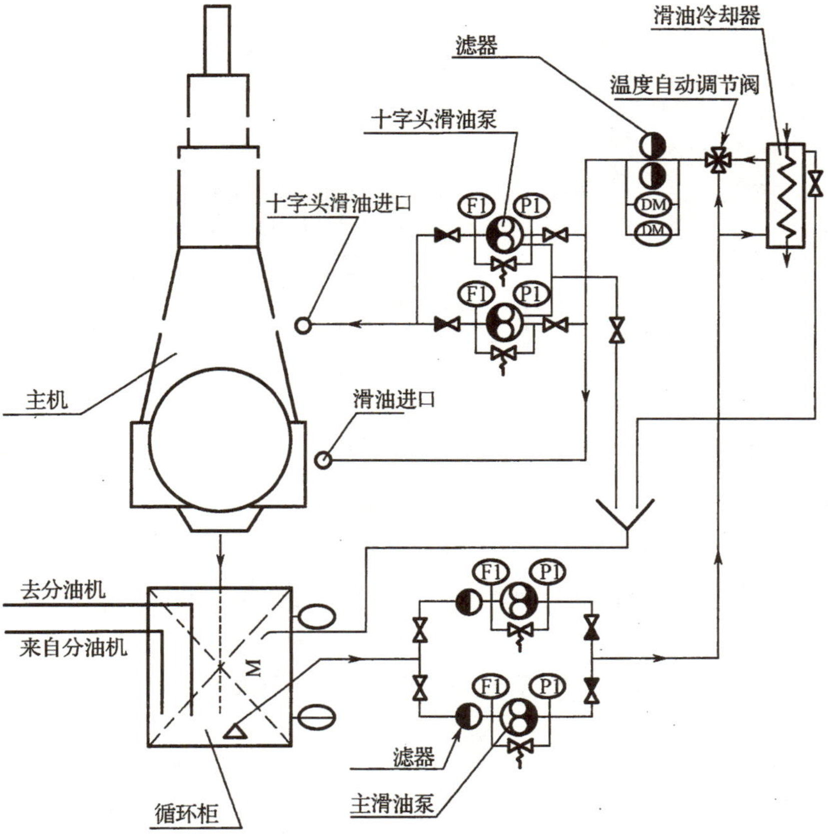

图 5-4　Sulzer RTA 型低速柴油机润滑系统

(2)曲轴箱净化系统

曲轴箱净化系统在柴油机运转中可连续对滑油循环柜中的曲轴箱油进行分离净化处理，去除曲轴箱油使用中混入的各种杂质和氧化沉淀物。某大型柴油机曲轴箱油的净化系统如图 5-5 所示。滑油循环柜内的污油经污油吸管由分油机随机的滑油泵吸入，经加热器预热后送至分油机进行净化处理，净油重新返回循环柜。滑油中分离出的水分和污渣分别由出水口和污油出口排出至污油柜，污渣可由污油泵排出。

(3)曲轴箱润滑系统的主要设备

曲轴箱强制润滑和曲轴箱油分油净化系统的主要组成设备有滑油泵、滑油循环柜、滑油滤器、滑油冷却器、滑油分油机等。

①滑油泵

滑油泵通常设两台互为备用，如果主机自带滑油泵，则可设一台。滑油泵的型式主要有齿轮式、转子式和螺杆式三种。为了减少系统压力的波动，保证流动的均匀，通常采用螺杆式滑油泵。在滑油泵的吸入端一般装有真空表，用以检测滑油泵在工作时的真空度，一般要求其真

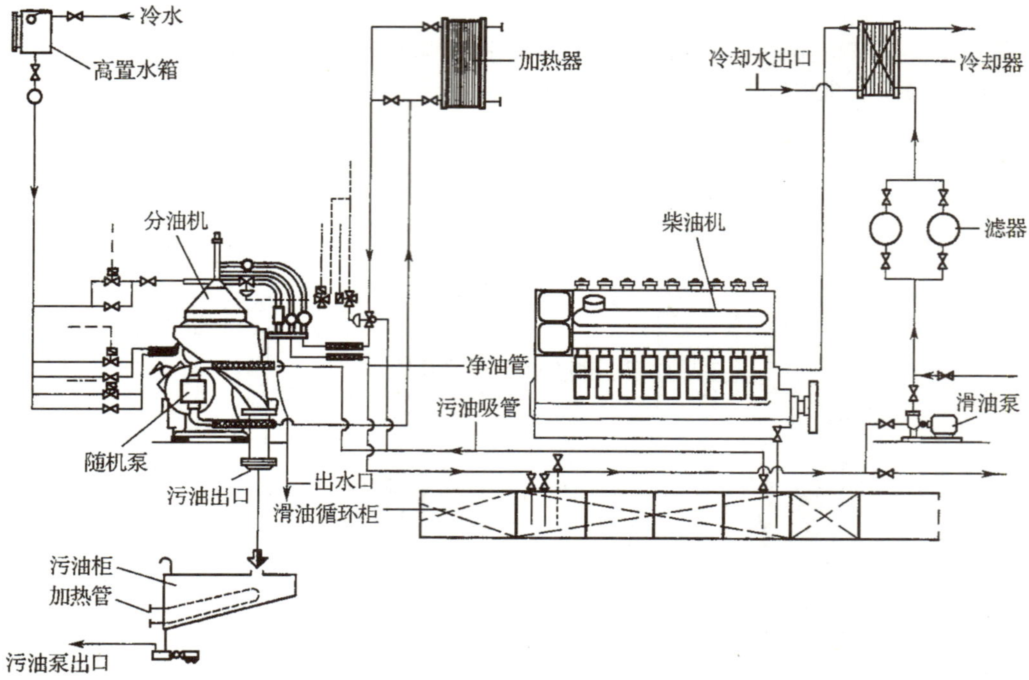

图 5-5 曲轴箱油净化系统

空度不超过 33.3 kPa。在滑油泵的排出管上装有安全阀和调节压力、流量的旁通阀。

②滑油分油机

滑油分油机一般采用离心分离，它是曲轴箱油净化系统最重要的设备。

③滑油滤器

滑油泵的进口端和出口端分别设有粗、细滤器，滤器一般为双联式。装在泵的进口端的一般为粗滤器(有时还用磁性粗滤器)；装在泵的出口端的一般为细滤器，其前后装有压力表。

④滑油冷却器

滑油冷却器有管壳式和板式两种，实际应用的多为管壳式。

A. 管壳式热交换器

管壳式热交换器由外壳、换热器芯和两端盖板构成，多用于滑油冷却器和淡水冷却器，如图 5-6 所示。换热器芯是其主要元件，它由多根耐腐蚀性好的铜管集成，这些管的分为圆管、椭圆管等多种，为扩大传热面积，还特制成螺纹管。铜管的两端套装于两端管板孔内，用扩压或焊接的方法实现对管板与铜管外周间的密封，多根铜管形成了群管。换热器芯套装于外壳内，并由两端盖板封闭，构成了沿铜管内流动的冷却液和沿管外流动的被冷却液的空间。群管可以做成单流程、双流程或多流程，图 5-6 所示的管内流体为双流程。为了增强传热效果，沿群管长度方向设有多个开口各自错开的挡板，使壳内流体流动时能来回地横向流过群管。

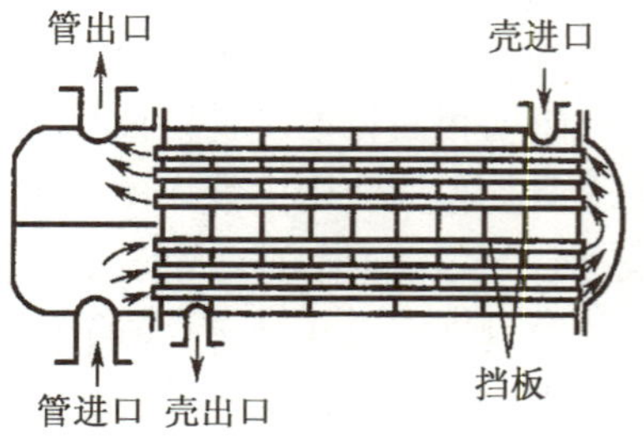

图 5-6 管壳式热交换器

在换热面积相等、流体特性及进出口温度相同的条件下，逆流换热比顺流换热的传热能力大且逆流时沿整个换热面的局部温度变化较小，铜管的热变形也较小。对于用海水作冷却介质的热交换器，在海水进口处需要装一个更换方便的锌块或锌棒。

管壳式热交换器具有结构坚固、易于制造、适应性强、热容量大、压力损失小、密封性较好等优点。

B. 板式热交换器

如图5-7所示，板架上、下分别固定着一承载杆和导杆，两杆的另一端由一支柱固定。位于板架和压板间的传热板组件由承载杆悬吊，能沿导杆移动（压板也如此），通过改变换热板的片数，极易调节热传导面积。

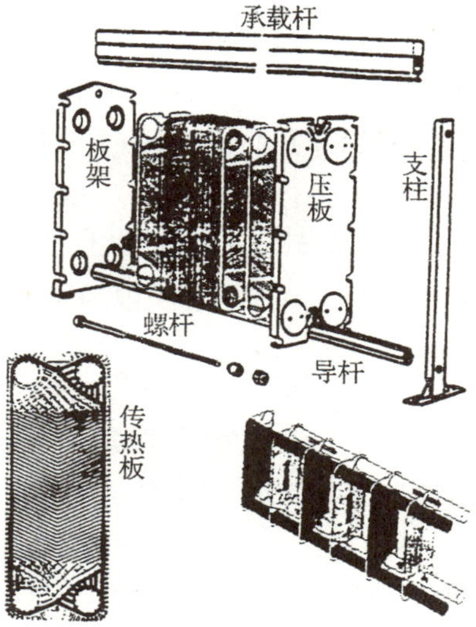

图5-7　板式热交换器

传热板由钛合金制造而成，其传热面被压制并呈直波状凹凸和球面突起，以扩大其热传导面积。每块板片有四个分配液体的孔，叠合在一起的传热板间由橡胶垫片密封，使两种液体不会产生渗漏。而且，橡胶垫设计成使热交换器的两种液体做反向流动。

板式热交换器在船上有多种用途，如可作为中央冷却器、活塞水冷却器等，它具有换热系数高、结构紧凑、维修方便、极易增减传热面积的优点，但其费用较高，容易泄漏。

⑤滑油循环柜

滑油循环柜一般设在双层底内，其四周都有干隔舱。值班时应经常对隔舱进行探测，以检查船体和循环柜是否有腐蚀和渗漏现象。油柜的底面一般做成由船首向船尾下斜，使水分、泥渣等沉淀物集中到一端，以便清除。油柜中设有横隔板，用来减少滑油的扰动，便于杂质沉淀并能减轻船舶摇摆时油的波动。循环柜中常设有加热盘管，在柴油机冷车启动时，它能保证滑油具有适当的黏度。滑油泵的吸入口和来自主机油底壳的汇流管分别位于油柜的前、后端，借以保证滑油在柜中有足够的时间排除空气并沉淀出水分和杂质。汇流管的管端应伸至最低油位的下面，而不能在油柜顶上，以免汇流的热油不断撞击滑油表面，增加滑油夹带空气的可能及加速氧化和产生泡沫等。此外，滑油循环柜还设有透气管和测量管等。

2.4 曲轴箱润滑系统的维护

(1)确保滑油的工作压力

滑油的工作压力应按说明书的规定进行调节,一般应保持在0.15~0.4 MPa。滑油的压力可由滑油泵的旁通阀来调节,其应高于海水和淡水压力,以防止冷却液渗入滑油中。

滑油压力过高时,滑油会四处飞溅,接合面易漏油,在曲轴箱中容易受热氧化变质,也增加了滑油的消耗。滑油压力过低时,将会因轴承供油不足而使机件磨损加剧,严重时,会发生重大的机损事故和安全事故。

(2)确保滑油的工作温度

通常,滑油进口温度应保持在40~55 ℃(中、高速柴油机取上限);最高温度不允许超过65 ℃(中、高速柴油机为70~90 ℃);进出口温差一般为10~15 ℃。滑油的温度一般可通过滑油冷却器的旁通阀来调节。

备车时应对滑油柜进行加热,使滑油温度预热到38 ℃左右,以便杂质分离和防止油泥沉淀在管壁上并可减轻滑油泵的负荷。加热后即可开动滑油泵,使滑油在系统中循环,防止柴油机启动时干摩擦。

柴油机停车后,应继续让系统运转20 min左右,使发动机各润滑表面继续得到冷却。

滑油温度过低,黏度增大,摩擦阻力损失增大,同时滑油泵功耗增加;滑油温度过高,黏度减小,润滑性能变差,零部件磨损增大,同时滑油易氧化变质。

(3)保证正常的工作油位

经常检查循环柜油位,保持油位正常。油位过低,滑油温度将会升高,容易使滑油在曲轴箱中挥发。另外,若在单位时间内滑油的循环次数过多,油中杂质无法在循环柜中充分沉淀,则会加速滑油氧化变质,严重时将有断油的危险。油位过高,可能造成溢油危险。

注意:运转中油位突然降低,可能是油底壳或管系泄漏引起的;油位突然升高,则可能是冷却系统中的水漏入所致,要及时处理。

(4)定期检查和清洗滑油滤器和冷却器

检查滑油冷却器的冷却水管,防止其被海水腐蚀。在冷却器长期使用后还要注意其密封圈是否已经老化,如果老化则应及时更换;否则在柴油机运行时,滑油压力高于海水压力,滑油会漏到海水中,污染海洋,而停车时,海水又会倒漏入滑油中,污染滑油。在冷却器冷却效果不良时要清洗冷却器以增强其冷却效果。通常管壳式热交换器使用三氯乙烯溶液进行清洗;板式热交换器则用人工清洗。

在日常巡回检查中应经常检查滑油滤器的进出口压差,以防影响柴油机的正常运转。清洗滤器时可采用清洗剂或柴油浸泡、软刷清除污垢和压缩空气吹净等,切勿损伤其零件。对于自动反冲洗滤器,在巡回检查中要注意其动作是否正常,应按说明书的要求拆装和用专用工具清洗。

(5)定期检验滑油质量

为了及时掌握滑油变质规律,以便采取有效的措施,须对曲轴箱油进行定期检验,通常有以下几种方法:

①经验法

根据轮机人员的使用经验，通过对曲轴箱油的直观检查，如摸（黏性）、嗅（气味）、看（颜色），以及检查滑油分油机中的沉积油泥，观察溅在曲轴箱壁面上的滑油颜色、活塞冷却腔内的积炭等，可大致判断滑油的变质情况。

②油渍试验法

这种方法把待检滑油滴在特殊试纸上，待该油滴干燥后，根据其扩散状况和颜色的变化与提供的标准图像（或新油的扩散和颜色）比较，可大致判断滑油的变质情况。若油渍中心黑点较小，颜色较浅，四周黄色油渍较大，则表明滑油仍可使用；若黑点较大，且油是黑褐色、均匀无颗粒，则表示滑油已变质。

③化验法

化验法可对滑油进行定量分析，根据使用要求可分为船上简易化验和实验室化验两种。

船上简易化验可在船舶现场进行现场化验，所使用的化验设备均由油品供应商提供。应根据其规定的方法进行化验，可得到诸如黏度、水分、盐分、总碱值、强酸值、不溶物等性能指标的数值，从而可较准确地判断出滑油的变质情况。

实验室化验是由轮机人员在船舶上取出油样，送交陆地实验室（通常为油品供应商）进行定量化验分析，轮机员可根据化验分析单进行综合分析并决定处理措施。通常，化验分析单上已有对滑油的分析结论及相应的处理措施。曲轴箱油应在使用中每隔3~4个月取油样化验一次。所取油样应有代表性，一般应在滑油分油机前取样，而且最好在进港前运转中取样。取样时应使用专用取样瓶并放掉2倍于取样旋塞管路中的存油，以消除旋塞管路中的杂质。取样瓶应加以密封并注明使用累计小时等参数。

化验项目和允许各指标变化限值大致为：

A. 黏度。使用中的滑油黏度可能减小（混入柴油）或增大（混入重油或自身氧化）。一般认为，滑油黏度变化不得超过初始值的25%或20%。

B. 总酸值。滑油自身氧化和燃烧产物中的酸性产物漏入均会使总酸值增大。总酸值的变化速度比其绝对值更为重要，因为它可以说明滑油是否有迅速恶化以及产生沉淀物和变黑的倾向。总酸值有一个缓变时期，缓变后期总酸值可能增大很快。通常，若总酸值迅速增大，则此值不允许超过2.5 mgKOH/g；若总酸值变化缓慢，则此值允许高达4 mgKOH/g。但若出现强酸值，则只允许总酸值达到2.5 mgKOH/g。

C. 强酸值。燃烧产物中的酸性物质漏入将造成强酸值增大。正常使用的滑油不允许出现强酸值。如出现强酸值，应引起足够重视，立即查明原因，采取有效措施（如水洗等）。

D. 总碱值。滑油在使用中，随着碱性添加剂的消耗，总碱值逐渐减小。不允许总碱值为零或出现强酸值。

E. 水分。滑油中出现水分是由冷却系统泄漏造成的。当水分超过0.5%时，应查明原因，同时用滑油分油机予以处理。

F. 盐分。海水漏入滑油会出现盐分，盐分具有腐蚀作用。应查明原因，采取处理措施。水洗法可排除盐分，但应考虑滑油中的添加剂是否溶于水。

G. 沉积不溶物。滑油中的沉积不溶物包括燃烧产物、磨屑、铁锈和氧化物等。这些污染物会使滑油黏度增大并生成泥渣。使用纯矿物滑油且具有连续分离净化设备的十字头式柴油机，沉积不溶物质量一般不超过总质量的0.5%，若超过1%，说明滑油污染严重。使用添加剂滑油的筒形活塞式柴油机，其滑油的沉积不溶物允许高达3%，因为此种滑油具有悬浮携带固体微粒的能力。

沉积不溶物中的氧化物溶于苯而不溶于正庚烷，因而分别用正庚烷和苯测量沉积不溶物的数量，其差值即为氧化物质量。一般沉积物多指正庚烷不溶物。

H. 闪点。燃油漏入将降低滑油闪点。一般当闪点降低40 ℃或更多时，应查明原因。在分析以上化验指标时，应综合分析各指标的变化，不应只强调某一指标的变化。

(6)滑油净化处理

在滑油使用过程中，由于燃烧产物、灰尘、铁锈等，甚至滑油自身氧化所生成的颗粒等的影响，滑油中的杂质会增加，因此应对滑油进行必要的处理，以保证滑油的性能良好，这是确保柴油机正常运转的必要措施。具体处理方法有以下几种：

①沉淀柜批处理

沉淀柜批处理就是在船舶停港而且时间充裕的情况下，当柴油机不运转时，用滑油泵将循环柜中的全部滑油打入滑油污油柜(或滑油沉淀柜，其容量应能容纳系统中的全部滑油)，同时彻底清洗循环柜。污油柜中的滑油用蒸汽加热，使油温保持在60 ℃左右，沉淀24 h，其间应定时地排放水和泥渣。再用分油机在尽可能小的流量下分离污油柜中的滑油，然后送回循环柜。采用沉淀柜批处理方法能确保全部滑油都得到彻底清洁。

②滑油循环柜清空检查

一般滑油循环柜应每年至少清空一次，特别是对残留在柜底的泥渣和铁锈等固体杂质均应认真仔细地清除干净，彻底检查其内部情况。

清洁后，应在柜顶面涂抹清洁的油，这对减缓滑油的氧化变质有明显的作用。这是因为使用中的热油会在循环柜内蒸发出水珠而凝结在油柜顶面上，使顶面生锈。当铁锈脱落进入油内后，会加速油的氧化变质。

③连续离心分离处理

在柴油机运转期间，必须尽可能连续地对曲轴箱油进行分离处理，即将系统中的一部分滑油不断送进分油机进行净化。这种滑油系统称为连续旁通分离系统。滑油的离心分离应注意选择合适的滑油预热温度、合适的比重环及最佳分油量。一般来说，对直链纯矿物曲轴箱油，其净化速率应保证在一天内净化的油量为循环柜储油量的2~3倍，对清净型曲轴箱油以2~5倍为宜。如果分油机的技术状态良好，则通过连续分离可将滑油中的水分控制在0.25%以下。如需进行水洗法处理，需在滑油分油机入口处加入相当于1%~2%滑油量的淡水进行净化。水洗法不仅可洗掉无机酸，还能浸湿小颗粒杂质使之便于分离。但应注意，因某些滑油添加剂也溶于水，故对滑油进行水洗时，应征得供油厂商的同意。

④全部更换不合格滑油

对于柴油发电机副机曲轴箱油，由于系统中的油量不多，所以除在循环系统中设置粗、细滤器外，一般不再进行其他处理，滑油使用一段时间后全部更换。这种采用定期换油的滑油系统称为全部更换系统。换下的污油装进污滑油柜，然后根据滑油变质的程度进行再生处理或报废。

25 气缸滑油的选用

(1)气缸润滑条件

气缸润滑的特殊性首先在于工作温度高。通常,气缸套上部表面温度为180~220 ℃,气缸套下部表面温度为90~120 ℃,活塞环槽表面温度根据测量点位置和活塞顶设计为100~200 ℃。高温会降低滑油黏度,加快滑油氧化变质速度,并使缸壁上的部分油膜蒸发。

其次,活塞往复运动时的速度在行程中部最大,在上、下止点处为零。因此只有在活塞行程中部才有可能实现液体动压润滑,而在上、下止点处不可能。特别在上止点处,气缸中的温度最高,活塞环对缸壁的径向压力最大,即使滑油能承受住这里的高温,也只能保证边界润滑条件。

由于上述原因,气缸套特别是它的上部,很难形成连续完整的油膜,因而一般在气缸套的上部磨损特别严重。一台二冲程直流扫气式柴油机的气缸套磨损量随行程变化的规律如图5-8所示。该柴油机使用劣质含硫燃油。上限曲线表示使用低碱性气缸油,下限曲线表示使用高碱性气缸油。由图5-8可见,气缸套最大磨损量均发生在气缸套上部。高碱性气缸油可大大降低气缸套腐蚀量,上、下限曲线间的阴影线部分可认为是由酸性腐蚀引起的磨损。

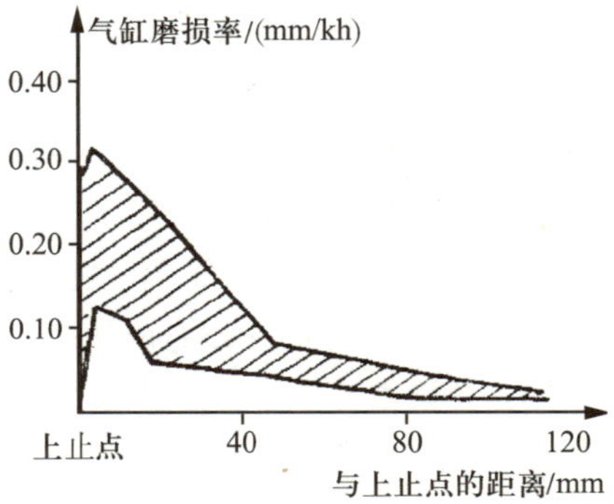

图5-8 气缸套磨损量随行程变化

(2)气缸润滑的作用和方式

①气缸润滑的作用

A. 减少摩擦损失和防止气缸套及活塞的过度磨损。

B. 带走燃烧残留物和金属磨粒等杂质。

C. 帮助密封燃烧室空间。

D. 在金属表面形成油膜,可防止燃气与金属接触,以免产生腐蚀。

E. 减小噪声。

②气缸润滑的方式

依据柴油机结构的不同,以及气缸滑油到达气缸套内表面的途径不同,气缸润滑一般可分为飞溅润滑和气缸注油润滑两种方式。

A. 飞溅润滑

润滑靠从连杆大端甩出并飞溅到气缸壁上的滑油来润滑,一般不需要专门的润滑装置。气缸油与曲轴箱滑油属同一油品且循环使用,在活塞裙部需装设刮油环以便把飞溅到缸壁上的多余滑油刮回曲轴箱。飞溅润滑的气缸滑油量是不可控的,而且曲轴箱油容易污染变质。此种润滑方式仅适用于中小型筒形活塞式柴油机。

B. 气缸注油润滑

气缸注油润滑(如图5-9所示)使用专用的润滑系统及设备(如气缸注油器),把专用的气缸油经缸壁上的注油孔(一般均布8~12个)喷注到气缸壁表面进行润滑。其注油量可控,喷出的气缸油不予回收,国外称"一过润滑"(Once Through)。这种润滑方式能保证可靠的气缸

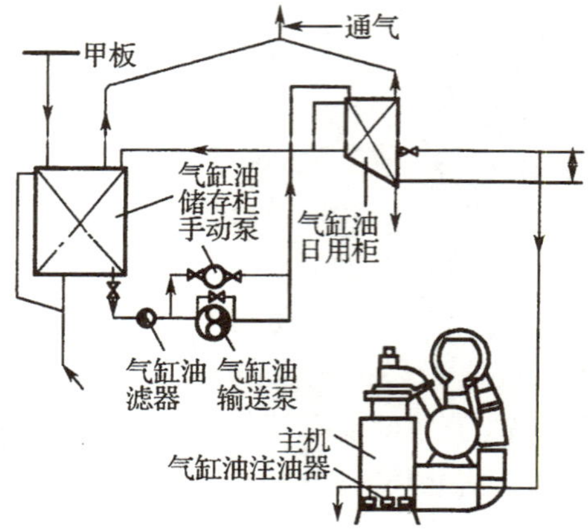

图 5-9　气缸注油润滑

润滑,而且可选择不同质量的气缸油以满足缸内润滑的不同要求,是一种较合理的气缸润滑方式。

目前在十字头式柴油机(均装设横隔板)中均使用此种润滑方式。在某些中速筒形柴油机中,气缸润滑除采用飞溅润滑方式外,尚采用注油润滑作为气缸润滑的辅助措施。

C. 气缸注油的数量与位置

气缸注油的数量与油孔两侧人字形布油槽的形状对注油润滑的影响很大。在正常情况下气缸注油孔有 4~8 个,沿气缸套圆周均匀分布。如油孔数太多,易引起注油不稳定。

气缸注油孔的位置因机型而异。通常,近代大型柴油机的注油孔多分布在气缸套上部(高位注油),而四冲程柴油机的注油孔多分布在气缸套下部。

(3)对气缸油的性能要求

良好的气缸油应具有以下性能:

①润滑性。气缸油必须在活塞与气缸壁之间形成适当厚度的油膜,能良好地湿润金属,以减少滑动摩擦和磨损。鉴于气缸润滑处于边界润滑条件,因而要求气缸油应具有良好的油性。

②黏度及黏度指数。气缸油在较高温度下应有适当的黏度,能迅速分布到整个工作表面,而在启动时黏度又不致太高。即要求气缸油应有适当的黏度(通常在 100 ℃时为 14~20 cSt)和较高的黏度指数(75~95)。

③清净分散性。气缸油应能抑制在活塞和活塞环上形成漆膜和沉积物;应具有良好的扩散性;应具有能使炭渣变成微小颗粒悬浮在油中的能力。

④中和性能。气缸油应能中和燃用劣质高硫燃料时生成的硫酸,要求气缸油具有一定的碱性(*TBN* 为 40~100 mgKOH/g)。

⑤抗氧化性。气缸油应在气缸内高温下有良好的抗氧化性,防止生成积炭沉积物,使活塞环区及气口处沉积物减至最少,使缸壁上的油膜得以保持。

⑥其他。气缸油燃烧后生成的灰分应尽可能少,且不属于硬颗粒的磨料物质,应具有良好的密封性和储存稳定性等。

从上述性能要求来看,纯矿物油无法完全满足。近代的气缸油都是选用优质的矿物滑油作为基础油,再加入实现各种效能的添加剂制成的。在各种添加剂中碱性添加剂占有最重要的地位,从某种意义上讲,劣质燃油能否使用,在很大程度上取决于这种添加剂的效能。20 世纪 50 年代的碱性添加剂多为水溶性,由此类添加剂制成的气缸油属乳化气缸油。之后发展了一种虽不溶于油但能以极细颗粒分散到基础油中的添加剂,制成分散型气缸油。近代使用的碱性添加剂均属于油溶性,由于具有良好的储存稳定性而得到广泛应用。

(4)气缸油的选用

①气缸油的种类

根据机型和运转状态的不同要求,气缸油有以下几种黏度等级:

A. SAE50 黏度等级,总碱值可覆盖 10~100,此类气缸油使用广泛。

B. SAE40 黏度等级,总碱值为 40。

C. 黏度等级大于 50,总碱值有 70、85、100,用于长冲程高负荷柴油机。

D. 不含添加剂的 SAE50 高黏度等级,用于新发动机及换新气缸套磨合。

②气缸油的选择

选择气缸油时,一般应根据所使用燃油的硫分来确定气缸油的总碱值。根据使用经验,使用高硫分($S>2.5\%$)的燃油,气缸油的 *TBN* 应为 65~70。$S<2.5\%$者,*TBN* 约为 40。使用船用柴油时,*TBN* 为 10~14。近代有些工作条件严酷的柴油机已采用 *TBN* 为 100 的气缸油。

一些柴油机制造厂曾根据燃油的硫分,推荐出理论上的气缸油总碱值,如表 5-5 所示。这种匹配关系在实践中却不易执行。其主要原因在于远洋船舶需要在世界不同港口加装燃油,在决定加装燃油时,习惯上以黏度等级为准,而相同黏度等级的燃油硫分随产地不同又有较大差别。对这种差别船方事先无法获得有关数据,无法根据燃油硫分的变化来改变气缸油的总碱值。在多数情况下,船方只备有某一总碱值的气缸油,因而在实践中总碱值与燃油硫分的匹配比较粗糙。

表 5-5　气缸油的选择

机型 / 选用值	B&W				Sulzer				
S/%	<0.8	1~2	2~3	>3	<0.5	0.5~1.0	1.0~1.5	1.5~2.5	>2.5
TBN/(mgKOH/g)	5~7	10~40	40~70	>70	<5	5~10	10~20	20~40	40~70

当长期使用低硫分燃油时,酌情选用总碱值低(10~14)的气缸油。如此时仍使用高碱性气缸油,则有可能在缸内出现由过量碱性添加剂所形成的大量灰白色沉淀物(通常为含钙盐类)。为了检查运转中柴油机使用的气缸油碱性是否足够,可以对从气缸中刮下的残油(在活塞杆填料函取样)进行化学分析,若残油仍呈现一定碱性(*TBN* 大于 10),则说明气缸壁上的油膜有足够的碱性储备。

此外,还可以用直观法加以判断。一般说来,注进气缸的滑油,由于活塞的往复运动,油滴容易迅速分布到注油孔上、下部的狭窄表面上,而沿圆周方向的扩散速度较低。因此若气缸油碱性较低,则在各注油点之间的气缸套表面上出现漆状沉积物,使铸铁气缸套表面被腐蚀发暗(镀铬气缸套则出现白斑)。

处于磨合期的气缸活塞组件为了加速磨合,通常采用无添加剂的精炼滑油,其牌号应与所用燃油含硫量相匹配。因为该滑油具有较强的承载能力而又不阻碍硫分对工作表面的腐蚀(一定的腐蚀有利于磨合)。通常认为在磨合期使用硫分大于 1%的燃油对磨合有利。在任何条件下均不应使用高碱性气缸油,那样会使磨合期延长且无法控制剧烈的磨损和擦伤。而在整个磨合期的各个不同阶段还应适时换用不同碱值的气缸油。

③注油定时的选择

通常认为,注油定时应选择在活塞上行使注油点位于第一、二道活塞环之间时向缸内注油。但实践证明,现有的注油设备难以做到按准确的定时向气缸注油。实验研究表明,只有在缸内压力低于注油管中的油压时,气缸油才会注入缸内。短活塞柴油机在曲轴回转一转中,这种机会一般有两次:一次是活塞上行到上止点附近,活塞的下边缘打开注油孔;另一次是活塞下行到下止点附近,缸内正在扫气时。而对长活塞柴油机在曲轴一转中,这种机会只有一次,即当气缸内正在扫气时。注油次数随机型而异,通常为 2~4 个活塞行程注油一次。

④注油率的确定

A. 额定负荷下的注油率

气缸注油率应当适宜,注油率太高,不但浪费而且会使活塞顶面、环带区、气口和排气阀处的沉积物增多,引起活塞环和排气阀黏着,使气流通道部分堵塞。同时多余的气缸油还会沉积在活塞下部空间、扫气箱和定压排气管中,导致扫气箱着火。注油率太低,则难以形成完整的油膜,而使活塞环与气缸套磨损加剧和漏气增多,泄漏的燃气又会破坏缸壁上的油膜导致咬缸。因而存在一个最佳注油率。直流扫气柴油机的气缸油分布特性与弯流扫气柴油机的不同(由气体的流动形式和活塞裙长度不同引起),因而弯流扫气柴油机的最佳注油率一般较直流扫气柴油机的大。有关厂家推荐的最佳注油率如表5-6所示。

表5-6 有关厂家推荐的最佳注油率

制造厂	机型	气缸注油率/[g/(kW·h)]	
		制造厂推荐值	实际使用经验值
Sulzer	RD	0.95	1.00~1.36
	RND	1.22	
	RTA	0.80	
MAN	KZ	0.80	1.09~1.90
	KSZ	1.09	
	MC/MCE	0.80	
三菱	UEC85/160C	0.55~0.80	1.09~1.77

在实际应用中,一般的趋势是注油率过大,这主要是由管理者的主观因素造成的。不同类型的柴油机的注油率在不同工况下各不相同,最适宜的注油率应该根据推荐的注油率并综合考虑活塞环的状态、气缸套磨损率的大小以及柴油机部件的拆检周期来确定。如气缸套内壁表面湿润、干净,首环半干半湿,其余环湿润,活塞环在环槽内活动灵活,环外圆表面光亮,倒角尚在,则气缸注油率适中。

B. 磨合期的气缸注油率

磨合期的气缸注油率目前尚无统一的标准,比较公认的做法是增加20%~100%的注油率,随着负荷的提高逐渐减少过量滑油。在这方面各造机厂家的具体做法不同。

C. 运行中气缸注油率的计算

气缸注油率通常是按柴油机标定功率来确定的,但柴油机实际使用中一般并不在此功率下运行,这样气缸注油率应随柴油机负荷的降低而减少。

如气缸注油器属"负荷调节"式,在计算负荷变化后的注油率时,可以以实际平均有效压力为依据。如标定工况的气缸油注油率为 $A_b = x$[单位为g/(kW·h)],则在负荷变化为90%标定值时,其气缸注油率 $A' = 90\% A_b$。应当指出,当柴油机处于连续低负荷运转的特殊情况时,注油率绝对不能低于该机标定注油率的40%。

若气缸注油器属"随转速调节"式,则当转速变化后其气缸注油率:

$$A = G n_b z / (n P_b) \quad g/(kW \cdot h)$$

式中，G——柴油机气缸油消耗量，g/h；

P_b——标定功率，kW；

n_b——标定转速，r/min；

n——实际转速，r/min；

z——气缸数。

26 气缸注油设备的检查与管理

气缸注油的主要设备是气缸注油器和气缸注油接头。

(1)气缸注油器

气缸注油器由多个柱塞式油泵单元组成，其驱动方式有机械式和液压式两种。气缸注油器注油量的调节方式有“随转速调节(等速率调节)”“随负荷调节”两种。前者的注油量与柴油机转速成正比，后者的注油量随负荷变化而自动调节，即具有“独立的气缸润滑系统”。

①机械式气缸注油器

气缸注油器形式较多，一般大型柴油机每缸配用一只气缸注油器；各气缸注油器由凸轮轴或其他设备驱动。每个气缸注油器内有多组油泵，各油泵单元分别将滑油供给气缸套上各注油点。图5-10所示为国产柱塞式真空注油器的结构原理图，常用于大中型柴油机，以提供气缸滑油，其最大供油压力可达16 MPa。气缸油储存在油箱内，正常情况下要求保持在示油管的2/3液面上，以保证油泵的吸油。

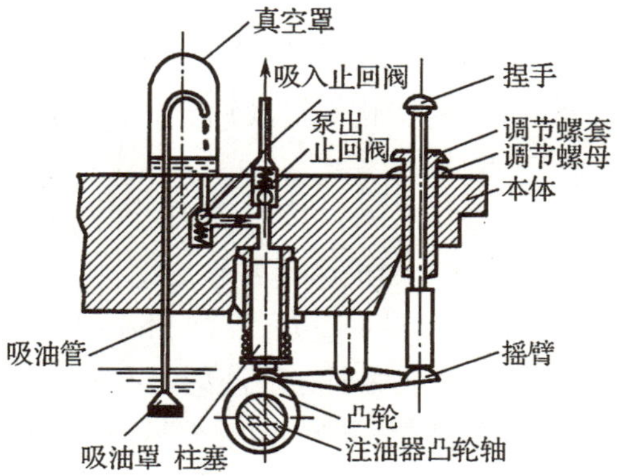

图5-10 国产柱塞式真空注油器

油泵柱塞由气缸注油器的凸轮轴驱动。当柱塞向下运动时，气缸油通过吸油罩、吸油管和止回阀吸入；而当油泵柱塞向上运动时，滑油经止回阀和注油阀送至气缸注油接头。通过观察滴油管情况，了解各注油嘴的注油量，以及注油的均匀度。如各滴油管中油滴的下滴速度几乎一致，则可视为各气缸注油接头的注油量相同(有些用浮动钢球，随不同流量而升降)。

油泵的供油量由柱塞的行程来决定。柱塞行程是可变的，因而输油量也是可变的，当需要调节各泵的注油量时，可转动调节螺套，逆时针转油量增多，顺时针转油量减少。

在主机启动前，首先数次逐个按动注油泵的手柄。当滴油管有油滴连续出现，油滴中不带气泡时，继续摇动手柄数转，直至每个注油泵的滴油管都已连续滴油并感到摇动手柄的阻力逐渐增大，即说明管中已注满滑油，于是可与主机传动机构接通使用。气缸注油器应保持清洁，每使用数月后应用柴油清洗，将油箱内部沉淀杂质清除。油泵各部亦应解体清洁。

这种注油器注油量的调节方式称为“随转速调节（等速率调节）”。

②液压式气缸注油器

此种气缸注油器使用较少，只在 Sulzer RLB 和 RTA 型柴油机上使用，如图 5-11 所示。凸轮轴带动的齿轮泵提供驱动液压马达的液压能。流量调节阀由燃油负荷指示轴控制，根据负荷的大小调节流量调节阀的开度大小，从而调节液压马达的转速。气缸注油器在液压马达的驱动下产生高压向气缸注油接头供油。

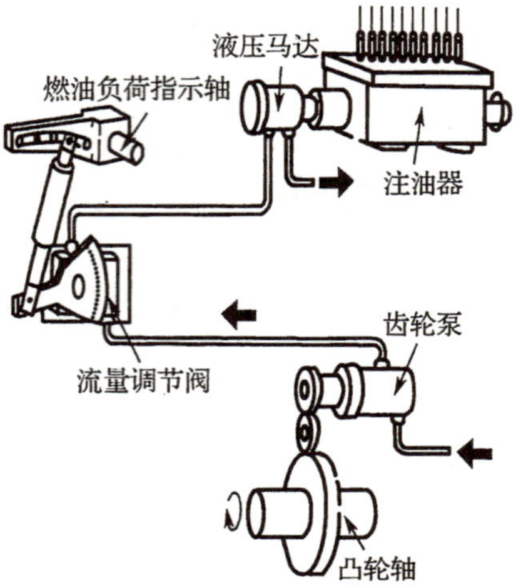

图 5-11　液压式气缸注油器

可见，其注油量随负荷（燃油量）的变化而自动调节，以消除随转速调节在低负荷运转时注油量过大的弊端。

③电子注油器

减少气缸滑油消耗量会明显提高柴油机运行的经济性，所以在保证不增加气缸磨损率和检修周期不缩短的前提下减少气缸注油量一直是气缸润滑技术发展的一个重要目标。气缸油必须在准确的位置和时刻注入气缸，才能保证气缸油的最有效利用。而这一点用传统的气缸注油器是很难实现的。为此，MAN B&W 公司开发出一种计算机控制的电子气缸注油系统，即 α 电子注油系统，如图 5-12 所示。该系统由气缸油日用柜、带备用泵泵站、带备份的系统控制单元、注油器和蓄压器等组成。该系统既可用于凸轮轴控制的传统柴油机，又可用于电子控制的柴油机。电子注油器的注油快速精确。对于大型柴油机，每个气缸装有两套气缸注油器，装于气缸套上的注油接头使每套提供的五个注油接头相互间隔，提高系统的可靠性。而对于比较小的柴油机，每缸装一套。

注油定时通过传感器给控制单元发送一个曲轴位置信号，控制单元给电磁阀发出开启信号，被油泵加压至 20 MPa 的气缸油作为伺服油去推动驱动活塞，驱动活塞同时推动五个注油柱塞开始注油，经过预设的时间，控制单元向电磁阀发出关闭信号，伺服油停止推动驱动活塞并泄放，注油结束，如图 5-13 所示。注油系统可在任一时刻向缸内注油（选在活塞环接近注油点时为佳）。

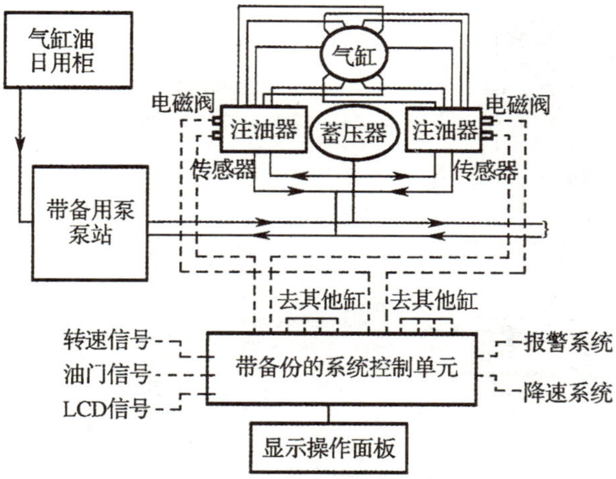

图 5-12　α 电子注油系统

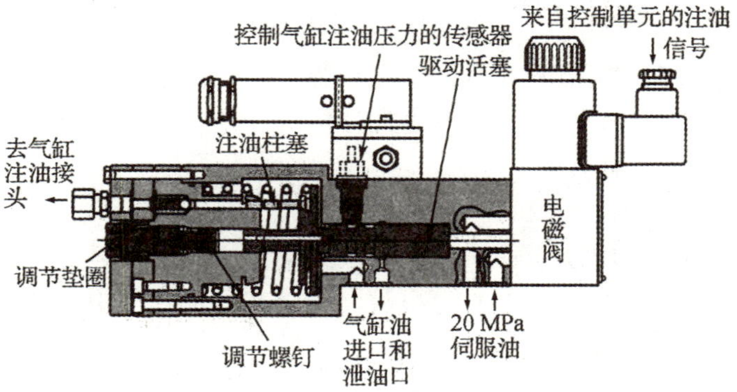

图 5-13　注油单元

气缸注油量的调节是按柴油机负荷的控制方式进行的，通过监测柴油机的负荷由计算机控制系统调整注油次数来实现，如曲轴 4 转、4.5 转、5 转注油一次等。在负荷变化或启停时，注油量可根据需要增加。注油柱塞基本行程的设定通过调整调节垫圈的厚度和调节螺钉来实现。

若电磁阀或传感器故障，该气缸的其他注油器的注油量将自动增加到最大。若油压低，控制单元就启动备用泵，关闭故障泵。若控制单元和位置传感器故障，自动启用备用控制单元。

(2)气缸注油接头

气缸注油润滑有脉动式和蓄压式两种。

①脉动式注油方式

在这种方式中，注油器中柱塞泵的柱塞在加压行程中向气缸注油器接头压送滑油。为了保证活塞上行通过注油点时能定时供油，柱塞与活塞的运动是相对应的。而实际上，滑油只有当气缸内压力低于注油器出口管内压力时，气缸注油接头处的止回阀才开启并向气缸内注油。

②蓄压式注油方式

如图 5-14 所示，柱塞泵出口的油进入各注油接头处的蓄压器内，在该蓄压器压力与气缸内压力差的作用下自动注入气缸。注油器每次排油量很小，仅使系统内压力升高 0.15~0.20 MPa。气缸注油接头安装在气缸套各个注油孔内(新型柴油机设计成不穿过气缸

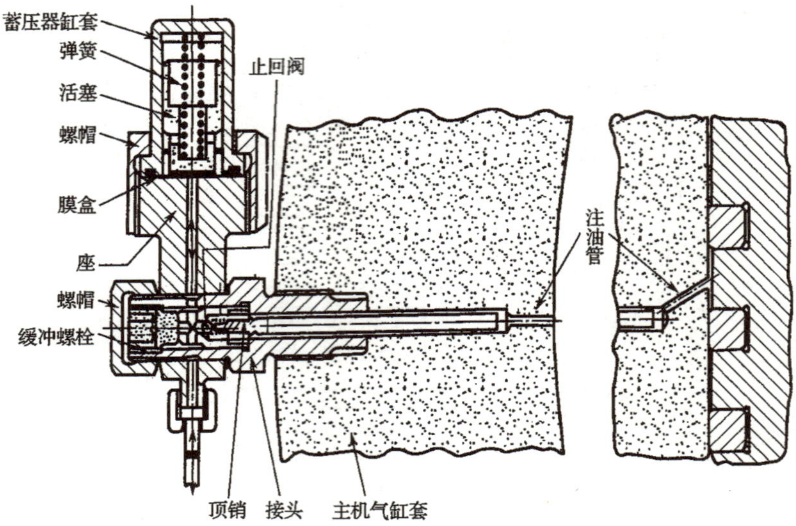

图 5-14 蓄压式注油

冷却水空间,以避免冷却水渗入气缸套内)。蓄压器储存气缸油,使气缸注油接头能维持一个恒定压力。止回阀防止缸内燃气倒冲入气缸注油接头,当缸内压力低于蓄压器内压力时,止回阀开启,气缸油自动注入气缸。

(3)气缸注油设备检查

气缸注油润滑对于柴油机尤其是大型十字头式柴油机的正常运行具有至关重要的影响,气缸注油设备的损坏将有可能导致拉缸等事故。所以在日常管理中,要特别注意气缸注油设备的工作状况。

①在调节气缸注油量时,必须严格依照说明书的要求进行。油量调整后,相关部件必须保持在所设定位置,不能随意改变。

②在航行中,要密切注意气缸注油情况。气缸油日用柜应保持适当油位,油柜出口滤器要保持清洁。每个注油器的观察镜中应有油流出或可以看见油量指示浮子在上下浮动,如果情况异常,则要注意注油器或气缸注油接头工作状况。对于蓄压式注油嘴,长期工作后,注油嘴中的膜盒会老化或脆裂,所以要定期检查更换。

③要定期或每航次从气缸套观察孔检查气缸注油孔每个油孔是否有油,油量是否大致均匀。如果在工作中出现气缸注油器油管接头渗漏,或注油器出油管观察镜爆裂等情况,常常是气缸注油孔堵塞所致。一旦发现有油孔堵塞,应尽可能在最短时间内将其疏通,或选择时机吊缸,更换气缸套。在柴油机吊缸检修时也要注意清洁气缸注油孔,防止油孔堵塞引起拉缸事故。

任务 3 分油机和滤器的维护

船舶动力装置所用的燃油和滑油含有水分和固体杂质,将严重影响柴油机的运转和使用寿命。因此必须对油类进行净化处理。燃、滑油净化处理的方法有三种,即过滤器过滤(只能净化油中粗粒杂质，故只作为辅助净化之用）、重力沉淀（虽能将水和杂质分离出来，速度慢，历时长，在船舶摇摆时无法保证净化质量）、分油机分离净化（净化程度高、速度快，受船舶摇摆影响小）。

3.1 分油机认识

（1）分油机分类

船用分油机以离心式分油机为主，主要有以下类型：

①按结构可分为碟（盘）式离心机和管式离心机两类。它们仅在结构上有些区别，其工作原理是一样的。目前船舶基本上均采用碟（盘）式离心机。

②按操作方式可分为人工排渣、手控排渣、程控排渣和连续排渣四种。

③按主要用途可分为分水机和分杂机两种。分水机又称净化器，主要用于净化油料中的水分，但也起分杂的作用；分杂机又称澄清器，主要用于预净化油料中的固体杂质，而无分水功能。

④按净化对象可分为燃油分油机、滑油分油机。分杂机与分水机在船舶油料净化系统中可以单独使用，对不同的油料进行净化，所以有燃油分油机、滑油分油机之分。

分油机的连接方式可分为串联和并联两种。并联运行可以提高分油量，串联运行不但可以提高分油量，还可以提高分油质量。在实际应用中分油机串联运行时，多是分水机在前，分杂机在后，即先净化器，后澄清器。

分油机的生产厂家较多，其牌号也不尽相同，如国产分油机 DRY-30 符号的含义：D——蝶（盘）式；R——人工排渣（z——自动排渣、B——部分排渣）；Y——分油机；30——分离量的1/100，L/h。

（2）分油机工作原理解析

杂质分离的方法如下：

①用重力沉淀槽分离杂质

图 5-15 所示为重力沉淀槽示意图。使用时先向槽内注水，使水面至少升至分液板的下缘，以造成“水封”，即不让油液流到分液板的左侧空间；然后将污油缓慢地倒入槽中。由于油、水和杂质的密度不同，因而随流依次分层。密度大的杂质沉淀于槽底，密度小的油浮于上层，而水介于油和杂质之间。当油面上升至溢油板的上边缘时，净油将从溢油板的上边缘溢出，污水将绕过分液板的下缘向左流动，最后从溢水板的上边缘溢出。

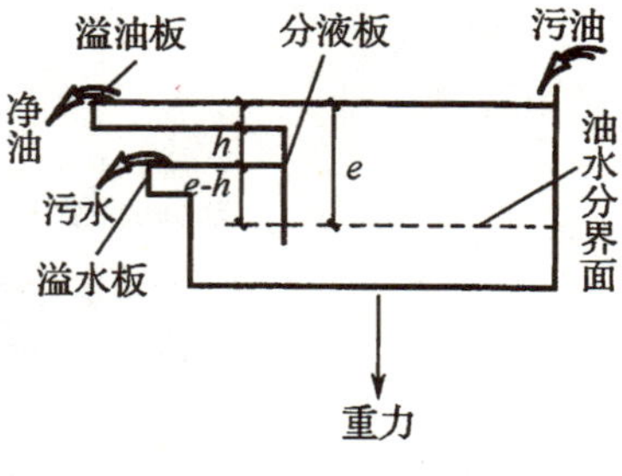

图 5-15 重力沉淀槽示意图

重力沉淀槽是静止的，依靠重力作用和密度差异使油、水、杂质连续分离，但其分离速度慢，加上船舶的摇摆，分离效果差，已很少采用。

②用离心式分油机分离杂质

将重力沉淀槽顺时针转 90°让其竖起，做成如图 5-16 所示的圆筒，并使它绕中心轴做高速旋转，筒内污油中的油、水以及机械杂质就会获得不同的离心力。密度大的杂质离心力大，被甩到最外层，密度次之的水占据中层，而密度最小的油聚集在最内层。这样在筒内形成以转轴为中心的圆柱形的油水分界面，只要连续地引入污油，就可经相应的通道把油、水分别引出，而使杂质积聚在筒壁上。

离心式分油机实际上是一种加速沉淀设备。对于混有杂质的油料，在离心力场中实现油、水和杂质的沉淀的速度、效率要比在重力场中沉淀大数千倍，其沉淀净化的质量也更高。这种分油机的核心部件是分离筒，净化油料的作用主要由它完成。把油料送入转速高达 6 000 r/min 以上的高速旋转的分离筒内，由于油料随容器一起高速旋转，且转筒的转速越高，油、水和杂质的分离就越彻底，效率也越高。离心分油机油料分离量大，分离质量高，所以被船舶广泛采用，为船舶必备的辅助设备。

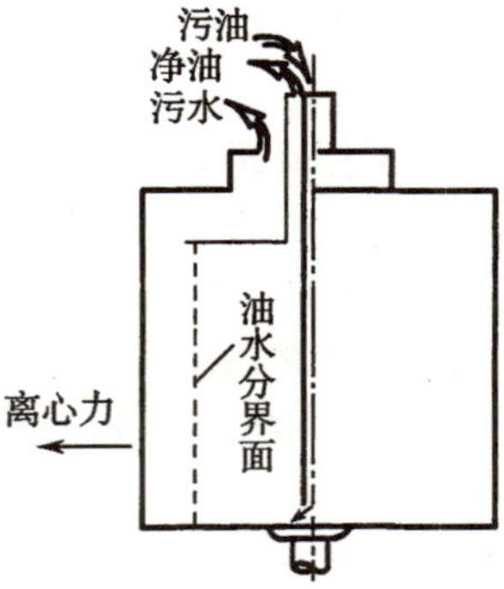

图 5-16　离心式分油机

③分水机和分杂机的区别

为净化含水和杂质不同的油料，分油机的工作有分水机和分杂机之分。净化含有大量水分（大于 2%）和少量杂质（小于 0.03%）的油料时，分油机可装成以除水为主的分水机；净化含有大量杂质（大于 0.2%）和少量水分（小于 0.3%）的油料时，可装成分杂机。对含有大量水分和大量杂质的油料，可先用分水机清除油中的水分和大颗粒杂质，然后用分杂机清除油中较小颗粒杂质。对于使用轻柴油机的小型船舶，分油机一般按分水机工作。

分水机和分杂机的结构基本相同，仅分离筒的个别零件不同，只要更换个别零件，即可改变其功能，如图 5-17 所示。左半图为分杂装置（分杂机），右半图为分水装置（分水机）。分水机的分离筒采用有孔底分离盘，有净油和污水出口，分杂机的分离筒则采用无孔底分离盘的分杂下盘（以增大杂质的回转半径，增强分离效果），只有一个净油出口，出水口用分杂盘或密封圈堵住。

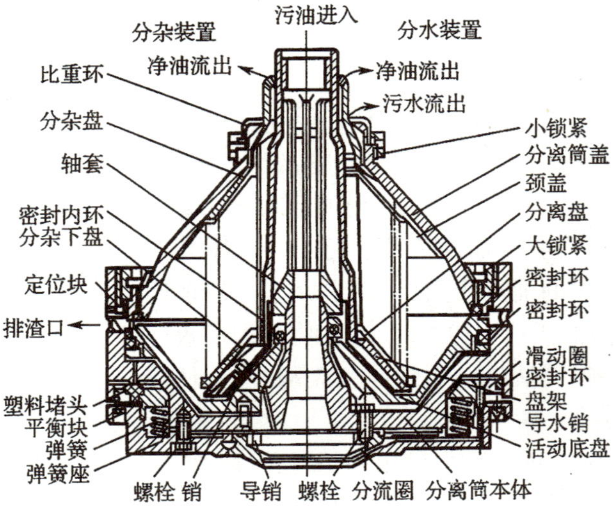

图 5-17　左半图为分杂装置，右半图为分水装置

可见只要将分杂机的分杂下盘更换为有孔底分离盘，取消分杂密封圈，即可改装成分水机。

分水装置就是将分油机的分离筒组装成能除去污油中水分和大的固体杂质的一种分离装

置。在盘架距外边缘约1/3径向长度的地方有一圈分配孔，这一圈孔正好与分离盘上的分配孔相对，含水分的油料就是从分离筒底部，经由这些分配孔进入分离盘之间实现分离的。大颗粒杂质和水滴在进入分离盘空间后，立即在离心力作用下被甩向外边；部分杂质和水滴被油料液流带向转轴中心，经过分离盘空间净的燃油则沿分离盘的间隙流至转轴中心处，再由净油排出口流出分离筒。由于油和水的密度不同，油和水分层时有一个油水分界面，分界面以内的空间被油占据，分界面以外的空间为水和杂质。随着油料的不断送入，油、水经各自的通道分别被引出分油机，污渣则被留在分离筒内。通过分油机的排渣操作，经排渣口排出污渣及少量水，从而达到油料净化的作用。

以除去污油中杂质为主的分离筒装置称为分杂装置。因盘架的底部为无孔的分杂下盘，这样，被分离的油料只能绕过分离盘架外边缘进入上面的各分离盘之间。由于外边缘半径较大，离心力也大，分离效果可增强2%~3%。这种装置不加水封水，亦不存在油水分界面，在颈盖上部环形槽内必须装上分杂密封圈，以防油料从出水口排出。

(3)影响分离效果的因素

杂质(或水滴)分离的示意图如图5-18所示，杂质粒子A(或水滴)在离心力的作用下，克服了油液对它的黏性阻力，产生向外的离心沉降速度 v_r，与此同时，杂质粒子又被油粒携带以速度 v_1 向着分离盘上部出口方向移动，其合成速度为 v_a。因此，杂质粒子A最后将被送到上一分离盘的下表面，其实际运动轨迹如图5-18中虚线1—2—3—4—5所示。杂质粒子到达上分离盘的下表面4后，由于该处的油液速度 v_1 几乎为零，因此杂质粒子将在 v_r 分速度的作用下，沿着分离盘的下表面下滑，直到点5处，进而沿 v_r 的方向被甩向分离盘的内壁。

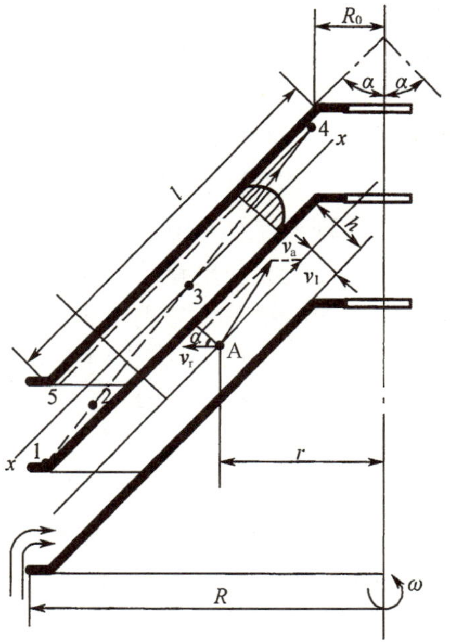

图5-18 杂质(或水滴)分离示意图

根据杂质粒子大小和质量的不同，杂质粒子在分离盘间的运动轨迹亦有所不同。质量较大的杂质粒子被甩向分离筒内壁，更大的杂质粒子在未进入分离盘前就被甩向分离筒内壁，而质量较小的杂质粒子很有可能未到达分离盘而随油液流向净油出口处，减弱了分离效果。可见，杂质粒子在到达分离盘以前必须触及分离盘的下表面，且能克服盘面对它的阻力，才能被分离并甩到分离盘外缘的容污空间。杂质粒子能否触及分离盘的下表面取决于合成速度 v_a 和分离盘间距 h。显然，要增强分离效果，速度 v_a 在 h 方向的分速度 $v_a\cos\alpha$ 要大，而且流过分离盘间的时间 $1/v_1$ 要长。所以采用高速并将油料适当加热以降低其黏度，增大杂质与油的密度差，可以增大 v_r，改善分离效果。分离盘间的距离 h 不宜过小，一般为 0.5~1.0 mm，否则会造成堵塞。分离盘呈伞状，其中心角 2α 在 60°~100°，α 同样也不宜过小。

判断进油流量是否合适的方法如下：卸下分离盘，观察其下表面黏结的黑色黏液（重质油液和固体粒子的混合物）。若黏液接近或达到分离盘的净油出口处，则应减少分离的流量；若无黑色黏液或只有少量黑色黏液黏结在分离盘下表面的大半径处，则可加大分离的流量。

对既定分油机来说，转速和尺寸都已确定，要使更多、更小的杂质被分离出来，要做好以下几方面：

①通过分油机的油量不宜过大。

②在允许范围内适当升高油料的温度。

③分油机应保持在较高的额定转速下运行，要防止电动机转速降低或传动机构出故障。

(4)分水机油水分界面的控制

分水机的油水分界面十分重要，它直接影响油料的分离质量，其最佳位置应在分离盘的外边缘，以确保燃油能利用分离通道的全部长度，达到最有效的分离。为此，在启动分油机并待分油机达到额定转速后，在油料分离前，应先从注油口处注入一定数量的温水，使其在离心力的作用下形成紧贴于分离筒内壁的水封层（环），封住颈盖的下边缘，以防止“跑油”。然后将待分离的油料从注油口处输入。

由于油和水的密度不同，在离心力的作用下，将形成油水分界面，如图 5-19 中 y-y 所示。油水分界面 y-y 控制在分离盘的外边缘附近。如果此分界面过分外移，将超出分离盘的边缘，水层中的油滴将失去分离盘对它的作用而无法分离，使水中带油，甚至造成水封被破坏，出现出水口大量“跑油”现象。如果分界面向转轴中心移动太多而进入分离盘组件内，则会造成分离盘组件被水和杂质阻塞，被油携带的若干水滴和细小杂质粒子将分离不出而随油一起排出分离筒，减弱分离效果。

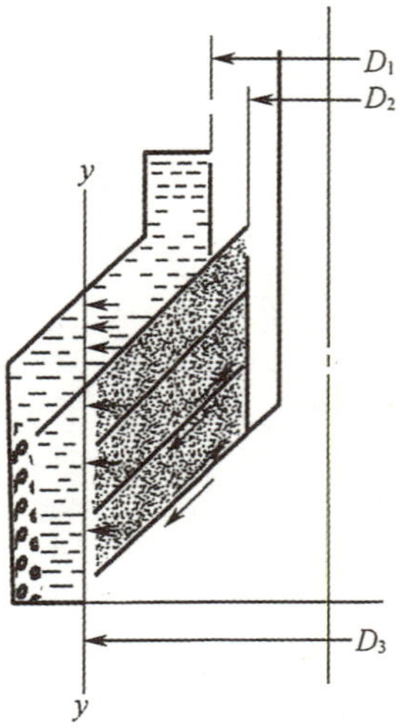

图 5-19　油水分界面

目前，分水机的油水分界面位置由以下两种方式控制。

①由重力环的内径来确定油水分界面

在分离筒中，油和水构成了一个连通器，如图 5-19 所示。若水对 y-y 油水分界面的动压力大于油对该面的动压力，则分界面内移；反之则外移。只有当两者对分界面的动压力相等时，分界面才稳定不动。据此，可推导出比重环内径为

$$D_2 = \sqrt{D_3^2 - \frac{D_3^2 - D_1^2}{\rho_w/\rho_f}}$$

式中，D_1——出油口直径；

D_2——出水口直径；

D_3——油水分界面直径，$D_3>D_2>D_1$；

ρ_w——水的密度；

ρ_f——燃油密度。

可见，所分离的油料密度越大，所选用的比重环直径应越小。为此每台分油机均附带有一套不同内径的比重环，以备选用，如图5-20所示。

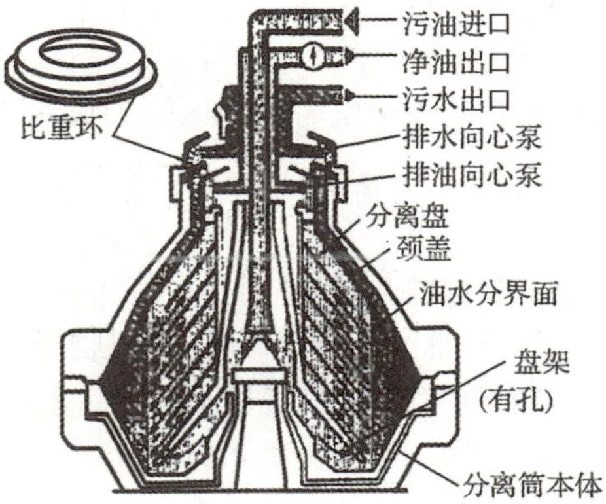

图5-20 选择比重环

②由控制器控制排水阀以确定油水分界面

分油机的比重环被分杂盘代替，在净油出口装设水分浓度监测器，如图5-21所示，连续检测净油中水的含量。随着水滴被不断地分离，聚集在分离筒外围的水越来越多，油水分界面逐渐向中心移动，使少量的水滴随净油一起排出，水分浓度监测器检测到净油中水分浓度增大。当净油中水分浓度超过设定值时，由控制器EPC发出信号至排水阀，短时间内将排水阀打开，执行排水操作后关闭，这一过程能使分界面达到正常位置。

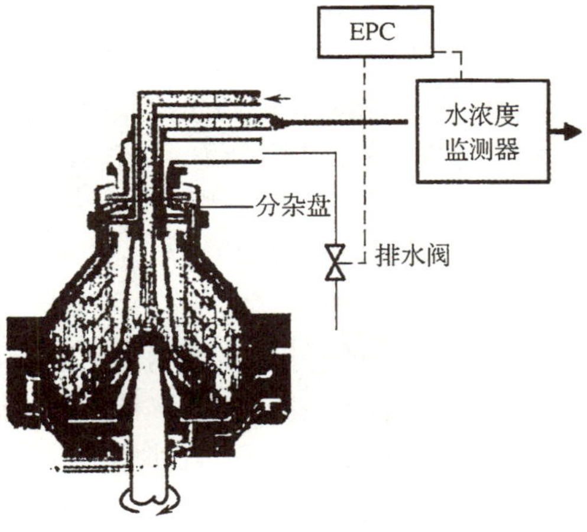

图5-21 水分浓度监测器

(5)离心式分油机排渣方式

离心式分油机最早是容渣式的，在工作一段时间后需打开分离筒并对内部进行清洗，即进行人工排渣，如国产DRY-15型分油机。这给管理人员带来了大量的额外工作，也降低了分油机的工作可靠性，缩短了其使用寿命。为此出现了不用打开分离筒便可进行排渣的分油机，这种分油机亦可称为自清式分油机。

自清式分油机在运转期间，通过打开分离筒周壁上的排渣口，靠分离筒高速旋转产生的离心力甩出聚集在分离筒内的杂质。其结构特点是：在分离筒的下部安装能上下移动的活动底盘，当活动底盘工作在上位时，排渣口被关闭；当活动底盘工作在下位时，排渣口被打开，分油机排渣。

实现排渣口打开的方式有手动和自动两种方式。以手动方式打开排渣口，能使分离筒内油、水、杂质全部排出，又称为全部排渣方式。以自动方式打开排渣口的时间可按分离筒内分离出的水、杂质的情况自动控制，排渣时不停油，其排渣方式为部分排渣，也可进行全部排渣。

从排渣时机的选择来看，自动排渣分油机有定时式自动排渣分油机和触发式自动排渣分油机两种排渣控制方法。

手动控制排渣，其实是一种定时控制。即每到排渣时间，管理者就到机旁进行排渣操作。随着控制技术和电子技术的发展，相继出现了机械时序控制器控制的分油机和电子时序控制器控制的分油机，这种控制方式简单实用，可以根据不同油品来设定不同的排渣周期。一般来说，滑油分油机排渣间隔较长，而燃油分油机排渣间隔较短。

触发式自动排渣分油机是在定时式自动排渣分油机的基础上发展起来的，一般是以净油中水含量的变化率为触发对象，即当净油中的含水量的变化率超过某一设定值时，触发排渣操作。

①全部排渣式分油机

这类分油机的排渣持续时间较长，是分油机常用的一种排渣控制方法，尤其是早期分油机，几乎都采用定时控制排渣，以 DZY-50 型为代表。但因在排渣期间，当排渣口被打开后，分离筒内存留的物质（杂质、油、水）将由排渣口全部排出，为减少排渣时油的损失，减少分离筒内存留油的数量，排渣前应停止进油，并进置换水“赶油”。

为了控制分离筒的开启和关闭，在分离筒下部配有滑动圈、配水盘、内接管、外接管以及控制阀等组成的配水系统，图 5-22 为 DZY-50 型分油机的配水盘结构示意图。

工作水由一专设的高置水箱供给，水箱水位应高于控制阀 1.5~3.0 m。控制阀的表盘上刻有“开启”“空位”“密封”“补偿”，或“1”“2”“3”“4”。两者的对应关系为：1—开启；2—空位；3—密封；4—补偿。

配水盘设置在分离筒下部，通过它将由控制阀控制的工作水送入与分离筒一起高速回转的分流圈中。

配水盘上的孔 D 只有一个，出口在配水盘上部的圆周表面上，距离转轴中心最远（半径为 R_3）。配水盘上端面均布 8 个斜孔 E，距转轴中心最近（半径为 R_5）。通滑动圈上方的孔 M 只有一个，位于与分离筒本体一起回转的分流圈上。孔 M 进口距转轴中心的距离介于孔 D 与孔 E 的出口之间（半径为 R_4）。此外，从控制阀接到导水座的水管由较细的内接管套在较粗的外接管中组成。内管中的工作水只通孔 D，外管中的工作水由空间 A 通到空间 B，继而与孔 E 相通。

操作控制阀，控制分油机的活动底盘的启闭，具体工作过程说明如下：

A.“空位”

分油机不分油时，将控制阀置于“空位”位置。

此时分离筒已经打开，活动底盘处于下位。整个分离筒内无水。控制阀切断了通往内接

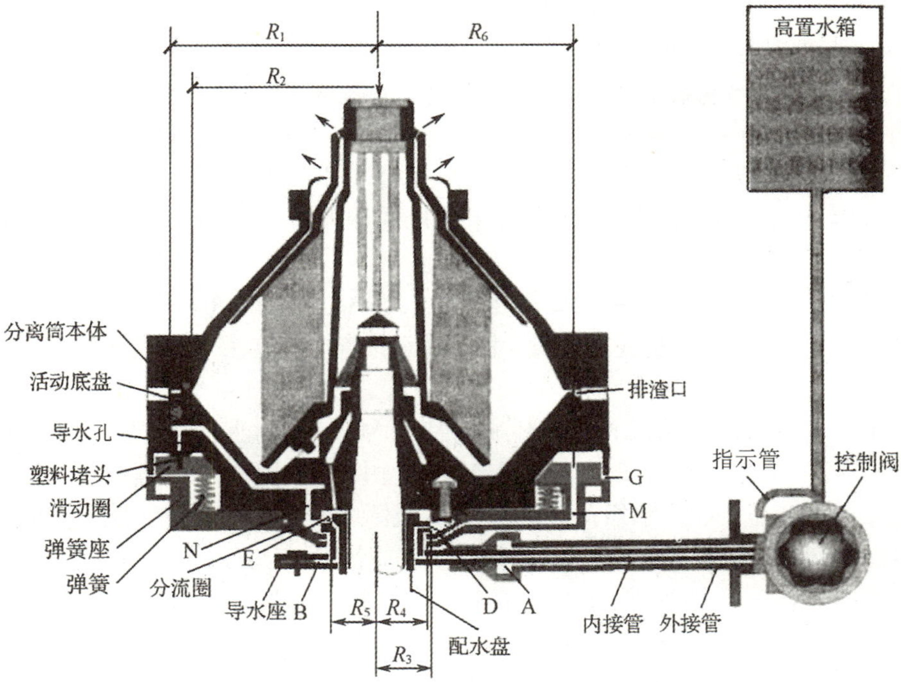

图 5-22 DZY-50 型分油机的配水盘结构示意图

D,E,G,M,N—孔;A,B—空间

管和外接管的工作水,以防止高置水箱的水流失。滑动圈在底部 16 只复位弹簧的作用下上移,并用均布于滑动圈上的 3 只塑料堵头分别将装于分离筒本体上的 3 只导水孔堵死。

B.“密封”

当需进行分油作业时,启动分油机达到额定转速后,将控制阀转到“密封”位置。此时工作水通入外接管,而内接管与控制阀上的指示管接通。中等流量的工作水由外接管经导水座和配水盘上的孔 E 进入分流圈中。

在离心惯性力的作用下,分流圈中水环内缘逐渐减小,至分离筒上的一个孔 N 后,工作水进入活动底盘的下部空间,形成一个半径为 R_1 的水环。

工作水在离心惯性力作用下形成动压,使活动底盘上移,压紧分离筒盖并封闭分离筒。随着工作水的不断进入,水环的内缘逐渐向转轴中心靠拢,当充满活动底盘的下部空间后,分流圈中水环内缘先到达配水盘圆周上的孔 D,并通过内接管从指示管中流出,表示分离筒已密封好,此时应迅速将控制阀转至“补偿”位置。

注意:“密封”位置只是一个过渡位置,如指示管出水后继续在该位置停留过久,分流圈内的水环内缘会继续内移至半径 R_4,以至进入孔 M 压下滑动圈,使活动底盘重新落下而开启排渣口。

C.“补偿”

该位置就是进行分油作业的位置。这时,工作水经由控制阀通入内接管和配水盘上的孔 D。在分油过程中,若活动底盘下部空间的工作水因泄漏而减少,工作水就能自动地从孔 D 流入底盘下方进行补充,以保持分离筒的密封。

在正常情况下,分流圈中的水环内缘停留在配水盘孔 D 的外边缘半径 R_3 处,向里直到转轴的空间内侧无水。这是因为高置水箱中工作水的静压力与配水盘孔 D 外缘处的工作水的动压力(因水环受到离心惯性力作用而形成的压力)相平衡,虽然水的通道已经沟通,但工作水不会流入分流圈。当底盘下方的工作水减少时,水环的内缘就离开孔 D 的边缘并向外移动,于是工作水经孔 D 自动补给。

由于工作水的作用半径 R_1 大于被处理油料的作用半径 R_2,加上水的密度大于油料的密度,而离心惯性力所造成的压力随作用半径和密度的增大而增大,所以,作用于活动底盘上的合力向上,活动底盘工作在上位,分离筒保持密封。

注意:保持高置水箱所要求的水位高度(1.5~3.0 m)和使工作水清洁是非常重要的。工作水不能从船上的淡水压力舱或其他淡水柜中随意接管子补充。

D.“开启”

当要排渣时,先关闭分油机的进油阀,向分离筒内充入水封水,尽量排光分离筒中的燃油,再把控制阀转到“开启”位置。此时工作水经控制阀中大孔与外接管和配水盘上的孔 E 相通(半径 R_5)。较大流量的工作水经孔 E 进入,使分流圈中的水环内缘很快内移。当水移至分流圈底面的边缘(半径 R_4)时,工作水会因离心力的作用经孔 M 通入滑动圈的上腔。分离筒本体上虽有孔 G,但因孔径甚小,泄漏较慢,故工作水将充满滑动圈的上腔,于是也从外向里逐渐形成水环。

当水环的内缘向里到达进水孔 M 的节圆半径时,该水环的动压力已足以克服弹簧力而将滑动圈压下。这样,3 个导水孔同时被打开,活动底盘下部的工作水经导水孔和滑动圈上的许多通孔(位于导水销和塑料堵头同一半径的节圆上)到达滑动圈下部,再靠离心力从本体与弹簧座的缝隙间甩出。活动底盘失去向上的托力,则在活动底盘上部的水封水及剩油的动压作用下,活动底盘落到下位,打开排渣口。污渣和水封水靠离心惯性力的作用自动从排渣口中甩出。这时可听到排渣的冲击声,通过排污管观察镜亦能看到有污渣排出。

排渣结束后,将控制阀置于“空位”位置,可实施下一步的操作,如继续分油作业或停车。

②部分排渣式分油机

部分排渣的工作原理与全部排渣的基本相同,所不同的是在排渣期间,可不中断进油而实现连续分油。排渣时也不是将分离筒内所有的杂质、水等一起排掉,而是只排去分离筒总容量的一部分,所以其排渣口开启时间很短。

α-LAVAL FOPX 是一种自清式带定量环的部分排渣燃油分油机,排渣控制方式属于触发式自动排渣。其以流量控制盘代替分杂盘或重力环,与 EPC-400 控制单元、WT-200 型水分传感器(装于净油出口)和排水阀(装于水出口)等联合使用。分油机启动,分离筒密封后可直接进油,排渣时无须停油,可分离密度最大可达 1 013 kg/m^3 和最大黏度为 700 cSt 的重质燃料油,也可用于柴油的净化,给使用和操作带来了较大的方便。

在分油机下部安装着分离筒的传动机构,分离筒由电动机经摩擦离合器、蜗轮机构驱动,以较高转速旋转。图 5-23 所示为该分油机的分离筒。分离筒本体 J 和筒盖 F 用大锁紧圈 H 把紧在一起,流量控制盘(比重环或分杂盘)A 由小锁紧圈 B 把紧。筒内安装配油器 D、配油锥体 VV 和分离盘组 G,待分油流过配油器、配油锥体,在分离盘组内进行分离。分离盘最上端为顶盘 E,其颈部与液位环 C 形成油腔,向心油泵 U 将油腔中的净油泵出分离筒。分出的水沿分离盘组的外缘上升,经顶盘流至油腔上部的水腔并溢过流量控制盘 A 由向心水泵 T 泵出。分出的渣朝筒内四周运动,汇集在分离盘组外缘的渣空间,通过排渣口 O 适时排出。其自动排渣系统主要由活动底盘 K、滑动圈 L、配水盘 Z 及工作水系统等组成。

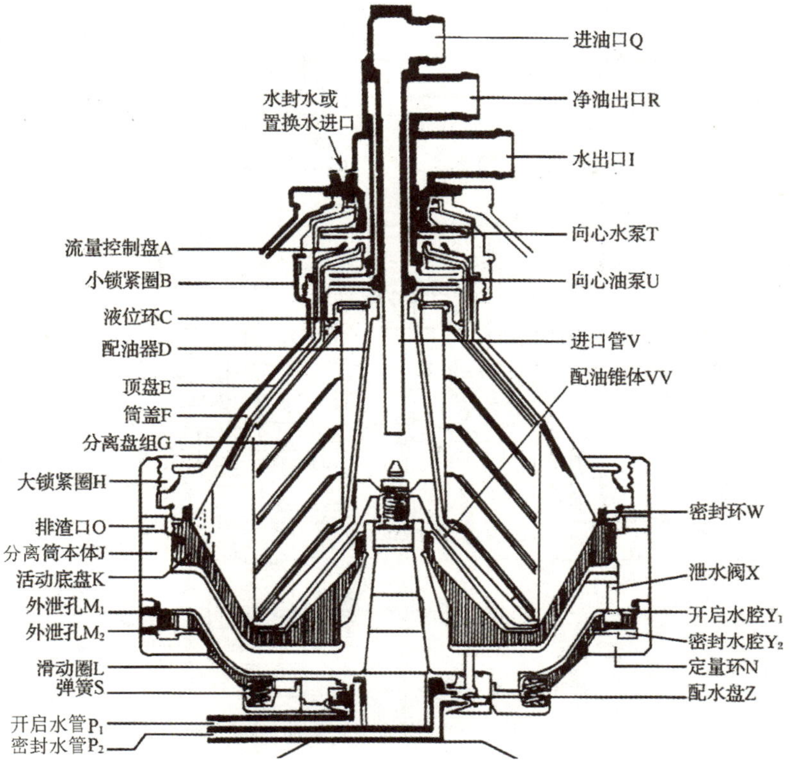

图 5-23　α-LAVAL FOPX 分油机的分离筒

系统投入工作时接通电源和控制空气，启动分油机电动机，然后按下加热器按钮，加热器开始工作，如图 5-24 所示。开始对待分油料加热以提高分油质量，同时温度自动控制系统投入工作，PT_3 测量油料的实际温度，作为控制单元的调节和显示。此时，MV_1 断电关闭，切断控制气源，三通阀使油料经加热器在分油机外循环至沉淀柜。当油量低于下限值时，FS 闭合，控制单元发出低流量报警。当检测到低温时，PT_2 开关闭合，由 EPC-400 控制单元发出报警并接通加热器电源。当检测到高温时，PT_1 开关闭合，由 EPC-400 控制单元发出报警并切断加热器电源。

分油机电动机稳定运行一段时间后，按下"启/停"程序按钮，EPC-400 控制单元从初始化程序开始执行。

首先，PT_3 监视待分油料温度，待油温达到正常值后，EPC-400 控制单元发出信号使电磁阀 MV_{16} 通电开启，密封和补偿工作水经密封水管 P_2 进入活动底盘 K 下面，高速旋转的工作水所产生的动压头托起活动底盘 K，密封排渣口 O，如图 5-25 所示。活动底盘 K 下面的工作水由于泄漏会造成损失，MV_{16} 断续通电以控制电磁阀（开或关），使管密封水管 P_2 断续供水实现工作水的补偿，维持工作水面在孔 Z 附近。在此期间，电磁阀 MV_{15} 断电，开启水管 P_1 始终断水。

分离筒密封后，控制单元信号使 MV_1 通电，控制气源将三通阀打开，被加热油料不断进入分油机，净化后的油从净油出口排出，在净油出口的流量表 F_{14} 随时指示分油机净油的数量。分离出的泥渣和水集聚在分离筒壁周围。

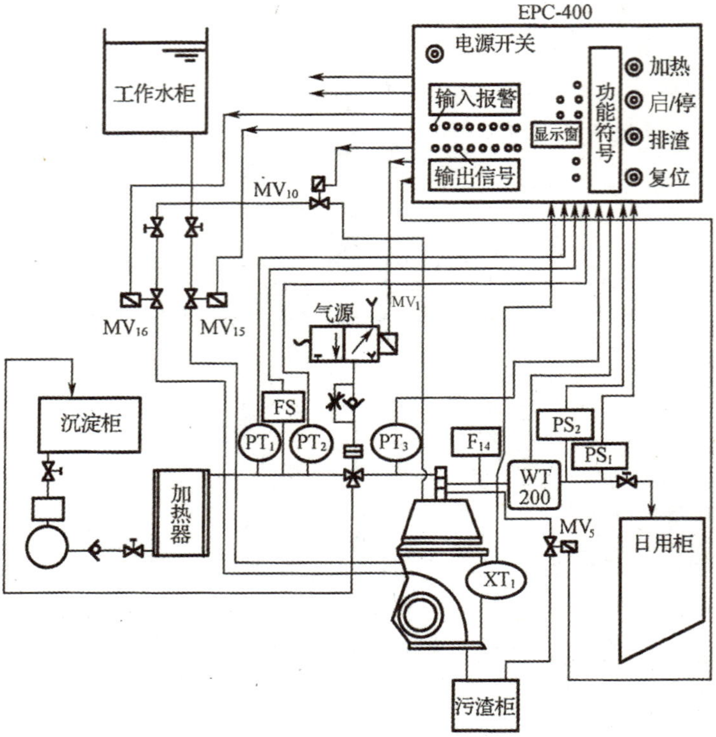

图 5-24　自动排渣系统结构

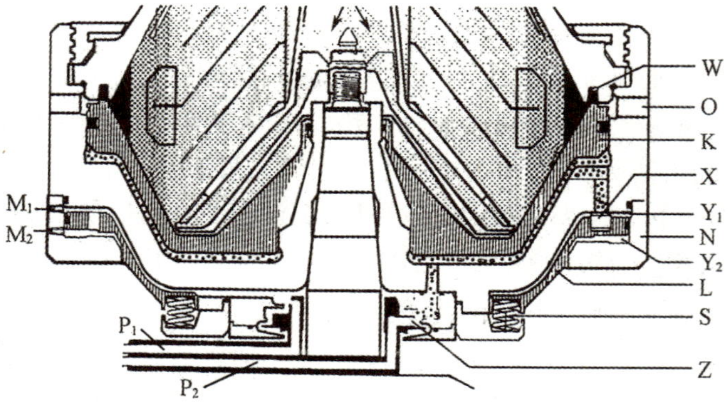

图 5-25　活动底盘与排渣

K—活动底盘；L—滑动圈；M_1，M_2—外泄孔；N—定量环；O—排渣口；P_1—开启水管；P_2—密封水管；S—弹簧；W—密封环；X—泄水阀；Y_1—开启水腔；Y_2—密封水腔；Z—孔

在分油机中有两个固定不动的向心泵，它们分别把分离出来的净油和水从出口排出。向心水泵 T（如图 5-23 所示）下面有 4 个小孔，在排水电磁阀 MV_5 关闭时其排出的液体从这些小孔流出，形成一个循环，以防止温度过高。净油出口装一台 WT-200 型水分传感器，它能准确地检测净油中的含水量。分油工作刚开始时，EPC-400 控制单元会控制电磁阀 MV_{10} 通电动作，加入一定量的水封水（或称状态水）。EPC-400 控制单元把这个含水量存在读写存储器中，作为净油含水量的参照值。当分离出来的水很少时，其油水分界面在分离盘外侧的边缘，

这时在排水出口所接管路上的排水电磁阀 MV_5 关闭,不向外排水。随着分离过程的进行,油水分界面不断向内移动,水分传感器会检测到净油中含水量增大。当油水分界面向内移时,净油中的含水量会增加到一个触发值(此触发值等于参照值加上触发高度值)。将该触发值送到 EPC-400 控制单元,由该装置决定是打开排水电磁阀 MV_5 向外排水,还是打开排渣口进行一次排渣。排渣时不需要停油。排水或排渣后,油水分界面会迅速外移,净油中含水量也会迅速减少。

在触发式自动排渣分油机操作中,一般需要设定两个定时值,分别为最小排渣间隔 10 min 和最大排渣间隔如 63 min(可调)。一般有以下四种情况:

A. 含水量极少

如净油中含水量极少,在 63 min 内没有达到触发值,就进行一次排渣。在排渣前,EPC-400 控制单元先输出一个控制信号使电磁阀 MV_{10} 通电打开,向分油机内注入置换水,油水分界面会逐渐向里移动。这样会使净油中的含水量增大,使之达到触发值。这样,控制信号使 MV_{15} 和 MV_{16} 同时通电打开,进行一次排渣。此时:开启水管 P_1 和密封水管 P_2 同时进水,如图 5-26(a)所示。工作水进入滑动圈 L 的上面,使开启水腔 Y_1 充满水,该水的动压头足以克服弹簧 S 的弹力,把滑动圈 L 压下,打开泄水阀 X,活动底盘 K 下面的工作水经泄水孔进入开启水腔 Y_1。

开启水腔 Y_1 中的水经滑动圈 L 的数个垂直孔大量进入密封水腔 Y_2,少量水从外泄孔 M_1 和 M_2 泄放。活动底盘 K 下面的工作水泄放后,水的动压头消失,活动底盘 K 下落,打开排渣口 O,进行排渣,如图 5-26(b)所示。

同时,滑动圈 L 和定量环 N 之间的密封水腔 Y_2 不断地进水,当其充满水时,滑动圈 L 上下的开启水腔 Y_1、密封水腔 Y_2 的压力相等,在弹簧 S 的作用下,滑动圈 L 上移复位,密封泄水阀 X。这样,使大量的水进入活动底盘 K 下面,重新将其托起,封闭排渣口,排渣结束。最后 EPC-400 控制单元发出脉冲信号,关闭开启水电磁阀,开启水管 P_1 断水,滑动圈 L 上下的开启水腔 Y_1、密封水腔 Y_2 的水经外泄孔 M_1 和 M_2 泄放,密封水管 P_2 连续进水一段时间后,恢复继续补水状态,如图 5-26(c)所示。

在整个过程中,开启水管 P_1 和密封水管 P_2 进工作水的时间约为 3 s,而活动底盘 K 下落即排渣口打开的时间仅为 0.1 s。其间将有分离盘外侧的 70%容积的渣和水从排渣口中排出。在排渣过程中,设计排渣口打开的时间仅为 0.1 s 左右,由开启水腔 Y_1、密封水腔 Y_2(定量环 N)的容积,外泄孔 M_1 和 M_2 的孔径等参数共同起作用来实现。所以,每次排渣量取决于进入滑动圈开、关腔室内的工作水量,而每次排渣期间进入的工作水量取决于开启电磁阀的开启时间和开启水的供水压力,同时也与密封水的供给压力有关。如果参数设定正确,各种工作水供应符合要求,在这样的控制循环中,每次排渣量应该是相同的。

在排渣时,开启水电磁阀的开启时间必须调整准确,如时间过长,在分离筒关闭后会导致新的排渣过程,称为二次排渣。

净油管路上装有两个压力开关 PS_1 和 PS_2,PS_1 是高压开关,PS_2 是低压开关,净油出口压力正常时两个开关均处于断开状态。当分油机发生跑油故障等现象时,净油出口压力降低;PS_1 开关闭合,EPC-400 控制单元收到这个信号后,发出分油机故障报警并停止分油机工作。PS_2 提供排渣口是否打开的反馈信号。当分油机需要排渣时,控制单元发出排渣信号使活动底盘 K 下落打开排渣口,分离盘外侧空间的水和渣立即从排渣口排出,这时净油口压力会迅

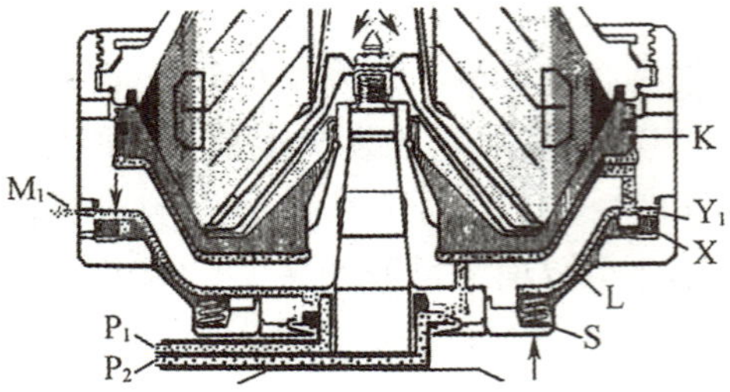

(a)

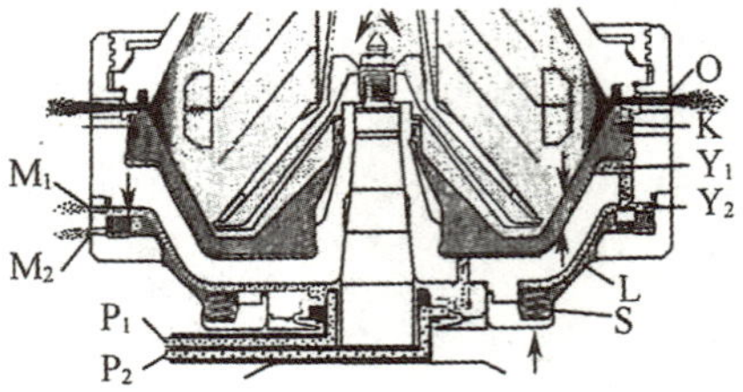

(b)

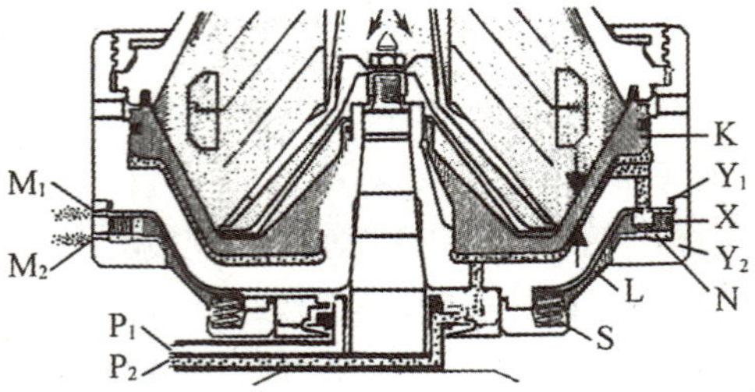

(c)

图 5-26 触发式自动排渣分油机工作过程

K—活动底盘;L—滑动圈;M_1,M_2—外泄孔;N—定量环;O—排渣口;P_1—开启水管;P_2—密封水管;S—弹簧;W—密封环;X—泄水阀;Y_1—开启水腔;Y_2—密封水腔

速下降,PS_2 开关闭合,控制单元接收到这个信号后知道排渣口已经打开、排渣程序正在执行。如果控制单元发出排渣信号后没有收到排渣口打开信号(PS_2 闭合),说明分油机不能排渣。这时控制单元撤销信号,数秒后第二次发出排渣信号,如果仍收不到排渣口打开信号,控制单元最终确定该分油机不能排渣,发出不能排渣的报警并停止分油机工作。发出两次排渣信号的目的是防止误动作和误报警。

XT_1 是装在排渣口的液体温度传感器,需要用空气冷却。在正常分油期间,如果检测到温度升高,说明排渣口密封不严,则在控制面板上相应的红色发光二极管会闪光报警。

B. 含有一定量的水

如净油中含有一定量的水,距上次排渣时间超过 10 min,但不到 63 min,净油含水量达到触发值,控制系统会进行一次排渣。与前面不同的是,排渣之前不需要通入置换水,直接通入开启水排渣,排渣结束后通入状态水进入下一个分油循环。

C. 含水量较多

如净油中含水量较多,距上次排渣后的 10 min 内,净油含水量达到触发值,则排水电磁阀 MV_5 通电打开向外排水。随着排水的进行,油水分界面不断外移,一般排水电磁阀打开 20 s 后,净油中含水量会迅速下降至低于触发值,排水阀关闭。若排水一次后,距上次排渣仍在 10 min 内净油中的含水量又达到触发值,控制系统会关闭排水阀进行一次排渣操作。

D. 含水量特别高

如果净油中含水量特别高,在距上次排渣后的较短时间内,净油含水量达到触发值,打开排水阀排水;但当排水阀打开 120 s 后,净油中含水量未能下降到低于触发值,则系统立即关闭排水阀进行一次排渣。如排渣后仍出现上述情况,则再次排水、排渣后,停止待分油料进入分油机并发出声光报警,指示轮机员需要查找含水量过多的原因。

此外,该类型分油机也可进行全部排渣操作,其过程与上述部分排渣步骤基本相同。与部分排渣不同的是,在全部排渣控制程序中密封水电磁阀保持关闭,而且在全部排渣前应停止进油并注入适当的置换水驱赶分离筒内的油,减少由于全部排渣造成的油损失。从部分排渣的过程可知,滑动圈在开启水的作用下,启、闭的时间很短,也就是说活动底盘上的外泄孔在每次部分排渣期间被打开的时间很短,这样,活动底盘下部的工作水在每次部分排渣过程中仅仅部分被泄放掉(部分排渣时间及工作水压力符合要求的情况下)。在全部排渣时,当滑动圈恢复到上位并关闭外泄孔后,由于活动底盘下部的工作水减少,所以其产生的向上的作用力减少;由于密封水保持关闭,活动底盘下部的工作水得不到补充,所以排渣不会像部分排渣那样马上停止而会继续进行,直至活动底盘上部由于液体排出而使向下的作用力小于活动底盘下部工作水产生的向上的作用力时,活动底盘才关闭,排渣停止。从过程来看,此时排渣量应大于部分排渣时的排渣量。此时,如果继续供给开启水,再次重复以上的操作。一般情况下,经过两次"部分排渣"后,活动底盘下的工作水将被排空,同时分离筒的所有液体也将被排空,实现全部排渣操作。因此,此种分油机的全部排渣是由几个部分排渣组成的,其组成的部分排渣的次数取决于每次的部分排渣量,一般 2~3 次为宜。

3.2 分油机拆装

(1) DZY-30 型分油机介绍

DZY-30 型分油机主要由机械传动机构、分离筒、控制阀、齿轮油泵和机体等部分组成,如图 5-27 所示。分油机机体下部安装分离筒的传动机构。水平轴由电动机经离心式摩擦离合器驱动,经大螺旋齿轮和小螺旋齿轮增速带动立轴使分离筒高速回转。计速器在大螺旋齿轮的前面由水平轴经齿轮减速机构带动回转,当它的转速为 71~73 r/min 时,分离筒的转速已达到全速。水平轴的另一端带动两个齿轮泵:一个是进油泵,它吸入待分油料,送到分油机罩盖中央的进油管;另一个是排油泵,它将净化后的油料输出。

分离筒本体与盘底架之间装有可上下移动的活塞(又称活动底盘)。只要转动控制阀,工作水就可经分离筒下部的配水盘随分离筒旋转的分流圈,进入活塞的上腔或下腔,控制活塞的位置,实现开启或密封排渣口,如图 5-28 所示。转动控制阀至"密封"位置时,密封水经孔 3、孔 4 流向活塞下腔,直至孔 5 以外的空间充满工作水。于是,离心力产生的水压力迫使活塞向上移动,关闭排渣口并压紧分离筒盖下面的主密封环,把分离筒密封,同时,活塞上腔的水经外泄孔和活塞与分离筒本体内壁的间隙从排渣口排走,进入活塞下腔的多余的工作水从分离筒本体上的孔 5 排出。分离筒本体上部的排渣口封闭,可进行油料分离工作。当控制阀转到"开启"位时,开启工作水从孔 1、孔 2 流入活塞上腔并将上腔充满,由于活塞下腔的水压面积只是孔 5 以外的环形面积,故活塞上腔水压面积大于下部水压面积,产生动压力之差将活塞向下推移,活塞下腔的工作水因受挤压便经孔 5 从排污道排走,活塞移至下位,排渣口打开,筒内污渣即从排渣口甩出。

立轴的上部轴承装在由 6 个呈辐射状的减振弹簧支承的轴承套内,减振弹簧可吸收分离筒高速旋转时所产生的径向振动。立轴的下部装有径向球轴承和轴向推力轴承,底部弹簧可吸收螺旋齿轮传动机构所产生的轴向振动。拧动机体下部的调节螺杆(通过下轴承套)可调

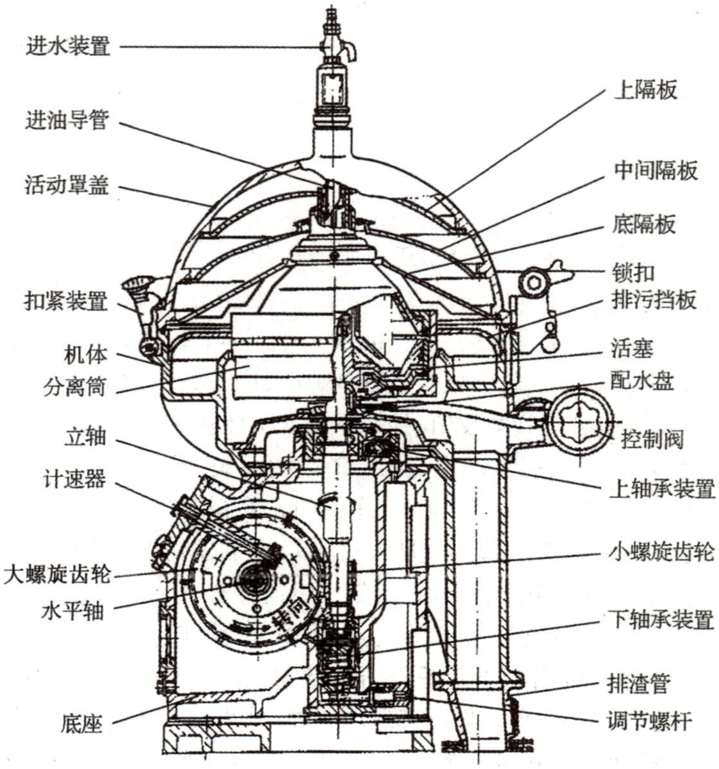

图 5-27 DZY-30 型分油机

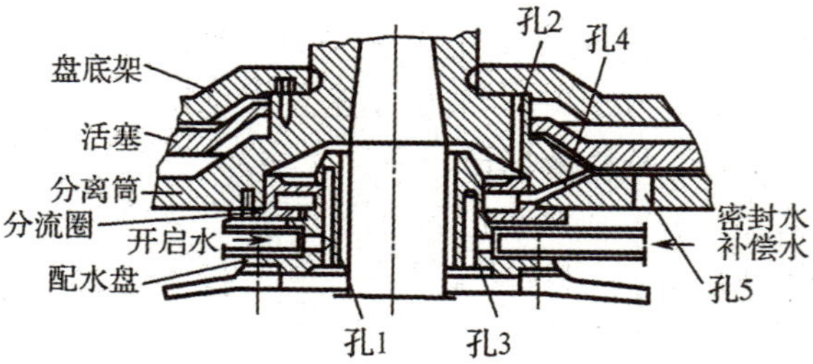

图 5-28 活动底盘

节分离筒位置的高低。

(2)分油机拆卸

①拆卸准备

拆卸前,应切断分油机控制箱电源,并挂上“严禁合闸”警告牌。准备好拆装专用工具。

确认分油机进、出油阀已关闭,各工作水路、置换水路的阀门已关闭。拆去与分油机相连接的外部油管和水管。

注意:分离筒是高速转动的机构,其动平衡要求较高。拆装前应认真阅读说明书,掌握分油机的结构和装配要求。拆装时,应确认装配记号并按记号装配。一般不允许各台分离筒的部件互换。拆下的各部件应置于清洁的木垫或橡胶板上。拆装时大多采用专用工具,应正确选用。若拆装不当,会造成人员伤亡的恶性事故。

②分离筒拆卸

打开分油机上的活动罩盖并用锁扣锁固在分油机本体上，以防罩盖在船舶摇摆时砸下而伤人或损坏设备。

用止动装置固定分离筒，然后用专用扳手顺时针旋下小锁紧环，取下比重环。用专用扳手顺时针旋下大锁紧环，如图5-29所示，或松开固定分离筒的止动装置，在分离筒盖大锁紧环上的凹槽内套入专用扳手，用锤子顺时针方向打击专用扳手的手柄，待其完全松动后，旋下分离筒盖大锁紧环。

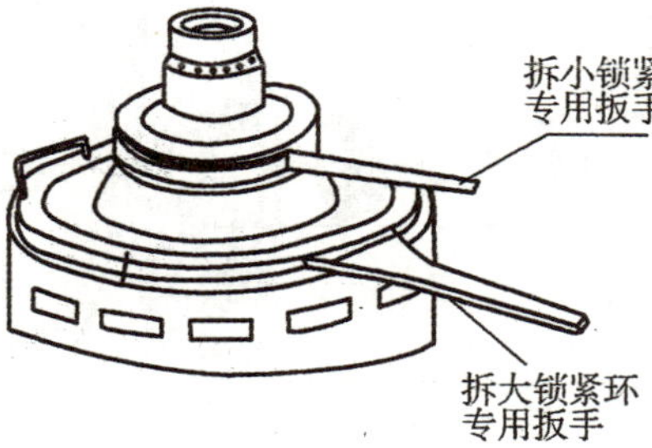

图5-29　大、小锁紧环拆卸专用扳手

装上小锁紧环，将手柄螺栓专用工具旋到待分油料入口处的螺纹上，如图5-30所示，系上吊索，用起重葫芦将分离筒上盖、分离盘和盘架一起吊出后置于油池中，再将这些部件分开清洁检查。

在立轴螺母孔中插入圆棒，顺时针旋去立轴螺母，如图5-31所示。

用组合拉马取出底盘架，如图5-32所示。取出定位块后，再用组合拉马将活塞吊出。松开止动器，用专用工具吊出分离筒本体。倒置分离筒本体，松掉分流圈上6个紧固螺钉，即可拆下分流圈。

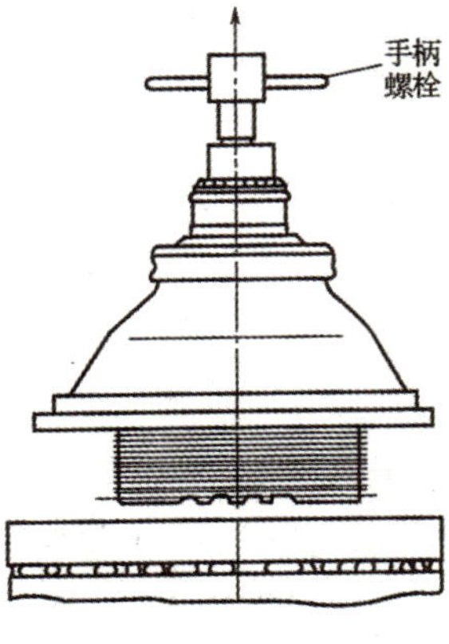

图5-30　装小锁紧环

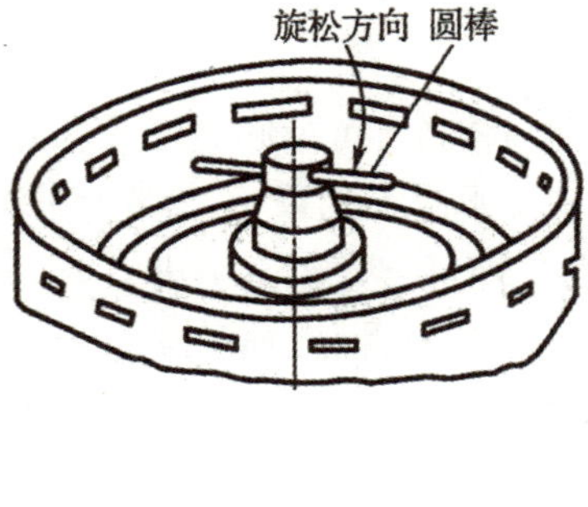

图5-31　旋去立轴螺母

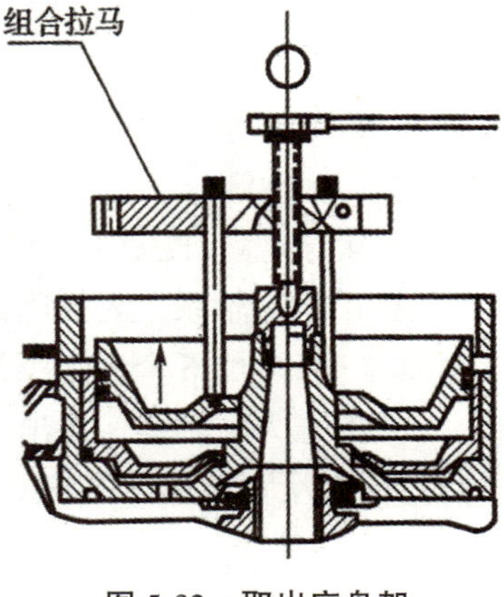

图5-32　取出底盘架

③水平轴拆卸

拆装水平轴系前应将滑油箱中的滑油放出，拆除电动机接线，将电动机外移（不拆除电动机支架，也不拆下电动机轴上的飞重块座）。卸下门盖、计速器装置及齿轮油泵。整个拆卸过程的顺序如图5-33所示。

A. 松开螺母29，取下止动垫圈30，用拉马将摩擦筒31拉出并取出键8。

B. 松掉轴承架18上的8只螺栓17，用其中2只将轴承座顶出，然后用紫铜棒在油泵端轻

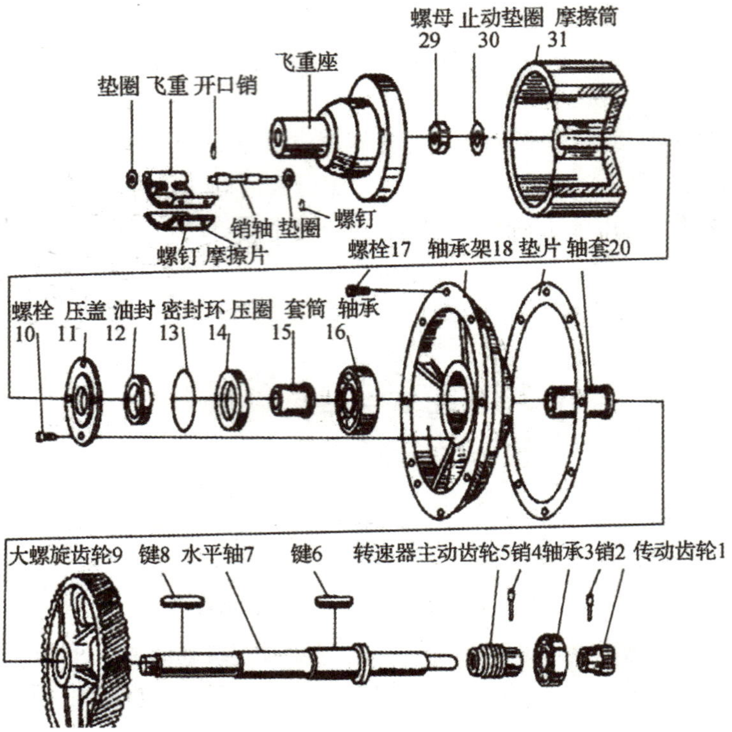

图 5-33　拆卸水平轴

击水平轴 7,将轴承架连同水平轴一起抽出。

C. 在厚木板上将水平轴竖起(螺纹朝下),向下冲击,拆出轴承架、轴套 20 及大螺旋齿轮 9。

D. 松掉螺栓 10,拆下压盖 11,取出油封 12、密封环 13、(轴承)压圈 14、套筒 15 及轴承 16 等零件。

E. 拆下水平轴另一端的油泵传动齿轮等部件。

④立轴拆卸

拆除分离筒、控制水装置和水平轴后,可拆卸立轴系,如图 5-34 所示。

A. 吊出立轴系。先拆除固定导水套上的罩子,拆除甩水片 5 和罩子 11。拆除缓冲器座 15(上轴承座)上的 6 个固定螺栓 17,即可将立轴系吊出。

B. 拆推力球轴承。取出孔用卡簧 21,抽出轴承座体 31(下轴承套)。松掉轴承座 26 上的螺钉,依次从轴承座体中将推力球轴承 24、轴承座 26、钢球 28、钢球座(弹簧盘)29、弹簧 30 取出。

C. 拆双列球向心球轴承。松掉上衬板 22(轴承止圈)上的螺钉 23,从立轴上取下上衬板 22 和双列球向心球轴承 20。松掉固定螺母 19,拆除小螺旋齿轮 18。

D. 松掉缓冲器座上的支承帽 9,取出缓冲弹簧 10、垫片和支承套筒 12。顺时针旋掉压紧盖 6,取出轴承衬套 14;松掉轴承螺母 7,取下轴承 13 和缓冲器座 15。

(3)分油机检查

①分油机常规检修时通常是清洗分离筒等部件,检查各处水道、油道及排渣口有无堵塞情况。特别是对节流小孔应仔细检查清洗并用通针进行疏通,保持其畅通。

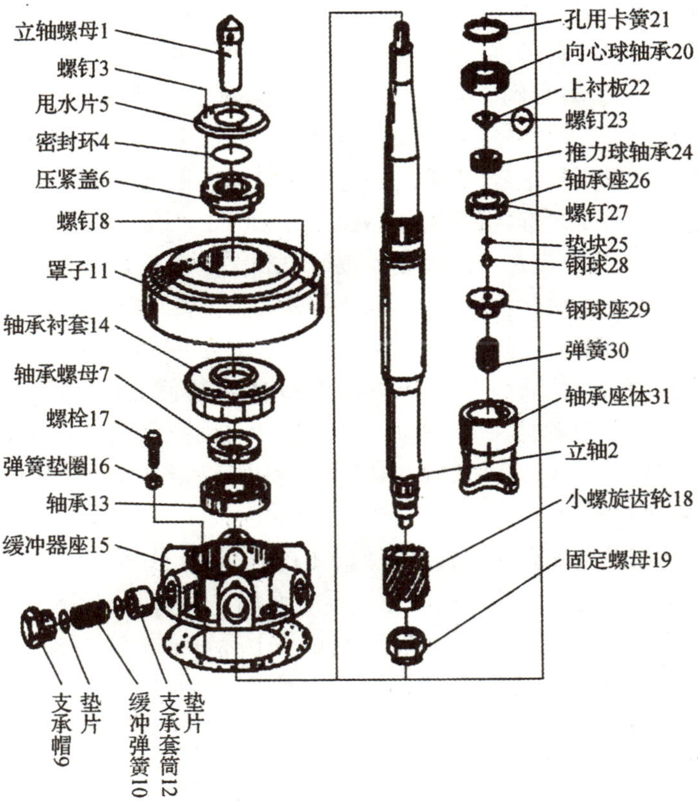

图 5-34　拆卸立轴系

②折下的分离盘、盘架、盘盖和分离筒盖用柴油浸泡清洁,并在组装前用压缩空气或干净布吹擦干净,以备检查后组装。

③检查分离盘表面有无损伤、变形,如有裂纹损伤应更换。

④本体下部的三只阀面(即导水套的密封面或塑料堵头)不允许有破碎现象。如有轻微损伤,可经研磨消除后继续使用。

⑤活塞(或称活动底盘)的检查主要是检查其密封面(与分离筒盖上的主密封圈配合面)有无损伤或划痕、压痕,如有应在平台上研平。对装于其上的密封圈应检查有无损伤、老化等缺陷,并视情况决定是否更换。

⑥检查分离筒盖上密封圈(嵌入筒盖底部)有无破损、老化现象,是否有压痕很深的现象,如果失效应换新。

⑦检查立轴中部的径向减振弹簧及立轴下部的轴向减振弹簧,若有断裂或自由高度低于规定值应换新(弹簧应成组更换)。

⑧检查各运动部件,如摩擦联轴器、大螺旋齿轮、小螺旋齿轮、传动轴、定位轴承、齿轮油泵、制动器等,检查其磨损程度及工作状况。如有不正常现象,应查明原因予以消除。

⑨检查配水盘并对其进行通水检查,查看工作水是否畅通。

(4)分油机装配

分油机经拆卸、清洁、检查后,确认所有零部件完好即可进行装配工作。装复程序可按拆卸的反顺序进行,同时在装配时应注意以下几点:

①所有零部件应保持清洁,并在活动部件的表面涂上润滑剂。

②注意零部件间的装配记号,应正确安装。装配时绝不允许将不同分油机上的零部件互换安装;否则分离筒的平衡将受到破坏,分油机工作时将产生强烈振动。分离盘颈盖、分离筒盖上均有定位用的缺口,安装时一定要使缺口对准相应的凸块。分离筒盖大锁紧环和比重环的小锁紧环上都刻有上紧用的记号,安装时一定要上紧至使记号各自对准。

③装配时各定位孔槽要对准定位销,紧固螺栓拧紧时,一定要按规定均匀上紧。

④安装分离盘时,应按分离盘上的编码号按原叠放次序将其套在盘架上。

⑤安装摩擦联轴器摩擦块时,要注意摩擦片的安装方向。要防止摩擦块受油脂污染;否则会造成摩擦块因长时间打滑而发热受损,同时使分油机达不到额定转速。安装电动机时应注意要使三只飞重全部进入摩擦筒内,调整其同轴度和偏移量,使之符合安装要求。

⑥安装立轴系和水平轴系时,应保证轴上各零部件之间正常的位置关系和正常的配合间隙。立轴系安装后,测量和调整分离筒本体底平面和固定螺母之间的距离,应符合说明书要求,以保证立轴系安装高度。

立轴高度一般使用随机配套的立轴量板(量规)进行测量,如图 5-35 所示。将量板与立轴圆柱面靠平。当量板上标有 min 的一边与立轴顶端面搁平时,在量板下端与固定螺母之间应留有规定间隙 a;当量板下端搁在固定螺母上时,量板上标有 max 的一边与立轴顶端面之间应留有一定间隙 b。达到上述要求表明立轴高度符合要求。立轴的升降可用随机的内六角扳手转动底部的调节螺栓来进行。

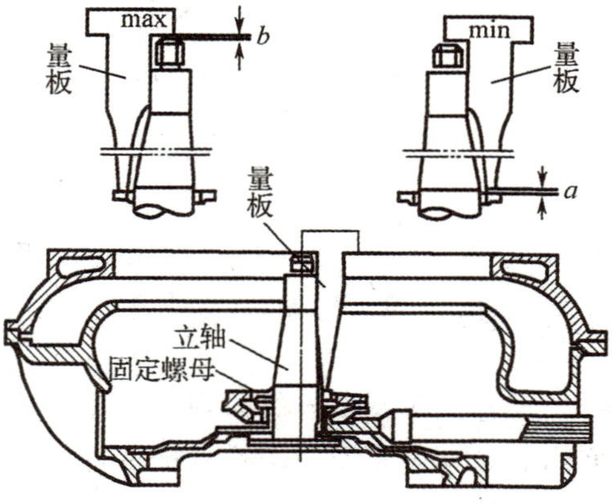

图 5-35　测量立轴高度

安装时避免发生碰擦现象。立轴系和水平轴系装好后应能转动自如而无卡滞现象和不正常声响。

⑦分离筒装配完毕后,应用手转动分离筒,看、听转动是否灵活,确定无异常现象后,启动分油机,进一步检查分油机工作状况,从而判断安装质量。

3.3　自动排渣分油机的操作

自动排渣分油机的类型很多,但基本结构大同小异。国产 DZY-50 型自动排渣分油机与 α-LAVAL MPX-309 型自动排渣分油机的结构和工作原理相类似,操作规程也基本相似。对全自动排渣分油机，分油机的启动可根据日用油柜的液位（高位和低位）信号自动控制或手动启停。全部排渣或部分排渣时间间隔由预置的时间程序进行。工作中若发生故障，监视报警系统会自动发出声光报警，其启动、分离排渣、停车等过程全部由自动控制系统自动控制，也可进行手动操作。下面介绍手动操作程序。

（1）启动前检查

分油机具有转速高、离心力作用大、停车减速时间较长的特点，因此启动前必须认真做好检查工作。

①检查各运动部件的灵活性。经检查或检修后的分油机再次启动前应打开分油机上盖，退出并锁紧分油机止动器，脱开制动器；手动盘动分离筒，以转动灵活无卡阻现象，检查电动机转动情况，检查完后盖上分油机盖并锁定。

②检查分油机传动齿轮箱的油位和油质。分油机传动齿轮油位应保持在规定范围内。油质如果发生乳化或已稠化时应及时换新。油泵处的油杯滑油脂也应适量补充。

③检查并补充高置水箱的水位。分油机高置水箱的水位必须保持在要求的范围内，如不足，应及时补充。

④分油机控制阀应置于“空位”。

⑤检查待分离的沉淀柜油位、油温并放出残水。

⑥打开进油截止阀，将分油机进油旁通阀转至旁通位置，关闭带流量表的进油阀。

⑦检查加热器并在投入工作后查看待分油是否加热到所需的分离温度。

（2）启动和运行

①启动电动机。经检查各部件均属正常时，可按下启动按钮，分油机启动后转速会逐渐增加，经5 min左右可达全速（运转声音正常，电流指示最小，计速器转数达到要求）。

提示：待分油机达到全速后，方可进行后续操作。

②密封分离筒。将控制阀由“空位”转到“密封”位置。观察指示管，当看到有工作水从指示管流出时，即表示分离筒的密封已经完成，立即把控制阀转到“补偿”位置。若不及时变位，分离筒的密封就会被破坏。

③建立水封区。打开分油机最上端的引水阀，将水封水引入分离筒内进行水封（分油机按分水机工作）。当出水观察镜处有水流出时，表明水封区已建立，即可关闭引水阀。

④分油作业。先开分油机出油阀，再转换旁通阀将待分油引入分油机；缓慢调节分油机进油阀（带流量表），逐渐增至所要求的分离量。进油阀不可开得太快，若突然加大进油量，则猛烈进入分离筒的待分油可能冲破水封区而引起大量跑油或造成溢油现象。当发生此类现象时，应立即切断进油，重新进行水封，再缓慢进油。

注意：当采用分杂机时，因无须建立水封区，不存在待分油将水封区冲破的问题，所以在把分离筒密封好后，应加快进油速度，提高分油质量。进油加快后，还能使待分油中的杂质不易沉淀在分离筒底的转轴附近，从而增强分离效果。

⑤排渣操作。人工排渣、手控排渣式分油机连续工作一段时间后，必须进行分离筒的排渣工作；否则，积聚在分离筒内壁的污渣将显著降低分离效果。排渣的时间间隔取决于待分油中杂质的含量和分油量的多少。若已知燃油中的杂质百分比和分油量，则可根据说明书提供的图表大致选定排渣的时间间隔。为保证分油机的正常工作，排渣时间间隔应不超过4 h。

进行排渣操作时，首先转换旁通阀将进油旁通，关闭待分油的进油阀，停止进油。再开启引水阀，将水引入分离筒内赶走剩油，当净油出口观察镜中无油流出时，表明剩油已赶尽，即可关闭引水阀。

将控制阀转到“开启”位置，进行自动排渣，3~5 s后，当听到排渣的冲击声时即排渣结束，然后向分离筒内引进热水冲洗分离筒5~15 s，再将控制阀由“开启”转到“空位”位置。

注意：若油渣较多，可将冲洗、排渣过程反复几次，将油渣杂质排除干净。

排渣结束后，如需继续分油作业，在将控制阀转至“密封”位置前，应使控制阀在“空位”位置至少停留5~6 s，使滑动圈上腔的工作水排尽，以利于后续的“密封”工作顺利进行。

（3）运行管理

①应经常查看分油机各油、水、渣的观察镜内液流的情况。

通过出水观察镜，查看有无跑油或溢流，如有，应及时调整并消除之。若当时无法消除，应考虑比重环选择是否合适。比重环又称重力环，是离心式分油机正常工作的重要部件。对于比重环的选择，应按待分油的比重或密度和分离时的加热温度，根据分油机原配的比重环选择表（或图）来选用，以保证分油机的分油效果，避免跑油。排渣口不应有油、水流出；否则说明分离筒密封不良，须停车检修。

②检查待分油的加热温度是否在要求的范围内。

待分油在分离前，要经过分油机加热器进行加热，以降低黏度，提高杂质、水和油之间的密度差，使油水混合物易于分离，增强分离效果。这个加热温度必须保证将油料黏度降至要求值以下，但是油温不能太高，因为当温度超过一定值（一般为95 ℃）时，分离出的水分就会迅速蒸发并混入净油中，甚至渗入分油机滑油箱中。因此，必然存在一个最佳的加热温度。这个温度取决于待分油的闪点、水的沸点和待分油的品质。各种待分油进入分油机时的适宜加热温度可查表。一般滑油以不超过85 ℃为宜。对于含水量多的燃油，第一级分水时加热温度不应超过85 ℃，第二级分杂时可升高到90~95 ℃。

③检查待分油的分油量，使之保持最佳的分离效果。

分油机的分油量与它的分离效果有一定的联系。分油量越小，分离效果越好，就能分离出粒径更小的杂质。但是，分油机的分油量必须满足船舶的油料消耗量，所以不能过分追求小的分油量。根据实践经验，一般最佳的分油量多采用分油机额定分油量的1/3，即如果一台分油机的额定分油量为3 000 L/h，最好让分油量为1 000 L/h左右。重质燃油分油机一般分油量为额定分油量的1/2左右。有些分油机制造厂在实践经验的基础上，绘制了选择最佳分油量的图表，根据待分油的品种和选择的加热温度，在图表上能够查出其最佳分油量。

④视情用热水清洗，保证油品质量。

当待分油中的含水量不大于6%时，为了去除油料中的水溶性灰分（一般燃油中多是钠的化合物，如氯化钠等），在分离油料的同时，打开引水阀，把热水注入分离筒，清洗油料，清洗后的污水和油中的水分一起被分离出来。注水量不可太多，约为分油量的1%，热水的温度要比待分油的分离温度高5~6 ℃。

在分离滑油时，也可以加热水冲洗，以便去掉机油中的酸，延长机油的使用期限，但应咨询滑油厂商，因为有可能把滑油添加剂洗掉，使油品质量下降。

⑤必须随时注意分油机运转部件的工作状态。

当发现分油机运转不正常或噪声和振动太大时，应立即停车检查。

应着重检查下列机电部件：

A. 检查凸轮箱滑油的油位和品质，必要时进行补充或停机更换。

B. 检查电动机的工作温度，应保持在正常工作范围内。

C. 检查齿轮油泵填料函处的密封是否良好，有无漏油现象。

(4) 分油机停机操作

当完成分离作业后，不能直接关闭电动机，应按下述步骤停止分油机：

①关闭加热蒸汽阀，转换旁通阀，关闭进油阀。

②改用轻油冲洗和置换管路中的待分油，以防止停车后油在管系中凝固，当管路中充满轻油后再关闭轻油阀。

③开启引水阀赶油，回收分离筒内的剩油，赶油完成后关闭引水阀。

④将控制阀转至“开启”位置，进行排渣操作，排渣完毕后，将控制阀转到“空位”位置，并切断工作水，以防止高置水箱的水经配水盘流失。

⑤按下电动机停车按钮，切断电动机电源。

提示：若分油机工作正常，没有必要提起刹车手柄来为分油机减速，除非分油机振动剧烈或有其他故障时，为缩短停车时间而使用刹车。

(5) 分油机常见故障分析

①出水口跑油

水封水未建立或被破坏原因：未加水封水；进油阀开得太猛把水封区冲破；油温太高使水分蒸发；电机缺相转速不够；分离盘脏堵；比重环内径太大；油温太低。

②排渣口跑油

活动底盘上方外泄孔 M_1、M_2 堵塞不能泄水；高置水箱缺水；底盘上端面主密封圈失效；立轴下沉；在密封位停留过久，活动底盘上、下水压趋于一致，在重力作用下再次落下。

3.4 滤器的拆装与维护

在燃油和滑油等系统中，各部件的故障大都是由系统油不洁引起的。用滤器来滤除流体中的杂质，对延长各部件的使用寿命和提高系统的可靠性有较好的作用，可避免杂质对部件的磨损、拉毛和对系统的堵塞等危害，为此在系统中必须装设滤器。

滤器有多种形式，按其过滤能力分为粗滤器、细滤器；按滤芯结构分为表面式滤器和缝隙式滤器等；按净化的油料分为燃油滤器和滑油滤器等。滤器的滤清性能主要取决于滤芯材料，滤芯材料有金属网（铜纱）、金属丝、金属片、棉织物、纸以及粉末冶金等。

(1) 滤器结构认识

①表面式滤器

表面式滤器常用作粗滤器。图5-36所示为双联网式粗滤器。它的滤芯由一圆筒形金属网（铜纱）制成。油料从进口流入滤器，沿滤芯的四周由网外向网内流动，把较大的颗粒杂质挡在网外，清洁的油料由圆筒内向上流动，经出口流出滤器。

若在滤芯的金属骨架上套上纸、棉纱、毛毡或粉末冶金等滤芯材料，即可成为细滤器。这种滤芯孔隙分布均匀，有良好的渗透性，过滤精度高，性能稳定，使用寿命长，经拆洗后可反复使用。

滤器拆洗后，系统中存有空气。若有空气进入系统，则会造成供油压力波动，甚至无法供油而停车,故在清洗滤器后应驱气。

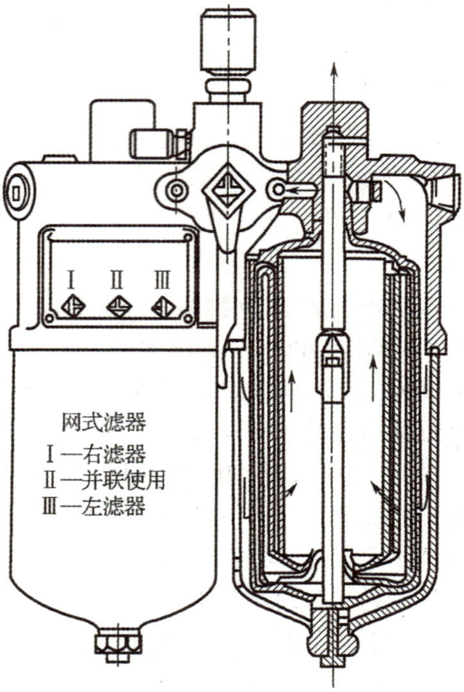

图 5-36　双联网式粗滤器

②缝隙式滤器

缝隙式滤器通常由层叠的薄金属片或细金属丝制成,有 0.10~0.18 mm 均布的缝隙,比网式滤器更为完善,如图 5-37 所示。其外壳结构基本与圆筒形网式滤器相似,可作为粗滤器或细滤器。

图 5-37　缝隙式滤器

工作时,油料从入口进入滤器,从滤芯的缝隙进入滤芯内部,杂质被挡在外面,洁净的油料流出滤器。为保证过滤效果,在重油滤器中常设有蒸汽加热管。为了解滤器的工作情况,在滤器的进出口处装有压力表。

③自清反冲式滤器

当燃用劣质燃油时,由于滤器堵塞频繁,增加了轮机人员的工作量。为此,船上广泛采用自清滤器。一般自清滤器为精细滤器,是油料供给柴油机的最后一道屏障,它能过滤出在分油机净化单元中漏掉的固体杂质。冲洗的控制一般采用压差和定时两种方式。

常采用压缩空气或油料实施反冲洗(空气或油料从滤芯内向滤芯外冲洗,与过滤的油料由滤芯外向内流动的路线正好相反,故称反冲洗)。反冲洗后的油料一般回流到溢流柜(也有另设反冲油舱的),再由驳运泵重新泵送到沉淀柜再次净化。

根据冲洗的工质不同将自清滤器分为两类:空气反冲式和油反冲式。以下介绍的为用于MAN B&W ME 系列柴油机的液压动力供给单元 HPS 的空气反冲式细滤器。

A. 工作状态

图 5-38 所示滤器由 6 只滤筒 A(每只滤筒中装有 7 根精密滤棒 B)、电动机 J 和旋转体 D 等组成。

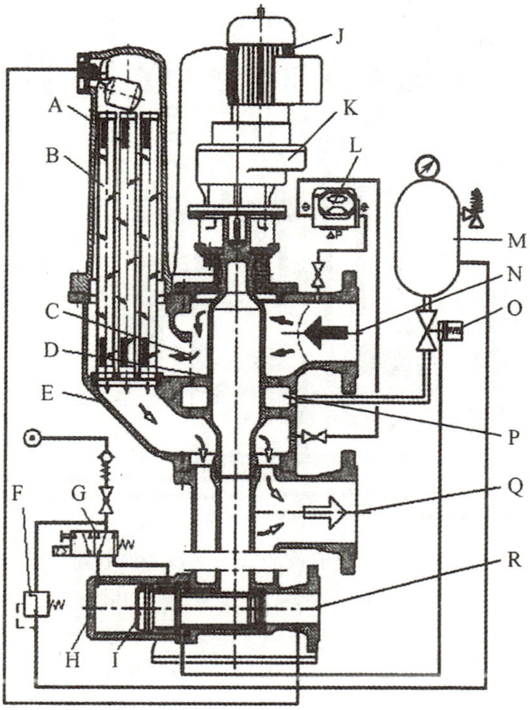

图 5-38 自清反冲式滤器工作状态

A—滤筒;B—滤棒;C—进口;D—旋转体;E—底座;F—减压阀;G—电磁阀;H—气缸;I—活塞;J—电动机;K—传动装置;L—压差控制器;M—气源;N—滤器进口;O—控制阀;P—孔;Q—滤器出口;R—排污口

旋转体 D 为中空结构,其上端部通过传动装置 K 与电动机 J 联结,由电动机 J 驱动旋转体 D,实现旋转体 D 的转动,传动装置 K 带有监测旋转体 D 位置的控制凸轮。下端部的外周与滤器底座 E 滑套并通过密封圈密封,内周中空的结构与排污口 R 相通,由活塞 I 控制其启闭;在旋转体 D 中央部位设一与内周中空相通的通道 S(如图 5-39 所示),该通道能按控制的要求在电动机 J 的带动下依次对准每个滤筒的进口 C,在某个时段,只有一个滤筒处于清洗位置,即进口 C 对准通道 S,清洁后的滤筒处于待命状态。

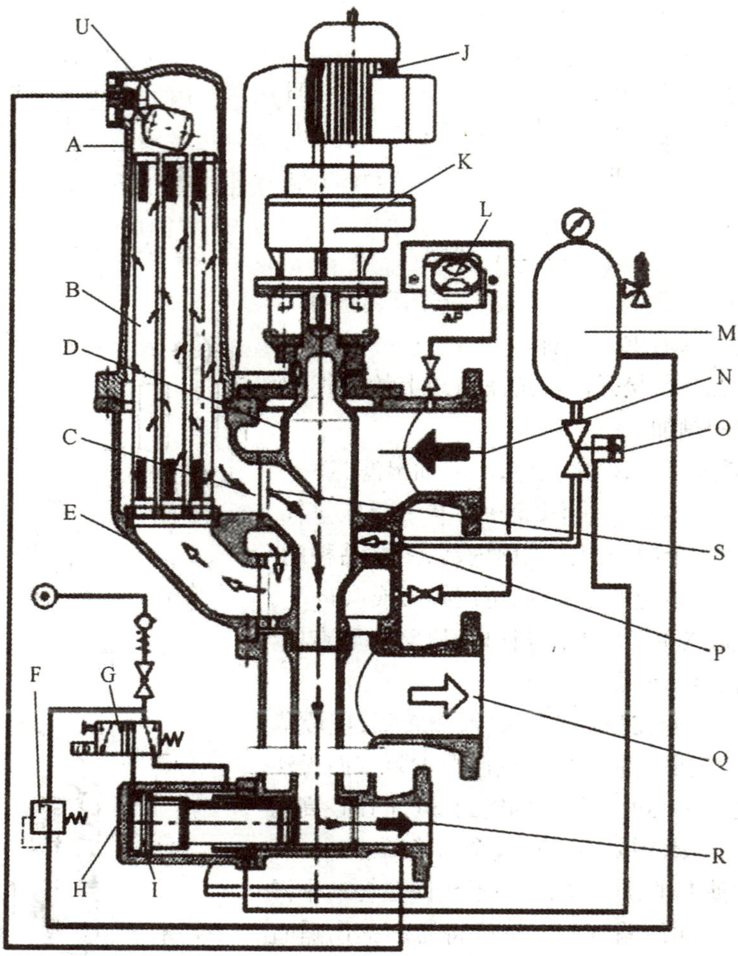

图 5-39　自清反冲式滤器反冲洗状态

A—滤筒;B—滤棒;C—进口;D—旋转体;E—底座;F—减压阀;G—电磁阀;H—气缸;I—活塞;J—电动机;K—传动装置;L—压差控制器;M—气源;N—滤器进口;O—控制阀;P—孔;Q—滤器出口;R—排污口;S—通道;U—浮动式自动开关

此时电磁阀 G 断电(工作右位),气缸 H 的左边接通经减压阀 F 减压后的空气,右边则通大气,使活塞 I 处于右端,排污口 R 被关闭,控制阀 O 监测到低压信号关闭反冲洗的气源 M。其他 5 只滤筒此时进行正常的过滤工作,待过滤的油从滤器进口 N 流入,通过各滤筒 A 的进口 C,经滤棒 B 的外围渗过滤棒后流向滤器出口 Q,被滤棒拦截的污泥颗粒则留在滤棒的外表面。

B. 反冲洗状态

压差控制器 L 监测进出口的压差,当滤器进出口压差高于某个值(如 0.09 MPa)时,自动控制系统会启动电动机 J,转动旋转体 D,使其上的通道 S 准确地对准下一个滤筒的进口 C,准备冲洗,如图 5-39 所示位置,已冲洗过的清洁滤筒同时被置于工作位置,使其与其他的滤筒处于工作状态。此后,电磁阀 G 通电(工作左位),气缸 H 左边空间通大气,右边通入经减压阀 F 减压的空气,推动活塞 I 在气缸 H 内移向左端,排污口 R 打开,此时控制阀 O 因获得高压信号而打开,压缩空气经孔 P 进入滤芯,由内向外冲洗。被冲洗下来的污物经打开的排污口 R

排出。

大约冲洗 10 min(可按需设定),电磁阀 G 断电(右位工作),气缸 H 左边通入经减压后的控制空气,右边通大气,此时控制阀 O 关闭,切断反冲洗的压缩空气,同时,由于活塞 I 左侧的受压面积大于右侧,故能以较大的力推动活塞 I,将排污口 R 关闭。

清洗后,会再次启动电动机 J 驱动旋转体 D 对准下一个滤筒进行冲洗。以后重复上述动作,直到滤器进出口压差小于某一值(如 0.03 MPa)时停止冲洗。

如果自动清洗后无效果,滤器进出口压差会越来越大,当大于 0.12 MPa 时,会发出报警信号,说明滤器有故障。此时,可按下电磁阀 G 的手动冲洗按钮,进行手动冲洗。柴油机完车后应立即进行拆装检修。该装置设有浮动式自动开关 U,当滤筒内油位过高时,可将过多的燃油溢流至排污口 R。

(2)滤器拆洗

在船舶管理中,一般根据燃油流经滤器的压差来判断滤器的工作情况,滤器的进出口压差的正常值为 0.05~0.10 MPa。若压差增大,表明滤器正在变脏,滤清能力下降;若压差增大超过正常值,表明滤器已变脏堵塞,须立即清洗。滤器前后无压差或压差变小,则表明滤网破损或滤芯装配不对,须立即拆检。

警告:重油滤器工作期温度较高(100 ℃或更高),若在柴油机工作期间或刚停车不久操作滤器,应戴防高温的防护手套。

图 5-40 所示为金属丝缝式双联滤器,装于 8DK32C 等筒形活塞式柴油机上,用作重油精滤器。滤器工作时,其进出口压差会逐渐增大,可定期进行手动反冲洗(一般每周至少一次)。当发现冲洗后压差变化很小时,应拆洗检查。

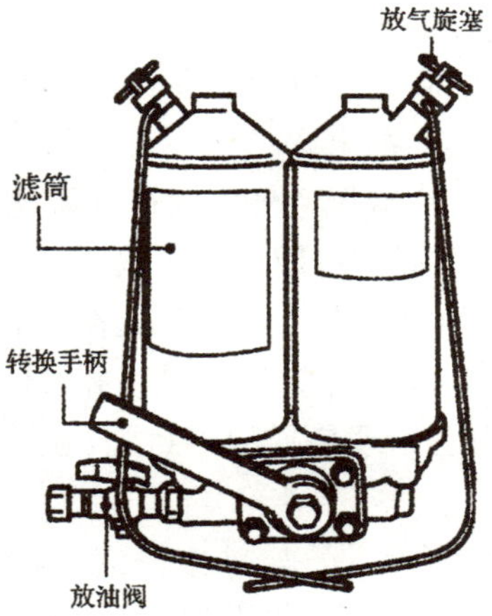

图 5-40　金属丝缝式双联滤器

①冲洗

A. 初置转换手柄于两滤筒同时工作的竖直向上的位置。打开滤器底部的放油阀,如图 5-40 所示。

B. 将转换手柄朝需冲洗滤筒的方向转过约 60°,在该位置冲洗停留 0.5~1 s 后立即转回原竖直位置,如图 5-41 所示。反复冲洗 2~3 次。用同样方法,对另一只滤筒进行冲洗。

冲洗完毕后,将放油阀关闭。

警告:冲洗时动作一定要迅速,位置一定要准确(感觉到有触碰感时,即表示已到位);否则,会引起油压下降,出现报警或停车事故。

②拆洗

拆洗滤器时,最好在停车时进行。若需在柴油机运行期间拆洗滤器,应选择在空载或低负荷时进行,拆洗前,应先确认需拆洗的滤筒,快速转换并将转换手柄锁定在正确的位置。具体操作如下(如图 5-40、图 5-41 和图 5-42 所示):

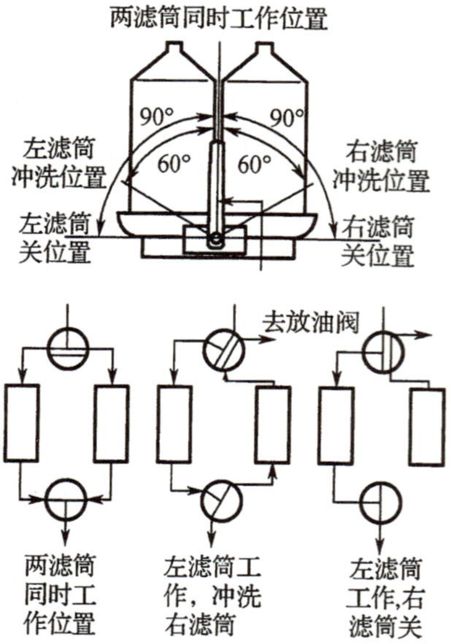

图 5-41　冲洗方式

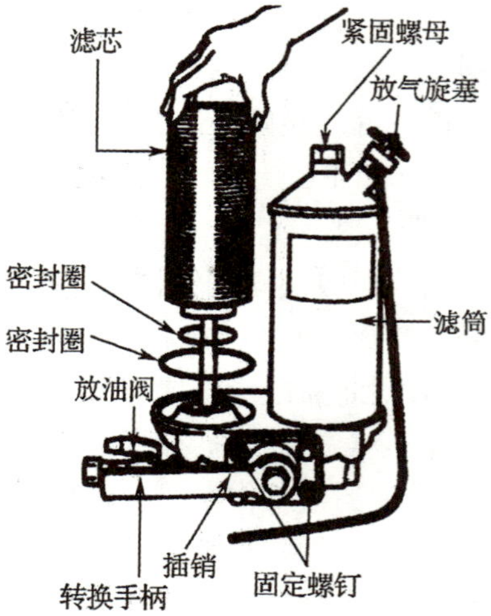

图 5-42　滤器拆卸

A. 将转换手柄朝需拆洗的滤筒方向转过 90°,转换时操作要快,以防供油中断。

B. 打开放油阀,松开需拆洗滤筒顶上的放气旋塞,排出滤器中的剩油。

C. 旋出紧固螺母,取出壳体,小心抽出滤芯。

D. 用清洗油或轻油浸泡、洗刷,用减压空气由内往外将滤芯吹干净。清洁滤筒内部,用同品种的油冲净。需擦拭时不允许用棉纱,可用绸布或软布。

注意:吹洗滤芯时,不要由外往内,以防杂质在气流作用下卡死在金属缝隙里。

E. 检查:如若在滤器表面找到金属物,应收集保存并及时检验。如果滤芯已损坏或已因严重阻塞而无法清除,应更换。小心处理易损的密封圈(工作在高温下的重油滤器密封圈更易损坏),应全部换新。

注意:清洗滑油滤芯时,原则上不允许在轻油中浸泡,以免将燃油带入润滑系统中。一般将滤芯抽出后直接用毛刷将其污物除掉,然后用减压空气吹干净。如果滤芯很脏,用以上方法难以清洗干净,可先用四氯化碳溶液或其他清洁剂浸泡,再用减压空气吹干,然后将滤芯置于干净的桶内,倒入少许与柴油机同一规格牌号的滑油,涮一下滤芯安装即可。

F. 装复:

a. 在滤芯和滤筒上分别换装新的密封圈并装妥。用手压下滤筒,以压下置于滤芯上的弹簧,并拧上紧固螺母。

b. 关闭放油阀,开启放气旋塞。

c. 转动转换手柄至冲洗位置。当从放气旋塞处流出的气泡在管口处完全消失时,关闭放气旋塞。

d. 转动转换手柄至垂直位置(两滤筒同时工作位置)。

e. 检查密封垫圈处有无漏油,擦净滤器外面的残油。

警示:转动转换手柄后,插销应在正确的位置上;否则,会造成柴油机在工作时由于振动而使手柄脱落,造成溢油等事故。

任务4 冷却系统的维护管理

4.1 冷却系统认识

(1)冷却的作用与方式

适当的冷却是柴油机正常工作必要的保证。柴油机冷却有以下作用:保持受热件的工作温度不超过材料所允许的限值,从而可保证在高温状态下受热部件的足够强度;保证受热件内、外壁面适当的温差,减少受热件的热应力。此外,冷却还可以保证运动部件如活塞与气缸套的适当间隙、缸壁工作面滑油膜的正常工作状态。冷却的这些作用通过冷却系统来实现。

从能量利用观点来看,柴油机的冷却是一项应予避免的能量损失,同时,过分冷却必然造成受热部件的应力增大,反而会影响正常工作间隙和寿命。所以在管理中,应兼顾既不使柴油机因缺乏冷却而过热,也不使柴油机因过分冷却而过冷。从尽量减少冷却损失以充分利用燃烧能量的角度出发,国内外正在进行绝热发动机的研究,相应发展了一批耐高温的材料,如陶瓷材料等。

目前,柴油机的冷却方式分强制液体冷却和风冷两种,绝大多数船用柴油机使用前者。

(2)冷却系统的组成和设备

一般柴油机冷却系统是用淡水强制冷却柴油机,然后用海水强制冷却淡水和其他载热流体(如滑油、增压空气等)。在系统布置上,前者属闭式循环,后者属开式系统。两者组成的冷却系统称闭式冷却系统。

①闭式淡水冷却系统

由于受热件工作条件不同,所要求的冷却液温度、压力和基本组成也各不相同。各受热件的冷却系统通常由几个单独的系统组成,一般分为气缸套和气缸盖、活塞、喷油器三个水冷却系统。

A. 气缸套水冷却流动路线方案

在气缸套水冷却系统中,淡水流动路线可以有两种方案,如图5-43所示。两者的区别在于:淡水泵供应的淡水在图5-43(a)方案中先进入主机,然后去淡水冷却器;在图5-43(b)方案中则先进入淡水冷却器,然后去主机。淡水泵供应的淡水先进入主机,可以防止气缸套穴蚀和冷却水的汽化,但由于目前冷却水压力较高,两者实际区别不大。

B. MAN B&W MC 系列柴油机气缸套冷却水系统

图5-44所示为MAN B&W MC系列柴油机气缸套冷却水系统。气缸套水泵泵出的淡水由气缸套水进口总管进入各气缸套下部,沿气缸套—气缸盖—增压器路线进行冷却,在各缸出水管汇总后,一路经造水机和气缸套水冷却器冷却,重新进入气缸套水泵进口,另一路与淡水膨

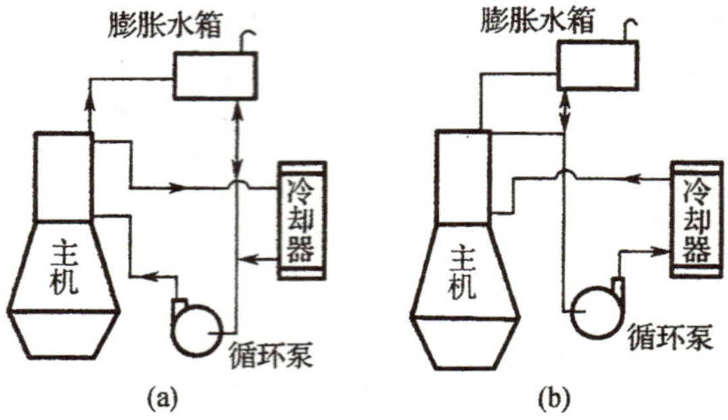

图 5-43　气缸套水冷却系统中流水流动路线

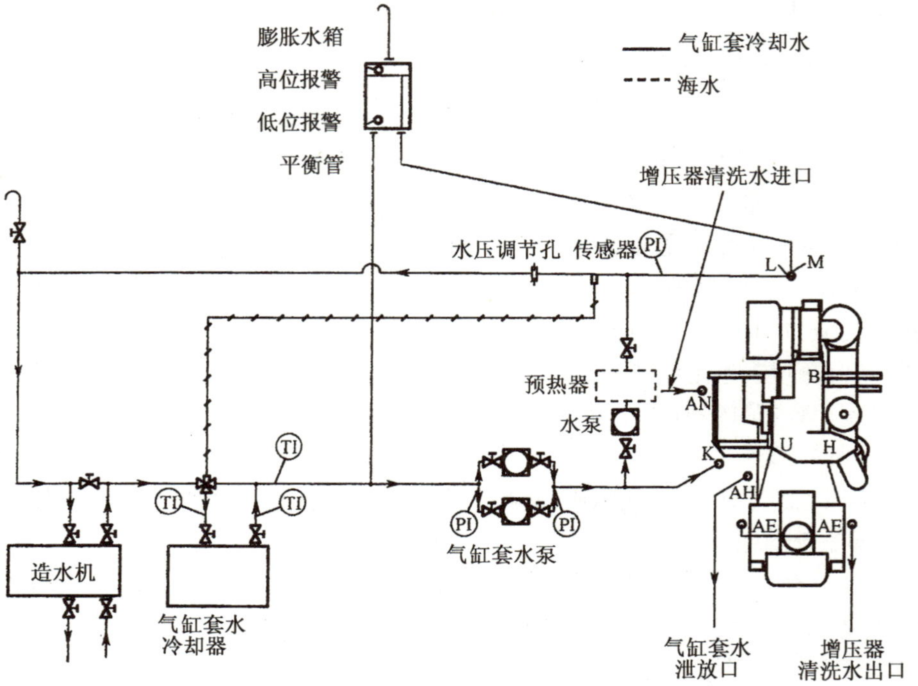

图 5-44　MAN B&W MC 系列柴油机气缸套冷却水系统

胀水箱相通。在膨胀水箱和缸套水泵之间设有平衡管，用于给系统补水并保持淡水泵吸入压头。系统中有温度传感器检测冷却水出口温度的变化，通过热力控制阀控制其进口温度，确保冷却水出口温度稳定在某一设定值。通常，气缸套冷却水泵设有 2 台，皆为离心泵且互为备用。

气缸套冷却水系统中均设高置膨胀水箱。其作用如下：

a. 膨胀：使系统中的淡水受热后有膨胀的余地。

b. 补水：补充系统中因蒸发和泄漏而损失的水量并保证淡水泵有足够的吸入压头。

c. 排气：排放系统中的空气。

d. 投药：可在此投放化学药剂以对冷却水进行化学处理。

e. 加热：可对冷却水加热以暖缸（如在其中设置加热装置）。

喷油器冷却系统的组成和原理与气缸套冷却系统基本相同，冷却剂可以是淡水或柴油。目前大中型柴油机普遍采取燃油经喷油器循环的措施，利用燃油冷却喷油器，不另设冷却系统。

②开式海水冷却系统

开式海水冷却系统是用海水作为冷却剂来冷却淡水、滑油、增压空气和空气压缩机等。系统的基本组成是海底阀和海水泵。

开式海水冷却系统如图 5-45 所示,使用过的海水排至舷外。在系统中装设感温元件 6 和自动温度调节阀 11,使部分使用过的海水回流至海水泵进口,保证进入冷却器海水进口的温度不低于 25 ℃。在船舶的两侧舷旁分设高位海底阀 3 和低位海底阀 2。高位海底阀 3 位于空载水线下约 300 mm 处,低位海底阀设在靠双层底附近的舱底。船舶进港后,由于泥沙污物较多,多用高位海底阀。而在海上航行时,为防止因风浪造成空吸,多使用低位海底阀。当船舶在码头停靠时,一般停止使用邻近码头一侧的海底阀,而改用外侧海底阀,以防污物阻塞。

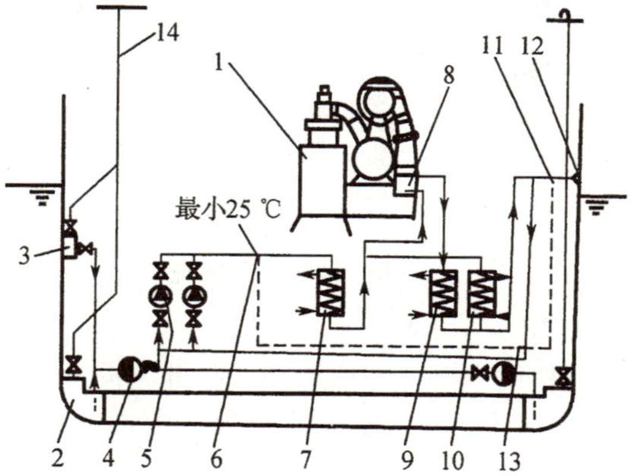

图 5-45 开式海水冷却系统

1—主机;2—低位海底阀;3—高位海底阀;4—海水滤器;5—海水泵;6—感温元件;7—滑油冷却器;8—增压空冷器;9—活塞水冷却器;10—气缸套水冷却器;11—自动温度调节阀;12—出海阀;13—温海水回行管;14—通气管

③中央冷却系统

20 世纪 70 年代初期,出现了一种新型的柴油机冷却系统,即中央冷却系统,在近代建造的船舶中广泛采用。这种冷却系统的基本特点是使用不同工作温度的两个单独的淡水循环系统:高温淡水(80~85 ℃)和低温淡水(30~40 ℃)闭式系统。前者用于冷却主机,后者用于冷却高温淡水和各种冷却器。受热后的低温淡水再在一个中央冷却器中由开式的海水系统进行冷却。由此,可保证只使用一个用海水作为冷却剂的冷却器。

图 5-46 所示为 Sulzer RTA-T 系列柴油机使用的中央冷却系统简图。主机气缸套冷却水系统为高温淡水循环系统,发电机副机气缸套冷却水系统为低温淡水循环系统。

高温淡水循环系统由气缸套水泵泵出,冷却主机和高温空冷器。部分高温淡水也可以通过混水阀进入低温淡水循环系统以调节低温淡水循环系统的温度。在该系统中,有多个温度传感器以及相应的热力控制阀,可根据水温的变化调节旁通水量大小,能准确地控制高温淡水、低温淡水和海水的温度。在港泊期间,发电机副机气缸套冷却水可用来给主机暖机。

低温淡水由中央冷却水泵泵出,冷却主机低温空冷器、各台副机及其他各种用途的冷却器。部分低温淡水通过混水阀进入高温淡水循环系统以调节高温淡水循环系统和温度。

低温淡水受热后可在中央冷却器中由主海水泵泵出的海水进行冷却。可见,中央冷却系

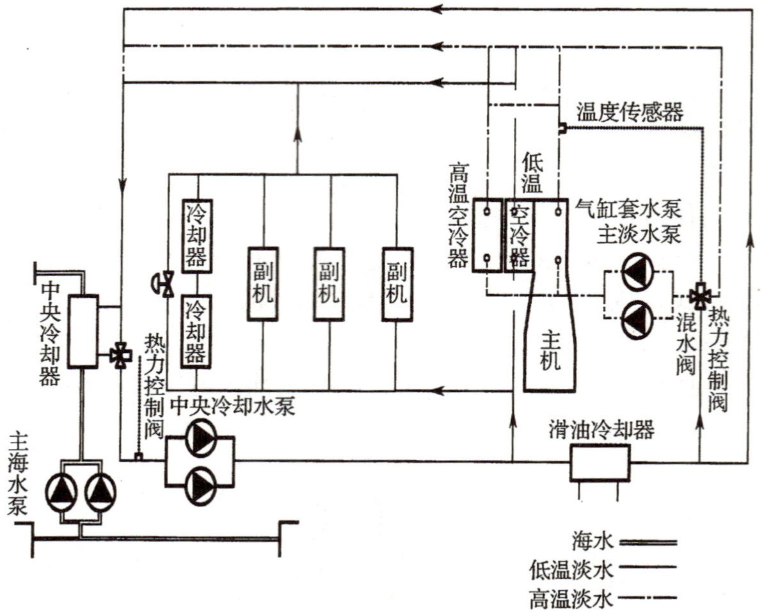

图 5-46 中央冷却系统

统简化了船舶海水管系,使海水管路最短。

MAN B&W MC-C 型柴油机的中央冷却系统基本与此相同。主机气缸套冷却水为热淡水循环系统(如图 5-44 所示),发电机副机气缸套水为温淡水系统。该机的活塞采用滑油冷却,喷油器为非冷却式。温淡水由中央冷却水泵泵出,经中央冷却器冷却后送出,分别去冷却主机滑油冷却器、主机气缸套水冷却器和空冷器,其回水经总管汇集后流至中央冷却泵入口处。此温淡水同时兼作副机气缸套水,其出水在航行时流至中央冷却水泵入口处。在港泊时,港口淡水泵(小泵)工作,中央冷却泵(大泵)停,温淡水冷却副机后,流入主机(对主机进行暖机),然后流至单设的小泵。航行时受热后的温淡水可在中央冷却器中由主海水泵泵出的海水进行冷却。

中央冷却系统使用的冷却器一般为板式冷却器,冷却效率和性能都较好,因此应用的船舶越来越多,而且系统的其他方面较前述传统的冷却水系统具有以下明显的优点:

a. 海水管系及中央冷却器的维修工作降至最低限度。

b. 气缸冷却水温度稳定,不受工况变化的影响,能使柴油机始终在最佳冷却状态下运转。

c. 淡水循环可多年保持清洁,维修工作量极少。

中央冷却系统的缺点如下:

a. 增加了中央冷却器及其辅助设备与管系,因而投资费用较高。

b. 由于附加管系的阻力损失,泵送耗功也有所增加。

4.2 冷却系统检查与调整

(1)压力检查与调整

淡水泵出口压力应调整至正常工作范围。压力低会影响冷却效果,也会在某些部位产生死角,在降低冷却效果的同时还会增加穴蚀的可能性。但是,淡水压力并不提倡太高,压力太高一方面会增加泵的耗功，另一方面会有可能破坏密封圈的密封性。通常淡水压力应高于海水压力，防止冷却器中的海水渗入淡水中，引起其变质。一般海水压力为 0.1～0.2 MPa，淡水压力为 0.2～0.3 MPa。

在备车时，要启动淡水泵使淡水在系统内循环 15～30 min，进行冷却系统驱气。在工作过程中，当发现气缸冷却水压力波动而调节无效时，通常是由于系统中存在气体，应尽快查明原因并消除。

(2)温度检查与调整

在备车时，如果有需要应进行暖缸，使用蒸汽加热、电加热或使用正在工作的发电副机的气缸套水来加热主机气缸套水，使水温达到 45 ℃左右。暖缸有利于缸内发火，易于启动，还可使滑油均匀布散，防止气缸套严重磨损并可降低缸壁的热应力。

在运转中，淡水温度可以利用海水管路上的旁通阀来调节，调节进入淡水冷却器的海水量或者利用淡水管路上的旁通阀来调节，调节进入淡水冷却器的淡水量或者调节海水温度。新建的船舶多装设淡水（和滑油）温度自动调节装置，它们的调节阀多装在淡水（和滑油）的管路中，以控制进入冷却器的淡水量（和滑油量）。淡水温度应根据说明书的规定调整至正常工作范围。勿使淡水出口温度过低（造成热损失增加、热应力增大、低温腐蚀）或过高（使缸壁滑油膜蒸发、缸壁磨损加剧、冷却腔内发生汽化、气缸套密封圈迅速老化）。对于中、高速柴油机，一般出口温度可控制在 70～80 ℃（不烧含硫重油时），低速柴油机可控制在 60～70 ℃；进出口温差不大于 12 ℃。一般淡水出口温度以接近允许上限为宜。

在进出港机动操纵时，要控制海水系统保证淡水温度不产生过大波动，应提前关掉海水泵或流量控制器。停车后，应让淡水继续在系统内循环 20～30 min，使气缸温度逐渐下降，防止缸壁表面的滑油膜蒸发或结炭，又可减小热应力。

海水出口温度不应超过 50 ℃，以免盐分析出而沉积成垢，影响传热。

(3)流量检查与调整

检查各缸冷却水的流动情况，如需调整冷却水流量，应调整淡水泵的出口阀，且调整速度应尽量缓慢。淡水泵的进口阀应始终处于全开位置，同时注意检查海水滤器和海水阀是否被杂物堵塞。在寒冷地区航行时，应加强对海水管系的管理，防止海底阀被冰块卡死，应保证海水进入冷却器的温度（25 ℃）。

(4)水位检查与调整

定期检查膨胀水箱和淡水循环柜的水位变化。当水位下降时，应及时补足，防止吸空。若水位下降得过快，则说明系统中有漏水处，应迅速查明原因，加以排除。

(5)冷却淡水检查与处理

①检查冷却水

在柴油机强制液体冷却系统中的冷却剂通常有海水、滑油、淡水等三种。海水的水质难以控制且其腐蚀和结垢问题比较突出，为减少腐蚀和结垢，应限制海水的出口温度不超过 45 ℃，因而目前很少使用海水直接对柴油机进行冷却，通常只用来冷却淡水、滑油、增压空气等。滑油的比热小，传热效果较差，高温状态易在冷却腔内结焦，但它不存在因泄漏而污染曲轴箱油的危险，因而适于作为活塞的冷却介质。淡水的水质稳定、传热效果好并可采用水处理解决其腐蚀和结垢问题，因而它是目前使用广泛的一种理想的冷却介质。柴油机对淡水水质的要求一般为不含杂质的淡水或蒸馏水。

目前大型柴油机的气缸套由于采取了合理的结构,改善了冷却润滑措施,使其磨损速度控制在 0. 02~0. 05 mm/kh。这样一个磨损速度,可以保证气缸套的使用寿命达 20~25 年之久。然而在使用中,往往因为冷却水侧壁面产生了严重的金属剥落腐蚀而导致气缸套提前报废。为此在实际使用中,需要对冷却水的水质进行检查。应定期(每周一次)检查冷却水质量,检测水处理添加剂(如缓蚀剂)的浓度,保证其在说明书的规定范围内。具体检查项目有:

A. pH 值。不论使用何种抑制剂和防腐剂,对冷却水质都有一定要求,即淡水在 20 ℃时的 pH 值应在 7~9,即冷却水应有微碱性。

B. 硬度。水的硬度应控制在总硬度范围内:德国硬度为 6° dH ~ 9° dH,英国硬度为 7. 5°eH~11°eH 或法国硬度为 11°fH~16°fH。硬水可以用蒸馏水冲淡,但无论如何不能使用雨水,软水(蒸馏水)则可通过加入硫酸钙和硫酸镁的混合物人为地使它变硬。

C. 氯化物的含量。氯化物的含量应尽可能低,最大应不超过 0. 3%或氯化物浓度不大于 50×10^{-6} mg/L。

通过检测可大致判断冷却水系统的工作状态。如若氯化物的含量增大,则表示有海水漏入。pH 值降低说明有排气漏入。

②冷却淡水的处理

船舶上处理冷却淡水的方法有两种:一种是加入无机缓蚀剂;另一种是加入乳化防锈油。

A. 无机缓蚀剂的使用方法

无机缓蚀剂(防锈剂)的种类很多,目前国内外所使用的无机缓蚀剂均以亚硝酸盐的混合物和硼酸盐为主要成分。亚硝酸盐具有很好的防垢和防锈双重作用;硼酸盐为碱性物质,可增大冷却水的 pH 值,有利于保护膜的形成。其价格低廉,保护效果好,投药量低(<0. 5%)。若浓度不当,其危害不突出且不会伤及皮肤。只要按使用说明去应用,就能取得良好的效果。其缺点是在船上必须定期化验其浓度变化,对锌及镀锌管有腐蚀作用,另外,亚硝酸盐有一定的毒性。

下面仅以远洋船上常用的 UNITER 公司生产的船用冷却水处理剂 Dieselguard(原名 PEROLIN Formet 326)为例加以说明。这种冷却水处理剂为干燥灰白色粉状亚硝酸盐与硼酸盐的混合物,能使金属表面形成完整的一层薄膜,不影响传热,能防止电化学腐蚀和穴蚀,抑制水垢生成,对铜、黄铜及非金属(如软管、垫床、密封装置)均无损害。加有这种药剂的冷却水可用作造水机的热源,制得的淡水可供饮用。这种药剂的用量应根据亚硝酸盐浓度来调节控制。

具体操作方法如下:

a. 药剂未加入系统之前,应先按 1 kg 药剂加 6 kg 水的比例把药剂溶解,放掉系统中的部分水后,把药剂加入膨胀水柜中。

b. 待药剂分散到整个系统后,应立即取水样化验并根据化验结果对含药浓度进行调节。

对亚硝酸盐浓度的化验是利用 UNITER 公司提供的手提化验箱按说明进行:

取经过滤后的水样 5 mL 放入瓶内,再加蒸馏水至 50 mL,加入两片亚硝酸盐 1 号药片,待摇至溶解后再放入一片亚硝酸盐 2 号药片,待溶解后再放入第二片 2 号药片,这样一片一片地加入直至出现粉红色并保持 1 min 以上。加入的 2 号药片总数乘以 180 即得出亚硝酸盐的浓度值(10),再和投药控制表(如表 5-7 所示)比较,即可决定投药量。

表 5-7　投药控制表

<table>
<tr><th rowspan="2">亚硝酸盐值/
($\times10^{-6}$)</th><th colspan="3">投药量（每吨水投药千克数）</th></tr>
<tr><th>蒸馏水</th><th>自来水</th><th>有海水污染</th></tr>
<tr><td>200</td><td>2</td><td>5</td><td>6.5</td></tr>
<tr><td>400</td><td>1.5</td><td>4.5</td><td>6.0</td></tr>
<tr><td>600</td><td rowspan="2">1.0</td><td rowspan="2">4.0</td><td>5.5</td></tr>
<tr><td>800</td><td>5.0</td></tr>
<tr><td>1 000</td><td>0.4</td><td>3.5</td><td rowspan="2">4.5</td></tr>
<tr><td>1 200</td><td rowspan="9">控制范围</td><td>3.0</td></tr>
<tr><td>1 400</td><td>2.5</td><td>4.0</td></tr>
<tr><td>1 600</td><td rowspan="2">2.0</td><td>3.5</td></tr>
<tr><td>1 800</td><td rowspan="2">3.0</td></tr>
<tr><td>2 000</td><td>1.5</td></tr>
<tr><td>2 200</td><td>1.0</td><td>2.5</td></tr>
<tr><td>2 400</td><td rowspan="6">控制范围</td><td>2.0</td></tr>
<tr><td>2 600</td><td>1.3</td></tr>
<tr><td>2 800</td><td rowspan="2">1.0</td></tr>
<tr><td>3 000</td><td rowspan="6"></td></tr>
<tr><td>3 200</td><td>0.5</td></tr>
<tr><td>3 400</td><td rowspan="4">控制范围</td></tr>
<tr><td>3 600</td><td rowspan="3"></td></tr>
<tr><td>3 800</td></tr>
<tr><td>4 000</td></tr>
<tr><td>初次投药量</td><td>24</td><td></td><td></td></tr>
</table>

注意：对原来积有水垢和沉积物的冷却腔，投药量应加倍（达 5 000×10^{-6}），而且需经常从系统中放水，以排出水垢、铁锈和泥渣，放水量每次 10 L 即可。

警示：亚硝酸盐的浓度一定要足够；否则金属表面薄膜不能保持完整，反而会加速电化学腐蚀。

c. 当达到所需要求以后，应每周化验一次。

我国交通运输部推荐的柴油机水处理的药剂为亚硝酸钠与四硼酸钠的混合物，其处理与化验步骤可参见有关说明书。

B. 乳化防锈油的使用方法

乳化防锈油品种很多，配方各异，但一般由有机防锈添加剂、乳化剂和基础油三部分组成。采用防锈油处理冷却水，除有防蚀作用外，还有一定的润滑作用，因此常用于活塞的冷却水处理。我国船舶常用的防锈油有国产 NL 型乳化防锈油和壳牌壮马士 B（Shell Dromus B）防锈油。

a. NL 型乳化防锈油的使用方法

NL 型乳化防锈油是红棕色的透明油状液体，与水混合后可成为乳白色的乳浊液。它适用于硬度为 0.7~8.0 毫克当量/L、氯离子含量不超过 0.4 毫克当量/L 的一般自来水。如水的硬度小于0.7毫克当量/L,则易生泡沫,可在水中加入硫酸钙(每100 kg水加5 g)来防止。如水的硬度大于8.0毫克当量/L,则易造成析油,在船上可掺一些造水机制造出来的蒸馏水或锅炉的凝结水来降低硬度。

初次使用时,按1%~1.5%(体积百分比,下同)加入防锈油,此时因金属表面的吸附水中钙、镁离子的消耗,含油量会很快降低。运行时,防锈油浓度应保持在0.8%~1.0%,低于0.5%时要补油,但也不要大于1.3%。配制时,将所需防锈油以3~5倍的水混合搅拌,从膨胀水箱加入。配制时避免用镀锌容器,因为它易与镀锌面起反应生成锌皂,影响乳化液的稳定并产生浮渣。

注意:当乳化液变成澄清、黑棕色、泥泞状或油状时,表明已失效。此时应排掉原来的冷却液,清洗冷却系统,然后更换新液。

b. Shell Dromus B防锈油的使用方法

Shell Dromus B防锈油的使用方法与NL型乳化防锈油基本相同,不同点是水质硬度要求在2.5~3毫克当量/L,使用浓度则是初次加入时按0.7%,运行时保持在0.5%~0.25%。

目前由于环境保护的要求,乳化防锈油已经较少使用,有些国家和地区已经禁止使用。

(6)冷却水更换

冷却水在使用12~18个月后,由于不断补充新水而造成系统的污染,影响传热,因而需要彻底更换冷却水并对水腔进行一次全面的清洗。

从防腐的角度考虑,只要严格管理、控制冷却水的水质,冷却水可以长期使用。但是,实际上无论采用何种方法处理,都会产生问题。如使用防锈油时,会发生泡沫或析油现象。使用缓蚀剂时,会积累一定量的铁锈之类的沉渣。因此,通常每隔一年要更换一次冷却水。更换冷却水时,必须对系统做一次彻底的清洗。

如系统水锈污垢严重,则需酸洗。酸洗后要中和掉系统中的酸并注入合格的淡水。

项目 6

柴油机启动与调速

装置解析

[项目背景]

柴油机本身没有自行启动的能力，欲使静止的柴油机转动起来，必须借助外力的作用，使柴油机获得第一个工作循环的条件，即在外力作用下实现进气、压缩、喷油，直至燃油燃烧膨胀做功而自行运转，这一过程称为柴油机启动。在启动过程中，驱动柴油机的外力（矩）必须在克服阻力（矩）的条件下，能使柴油机达到一定的转速，保证压缩终点温度达到燃油自燃发火的要求；否则柴油机不可能启动。通常称柴油机启动所要求的最低转速为启动转速。启动转速是表征柴油机启动性能的主要标志。

柴油机调速是通过调速器改变油量调节机构，将柴油机的转速调节到规定要求的范围内，并且根据柴油机负荷的大小自动调节供油量，使其转速维持在规定要求的范围内。船舶推进主机与发电柴油机的运转条件和要求不同。当外界负荷变化时，其自身的适应能力也不同，因而对调速的要求也不同。

[任务分解]

本项目安排的任务有对柴油机启动、调速和对各种不同调速器的调速原理进行解析并描述如何对启动系统和调速设备进行常规的维护保养。

本教材按照认知规律编排知识点，采用理实一体化的方式进行教学，教学内容符合《海船船员培训大纲》的要求。

任务 1 柴油机启动装置解析

柴油机启动包括人力启动、电动启动和压缩空气启动。启动转速的大小与柴油机的结构类型(开式燃烧室和大缸径的启动转速低)、柴油机的技术状态(雾化质量、气缸密封状况)、燃油品质(*CCAI* 值不能太大)、缸内温度(柴油机温度、冷却水温、环境条件)等有关。

一般规定船用柴油机启动转速的范围是高速柴油机 80~150 r/min,中速柴油机 60~70 r/min,低速柴油机 25~30 r/min。

柴油机的启动性能除了与柴油机构造特点和工作条件有关外,也与启动装置有关。柴油机启动装置应能保证柴油机迅速可靠地启动,使消耗的能量尽可能少,易于实现机舱自动化和遥控。对于船舶主机,还要求当曲轴处于任何位置和机舱温度低至 5~8 ℃时,不需要暖机就能迅速可靠地启动。

根据所采用外来能源的形式,柴油机的启动方式可分为以下两种:

(1)借助于加在曲轴上的外力矩使曲轴转动起来,如人力手摇启动、电动启动及气动马达启动等。

(2)借助于加在活塞上的外力推动活塞运动使曲轴转动起来,如压缩空气启动。

小型柴油机如救生艇发动机、驱动应急消防泵和应急空压机的柴油机,通常用电力和手摇启动,也有用压缩空气启动。船舶主、副机大多数用压缩空气启动。

1.1 压缩空气启动装置解析

压缩空气启动就是将具有一定压力(2.5~3.0 MPa)的压缩空气,按柴油机的发火顺序在工作行程(膨胀行程)时引入气缸,代替燃气推动活塞,使柴油机达到启动转速,完成自行发火。其启动能量大,启动迅速可靠,在正倒车运转时还可以利用压缩空气来刹车和帮助操纵,但该装置构造较复杂,质量较大,故不适用于小型高速柴油机。

(1)压缩空气启动系统

单气路控制的压缩空气启动装置如图 6-1 所示,其主要组成部分包括空气压缩机、空气瓶、启动控制阀、主启动阀、空气分配阀和气缸启动阀等。启动前,空气压缩机向空气瓶充气达到规定压力(2.5~3.0 MPa)。

空气压缩机的启停由压力继电器自动控制,当空气瓶内压力降至设定数值时,空气压缩机自动投入工作并向空气瓶充气;当空气瓶内压力升至设定数值后,空气压缩机自行停车。

需启动柴油机时,打开空气瓶出气阀和截止阀,使空气瓶中的空气自截止阀沿管路通至主启动阀和启动控制阀处等候。当接到启动指令时,将启动手柄推到“启动”位置。这时,启动控制阀开启,控制空气进入主启动阀的活塞上面,推动活塞下移使主启动阀开启。于是,启动空气分成两路:一路经空气总管通至各缸的气缸启动阀下方空间等候;另一路为控制用的压缩空气,被引至空气分配器。空气分配器按照柴油机的发火顺序分配到相应的气缸启动阀的上部空间,依次将各气缸启动阀打开,使等待在此阀前的启动空气进入气缸,推动活塞向下运动

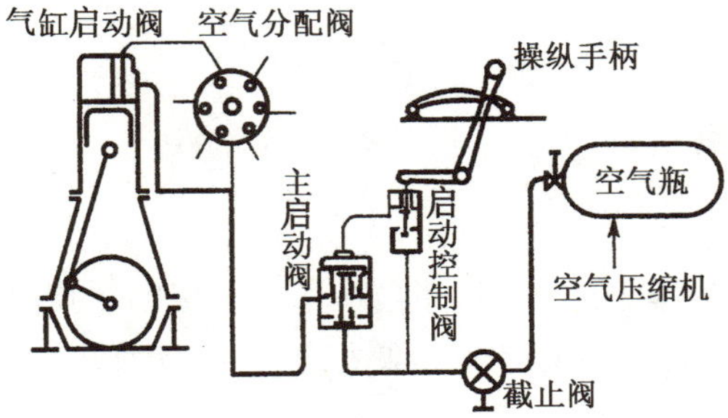

图 6-1　单气路控制的压缩空气启动装置

并驱动曲轴旋转。当柴油机达到启动转速后,随即将燃油手柄推至启动供油位置。待柴油机启动后,立即通过操纵手柄关闭启动控制阀,切断启动空气。主启动阀随即关闭,气缸启动阀上部空间的控制空气也经空气分配器泄放,气缸启动阀关闭。至此,启动过程结束。然后可逐渐调节供油量,使柴油机在设定的转速下运转。当副机启动后,应将截止阀关闭;而当主机定速航行时,将截止阀和出气阀先后关闭。

(2)保证启动的条件

为了保证柴油机有效可靠地启动,必须具备以下三个条件:

①压缩空气应具有一定的压力和一定的储量

在启动空气瓶容量已定的情况下,压缩空气所具有的能量是由其压力决定的。压缩空气必须具有足够的压力才能使柴油机在较短的时间内达到启动转速。按《钢质海船入级规范》的要求,供主机启动用的空气瓶至少有 2 个,启动空气压力应保持在 2.5~3.0 MPa,空气瓶的容量必须能保证在不补充空气的情况下,冷车、正倒车交替连续启动不少于 12 次(不可换向主机为 6 次),保证船舶机动操纵的要求。

其实,柴油机启动的空气压力并不一定需要 3.0 MPa,在中、低速柴油机中,此压力一般为 1.5~3.0 MPa,新型柴油机启动空气压力约为 1.0 MPa。《钢质海船入级规范》的要求是为了保证船舶的安全而提出的。

②要有一定的供气正时并有一定的延续供气时间

因为压缩空气代替燃气膨胀做功,推动活塞使曲轴转动,因此必须在活塞处于膨胀冲程的某一时刻进入气缸。这个供气时刻即为启动正时(空气分配器正时),与柴油机的型号、气缸数目、标定转速和启动空气压力等因素有关。合适的启动正时应以最有利于启动又节省空气耗量为主要依据。船用大型低速二冲程柴油机空气分配器大约在上止点前 50°CA 开始供气,在上止点后 100°CA 结束供气,开启的延续时间因受气口开启时刻的限制,一般不超过 120°CA。在中、高速四冲程柴油机中,空气分配器常在上止点前 1°~5°。四冲程柴油机曲轴转角供气,与二冲程柴油机相同,启动阀延续开启的时间因受排气阀开启时刻的限制一般不超过 140°CA。

③要保证最少气缸数

对于船舶主机而言,必须保证曲轴在任何位置时都能启动,即柴油机的曲轴在任何位置时至少有一个气缸处于启动位置。二冲程柴油机的气缸数不应少于 360°/(100°~120°),即一般不应少于 4 个;四冲程柴油机不应少于 720°/(120°~140°),即一般不应少于 6 个。若气缸数少于上述数值,则启动前必须盘车,使某缸正好处于膨胀冲程开始后的某一时刻,显然这对船舶的安全操作是不利的。

1.2 启动系统主要设备解析

(1)气缸启动阀

气缸启动阀是启动装置中最主要的部件之一。对直接驱动螺旋桨的主机而言,能否保证柴油机可靠启动、制动和反转,在很大程度上取决于气缸启动阀的性能。一般对气缸启动阀有启动和制动两个方面的要求。

启动方面的要求:为使柴油机启动迅速并减少启动空气消耗量,要求启动阀能迅速开启。当启动阀关闭,特别是阀要落座时,为了减轻阀盘与阀座间的撞击,则希望关闭的速度要慢。在气缸内发火后燃气压力大于启动空气压力的条件下,即使启动阀通入控制空气,启动阀也不应开启。这就避免了气缸内的高温燃气倒流入启动总管,防止启动系统爆炸。即启动阀应确保在气缸内的气体压力低于启动空气压力时才能开启。

制动方面的要求:在船舶全速前进的情况下,遇险紧急避碰,要求柴油机能迅速制动(停车及立即反转开出倒车)。为了保证制动的效果,要求当气缸内压力稍高于启动空气压力时,气缸启动阀仍能保持开启状态。

柴油机的制动过程由能耗制动和强制制动两个阶段组成。为了使高速回转的柴油机迅速停车并及时开出倒车,首先通过操纵手柄停油,再通过换向机构以换向转速或应急换向转速进行换向操作。换向后的柴油机曲轴、燃油凸轮轴、进排气凸轮轴、空气分配器凸轮轴仍按原方向转动,当将操纵手柄重新置于启动位置时,空气分配器则按换向后的供气正时把气缸启动阀打开,压缩空气充入气缸。此时,压缩空气按照换向后的供气正时依照发火顺序进入各个气缸。当某个气缸的气缸启动阀处于开启状态时,该缸的活塞正处在压缩行程,这是因为曲轴仍按换向前的转向回转。进入气缸的压缩空气对处在压缩行程上行的活塞起着制动作用,消耗了柴油机的能量使转速逐渐降低。被压缩了的空气从开启的气缸启动阀被放掉,减少了行程末了留在燃烧室的空气数量和压力,并减弱了压缩空气在膨胀冲程做功的能力,使柴油机转速进一步降低。至于从开启的气缸启动阀放掉的压缩空气进入启动总管,如果压力过高,超过安全阀设定的压力,则启动总管安全阀开启泄压,当空气压力低于设定的数值时安全阀会自动关闭。这种能消耗活塞上行的动能从而消耗柴油机能量的方法称为能耗制动,降低了柴油机在压缩行程中产生的低于启动空气的压缩压力,此时启动空气进入气缸,迫使处在压缩行程的活塞上行时速度迅速降低直至柴油机停车。由此可见,能耗制动经历了减压制动和强制制动两个过程。为了保证轴系的安全,一般采用强制制动的方法。

从启动、制动两方面对气缸启动阀提出的要求是矛盾的。启动时,要求当气缸内的气体压力大于启动空气压力时启动阀应保持关闭;制动时,则要求当气缸内的气体压力稍大于启动空气压力时启动阀应保持开启,但当气缸内的气体压力超过启动空气压力过多时,气缸启动阀才自动关闭,以免装于启动总管上的安全阀开启而泄气,在减压制动的同时也损失了大量的压缩空气,反而不利于对柴油机的制动。这两种要求是通过对启动系统有关部件(气缸启动阀和空气分配器)的构造设计来实现的,并非所有机型的气缸启动阀都能满足上述要求。

气缸启动阀按构造原理不同分为单向阀式和气压控制式两种。

单向阀式气缸启动阀是简单的单向阀。当启动空气由空气分配器进入单向阀时,该阀开启,柴油机进行启动;当启动空气经空气分配器泄入大气后,该阀在弹簧的作用下关闭,启动过程停止并防止燃气倒灌入空气瓶。这种单向阀式控制系统属于直接作用式,适用于中小型柴油机。从空气分配器来开阀的控制空气与从空气总管来的进入气缸的启动空气分开输送,其控制系统属于间接作用式。空气分配器尺寸小,空气损失少,启动迅速,适用于大型柴油机。

根据控制气路的不同,气压控制式气缸启动阀分为单气路控制和双气路控制两种。

①单气路控制式气缸启动阀

A. 结构原理

图 6-2 所示为单气路控制原理图。当控制空气进入空气分配器后,压下滑阀使滚轮顶在凸轮上。在图示情况下,滚轮落于凸轮的凸起段,将滑阀顶起。此时滑阀将控制空气关闭,同时可使气缸启动阀的启阀活塞上部的空气通过空气分配器泄入大气。这样,启阀活塞上腔无控制空气作用。因气缸启动阀的阀盘直径等于或接近其导杆(即平衡活塞)的直径,在进气腔中,启动空气作用于上述两部分的力大小基本相等,方向相反,而启阀活塞下设的弹簧将启阀活塞向上顶起,使阀处于关闭位置。

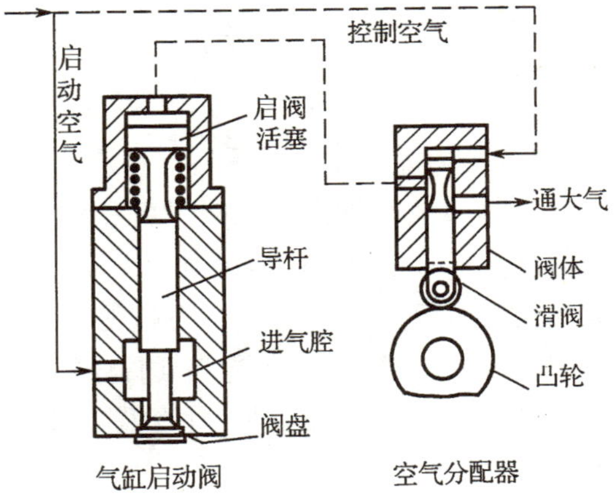

图 6-2　单气路控制原理图

当某一缸的滚轮处于凸轮轴基圆工作段时,滑阀落下,处于最低位置,阀体中间的出气孔被打开,控制空气通过空气分配器到达气缸启动阀的启阀活塞的上部,压开启动阀,等候在进气腔的启动空气进入气缸,推动柴油机活塞–曲柄连杆机构运动,从而也带动凸轮轴转动。当凸轮转过一个角度后,滑阀又被抬起,进气通道与出气通道隔断,同时出气通道与下面的泄气通道连通。这时,启阀活塞上部的空气通过空气分配器泄入大气,启动阀在弹簧的张力作用下关闭,启动空气停止进入气缸。可见,各缸的气缸启动阀的启闭定时由空气分配器控制,其开启次序与发火次序相同,将压缩空气依次送入(处于膨胀行程)气缸,使之逐渐加速达到启动转速。

B. 典型气缸启动阀

MAN B&W MC 型柴油机的气缸启动阀是比较典型的单气路气缸启动阀,它属于平衡式气缸启动阀,如图 6-3 所示。U 为启动控制空气的进口,当在控制空气的作用下开启气缸启动阀时,等候在 P 处的主启动空气进入气缸,推动该缸的活塞向下做功。当 U 处的控制空气通过空气分配器泄放后,阀杆在弹簧的作用下关闭。其主要特点是:启阀活塞面积大、开关迅速、启动空气消耗少和结构简单。但因关闭时落座速度快,阀盘与阀座撞击严重、磨损快,容易损坏,

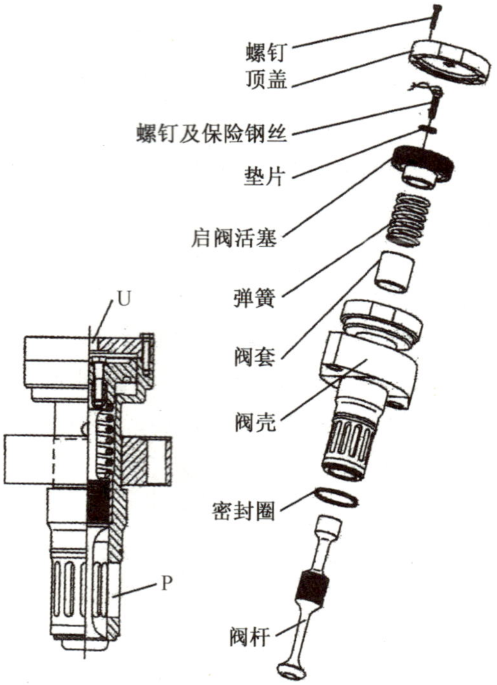

图 6-3　单气路气缸启动阀

影响启动阀的密封性和可靠性,严重时将导致柴油机启动失灵。该阀不能兼顾启动和制动两方面的要求,由于该阀的启阀活塞面积大,故在缸内压力超过启动空气压力时仍有可能开启而发生燃气倒灌,引起启动总管安全阀开启,甚至导致空气管爆炸。为此,MC 型柴油机在每个启动阀的进气管上均装有一个安全防护帽,防止启动管因燃气倒灌而发生爆炸事故,这种结构的气缸启动阀为大多数柴油机所采用。

②双气路控制式气缸启动阀

双气路控制式气缸启动阀的结构如图 6-4 所示,该阀也属于平衡式启动阀。它的启阀活塞是由面积不等、呈阶梯状、联成一体的控制活塞 K_1、K_2、K_3 组成的,来自空气分配器的两路控制空气控制该阀的启闭。其动作原理如下:

启动时,控制空气由空气分配器经开启管 H 进入控制活塞 K_1 的上部空间 T,下部空间 N 经关闭管 J 与空气分配器的出口相通而泄气。阶梯活塞 2 下行开阀。当控制活塞 K_1 稍有下行就能打开控制口 S 时,控制空气立即从上部空间 T 进入控制活塞 K_2 的上部空间 P。由于空气的作用,面积突然增大,启动阀迅速开启。当控制活塞 K_3 打开关闭管 J 的气口时,K_3 下部空间 N 变小并被封闭形成气垫,使开启速度减慢,直至全开。由此可保证启阀速度快,但又可避免控制活塞与缸底撞击。当该缸的气缸启动阀打开后,等候在 AL 处的启动空气进入该缸(该缸处于膨胀行程),推动活塞做功,使柴油机转动起来。

当空气分配器经开启管 H 释放控制活塞 K_1、K_2 上部的控制空气并向关闭管 J 提供控制空气时,控制空气首先进入控制活塞 K_2 的下部空间 N,使启动阀迅速上行关小。阶梯活塞 2 上移过程中,控制活塞 K_3 随即切断关闭管 J 与中部空间 M 的通路,控制空气作用在控制活塞 K_3 的下表面使关闭速度减慢。当控制活塞 K_1 关闭控制口 S 时,空间 P 变成密闭空间并随活

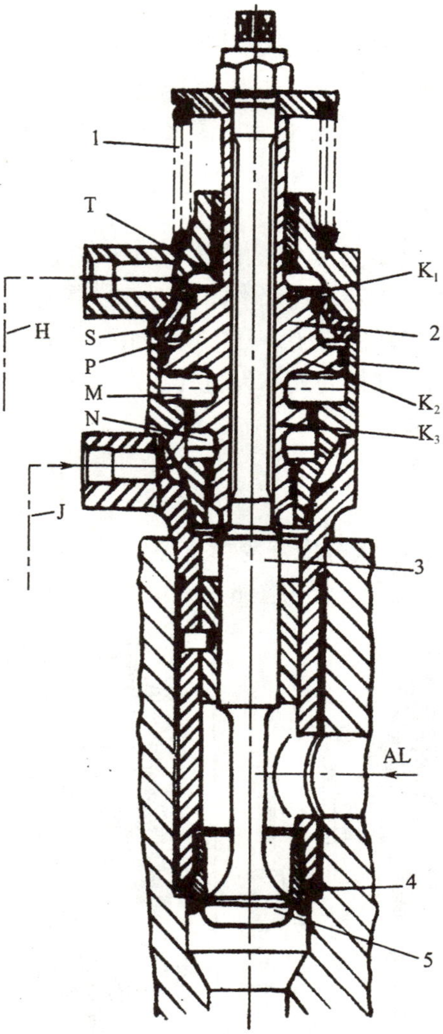

图 6-4 双气路控制式气缸启动阀

1—弹簧；2—阶梯活塞；3—阀杆；4—阀座；5—启动阀；K_1，K_2，K_3—控制活塞；T—上部空间；M—中部空间；N—下部空间；P—空间；S—控制口；H—开启管；J—关闭管

塞的上行形成气垫，使关阀的后期（落座）速度大大减慢，避免了关闭时的强烈撞击。待阀落座后通过连接槽使空间 P 和中部空间 M 间的压力自动平衡。

这种启动阀的启阀活塞呈上小下大的阶梯状，控制空气进入上部空间 T 后首先作用在面积较小的控制活塞 K_1 上，所以当气缸内压力高于启动空气压力时，阀不能开启，避免了燃气倒灌的危险，满足了启动方面对气缸启动阀的要求，即要求速开、速关，落座速度缓慢，气缸内发火时，阀不应开启。当气缸启动阀已处于全开状态时，控制空气作用在阶梯活塞 2 的全部工作面积上，向下的作用力增大。因此，若在紧急制动时气缸的气体压力已超过启动空气压力，启动阀仍能保持开启状态，从而满足制动方面对气缸启动阀的要求。

(2)空气分配器

空气分配器的作用是按照柴油机的发火顺序,按要求的启动正时将控制空气分配到相应的气缸启动阀,将它们逐个打开,使压缩空气进入气缸启动柴油机。当柴油机启动后进入运转状态时,则要求分配器滑阀能与驱动凸轮自动脱离接触,减少不必要的磨损。

空气分配器按结构不同可分为柱塞滑阀式和转盘式两种。

柱塞滑阀式空气分配器按其结构(排列)不同,分为单体式和组合式两种。单体式空气分配器每个气缸都有一个空气分配器,由各自的凸轮驱动,气缸启动阀的启阀正时与次序均由各启动凸轮在凸轮轴的安装位置来决定。柱塞滑阀组合式空气分配器由一个启动凸轮控制,凸轮的安装位置和线型保证各缸启动阀启闭。柱塞滑阀组合式空气分配器按其柱塞滑阀的排列的形式又可分为圆周排列式和并列排列式。为与气缸启动阀相配,柱塞滑阀式空气分配器也可分为单气路和双气路两种形式。

①柱塞滑阀组合式空气分配器

A. 单气路式空气分配器

用于 MAN B&W 98MC-C 的空气分配器为单气路式,属于圆周排列的柱塞滑阀组合式空气分配器,如图 6-5 所示。该空气分配器与图 6-3 的单气路控制式气缸启动阀相匹配。

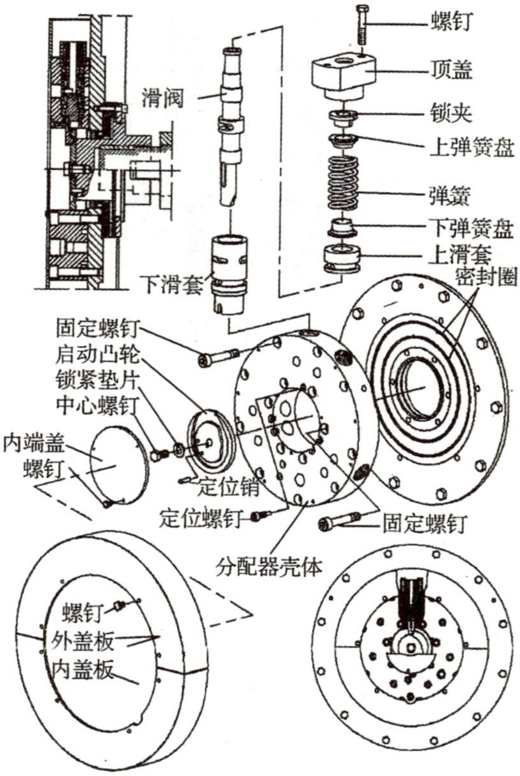

图 6-5 单气路柱塞滑阀组合式空气分配器

通过定位销和中心螺钉联结的启动凸轮控制着启动定时。正、倒车凸轮为一体,其中小凸轮为正车所设,大凸轮为倒车所设。启动柴油机时,控制空气进入空气分配器,将所有的滑阀压下,使之与启动凸轮接触,当滑阀处于启动凸轮的凹陷的工作弧段时,滑阀处于最低位置。

此时,控制空气被开启,打开气缸启动阀,启动柴油机。当启动凸轮转过一个角度后滑阀被顶起关闭,并使出气口与大气相通,释放控制空气。气缸启动阀在弹簧的作用下关闭。启动完毕后,滑阀上方停止送气。这时滑阀被弹簧拉起,滚轮与空气分配器凸轮脱离接触,减少两者之间的摩擦。需倒车时,在换向控制空气的作用下,换向气缸轴向移动启动凸轮,使倒车凸轮移至滚轮的正下方即可实施倒车启动。

B. 双气路式空气分配器

双气路柱塞滑阀组合式空气分配器与双气路气缸启动阀配合使用,用于 Sulzer 大型低速二冲程十字头式柴油机。双气路控制式气缸启动阀有两路控制空气,因为它的分配器必须有两个供气点分别与启动阀的开启管 H 和关闭管 J 相连。图 6-6 所示为双气路控制柱塞式空气分配器的剖视图。启动空气分配器的各控制滑阀 3 按各气缸的发火次序绕凸轮轴中心线径向布置,各滑阀由同一个启动凸轮 6 控制。

空气分配器没有得到控制空气时,控制滑阀受弹簧 3a 作用与启动凸轮 6 不接触(如图 6-6 所示位置),此时,开启管 H 经放气空腔 VS 通大气,各缸启动阀均处于关闭状态。启动时,主启动阀打开,来自启动空气瓶的空气经供气管 SA 充满分配器空腔 DS 和关闭管 J 至气缸启动阀,气缸启动阀关闭。当按下启动按钮或把启动手柄推至"启动"位置时,一股先导空气通过控制空气管 CA 进入压力空腔 RS 和 P,将控制滑阀 3 连同滚轮 5 压向启动凸轮 6。如果该缸处于可启动位置,滚轮 5 就与启动凸轮 6 的基圆相接触。这时,滑阀内移,使开启管 H 经分配器空腔 DS 与主启动阀相通,而关闭管 J 经放气空腔 VS 通大气。这样,气缸启动阀就被来自空气分配器的控制空气打开,启动空气进入气缸,推动活塞并通过曲柄连杆机构驱动柴油机曲轴转动。随着凸轮轴 1 的转动,启动凸轮 6 将滑阀推向外端,控制滑阀 3 将开启管 H 经放气空腔 VS 通大气,来自主启动阀的控制空气经分配器空腔 DS 和关闭管 J 相通,使气缸启动阀重新关闭。而凸轮的基圆又转到另一个滑阀下面,依次开启另一气缸的启动阀。当启动按钮或启动手柄复位后,启动结束,压力空腔 P 和 RS 的先导空气经控制空气管 CA 泄放,各控制滑阀 3 又被弹簧 3a 拉回原来位置,滚轮 5 离开启动凸轮 6,空气分配器停止工作。

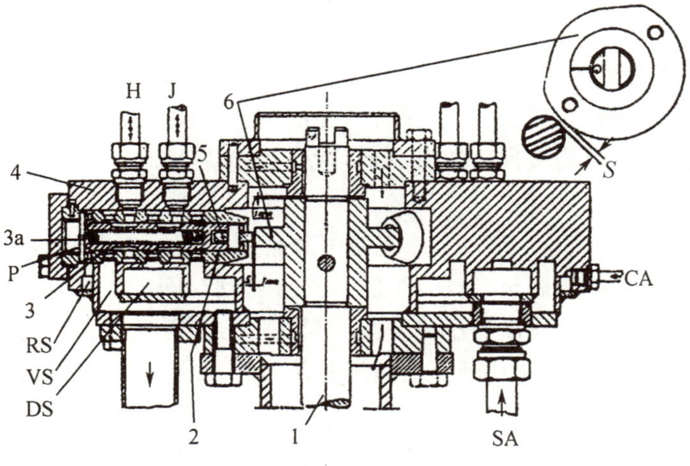

图 6-6 双气路控制柱塞式空气分配器

1—凸轮轴;2—滑阀套;3—控制滑阀;3a—弹簧;4—外壳;5—滚轮;6—启动凸轮;H—开启管;J—关闭管;CA—控制空气管;SA—供气管;DS—分配器空腔;VS—放气空腔;RS,P—压力空腔

②转盘式(回转式)空气分配器

图 6-7 所示为 S50MC-C 型柴油机使用的回转式空气分配器,它由分配盘、换向盘、本体、轴和轴承等组成,由凸轮轴经过齿轮驱动分配盘。在分配盘和换向盘相对的面上,各自开有与之相配的内圈和外圈两圆弧槽段,外圈圆弧槽段用于正车启动,内圈圆弧槽段用于倒车启动;每圈圆弧槽段由短槽和长槽相隔布置,短槽供气,长槽泄气。

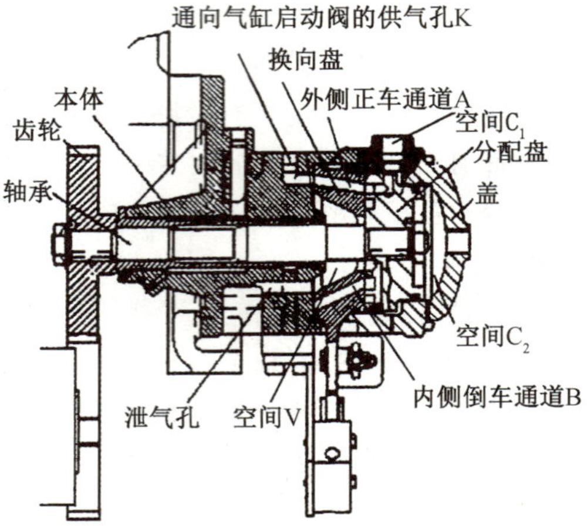

图 6-7 回转式空气分配器

启动时,控制空气由空间 C_1、C_2 经分配盘上的钻孔供向短槽,由短槽经换向盘及本体上的孔依次供给各气缸启动阀的控制空气。结束进气的气缸启动阀的控制空气经换向盘上的孔进入长槽,长槽与换向盘和轴之间的空间 V 相通,经此空间 V 通过本体上的泄气孔泄入大气。

换向盘上有两组孔,分别与分配盘上的内、外圈圆弧槽段相对。换向盘在正车位置时(如图 6-7 所示位置),外侧一组孔(外侧正车通道 A)与本体上去气缸启动阀的供气孔相通,内侧一组孔(内侧倒车通道 B)被封闭。换向时,可通过换向装置使换向盘转过一定角度,将换向盘转至倒车位置,这样内侧一组孔与本体上去气缸启动阀的供气孔相通(按倒车定时工作),外侧一组孔则被封闭。

柴油机启动后正常运行时,分配盘与换向盘是不接触的,靠作用在轴肩上的滑油压力将轴及分配盘略向外推出,以减少磨损。启动时,当有控制空气供向空间 C_1、C_2 时,分配盘被压靠到换向盘上,保证空气分配器按预定的启动定时控制气缸启动阀工作。

(3)主启动阀

大中型柴油机一般都设有主启动阀。它是一种能迅速启闭的截止阀,位于空气瓶与启动空气总管之间,用来启闭空气瓶至空气分配器和气缸启动阀间的主启动空气通路。在空气瓶打开的情况下,它既满足启动所需的压缩空气量,又能使通气迅速可靠,减少压缩空气的节流损失。在启动完毕后它还能随时切断压缩空气并使残存在启动系统中的高压空气泄入大气。通常主启动阀都采用气动控制,有的机型另外装手动机构,以备气动控制失灵时使用。

主启动阀按动作原理可分为均衡式和非均衡式两种。均衡式主启动阀的开启是依靠加载于控制缸内启阀活塞上的控制空气破坏原均衡关闭状态来实现的。非均衡式主启动阀的开启是依靠释放控制缸内的空气来实现的。大型低速柴油机多使用后者。

①非均衡式自动主启动阀

图 6-8 所示是一种非均衡式自动主启动阀的结构图,用于 Sulzer 型柴油机。这是一种带慢转阀的主启动阀,用于使曲轴缓慢转动的慢转阀和主启动阀壳体连接在一起,启动前通过慢转阀可使柴油机以 5~10 r/min 的速度转动。主启动阀既能用控制空气进行控制,也能用手轮进行手动控制。置于主启动阀外壳上部的止回阀 9 用来防止启动空气倒流。在阀壳左下侧设有主启动阀控制阀 1,由启动控制阀控制。阀壳左侧是慢转阀。

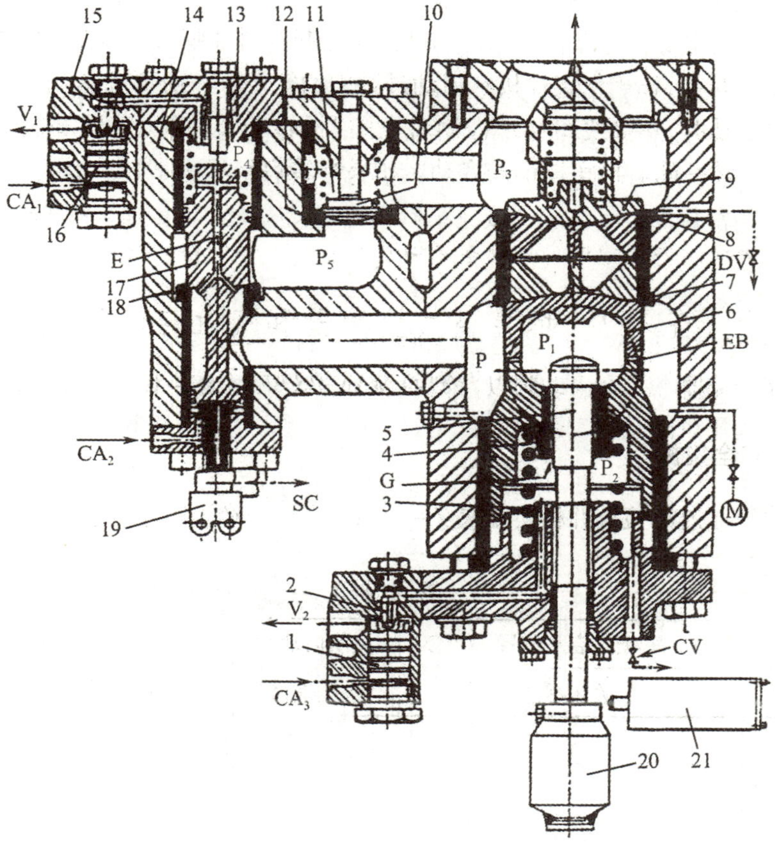

图 6-8 非均衡式自动主启动阀的结构图

1—主启动阀控制阀;2—阀;3—弹簧;4—轴套;5—芯轴;6—阀体;7—阀座;8—止回阀座;9—止回阀;10—慢转阀止回阀;11—弹簧;12—阀座;13—调节螺钉;14—弹簧;15—阀;16—慢转阀控制活塞;17—活塞;18—慢转阀阀座;19—双止回阀;20—联轴节/凸轮;21—三位四通阀;E—平衡孔;G—间隙;EB—平衡孔;M—压力表;DV—排水阀;P,P_1,P_2,P_3,P_4,P_5—空腔;CV—检查阀(排水阀);CA_1,CA_2,CA_3—控制空气口;SC—出口(至空气分配器);V_1,V_2—放气孔

柴油机启动前,将主启动阀手轮置于“自动”位置,开启空气瓶出口阀,启动空气进入环形空腔 P 并通过阀体 6 上的小孔进入空腔 P_1,继而通过芯轴 5 与轴套 4 之间的间隙 G 进入空腔 P_2。由此作用在阀体 6 底面的力和弹簧 3 的弹力之和大于空气作用在阀体 6 上面的开阀力,使主启动阀关闭。空腔 P 的空气通过慢转阀活塞 17 的平衡孔 E 进入空腔 P_4,活塞 17 在弹簧 14 的弹力作用下紧压在慢转阀阀座 18 上,压缩空气无法进入空腔 P_5,因而慢转阀止回阀 10 和止回阀 9 关闭。启动时按下启动按钮,使控制空气由控制空气口 CA_3 进入主启动阀控制阀 1 的下方推动主启动阀控制阀 1 上行并顶开阀 2,此时空腔 P 内的压缩空气经放气孔 V_2 放入

大气,阀体 6 在空腔 P 的开阀力的作用下开启,空腔 P 的空气抬起止回阀 9 并通向气缸启动阀和空气分配器进行启动。启动完毕后切断通至 CA_3 的控制空气,主启动阀控制阀 1 落下,阀 2 关闭,待空腔 P_1、P_2 内逐渐充满启动空气后主启动阀自行关闭,止回阀 9 随即落座。

当需要慢转操作时,来自慢转先导阀的控制空气通过控制空气口 CA_1 和 CA_2 进入慢转阀,控制慢转阀控制活塞 16 上移顶开阀 15,使空腔 P_4 的启动空气经放气孔 V_1 泄出。与此同时从控制空气口 CA_2 进入的控制空气推动活塞上行直至与调节螺钉 13 接触为止。启动空气由空腔 P 进入空腔 P_5 并打开慢转阀止回阀 10 进入空腔 P_3 通向气缸启动阀。由控制空气口 CA_2 进入的控制空气还通过双止回阀 19 的出口 SC 通向空气分配器,使启动空气柱塞处在工作位置。至此柴油机慢速转动起来,慢转的速度由弹簧 3 的长度来决定。切断控制空气口 CA_1 和 CA_2 的控制空气,慢转结束。

检查阀 CV 和排水阀 DV 用于放掉管路中的残余空气和冷凝水,检查阀 CV 还可用来检查主启动阀的动作和密封性。每次定速或完车后应开启检查阀 CV 和排水阀 DV 以放掉管路中的残气。

②球阀式主启动阀

图 6-9 所示为 MAN B&W MC 系列柴油机中采用的一种球阀式主启动阀。它由主启动阀(大球阀)和与其并联的慢转阀(小球阀)组成,两者都是由气动控制阀控制启闭的。此外,还组装了一个止回阀用以防止启动管路中压力过高时的倒灌。在止回阀前设有去空气分配器的通路 B。

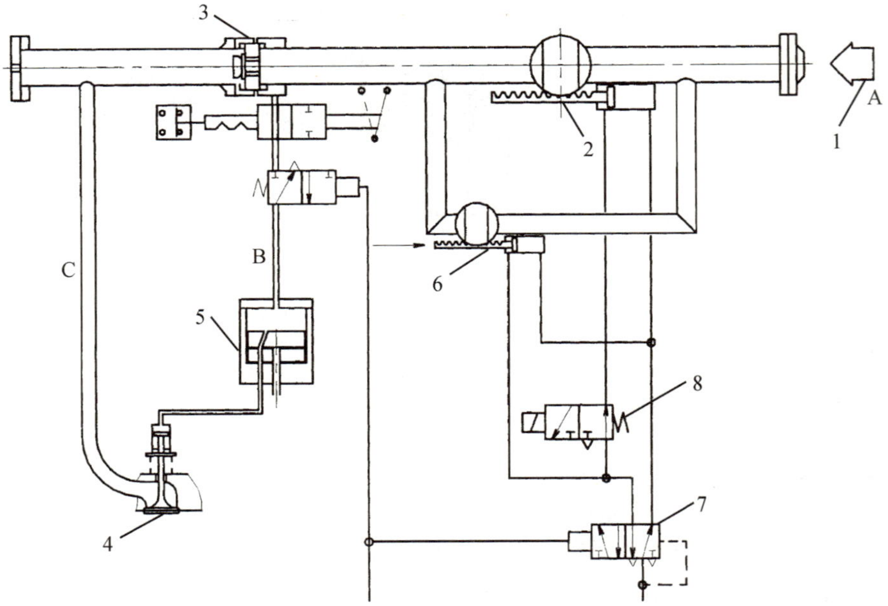

图 6-9　球阀式主启动阀

1—启动空气;2—主启动阀;3—止回阀;4—气缸启动阀;5—空气分配器;6—慢转阀;7—气动控制阀;8—慢转控制阀;A—启动空气;B,C—通路

正常启动时,按动启动按钮,控制空气经气动控制阀将两球阀都打开,启动空气 A 经过通路 B 进入空气分配器,经通路 C 进入各缸气缸启动阀。空气分配器按发火顺序逐个打开各缸

的气缸启动阀，柴油机进入正常启动程序。

慢转时，按下操纵台上的慢转开关，慢转电磁阀动作将主启动阀锁闭，慢转阀开启。与正常启动时一样，在空气分配器的控制下，依发火顺序逐个打开各缸的气缸启动阀，只是进入各缸的启动空气受慢转阀的控制，能量较小，因而柴油机只能缓慢转动。当电磁阀释放主启动阀的锁闭后，在控制空气的作用下打开主启动阀，继续启动柴油机。

设置慢转启动主要是为做相对运动的部件建立起滑油膜（即起“布油”作用），同时其还具有“试启动”的功能，以确保柴油机在启动过程中的安全。一般要求是当柴油机停车超过30 min需再次启动时，使用操纵控制台上的“慢转开关”启用慢转功能，使主机慢转，至少要使主机慢转一圈后再正式启动。如果慢转启动不正常，自动控制系统就会终止启动并发出声光报警。手动慢转启动操作时，最好按不同转向各慢转一圈，先正车后倒车，在此期间要注意观察示功阀是否已完全关闭及燃油泵换向滚轮的动作情况。

1.3 空气分配器和气缸启动阀拆装

拆装空气分配器和气缸启动阀以典型的MAN B&W 98MC-C型柴油机为例进行介绍。

（1）拆装空气分配器

①检查和调整空气分配器定时

A. 盘车使第一缸活塞处于上止点，拆去空气分配器的内端盖板。

B. 检查标于正车启动凸轮的上止点（TDC）刻线位置，该刻线应处于第一缸滑阀的正下方，如图6-10所示。

C. 若需调节启动凸轮位置，可松开中心螺钉并转动启动凸轮使上止点刻线位置对正，如图6-11所示。调节到位后应将中心螺钉重新拧紧。

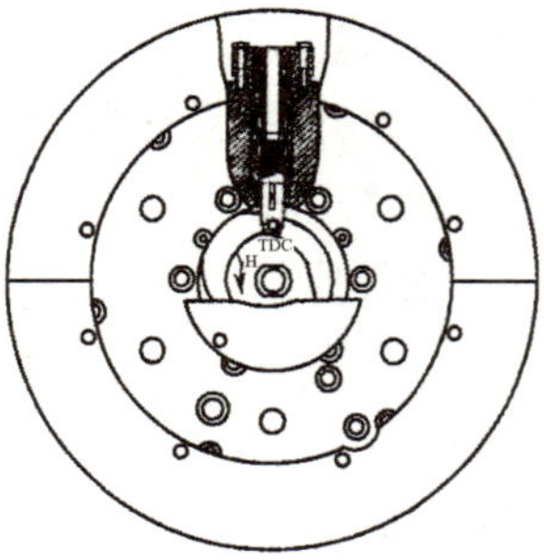

图6-10 上止点刻线位置

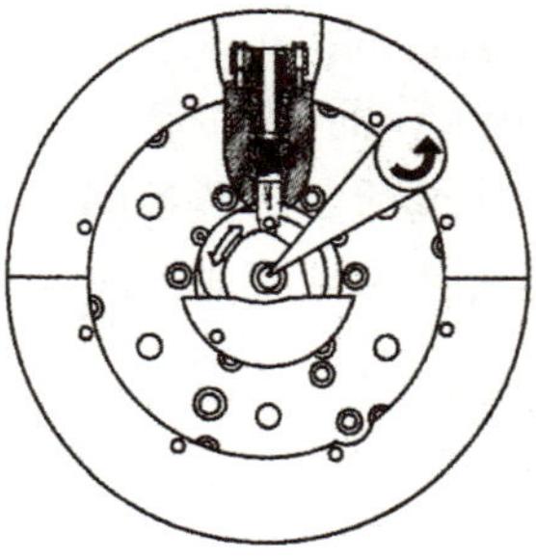

图6-11 松开中心螺钉

②拆装

当柴油机启动时，若空气分配器的滑阀发生卡阻，易造成柴油机启动失败。其原因可能是启动空气系统的压缩空气不干净，如含有太多的水分或杂质等，使滑阀生锈而失去功能。所以须正常拆检空气分配器，防止事故的发生。

A. 切断主启动空气和控制空气。也可将主启动阀关闭并扣锁，防止误开。拆去连接的管路后，卸下大小盖板，如图6-5所示。

B. 盘车，使拆检的滑阀处于凸轮与滚轮有缝隙的位置，如图6-12所示。

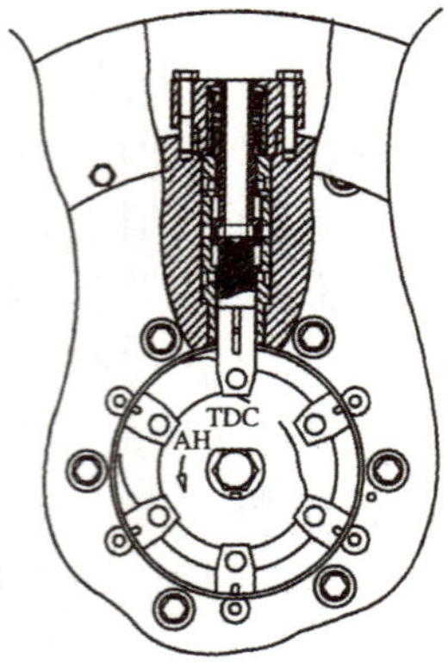

图 6-12　凸轮与滚轮有缝隙的位置

C. 拆去螺钉，将顶盖拆出。拆出滑阀的定位螺钉，如图 6-13 所示。

D. 用铜棒敲出滑阀总成，如图 6-14 所示。

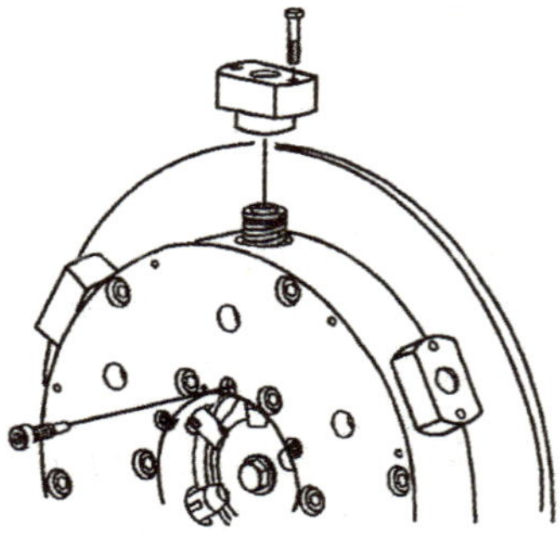

图 6-13　拆出滑阀的定位螺钉

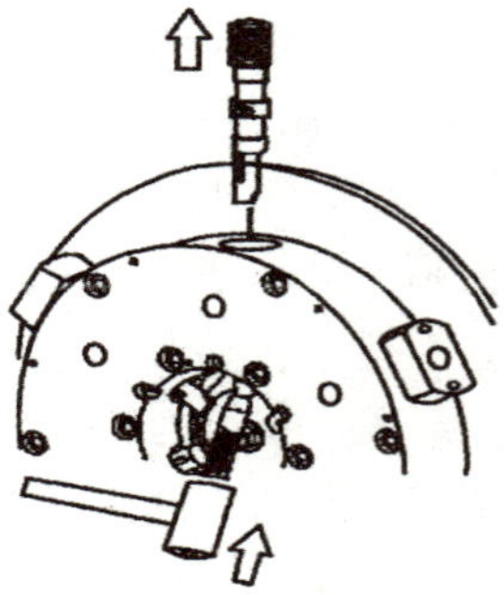

图 6-14　敲出滑阀总成

E. 压下弹簧，拆出锁夹。拆出上弹簧盘、弹簧、下弹簧盘和上部滑套，如图 6-15 所示。检查滑阀与滑套工作面，不得有任何划痕、麻点、锈蚀等缺陷。特别需试验滑阀在滑套中的滑动情况，确保动作灵活。清洁各部件并用二硫化钼润滑剂润滑。

注意：不可使用砂纸或钢丝球光磨滑阀工作面或分配器壳。

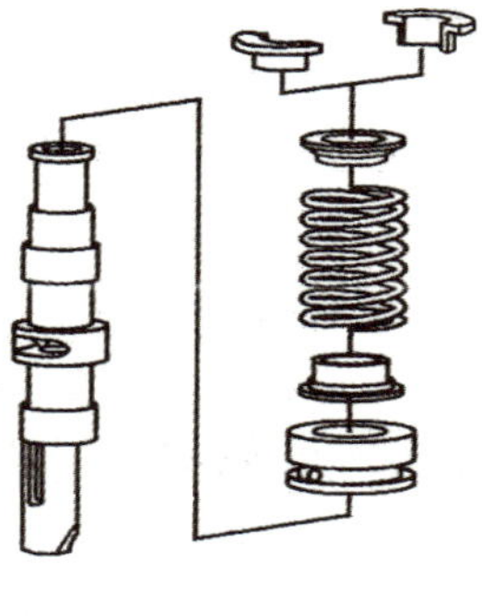

图 6-15　拆出上弹簧盘、弹簧、下弹簧盘和上部滑套

F. 将合格的各部件装复。重新装入分配器壳内。在启动凸轮的沟槽内涂抹二硫化钼润滑剂。装上顶盖和定位螺钉。装复内、外端盖板。检查后，重新接通主启动空气和控制空气。

(2)拆装气缸启动阀

气缸启动阀工作条件较恶劣,易发生动作呆滞或咬死等,使柴油机不能启动或启动困难,应正常拆检。当发现某段启动空气管因该缸启动阀漏气而发热时,应立即检修。

①关闭启动空气和控制空气,拆去控制管路。在阀顶盖上安装两只吊环。拧出两只固定螺母。吊出气缸启动阀,如图 6-16 所示。

②将气缸启动阀垂直置于台虎钳上。拆除阀壳“O”形密封圈。拧出阀顶盖的螺钉,拆出顶盖,如图 6-17 所示。

③拆除锁紧钢丝,用专用扳手缓慢同步地松开启阀活塞上两个螺钉(由于弹簧的作用,松开螺钉时启阀活塞有可能会被弹出伤人),如图 6-18 所示。取出启阀活塞、弹簧等部件。小心地抽出阀杆。

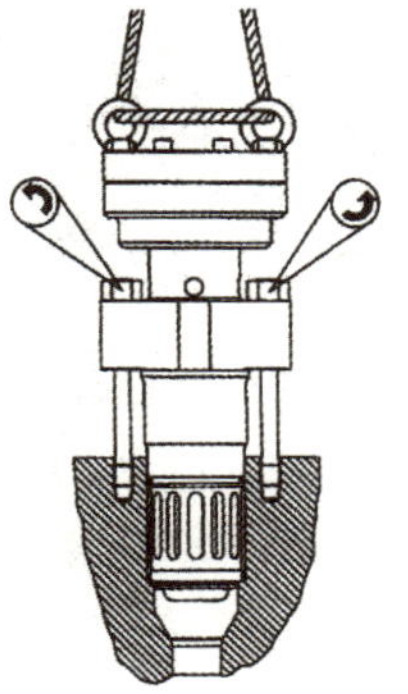

图 6-16　吊出气缸启动阀

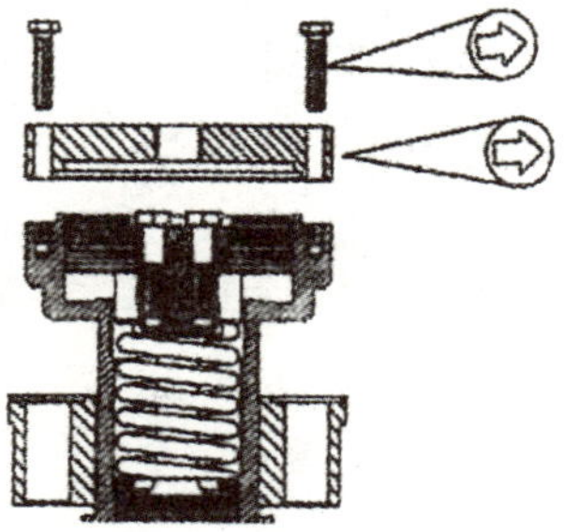

图 6-17　拧出阀顶盖的螺钉

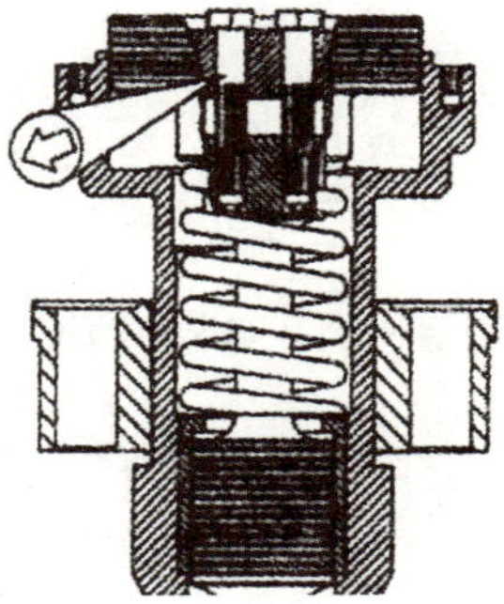

图 6-18　松开启阀活塞上两个螺钉

④选用合适的研磨砂用专用工具研磨阀座面,如图 6-19 所示。使用专用研磨扳手反复来回地转动阀盘,对阀盘与阀座的密封锥面进行互研,如图 6-20 所示,并随时清洗检查锥面上的阀线,一般要求宽度达到 0.5~1 mm 且连续无中断现象。其他事项参见气阀的研磨。

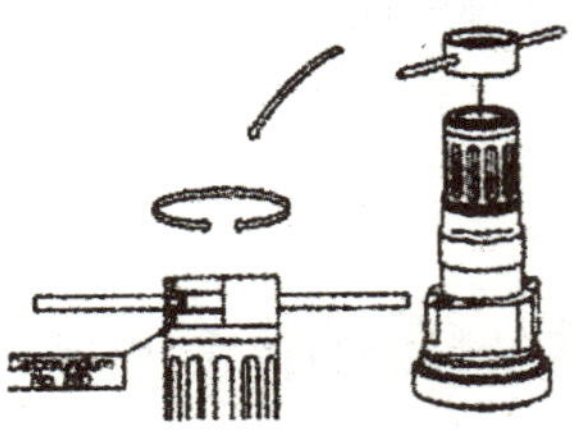

图 6-19　用专用工具研磨阀座面

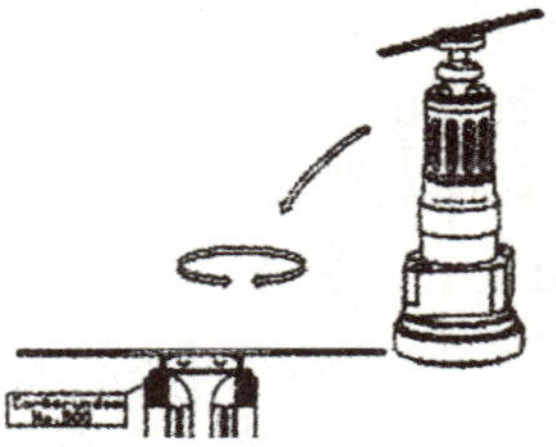

图 6-20　对阀盘与阀座的密封锥面进行互研

⑤组装启动阀前用清洁的柴油或煤油彻底地清洗阀壳和所有部件。在所有的滑动配合面上涂抹二硫化钼润滑剂。将阀杆插入阀壳内,然后依次装入弹簧、启阀活塞等。对称均匀地上紧两个紧固螺钉,以平稳地压紧弹簧,直到与阀杆间有很好的接触。按上述方法松紧多次,以获得正确的安装位置。最后的扭紧力矩应符合规定的数值(140 N·m)并用锁紧钢丝保险。安装阀顶盖。在阀壳体装上新“O”形密封圈,如图 6-21 所示。

⑥接上控制空气,使气缸启动阀开启,如图 6-22 所示。检查阀的开度,其开度应在 15~20 mm。切断控制空气,阀应完全关闭。上述检查应重复试验 1~2 次。检查合格后,如果不立即装于柴油机上,应妥善保管以防止灰尘进入。

⑦安装气缸启动阀前，应仔细地清洁气缸盖上的安装孔。将气缸启动阀吊入后安装固定螺母，用标准扳手对角分次（3次）拧紧。这样既保证燃烧室的密封，又防止因安装力过大引起阀座等部件的变形而发生漏气故障。装复控制空气管并开启启动空气和控制空气，如图6-23所示。

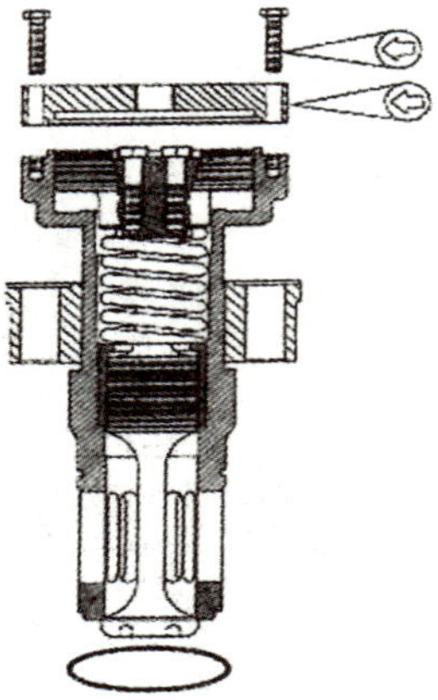
图6-21　组装启动阀

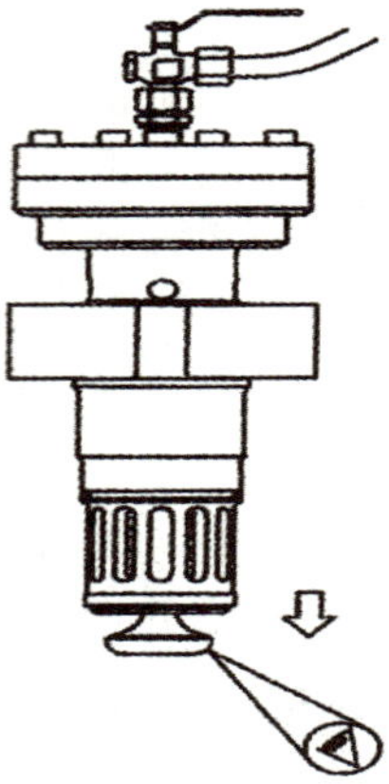
图6-22　接上控制空气

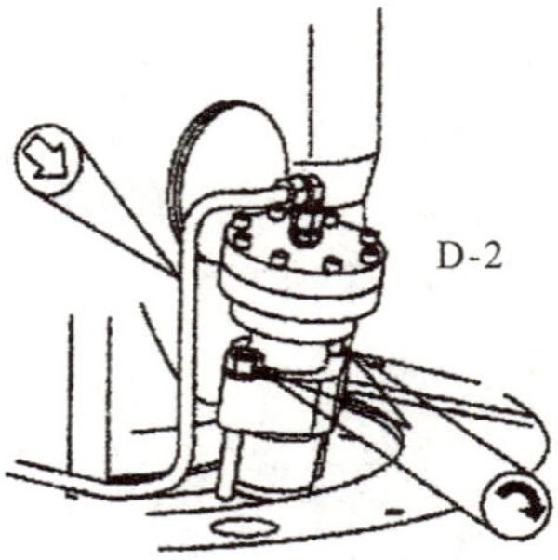

图6-23　安装气缸启动阀

任务2　柴油机速度调整

2.1　柴油机调速的必要性

调速器的作用是通过改变油量调节机构，将柴油机的转速调节到规定的转速范围内，并且根据柴油机负荷的大小自动调节供油量，使其转速维持在规定的范围内。

船舶推进主机与发电柴油机的运转条件和要求不同。当外界负荷变化时，其自身的适应能力也不同，因而对调速的要求也不同。

(1)船舶发电柴油机

对船舶发电柴油机的要求是能在外界负荷变化时保持恒定的转速，以保证其电压和频率恒定，即柴油机应按负荷特性工作。

如果外界负荷减小而喷油量不变，柴油机的功率就会大于外界负荷而使柴油机转速升高，导致柴油机的功率随之上升，使功率更不平衡，使转速继续升高以致发生飞车；反之，如果外界负荷增大而喷油量不变，柴油机的功率就会小于外界负荷而使柴油机转速降低，导致柴油机的功率随之下降，使柴油机的功率和外界负荷更加不平衡，如此反复下去，最后会导致柴油机自动停车。

由此可见，发电柴油机自身没有自动调速性能，必须装调速器，当外界负荷变化时能相应地调节柴油机的供油量，以使发出的有效功率同外界负荷相适应，同时保证柴油机始终能以规定的转速稳定运转。

(2)船舶主机

船舶主机有自动变更转速以适应外界负荷变化的能力。这是因为负荷的性质与发电柴油机不同。船舶主机的工作特性为柴油机推进特性,主机与螺旋桨的配合工作特性曲线如图6-24所示,图中Ⅰ为90%标定负荷速度特性曲线,Ⅱ为柴油机推进特性曲线,柴油机稳定运转于B点,此时柴油机的有效功率与外界负荷相适应,柴油机稳定在n_B转速下工作。

在柴油机的循环供油量不变的情况下,外界负荷增加(如海面阻力增大),螺旋桨的工作特性曲线由Ⅱ左移至Ⅱ′,与曲线Ⅰ相交于C点。在曲线Ⅱ变更的瞬时,螺旋桨阻力功率大于柴油机有效功率,使柴油机转速下降。当降至n_C时,两者的功率重新平衡而稳定运转;反之,外界负荷减小,柴油机在较高的转速下稳定运转。可见,船舶柴油机有自动变更转速以适应外界负荷变化的能力。

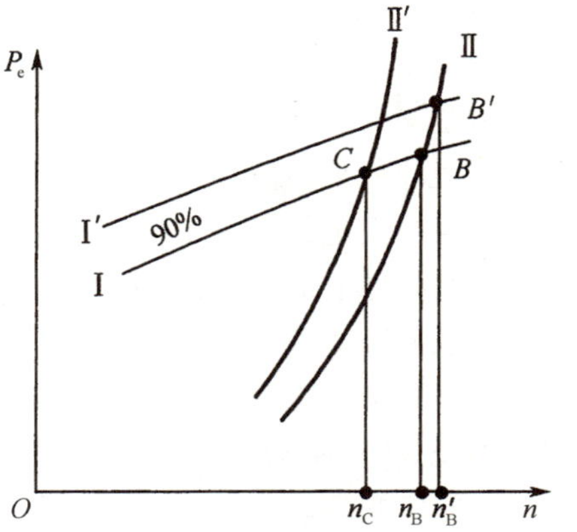

图6-24 主机与螺旋桨的配合工作特性曲线

在外界负荷不变的情况下,增加柴油机的供油量,即增加柴油机的有效输出功率,使速度特性由Ⅰ变为Ⅰ′。如图6-24所示,在油量增加时,柴油机的有效功率大于在原运转B点时螺旋桨阻力功率,使柴油机转速增加。当达到新的稳定运转点B'时,两者功率重新相等,且在较高的转速下稳定运转;反之,若减少供油量,则柴油机在较低转速下稳定运转。可见,改变柴油机的循环供油量可以有效地对柴油机进行调速。

若不要求主机转速恒定不变,则不必装调速器。但为了防止主机运转中断轴、螺旋桨失落或出水等造成柴油机超速(飞车),我国有关规范规定:船舶主机必须安装可靠的调速器(限速器),使主机转速不超过115%的标定转速。如果不装调速器,会出现主机转速随外界负荷变化而变化,这对柴油机的可靠性、使用寿命和经济性有不良影响。所以,现代船舶主机一般都装有全制式调速器,它可以使柴油机在全部运行转速范围内保证在任意设定的转速下稳定运转。

2.2 调速器分类

(1)按转速调节范围分类

①极限调速器(限速器)

极限调速器只用于限制柴油机的最高转速不超过某一规定值(不超过115%的标定转速),在转速低于此规定值时不起调节作用。其仅用于主机,很少单独使用。

②定速(单制式)调速器

定速调速器在负荷变化时能直接调节供油量使柴油机在预定的转速下稳定运转,应用于发电柴油机。

为保证发电机的电压及频率恒定,要求当外界负荷变化时柴油机保持恒定的转速。为此,船舶发电柴油机必须装上定速调速器,其任务是不论负荷如何变化,都能自动调节喷油量,保证柴油机按照规定的转速稳定地运转。通常,为满足多台柴油发电机并联运行,定速调速器应有一定的转速调节范围，一般为±10%的标定转速。

③双制式调速器

双制式调速器有两个转速控制点，能维持柴油机的最低稳定转速（或怠速）和限制最高转速，其中间转速范围内的工况由人工直接控制。它用于对低速性要求较高或带有离合器的中小型船舶主机。在低速时接上离合器能避免柴油机转速急剧下降而保持最低转速，以改善柴油机怠速工况的稳定性；离合器脱开的瞬时相当于柴油机突卸负荷，能防止柴油机飞车，以限制最高转速。

④全制式调速器

在柴油机从最低稳定转速到限制最高转速的任意转速下，全制式调速器都能自动调节供油量并保持设定的转速不变。其广泛应用于船舶主机及发电柴油机。

（2）按执行机构分类

①机械调速器（直接作用式）

它直接利用飞重产生的离心力去移动油量调节机构来调整柴油机转速。其工作能力较弱，不能实现恒速调节。但其结构简单、工作可靠、维护方便，广泛用于中小功率柴油机上。

②液压调速器（间接作用式）

它利用飞重产生的离心力去控制一个功率放大元件（伺服器），再利用其液压作用所产生的更大动力去移动油量调节机构来调整柴油机的转速。

③电子调速器

信号监测及控制采用电气方式的调速器。

2.3 超速保护装置描述

船舶柴油机除按规定和使用要求需装设调速器外，为了防止在调速器损坏时造成柴油机因超速而损坏，确保柴油机运转安全，常设一台超速保护装置。

按我国有关规定，凡标定功率大于 220 kW 的船用主机或船用柴油发电机应装设超速保护装置，以防止主机转速超过 120%的标定转速或发电柴油机转速超过 115%的标定转速。该超速保护装置是一种运转安全装置，不同于调速器，其本身没有调速特性，只在柴油机转速达到规定限值时才发生动作，使柴油机停车或降速。按规定，超速保护装置必须与调速器分开设立，独立工作，无论柴油机的操纵机构处于什么状态，该装置的保护性动作必须迅速而准确。

通常该装置由转速监测器、伺服机构和停车机构三部分组成。转速监测器对曲轴转速随时进行测定与鉴别，当转速达到规定限值时，发出准确而稳定的信号，触发伺服机构动作。伺服机构的动作具有足够的强度与幅度，保证在任何情况下均能带动停车机构切断燃油或停止进气，使柴油机停车。

根据对转速的测定方式不同，转速监测器分为离心式、电磁式和气压式。离心式转速监测器利用飞块-弹簧测定转速，多用于中型柴油机；电磁式转速监测器利用电磁感应原理测定转速，多用于中、低速柴油机；气压式转速监测器利用机械增压空气压力（因增压压力正比于转速）测定转速，仅适用于机械增压的小型柴油机。

伺服机构有弹簧式、气压式和液压式。弹簧式伺服机构结构简单，动作后需人工复位；气压式伺服机构和液压式伺服机构则动作作用力大且可自动复位，结构复杂，维护复杂。

24 调速器的性能指标

调速器的性能好坏直接影响柴油机运转的稳定性和可靠性。调速器装机后，在柴油机性能鉴定时，应对柴油机进行突变负荷试验，同时用转速自动记录仪记录柴油机的转速随时间的变化曲线，用以分析调速器的工作性能，即调速性能试验。

图 6-25 所示曲线即为柴油机进行突变负荷试验时得到的调速过程的转速变化曲线。

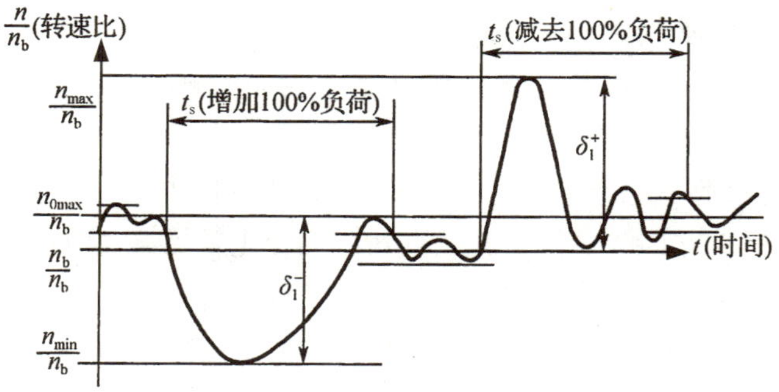

图 6-25 调速过程的转速变化曲线

试验时，柴油机先在最高空载转速 n_{0max} 下稳定运转，在某瞬时突加全负荷，转速立即下降，瞬时转速下降到最低瞬时转速 n_{min}。此后由于调速器的作用，供油量增加，转速又回升，经过一段时间 t_s 并经过数次收敛性波动后，转速稳定在全负荷稳定转速 n_b 下运转。此调节过程称为调节的过渡过程。

试验还可以从某点突卸全负荷开始，从转速 n_b 突然增高至最高瞬时转速 n_{max}，由于调速器相应减少供油量，转速又下降，经过一段时间 t_s 后，转速又稳定在最高空载转速 n_{0max}。调速器性能可用静态指标和动态指标来评定。

(1) 调速器的静态指标

①稳定调速率 δ_2

根据国家标准，调速器在标定工况下的稳定调速率是最高空载转速 n_{0max} 与标定转速 n_b 之差与标定转速 n_b 比值的百分数，用 δ_2 来表示，即

$$\delta_2 = \frac{n_{0max} - n_b}{n_b} \times 100\%$$

稳定调速率 δ_2 是衡量调速器准确性的指标，国外称其为速度降(Speed Drop)。其值越小，表示调速器的准确性越好。单台柴油机运转时，允许 $\delta_2=0$，它表示该柴油机在外界负荷变化时能恒速运转，准确性最高。但几台柴油机并联工作时，为使各机负荷分配合理，各机的 δ_2 必须相等且大于零(后述)。对 δ_2 的要求应根据柴油机的用途而定，不能盲目地追求准确性。

我国有关规范规定，船用主机的 $\delta_2 \leq 10\%$；交流发电柴油机的 $\delta_2 \leq 5\%$。

②转速波动率 Φ 或转速变化率 ψ

转速波动率 Φ 或转速变化率 ψ 都用来表征在稳定运转时柴油机转速的变化程度。柴油机转速的波动主要是由柴油机回转力矩不均匀和调速系统存在摩擦阻力和间隙引起的。

转速波动率表示在稳定工况时转速波动的大小，转速波动率 Φ 可按下式计算：

$$\Phi = \left| \frac{n_{cmax}(n_{cmin}) - n_m}{n_m} \right| \times 100\%$$

转速变化率表示在稳定工况时转速变化的大小，转速变化率 ψ 可按下式计算：

$$\psi = \left| \frac{n_{cmax} - n_{cmin}}{n_b} \right| \times 100\%$$

式中，n_{cmax}——测试期间的最高转速，r/min；

n_{cmin}——测试期间的最低转速，r/min；

n_m——测试期间的平均转速，r/min，$n_b = (n_{cmax} + n_{cmin})/2$。

一般，在标定工况时，$\Phi \leqslant 0.25\% \sim 0.5\%$；$\psi \leqslant 0.5\% \sim 1.0\%$。

③不灵敏度 ε

当柴油机在一定负荷下稳定运转时，由于调速器及机构中存在间隙、摩擦和阻力等，若转速稍有变化，调速器不能立即改变供油量。直到转速变化量足够大时，调速器才能起到调节供油的作用。例如，柴油机工作转速为 200 r/min，当转速在 $n_1 = 197$ r/min 到 $n_2 = 203$ r/min 的范围内变化时，调速器都不起反应。这种现象称为调速器的不灵敏性，国外称为盲区（Dead Band）。我国用不灵敏度 ε 表示不灵敏的区域大小。

两个起作用时的极限转速之差与平均转速之比值称为不灵敏度 ε，即

$$\varepsilon = \frac{n_2 - n_1}{n_m}$$

式中，n_1——柴油机转速减小时，调速器开始起作用时的转速，r/min；

n_2——柴油机转速增大时，调速器开始起作用时的转速，r/min；

n_m——柴油机平均转速，r/min，$n_m = (n_1 + n_2)/2$。

不灵敏度 ε 过大会引起转速不稳定，严重时会导致调速器失去作用，发生飞车。一般规定在标定转速时，$\varepsilon \leqslant 1.5\% \sim 2\%$；在最低稳定转速时，$\varepsilon \leqslant 10\% \sim 13\%$。

（2）调速器的动态指标

当负荷突然变化时，由调速器与柴油机组成的调速系统会从一个稳定工况过渡到另一个稳定工况，其间经过了几次转速波动后才稳定下来，这段过程称为调节的过渡过程。一般用瞬时调速率 δ_1 和稳定时间 t_s 这两个动态指标来评定调速系统的过渡过程的性能。在过渡过程中，转速发生大幅度波动与调速系统中各部件的惯性和负载的特性直接有关。调速系统过渡过程的性能一般采用瞬时调速率 δ_1 和稳定时间 t_s 两个动态指标来评定。

①瞬时调速率 δ_1

柴油机先在标定工况下稳定运转，然后突然卸去全部负荷，测定出转速随时间的变化关系。用突减全负荷的瞬时调速率 δ_1^+ 来表示，并按下式计算：

$$\delta_1^+ = \frac{n_{max} - n_b}{n_b} \times 100\%$$

式中，n_{max}——标定工况突减全负荷时的最高瞬时转速，r/min；

n_b——标定转速，r/min。

柴油机先在最高空载转速下稳定运转，然后突然加上全部负荷，测定出转速随时间的变化关系。此种突加全负荷的瞬时调速率用 δ_1^- 来表示，并可用下式计算：

$$\delta_1^- = \frac{n_{min} - n_{0max}}{n_b} \times 100\%$$

式中，n_{min}——标定工况突加全负荷时的最低瞬时转速，r/min；

n_{0max}——最高空载转速，r/min；

n_b——标定转速，r/min。

我国有关规范要求，发电柴油机的 $\delta_1^+ \leqslant 10\%$；$\delta_1^-$（突加 50%后再加 50%至全负荷）$\leqslant 10\%$。

②稳定时间 t_s

稳定时间 t_s 指从突加（或突减）全负荷后转速刚偏离最高空载转速（或标定转速）到转速恢复到标定转速或最高空载转速为止所需时间（以 s 计）。它表示过渡过程的长短，稳定时间越短，说明调速器的稳定性越好。

我国有关规范规定，交流发电机 $t_s \leqslant 5$ s，船舶主机一般限制在 5~10 s，即 $t_s \leqslant 10$ s。

任务 3 各种调速器的调速工作

3.1 机械调速器的调速

机械调速器主要由飞重 3、滑动套筒 4 及调速弹簧 5 组成，如图 6-26 所示。飞重 3 安装在飞重架 2 上通过转轴由柴油机驱动高速回转。由飞重 3 和调速弹簧 5 等组成的转速感应元件是按力平衡原理工作的。调速弹簧 5 的预紧力由转速调节螺钉 7 调节，以改变柴油机的设定转速。

当柴油机稳定运转时，飞重 3 的位置如图 6-26 中实线所示。飞重 3 所产生的离心力（通过钩脚作用在滑动套筒 4 的底部）恰好与调速弹簧 5 的预紧力相平衡，油量调节杆 8 也停留在某一供油位置，柴油机发出的功率与外界的负荷刚好平衡。

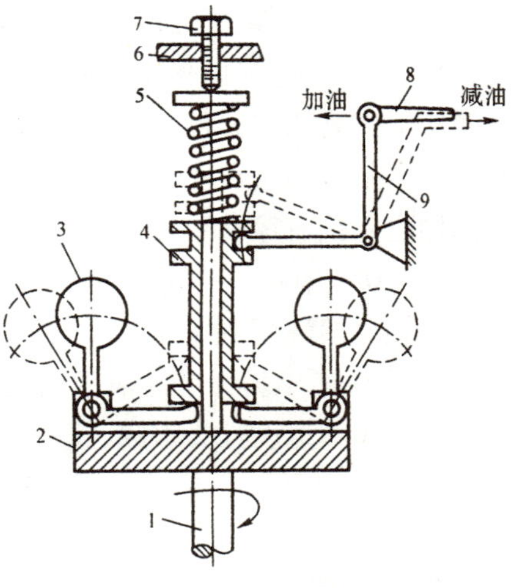

图 6-26 机械调速器

1—转轴；2—飞重架；3—飞重；4—滑动套筒；5—调速弹簧；6—本体；7—转速调节螺钉；8—油量调节杆；9—直角形杠杆

若外界负荷突然减小，柴油机发出的功率大于外界负荷而使转速升高，此时飞重 3 的离心力大于调速弹簧 5 的预紧力而使套筒上移，增加弹簧的压缩量，使作用力增大，同时通过直角形杠杆 9 拉动油量调节杆 8 以减少供油量。这就是说，调速器根据外界负荷的变化起着调节供油量（柴油机功率）的作用。当调节过程结束时，柴油机的功率就与外界负荷在彼此减小了的情况下恢复平衡。调速器的飞重也稳定在图示虚线位置，它的离心力和调速弹簧的作用力也在彼此都增大了的情况下恢复平衡，柴油机在稍高于原转速的转速下稳定运行。

当外界负荷突然增大时，调速器的动作与上述相反，飞重的离心力与调速弹簧的作用力在彼此都减小的情况下达到平衡状态，柴油机在稍低于原转速的转速下稳定运行。

由上述可知,机械调速器在外界负荷变化后不能使柴油机恢复到原来的转速。当外界负荷减小时,调节后的转速要比原来的转速稍高;而当外界负荷增大时,调节后的转速要比原来的转速稍低。产生这种转速差的根本原因是感应元件与油量调节机构之间采用的是刚性连接。所以,当外界负荷减小时,因油量调节杆必须右移,才使供油量相应减少,柴油机输出的功率与外界负荷重新平衡,保持转速稳定,这就必然增大调速弹簧的压缩量,于是弹簧的作用力变大。而与弹簧相平衡的套筒推力是由飞重离心力产生的,只有当柴油机的转速比原来稍高时,飞重的离心力增大后,才与增大了的调速弹簧的作用力相平衡。也就是说,上述的平衡只有在柴油机的转速稍高于原转速时才能达到;反之,当外界负荷增大时,上述平衡条件只能在柴油机转速稍低时才能达到。

柴油机设定转速的调节,可转动调节螺钉以改变调速弹簧的预紧力。如欲降低柴油机的设定转速,只要逆时针转动调节螺钉,即可减小弹簧预紧力;欲升高柴油机的设定转速,只要顺时针转动调节螺钉,即可增大弹簧预紧力。

从机械调速器的工作过程可知,拉动油门的动力来自飞重的离心力。机械调速器工作能力较小,而且灵敏度和精度差,不能实现恒速调节,但其结构简单、维修方便,只适用于中小功率的柴油机。

3.2 液压调速器的调速

前述的离心式机械调速器直接由感应元件通过杠杆机构来移动油量调节机构。对于大功率柴油机,由于调速器和油量调节机构的摩擦阻力较大,移动油量调节机构所需的力也较大,因此要求调速器有更大的工作能力。如果仍用机械调速器,就必须增大飞重的质量,并在结构上加强有关的零件,因而增大调速器的尺寸和质量使调速器显得十分笨重。为了使调速器的结构尺寸不太大,又能保证具有良好的动态指标,通常在大功率柴油机上采用液压调速器,这种调速器在其感应元件与油量调节机构之间加入一个液压放大元件(液压伺服器),使感应元件的输出信号通过放大元件再传到油量调节机构上去。为了改善调节性能,在感应元件和驱动机构之间设有反馈装置,这种调速器也叫间接作用式调速器。

(1)液压调速器的调速原理分析

①无反馈液压调速器

图 6-27 所示为无反馈液压调速器的结构示意图。转速感应元件由装于转盘 1 的飞重 3、调速弹簧 4 和速度杆 2 组成,这些组成部分由柴油机驱动轴 11 带动旋转。伺服放大机构由滑阀 7 及液压伺服器 6 组成。调速器内部高压工作油由齿轮油泵 8 供给并通过溢流阀 9 保持恒压。

柴油机稳定运转时,飞重 3 的离心力与调速弹簧 4 的预紧力平衡,飞重 3 位于图示位置。由速度杆 2 控制的摇杆 5(*AC* 杆)位于图示垂直位置。滑阀 7 封闭液压伺服器 6 的左右控制孔。液压伺服器 6 内的动力活塞保持静止,喷油泵齿条 10 不动,于是柴油机按该调速弹簧 4 所设定的转速稳定运转。

若柴油机的负荷减小,驱动轴的转速将升高,飞重离心力增大,飞重向外张开,推动速度杆 2 右移。摇杆 5 以 *A* 为支点逆时针摆动,于是节点 *B* 带动滑阀 7 右移,将左、右控制孔打开,使压力油进入液压伺服器油缸右侧,而左侧空间接通低压油路。油压使动力活塞左移并带动喷

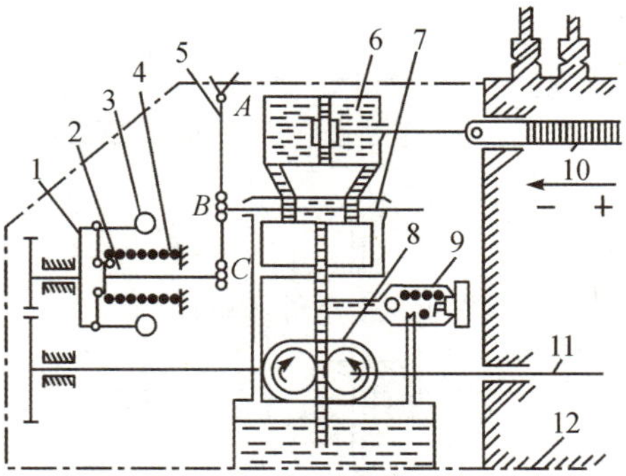

图 6-27　无反馈液压调速器

1—转盘；2—速度杆；3—飞重；4—调速弹簧；5—摇杆；6—液压伺服器；7—滑阀；8—齿轮油泵；9—溢流阀；10—喷油泵齿条；11—驱动轴；12—喷油泵

油泵齿条减油，柴油机转速降低。当转速恢复到原设定转速时，速度杆 2 和滑阀 7 又回到原平衡位置，并切断液压伺服器油缸工作油通路，动力活塞则停止在新的位置上；当柴油机负荷增大时，转速降低，调节过程按上述相反方向进行。

实际上，调速系统的惯性使滑阀 7 和动力活塞的动作总是滞后于柴油机转速的变化。例如，当负荷减小时，会引起柴油机转速升高，使滑阀 7 右移，经一系列动作后供油量调少，柴油机降速，由于调速系统有一定惯性，不可能马上减少供油量，使柴油机的转速立即降低。柴油机转速降低迟缓必使供油量减少过头，柴油机降速过度。类似地，当柴油机负荷增大时，供油量将增加过头，柴油机增速过度。于是如此不断重复降速、加速的调节过程，使转速波动，调节过程不稳定，无法满足使用要求。可见，这种无反馈装置的液压调速器在实际中是不能使用的。

为能实现稳定调节，液压调速器中必须加入一个反馈（补偿）机构。反馈（补偿）机构在动力活塞移动的同时反作用于滑阀，使其向平衡位置的方向移动，从而使滑阀提前恢复至平衡位置。反馈（补偿）机构对滑阀产生的反作用动作称为反馈或补偿。液压调速器中的反馈机构一般采用常见的刚性反馈和弹性反馈两类。

②刚性反馈液压调速器

将无反馈液压调速器的结构图中的连接摇杆 5 的固定支点 *A* 改为与动力活塞杆铰接，即构成刚性反馈液压调速器，如图 6-28 所示。调速器的其他结构基本与无反馈液压调速器相似。

由图 6-27 可见，当柴油机负荷减小时，驱动轴的转速将升高，飞重向外张开使调速弹簧 4 压缩，同时使速度杆 2 向右移动。由于此时动力活塞尚未动作，故使反馈杠杆 *AC* 的上端点 *A* 暂时作为固定点，杠杆 *AC* 绕 *A* 点向右（逆时针）摆动，带动滑阀右移，把控制孔打开。高压油便进入液压伺服器油缸的右腔，左腔与低压油路相通。高压油便推动动力活塞带动喷油泵齿条左移，减少柴油机的燃油供给量。动力活塞左移的同时，杠杆 *AC* 绕 *C* 点向左摆动并带动与 *B* 点相连的滑阀 6（如图 6-28 所示）向左移动，从而使滑阀向相反方向移动，并且柴油机此时由于减油，转速下降，也使滑阀向左移动。在两者的作用下，滑阀迅速回到原位。于是调节过程的波动很快被衰减，使调速器实现稳定调节。调节过程结束时，滑阀回到原位，关闭控制油孔，切断通往伺服油缸的油路。此时动力活塞停止运动，油量调节杆随其移动到一个新的平衡位

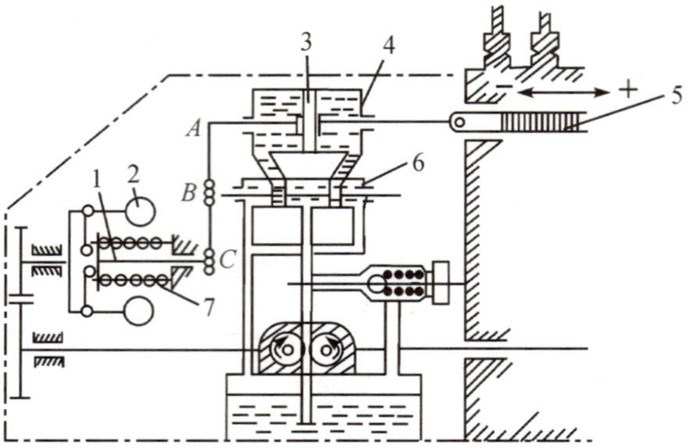

图 6-28　刚性反馈液压调速器

1—速度杆;2—飞重;3—伺服活塞;4—液压伺服器;5—喷油泵调节杆;6—滑阀;7—弹簧

置,柴油机在相应的新的负荷下工作,即 A 点位置是随负荷而变的。而 B 点在任何稳定工况下均处于原位,它与负荷无关。

由于反馈是通过刚性连接达到的,故 C 点位置必须随 A 点做相应的变动并稳定在新的位置,即柴油机不能恢复到原有的转速,调速器的稳定调速率 δ_2 不能达到零,不能实现恒速调节。这是刚性反馈的特点。

进一步分析刚性反馈液压调速器可知:当负荷减小时,新的稳定转速将比原来稍有升高;当负荷增大时,新的稳定转速将比原来稍有降低。

③弹性反馈液压调速器

如果既要调速过程稳定,又要实现恒速调节(即 $\delta_2=0$),就必须采用带有弹性反馈的液压调速器。弹性反馈液压调速器实际上是在刚性反馈调速器的基础上增加了一个弹性环节,如图 6-29 所示。它由缓冲器 15、补偿活塞 14、节流针阀 16、补偿弹簧 13 等组成。

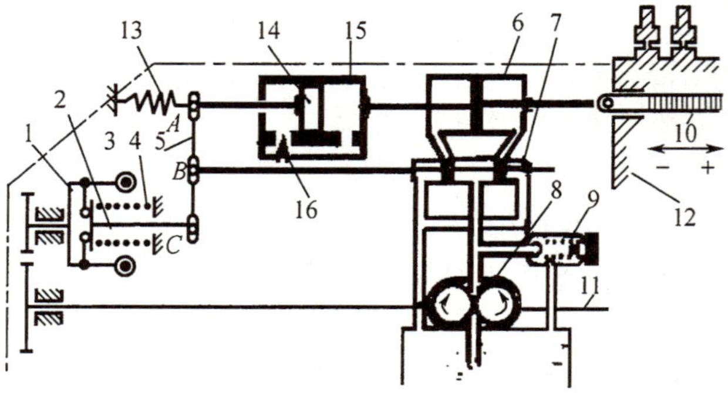

图 6-29　弹性反馈液压调速器

1—转盘;2—速度杆;3—飞重;4—弹簧;5—摇杆;6—液压伺服器;7—滑阀;8—齿轮油泵;9—溢流阀;10—油泵齿条;11—驱动轴;12—喷油泵;13—补偿弹簧;14—补偿活塞;15—缓冲器;16—节流针阀

缓冲器 15 油缸中充满工作油,油缸内补偿活塞 14 两侧空间通过管道及节流针阀 16 接通。当缸体受力后,缸内工作油从一个空间流向另一个空间,但由于节流针阀的节流作用,补偿活塞 14 的移动比受力滞后,从而起到缓冲作用。

当柴油机负荷减小时,转速将增大,飞重 3 的离心力增大,于是滑阀右移,液压伺服器活塞左移并减少喷油泵的供油量。在调速过程开始时，随着液压伺服器活塞的左移，缓冲器15油缸、补偿活塞14及*AC*杆上的接点*A*几乎以相同速度左移。这些动作与刚性反馈相同。但当调速过程接近结束时，滑阀回到原来的位置（提前复位），切断了通往液压伺服器油缸的油路，此时缓冲器15和补偿活塞14已停留在与新的负荷相对应的位置上。被压缩的补偿弹簧13有弹性复原的作用，因此使*A*点带动补偿活塞14相对于缓冲器油缸移向右方，回到原来位置。被补偿活塞14压缩的缓冲器油缸右侧的油经节流针阀16流到左侧，直至左、右两侧的油压相等。于是，补偿弹簧13和杠杆*ABC*上的各点都恢复到原位，此时调速器的速度杆也回到原位，亦即调速过程结束后，柴油机的转速保持不变，稳定调速率可为零，实现恒速调节。当柴油机负荷增大时，通过对调速过程类似的分析，也可得到这一结论。

目前，船用柴油机广泛采用具有弹性反馈机构和刚性反馈机构的双反馈液压调速器。它具有转速调节范围广、调节精度和灵敏度高、稳定性好的特点，但结构复杂、管理要求高。

④双反馈液压调速器

当柴油机需要并车运行时，为了保证各台柴油机能够按比例承担负荷，不但要求装设的调速器有良好的稳定性，还要求有一定的并且可调的稳定调速率，所以目前船舶上广泛采用同时具有弹性反馈和刚性反馈机构的双反馈液压调速器，这种调速器的结构示意图如图6-30所示。

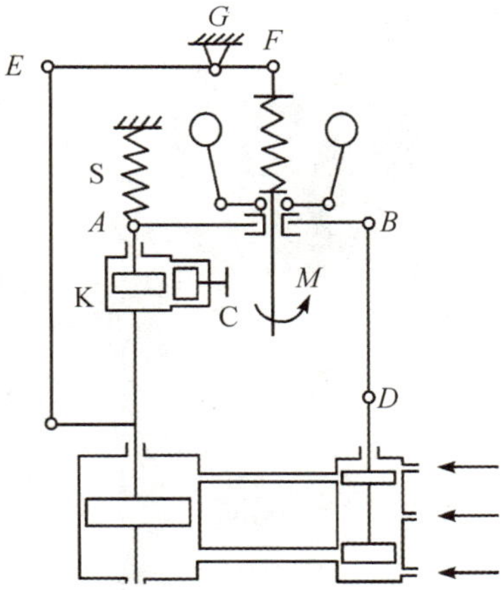

图6-30 双反馈液压调速器

C—节流针阀；K—缓冲器；S—补偿弹簧

图中刚性反馈杠杆*EGF*和弹性反馈机构（缓冲器K、补偿弹簧S、节流针阀C）由动力活塞杆带动。当外界负荷减小，柴油机转速升高时，飞重向外飞开，带动杠杆*AB*以*A*为支点逆时针上摆，带动滑阀杆*BD*上移，工作压力油进入动力活塞下方，动力活塞上方油泄回低压空间，动力活塞上行减油。伴随动力活塞的上移，一方面使刚性反馈杠杆*EGF*绕*G*点顺时针摆动，由*F*点增大弹簧预紧力，使其稳定后的转速较原转速略高（即$\delta_2>0$）；另一方面通过弹性反馈机构保证恒速稳定调节。

这种调速器通过弹性反馈中的节流针阀开度的大小调节其稳定性。通过刚性反馈杠杆*EGF*的两臂比例调节稳定调速率δ_2的大小，即靠改变*G*点在*EF*上的位置来调节。*G*点左移δ_2变大，右移δ_2变小。*G*点与*F*点重合，动力活塞在加减油时，*F*点对调速弹簧不起作用，$\delta_2=0$。这种双反馈液压调速器具有稳定性高、δ_2小且可调、转速调节精度和灵敏度高等优点，故在船上得到广泛应用。

液压调速器不但具有控制滑阀和动力活塞组成的液压放大机构（称液压伺服器），还具有反馈（补偿）机构，调节的稳定性得以提高，动态特性得以改善。这些特点使它具有广泛的转速调节范围、调节精度和灵敏度高、稳定性好，所以在船舶大中型柴油机上应用广泛，但其结构复杂，管理要求较高。

（2）液压调速器的典型结构

船用柴油机使用的液压调速器大多为双反馈全制式调速器。其中以 Woodward UG 型和 Woodward PGA 型应用较普遍。Woodward UG 型分为杠杆式（The Lever Option）和表盘式（The Dial Option）两种，按其工作能力大小分为多种规格。Woodward PGA 型为气动遥控式，多用于遥控主机。国产的液压调速器有红江机械有限责任公司生产的 TYI11 或 TY555 等型，其结构与性能基本与 Woodward U 型相似。

①Woodward UG-8 型表盘式液压调速器

Woodward UG-8 型表盘式液压调速器的输出调节力矩（工作能力）为 8 英尺磅（10.84 J），输出转角为 42°，具有良好的工作性能，多用于发电柴油机。在其正面表盘上有 4 个旋钮（如图 6-31 所示）：左上方为静速差旋钮 8，调节稳定调速率 δ_2；左下方为负荷限制旋钮 9，用于限制喷油泵循环供油量的加油份额，即限制柴油机输出的最大功率；右上方为调速旋钮 3，用于调节设定转速；右下方为转速指示旋钮 1，指示设定转速的高低，不可调节。

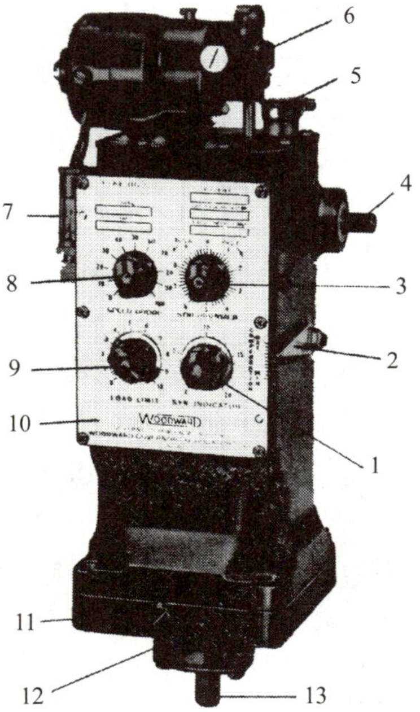

图 6-31　Woodward UG-8 型表盘式液压调速器

1—转速指示旋钮；2—反馈指针；3—调速旋钮；4—输出轴；5—加油盖；6—调速电动机；7—油位表；8—静速差旋钮；9—负荷限制旋钮；10—表盘；11—节流针阀；12—放油塞；13—驱动轴

Woodward UG-8 型液压调速器主要由以下几部分组成（如图 6-32 所示）：

A. 驱动机构

驱动轴 28 由柴油机凸轮轴经伞齿轮传动，通过油泵齿轮 22、弹性轴 37、传动齿轮 41、43 和飞重架等使飞重 39 等转动，从而将柴油机的转速信号传给感应机构。

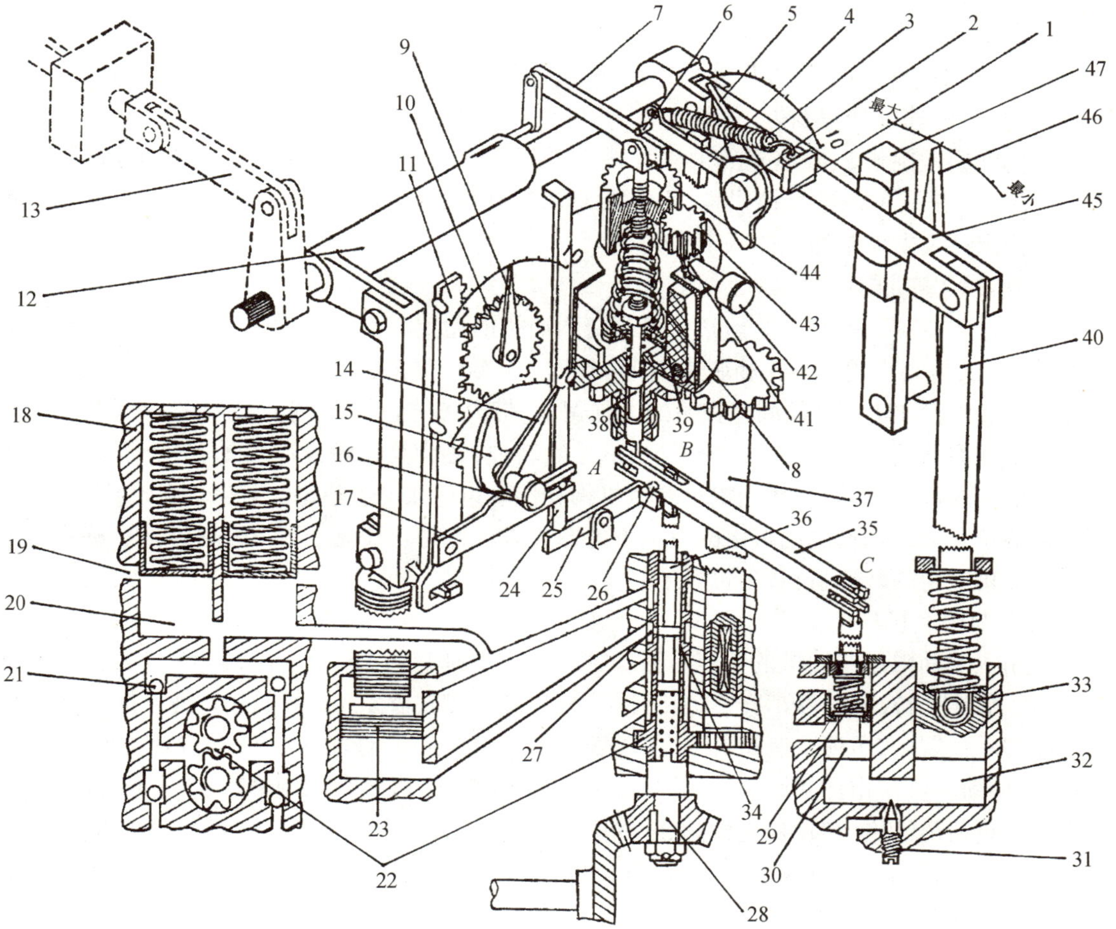

图 6-32　Woodward UG-8 型液压调速器主要组成部分

1—静速差凸轮；2—静速差旋钮；3—拉紧弹簧；4—顶杆；5—静速差指针；6—支持销；7—静速差杆；8—调速弹簧；9—负荷指针；10—齿轮；11—齿条；12—输出轴；13—油量调节杆；14—负荷限制指针；15—负荷限制凸轮；16—负荷限制旋钮；17—控制杆；18—稳压油缸；19—溢油孔；20—蓄压室；21—球阀；22—油泵齿轮；23—动力活塞；24—紧急停车杆；25—限制杆；26—限制销；27—控制孔；28—驱动轴；29—反馈弹簧；30—小反馈活塞；31—补偿针阀；32—补偿空间；33—大反馈活塞；34—控制滑阀套筒；35—浮动杆；36—控制滑阀；37—弹性轴；38—调速杆；39—飞重；40，45—反馈杠杆；41，43—传动齿轮；42—调速旋钮；44—调速齿轮；46—反馈指针；47—活动支点

B. 转速感应机构

它由飞重 39、调速弹簧 8、调速杆 38 组成，用以感受和反映柴油机转速的变化。

C. 伺服放大机构

它由控制滑阀 36、控制滑阀套筒 34、动力活塞 23 以及有关油路组成，用来放大感应机构的输出能量。控制滑阀套筒 34 由驱动轴 28 带动回转（可以保证调速器在工作过程中滑阀工作的灵活性）。

D. 调节机构

它主要由动力活塞23、输出轴12及油量调节杆13等组成。动力活塞上下运动，通过杠杆机构转动输出轴12，操纵油量调节杆，以调节供油量。

E. 恒速（弹性）反馈机构

它主要由大反馈活塞33、小反馈活塞30、上下反馈弹簧29、补偿针阀31、反馈杠杆40和45、活动支点47、反馈指针46以及反馈油路等组成。其作用是保证调速过程中转速的稳定。

F. 静速差（速度降）机构

它由静速差旋钮2、静速差凸轮1、顶杆4、拉紧弹簧3、支持销6、静速差杆7和静速差指针5等组成。它是一种刚性反馈机构，不仅能使调节过程稳定，而且能调节稳定调速率δ_2，以满足调节稳定性及发电柴油机并联工作需要。

G. 速度设定机构

它通过改变调速弹簧8的预紧力来改变柴油机的稳定转速。它由两部分组成：一部分由调速旋钮42，传动齿轮41、43和调速齿轮44组成。当转动表盘上的调速旋钮42时，通过传动齿轮使调速齿轮44（它又是调速弹簧的上弹簧盘，带内螺纹）转动并同时沿中心螺杆上下移动以改变调速弹簧预紧力，从而改变柴油机的给定转速，达到全制调速的目的；另一部分是装在调速器盖上的调速电动机，经过蜗轮减速机构和传动齿轮43（摩擦离合器驱动齿轮）以改变调速弹簧的预紧力。调速电动机由配电板上的开关进行控制。表盘上右下方转速指示旋钮用于指示柴油机设定的转速，自身不可调节。

H. 负荷限制机构

它用于手动限制柴油机的给定负荷。它由负荷限制旋钮16、负荷限制指针14、负荷限制凸轮15、控制杆17、紧急停车杆24、限制杆25、限制销26、齿条11、齿轮10、负荷指针9等组成。在图示位置中，负荷限制指针14位于表盘刻度“10”处。动力活塞23的位置由齿条11和齿轮10传动的负荷指针9指示为“5”。此时，在控制杆17和负荷限制凸轮15之间有间隙，所以当外界负荷继续增大时，控制滑阀36的下移不受限制，动力活塞也可继续上行增加供油量。当动力活塞上移到最大供油量位置时，负荷指针9也转到刻度“10”。此时控制杆17与负荷限制凸轮15刚好接触，限制控制滑阀36继续下移，动力活塞（供油量）也被限制在刻度“10”处。同理，若把负荷限制指针14分别置于刻度“8”“6”“4”处，则柴油机的供油量亦被分别限制在“8”“6”“4”位置。

如需紧急停车，按下紧急停车杆24即可。这时限制杆25通过限制销26把控制滑阀36抬起，动力活塞便下移把供油量减为零。此紧急停车杆24是在调速器试验中使用，并非在柴油机运转中使用，但可在其上方安装某安全停车辅助装置（如停车电磁阀等）以保护柴油机。当把负荷限制旋钮16手动转至零位处时，则通过负荷限制凸轮15、控制杆17将紧急停车杆24压下，柴油机自行停车。

柴油机启动时为防止加速过快，应将负荷限制旋钮16置于刻度“5”，待启动运转正常之后，再逐渐将负荷限制旋钮16转至刻度“10”或所规定的其他位置。

I. 液压系统

它用来产生推动动力活塞23运动的稳定的高压油（0.8 MPa）。它由低压油池、油泵齿轮22、稳压油缸18及油缸中的稳压活塞和有关油路组成。油泵齿轮22从油池中吸油加压后排送到稳压油缸18和有关空间。稳压油缸、稳压活塞、弹簧和溢油孔19等用于保持系统中稳定的油压。当油压过高时，稳压活塞升起，滑油从溢油孔 19 流回油池，从而保持系统中油压的稳定。

Woodward UG-8 型液压调速器的动作过程如下所述：

当柴油机在某一负荷下稳定运转时，飞重 39 的离心力与调速弹簧 8 的预紧力相平衡，控制滑阀 36 处于图示中间位置将控制孔 27 封闭，使动力活塞 23 下方空间封闭。由此动力活塞固定不动，输出轴 12 和油量调节杆 13 等均固定在某一位置，使柴油机有一个相应于外界负荷的供油量。柴油机在由调速弹簧 8 所设定的转速下稳定运转。

当柴油机负荷增大时，转速下降，这时飞重的离心力小于调速弹簧的弹力，飞重向内收拢，调速弹簧推动调速杆 38 向下移动，使浮动杆 35 以右端 *C* 点为支点向下摆动，推动控制滑阀 36 下移并打开套筒上的控制孔 27，让高压油进入动力活塞 23 的下腔。由于动力活塞下部面积为上部面积的两倍，高压油向上的作用力大于向下的作用力，动力活塞向上移动，带动输出轴 12 朝加油方向(逆时针方向)旋转，柴油机供油量增加，转速回升。

在动力活塞上移转动输出轴 12 的同时，由输出轴 12 带动反馈杠杆 45 左端上移，右端下移，带动大反馈活塞 33 下移，压缩反馈油路中的滑油，迫使一部分滑油从补偿针阀 31 的小孔流出。由于针阀的节流作用，反馈油路中的油压仍有上升，克服反馈下弹簧的弹力，使小反馈活塞 30 上移。这时浮动杆 35 以左端 *A* 点为支点逆时针转动，带动控制滑阀 36 上移，使其提前返回原来的平衡位置，重新封闭控制孔 27，切断压力油，使动力活塞 23 停止加油。

此后，由于反馈弹簧 29 的作用，小反馈活塞 30 逐渐下移复位，多余的滑油经补偿针阀 31 排出。此下移速度与调速杆 38 的上行速度相适应，使控制滑阀 36 处在中央位置，柴油机恒速转动，这一恒速反馈机构的作用是防止调速器加油过量。上述一系列动作并非一次完成，而是要反复多次，一直持续至油量增加到与负荷相适应，且使柴油机恢复到原来的工作转速时为止。此时，飞重 39、调速杆 38、控制滑阀 36 和小反馈活塞 30 回到原先的平衡位置，而动力活塞 23、输出轴 12 和大反馈活塞 33 就停在对应于负荷增大后所需的供油位置上，柴油机在原先的转速下稳定运转，获得新的平衡，这样就实现了恒速反馈调节。

为了保证调速过程有一定的静速差，即调速器具有一定的稳定调速率 δ_2，调速器中设有静速差机构(刚性反馈机构)。当外界负荷增大时，输出轴 12 向加油方向(逆时针)转动的同时，静速差杆 7 绕支持销 6 也按逆时针方向转动，其右端上移，调速齿轮 44 和中心螺杆随即一起上移，并将调速弹簧 8 稍微放松。由于调速弹簧的预紧力减小了，要使飞重、滑阀恢复到原来位置就必须降低柴油机的转速，即存在“静速差”。也就是当负荷增大时，使柴油机在稍低于原来的转速下运转，以提高稳定性；当负荷减小时，则在稍高于原来的转速上运转。

当柴油机负荷减小时，调速器的调节过程与上述相反，在此不再重复。

②Woodward PGA 型液压调速器

Woodward PGA 型液压调速器是由原 PG 型液压调速器与遥控气动速度设定机构组合而成的一种调速器。它是一种双反馈、气动速度设定、全制式液压调速器。显然，这种调速器主要用于气动遥控系统的船舶主机，同时，这种调速器通常具有某些辅助装置。

Woodward PGA 型液压调速器主要由三部分组成：调速器主体部分、速度设定部分和速度降机构部分，如图 6-33 所示。

A. 调速器主体部分

主体部分包括油泵 4(齿轮)、蓄压器 3、调速弹簧 29、飞重组件 30、推力轴承 31、滑阀柱塞

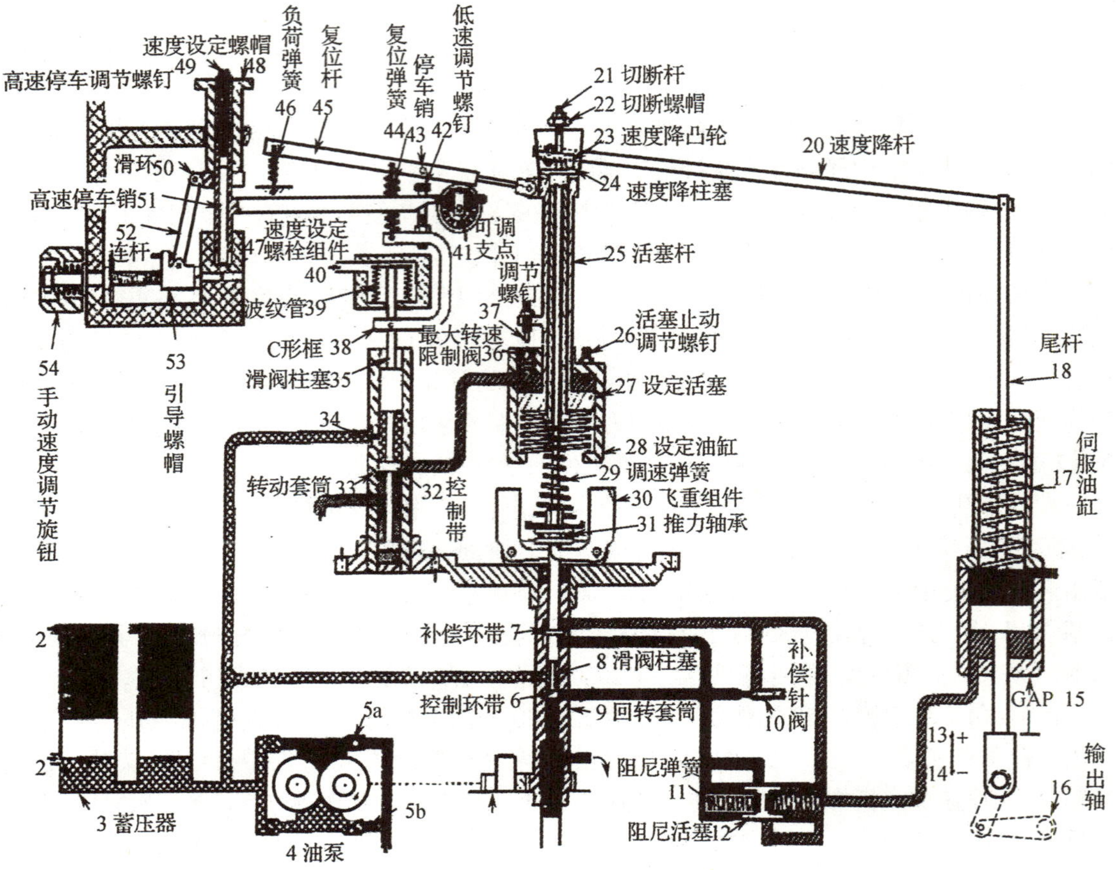

图 6-33　Woodward PGA 型液压调速器主要组成部分

8、回转套筒 9、阻尼补偿系统(阻尼活塞 12 和阻尼弹簧 11、补偿针阀 10)、伺服油缸 17 等。伺服油缸内的动力活塞杆通过输出轴 16 与柴油机燃油调节机构连接。

当柴油机外界负荷增大时,柴油机转速下降,飞重产生的离心力减小,滑阀柱塞 8 下行,压力油进入阻尼活塞 12 左侧并推动它向右移动。同时,将右侧的油压入伺服油缸 17 内动力活塞的下部,推动活塞上行,加大油门使柴油机加速。与此同时,阻尼活塞 12 左、右两侧的油压同时作用在位于滑阀上部的补偿环带 7 的上、下两侧,且作用在下侧的油压大于上侧的油压,产生向上的补偿力。该补偿力产生负反馈作用,会使滑阀柱塞 8 上移,达到提前复位的目的。

此后柴油机在加速过程中飞重将回位,同时通过补偿针阀的作用,阻尼活塞 12 和补偿环带 7 两侧的压力差逐渐减小,它会产生如下影响:一是由于作用于阻尼活塞 12 两侧的油压差的逐渐减小和右侧的阻尼弹簧 11 的作用,阻尼活塞将缓慢左移;二是由于作用于补偿环带 7 两侧的油压差逐渐减小,滑阀缓慢回到中央位置,若补偿针阀开度适当,当补偿力的减小速率与飞重离心力的增大速率相同时,滑阀在中央位置不动。当阻尼活塞 12 左、右两侧的油压差为零时,补偿力消失,转速也已恢复至原设定转速稳定运转时,飞重恢复至垂直位置,滑阀与阻尼活塞均恢复至原中央位置,而动力活塞稳定在新的位置上。柴油机在增大了的供油量下稳定运转。当外界负荷减小时,调速过程与上述相反。

如果柴油机负荷大幅度增减,滑阀柱塞 8 移动较大,则阻尼活塞 12 迅速移向其极端位置,开启旁通口使高压油直接进出动力活塞下部空间，而且此时在补偿带上下不产生压差，无补偿力，可大幅度加减油量。这样使调速过程能与外界负荷的大幅度变化相适应，从而减少调速器的瞬时调速率 δ_1。

B. 速度设定部分

Woodward PGA 型液压调速器的速度设定部分由气压设定机构与手动设定机构两部分构成。气压设定机构使用的控制空气压力范围一般为 0.049 ~ 0.500 MPa，允许最低为 0.021 MPa，最高为 0.710 MPa；速度设定值与控制空气压力值成正比。当使用气动转速设定机构时，应把手动转速设定机构置于最低设定转速位置。手动速度设定机构使用手动旋钮可在切断控制空气的情况下任选一速度值。

气动速度设定机构主要由波纹管 39、(速度设定)滑阀柱塞 35、单作用弹簧支撑的(液压速度)设定油缸 28 以及使(速度设定)滑阀柱塞 35 回中的复位机构(活塞杆 25、复位杆 45、可调支点 41、复位弹簧 44 等)组成。

当需增高柴油机转速至某一转速时，输入波纹管 39 外侧压力室的控制空气压力增高至某一值，波纹管被压缩向下的力大于复位弹簧 44 向上的力，波纹管被压缩，使(速度设定)滑阀柱塞 35 下移，高压工作油进入(速度)设定活塞 27 的上方并推动设定活塞 27 向下移动，增加调速弹簧 29 的预紧力，即设定转速增高。同时随着活塞杆 25 下移，复位杆 45 以可调支点 41 为支点顺时针转动，增大了复位弹簧 44 与负荷弹簧 46 上的拉力，并与波纹管 39 向下的作用力相互平衡。同时通过 C 形框 38 向上拉动滑阀柱塞 35 使它恢复至中央位置，此时速度设定活塞的压力油路被封闭，速度设定活塞固定不动，从而给出了一个增加的转速设定值。

当欲降低设定转速而降低控制空气压力时，上述速度设定机构按相反过程动作。

手动设定机构主要由手动速度调节旋钮 54、引导螺帽 53、连杆 52、滑环 50、速度设定螺帽 48、高速停车调节螺钉 49 及高速停车销 51 和带有滚珠轴承的 T 形支架的速度设定螺栓组件 47 等组成。在没有控制空气时，可转动手动速度调节旋钮 54，在机旁设定柴油机的工作转速。在无控制空气作用时，低速调节螺钉 42 在复位弹簧 44 的作用下，上移至与停车销 43 接触。此时，负荷弹簧 46 使复位杆 45 压在可调支点 41 上，将速度设定螺栓组件 47 一同压紧。若需提高设定转速，可顺时针转动手动速度调节旋钮 54，引导螺帽 53 左移，通过连杆 52、滑环 50 拉动速度设定螺母 48 下移并带动速度设定螺栓组件 47 和可调支点 41 一起下移。相应于速度设定螺母 48 下移的某一位置，负荷弹簧 46 拉下复位杆 45 并通过低速调节螺钉 42、C 形框 38 等使滑阀柱塞 35 下移离开中央位置。压力油进入设定活塞 27 的上方使其下移，增加调速弹簧 29 的预紧力，从而提高了设定转速值。随着活塞杆 25 的下移，复位杆 45 顺时针转动并通过复位弹簧 44 提起柱塞恢复到中央位置，切断压力油，速度设定活塞固定不动，柴油机在较高的设定转速下稳定运转。

同理，如欲降低设定转速，则逆时针旋转手动速度调节旋钮 54，调节过程与上述相反。

C. 速度降机构部分

它属于双反馈中的刚性反馈机构。该机构可在增加燃油量(负荷)时，使柴油机稳定转速成比例地降低，以补偿负荷的增大，其作用实质是在负荷增大的同时，稍微降低调速弹簧的预紧力。

本调速器的速度降机构由动力活塞上的尾杆 18、速度降杆 20 以及速度降凸轮 23 等组成。当动力活塞上移增加供油量时，尾杆 18 上行推动速度降杆 20，通过速度降凸轮 23 的锁紧螺钉使速度降凸轮转动，速度降柱塞 24 稍微上移放松调速弹簧 29 的预紧力，以保证一定的稳定调速率；反之，当动力活塞下行减少供油量时，速度降凸轮 23 稍许增大调速弹簧的预紧力。显然，调节凸轮的安装位置可调节稳定调速率的大小。

（3）液压调速器的辅助装置

船用柴油机不仅要能控制转速，而且要能限制机器的负荷，即根据柴油机的工作状态控制进入气缸的喷油量，使柴油机在最佳状态下运行。为了保证柴油机运转安全可靠，当某些运转参数低于规定值时，停车保护装置使调速器发出关小或停掉油门的动作，以防止机械事故的发生。为达到上述控制要求，在液压调速器上安装各种辅助装置。这些辅助装置是相互独立的，根据推进装置和船舶自动化程度的要求，在一个调速器中可装有一个或几个辅助装置。

①扫气压力燃油限制器

现代船用主机几乎都采用废气涡轮增压器。这种柴油机在负荷大幅度增大时，由于燃油供给比增压器供气增加快，所以增压器的转速的增加总是滞后于主机的转速的增加。这样，油、气不能良好地配合，导致燃烧不完全而冒黑烟。为了防止这种现象的发生，在调速器上装有扫气压力燃油限制器。它能够根据增压空气压力的改变而限制供油量，保证增压器在加大负荷时其循环供油量与增压空气压力同步增长以防匹配不当而冒黑烟；保证负荷变化时，燃油有足够的空气完全燃烧。这种燃油限制器即使在加速的瞬间也能根据相应的供气量而限制燃油，减少黑烟，提高发动机的加速性。

②负荷（螺距）控制系统

它可以在相应于每一设定转速值限制或维持柴油机发出规定的输出功率，即在外界负荷变化而调节供油量的同时，自动调节螺距，以维持柴油机输出功率达到预定值。

③电磁阀切断装置

电磁阀由被监控的保护电路中的开关触发。触发时在调速器内发生一系列动作，使柴油机断油停车。

3.3 电子调速器的调速

凡转速感应元件及控制机构采用电气方式的调速器，统称为电子调速器。它是一种电子控制系统。与机械调速器和液压调速器相比，电子调速器的信号传递和控制调整是由电信号来完成的，彻底摆脱了机械零件的惯性质量和机械摩擦的影响，因此，其性能有显著的提高。

电子调速器具有以下特点：动作灵敏，响应速度快，响应时间只有液压调速器的 1/10～1/2；动态和静态精度很高；无调速器驱动机构，装置简单、安装方便；便于实现遥控和自动控制。它是近代发展起来的精密调速器，已经被多数新型船用柴油机采用。

（1）电子调速器的基本结构

电子调速器通常按其控制器进行分类，有模拟式（其控制器由模拟电子元件组成）和数字式（其控制器由数字式微处理器及相应的外围芯片组成）两种。

图 6-34 所示的 ESG1000A 型电子调速器属于模拟式，由转速传感器、转速控制器、电磁执行器和外围的控制开关及遥控电位器等组成。

①转速传感器是柴油机转速的感应环节，一般均为磁电式传感器。当测速齿轮转过时感应脉冲并送至控制器。

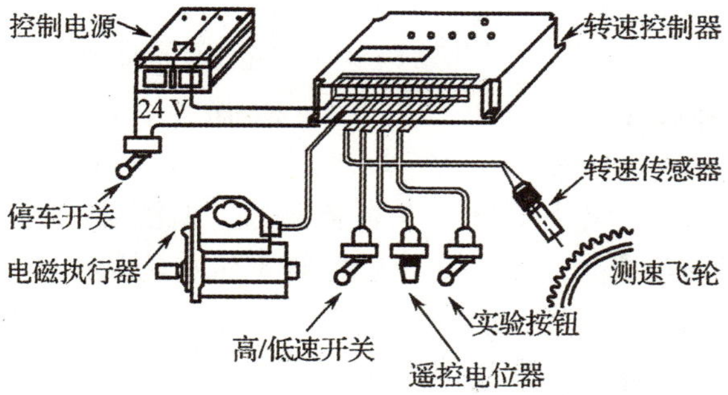

图 6-34　ESG1000A 型电子调速器

②转速控制器是电子调速器的核心。它接受来自转速传感器的信号,按比例转换成直流电压后与转速设定电位器的设定转速(电压)进行比较,把比较后的差值作为控制信号送往执行机构。对于模拟式电子调速器,其转速控制器一般由模拟电子元件构成,并可进行 PID 控制运算。而数字式电子调速器的控制过程采用数字量,由控制程序来完成。转速控制器先将转速信号转换成数字量,再经过数字量的控制计算,将计算出的数据型控制量再转换成模拟量,通过执行器,对发动机的转速进行控制。

③执行器的作用是根据控制信号对发动机的油门进行调节,常见的执行器有电磁执行器、液压执行器和气动执行器等。电磁执行器的工作能力较弱,多用于小型柴油机,如国产 ESG1000A 型电子调速器。电-液或电-气执行机构采用液压执行器或气动执行器,工作能力强,可满足各种柴油机的使用要求,如 Woodward 2301 电子调速器执行机构使用 EG3P 型液压执行器,而 Norcontrol DGS-8800 数字式电子调速器采用气动执行器。

④电子调速器的外围控制开关及遥控电位器是用来对调速器进行调节和控制的。

⑤根据机组需要,还可安装各种附件,实现自动同步、负荷分配和故障报警保护等功能。

(2)电子调速器的工作过程

根据电子调速器的调节过程,电子调速器可分为单脉电子冲调速器和双脉电子冲调速器。

①单脉冲电子调速器

对于单脉冲电子调速器,当柴油机在某一负荷下稳定运转时,其工作转速等于设定电位器的设定转速。转速传感器的输出电压作为负值信号在速度控制单元内与正值的设定转速电压信号相互抵消。速度控制单元输往执行机构的控制电压信号使执行机构的输出轴静止不动,柴油机油门固定,转速稳定。

若柴油机负荷突然增大,转速传感器的输出电压也相应变化(数值降低)。降低的脉冲信号在速度控制单元内与设定转速(电压)比较,输出正值电压信号,在执行机构中使其输出轴向加油方向转动,增加柴油机的循环供油量;反之,若柴油机负荷减小,转速升高,则传感器的负值信号数值大于转速设定电压的正值信号数值,控制单元输出负值信号,在执行机构中使其输出轴向减油方向转动,减少柴油机的循环供油量。

单脉冲电子调速器只进行对柴油机转速变化信号的调节,一般只用于单台机组的调速系统。

②双脉冲电子调速器

电子调速器能够采用双脉冲调节,即将转速变化信号(称单脉冲)和负载变化的电脉冲信号这两个单脉冲信号叠加起来调节燃油量,亦称频载调速器。这种双脉冲电子调速器能在负载一有变动而转速尚未明显变化之前就开始调节燃油量,因而具有很高的调节精度,适用于对供电要求特别高的柴油机发电机组。

双脉冲电子调速器的基本组成如图 6-35 所示。磁电式转速传感器 3 用于监测柴油机轴系转速的变化,按比例产生交流电压输出。负荷传感器 5 监测柴油机负荷(如电压、电流、相位)的变化并按比例转换成直流电压输出。速度控制单元 6 是双脉冲电子调速器的核心。它接受来自转速传感器和负荷传感器的输出电压信号,并按比例转换成直流电压后与转速设定电位器 7 的设定转速(电压)进行比较,把比较后的差值作为控制信号送往执行机构 1。执行机构根据输入的控制信号以电力方式、液压方式或气力方式拉动柴油机的油门进行调速。

(3) Woodward 2301 型电子调速器

Woodward 2301 型电子调速器是一种使用广泛的模拟式电子调速器,它属于电液调速器。其测速传感器采用磁电式,控制单元采用 2301 型电子控制器,执行机构采用 EG3P 型液压执行器。它有单纯调频型(单脉冲)和调频调载型(双脉冲)两种。前者用于单机运行,其瞬时调速率一般在 5%~7%,稳定时间在 3~5 s;后者用于并联运行机组,其瞬时调速率一般不大于 2%,稳定时间不大于 1 s。

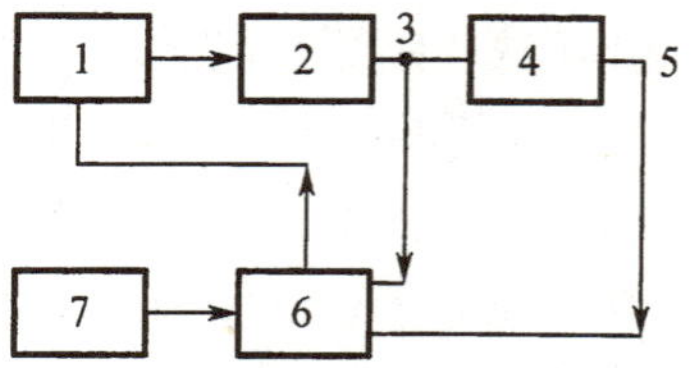

图 6-35　双脉冲电子调速器的基本组成

1—执行机构;2—柴油机;3—磁电式转速传感器;4—负荷;5—负荷传感器;6—速度控制单元;7—转速设定电位器

图 6-36 所示为单脉冲 2301 型电子控制器外形图。

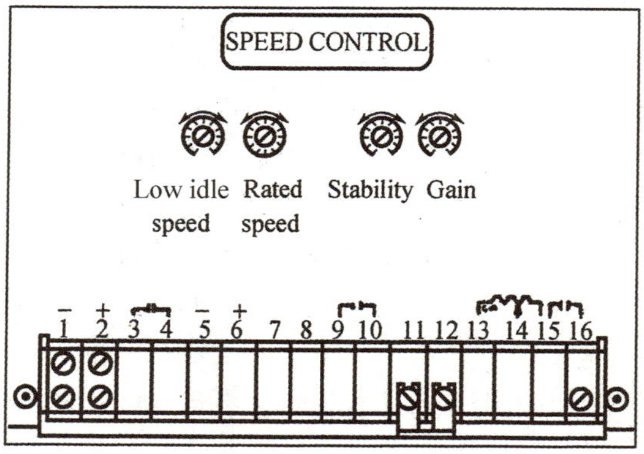

图 6-36　单脉冲 2301 型电子控制器外形图

①面板旋钮

怠速(Low idle speed)调节旋钮:用于调节滑油低压,保护运转时的最低转速。

设定转速(Rated speed)调节旋钮:用于调节设定转速。

稳定度(Stability)调节旋钮:用于调节稳定性。

增益(Gain)调节旋钮:用于调节增益。

②接线端子

在上述 4 个调节旋钮下方有接线端子 1~16,如图 6-36 所示,说明如下:

1,2——接 12~40 V 直流电源(经稳压电源转换为 9 V)。

3,4——速度失灵保护(当测速传感器损坏时,切断去执行器的调速信号,柴油机停车)。

5,6——2301 型电子控制器输出(去执行器调速电压信号)。

7,8——电磁式转速传感器测速电压信号输入 1~1.5 V。

9,10——怠速调节电位计(与怠速调节旋钮相连)。

11,12——转速设定电位计(与设定转速调节旋钮相连)。

13,14——稳定调速率调节电位计(调节范围 0%~13%)。

15,16——机组加速时间调节电容器(调节由低速到标定转速的加速时间)。

③EG3P 型液压执行器

图 6-37 所示为 EG3P 型液压执行器工作原理图。由齿轮泵 14 产生的高压油(最大压力 2.47 MPa)始终作用在负荷活塞 15 的下方,力求使它上行减油(由水平杆 8 带动的输出轴 11 向逆时针方向转动),但它的上行受动力活塞 3 下方的油压制约。

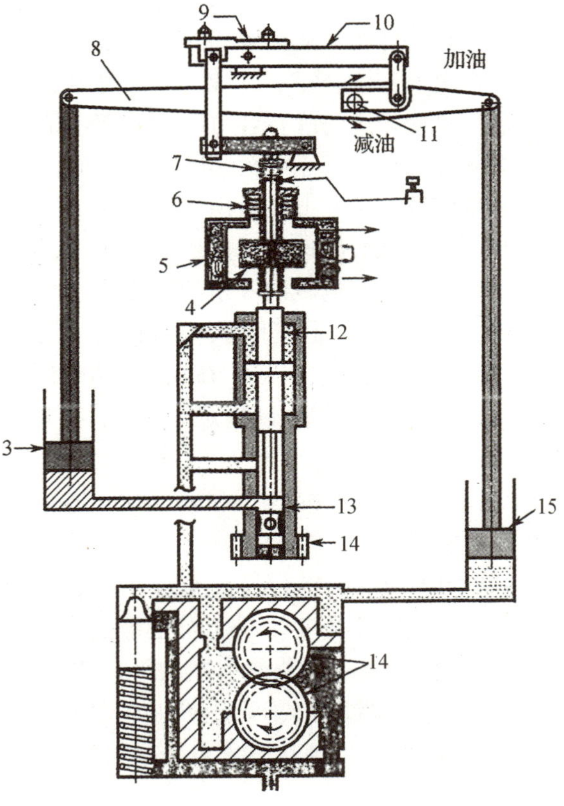

图 6-37　EG3P 型液压执行器工作原理图

3—动力活塞;4—永久磁铁;5—电磁线圈;6—中央弹簧;7—复位弹簧;
8—水平杆;9—可调滑动支架;10—复位杆;11—输出轴; 12—滑阀柱塞;
13—控制带;14—齿轮泵;15—负荷活塞

永久磁铁 4 固装在滑阀柱塞 12 的上方,通过中央弹簧 6 与复位弹簧 7 把永久磁铁悬挂在电磁线圈 5 内的磁场中。在滑阀柱塞上有两个作用力:其一,中央弹簧 6 的向上弹簧力与复位弹簧 7 的向下弹簧力的合力的方向始终向上而大小随输出轴 11 的不同位置而不同;其二,由电磁线圈 5 产生的电磁力,其方向始终向下而大小与输出轴 11 的转角位置成正比。这两种力的相互作用,决定了滑阀柱塞的移动方向。

当柴油机在设定转速 n_b 下稳定运转时，测速传感器产生的交流电压信号经2301型电子控制器内频率转换器调制整流成直流电压信号并以负值($-V_b$)输送到控制器内的输出运算放大器的输入端，与设定转速正值电压($+V_b$)进行比较。若其差值 $\Delta V=0$，输出运算放大器便输出一个与输出轴11转角位置(即负荷大小)成正比的调速电压信号，送往执行器中的电磁线圈产生一个向下的电磁力。此电磁力在数值上恰与前述的弹簧合力相等，而使滑阀柱塞在中央平衡位置保持不动，控制带13封闭动力活塞下方空间，动力活塞不动。输出轴11静止不动，油门不动，柴油机在设定转速 V_b 下稳定运转。

当外界负荷减小时，柴油机的转速升高，测速传感器产生的并经调制整流的直流负电压 $|-V_b|>V_b$，在输出运算放大器输入端与设定转速正值电压($+V_b$)比较后，其差值 $\Delta V<0$，使控制器的输出调速电压减小。电磁线圈产生的向下的电磁力减小，滑阀柱塞在过剩的弹簧合力作用下向上移动。动力活塞3下方与低压油相通，在负荷活塞15的作用下，输出轴逆时针转动而减油。在减油的同时复位杆10绕可调滑动支架9的支点逆时针方向摆动，增大复位弹簧7的向下作用力，使滑阀柱塞下行提前复位，实现负反馈作用，使调速过程稳定。最后，输出轴在减少柴油机供油量的某一位置上，使相应的弹簧合力(向上)与电磁力(向下)在均有所降低的情况下重新达到平衡状态，滑阀柱塞重新处于中央平衡位置，动力活塞下方恢复密封状态，输出轴固定不动，柴油机在供油量较低的情况下重新稳定运转。

同理，当外界负荷增大时，转速降低，测速电压信号 $|-V_b|>V_b$，其差值 $\Delta V>0$。因而输出运算放大器的输出调速电压信号值增大，使电磁线圈中的电磁力增大，滑阀柱塞下移，动力活塞下方与高压油相通，使动力活塞上行，负荷活塞下行，顺时针转动输出轴使柴油机加油。此后的负反馈调节过程与上述负荷减小情况相反。最后在输出轴增加供油量的某一位置，滑阀柱塞恢复平衡状态，动力活塞固定油门，柴油机重新稳定运转。

(4) DGS 8800e 型电子调速器

由挪威 Norcontrol 公司生产的 DGS 8800e(Digital Governor System 8800e)型电子调速器是一种数字式全电子调速器(如图6-38所示)，专为长行程、低速柴油机的转速控制(<300 r/min)开发。它既适用于定距桨(FPP)系统，又适用于可调桨(CPP)系统，转速设定可以从两个不同控制位置实现，还能及时响应外部安全系统送来的减速(Slow Down)和停机(Shut Down)等信号，具有良好的负荷限制的节油性能。DGS 8800e 是一个独立微机系统，能计算和处理所有的测量和控制信号。系统由数字调速器(REGULATOR)和数字执行机构(ACTUATOR)两个完全的独立子系统组成。与其配套的设备是数字伺服装置(DSU001)和电动执行机构(ELACT001 或 ELACT002)。

DGS 8800e 位于集控台框架内，内部有电源模块。来自外部的各种信号通过扁平电缆连接到标准的接线端子板上，再通过各自的适配器卡被转换成标准的数字量信号进入 DGU 8800e 系统。

数字调速器(速度调节子系统)的主要包括参考转速(Reference Speed)的计算、转速测量与处理、输出与限制信号、油量调节执行机构。此外，还包括数据显示、数据设定、在线/离线试验、工作模式选择等功能。

数字执行机构(油量调节子系统)的主要功能包括判断来自速度调节子系统的油量调节信号并拉动柴油机的油量调节齿条到相应的位置。此外，还包括燃油齿条限速、齿条刻度及数据显示等功能。

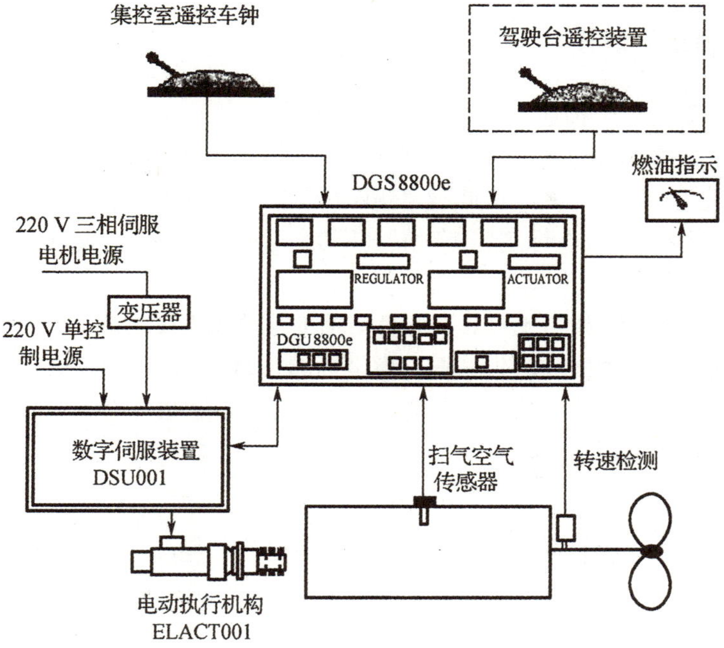

图 6-38 DGS 8800e 型电子调速器

DGS 8800e 的主要作用是控制燃油伺服机构的位置,使主机转速保持在设定的转速上。DSU001 单元是一个标准的可挂式数字伺服装置控制箱,安装于机舱内,与 DGU 之间没有距离限制。它由 ABS 电源单元和 SBS 伺服放大单元组成,用于控制电动执行机构的速度。电动执行机构 ELACT001 通常安装在主机机旁应急操纵台的上方,它包括一个三相无刷伺服电机 LS 620EL 和一个减速齿轮 CYCLO FAB25/69。三相无刷伺服电机 LS 620EL 由伺服放大器 SBS15/30A 控制,内部装有一个刹车装置。发生故障时,执行机构将保持燃油齿条在当前位置上,假如这是一个故障/安全状态,则主机会按先前的速度运行。伺服电机内部设有一个热保护装置。燃油齿条位置或执行机构输出位置通过一个直接安装在伺服电机内部的绝对编码器进行测量。该测量信号非常准确,也非常重要,它既是转速调节器的反馈信号,又是电动执行机构的反馈信号。转速检测装置可安装于机内或机外,视主机而定。装置采用感应式接近开关原理,有 A、B 两套,每套有两个感应式接近开关,可检测主机的转速和转向,A、B 两套检测的信号供 DGU 择优选用,也互为备用。

任务 4 液压调速器的调节

液压调速器的调节一般为修理后或性能优化所需的对其性能参数的调整。调整工作一般在调速器试验台上进行。如在柴油机上进行调整,要严防柴油机飞车或备好紧急停车机构(调速器上的紧急停车机构主要为此目的而设)。此种调整工作随调速器的类型不同而不同。通常,此调整工作包括稳定调速率的调节和稳定性的调节。

4.1 稳定调速率的调节

(1)稳定调速率的要求描述

①稳定调速率可在调速特性曲线(如图6-39所示)上示出。实测的调速特性曲线并非直线,此处近似地以直线示出。由图可见,若空载时转速为n_k(或用n_{0max}表示),则随着负荷的增大,柴油机的转速相应降低,在标定转矩时转速降为n_b(标定转速)。此转速差($n_{0max}-n_b$)的大小反映了δ_2的大小。

②在图6-40中,$\delta_2=0$,相当于只具有弹性反馈的恒速调速器,如两台标定功率相等的柴油机并联运行,因其调速特性曲线均为一垂直横坐标的垂直线,只要转速稳定不变,则不论负荷大小,柴油机转速不变。虽然总功率由负荷决定,但负荷的分配可以是任意的并随时可改,柴油机工况不稳定,因此不使用这种装置。

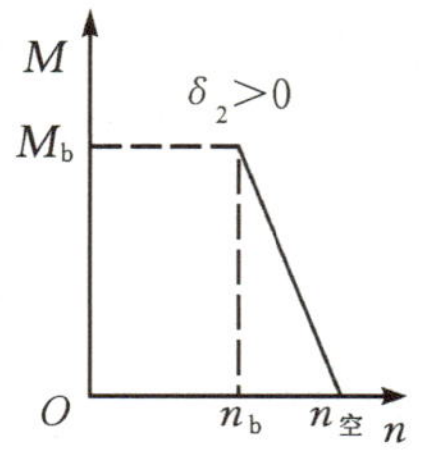

图6-39 调速特性曲线($\delta_2>0$)

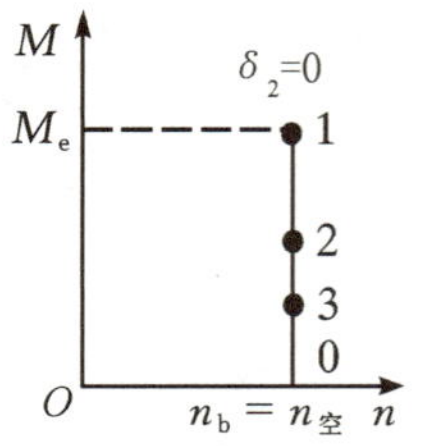

图6-40 调速特性曲线($\delta_2=0$)

③两台标定功率相等的柴油机并联运行,用$(\delta_2)_1$表示一号机的稳定调速率,用$(\delta_2)_2$表示二号机的稳定调速率。若$(\delta_2)_1=(\delta_2)_2>0$,则两台柴油机有重合的调速特性曲线,如图6-41所示。图中纵坐标为转矩M与标定转矩M_b之比(用百分数表示)。由图可见,当转速为n_1时,每机运行点为2点,合成工作点为1点,两机负荷分配均匀;当外界负荷增大后,两机转速同时下降至n_2,每机运行点为2′,合成工作点为1′,负荷仍均匀分配;当转速下降至n_b时,两机同时到达标定工况。

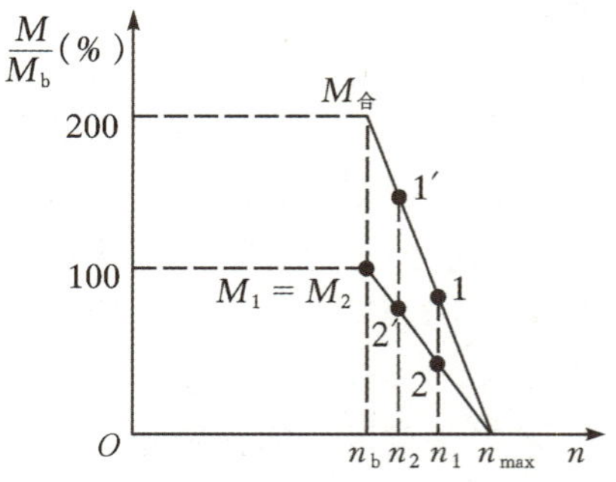

图6-41 功率相等,静速差相等

④若两台机功率相等并联运行,但其稳定调速率δ_2不等,且$(\delta_2)_2>(\delta_2)_1>0$,由图6-42可知,当转速为$n_a$时,两机工作点分别为1点和2点,$\delta_2$小者(一号机)承担负荷多,大者(二号机)承担负荷少。

若此时调节调速器的设定转速,使两机调速特性曲线沿n轴平移而相交于2点,则可使两机承担负荷相同,如图6-43所示。但这种均布负荷也是暂时的,只要外界负荷一发生变化,此种分配的负荷就发生变化。如外界负荷增大,转速降至n_e,则两机工作点分别为点3和点4,负荷分配又出现了不均匀。

同理可知,若两机功率不等而需并联运行,只有在两机的δ_2相等且大于零的情况下,即$(\delta_2)_1=(\delta_2)_2>0$时,两机的负荷分配才能与其标定功率成正比。当外界负荷变化时,两机负荷同步增减。

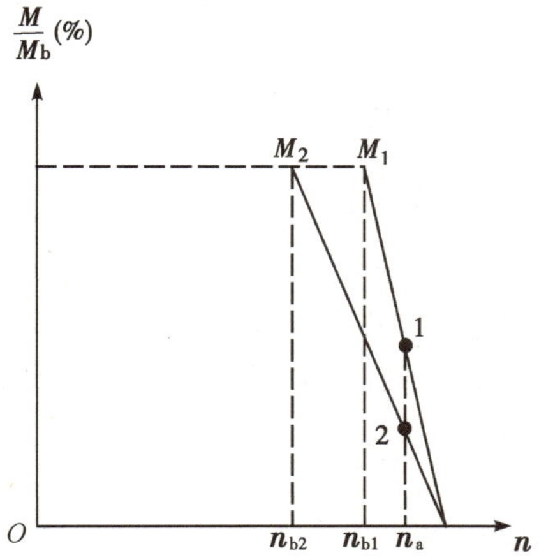

图 6-42　功率相等，静速差不等

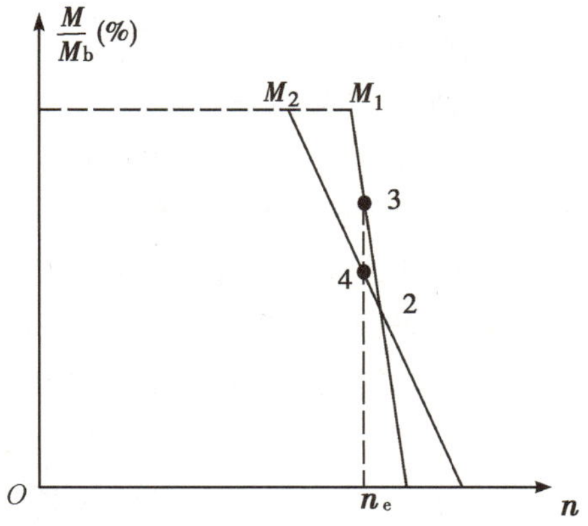

图 6-43　静速差不等（平衡点在 2）

综上所述，对于并联工作的柴油机，可以通过调节调速器的稳定调速率 δ_2 来调节其承担负荷的分配比例。无论并联运行的柴油机的标定功率是否相等，欲使其承担的负荷分配合理，则要求各机的 δ_2 必须相等且均大于零，即 $(\delta_2)_1=(\delta_2)_2>0$。各机的值还应满足有关规范的规定，如船舶主机 $\delta_2\leqslant10\%$；交流发电柴油机 $\delta_2\leqslant5\%$；单台发电柴油机可要求 $\delta_2=0$，即恒速运转。

（2）稳定调速率调节

①调节 Woodward UG-8 型液压调速器的稳定调速率

Woodward UG-8 型液压调速器可通过 SPEED DROOP（静速差）旋钮来调节稳定调速率 δ_2，如图 6-44 所示。静速差旋钮位于面板左上方，沿顺时针方向转动此旋钮，可通过速度降机构增大支持销相对调速弹簧中心轴线的距离，从而可增大 δ_2。若使支持销与弹簧的轴线重合，则其 $\delta_2=0$。

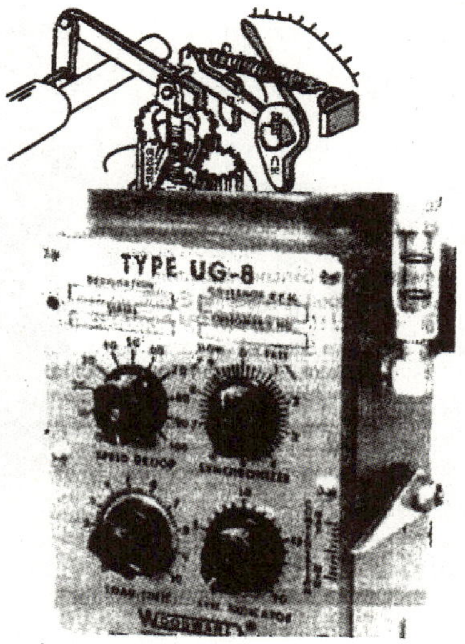

图 6-44　Woodward UG-8 型液压调速器

A. 单机运行时,可将静速差旋钮调至刻度“0”,即 $\delta_2=0$,使柴油机保持恒速并使柴油机工作稳定。

B. 柴油机并联运行时,应按并联运行柴油机的负荷分配比例进行调节,使各机的 δ_2 相等且均大于零,使柴油机工作稳定。

若某并联机承担负荷小,则应减少该机的 δ_2 数值。经调节后,此旋钮的刻度应在 30~50,表示相应的 δ_2 为 3%~5%,满足发电柴油机对 δ_2 的要求。

②调节杠杆式 Woodward PGA 型液压调速器的稳定调速率

Woodward PGA 型液压调速器其外部无调节机构,如需调节应打开顶盖进行,如图 6-45 所示。稳定调速率的调节范围在 0%~12%。

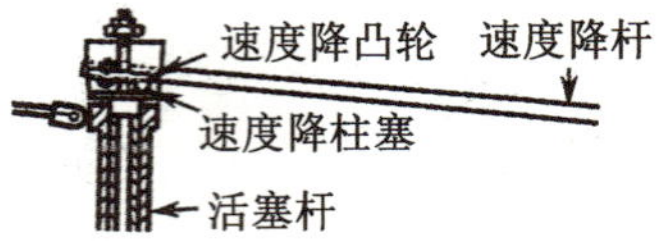

图 6-45 杠杆式 Woodward PGA 型液压调速器

注意:在调节时应注意速度降凸轮中心不得移至速度降柱塞中心线左侧,即不允许发生负的稳定调速率;否则,调速器的动作就不稳定。

③调节机械调速器的稳定调速率

机械调速器的稳定调速率取决于弹簧的刚度或飞重质量,稳定调速率一般是不可调的。

注意:机械调速器的稳定调速率总是存在的,即 $\delta_2\neq0$;调速弹簧换用刚度小者,其 δ_2 变小,准确性提高,但稳定性降低;长期使用后,弹性变差(即变软),会使 δ_2 变小,应考虑更换弹簧。

4.2 稳定性的调节

(1)稳定性调节的要求描述

为了保证调速过程稳定,在液压调速器中设有反馈系统。通常,在调速器换新或修理后应对反馈系统进行综合调节,以获得尽可能小的瞬时调速率 δ_2 和尽可能短的稳定时间 t_s。反馈系统调节的环节主要有两个:一是扳动反馈指针 1,以改变活动支点 2 的位置,从而调节反馈行程的大小;二是调节补偿针阀 4 的开度,用以调节反馈速度的快慢,如图 6-46 所示。

如果反馈指针的位置和补偿针阀的开度调节得正确,控制滑阀提前复位后,在飞重和小反馈活塞的复位过程中,控制滑阀在中央位置上一直保持不动。此时,调速过程的瞬时调速率 δ 和稳定时间 t 均符合有关规定,即调速器的稳定性良好。

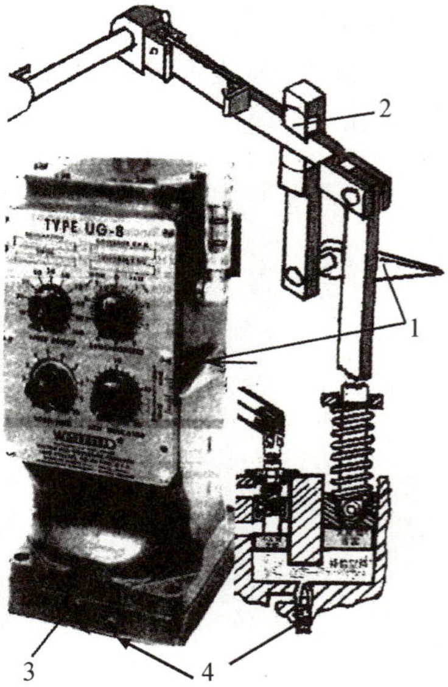

图 6-46 反馈指针调节

1—反馈指针;2—活动支点;3—保护螺塞;4—补偿针阀

若针阀开度不变,拨动反馈指针,往“最大”方向(支点左移)“过大”时→反馈行程增大→小反馈活塞上反馈作用增强→滑阀提前复位过早→油量调节不足(负荷增大或减小不足,油量增加或减少不足),转速波动幅度大;反之,往"最小"方向(支点右移)"过小"时→反馈行程减小→小反馈活塞上反馈作用削弱→滑阀提前复位过迟→油量调节过度(负荷增大或减小过度,油量增加或减少过度)。以上两种情况均会导致调速过程产生严重的转速波动,稳定性变差。

若反馈指针不变,当逆时针方向转动补偿针阀使其开度"过大"时→针阀失去节流作用→小反馈活塞反馈作用削弱→滑阀提前复位过迟→油量调节过度;反之,当顺时针方向转动补偿针阀使其开度"过小"时→针阀节流作用增加→滑阀复位后,不能使飞重与小反馈活塞的恢复速率保持一致,滑阀重新被打开(反方向)→调节的油量又被调回→油量调节不足,使调速过程的转速恢复时间过长,即 t_s 过大。两者均使调速过程稳定性差。

因此,反馈指针和补偿针阀调节不正确,均会导致转速波动严重(以反馈指针调"最大"为甚),恢复稳定时间过长(以补偿针阀开度"过小"为甚)。调速器稳定性的调节,应在调节反馈指针的同时调节补偿针阀的开度。原则是,在尽可能小的反馈指针刻度下,保证针阀开度符合相应的说明书的要求,如 Woodward UG-40 型:1/4~1/2 转;Woodward UG-8 型:1/2~3/4 转(1955 年后的产品);Woodward PGA 型:1/16~2 转。在任何情况下均不得把补偿针阀全部关死。对已调节好的针阀开度和反馈指针位置不要随意改动。

(2)调节调速器的稳定性(以 Woodward UG-8 型为例)

①调节前的准备

使柴油机在无负荷条件下空车运转,此时需有专人守住燃油杆,以备随时切断燃油供给,防止飞车等事故发生。

注意:只有当柴油机转速和调速器的滑油温度上升到正常值后,方能进行调节。

②调速器滑油驱气

调速器经装配或拆检后,油道内会掺混空气。运转中管理不当(如油面过高),油道内也会混进空气。油道内有空气存在,会影响油流的连续性和补偿动作的敏感性,将引起柴油机转速不稳定。排出油道内空气的方法是先将柴油机启动怠速运转,然后将补偿针阀旋开几圈,人为使柴油机产生大幅度的转速波动,迫使油道内的空气从油孔(上盖螺孔)中挤出。这种大幅度游车至少应持续 2 min,然后慢慢关小补偿针阀,直到游车完全消除为止。

③无反馈调节(如图 6-47 所示)

A. 将反馈指针置于刻度"3"处。

B. 取下补偿针阀保护螺塞,人为地使柴油机转速波动。用长一字螺丝刀调节补偿针阀开度(开度逐渐关小),直至柴油机转速波动刚好消失为止。

C. 检查此时针阀的开度。可将针阀慢慢关死并记住至全关时的圈数,然后返回原来位置。如其开度符合说明书的规定,则调节完成。

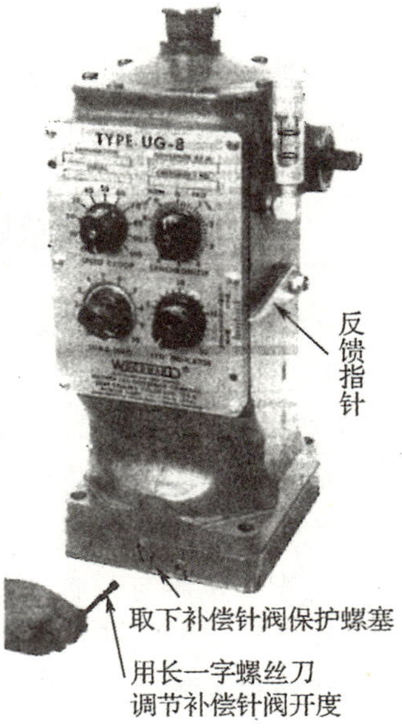

图 6-47　无反馈调节

注意:不应将长一字螺丝刀插入补偿针阀端部较深的开槽处,而应插入较浅的槽道中。

D. 如调节中波动不停或针阀开度不符合要求,说明反馈作用不足,此时应将反馈指针向

"最大"方向增加两格,并重复以上调节。

注意:如果反馈指针达到"7"时还不稳定,则应调节速度降机构,适当增大稳定调速率,再重复以上调节,直至满意为止。

经过上述调节,转速波动会很快停止。如果针阀开度符合要求,就可继续试验在各种转速下柴油机能否在转速一旦有波动时就迅速停止。如果认为满意,无负荷调整即告完成。

④有负荷调整

有负荷调整指使柴油机承受负荷,在所需要的转速下,检查调速器的稳定性。调整步骤与无负荷调整相同。一般只需稍调整一下反馈指针或补偿针阀开度即可实现满意的调节。调节完毕后,记录反馈指针位置、针阀开度和速度降数值。

注意:锁紧反馈指针位置后不要随便调动。当清洗调速器、更换滑油时,只需重新调整针阀开度即可,一般无须改变反馈指针的位置。

Woodward PGA 型调速器没有反馈指针,其稳定性调节比较简单,只需将针阀由全开位置逐步关小至柴油机转速稳定即可。最后检查针阀开度,使针阀开度符合 1/16~2 转的要求。如在针阀几乎关死的情况下,柴油机仍不能恢复稳定运转,则需换用一个刚度较大的阻尼弹簧。

注意:应尽量使针阀有较大的开度以保证调速器调节迅速,因作用在补偿环带上的向上的补偿力减小、作用的速度加快,柴油机将迅速恢复稳定,缩短稳定时间。

任务 5 液压调速器的简单维护

调速器是柴油机的重要组成部分,直接影响运转性能,若发生故障,可导致柴油机运转不稳,甚至发生熄火或"飞车"等事故。因此,对调速器及其调速系统应细心、正确地维护管理。

5.1 调速系统的常见故障分析

(1)调速系统的常见故障

调速器工作性能不好时应考虑以下三方面因素:柴油机工作性能恶化;调速器某些辅助设备故障;调速器自身故障。因此,当柴油机转速变化异常时,首先应检查以下各项:

①确认柴油机的负荷变化是否超出了柴油机的标定负荷。

②检查各缸负荷是否严重不均,是否正常发火,喷油器是否在正常工作状态。

③检查调速器与喷油泵之间的杠杆传动机构是否卡滞或因间隙过大而松动。

④检查调速器负荷指针的零位与喷油泵的零位是否一致。

⑤检查调速器的设定机构、控制空气压力等是否正常。

经上述检查并排除上述问题之后,若调速器工作仍不正常,则为调速器自身故障所致。

(2)调速器自身常见故障

①柴油机游车或转速振荡

柴油机转速有节奏地变化称为游车,手动停住调速器时可消除,但松手后仍恢复。转速振荡是指柴油机转速有节奏地变化且幅值较大，手动停住调速器时可消除，放手后不会立即恢复，但在调整或负荷变化后仍会发生的现象。其原因可能有：调速器反馈系统调节不当；调速器滑油太脏或起泡，油位过低（油位表不见油）；调速器内部故障，如飞重和轴承磨损、滑阀卡死、补偿（阻尼）弹簧弹性失效等；调油杆、高压油泵空动；调速器与柴油机不匹配。

②调速器输出轴颤动（高频振动）

调速器输出轴颤动（高频振动）指输入信号的不稳定（如振动）使飞重感应到的转速是脉动的，经调速器调节放大后，引起输出轴的颤动。其可能原因有：调速器驱动不稳定，如传动齿轮磨损、啮合不良、凸轮轴传动机构松动、柴油机减振器故障等；飞重的弹性驱动机构故障；调速器在支座上没有均匀紧固。

③柴油机达不到全速全负荷

其原因可能有：燃油齿条拉出长度不够或调速器输出轴已达最大行程刻度（如刻度“10”），这可能是由调油杆系卡滞、空动，调速器输出轴与喷油泵油门刻度匹配不当等因素引起的；扫气空气压力太低或控制空气压力太低或设定转速过低；动力活塞运动受阻；液压系统油压过低或油路阻塞。

④柴油机启动时高压油泵齿条不能及时拉开

其原因可能有：调速器中油压低，如齿轮泵磨损、齿轮泵单向阀泄漏；柴油机启动转速太低；升压伺服器（利用启动空气迅速增加燃油供油量的选用设备）动作不灵活；某种断油机构（如停车螺母等）调整不当或未复位；转速设定值或扫气压力燃油限制器（启动时由扫气压力限定调速器输出轴转角的一种辅助装置）设定值太小。

5.2 调速器的维护

（1）正确存放调速器

厂供的调速器使用螺栓竖立固定在木座上，在搬运或安放时，必须特别小心，不要碰击驱动轴或将驱动轴直接坐落到地面上，以免损坏调速器油泵齿轮等。制造厂在测试完调速器后，出厂前会将油放空，这样，内部零件表面有一层薄油膜，防止生锈，内部不需要清洁。存放时应将调速器竖立放置，用螺栓固定在支座上或放在原包装内。调速器内应灌满滑油。

（2）正确选择调速器滑油

按说明书的规定选择调速器滑油。调速器滑油既作为滑油使用，又作为液压油使用，所以它必须满足下述要求：

①必须具有适当的黏度指数以保证在整个工作温度范围（通常为60~93 ℃）内黏度变化符合下列要求：赛氏通用黏度SUS为100（或50）~300 s，即运动黏度为20~65 mm^2/s。

②必须含有适当的添加剂以保证在上述工作温度范围性能稳定。

③必须对其密封材料（树脂橡胶、聚丙烯等）不产生腐蚀和损坏作用。

按照上述要求可选用黏度等级为SAE30、SAE40，质量等级为CB、CD、CC、CE的石油基滑油，且不同油品不得混用。

（3）防止调速器滑油温度过高

调速器连续工作时推荐的使用油温是60~93 ℃（在调速器外壳下部外表面处测量，实际油温约高出6 ℃）。油温过高，不但使调速器稳定性不好，也易导致滑油氧化变质（此时会在调速器内零部件上产生浸渍或沉渣)。

为了防止滑油氧化变质,应降低滑油的工作温度(如采用换热器进行冷却)或换用抗氧化能力高的滑油。

(4)保证调速器滑油清洁

调速器滑油污染的途径主要有:油容器脏污;油反复加热与冷却导致油中产生凝水;滑油氧化变质。滑油污染是调速器发生故障的主要原因。据统计,约有50%的故障是由滑油脏污导致的。为此,应定期检查滑油,如发现滑油污染变质应及时换油。在正常情况下,一般每半年换油一次。若工作环境的灰尘和水分很少,且工作温度处于正常范围,换油周期可延长至2年或更长。

如果不允许将调速器从机器上拆下来,则应在柴油机停车时趁油热的时候把旧油从放油塞放掉,然后充入清洁的轻柴油或煤油,把补偿针阀打开2转以上,启动柴油机让调速器波动约30 s自行清洗。停车并把清洁用的轻柴油放净,换上新滑油至规定油位,调整好补偿针阀。为了保证用于清洗的柴油能被全部放掉,在柴油机短时间运转后,再把新换的滑油放掉,然后注入新滑油即可。

注意:应用轻柴油或煤油清洗调速器,不能用其他化学剂,以防轴封和橡皮圈损坏。

(5)对调速器内部油道驱气

此部分内容前文已介绍过,此处不再赘述。

(6)保证滑油液位高度正常

检查并保证调速器滑油液位的高度正常。调速器工作时,其油位必须保持在油位玻璃表的刻度线之间,不可过高或过低。如果液位下降过快,说明调速器有漏油或渗油处,应立即查找与处理;否则,滑油因泄漏而减少,会使调速器咬死,导致柴油机发生“飞车”事故。

项目 7

船舶柴油机运行管理

[项目背景]

备车通常是指在开航前使船舶动力装置及其相关设备处于随时可运行状态，准备执行驾驶台发出的指令。机动操纵是指船舶在开航后(至定速前)或抵达锚地和港口前(自接到驾驶台的通知和第一个车令后到完车)的各种操纵主机的过程。备车和机动操纵是轮机技术管理工作中最重要的环节，它对柴油机动力装置的可靠性、经济性、维修性和使用寿命有直接影响。船舶定速航行时，轮机管理人员应使柴油机及其装置处于正常的技术状态。船舶进入停泊状态后，当值轮机员接到驾驶台“完车”指令时，应按“完车”程序做好工作。

在柴油机的整个运行管理中，值班人员应集中精力，遵守操作规程，按要求进行巡回检测，使各种技术参数处在正常范围，做好值班和交接班工作。这样，才能有效地保证动力装置及其附属设备工作可靠，处于经济性较高的运行状态。

[任务分解]

本项目安排的任务有对船舶机舱进行值班和管理，即对船舶主机进行备车、机动操纵、停车、完车等操作以及巡回检查，调节柴油机工作参数，判断柴油机运行过程中的一般故障并能及时处理。

本教材按照认知规律编排知识点，采用理实一体化的方式进行教学，教学内容符合《海船船员培训大纲》的要求。

任务1 船舶主机备车

备车和机动操纵是为了保证船舶在开航前和开航后尚未定速航行前,其船舶动力装置处于随时都能启动、停车和进入各种运行的状态,准备执行驾驶台发出的各种指令。无论柴油机是长期停车还是短期停车,开航前均需进行备车。当船舶临近特殊水域或在特殊气象条件下航行时,也需要根据船长的指令进行备车。

一般情况下,因船舶动力装置类型、功率的不同,备车所需的时间长短不一,其范围在0.5~6 h。对于船舶柴油机动力装置,应提前1~2 h备车。由于机型、辅助设备和动力装置布置的不同,备车的程序有所区别,但备车的内容大致相同,主要包括:值班驾驶员和轮机员会签确认开航时间;在规定的开航时间1~2 h前核对时钟、车钟和对舵;暖机、各动力系统准备;转车、冲车、试车等;待备车工作结束并经机、驾双方确认后,轮机员操纵车钟手柄并将车钟指针摇至"STOP"位置,驾驶台车钟指针跟至并对正"STOP"位置,则表示轮机备车完毕,随时可以按车钟指令的要求操纵主机;将情况记入轮机日志及车钟记录簿。

1.1 暖机

暖机是指船舶在停泊后开航前预先加热柴油机冷却系统和滑油系统中的循环液,启动冷却水循环泵、滑油循环泵以升高机体温度和向各运动摩擦表面供应滑油的过程。

暖机是为了使柴油机容易启动发火,减少酸性燃烧物对气缸壁、活塞顶的低温腐蚀,减小燃烧室部件的热应力。

船舶主机的暖机方法有三种:

(1)将运转中的发电柴油机循环冷却水通入主机冷却水中。通常保温工作在船舶停泊期间连续进行,水温可保持在40 ℃左右或更高些,这样开航前就不需要提前暖机。暖机操作时要打开主、副机冷却水联通阀,将正在运行中的副机冷却水系统中的热淡水输入主机冷却系统进行加热保温。转换冷却水系统的阀门时应注意先开后关。暖机结束后应关闭联通阀。

(2)利用蒸汽加热主机冷却水和滑油。对于滑油系统,除用蒸汽管道直接加热主机循环柜外,亦可用滑油分油机运转分油的方法加热。

(3)利用电加热器对主机冷却水进行加热。

加热暖机时,应启动循环水泵和润滑泵,使循环水和滑油在系统中循环。暖机工作应在开航前进行。应保证机器启动前冷却水温度达到50 ℃左右,暖机使滑油温度控制在38 ℃左右,机体温度达到相应的稳定状态。

注意:气缸套冷却水温度低于20 ℃时不可启动柴油机。

1.2 滑油系统的准备

在开航前备车时,滑油系统的准备工作是非常重要的。其操作步骤如下:

(1)检查滑油油位。如循环柜、增压器油液观察镜(或油柜)、尾轴润滑和密封装置及各中间轴承的滑油油位。

(2)开启滑油分油机并加热滑油。此项工作最好提前数小时进行。

(3)启动主滑油循环泵、凸轮轴油泵或凸轮轴升压泵,进行油压的检查和调整,以便将滑油送至各润滑表面,使滑油中的固体微粒和杂质在主机开车之前汇集到滤器中,减少运转后的磨损。滑油系统的驱气工作十分重要,不可忽视,通常可在系统的高位滑油滤器上进行放气。

(4)对油冷活塞,当循环泵启动后,活塞温度会逐渐升高,也起到暖机作用。此时,应注意观察各缸活塞的回油流量和温度,各缸活塞回油流量和温度相差不能太大。

(5)废气涡轮增压器若属于独立式润滑系统,应启动透平油泵使滑油循环,通过观察镜检查油流情况。

(6)检查气缸油柜油位,检查气缸注油器是否充满油,手动检查气缸注油器的工作情况。在柴油机冲车前的盘车过程中,应摇动气缸注油器(约50次),将滑油预先送到气缸壁周围,减少启动时气缸壁的磨损。

(7)检查各活动部件,检查并注满启动空气系统主要阀件的滑油杯,检查各注油点并注入滑油或油脂。

1.3 冷却系统的准备

(1)检查冷却水系统各阀门,使之处于正常状态。

(2)检查主机膨胀水柜、活塞冷却水柜(水冷活塞)、主机喷油器冷却水柜的水位,水量不足时应补充到规定的水位。

(3)切换暖机冷却水联通阀,启用蒸汽加热器或电加热器加热暖机。

(4)提前15~30 min启动主机淡水(循环)泵,驱除系统内的气体。检查并调整好水压。

(5)对水冷活塞,应启动活塞冷却水泵,同时应注意观察各缸活塞冷却水的流动情况,检查其循环情况(流量及温度)。

(6)启动喷油器冷却泵,检查其循环情况(流量及温度),必要时可进行预热。

主机海水冷却系统投入运行的时机应在主机启动运转之后,即当主淡水冷却系统、主滑油冷却系统、活塞冷却系统和喷油器冷却系统中冷却液温度开始升高时。

1.4 燃油系统的准备

(1)加热燃油日用柜、沉淀柜和使用中的燃油舱中的燃油,注意调节上述舱柜的油温至规定温度。

(2)检查主机沉淀柜,轻、重油日用柜油位,油位较低时应及时补油,注意放残。

(3)启动燃油分油机净化并加热燃油。各油柜蒸汽阀开度要适宜,预热温度要在规定的范围内,此项工作可提前数小时进行。

(4)检查轻重油转换阀的启闭状态。备车时开启柴油阀,关闭重油阀。

(5)检查并确认燃油系统阀门位置正常后,启动燃油输油泵、燃油循环泵(如果是重油停车,此泵已在运转),使燃油循环流动并驱气,检查燃油压力。

(6)如果是在重油停车状态,应加热燃油使其进机温度上升到使用温度,确保燃油进机黏度控制在 12~25 mm^2/s。

(7)主管轮机员在机舱记事板上注明各油舱的存油量及使用分配情况,开航前轮机长应将本船现存轻、重油总量以书面形式向船长报告,以备开航前报告海关。

1.5 压缩空气系统的准备

(1)当值轮机员应将主、副空气瓶充气至规定压力,放掉气瓶中的水和残油。备车时通常手动启动空压机。严格控制进入空气瓶的空气温度,不得高于 40 ℃,未经冷却的压缩空气禁止充入气瓶。

(2)打开空气瓶出口阀、主停气阀,将主启动阀置于“自动”位置。对气控关闭的排气阀,其压力空气应在滑油泵启动前供应。

(3)打开通至汽笛的空气出口阀,以备驾驶台随时可用。

1.6 其他准备

(1)给主机辅助鼓风机送电,将其控制开关置于“自动”位置。

(2)手动调节(拉动)油门杆,使各油泵齿条滑动自如。检查各油泵齿条刻度,再将油门置于“停车”位置,检查油泵零位是否正确。

1.7 转车(盘车)

(1)用电话或车钟进行联络,征得驾驶台值班驾驶员的同意。

(2)打开主机各缸示功阀。

(3)检查气缸盖(含气阀)、飞轮、轴系等各处并确保无障碍物。

(4)合上转车机,按下启动按钮进行转车操作。注意查看转车机电流表读数是否正常。注意倾听机器运动各部件和轴系有无异响并检查其有无卡阻现象。一般要求正、倒车各转车 1~2 转。转车期间应自动或手动操纵注油器并向气缸注油润滑。

注意:查看示功阀处有无大量积水冲出。

(5)确认机器正常后停止转车机,并使转车机与主机脱开,确认连锁装置释放并将转车机锁在脱开位置。

注意:转车应在柴油机启动前进行,与启动的间隔时间应尽可能短些,但提前时间不应超过 30 min。

1.8 冲车

冲车是利用启动装置供给压缩空气(不供燃油)使主机转动的操作过程。利用冲车可将气缸中的杂质、残水或积油等从开启的示功阀出口处冲出。在冲车过程中可以判断启动装置和主机工作是否正常。

(1)打电话给驾驶台值班驾驶员并征得其同意。

(2)将油门手柄置于零位,按下启动按钮(或手柄)进行冲车操作,使柴油机转动2~4 s,注意观察示功阀接口有无油、水等异物吹出,同时应观察主机、增压器的转动是否平稳,有无杂音。

(3)如果主机冲车情况正常,则关闭示功阀。

注意:冲车时,若发现有异常或故障,应排除后方可进行试车。

1.9 试车

试车的目的是检查启动系统、换向装置、燃油喷射系统、油量调节机构、调速器、主机各部件、轴系和螺旋桨等是否工作正常。

(1)打电话给驾驶台值班驾驶员并通知其准备试车。

(2)摇车钟“倒车”去驾驶台,得到“倒车”回令后进行“换向”(至倒车位),然后启动主机,供油在微速下运转数转后,摇车钟“停车”去驾驶台,得到回令后将车停下。

(3)摇车钟“正车”去驾驶台,得到“正车”回令后进行“换向”(至正车位),然后“正车”启动,慢速运转几转后,摇车钟“停车”去驾驶台,得到回令后将车停下。

上述操作遵循一个共同的规律:启动—调速—停车—换向—(反向)启动—调速。在换向和启动过程中,应注意观察换向装置、启动装置、调速器及油量调节机构等动作是否灵活、正常,同时注意各缸发火是否正常和主机运转是否有不正常声响。试车结果若发现不正常情况,应及时查明原因并予以消除。对于直流扫气的二冲程柴油机,还应检查气阀机构等运动部件的工作状态是否正常。

(4)确认主机正、倒车运转正常后(尤其是发火声音),用电话告诉驾驶台主机备车工作完毕。此时,车钟回令手柄停在“停车”位置,船舶可随时起航。轮机员不应远离操纵台,使机电设备始终处在当值轮机员的监管之下,与驾驶台随时保持联系。如果主机采用驾控方式,将遥控旋钮转至“驾控”位置。

任务2 主机机动操纵

船舶在进出港、靠离码头时运动状态变化比较频繁,当值轮机员应严格准确地执行车令,迅速、安全、可靠地对主机进行启动、换向操作,正确操纵和管理主机,完成船舶机动航行任务;同时将用车指令立即记录到车钟记录簿上。主机在机动操纵时,值班的轮机工作小组成员,必须密切配合,做好操作、巡回检查、参数调整等工作,及时处理不正常情况,正确操纵和管理好主机,确保船舶动力装置有效并安全地运行。

当机舱接到驾驶台机动操纵的指令时,轮机部立即备车。在机动操作过程中应注意:

(1)主机按规定的换油程序换用轻质燃油,应避免油温突变损坏供油设备;暖机不充分,备车程序没有完成时,严禁动用主机。

(2)机动操纵时应保证供电,必要时增开发电机,满足高负荷和冲击负荷的需求。

(3)机动操作时,应及时补充空气瓶的压缩空气,保证汽笛用气和放出残水。机动操纵结束,切记关闭压缩空气截止阀。

(4)进行主机启动操作时,应尽量做到一次成功。启动时,一旦听到主机发火声音,应立即松开启动手柄(或按钮),切断压缩空气。启动后,油门不能给得过大,防止柴油机发生冷爆、损伤机件和增加不必要的磨损。

(5)机动操纵所设定的车速应当是机动操纵转速或港速或系泊试验转速。主机启动发火后,常常会超过驾驶台所要求的"前进一"或"后退一"车速,这时应将油门适当减小。

在船舶起航和加速过程中,不应加速太快,以防柴油机热负荷、机械负荷过大,致使气缸套、气缸盖出现裂纹。柴油机在冷态下启动,自慢车至全负荷过渡时间,约需 30 min。在热态下亦需 15~20 min。在加速过程中,应快速越过转速禁区,防止机器发生剧烈振动。

(6)主机停车、螺旋桨停转后方能反向启动。在进行倒车操纵时,应控制油门,避免主机超负荷。非紧急情况,不得采用紧急换向制动的方法进行倒车;否则易造成机损。

(7)主机操纵时,要注意燃油、冷却淡水、冷却海水的压力和温度调节。特别是滑油压力常因主机转速变化而发生很大波动,应及时将其调整至规定值。机动操纵时间久了,油温、水温变化也很大,应及时启动主机海水泵。

(8)要特别注意刚检修过的机件,如经过调整或更换过的轴承、链条等。要注意主机各重要部件的工作情况,如增压器、气缸启动阀、调速器、示功阀等。

(9)值班轮机员除处理紧急故障外,不得远离操纵台或离开集控室。无论机动航行时间多长,轮机长都必须始终在集控室监督和监控机动操纵整个过程,直至机动操纵结束。轮机长应监督轮机员进行各种操作,监控各设备运行状态,及时与驾驶台取得联系,及时处理各种突发事件。值班轮机员必须集中精力,使各运转设备的主要参数在规定的范围内,必要时进行适当调整。

任务 3 主机运行管理

柴油机稳定运转后,评价一台柴油机技术状态和运转性能的主要依据是燃料在气缸中的燃烧状况和各缸负荷分配的均匀程度,以及各零部件和系统的工作情况。为了保证柴油机及其装置始终处于正常技术状态,在柴油机运转中应做好以下工作。

3.1 主机动车后参数的监测和调整

(1)冷却水系统参数的监测和调整

①注意检查主机冷却淡水的温度。对大型主机,冷却淡水的出机温度应在 65~80 ℃,进出口温差应不大于 12 ℃。主机刚启动时,由于负荷不大,水温尚低,不必启动主机海水泵。主机长久运行后,当水温升高时,应及时启动主机海水泵,用海水冷却淡水,可通过冷却器旁通阀

来调节水温。海水出口温度不应超过 50 ℃,以免有盐在换热管表面析出而影响传热。

②注意检查主机膨胀水箱的水位是否在规定范围内,不足应补水。水消耗过大、水位下降速度过快时,必须立即查明冷却水泄漏的原因并予以排除。

③注意查看膨胀水箱的透气管是否有大量的气体排出,留意气体是否有烟味。经常观察气缸盖、活塞的冷却水回水视流器等有无气泡。如有烟味、气泡等不正常情况出现,说明气缸盖、垫片、气缸套、活塞可能有裂纹,应立即查找原因并采取措施。

④检查冷却淡水的压力,要求其压力略高于冷却海水的压力。

⑤主机启动后,随着时间的延续、负荷的增大,考虑到主机冷却淡水、滑油以及扫气冷却的需要,应及时启动主机海水泵,通过海水泵的出口阀来调节其流量和压力。气缸套冷却水的温度可通过计算机及变频器自动调节高温淡水泵的转速来控制,也可通过中央冷却器淡水管路旁通阀或海水管路旁通阀进行手动调节。注意手动调节冷却水温度时不应过快、过急。主机在港口或浅水道航行时应使用高位海底阀,船舶进入深水区后应换用低位海底阀。

(2)润滑系统参数的监测和调整

①特别注意检查主机滑油的压力。对中小型柴油机,一般润滑泵是轴带的,由于主机转速的变化而使其压力波动很大,当转速过低时会引起滑油压力偏低,尤其是在柴油机启动操纵时,这时应启动备用滑油泵;当转速波动不是很大时,可通过备用滑油泵的调压阀来调节滑油压力。当主机转速较高或定速航行时,可停用备用润滑泵。对于独立于主机的滑油泵,可通过其调压阀来调节滑油压力,且滑油压力不因主机转速的变化而波动。低速柴油机的滑油压力(主滑油循环泵出口压力)一般为 0.15~0.4 MPa,滑油压力应高于冷却水(如海水或低温淡水)压力。

②注意检查主机滑油的温度。大型低速柴油机在滑油冷却器前温度控制在 50~55 ℃,不超过 60 ℃,冷却器前后温差为 10~15 ℃。对于中、高速柴油机,滑油压力与温度值均稍高些。当滑油温度过高时,应及时启动主机海水泵,可通过主机滑油冷却器的旁通阀来调节,如温度较低时可开大旁通阀。

③注意检查滑油循环柜油位,若油位发生变化,应及时查明原因并排除故障。如发现油位下降很快,则说明有泄漏;反之,如油位升高,则说明可能有水或燃油漏入曲轴箱,此时应结合膨胀水箱的水量消耗情况加以判断。这时,可要求减速或停车,尽快查明原因并加以消除。

④对油冷活塞的回油应保持稳定,油量不足或中断均能造成活塞烧蚀和咬缸,若发现问题,应及时处理。

⑤注意检查油泵和滤器前后压差的变化。如果滤器前后压差过大,则说明滤器被脏物堵塞,应立即转换滤器并注意放气。滤器清洗后应驱气,然后才能转入系统工作。加强自动清洗滤器的管理,使之始终处于有效的工作状态。

⑥主机机动操纵时,如长时间低速运行,为了防止气缸油过量,对于供油量可调的气缸注油器应将油量调低,待定速运转后再恢复正常供油量。运转中确保气缸注油器的工作正常,及时加油。当发现视油管油滴很小或不出油时,应及时设法消除,严防断油。应经常打开扫气箱下端的放污阀,将刮下的气缸残油及时放掉。

⑦主机启动后,应经常用手触摸曲轴箱道门,看温度是否正常,从而判断主轴承等工作是否正常,油路是否阻塞。要避免因滑油过少而引起轴承过热。

⑧定期检查推力轴承的油温(通常不大于 70 ℃),检查各中间轴承的油位、油温,尾轴重

力油柜液位、油温，首尾密封装置油柜和循环器油位等。

⑨要定时给非压力式润滑的各活动部件加注滑油或油脂。如人工注油润滑的进、排气阀杆要按时注油，防止过快磨损或咬死。

(3)燃油系统参数的监测和调整

①主机启动后，应注意检查燃油温度。机动航行时，燃油进机前要有合适的黏度范围，低速柴油机要求的范围是 12～25 mm^2/s，中速柴油机要求的上限是 20 mm^2/s。主机燃用轻油可依据对黏度的要求，略微加热或不加热。在管理中，可通过人工调节蒸汽供给量来控制燃油雾化加热器燃油出口温度，现代船舶柴油机都用黏度计自动控制燃油进机黏度。

重油系统各段加热温度可按表 7-1 所列参数进行调整。

表 7-1　重油系统各段加热温度

加热处	加热温度	加热处	加热温度
燃油大舱	15～20 ℃	进重油分油机处	85～95 ℃
燃油大舱吸入口	35～40 ℃	重油日用柜	70～80 ℃
重油沉淀柜	50～70 ℃	重油进主机处	100～150 ℃

②注意检查燃油的压力值。在油温变化、轻重油转换时，燃油压力常会发生变化。当燃油压力超出规定值时，应通过调压阀来控制油压。对于不正常的油压变化，应迅速查明原因，及时采取措施。如燃油滤器前后的压差上升较快或超出正常值上限时(滤器的进出口压差的正常值为 0.05～0.10 MPa)，应立即转换并清洗滤器，并注意驱除气体，避免压力波动。

③定期给重油沉淀柜、重油日用柜和轻油日用柜放残水。

④注意补充日用柜的轻油或重油。定期启动燃油分油机和轻油分油机，做好驳油和分油的工作。注意调节好分油时的加热温度。

⑤经常检查喷油泵和喷油器的温度，用手触摸并检查高压油管的脉动情况。

⑥注意检查并记录好燃油流量表的读数。

⑦主机启动后进入定速航行或船舶进港机动操纵前 1 h，应进行换油操作。操作时要防止油温突然升高或降低；否则会引起喷油泵的柱塞或喷油器的针阀卡住或咬死。

(4)增压系统参数的监测和调整

①检查增压器润滑系统的油压、油温和油位，参数应在规定的范围内。

②检查增压器的转速、增压压力值。大风浪航行时应注意适当放气，减少扫气箱背压；主机减速时，防止增压器喘振。

③检查增压器运转的平稳性，仔细倾听有无不正常的声音。

④检查中冷器的冷却状况。注意扫气温度应略高于机舱温度(2 ℃)，以防出现扫气箱凝水。可通过调节中冷器冷却海水流量调节阀来控制温度，如扫气温度偏高时，可关小旁通阀以增加冷却海水流过中冷器的流量。主机在机动操作时，一般不要对增压空气进行冷却，以利于主机的启动和发火燃烧；当进入定速航行时或增压空气温度超过规定值时，才启用空冷器，对增压空气进行冷却。

⑤检查压气机端消音滤网和空冷器前后压差，此压差直接反映滤网和空冷器的脏污程度。

⑥检查废气涡轮增压器的排气温度，绝不允许超出允许值；否则主机应减速并查明原因。

(5)主机排气温度的检测及调整

主机排气温度一般由集控室或机旁温度计检测得到,对此应对从两处获得的同名缸的排气温度进行比较与分析。排气温度的大小一般反映的是柴油机气缸内热负荷的大小,若排气温度不正常,应及时查找原因。当排气温度超过正常值时,如果主机的其他各系统均正常工作,一般可认为是主机超负荷,应及时减小油门。

3.2 主机定速后的管理

船舶定速航行时,轮机管理人员的主要任务是:使柴油机及其装置处于正常的技术状态;出现故障时应在短时间内消除,尽快恢复航行。在运行管理中,值班人员应集中精力、遵守操作规程、按要求进行巡回检测,使各种技术参数处在正常范围内,做好值班和交接班工作。

主机在定速运行时应做好下述五个方面的工作:

①执行驾驶台的命令,操纵好主机。按照要求认真填写轮机日志和车钟记录簿。

②做好航行值班的交接工作。交班前当值人员应做好运转设备的清洁工作,对运转设备做全面仔细的检测,并将主要技术参数,本班所发生的问题、处理方法、处理结果、轮机长的命令和专门指示、驾驶台的通知等记入轮机日志;将油舱、油柜的预热加温、驳运、净化分离以及舱底水水位、污油水舱(柜)液位和防污设备的使用情况向接班人详细交代。

接班人员在进入机舱之前,应观察烟囱排气颜色、舷外水的排出和海面情况,进入舵机间应检查舵机及其附属设备。进入机舱后按最合理巡检路线检测各设备。最后查看轮机日志,听取交班人员的情况介绍。经接班人同意后,交班人员方可离开机舱。

③调整并保持主机的各种运行参数在规定的范围内,及时处理好主机运行时所出现的问题和故障。

④做好主机的日常养护管理工作:定期向人工加油部位(如气缸注油器、中间轴承等)加油、补油;定期泄放燃油日用柜、沉淀柜、扫气箱及中冷器的残水;做好燃润油料的驳运、净化等工作。

⑤按时进行巡回检查,一般每 30 min 进行一次。

(1)按热力检查和机械检查方式进行巡回检查

①热力检查

热力检查是为了检查和确定柴油机各缸燃烧情况及负荷分配的均匀程度。这是柴油机正常运转、可靠工作的必要保证,也是衡量柴油机运转性能和技术状态的主要内容之一。

在柴油机运转期间,应注意喷油设备技术状态的变化,特别是喷油器性能不良常引起气缸燃烧恶化和各缸负荷变化。对喷油器的检查可以通过检查排气温度、观察排气烟色及打开示功阀观看火焰情况(实船上很少做)等方法进行。

A. 检查排气温度

各缸排气温度值要按说明书的要求限定,也可以参照试航报告在各负荷下所测得的数据与主机实际运行数据进行对比,找出排气温度升高的原因。各缸排气温度最大温差不应超过平均值 15~20 ℃(或平均值的±5%)。

B. 检查冷却液温度

检查排气温度的同时应检查各缸冷却水、活塞冷却液及废气涡轮增压器冷却水出口温度。

各缸冷却液出口温度与平均温度相比较,最大温差要小于 4~5 ℃。

C. 测取各缸示功图

在柴油机状态良好的情况下,排气温度只能大致反映各缸燃烧的状态及喷油设备的情况,以及负荷分配的大概状况。为了明确各缸负荷的分配是否均匀,还应在适当时机测取各缸示功图,确定最高燃烧压力和计算平均指示压力,分析和判断各缸负荷的大小和分配是否均匀。通过测取展开示功图和手拉示功图可以确定纯压缩压力、发火始点和整个燃烧过程。根据实测数值对各缸负荷做适当调节。

D. 测量油耗

为了更可靠地掌握柴油机的热力过程,最好在测示功图的同时进行油耗测定,作为衡量柴油机维护管理水平的标准之一。

E. 检查增压系统

增压空气的压力、温度,空冷器前后增压空气压差是判断柴油机燃油燃烧状况、排气温度是否升高的主要依据,许多船舶柴油机因空冷器水侧和气侧(尤其是气侧)脏堵而引起排气温度升高及增压器喘振。

F. 制作排气烟色图

排气烟色图制作简单且实用,可按以下方法制作:将一张湿软的白纸固定于平板上,置于清洁过的示功阀上方 5~6 mm 处,让排气对它熏染 10 s 左右。正常的排气烟色图应仅仅显示为轻度的黑色,排气几乎无烟灰。若在纸上显示出较浓的黑色并附有淡黄色,表明排气中因气缸内的燃烧不完全而含有太多的烟灰,应首先检查喷油器;若在纸上显示出浓黑色并附有黄色,表明因喷油设备或增压空气系统发生故障而引起雾化质量或空气不足;若纸上有油的喷射斑迹,尤其是当柴油机在较高负荷下运转时,则表明该缸的燃烧有问题,除应检查喷油设备和增压空气系统外,还应检查活塞环工作是否正常。建议将排气烟色图保存起来,以供比较。

②机械检查

机械检查是为了保证发动机各部件和系统均处于正常的技术状态。

看、摸、听、闻是管理者进行检查的最直接、最简便的手段。优秀的轮机员能通过人体的感觉器官判断出故障发生的可能并及时排除,保证机械设备正常运行。不正常的运转声响可导致机件受损;异常温差反映出机器或系统内部存在问题;刺激性气味表明机械设备温度异常高或滑油变质。运行中经常边巡检边触摸机器外部机件,从温差、振动、脉动等角度判断各设备的工作是否正常,及时发现机械设备连接处、阀件等的泄漏并迅速查明原因并予以解决。

为了确保机器各部件处于正常的技术状态,除加强日常维护管理外,在航行中还应加强对各主要系统的管理。可参照下述的指示执行巡回检查:

A. 检查操纵台仪表板上主机运行的各参数值。检查主机的热力参数和各系统的运行情况,如压力、温度、转速等值,必要时进行调整。

B. 检查主机润滑系统。主机滑油循环柜的油量必要时应予补充,注意滑油量的消耗,此外尚需检查滑油循环柜中是否有水漏入。加强滑油分油机的管理,保证滑油的分离净化,油质符合使用要求。为了确定滑油的质量,每 3~4 个月定期取样化验,必要时对全部滑油集中处理或更换。运转中确保气缸注油器的工作正常,防止断油。

定期检查推力轴承油温,各中间轴承油温、油位,尾轴重力油柜液位、油温,首尾密封装置油柜和循环器油位。对轴系润滑的滑油品质每 3~4 个月取样化验一次,不得超过 6 个月。

C. 检查冷却系统。巡回检查时,应注意主、副机膨胀水柜,喷油器冷却水柜液位变化并注意水量的消耗。应按规定由大管轮每周化验一次主、副机内冷却水的水质,按规定的标准投药处理,必要时化验淡水舱水质,分析冷却水水质变化的原因。

检查各缸冷却水出口温度,是否符合说明书的规定,温差是否符合要求。如出现异常,应结合排气温度、喷油设备及增压系统的技术状态进行分析。冷却系统的自动温度调节器应始终保持正常工作状态。

D. 检查增压系统。注意检测增压器的转速、润滑和冷却情况及增压空气压力。

废气涡轮增压器是高速回转机械,在运行中要观察其运转的平衡性,有无异常振动和声响。对自带油泵式润滑系统,要注意油位(轴承油应保持在玻璃镜 1/2 处)、油质及油泵排出情况的检测,根据情况及时添加或更换滑油。应注意强制式润滑系统中油柜的液位、循环泵的运行状况、滤器前后的压差、观察镜中油流情况等,随时观察滑油压力、温度并根据具体情况进行调节。

压气机流道和废气流道应按说明书规定的时间间隔喷水冲洗,并按说明书的规定定期解体清洗废气涡轮增压器。

检查空冷器出口的扫气温度,不得低于 25 ℃或高于 45 ℃。定期清洗空冷器的空气侧和水侧的清洗较方便,也必须定期人工清洗。

E. 检查燃油系统。应注意合理使用各燃油舱,保持船舶的平衡;注意燃油的加温、驳运、沉淀、净化、储存和计量,按时放残水;应定期清洗燃油滤器,清洗后必须充油排气。当船舶在风浪天航行时,须加强滤器的转换和清洗,避免供油中断。

注意检查高压油泵、喷油器的工作状态和高压油管的脉动情况。综合考虑泵体发热、油管脉动以及排烟温度变化等情况,分析气缸内燃烧和喷油器的工作状态。

F. 检查空气瓶压力,应保持在规定范围内,定期放残。

G. 检查调速器的工作温度和油位,正常油位应保持在指示玻璃管的 1/3~1/2 处。

(2)按参数类别进行巡回检查

①液位检查

液位检查是指对膨胀水柜水位、燃油日用柜油位、燃油沉淀柜油位、滑油循环柜油位、凸轮轴(摇臂机构)油箱油位、调速器油位、增压器油位、传动齿轮箱油位等的检查。

②压力检查

压力检查是指对主机滑油压力、摇臂滑油压力、传动齿轮箱滑油压力、主机气缸套冷却水压力、高温淡水压力、低温淡水压力、海水压力、喷油器冷却油压力、增压空气压力、燃油进机压力、控制空气压力、空气瓶压力的检查。

③温度检查

温度检查是指对主机滑油各测量点温度、冷却水各测量点温度、喷油器冷却油温度、主机增压器增压空气温度、主机各缸排气温度、燃油系统各测量点温度、增压器滑油温度、调速器滑油温度等的检查。

④转速检查

转速检查包括主机转速检查和增压器转速检查。

⑤各运转设备的工作情况检查

检查各运转设备的工作情况。

⑥放残及注油

燃油日用柜、沉淀柜、空气瓶放残水,水、油系统放空气。需人工注油的润滑点注油润滑。

任务4 船舶柴油机的节能

4.1 船舶柴油机的降速运行

近20年来,多数营运船舶出于货运市场与营运成本等多方面因素的考虑,采用降速运行的节能(油)措施,按不同船舶及货源选用额定转速的75%~80%作为长期运转转速,相应运转功率为额定功率40%~50%。此时航速降低约20%而主机油耗降低达50%,因而采用降速运行是降低营运成本的一项行之有效的技术措施。

但柴油机长期处于低负荷运行,偏离其最佳运行工况太多,必然使柴油机燃烧恶化,故障较多,如磨损加剧、缸内大量结炭等,使柴油机的有效油耗率增大,可靠性降低。为改善柴油机低负荷运转时的工作性能,使降速运行节能技术更加完善,通常在降速运行时,对柴油机采取相应的优化调整措施。

(1)优化部件结构

①适当增大气缸压缩比,保证压缩终点的热状态良好。

②适当增大喷油提前角,保证最高爆发压力足够高。

③采用小喷孔节能型喷油器(孔径减小,孔数稍有增多,但总流通面积减小),提高启阀压力以提高雾化质量。

(2)加强管理

①适当减少气缸油注油量:既可减少气缸油消耗量,又可减少缸内积炭与结焦。

②保证柴油机的正常冷却:如保证气缸套、活塞、气缸头、喷油器正常冷却等;调整空冷器后增压空气温度,防止因过分冷却而产生低温腐蚀。

③改善增压与扫气系统:如适当减小喷管环通流面积,以提高增压器转速;调整气阀定时;等等。

④加强对柴油机的管理:如酌情缩短吊缸周期;加强对增压器的维护与保养;等等。

4.2 现代柴油机提高经济性的技术措施

现代船用大型低速柴油机十多年在提高经济性方面取得的成效突出。各种节能措施相继出现并日趋完善。这些措施主要有以下几种:

(1)采用定压涡轮增压系统和高效率废气涡轮增压器

在高增压柴油机上采用定压涡轮增压系统代替脉冲涡轮增压系统是现代柴油机的一大显著特点,同时也有利于提高增压器的效率。

新型涡轮增压器的发展和使用,使增压器效率由20世纪60年代的50%~60%提高到

60%~76%,由此显著降低了柴油机燃油消耗率。

(2)增大行程缸径比

增大行程缸径比 S/D 的主要目的是在保持活塞平均速度比不变的情况下,大幅度降低柴油机转速,以提高螺旋桨效率,从而提高动力装置的总效率。这是自石油危机以来提高柴油机动力装置经济性的重要措施。

因此,自 20 世纪 70 年代末期开始,S/D 的增大速度很快,逐步开发了低速柴油机的长行程和超长行程柴油机系列。S/D 的增大,也使柴油机本身的经济性有所提高。Wärtsilä 瑞士公司的 Sulzer RTA-T 系列柴油机的 S/D 值已达到了 4.17,而 MAN B&W 公司研制的 S-ME-B 系列柴油机的 S/D 值甚至达 4.4。然而,增大 S/D 使柴油机结构变得复杂,造价增加,因而 S/D 的增大是有限度的。

(3)提高最高爆发压力与平均有效压力之比值

柴油机的理论循环研究与实践证实,提高 p_z/p_e 可显著降低燃油消耗率。

研究指出,当 p_z/p_e 从 7.8 提高到 12 时,燃油消耗率可下降约 12 g/(kW·h)。因而,现代船用柴油机均采用这种措施来降低燃油消耗率。但是,大幅度提高 p_z 是十分困难的,它受到了柴油机负荷的限制,必须同时采取相应措施来保证柴油机的可靠性。因而 20 世纪 60 年代到 70 年代中期,船用柴油机的 p_z 虽然逐步提高,但提高幅度不大(p_z 仅提高约 2.5 MPa)。20 世纪 70 年代中期到 80 年代中期,柴油机的 p_z 值有了大幅度提高,提高约 5 MPa。目前,有些柴油机的 p_z 已达 16 MPa,甚至 18 MPa,而船用中速柴油机的 p_z 已达 20 MPa 以上。

在保持 p_z 不变时降低 p_e 同样可降低燃油消耗率,这也是目前广泛采用的节能措施。降低 p_e 就是柴油机降功率使用,如保持标定转速而选用较低(如 80%)的 p_e 或在使用较低转速(如 80%,即降速运行)时选用较低的 p_e 等。

(4)增大压缩比

在增压柴油机上尤其是在高增压柴油机上,为了限制 p_z,保证柴油机有足够的机械强度,过去常用的措施是减小柴油机的压缩比,但由此也降低了经济性。显然,这种措施已不符合现代柴油机的发展需求。现代船用低速柴油机为了提高经济性,根据理论循环的结论仍然采用了适当增大压缩比的措施,把压缩比由 10 左右增大到 16~19。

(5)采用可变喷油定时(VIT)机构

把提高 p_e 作为节能措施时,更要重视提高柴油机部分负荷下的 p_z。第一,现代船用柴油机的实际使用功率通常小于标定功率;第二,柴油机在部分负荷运转时 p_z 随负荷的减小而降低。如果在部分负荷时能使 p_z 一直保持其标定值,结果是 p_z/p_e 的比值变大,则燃油消耗率降低。

VIT 机构可在柴油机负荷变化时自动调整其喷油提前角,保证在部分负荷(通常为 80%~100%负荷)时柴油机的 p_z 基本不变,而在负荷范围 50%~80%时也有较高的 p_z 值(与无 VIT 机构比较)。

(6)降低摩擦损失功

柴油机的摩擦损失约占机械损失的 40%,因而降低摩擦损失是提高机械效率的主要途径。现代船用低速柴油机采取短裙和超短裙活塞、减少活塞环数量(如由 5 道减为 4 道)及改善活塞环的工作条件等措施降低摩擦损失,提高机械效率。

(7)采用轴带发电机(PTO)

在主柴油机正常运转期间(通常要求主机转速大于70%标定转速),通过专设的恒速传动装置驱动发电机,可发出满足船舶航行所需要的电力。在主机转速变动或波动时通过恒速传动装置可保证发电机转速恒定,可通过变频装置保证发出的电压与频率不变。

采用轴带发电机在航行期间可停止柴油发电机(副机)运转。此装置并不直接降低柴油机燃油消耗率,但提高了船舶动力装置的经济性。这种装置的优点主要有:可使用燃油消耗率较低的主机供应电力,可减少副机运转时的滑油消耗,减少副机的数量与降低维修费用。

(8)柴油机废热再利用

柴油机的废气和冷却介质带走了燃料总发热量中50%左右的热量。充分利用这一部分废热的能量,对提高整个动力装置的经济性有重要意义,如利用柴油机废气余热的废气涡轮发电机组、废气锅炉,利用主机气缸套冷却水余热的造水机等。目前这方面的问题仍在研究与探索之中。

(9)改进喷射与燃烧的节能技术

在高增压柴油机中,缩短喷射持续时间、改善雾化质量、提高燃烧效率是该型柴油机的重大研究课题之一。为此,发展了高喷油压力(达100~140 MPa)、高喷油率以缩短喷射持续时间的喷射系统,采取优化喷射系统结构措施,提高雾化质量和燃烧效率。目前,智能化的电子控制喷射柴油机已开始装船应用,使这种改进喷射与燃烧的节能技术成为可能,柴油机可在预设的经济模式下工作,获得较好的经济性。

任务5 主机完车操作

5.1 到港前的准备

(1)确定是否换燃油

到港前应确定主机是否需要换轻油。现代船舶主机燃油系统及燃油喷射系统的设计一般允许主机在重油使用状态下停车,船舶到港时,一般在下列情况下需要换轻油:

①停机后需要进行燃油系统设备检修。

②船舶需进坞修理。

③停车时间达5天以上。

④当地环保法规要求使用低硫燃油。

换油操作一般应在机动操作用车前1 h进行。

(2)到港前的备车

①在机动操作前放掉启动空气和控制空气系统的凝水。

②主机若带有轴带发电机,到港前应从电网解除轴带发电机并使其与主机脱开。

③到港前应进行主机换向操作试验，以确认启动系统和换向系统的工作正常。

5.2 完车

当船舶进入停泊状态后，值班轮机员接到驾驶台“完车”指令时，表明主机不再动车，应按“完车”程序做好以下工作：

（1）将车钟放在“完车”位置，检查并确认主机燃油操纵杆放在“停车”位置。停掉主机的辅助鼓风机。

（2）打开各缸示功阀，按下启动手柄（不供油）冲车，将气缸内残存的油气冲出。关闭启动空气系统的主停气阀、主启动阀、空气瓶出口阀，将空压机转换到自动控制挡，为空气瓶补气至规定压力。

（3）合上转车机转车 15~30 min 并人工驱动气缸注油器向气缸表面注油。

（4）关闭控制和安全空气系统并泄放系统中的空气。

（5）关闭主海水泵进出口阀及冷却器进口阀。

（6）关闭燃油输送泵，关闭进、出口阀及日用柜出口阀。如重油停车，循环油泵应让其继续运行，并对燃油加热保温，温度比正常使用温度低 20 ℃，维持 30 cSt 的黏度；如轻油停车，应关闭循环油泵。

（7）打开扫气箱和涡轮增压器透平侧的放残旋塞。用防尘罩将压气机消音器滤网盖好。在船舶靠泊期间应用防尘罩将消音器盖上，当装卸粉尘性货物或港口粉尘较大时，还要考虑停止机舱风机运转，关闭通风口，防止大量粉尘被吸入机舱。

（8）关闭温度、压力报警器及其他不使用的开关。

（9）让主滑油泵、淡水泵继续运转 15~20 min，充分带走运动表面的热量并使机体各部件均匀散热，避免因应力过大而发生故障，同时可以避免活塞头结炭。喷油器冷却泵及涡轮油泵也应继续循环一段时间后再停掉。

对采用副机循环冷却水暖机的主机，应在水温未下降之前及时转换接通副机淡水管系，即打开主、副机暖机管路上的暖机（连通）阀，注意管路中各阀的开闭状态，注意先开后关。

确认主机和其他设备正常后，航行班结束，轮机员开始轮值锚泊班或靠泊班。

任务6 柴油机应急处理

6.1 柴油机拉缸的应急处理

（1）拉缸现象

拉缸现象是指活塞环、活塞裙与气缸套之间，相对往复运动表面相互作用而造成的表面损伤。这种损伤程度有刮痕、烧伤和咬死等区别，故可划分为划伤、拉缸和咬缸，在广义上我们统称为拉缸。

柴油机强化程度的提高、超长行程的发展和劣质燃油的使用，使柴油机的活塞、活塞环、气缸套等燃烧室部件在十分恶劣的条件下工作，会引起润滑不良而导致柴油机拉缸。活塞环与气缸套间的拉缸通常发生在运转初期，即系泊试验、海上试航及磨合期。一旦磨合期结束，几乎不再发生拉缸现象。活塞裙与气缸套的拉缸，往往发生在磨合期后稳定运转数千小时后。

拉缸损伤的机理，大多数是由于滑动部位的滑油膜受到局部的破坏，此时两个相对运动的表面突起部位首先发生金属接触，然后局部出现微小的“熔着”现象，而“熔着”部位由于部件的相对运动又被撕裂。在这个过程中金属表面形成硬化层，当这个硬化层被破坏时，所产生的金属磨粒将成为加剧表面磨损的磨料。在出现“熔着”磨损的短时间内，在活塞和气缸套表面出现的和气缸中心线相平行的高低不平的磨痕就是“拉缸”。严重时滑动部位完全黏着或卡住甚至可能在两个表面的薄弱部位产生裂纹以致机件被破坏称为“咬缸”。

(2)柴油机运转时拉缸的征兆

①气缸冷却水出口温度和活塞冷却液出口温度明显升高；曲轴箱和扫气箱温度升高，甚至有烟气冒出。

②可以听到活塞环与气缸壁间干摩擦的异常声响；当曲柄越过上止点位置时，有敲击声发出且柴油机转速会迅速下降或自行停车。

(3)早期发现拉缸的处理

早期发现拉缸，应首先加大气缸注油量。如过热现象仍未消除，可采取单缸停油、降速、加强活塞冷却等措施，直到过热现象消失为止。待停航后视情况进行扫气口检查或吊缸检查。

(4)拉缸严重时的应急处理

①发现拉缸时必须迅速降低转速，然后停车。

②增大活塞冷却液流量，同时进行盘车。但此时切勿增大气缸套冷却水量，否则会使拉缸加剧，使事故更加严重。

③如果活塞咬死，暂时盘不动车，可待活塞冷却一段时间后再进行盘车。

④当活塞咬死的情况比较严重时，采用上述方法仍盘不动车时，应进行吊缸检查。其间可向活塞与缸壁间注入煤油并待充分渗透后再进行盘车。如仍盘不动车，可用专用工具和机舱吊车将活塞吊出。起吊时边加注煤油，边用软金属敲打活塞顶，慢慢吊出活塞，防止起吊螺栓被拉断或起吊螺孔被拉坏。

⑤活塞吊出后仔细检查并将损坏的活塞环换新，同时用油石将气缸套拉痕以珩磨方法磨光。

⑥重新装复时注意检查注油孔及油管接头。

⑦在柴油机投入正常负荷运行前，必须进行磨合。

对无法修复的拉缸故障，可采取封缸运行的方法处理。

(5)拉缸原因分析

造成拉缸的原因十分复杂：有设计、制造工艺及材料上的缺陷，如材料的选配、间隙大小的确定、结构布置是否合理、安装校中是否恰当、表面粗糙度的加工是否合适、滑油冷却的安排是否完善、滑油净化质量是否合乎要求等；也有运行管理不当的因素。

①气缸润滑不良

气缸润滑不良的原因有以下几种：

A. 气缸表面滑油不足：如注油器供油量调节过小、注油管内壁因结炭严重而堵塞、注油管接头漏油、注油孔或布油槽堵塞、注油器出现故障等。

B. 滑油品质差：气缸油规格选择不当、滑油蔓延扩散性不良、与其他不同品牌滑油混兑、滑油变质等。

C. 燃气泄漏，吹掉缸壁滑油：活塞环工作不正常、活塞环断裂或黏(胶)着、气缸套失圆或磨损过多，都会发生气缸密封不良，引起漏气。

D. 气缸壁温过高：冷却不良、燃烧不良或超负荷运行，使热负荷过大，壁温过高。

E. 水、燃油进入摩擦面：增压空气因冷却过度极易生成凝水或喷油器泄漏使燃油进入气缸摩擦面。

F. 气缸滑油被刮过度：活塞环装反或活塞环重装时未倒去毛刺，气缸滑油膜难以形成。

②磨合不充分

其主要原因是：没达到规定的磨合期，过早投入营运；在磨合期内，分配各负荷下磨合的时间不合理，急于加大负荷运转；磨合期运行时注油器供油量不足；等等。

③柴油机冷却不良

冷却水泵供水不足或中断；冷却水腔锈蚀或脏污或堵塞；冷却水没有及时化验、投药，水质差；冷却水温度过高；冷却水中含有大量气泡，积存在冷却腔内没有排出。

④活塞环断裂

搭口间隙过小，使活塞环断裂；天地间隙过小，活塞环卡死断裂；搭口间隙过大使漏气或磨损严重；环槽内结炭较多使活塞环黏着、失去弹性。

⑤燃用劣质油

因燃用劣质油产生不完全燃烧致使残碳增多、燃烧不良、后燃严重，使排气温度升高等；气缸滑油碱性不合适，采取燃用劣质油的技术措施不得力。

⑥长期超负荷

柴油机长期超负荷运转使热负荷增大，燃烧室部件发生过热膨胀，破坏了原有的正常配合间隙。

6.2 柴油机敲缸的应急处理

(1)敲缸现象

柴油机运行中发出有规律的不正常声响或敲击声的现象称为敲缸，敲缸常分为燃烧敲缸和机械敲缸。

由于燃烧的原因在上止点附近发出的尖锐金属敲击声称为燃烧敲缸或热敲缸。此时若继续运行，则柴油机的最高燃烧压力增大异常，各部件热应力增大，机械负荷亦增大，在冲击力的作用下，运动部件将过快磨损并导致损坏。

运动部件和轴承间隙不正常引起的钝重敲击声或摩擦声，发生在上、下止点或越过上、下止点时及经过中部时，这种现象称为机械敲缸或冷敲缸。

判断是哪种敲缸可用降速或单缸停油的方法。采取上述措施时，若敲击声随之消失，则为燃烧敲缸；若敲击声仍不消除，则很可能是机械敲缸，可用金属听诊棒进行探查并确定敲缸的部位。

(2)敲缸时的应急处理

柴油机运行中，如果发现敲缸，首先采取降速运行的措施，避免机件损坏。如果判定为燃烧敲缸，停车后应进行以下检修：

①对喷油器进行试压和调整,必要时换新。

②检查喷油泵的供油量,必要时调整其有效行程。

③若条件允许,检查和调整喷油正时。

如果确认是机械敲缸,则须对有关机件进行调整、紧固、修理和更换。在航行条件不允许停车或无法修复时,可采取封缸运行或降速航行的办法,及时向船东报告,在适当时机尽快修复。

(3)敲缸的原因分析

①燃烧敲缸的原因

A. 喷油器方面:喷油器启阀压力调得过低,喷油器的喷嘴针阀卡在开启位置,喷油器弹簧断裂或松动等易引起爆燃。

B. 喷油泵方面:供油提前角过大,使平均压力增长率增大,最高爆发压力也随之升高;该缸供油量过大,超负荷运转。

C. 燃油方面:所用燃油燃烧性能差,易发生爆燃。

②机械敲缸的原因

A. 气缸上部敲缸的主要原因:气缸套上部磨出凸台;运动部件中心线不正;曲柄销轴承偏磨;气阀间隙过大;等等。

B. 气缸中部敲缸的主要原因:四冲程柴油机活塞销间隙过大;四冲程柴油机活塞与气缸套间隙过大;气缸套严重磨损。

C. 气缸下部及曲轴箱敲击的主要原因:十字头轴承间隙过大;十字头滑块与导板之间的间隙过大;连杆轴承或主轴承间隙过大;主要运动部件的螺栓松动;活塞冷却液伸缩管弯曲变形。

6.3 柴油机扫气箱着火的应急处理

(1)扫气箱着火现象

大型低速柴油机扫气箱着火是较常见的故障,通常是在某一缸扫气口下方首先发生着火,很快蔓延至整个扫气箱。扫气箱着火危害较大,可导致增压器爆炸,造成停机、停航。因此,轮机管理人员应提高轮机安全管理的意识,采取有效的管理措施,制止扫气箱着火事件的发生。

扫气箱着火时,会有以下现象或征兆发生:

①排烟温度升高、烟囱冒黑烟。

②柴油机转速自动降低。

③扫气箱本体过热甚至油漆变色、脱落。

④增压器发生喘振。

⑤黑烟从增压器的进气滤网中倒冲出来,打开扫气箱放残阀,会有烟雾和火花喷出。

⑥听到火焰从扫气口下部和活塞边缘冲出的气流声。

⑦扫气箱安全阀起跳(开启压力为 1.1 倍最高扫气压力)。

(2)扫气箱着火的应急措施

①发生扫气箱着火且火势不大时

首先降低柴油机转速。然后切断着火缸的燃油供应(单缸停油),适当加大着火缸气缸油注油量以利润滑，直至扫气箱积油烧完为止。

②扫气箱着火较严重时

A. 立即减速停车。

B. 采取灭火措施，同时用盘车机盘车。采取灭火措施时，首先考虑用蒸汽进入扫气箱内灭火。若火势很猛，可用 CO_2 灭火。必要时用热水喷洒扫气箱外壳以起到迅速降温的作用。

注意：使用 CO_2 灭火时必须慎重，因为剧冷会造成部件损伤。

③灭火后处理

A. 扫气箱着火熄灭后，应过 5~15 min 再重新恢复供油，启动柴油机缓慢加速并将气缸油调至正常值。

B. 如需停车检查，应待扫气箱冷却后再打开扫气箱。打开扫气箱，清除干灰和污物，清洁活塞杆和气缸套，检查气缸套、活塞组件、填料函、扫气箱等有无烧损现象，在活塞杆上涂上滑油。

C. 如果扫气箱箱体受热严重，应尽早安排重新上紧贯穿螺栓。

注意：要待所有部件都恢复到常温状态后才能重新上紧贯穿螺栓。

D. 柴油机定速后应增加扫气箱放残次数，注意着火缸的工作情况，防止扫气箱再次着火。

(3)扫气箱着火的原因分析

柴油机在运行中，扫气箱内始终流通并储存具有一定压力的增压空气，扫气箱内积聚大量的燃润油并挥发成具有一定浓度的可燃气体，遇火源则立即着火燃烧。由于扫气箱流通的空气量很大，因此形成可爆性的油气混合物的可能性不大。但若不采取措施或采取措施不当，会引起扫气箱爆炸。

扫气箱内积聚大量的可燃物和高温火源的存在是引起扫气箱着火的两个主要条件。

①扫气箱内积聚大量的可燃物

从柴油机燃烧室或气缸内漏下的未完全燃烧的燃油、燃烧生成物及气缸油是扫气箱油污物的主要来源。扫气箱、扫气室的放残阀脏堵或虽未脏堵却没按要求及时放残油，容易造成扫气箱内积聚大量的可燃物。其具体原因如下：

A. 燃烧产物泄漏

燃烧恶化和气缸失密是造成燃烧产物泄漏的主要原因，如：燃油经过雾化加热器后油温过低或喷油器工作不正常，使燃油雾化质量变差；喷油泵正时调节不当；活塞环过度磨损、卡阻和断裂；活塞与气缸套之间间隙过大；气缸套摩擦表面损坏，出现纵向沟纹；柴油机负荷剧烈变化，引起供气不足，也极易引起活塞环密封失效使燃烧恶化；柴油机长时间处于低速、低负荷运行状态；等等。

B. 含有其他油污物

气缸油量过多；活塞杆填料函失效，曲轴箱油窜入扫气箱；增压空气中含有透平油雾；扫气箱放残阀脏堵及放残不及时；扫气箱太脏，未定期检查和清洁扫气空间；等等。

②高温火源的存在

其主要原因有：活塞环与气缸套之间密封性不良，造成燃气下泄；由于扫气口脏堵，在扫气刚开始时，少量废气瞬时倒冲入扫气箱内，引起扫气箱着火。

(4)扫气箱着火的预防措施

①保持扫气箱的清洁

按说明书规定的时间间隔,定期检查和彻底清洗扫气空间所有壁面,必须清通脏堵的放残管及阀。扫气箱及各缸扫气室放残阀,每班至少打开 2 次,直至放出积存的油污为止。

②应严格管理运行中的柴油机

控制适当的扫气温度,避免长期低速运转,以免燃烧不良。柴油机处在部分负荷状态运转时,要减少气缸油的注油量。避免超负荷运转,以免加剧磨损及燃气泄漏。遇恶劣天气航行时,避免负荷突变范围过大。

③定期检修柴油机各设备

按说明书规定的周期,检查喷油器的喷油压力及雾化状态。正确调整喷油泵的喷油正时。定期检查活塞、活塞环及环槽的技术状态,不符合要求时及时更换或修复。定期检查气缸套的磨损、圆度及圆柱度情况,超过极限值时应及时更换或修复。

6.4 曲轴箱爆炸的应急处理

(1)曲轴箱爆炸的典型案例

案例一:某船二冲程十字头式主机在航行中推力轴承端有油气冒出,值班轮机员发现后立即降低主机转速并报告轮机长。此时,第二缸曲轴箱防爆门突然被炸开,冲出的火焰将机旁副机的油漆烧掉,幸未伤人。停车 20 min 后打开该缸曲轴箱道门进行检查,发现活塞杆与填料函壳体摩擦。于是吊出第二缸活塞并封缸运行。到港后经检查发现活塞杆弯曲 3~4 mm。弯曲了的活塞杆与填料函壳体发生摩擦而产生火源,引起曲轴箱爆炸。

案例二:某船二冲程十字头式柴油机的主机,营运 8 个月后发生曲轴箱爆炸事故。爆炸气体冲开了安全防爆门,喷出的火焰和烟气经机舱棚顶冲出天窗。轮机人员立即减速至 40 r/min,运行 45 min 后停机检查,发现是一个链轮轴承的供油通路被金属屑堵塞,导致轴承发热而成为爆炸的热源。

案例三:某船一台四冲程六缸发电柴油机,由于气缸套橡胶密封圈漏水,拉出气缸套更换密封圈,装复后运行不足 20 min,发现曲轴箱透气孔有大量烟气冒出,立即启动另一台发电柴油机,在负荷转移时发生了曲轴箱爆炸,爆炸气体将曲轴箱道门打碎。其原因是换用了较粗的气缸套橡胶密封圈,在热状态下气缸套变形,造成拉缸而成为爆炸的热源。

由上述三个案例可见,曲轴箱爆炸在产生火焰的同时伴有高压,属于恶性事故,其破坏力是双重的,既引发火灾,也存在冲击破坏,会造成柴油机的损坏和人员伤亡。

(2)曲轴箱爆炸时的应急措施

在运行管理中应不失时机地采取有效措施防止和处理曲轴箱爆炸事故。

①当发现有预兆(曲轴箱不正常发热、透气管冒出大量油气和嗅到油焦味或油雾检测器发出报警)时,应立即降速,加强气缸润滑,将海水泵关闭,防止温度骤降,绝不可急于停车开道门。

对发电柴油机,应在转换负荷后降速运行。如果停车,自带的滑油泵和冷却水泵也将停止工作,反而容易在刚停车时发生曲轴箱爆炸。

注意:不能立即停车和关闭冷却水泵、滑油泵。人员要离开防爆门的一侧,以防受伤。

②如因曲轴箱内的某些机件因发热而停车，至少停车 15 min 后再打开道门检查，以免新鲜空气进入而引起爆炸。

③当曲轴箱已经发生爆炸并将防爆门安全阀冲开时，要立即停车，同时按照机舱的灭火规定施救。

在机体外用专用灭火接头引入灭火剂，但注意不要轻易使用灭火剂以防机体部件受到腐蚀。在机内可使用装设在曲轴箱上的 CO_2 灭火系统灭火，但使用要慎重。可以视情况使用蒸汽灭火。

注意：切忌马上开道门进行灭火，以防新鲜空气进入曲轴箱，发生更大的爆炸。

(3)曲轴箱爆炸的原因分析

①曲轴箱爆炸(着火)的基本条件

运行中的柴油机在曲轴箱内充满油气。柴油机运行时，自转动的曲柄甩出大量的滑油油滴，飞溅至曲轴箱壁面、气缸壁面(筒形活塞式柴油机)。大部分滑油汇集于油底壳返回主滑油循环柜，少部分滑油由于飞溅、碰撞及蒸发形成大量的可燃性油气。可燃性油气的爆炸下限为 1.7%，爆炸上限为 11.2%。当可燃性油气浓度在上、下限之间，满足曲轴箱爆炸(着火)的基本条件时，遇火源会立即发生爆炸。

柴油机曲轴箱在封闭之后其内部积存大量空气，二冲程十字头式柴油机活塞杆填料函中的气封环即使工作性能极好，也会有增压空气自扫气室漏入曲轴箱。曲轴箱透气管出口网罩易脏堵，油气逸出困难，容易使曲轴箱内可燃混合气处在着火基本条件的浓度极限范围内。

②曲轴箱爆炸的决定性因素

在正常情况下，曲轴箱内的温度是较高的，但不应出现高温热源(或称热点)。当两种金属在相对运动中不正常摩擦、接触时会出现高温热源，如主轴承、连杆大端轴承及十字头轴承过热或烧熔等。拉缸、活塞环密封不良、燃气泄漏、活塞杆填料函气封环失效、扫气箱着火等都会出现高温热源，既能使滑油蒸发成油气，又是可燃混合气的点火源，是曲轴箱爆炸的决定性因素。

可燃混合气的爆炸是由所需温度的上限和下限值所决定的。滑油蒸气着火下限为 270~350 ℃，上限高于 400 ℃，滑油蒸发温度约为 200 ℃。燃油漏入曲轴箱中会降低滑油着火温度，从而使曲轴箱可燃混合气在较低的温度下产生爆炸。

(4)曲轴箱爆炸的预防

为了预防曲轴箱发生爆炸，管理中常采取以下措施：

①加强维护管理，避免曲轴箱内出现热源

防止活塞环、活塞杆填料函发生漏气；保证润滑和冷却，滑油供应不得中断或不足，防止运动部件过热、白合金烧熔；避免出现拉缸现象。

②确保油雾浓度检测器工作正常

在曲轴箱内安装油雾浓度检测器，在运行中能连续监测曲轴箱内油雾浓度的变化，并在油雾浓度达到爆炸极限之前，发出声光报警。

③确保曲轴箱透气装置工作正常

在曲轴箱上安装的透气管或抽气机用于将曲轴箱内的油气排出机舱外，防止油气积聚，保证滑油蒸气浓度低于爆炸下限。应检查透气管装置中的止回阀工作是否正常，注意出油气管口的防火网罩不要被油垢脏堵。

④保证曲轴箱防爆门启闭灵活

在柴油机排气侧的曲轴箱道门上装有防爆门,防爆门安全阀的开启压力为0.02 MPa,当曲轴箱中压力达到0.02 MPa时,防爆门安全阀自动弹开并将油气放出,待压力降低后再自动关闭。

⑤检查曲轴箱 CO_2 灭火系统

检查在曲轴箱内装设的 CO_2 灭火系统的喷头,检查其与 CO_2 管系的连接情况,有关的截止阀应绝对密封,以备发生特殊情况时使用。

6.5 烟囱冒火的应急处理

(1)烟囱冒火现象

柴油机烟囱冒火,通常是由于未烧尽的燃油或含油积存物随废气带出烟囱遇到空气再燃烧产生的。在柴油机排烟总管的通路中装设废气锅炉,有时会出现烟囱有大量火花连续喷出的现象。烟囱冒火的同时,还常伴有废气锅炉气压突然上升、锅炉安全阀被冲开,导致蒸气大量泄出。柴油机烟囱冒火是柴油机运行状态不佳和管理不善的反映,不仅会引起火灾,还会危及油船、液化气船舶的航行安全,轮机管理人员应能根据具体情况立即判断出烟囱冒火的成因,采取有效措施予以消除。

按照火花形式把烟囱冒火分成以下三种情况:

①油雾燃烧形式的火花

这种火花在白天不易被看见,夜间可见小而短的浅粉色火花。这种火花大多数可随烟流自行熄灭,无炭粒下落。这种情况多发生在柴油机超负荷、燃油雾化质量差或供气不足时,是喷入气缸内的燃油不能完全燃烧所致。

②残油燃烧所形成的火花

此类火花颜色较深,随废气流动自行熄灭,有微小炭粒及烟灰带出。这种情况多发生在柴油机部分喷油器滴油或低负荷运转时。上述原因使燃油燃烧不完全,排烟温度、压力偏低,排气能量减少,导致尚未燃烧的部分油分积存在烟道内并附着在管壁上,部分油分形成炭粒黏附在烟道管壁上。当柴油负荷增加、烟道内温度升高时,积存在烟道管壁上的残油、炭粒便发生燃烧使烟囱冒火。

③烟灰沉积物燃烧形成火花

这类火花多为板状,亮度较大,呈现暗红色,持续时间为1~3 h,多发生在开航10~15天。通常,火花落在甲板上还能继续燃烧,容易引起火灾。

废气锅炉管壁表面可燃沉积物堆积达到一定厚度后,在一定温度下被点燃并从壁面脱落,冲出烟囱形成火花。这种火花最常见也最危险,其产生的原因有:燃油质量差,燃用劣质油时烟灰沉积物增多;燃油喷油设备工作不良,喷油泵、喷油器有故障,燃油未完全燃烧,排气中含油物质增加;气缸注油器注油量过大;气缸进气系统工作不完善;废气锅炉烟管脏堵,排气阻力增大,烟灰沉积物增多。

(2)烟囱冒火时的应急措施

①对第一类火花,应立即降低柴油机负荷或缓慢停车,待查明原因后恢复运转。

②对第二、三类火花,在环境允许的条件下,应让其继续“喷冒”,尽量吹掉排气系统内油

性沉积物并使之烧尽。除火势过猛,个别缸或局部烟管过热外,应尽量使柴油机保持较高负荷。不要轻易使用灭火设备,特别是 CO_2 灭火系统,以防损坏机件。

(3)烟囱冒火的预防措施

①保持柴油机气缸内燃烧状态良好,加强管理监测。

②加强废气锅炉的技术管理,按规定的时间间隔吹灰。

③定期向排烟管内或废气锅炉水管内投药,清除积炭,防止结垢。

④要注意保养油船烟囱内的喷水灭火装置。

项目 8

船舶柴油机新技术

☞[项目背景]

Wärtsilä 公司在 20 世纪 90 年代推出共轨式全电子控制的智型柴油机 Sulzer RT-flex(电控等压)燃油喷射系统,该系统实现了无凸轮轴柴油机的燃油喷射,排气阀启闭,启动空气和气缸套润滑的全电子控制,堪称柴油机的第三次革命(第一次革命是 20 世纪 50 年代废气涡轮增压技术;第二次革命是 20 世纪 70 年代劣质燃油的使用)。

☞[任务分解]

柴油机电控的目的是:提高柴油机的效率和降低废气排放量。

具体措施是:采用共轨技术。

本教材按照认知规律编制知识点,采用理实一体化进行教学,教学内容符合《海船船员培训大纲》的要求。

任务 船舶柴油机的控制与共轨技术

首先采集信号(排烟的含氧量和温度、增压压力、转速),然后根据给定(设定)转速与实际转速的偏差,再综合现时的排烟温度、增压压力、排烟含氧量等决定燃油喷射量,使其充分燃烧,达到经济要求。但是,柴油机燃烧还与供油定时、喷射持续时间、供油规律、转速等因素相关。为此,Wärtsilä 公司提出了共轨技术。

图 8-1 所示为柴油机控制。

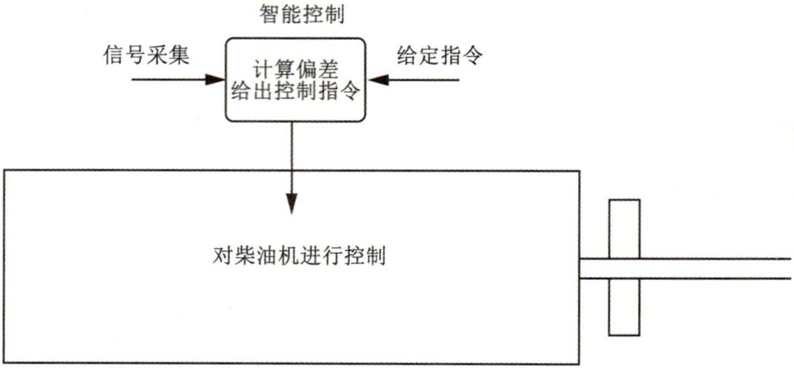

图 8-1　柴油机控制

1.1　电控型柴油机的共轨技术

Wärtsilä 公司研制的 WECS 9500 控制系统,取消了凸轮装置。

WECS 9500 控制系统给各缸的气缸控制单元(CCU)发送燃油喷射控制信号,根据指令和本缸活塞的位置来控制燃油喷射量、喷射时间、喷射方式(一次性喷射或脉冲喷射),以及喷油头个数。

WECS 9500 控制系统给各缸的气缸控制单元(CCU)发送排气控制信号,根据指令控制电磁阀通电,控制高压伺服器驱动排气阀打开或关闭。

WECS 9500 控制系统根据曲柄转角传感器送来的信号,判别各缸活塞的位置,从而实现柴油机气动阀的顺序开启。

1.2 主控单元与气缸控制单元

主控单元(MCU)是既能给定指令和接收柴油机传感器采集来的信号,又能发出指令控制气缸单元的计算机。气缸控制单元(CCU)根据主控单元的指令,对电磁阀进行控制,驱动排气阀的开关。图 8-2 所示为主控单元与气缸控制单元。

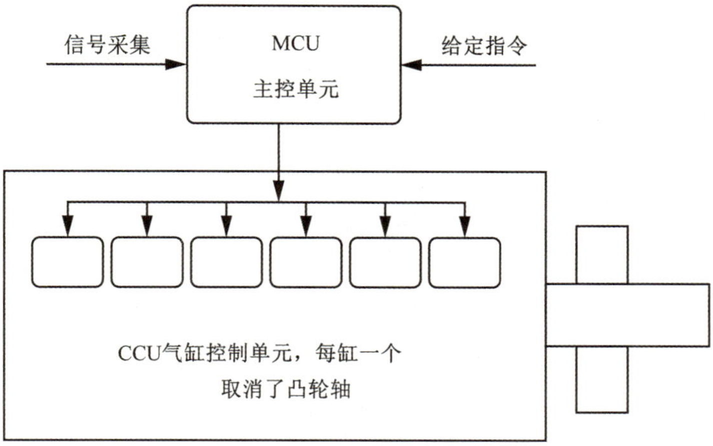

图 8-2　主控单元与气缸控制单元

1.3 共轨的由来

共轨即各缸燃油压力相等,各缸液压伺服压力相等。

一般柴油机喷油压力达 200 kg,Sulzer RT-flex 型柴油机的燃油压力高达 100 MPa,而 MAN B&W 系列柴油机采用的是 0.7~0.8 MPa 的低压,然后进行二次增压后才喷射的。(补充:油头机械调压一般为 10~20 MPa,目的是防止油头漏油。而实际油压是由电磁阀控制的,如 100 MPa。)

1.4 电控系统的组成

(1)运行模式选择程序部分

它主要由低排放控制模式、燃油经济性模式、主机运行保护模式、应急停/倒车的最优化模式等组成。

(2)主机控制系统

它主要由气缸喷射油量的控制、燃油泵的控制、气缸的压力测量与分析、最大功率的控制、排气阀的控制、压缩压力的控制、增压系统的控制等单元组成。

(3)主机工况检测、分析与管理

此系统由活塞环、气缸套、缸内压力监测、扭力和振动监测以及柴油机智能管理等单元组成,既能自动采集主机各种运行参数,并通过计算机控制,使主机始终运行在最佳状态,又能监测柴油机主机工况参数。

(4)电控柴油机的主要功能

其主要功能为:监测,运行状态参数,计算处理,给出最佳模式(经济、低排放),对柴油机进行控制,控制其燃油喷射系统、电子调速系统、增压系统、排气阀控制系统;柴油机管理,诊断(深层次)故障使柴油机效率最大化;利用现场数据总线,对监测结果进行判断并自动生成修理单或备件申请单[即实现 CCU 到 MCU 的数据传递]。

(5)主机控制(主控)单元 EU

EU 有两套(双总线),一套运行,另一套热备用(即开机状态)。

由集控室/驾驶台发出指令,经过数据总线到 EU,经过 EU 处理,形成控制指令,通过数据总线到 CCU,对各缸进行控制。图 8-3 所示为主控单元装备。

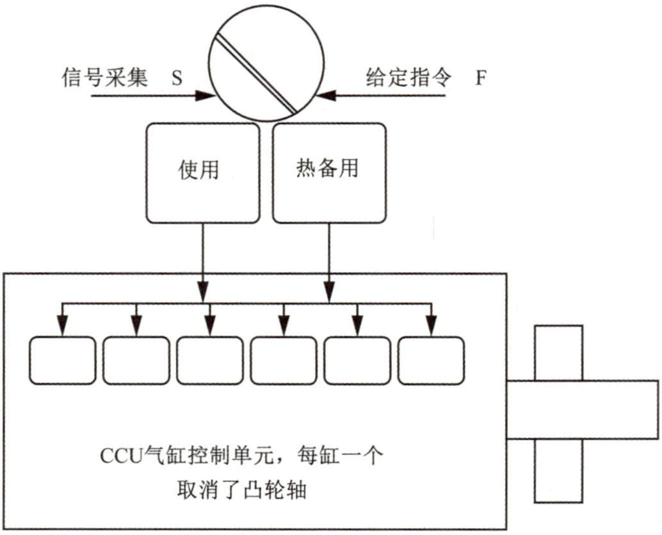

图 8-3　主控单元装备

(6)Wärtsilä 公司的 RT-flex 系统

①WECS 9500 控制系统

WECS 9500 控制系统主要由公共电子控制单元(COM-EU)和各缸电子控制单元(CYL-EU)等组成。公共电子控制单元接收外界信号,如主机遥控系统、调速器、安保系统、人机界面、控制油系统、燃油系统、液压伺服系统信号,然后进行程序处理,把处理结果送到各个气缸控制器,由其执行指令,达到最佳状态。

WECS 9500 无凸轮构造,能对燃油喷射、排气阀动作以及主机启动、换向、停车和气缸油等进行全电子控制;能对参数进行设定、修改,可调节主机运行状态和性能参数,使柴油机性能最佳;还能对主机进行实时监测,并与船上其他系统、报警系统相连接,实现数据共享。

②WECS 9500 控制系统各单元作用

A. 公共电子控制单元(COM-EU)

它包括两个主控模块 MCM,一个工作,一个热备用,由选择模块 ASM 确定哪个在使用。

B. 各缸电子控制单元(CYL-EU)

每个气缸一个,安装在其共轨平台下方,对启动、燃油、排气动作进行控制。

C. 曲柄角度传感器(Crank Angle Sensor)

准确测量曲柄位置,将信号输送到气缸控制单元(CCU),计算活塞位置,便于对气缸燃油、排气进行时间控制。

D. 各缸执行器的传感器

监测各电磁阀、液压伺服油缸的工作状态。

E. WECS 的辅助控制单元(如图 8-4 所示)

它由一台计算机和一台 MAPEX-CR 的控制装置组成,可显示主机状态和报警信号,如:每缸燃油、废气、延时,活塞运动速度,以及各传感器测量值、参数设定值和动态曲线显示。

参数设定分两组:一组由操作人员进入(无密码),控制最大耗油限制、磨合模式、定时;另一组由专家进入(有密码),确定发火顺序。

RT-flex 附加功能:磨损监测、可靠性监测、振动监测、自动生成备件及修理单。

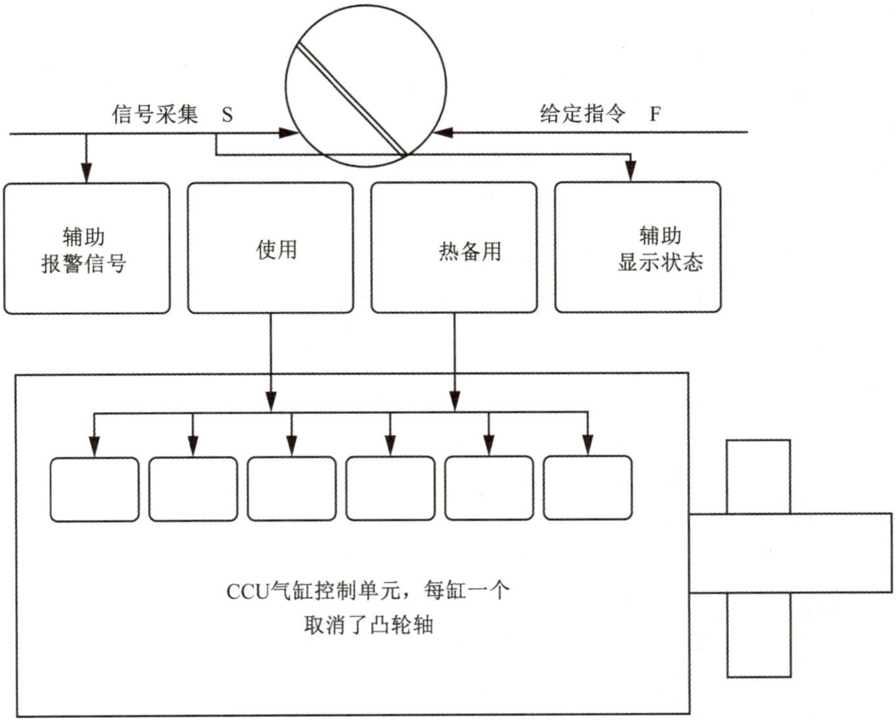

图 8-4 WECS 的辅助控制单元

(7)WECS 9500 控制系统通信功能

①与主机遥控系统的通信

车钟指令结合负荷信号。

②与船舶报警系统的通信

故障报警和打印。

③与转速控制器的通信

调速器、设定值比较调节(也可手动调节)。

④与选择控制器的通信

确定主控制器运行或热备用。

⑤与安全保护系统的通信

测量值超出限定、信号可靠性比较。

(8)WECS 9500 控制系统

①WECS 9500 控制系统的公共电子控制单元(COM-EU)

MCM700 主控板与驾驶台、集控室外界通信并获得指令,结合传感器信息,形成控制指令,传输给各缸。

②气缸控制单元(CCU)

气缸控制单元包括气缸控制模块 CCM 和阀件信号放大驱动模块 VDM。

当数据总线 CAN 与主控模块 MCM 通信,从冗余设计的曲柄角度编码器获取曲柄位置,推算出活塞位置,实现对气缸运行状态的控制。

(9)电控柴油机燃油系统控制

①共轨控制

共轨控制包括共轨燃油压力控制和喷油量控制。

主控模块 MCM 从气缸控制模块 CCM 接收转速信号和现时共轨压力信号,进行计算,然后给出执行指令,适时调节。

当安保系统检测到故障信号时,可适时改变燃油压力(如部分泄放)来达到保护柴油机的目的。

CCM 根据曲柄转角编码器信号和 VIT,就可计算出供油定时,给 VDM 发令。至于三个电磁阀是否同时接通,要看当时转速、负荷情况。如果油量传感器坏了,可转变为定量喷射。

②液压伺服油压控制

压力给定值 20 MPa,当主控模块 MCM 采集共轨压力出现偏差时,从数据总线去控制 CCM 伺服油压。

该信号是一个脉宽调制信号(2.5 A AC,60~100 Hz)。

③排气阀的控制

气缸控制模块 CCM 根据曲柄转角编码器的信号和 VED(排气阀开启)信号,使排气电磁阀动作,上位通,伺服油进入排气控制阀的上油室,0.4 MPa 的液压油驱动气阀移动。气阀移动位置由两个冗余设计位置传感器进行检测,再反馈给气缸控制模块,来确定是否开启。(如两个传感器坏了,CCM 内部固定动作仍然有效。将延时动作计算在内。)

④柴油机的转速控制

车钟转速指令(设定值)与现时采集回来的主机转速(值)进行比较,得到偏差,转速控制器根据偏差值的大小、主机现时负荷状态等综合计算出供油命令,发送至 MCM,再通过数据总线 CAN 到气缸控制模块 CCM,控制燃油喷射定时、供油量。同时,供油信号再进行监测和反馈,进一步对转速进行精确控制。

(10)MAN B&W 公司的 ME 系列电控柴油机系统

此系统也是共轨,但燃油共轨是在高压油泵前的低压(只有 0.7~0.8 MPa)共轨。

①ME 系列电控系统

A. 主机信息控制单元(EICU)

与上位机进行信息交换。

B. 主机控制单元(ECU)

监控主机状态,实现状态调整,控制备用泵启停。

C. 辅助控制单元(ACU)

根据扫气压力控制辅助鼓风机运行台数。

②电控柴油机系统

A. 气缸控制单元(CCU)

与 RF-flex 型柴油机系统相比,ME 系列电控柴油机系统燃油喷射采用模拟量控制(比例阀),对排气阀采用开关量控制,用同一个三通阀控制伺服油。(没有 Wärtsilä 公司先进,此处不多介绍。)

B. 主机转速控制

驾驶台或集控室发出的转速指令,通过转速协调器调制,按主机运行参数和特性对车钟进行调制,如稳速、停车、最大转速、故障减速、转矩匹配、负荷程序、临界回避,送到转速调节器进行比例积分微分或智能算法计算处理。

所得信号还受到设定值限制、最大油量限制。

C. 曲柄转角编码器

ME 系列转速传感器采用脉冲输出信号。

其八个磁感应探头分为 A 与 B 两组(各四个)。A 组中两个用来监测转速与方向,另两个用来标记位检测(一个 0°,另一个 90°);B 组两个用来监测转速与方向,另两个用来标记位检测(一个 45°,另一个 135°)。

曲轴自由端驱动的一个磁性半圆环转动中,标记探头就输出电动势,高 1 低 0。

用于监测转速的两个探头是正交的,相差 90°。两组信号在主机控制单元 ECU 和气缸控制单元 CCU 中可以推算出活塞位置。

ME 系列电控柴油机控制系统采用组态软件方程设计,界面友好,操作方便。

参考文献

[1] 赵宗雄. 船舶柴油机[M]. 大连:大连海事大学出版社,2001.

[2] 于敬来,卢恒荣. 船舶柴油机:轮机工程技术专业[M]. 哈尔滨:哈尔滨工程大学出版社,2012.

[3] 周明顺,崔向东,毛宏雨. 船舶柴油机[M]. 大连:大连海事大学出版社,2019.

[4] 卢恒荣,于敬来. 主推进动力装置[M]. 大连:大连海事大学出版社,2014.

[5] 中国海事服务中心. 主推进动力装置:二/三管轮[M]. 大连:大连海事大学出版社,2022.